北京律师智库丛书
重大复杂案件研究专家组

刑事二审再审改判案例

诉讼过程与争点剖析

（第二辑）

北京市律师协会 / 主编

法律出版社 | LAW PRESS
北京

图书在版编目(CIP)数据

刑事二审再审改判案例：诉讼过程与争点剖析．第二辑／北京市律师协会主编．--北京：法律出版社，2023

（北京律师智库重大复杂案件研究专家组）

ISBN 978-7-5197-7547-6

Ⅰ．①刑… Ⅱ．①北… Ⅲ．①刑事诉讼－案例－中国 Ⅳ．①D925.205

中国国家版本馆 CIP 数据核字（2023）第023992号

刑事二审再审改判案例：诉讼过程与争点剖析（第二辑）
XINGSHI ERSHEN ZAISHEN GAIPAN ANLI：
SUSONG GUOCHENG YU ZHENGDIAN POUXI（DI-ER JI）

北京市律师协会 主编

责任编辑 赵明霞　王　斓
装帧设计 汪奇峰

出版发行 法律出版社
编辑统筹 法商出版分社
责任校对 张翼羽
责任印制 胡晓雅
经　　销 新华书店

开本 787毫米×1092毫米　1/16
印张 41.25　　**字数** 844千
版本 2023年6月第1版
印次 2023年6月第1次印刷
印刷 三河市兴达印务有限公司

地址：北京市丰台区莲花池西里7号（100073）
网址：www.lawpress.com.cn
投稿邮箱：info@lawpress.com.cn
举报盗版邮箱：jbwq@lawpress.com.cn
销售电话：010-83938349
客服电话：010-83938350
咨询电话：010-63939796

书号：ISBN 978-7-5197-7547-6
定价：128.00元

凡购买本社图书，如有印装错误，我社负责退换。电话：010-83938349

本书编委会

北京律师智库重大复杂案件研究专家组

组　长

王　峥

副组长

谢炳光　许兰亭　毕文胜　吴　晨

刑事组组长

余　尘

成员

王兆峰　李向辉　林小建　常　铮　陈　俊　孙明经　刘　玲

民商一组组长

王文杰

成员

郝　萍　张雪梅　由莉雅　丁　琛　李　华　王　收

民商二组组长

李学辉

成　员

张凤成　张亚梅　梁　枫　程　璇　李　梅　王正志　杨安进

秘书组秘书长

马　建

副秘书长

王　收　常　铮

成　员

陈　俊　张砾心　裴　娜

顾　问

高子程　王清友　张小炜　赵曾海　高警兵　刘卫东

张　峥　马慧娟　毕文胜　韩映辉　郝春莉　王志强

前　言

前车之鉴，后事之师。律师，以师名业，为人师表，执业技能之提升，工匠精神之修炼，诉讼经验之积累，是诉讼律师永远的话题、恒久的目标。五年前，第十届北京市律师协会根据北京律师智库重大复杂案件研究专家组征集梳理，出版了“刑事、民事二审、再审改判案例”一书，在业界内外受到广泛关注，启迪良多，好评如潮。总结过去，发扬光大，第十一届北京市律师协会“智库专家组”再次征集案例，梳理成书，出版发行，是为第二辑。较之第一辑，在原有的刑事和民事改判案例基础上，又增加了行政诉讼改判案例类别。其内容基本覆盖诉讼范围内三大类型中的各类小的领域。希望通过对各类“改判案例”的展示、评析、总结，给青年律师以鉴借，给诉讼实务以参考，更好地服务行业、服务社会、服务大局，助推服务实效，光大行业形象。

两辑三类诉讼“改判案例”，第一辑是开创先河，第二辑是扩大、突破、创新。“改判案例”多数是在法律程序上或在实体上属于重大、疑难、复杂的案例。其中，专业与智慧，执着与诚信，策略与战术，可圈可点，见仁见智。正因如此，第二辑“改判案例”对业内人士助力提高办案水准，提升办案质效大有裨益；对法学院校学生了解司法实务同样具有实践意义。本书通过一个个活生生的“改判案例”，昭示了我国法治的公信力。努力践行习近平法治思想，助力落实总书记关于“让人民群众在每一个司法案件中感受到公平正义”的指示精神，是全体法律人的神圣职责。希望本书能为职业修为精进、执业技能提升、促进公平正义贡献些微借鉴。

在此，特别感谢北京律师智库重大复杂案件研究专家组的全体成员，是你们的无私奉献、行业情怀、职业精神，使第二辑改判案例一书得以顺利成集出版。谨此，表达特别的谢意！

高子程

目　录

1 **繁杂事务中厘清事实，成功去“黑”罪名**

——柯某甲涉黑案

本案村民委员会是否为有违法犯罪行为的单位？案涉犯罪是否同时具备黑社会性质组织的四个特征？

办案人：张艳霞　点评人：孙明经

66 **得到许可的行为不违法，法律不应强人所难**

——张某某等人恶势力案

政府部门允许的采砂行为是否构成非法采矿罪？发生于2003年的行为应当适用2001年司法解释还是2009年司法解释？

办案人：孙明经　点评人：常　铮

139 **一波三折，几经辗转，终迎曙光**

——王某诈骗案

如何认定诈骗罪“非法占有目的”？诈骗罪与民事欺诈的划分。

办案人：胡兴中　韩来宝　点评人：王兆峰

185 **数罪中的个罪减轻量刑近三分之一**

——某乡政府副乡长李某某职务犯罪（涉嫌贪污罪）案

政府有关部门工作人员在集体土地协议腾退中代理国有拆迁主体与村集体协商补偿款是否属于履行公务？负责拆迁腾退签约现场协调工作的乡政府领导干部对拆迁面积认定文件失实应承担何种责任？

办案人：韩　哲　点评人：李向辉

238 透过现象看本质,从诈骗罪的构成建立辩护基点
——李某某诈骗、伪造、变造国家机关公文、印章案

诈骗罪的构成。

办案人:许兰亭　点评人:王　峥

275 法律和法理之争时,逻辑为王
——江西郑千里挪用公款、诈骗改判案

罪与非罪;能否构成挪用公款罪?能否构成诈骗罪?非法证据排除;自首。

办案人:李永伟　点评人:刘　玲

316 厘清法律关系的边界,以交叉、融合的法律思维助力辩护
——某商业银行涉嫌合同诈骗罪不起诉案

银行以发放贷款(增加保证人)方式清偿信用证欠款是否构成虚假贷款?后对保证人主张权利是否构成合同诈骗?

办案人:王　刚　牛　童　张海鹰　徐进志　点评人:李向辉

345 不忽略任何细节,既要面面俱到,更要打造重点辩点
——张某合同诈骗案

如何认定合同诈骗罪"非法占有目的"?"被害人陷入错误认识";合同诈骗罪与民事欺诈纠纷如何准确划分?

办案人:李长青　点评人:李向辉

359 疑罪从无,彰显法治精神
——谢某顺等人保险诈骗案

替换无证驾驶员进行理赔应否赔偿?所指控的犯罪事实是否存在?是否构成保险诈骗罪?

办案人:崔继勇　陈　建　徐珊珊　贾晓慧　点评人:刘　玲

388 事出有因,终获自由
——陈虹敲诈勒索案

现有证据能否证明被告人收到两笔敲诈勒索款(各五万元)?能否证明被告人未实际付款而收到购房款收据?

办案人:王献锋　点评人:林小建

423 **两审认定数额差距巨大，电话通知到案及辩解不应影响自首**
——杨某受贿案

经济往来是否必然属于受贿？经电话通知后到案是否属于主动到案？对行为性质的辩解是否影响自首的成立？

办案人：姜志强　点评人：孙明经

501 **细致剖析，主体改变**
——朱某某非国家工作人员受贿案

受贿罪与非国家工作人员受贿罪的区别？“国家工作人员”的认定。

办案人：于晶珠　点评人：王兆峰

523 **生活中的主从关系未必成为定罪量刑中的主从，终审改变立即执行**
——贩卖、运输毒品罪死刑二审改判案

梁乾坤（化名）是否为该贩卖、运输毒品团伙主犯？买卖同宗毒品中，上家、下家谁罪责更大？

办案人：李红钊　点评人：林小建

577 **焦点辩护改变起诉认定顺位，致挽救生命**
——张某某贩卖毒品案

对被告人在共同犯罪中所处地位及作用大小的判定；判处死刑立即执行的证据是否确实、充分？

办案人：胡永春　点评人：孙明经

631 **北京律师智库重大复杂案件研究专家组成员简介**

641 **办案人简介**

646 **后　记**

繁杂事务中厘清事实，成功去“黑”罪名

——柯某甲涉黑案

争议焦点

本案村民委员会是否为有违法犯罪行为的单位？案涉犯罪是否同时具备黑社会性质组织的四个特征？

关键词

有违法犯罪行为的单位　黑社会性质组织　疑罪从无　无罪推定

案情简介

被告人柯某甲系原J省Z市××镇××村村委会主任、村党支部书记，因涉嫌故意销毁会计凭证罪，2018年9月28日被Z市公安局刑事拘留，经Z市人民检察院批准，11月1日被Z市公安局逮捕；2018年12月18日因涉嫌组织、领导、参加黑社会性质组织罪，Z市公安局决定对其重新计算羁押期限；2019年2月14日经Y市人民检察院批准，延长羁押期限1个月；2019年3月4日被Z市公安局取保候审，同日因涉嫌挪用公款罪被Z市监察委员会留置；2019年4月12日因涉嫌敲诈勒索罪，经Z市人民检察院批准，被Z市公安局逮捕。2019年5月17日Z市公安局对该案侦查终结，以柯某甲等11人涉嫌组织、领导、参加黑社会性质组织罪等罪，向Z市检察院移送审查起诉。2019年5月22日Z市监察委员会以被告人柯某甲涉嫌挪用公款罪移送Z市人民检察院审查起诉。

2019年6月17日Z市人民检察院以Z检公诉刑诉(2019)×××号起诉书指控被告人柯某甲等11人涉嫌组织、领导、参加黑社会性质组织罪，敲诈勒索罪，串通投标罪，强迫交易罪，诈骗罪，妨害公务罪，故意销毁会计凭证罪，贪污罪，挪用公款罪，赌博罪等

罪。2019 年 7 月 25—26 日 Z 市人民法院对本案公开开庭审理。在诉讼过程中,Z 市人民检察院 2 次建议对本案延期审理和恢复审理,Z 市人民法院决定予以准许,并 2 次重新计算审限,期间经 Y 市中级人民法院批准,延长审限 3 个月。2020 年 4 月 15 日,Z 市人民检察院以 Z 检公诉刑变诉(2020)×号变更起诉决定书向 Z 市人民法院提出变更起诉,撤销了柯某甲等 11 人涉嫌组织、领导、参加黑社会性质组织罪,指控被告人柯某甲等 11 人系恶势力团伙犯罪。

2020 年 5 月 27 日,Z 市人民法院做出(2019)××××刑初×××号判决书,认定被告人柯某甲等 11 人系恶势力团伙。判处被告人柯某甲犯敲诈勒索罪,判处有期徒刑 7 年 10 个月,并处罚金人民币 10 万元;犯诈骗罪,判处有期徒刑 12 年 4 个月,并处罚金人民币 20 万元;犯串通投标罪,判处有期徒刑 1 年,并处罚金人民币 10 万元;犯强迫交易罪,判处有期徒刑 1 年,并处罚金人民币 10 万元;犯妨害公务罪,判处有期徒刑 1 年 2 个月;犯故意销毁会计凭证罪,判处有期徒刑 2 年,并处罚金人民币 5 万元;犯贪污罪,判处有期徒刑 8 个月,并处罚金人民币 10 万元;犯挪用公款罪,判处有期徒刑 8 个月。数罪并罚,决定执行有期徒刑 19 年,剥夺政治权利 5 年,并处罚金人民币 65 万元。

宣判后,柯某甲等人提出上诉。J 省 Y 市中级人民法院受理后,依法组成合议庭,决定不开庭审理,认为原判认定事实清楚,证据确实、充分,审判程序合法,但对部分事实定性不准确,应依法予以纠正。

案件历程

Z 市人民检察院
起诉书

Z 检公诉刑诉(2019)×××号

被告人柯某甲,男,汉族,中专文化,原 Z 市××镇××村党支部书记,户籍所在地 J 省 Z 市,住 Z 市××镇××村××组。因涉嫌犯故意销毁会计凭证罪,2018 年 9 月 28 日被 Z 市公安局刑事拘留,经本院批准,11 月 1 日被 Z 市公安局逮捕;2018 年 12 月 18 日因涉嫌犯组织、领导、参加黑社会性质组织罪,Z 市公安局决定对其重新计算羁押期限;2019 年 2 月 14 日经 Y 市人民检察院批准,延长侦查羁押期限 1 个月;2019 年 3 月 4 日被 Z 市公安局取保候审,同日因涉嫌犯挪用公款罪被 Z 市监察委员会留置;2019 年 4 月 12 日因涉嫌犯敲诈勒索罪,经本院批准,被 Z 市公安局逮捕。

被告人谭某某,男,汉族,初中文化,原 Z 市××镇××村村委会出纳,户籍所在地J省Z市,住Z市××镇××村××组。因涉嫌犯挪用资金罪,2018年11月21日被Z市公安局刑事拘留,经本院批准,12月27日被Z市公安局逮捕;2019年2月26日经Y市人民检察院批准,延长侦查羁押期限1个月;2019年3月12日经J省人民检察院批准,延长侦查羁押期限2个月。

被告人聂某一,男,汉族,初中文化,原Z市××镇××村村委会会计,户籍所在地J省Z市,住Z市××镇××村××组。因涉嫌犯诈骗罪,2018年11月27日被Z市公安局刑事拘留,经本院批准,12月28日被Z市公安局逮捕;2019年2月26日经Y市人民检察院批准,延长侦查羁押期限1个月;2019年3月12日经J省人民检察院批准,延长侦查羁押期限2个月。

被告人聂某二,女,汉族,初中一年级文化,原Z市××镇××村村委会妇女主任,户籍所在地J省Z市,住Z市××村××组。因涉嫌犯挪用资金罪,2018年11月23日被Z市公安局刑事拘留,经本院批准,12月27日被Z市公安局逮捕;2019年2月26日经Y市人民检察院批准,延长侦查羁押期限1个月;2019年3月12日经J省人民检察院批准,延长侦查羁押期限2个月。

被告人柯某乙,男,汉族,初中一年级文化,农民,户籍所在地J省Z市,住Z市××小区×栋×单元×室。因涉嫌犯诈骗罪,2018年11月24日被Z市公安局刑事拘留,经本院批准,12月28日被Z市公安局逮捕;2019年2月26日经Y市人民检察院批准,延长侦查羁押期限1个月;2019年3月12日经J省人民检察院批准,延长侦查羁押期限2个月。

被告人柯某丙,男,汉族,初中文化,农民,户籍所在地J省Z市,住Z市××镇××村××组。2016年7月27日因殴打他人被Z市公安局行政拘留10日。因涉嫌犯串通投标罪,2018年12月6日被Z市公安局刑事拘留,经本院批准,2019年1月10日被Z市公安局逮捕;2019年3月6日经Y市人民检察院批准,延长侦查羁押期限1个月;2019年4月2日经J省人民检察院批准,延长侦查羁押期限2个月。

被告人柯某丁,男,汉族,初中文化,原Z市××镇××村××组组长,户籍所在地J省Z市,住Z市××镇××村××组。2001年10月19日因犯故意伤害罪被本院判处管制1年。因涉嫌犯故意销毁会计凭证罪,2018年9月28日被Z市公安局刑事拘留,经本院批准,11月1日被Z市公安局逮捕;2018年12月18日因涉嫌犯组织、领导、参加黑社会性质组织罪,Z市公安局决定对其重新计算羁押期限;2019年2月14日经Y市人民检察院批准,延长侦查羁押期限1个月;2019年3月12日经J省人民检察院批准,延长侦查羁押期限2个月。

被告人柯某戊,男,汉族,小学文化,原Z市××镇××村××组出纳,户籍所在地J省Z市,住Z市××镇××村××组。因涉嫌犯故意销毁会计凭证罪,2018年9月28日被Z市公安局刑事拘留,经本院批准,11月1日被Z市公安局逮捕;2018年

12月18日因涉嫌犯组织、领导、参加黑社会性质组织罪,Z市公安局决定对其重新计算羁押期限;2019年2月14日经Y市人民检察院批准,延长侦查羁押期限1个月;2019年3月12日经J省人民检察院批准,延长侦查羁押期限2个月。

被告人吴某一,男,汉族,小学文化,原Z市××镇××村村委会民兵营长,户籍所在地J省Z市,住Z市××镇××村××组。因涉嫌犯诈骗罪,2018年12月21日被Z市公安局刑事拘留,经本院批准,2019年1月25日被Z市公安局逮捕;2019年3月6日经Y市人民检察院批准,延长侦查羁押期限1个月;2019年4月2日经J省人民检察院批准,延长侦查羁押期限2个月。

被告人卢某一,男,汉族,初中一年级文化,原Z市××镇××村村委会治保主任,户籍所在地J省Z市,住Z市××镇××村××组。因涉嫌犯敲诈勒索罪,2019年5月14日被Z市公安局刑事拘留,经本院批准,5月16日被Z市公安局逮捕。

被告人柯某己,男,汉族,初中文化,原Z市××镇××村××组会计,户籍所在地J省Z市,住Z市××镇××村××组。因涉嫌犯销毁会计凭证罪,2018年9月28日被Z市公安局刑事拘留,经本院批准,11月1日被Z市公安局逮捕;2018年12月18日因发现其涉嫌组织、领导、参加黑社会性质组织罪,Z市公安局决定对其重新计算羁押期限;2019年2月14日经Y市人民检察院批准,延长侦查羁押期限1个月;2019年3月12日经J省人民检察院批准,延长侦查羁押期限2个月。

本案由Z市公安局侦查终结,以被告人柯某甲、谭某某、聂某一、聂某二、柯某乙、柯某丙、柯某丁、柯某戊、吴某一、卢某一、柯某己11人涉嫌组织、领导、参加黑社会性质组织罪、敲诈勒索罪、串通投标罪、强迫交易罪、诈骗罪、妨害公务罪、故意销毁会计凭证罪、赌博罪等罪,于2019年5月17日向本院移送审查起诉。2019年5月22日Z市监察委员会以被告人柯某甲涉嫌挪用公款罪移送本院审查起诉。本院受理后,于2019年5月18日已告知被告人有权委托辩护人,依法讯问了被告人,听取了辩护人的意见,审查了全部案件材料。

经依法审查查明:

一、组织、领导、参加黑社会性质组织罪

被告人柯某甲系××镇××村人,家族势力比较大,1996年3月任××村村委会团支部书记,1998年4月任××村村委会民兵营长,1999年任××村村委会副主任,2000年任××村村委会主任,2004年主持××村委全面工作,2005年至2017年任××村党支部书记,2005年至2011年兼任××村村委会主任。

被告人柯某甲在××村村委会任职期间,挂点××村小组,为了让××村小组干部听他的话并依附于他,先后安排被告人柯某丁、柯某己、柯某戊和柯某辛、柯某壬、柯某辰、柯某寅任职于××村小组。为了树立个人及家族威信,1998年9、10月,被告人柯某甲与其妻弟、时任××村小组组长的被告人柯某乙借己村村民与邻村村民在两村相邻且有争议的山地捡茶子发生纠纷一事，组织一二百名村民及由柯某午等三四十人组成的“敢死队”持铁棍、鱼叉等去打邻村村民。因邻村村民无打架意图且××镇政府及时干预，未发生械斗。几天后，柯某午等部分“敢死队”队员找到被告人柯某甲、柯某乙索要事先承诺的打架补助，遭到被告人柯某甲、柯某乙拒绝，双方发生打架。次日被告人柯某甲、柯某乙伙同被告人柯某丁、柯某己等人将柯某午家门窗、电视机等物打烂。此后，被告人柯某甲利用其职务影响、家族势力和霸道作风，对不听话或不接受其意见的人动辄打骂，其通过殴打柯某未、柯某申、黄某一、余某某、黄某二等一系列违法行为，尤其是从在××村、××镇有一定影响力的柯某申手中强抢××水库承包权，让其在××村树立了说一不二、他人不敢与之对抗的强势地位和非法权威。××村村委会和××村小组事务也由被告人柯某甲说了算，形成了被告人柯某甲决策拍板“一言堂”的局面。被告人谭某某、聂某一、聂某二、吴某一、卢某一等××村村委会干部和被告人柯某丁、柯某戊、柯某己等××村小组干部对被告人柯某甲的意见稍有怠慢没有执行好，就会招来被告人柯某甲的批评。随着权力日益集中，被告人柯某甲的私欲逐渐膨胀，尤其是在国家取消农业税出台惠农政策后，为了更好地利用职权谋取个人及家族利益，被告人柯某甲把××村村委会、××村小组当成了自己的“领地”，一面对被告人谭某某、聂某一、柯某丁等人以不听话为由让其离开村委、村小组予以威胁，一面承诺不会亏待他们。被告人柯某甲任书记后，首先将判过刑的被告人柯某丁违规发展为党员，继而又将被告人聂某一、聂某二、吴某一、谭某某发展为党员。2008 年，被告人柯某甲主持××村“两委”换届工作时，通过给钱物贿选拉票、操控选举等方式确保其本人及被告人聂某一、吴某一等村委会干部连任。被告人谭某某、聂某一、吴某一、柯某丁等人认为被告人柯某甲“有能力”，跟着被告人柯某甲有好处、有面子，对被告人柯某甲唯命是从、马首是瞻，无论违法犯罪与否不敢和被告人柯某甲有不同的声音，接受和认可了对被告人柯某甲个人负责。被告人柯某甲也因此将被告人谭某某、聂某一、柯某丁等村委会干部和××村小组干部拉拢培植为亲信，完全掌控了××村村委会和××村小组。2010 年左右以被告人柯某甲为首的黑社会性质组织初步形成。为了进一步壮大组织势力，攫取更大的经济利益，被告人柯某甲将做工程的弟弟被告人柯某丙和被告人柯某乙纳入其麾下。该组织成立后通过把持××村“两委”、××村小组及利用家族势力形成的组织淫威为依托，以暴力威胁做后盾，有组织地实施了敲诈勒索、诈骗、强迫交易、串通投标、妨害公务等违法犯罪行为，欺压残害百姓，攫取非法利益，在××组、××村一带形成了非法控制和重大影响，严重破坏了当地的政治、经济、社会生活秩序。

该组织具备以下特征：

（一）组织特征。被告人柯某甲利用其担任××村村委会主任、村党支部书记的身份，依仗家族势力，将××村村委会、××村小组当作个人机构运作，通过威逼利诱的方式,逐步将村委会干部、村小组干部及其宗亲“变身”发展为其组织成员,至2010年形成了一个以被告人柯某甲为组织、领导者,人数较多,骨干成员基本固定,组织结构稳定,层级清晰、分工明确、纪律较严的黑社会性质组织。

该组织层级清晰。在该组织中,被告人柯某甲处于核心地位,是组织、领导者,拥有最高权威和最终决定权。被告人谭某某、聂某一、聂某二、柯某乙、柯某丙、柯某丁、柯某戊、吴某一、卢某一、柯某已直接听命于被告人柯某甲,多次参与实施违法犯罪,是该组织的积极参加者,其中被告人谭某某、聂某一、聂某二、柯某乙、柯某丙、柯某丁、柯某戊是组织的骨干成员。

该组织分工明确。被告人柯某甲负责组织事务,组织、指挥、参与实施违法犯罪活动,负责组织的经济来源,对外关系的协调及笼络组织成员;被告人谭某某、聂某一、聂某二、吴某一、卢某一协助被告人柯某甲处理××村村委会事务把持××村“两委”,套取、骗取国家资金、补助,索取“管理费”等为组织攫取经济利益;被告人柯某丁、柯某戊、柯某已负责协助被告人柯某甲处理××村小组事务,把持××村小组,帮助被告人柯某甲及其家族肆意侵占集体财产、资源等;被告人柯某乙、柯某丙在被告人柯某甲的安排下强揽××村、××组工程项目谋取经济利益。

该组织形成了组织成员认可的不成文的组织规矩:对组织、领导者被告人柯某甲要绝对服从,要按被告人柯某甲的指示办事。被告人柯某甲的想法就是决定,组织人员必须按照他的意思去执行。

(二)经济特征。该组织通过实施敲诈勒索、诈骗、强迫交易等违法犯罪活动或其他手段获取经济利益,具有一定的经济实力,并用所获取的经济利益支持组织的违法犯罪活动,笼络组织成员,维系组织稳定和发展。

1. 有组织的通过违法犯罪活动或其他手段获取经济利益。2008年至2015年,被告人柯某甲、柯某乙、柯某丙、柯某戊等人在××砖厂占股1/4,以不参与管理、不论盈亏,固定分红的方式先后从南某如、杨某芽处共获利50万余元。2008年至2017年,被告人柯某甲、柯某乙、柯某丙通过非法手段或其他手段承揽工程,共获取经济利益约50万元。2010年至2017年,被告人柯某甲、谭某某、聂某一、聂某二、吴某一、卢某一借助组织势力等方式向××煤矿、J××新型建材有限公司(以下简称××建材公司)收取“管理费”等共计9.88万元;通过虚假申报材料、夸大工程量及冒充困难群众骗取国家资金共计63万余元。2012年,被告人柯某甲、柯某乙、柯某丁擅自出售××村小组土方获利2万多元。2013年,被告人柯某甲、柯某丁采取威胁等方式从××公司杨某一处索要了14万元。综上,该组织通过有组织的违法犯罪活动或者其他手段获取经济利益180多万元。目前已追缴组织成员非法所得近40万元,查封被告人柯某甲出资为其儿子购买的房产2套。

2. 该组织用所获取的经济利益支持组织的违法犯罪活动,维系组织稳定和发展。

如给组织成员发放年节福利、分钱、购买社保，安排组织成员吃喝、旅游，笼络组织成员，确保了组织成员的团结和利益攫取；借款给组织成员承建工程项目；宴请和送土特产给相关职能部门人员，为组织实施违法犯罪活动创造便利条件；为实施违法犯罪的组织成员被告人柯某丁、柯某戊提供赔偿费用和经济补助。

（三）行为特征。该组织通过暴力、威胁及其他手段，有组织地多次进行违法犯罪活动，为非作恶，欺压、残害群众。以被告人柯某甲为首的黑社会性质组织在形成、发展过程中，为了增强组织的威慑力，攫取经济利益，在被告人柯某甲的组织、指使、参与下，通过暴力、威胁和其他手段，多次有组织地实施违法犯罪活动，共实施敲诈勒索、强迫交易、串通投标、诈骗、妨害公务等犯罪行为18起。此外，以被告人柯某甲为首的黑社会性质组织还有组织实施了以下违法行为：

1.1998年9、10月，已村村民因邻村村民在两村相邻且有争议的山地上捡茶子发生纠纷。被告人柯某甲、柯某乙召集村民开会去打邻村村民，组建了柯某午等三四十人参加的“敢死队”，并承诺对参加打架的人员给予补助。次日，被告人柯某甲、柯某乙等人领着“敢死队”队员和一二百名村民持铁棍、鱼叉、梭镖等去打邻村村民，因邻村村民无打架意图且××镇政府及时干预，两村未发生械斗。几天后，柯某午等7个“敢死队”队员向被告人柯某乙、柯某甲等人索要补助，与被告人柯某甲、柯某乙等人发生打架。次日，被告人柯某甲、柯某乙带着被告人柯某丁、柯某己和柯某壬、柯某辛来到柯某午家，将柯某午家房门、电视、玻璃等物打烂。

2.2001年的某天，柯某未没有向村小组报告挖了家门前的土路埋排水管，被告人柯某丁路经此处看见后责怪柯某未事先没有说此事，柯某未承诺埋好排水管就恢复原状，两人为此发生争吵。被告人柯某丁遂叫来被告人柯某甲一同殴打了柯某未。

3.2001年被告人柯某丁将何某某砍致轻伤，被告人柯某丁因此被Z市公安局刑事拘留，并被Z市人民法院判处管制1年。事后，被告人柯某甲要被告人柯某己等人从××村小组拿了2万余元给被告人柯某丁予以补偿。

4.2003年，被告人柯某甲通过在柯某申等人承包的××水库强围水面排猪粪、殴打柯某申及以稻田用水为由将水库的水放掉等方式进行威胁，迫使柯某申等人放弃了××水库的承包权，而强行承包了该水库。

5.2005年，孙某一、黄某一夫妻俩骑摩托车与被告人柯某甲会车时，被告人柯某甲将与其有矛盾的孙某一、黄某一夫妻俩逼停，遂而打了黄某一、孙某一夫妻俩。

6.2007年，××村小组新农村建设修路未按原路画线，向黄某二、柯某酉家偏了点，柯某酉在征得修路的柯某乙同意后，按其家以前的地界将修路画的石灰线锄掉了。被告人柯某甲发现后与黄某二发生口角，继而殴打了黄某二。

7.2007年左右，××村小组新农村建设，被告人柯某甲擅自指挥钩机将未在拆除范围之内的南某某老宅推倒，并致老宅中的瓷瓶、杉木谷仓、大缸和瓶罐损坏。2016

年左右,被告人柯某甲未经批准擅自在南某某等人的老宅基地上建了车库和厨房。

8.2008 年年初,××村小组分山,余某某提出想和其丈夫哥哥家的山分在一起,被告人柯某甲不同意,余某某遂去撕分山登记表,被告人柯某甲、柯某戊为此打了余某某。事后,被告人柯某甲要被告人柯某丁、柯某己等人从××村小组拿了 4950 元赔给余某某。

(四)危害特征。该组织通过实施违法犯罪活动,称霸一方,在一定区域形成非法控制和重大影响,严重破坏当地政治、经济和社会生活秩序。

1. 以被告人柯某甲为首的黑社会性质组织长期把持××村“两委”,掌控了××村“两委”及××村小组的人事权,使基层民主选举流于形式,侵蚀危害了农村基层组织。

(1)任人唯亲,擅自指定人员任职××村小组。1997 年,柯某辛在被告人柯某甲安排下进××村小组担任出纳,1998 年被告人柯某丁、柯某己在被告人柯某甲安排下进××村小组担任副组长。2001 年××村小组组长被告人柯某乙与被告人柯某甲产生矛盾欲辞去组长职务,被告人柯某甲便安排柯某乙的弟弟被告人柯某戊进××村小组担任副组长,将被告人柯某丁的职务调整为××村小组组长,被告人柯某己的职务调整为××村小组出纳,柯某壬的职务调整为××村小组会计,柯某辛的职务调整为××村小组副组长。同年被告人柯某丁因犯罪被判刑,被告人柯某甲仍让其担任××村小组组长。2007 年,××村新农村建设,被告人柯某甲将该工程项目指定给被告人柯某乙、柯某丙做,为便于管理项目资金及结算,被告人柯某甲对××村小组部分人员的任职进行了调整,让被告人柯某戊担任××村小组出纳,被告人柯某己担任××村小组会计,柯某壬担任××村小组副组长。2014 年被告人柯某甲安排其长子柯某辰接任柯某壬担任××村小组副组长。2016 年柯某辰到××镇巡防队工作,被告人柯某甲又安排其次子柯某寅担任××村小组组长。

(2)操控××村“两委”选举,使基层民主选举流于形式。自被告人柯某甲任××村党支部书记以来,××村“两委”人员基本未变动。开党员、村长会,被告人柯某甲会给参会人员违规发钱。历次××村党支部换届选举,被告人柯某甲都会给参会的党员、群众代表发 20 元及一包香烟,通过贿选确保了本人当选。历次村委会换届选举,不经村民海选,被告人柯某甲直接指定被告人聂某一等人为候选人并言明陪选人,要求投票时不要勾选陪选人。村委会干部、村小组干部、党员或群众代表拿着选票和投票箱到各个村小组让选民投票时,会要选民按被告人柯某甲的指示投票,若选民不在家,就自行代选民投票,确保了被告人柯某甲指定的被告人聂某一等人当选。2008 年××村村委会换届选举,被告人柯某甲将有犯罪前科的柯某子指定为村委会委员候选人,让其当选××村村委会副主任。2014 年柯某子中风后,当年换届选举,被告人柯某甲仍指定其为××村村委会主任候选人,并让其当选。2017 年被告人柯某甲退休前，为了能继续把持××村“两委”，为了其个人及家族利益不受损，在××村“两委”换届前夕，被告人柯某甲向××镇递交了《关于××村委工作情况的建议报告》，指定其长子柯某辰任××村党支部书记，被告人聂某一、谭某某等人为××村村委会委员。2017年12月26日，××镇党委针对被告人柯某甲个人决定村“两委”换届人选等重要事项、造成不良影响的问题，给予被告人柯某甲严重警告处分。之后在××村“两委”换届选举时，该组织仍按以前惯例操控选举，让柯某辰顺利当选××村村委会主任。

(3)弄虚作假违规发展党员，指定人员入党，为被告人柯某甲及其家族长期把持××村“两委”做铺垫。被告人柯某甲任××村党支部书记以来共发展党员16人，其中有9人是该组织成员，有4人是被告人柯某甲亲属及关系密切的人员。16人中有3人有犯罪前科，1人违反计划生育政策，多数党员发展程序不符合规定。

该组织的上述行为严重破坏了农村基层自治的工作秩序，严重影响了××村政治生态。

2. 该组织为进一步树立淫威，对正当履职的政府工作人员、执法人员拍桌子叫嚷，公开谩骂，甚至殴打，干扰、阻碍政府行使管理职能，无视法规和制度，影响恶劣。

3. 有组织地实施了殴打他人、任意损毁他人财物等一系列违法犯罪行为，欺压、残害群众、横行乡里，对群众造成了心理强制，使群众对被告人柯某甲等人的淫威敢怒不敢言。

4. 该组织利用把持××村“两委”对村公共事务进行管理的权力，霸占自然资源，变相侵占集体财产，掌控了××村小组山地、水面、土方等自然资源的承包流转，通过非法手段或其他方式垄断了××组、××村的工程项目，在××村、××镇范围实行了非法控制。

5. 该组织为谋取非法利益，依仗组织淫威，通过非法手段或其他方式，向××煤矿、××公司、××建材索要“管理费”等，从××砖厂承包人处收取固定分红，以围标方式取得工程承包权，迫使谢某某放弃中标工程，对10万元以上的工程项目不按规定实行招投标，严重破坏了当地营商、投资环境，以及公平公正的市场经济秩序。

认定上述事实的证据有：村党支部书记职责、中共Z市××镇委员会文件、谭某某所记流水账、党员档案、误工补助发放表、刑事判决书、户籍信息等书证；证人柯某未、柯某申、余某某、黄某二、柯某辛、柯某壬、柯某辰、柯欠某等人的证言；被告人柯某甲、谭某某、聂某一、聂某二、柯某乙、柯某丙、柯某丁、柯某戊、吴某一、卢某一、柯某己的供述与辩解。

以被告人柯某甲为首的黑社会性质组织，为树立组织淫威，称霸一方，攫取非法利益，有组织地实施了以下犯罪行为：

二、敲诈勒索罪

1.2009年,付某一与他人合伙承包经营××煤矿。2010年,经被告人柯某甲决定,带领被告人谭某某、聂某一、聂某二、吴某一、卢某一到××煤矿,以××煤矿效益好为由,要求付某一每年缴纳10,000元"管理费"。付某一迫于被告人柯某甲等人在××村的强势地位不得已缴纳10,000元。之后每年被告人柯某甲都会安排被告人谭某某到××煤矿收取10,000元"管理费"。至2017年,共向付某一收取了75,000元"管理费",所收取的钱款均由被告人谭某某保管,用于被告人柯某甲等人吃喝、发福利、请客送礼等。

2.2010年,××公司杨某一承包了××镇××村400多亩山地种油茶树。2012年,因油茶树大面积干旱,杨某一通过××镇干部找到被告人柯某甲提出想承包××村××村小组×××荒地挖水库用于灌溉油茶林。被告人柯某甲与杨某一商量好承包费每年10,000元。之后被告人柯某甲将此事告知被告人柯某丁等村小组干部,被告人柯某丁和柯某戊、柯某已等村小组干部召集××村民开村民大会讨论对外承包×××荒地一事。会上,村民柯某庚等人表示想承包。被告人柯某甲、柯某丁见此情形便提出要承包必须一次性交10年的租金,柯某庚等人遂放弃承包念头。之后杨某一便与村小组干部被告人柯某丁等人及××村村委会签订了×××荒地承包协议。协议签订后,被告人柯某甲以承包费太低为由指使被告人柯某丁向杨某一提出再交140,000元,并且暂不把承包协议给杨某一。杨某一为尽快拿到承包协议开工挖水库缓解油茶林旱情,被迫给了被告人柯某甲、柯某丁140,000元现金。被告人柯某甲、柯某丁每人分得60,000元后,剩余20,000元经被告人柯某甲决定,由柯某丁、柯某已、柯某戊、柯某辛、柯某壬每人分得3400元,被告人柯某甲自己分得3000元。

3.2015年,温某某通过××镇政府招商引资,在××村开办了××建材公司。2016年八九月,被告人柯某甲、谭某某、聂某一、聂某二、吴某一、卢某一与温某某吃饭时,被告人柯某甲向温某某提出待企业正式投产后要缴纳"管理费",其他在场被告人均予以附和,温某某为了应付面上同意了。之后,被告人柯某甲又以×1至×2的路经过该建材公司门口为由跟被告人谭某某、聂某一、聂某二、吴某一、卢某一提议向××建材公司收取20,000元"修路费"。2016年年底,×1至×2的公路已由政府拨款修建。温某某因惧怕被告人柯某甲等人在××村的势力,遂委托张某一和被告人柯某甲商谈能否少交一点,最终谈好××建材公司交"修路费"13,800元。在被告人柯某甲多次打电话催张某一缴纳13,800元"修路费"的情况下,温某某害怕不交修路费会影响公司生产经营,2017年9月,被迫向被告人柯某甲等人交了13,800元"修路费"。由于温某某一直拖着"管理费"没有交,被告人柯某甲便多次打电话催收"管理费",并和被告人谭某某等人说"要是××建材公司不交管理费就让他关门,没什么客气讲"。2017年12月,温某某迫于被告人柯某甲等人施加的压力缴纳了10,000元

“管理费”。向温某某收取的钱款全部由被告人谭某某保管,用于被告人柯某甲等人的吃喝、发福利、请客送礼等。

认定上述事实的证据有:J省行政事业单位收款收据、农村土地承包协议书等书证;证人刘某一、柯金某、黄玉某、柯小某、柯某辛、柯某壬、柯发某、张某一等人的证言;被害人付某一、杨某一、温某某的陈述;同案人柯某戊、柯某己的供述与辩解;被告人柯某甲、谭某某、聂某一、聂某二、吴某一、卢某一的供述与辩解;辨认笔录。

三、诈骗罪

2013年至2017年,被告人柯某甲争取到国家资金后,便召集被告人谭某某、聂某一、聂某二、吴某一、卢某一等人开会,要求大家准备好相关申报材料骗取资金。根据被告人柯某甲的安排,被告人柯某甲、谭某某、聂某一负责准备合同、会议记录、项目预算等材料,负责找人签字、盖章;挂点项目所在村小组的村委会干部负责现场拍照、监督施工等;被告人柯某乙和其他村委会干部予以协助。骗取的资金在支付一部分工程款后由被告人谭某某保管,用于被告人柯某甲等人日常吃喝、私分、旅游、送礼、发福利等。

1.2013年,被告人柯某甲争取到××电站维修项目“一事一议”资金后,安排彭某对××村电站及渠道进行部分维修,花费维修工程款10,556.2元,并要柯某癸作为施工方与××村村委会签订了××电站维修虚假合同。之后被告人柯某甲、谭某某、聂某一、聂某二、吴某一、卢某二和柯某子利用虚假合同及伪造的申报材料骗取了“一事一议”资金3万元。被告人柯某甲等人诈骗金额为19,443.8元。

2.2013年,被告人柯某甲争取到××排灌涵桥项目移民资金3万元后,召集被告人谭某某、聂某一、聂某二、吴某一、卢某一开会,提出拿2万元给被告人吴某一所在××村小组,剩下的钱留下来。之后被告人柯某甲等人利用伪造的申报材料骗取了该笔移民资金。被告人谭某某收到财政拨付的3万元资金后,转了2万元到被告人吴某一账户,扣除项目缴税1992.3元,被告人柯某甲等人诈骗金额为8007.7元。

3.2014年,被告人柯某甲争取到××提灌站项目移民资金9万元后,召集被告人谭某某、聂某一、聂某二、吴某一、卢某二开会,指定被告人吴某一负责落实该项目,被告人吴某一叫柯某寅对××提灌站进行部分维修,花费维修工程款3.9万元,被告人柯某甲等人以柯某寅、J××科技有限公司为施工方与××村村委会签订了××提灌站项目虚假合同,并利用虚假合同及伪造的申报材料骗取该笔移民资金。扣除44,706.9元(含缴税5706.9元),被告人柯某甲等人诈骗金额为45,293.1元。

4.2015年,被告人柯某甲争取到××抗旱井项目移民资金6万元后,召集被告人谭某某、聂某一、聂某二、吴某一、卢某一开会,指定被告人吴某一负责落实该项目,被告人吴某一叫柯某寅对××抗旱井进行部分维修,到南昌购买电机并请人安装,共花费10,800元。被告人柯某甲等人以彭某、J××科技有限公司为施工方与××村委签订了××抗旱井项目虚假合同,并利用虚假合同及伪造的申报材料骗取该笔移民资金,扣除14,604.6元(含缴税3804.6元),被告人柯某甲等人诈骗金额为45,395.4元。

5.2015年,被告人柯某甲以××村民自筹修建的公路向上争取到移民资金5.1万元后,召集被告人谭某某、聂某一、聂某二、吴某一、卢某二开会准备申报材料,指定被告人吴某一负责落实该项目,要柯某寅作为施工方与××村村委会签订了修建公路虚假合同,并利用虚假合同及伪造的申报材料骗取该笔移民资金。扣除缴税3386.91元,被告人柯某甲等人诈骗金额为47,613.09元。

6.2015年,被告人柯某甲以××村民自筹修建的公路争取到“一事一议”资金8万元后,召集被告人谭某某、聂某一、聂某二、吴某一、卢某一开会准备申报材料,并请李某一将店门口桥及引桥路面进行维修,花费维修工程款19,572元;同时安排被告人柯某乙作为施工方与××村村委会签订了修建公路虚假合同,被告人柯某乙明知自己没有修建公路,仍与××村村委会签订了该虚假合同。被告人柯某甲等人利用虚假合同及伪造的申报材料骗取了该笔“一事一议”资金。扣除24,828.8元(含缴税5256.8元),被告人柯某甲等人诈骗金额为55,171.2元。

7.2016年,××镇政府工作人员到××村村委会水库进行防汛检查,发现××水库泄洪渠道不畅通。后Z市水利局决定拨3万元工程款维修××水库泄洪渠道。被告人柯某甲、谭某某、聂某一、聂某二、吴某一、卢某一便以付某二为施工方与××村村委会签订了××水库泄洪道维修虚假合同,向水利局谎称已维修该水库,利用虚假合同及伪造的申报材料骗取国家防汛补助费3万元,扣除缴税1843.92元,诈骗金额为28,156.08元。

8.2014年,××村民自筹资金修建了三条公路,2016年,被告人柯某甲以公路硬化及过水桥闸工程、××改水改厕3个项目争取到移民资金后,召集被告人谭某某、聂某一、聂某二、吴某一、卢某一开会准备申报材料,并要求被告人柯某乙作为施工方与××村村委会签订虚假合同,被告人柯某乙明知2014年自己没有修建公路,××改水改厕项目,仍与××村村委会签订了上述项目施工合同。被告人柯某乙在被告人柯某甲安排下修建了部分公路和加宽了200米公路,被告人吴某一在被告人柯某甲安排下承建××改水改厕工程。工程完工后,被告人柯某甲等人利用虚假合同及伪造的申报材料骗取了3笔移民资金55.5万元,支付被告人柯某乙工程款45.5万元,被告人吴某一工程款2.04万元,扣除缴税34,662.14元、审计费4500元,被告人柯某甲等人诈骗金额为40,437.86元。

9.2013年××村民自筹资金请杨某二修建了公路,2014年××村民自筹资金请吴某二修建了公路,2015年××村民自筹资金请李某一修建了公路,2016年被告人柯某甲用上级拨付的移民资金安排被告人柯某乙修建了公路。柯某甲以上述修建的公路向上争取到交通补助30.9387万元后，召集被告人谭某某、聂某一、聂某二、吴某一、卢某一开会准备申报材料，安排被告人柯某乙签订虚假合同，被告人柯某乙明知2013年至2015年自己没有修建公路，仍与××村村委会签订上述3条公路施工合同。2016年3月至11月，××镇财政所陆续下拨了交通补助款30.9387万元。被告人谭某某按被告人柯某甲指示给了01村小组66,328.12元，02村小组66,328.12元，03村小组13,265.61元，扣除缴税20,411.48元，被告人柯某甲等人诈骗金额为143,053.67元。

10.2012年至2016年，市财政局和民政局每年都会发放一定名额的冬春生活救助和自然灾害生活补助，被告人柯某甲就会召集被告人谭某某、聂某一、聂某二、吴某一、卢某一开会，要求他们提供虚假受灾和救助人员名单，确保这些人领了钱能收回交给被告人谭某某保管。2012年至2016年，被告人柯某甲等人就将自己的亲属上报申请补助，共骗得补助款24,377.51元。2015年9月2日，因审计发现虚报救助名单情况，被告人柯某甲等人应××镇政府要求将骗取的21,577.51元救灾补助款予以上交，2017年4月28日，将骗取的2800元救灾补助款予以上交。

11.2017年10月20日，Z市水利局发文拨付22万元除险加固资金到××山塘，Z市水利局和乡镇工作人员来测量××山塘时，被告人柯某甲将这些人带到被告人柯某丙私挖承包的××水库，指着××水库说这就是××山塘，后被告人柯某甲告诉了被告人柯某丙其为××水库争取到除险加固项目；2017年11月，被告人柯某丙在知道自己的水库不是××山塘，也明显不符合条件的情况下，通过围标的方式取得了××山塘除险加固工程项目，将该项目资金用到自己私挖的××水库，该项目在2018年完成施工，被告人柯某丙获得工程款193,930元，缴税11,277.81元，诈骗金额为182,652.19元。

认定上述事实的证据有：项目施工合同、项目档案、银行流水、收据、工作说明、完税证明、领条等书证；证人彭某、柯某寅、吴某二、杨某二、柯某癸、李某一等人的证言；被告人柯某甲、柯某乙、柯某丙、谭某某、聂某一、聂某二、吴某一、卢某一等人的供述与辩解；现场方位图。

四、串通投标罪

2013年被告人柯某甲将××镇政府准备兴建××幼儿园、××小学等一系列工程项目的情况告诉被告人柯某乙、柯某丙，被告人柯某甲提出幼儿园、小学等一系列项目就由他们3人做，被告人柯某乙和柯某丙负责具体操作。之后被告人柯某乙、柯某丙报名参加小学教学楼投标，在招投标现场，被告人柯某乙、柯某丙得知参加投标的有8、9家，为顺利中标该工程项目，被告人柯某乙、柯某丙对邓某某、谢某某等其他投标人说××小学教学楼的项目他们要做，并且说××工程他们做不了，提出每个资质给5000元好处费。投标时，被告人柯某甲作为评标委员会成员，特意巡视会场一圈,被告人柯某乙再次警告其他投标人要按照之前商量好的写标价。邓某某等投标人迫于被告人柯某甲在××村的势力,在投标时按照被告人柯某乙、柯某丙的要求写了标价,被告人柯某甲、柯某乙、柯某丙如愿中标。中标之后被告人柯某乙、柯某丙给每个参与投标人支付了5000元好处费。被告人柯某甲、柯某乙、柯某丙还承建了除××小学教学楼以外的××幼儿园、小学综合楼及跑道等附属工程项目,以上工程项目总共获利30多万元,被告人柯某甲、柯某乙、柯某丙各分得10万元左右。

认定上述事实的证据有:扣押清单;承包合同及相关资料、工程预算书、结算书等书证;证人李四、邓某某、谢某某、刘二、邹志某、陈建某、柯月某、陈爱某等人的证言;被告人柯某乙、柯某丙的供述与辩解;辨认笔录。

五、强迫交易罪

2013年,被告人柯某乙、柯某丙在做××小学教学楼时,为了能顺利中标××小学综合楼及跑道等附属工程项目,将本来不需他们平整的土地进行平整。2013年年底,Z市××镇政府对××小学综合楼进行公开招投标,谢某某中标。被告人柯某乙、柯某丙遂在外面放话称"这是在我的地界,土地平整是我做的,水也是我家的,我看他谢某某怎么施工"。同时被告人柯某甲也给××镇干部施压,要求把××小学综合楼工程交给被告人柯某乙做。谢某某知道这些情况后,因惧怕被告人柯某甲等人在××村的势力,不敢进场施工,镇干部多次协商未果,最后谢某某因未按照合同约定的时间进场施工被毁标。为保证工程如期完成,××镇政府只好重新和被告人柯某乙签订合同,合同价格549,200元。工程完工后,××镇政府为了平息谢某某的情绪,增加20,000元工程款,并要被告人柯某乙以自己的名义将20,000元补偿给谢某某,被告人柯某乙从中扣除了1000多元税款之后将剩下的18,000余元给了谢某某。

认定上述事实的证据有:××镇××小学综合楼工程施工承包合同、工程预算书、结算书等书证;证人龚小某的证言;被害人谢某某的陈述;被告人柯某乙、柯某丙的供述与辩解。

六、妨害公务罪

2015年9月1日,Z市烟草专卖局执法人员张某二、雷某某到××镇××村被告人柯某丙开设的商店内进行烟草检查,发现了17包硬盒利群和7包硬盒中华疑似假烟。当日烟草专卖局副局长林某某带领工作人员聂三、李某二等人也到了××村。张某二开具扣押清单要求把烟带到Z市进行检查,被告人柯某甲赶到现场不配合执法并对烟草专卖局执法人员进行谩骂。见此状况,张某二随即报警,被告人柯某丙得知后赶回店中与被告人柯某甲一起推搡烟草专卖局工作人员并表示不同意将疑似假烟带走。××镇派出所民警抵达现场后,被告人柯某甲、柯某丙因不满烟草专卖局人员报警,又和烟草专卖局人员发生冲突,被告人柯某甲找了根木棍追打烟草专卖局工作人员,被告人柯某丙也捡起一个啤酒瓶砸向烟草专卖局工作人员,被××镇派出所民警制止。聂三见此情形拿出手机拍照,被告人柯某丙和其女儿柯卯一起抢夺聂三的手机,抢夺过程中,被告人柯某丙撕扯了聂三,并将抢下来的手机交给柯卯,由柯卯将手机里的视频删除。后聂三等人由民警护送上了警车。经Z市公安司法鉴定中心鉴定,聂三、李某二的损伤程度为轻微伤。

认定上述事实的证据有:行政处罚决定书、Z市烟草专卖局出具Z市××镇××村村委会卷烟零售户陈连某联合村书记及其亲属采取暴力抗拒阻碍烟草执法经过、出警经过,Z市人民法院民事卷宗、烟草专卖执法人员行使的职权依据、烟草专卖执法检查证复印件、说明等书证;证人柯晓某、黄少某、聂三、雷某某、张某二、林小某、李某二、柯卯、陈连某的证言;被告人柯某丙的供述与辩解。

七、故意销毁会计凭证罪

2016年年初,被告人柯某丁向被告人柯某戊、柯某己和柯某辛提议将××村小组的账本烧掉,但他们4人均不敢擅自决定。被告人柯某丁、柯某戊、柯某己将此事向被告人柯某甲汇报,被告人柯某甲表示账已经算了,可以烧。被告人柯某丁、柯某戊、柯某己3人遂在被告人柯某己家里将××村小组2007年至2015年的会计凭证全部烧掉,被烧毁的会计凭证金额至少达50多万元。

认定上述事实的证据有:Z市财政局、Z市林业局文件、Z市社会主义新农村建设领导小组办公室文件、新农村建设财政专户资金拨款凭证回单,××村村委会2008年至2015年退耕还林发放表及J省农村信用卡代理业务成功清单、山地承包协议等书证;证人柯某辛、柯某壬等人的证言;被告人柯某甲、柯某丁、柯某己、柯某戊的供述与辩解。

除实施组织犯罪外,该组织成员还实施了以下个人犯罪行为:

一、贪污罪

1.2014年,××镇财政所拨付××村村委会××小学征地款、青苗补助款等共计170,990元。××村村委会向村民支付了征地款、青苗补助款等共计151,918元,剩余款项经被告人柯某甲决定,由被告人柯某甲、谭某某、聂某一、聂某二和吴某一、卢某一六人私分,被告人柯某甲分得4000元,其他人员各分得3000元。

2.2015年××村小组新农村建设,财政部门分两次共拨付资金20万元。工程完工后,××村村委会支付了××村小组新农村建设工程款16万元,截留了4万元。经被告人柯某甲决定,从截留款项中拿出2万元来私分,被告人柯某甲、谭某某、聂某一、聂某二4人各分得5000元。

认定上述事实的证据有:协议书、关于拨付2015年度新农村建设村点第一批资金的通知、拨款凭证、银行流水、青苗补助发放表、自制凭证、领条等书证;证人孙志某等人的证言;被告人柯某甲、谭某某、聂某一等人的供述与辩解。

二、挪用公款罪

2013年12月,Z市××新型环保建材有限公司(以下简称××公司)与××村村委会××村签订征地协议,2013年12月至2014年4月,××公司分4笔将83.464万元征地拆迁款汇至××镇财政所,××镇财政所于2013年12月25日、2014年4月29日分2次将××公司支付的83.464万元征地拆迁款转到被告人谭某某银行账户上。

2017年7月,被告人柯某甲与他人合伙开设的××水稻合作社需要资金收早稻,并按1分的月息算利息,于是被告人柯某甲找到被告人谭某某要其将其保管的××公司征地拆迁款给70万元到××水稻合作社用于收早稻,被告人谭某某遂按被告人柯某甲的指示将70万元征地拆迁款转到××水稻合作社出纳付某二账上。2017年9月18日,在早稻收购结束之后,付某二按照被告人柯某甲的指示将谭某某转给其的70万元征地拆迁款转到其妻子被告人聂某二账上。2017年10月21日、11月1日、11月8日,被告人聂某二按被告人柯某甲的指示,分3次将60万元征地拆迁款转到付某二账上用于收购晚稻,2017年11月8日转10万元征地拆迁款到付某三账上收购晚稻。2017年11月17日、18日、20日,被告人柯某甲安排柯某丙、柯某乙、柯某辰将70万元征地款分4笔还给被告人谭某某。被告人柯某甲从××水稻合作社共获取利息2.17万元。被告人柯某甲给了被告人谭某某2000元好处费、被告人聂某二1000元好处费。

认定上述事实的证据有:××水稻合作社信息、拨款凭证、提取笔录、利息凭证、征地材料、银行流水、票据、常住人口信息等书证;证人陈菊某、南清某、宋义某、付某二、柯某辰、潘劲某、杨某三等人的证言;同案人聂某一、柯某乙、柯某丙等人的供述与辩解;被告人柯某甲、谭某某、聂某二等人的供述与辩解。

三、赌博罪

2010年至2018年,被告人柯某戌在其所开商店内,摆放2台麻将机及1张方桌,供他人打麻将和打牌。期间柯某戌、吴某二等20多人在该商店内以打麻将、打牌、玩“牛牛”的方式进行赌博活动,被告人柯某戌多次为赌博人员提供借款,并以收取台费和抽头渔利的方式获利。

认定上述事实的证据有:扣押物品清单等物证;账本复印件、记账明细等书证;证人柯细某、柯学某、柯小某、柯海某、柯三某、柯某戌等人的证言;被告人柯某戌的供述与辩解;现场照片等。

四、诈骗罪

2016年,被告人聂某二、付某二(另案处理)夫妇得知五保户进行危房改造有2万元补贴,就利用其夫妇赡养的五保户柯某亥的身份骗取危房改造资金2万元,将自家一栋老房子拆掉新建了一栋两层楼房。

认定上述事实的证据有：危房改造资金发放表、危房改造试点农户档案信息表、关于柯某己账户变动的说明、农村危房改造农户纸质档案（柯某亥）、情况说明、政府文件、凭证和转账记录等书证；证人傅龙某、傅礼某、简小某、杜小某等人的证言；同案人付某二的供述；被告人聂某二的供述与辩解。

另查明，被告人柯某丙系主动投案，被告人卢某一系接到公安机关口头传唤后到公安机关配合调查，被告人柯某甲、谭某某、聂某一、聂某二、吴某一、柯某丁、柯某戊、柯某乙、柯某己，系公安民警抓获归案。

本院认为，被告人柯某甲组织、领导具有黑社会性质的组织；多次敲诈勒索他人财物共计238,800元，数额巨大；多次骗取国家资金共计639,601.51元，数额特别巨大；采取威胁、贿赂方式串通投标；强迫他人放弃中标项目，情节严重；以暴力方式阻碍国家机关工作人员依法执行职务；故意销毁会计凭证；利用职务上的便利，伙同他人侵吞国家资金共计39,000元，数额较大；利用职务上的便利，伙同他人挪用公款700,000元归个人使用，进行营利活动，数额较大。其行为触犯了《中华人民共和国刑法》第294条第1款、第274条、第266条、第223条、第226条第3项、第277条第1款、第162条之一第1款、第382条第1款、第383条第1款第1项和第2款、第384条第1款，犯罪事实清楚，证据确实、充分，应当以组织、领导参加黑社会性质组织罪、敲诈勒索罪、诈骗罪、串通投标罪、强迫交易罪、妨害公务罪、故意销毁会计凭证罪、贪污罪、挪用公款罪追究其刑事责任，依据《中华人民共和国刑法》第69条的规定，实行数罪并罚。被告人柯某甲在黑社会性质组织的犯罪活动中起组织领导作用，系首要分子，应对该组织所犯全部罪行承担责任，同时适用《中华人民共和国刑法》第25条第1款、第26条之规定。

被告人谭某某积极参加具有黑社会性质的组织；敲诈勒索他人财物共计98,800元，数额巨大；多次骗取国家资金共计456,949.32元，数额巨大；利用职务上的便利，伙同他人侵吞国家资金共计39,000元，数额较大；利用职务上的便利，伙同他人挪用公款700,000元归个人使用，进行营利活动，数额较大。其行为触犯了《中华人民共和国刑法》第294条第1款、第274条、第266条、第382条第1款、第383条第1款第1项和第2款、第384条第1款，犯罪事实清楚，证据确实、充分，应当以参加黑社会性质组织罪、敲诈勒索罪、诈骗罪、贪污罪、挪用公款罪追究其刑事责任，依据《中华人民共和国刑法》第69条的规定，实行数罪并罚。被告人谭某某在敲诈勒索、诈骗共同犯罪中起次要作用，系从犯；如实供述自己的罪行，系坦白，同时适用《中华人民共和国刑法》第25条第1款、第27条、第67条第3款之规定。

被告人聂某一积极参加具有黑社会性质的组织；敲诈勒索他人财物共计98,800元，数额巨大；多次骗取国家资金共计456,949.32元，数额巨大；利用职务上的便利，伙同他人侵吞国家资金共计39,000元，数额较大。其行为触犯了《中华人民共和国刑法》第294条第1款、第274条、第266条、第382条第1款、第383条第1款第1项和第2款,犯罪事实清楚,证据确实、充分,应当以参加黑社会性质组织罪、敲诈勒索罪、诈骗罪、贪污罪追究其刑事责任,依据《中华人民共和国刑法》第69条的规定,实行数罪并罚。被告人聂某一在敲诈勒索、诈骗共同犯罪中起次要作用,系从犯;如实供还自己的罪行,系坦白,同时适用《中华人民共和国刑法》第25条第1款、第27条、第67条第3款之规定。

被告人聂某二积极参加具有黑社会性质的组织;敲诈勒索他人财物共计98,800元,数额巨大;多次骗取国家资金共计476,949.32元,数额巨大;利用职务上的便利,伙同他人侵吞国家资金共计39,000元,数额较大;利用职务上的便利,伙同他人挪用公款700,000元归个人使用,进行营利活动,数额较大。其行为触犯了《中华人民共和国刑法》第294条第1款、第274条、第266条、第382条第1款、第383条第1款第1项和第2款、第384条第1款,犯罪事实清楚,证据确实、充分,应当以参加黑社会性质组织罪、敲诈勒索罪、诈骗罪、贪污罪、挪用公款罪追究其刑事责任,依据《中华人民共和国刑法》第69条的规定,实行数罪并罚。被告人聂某二在敲诈勒索、诈骗共同犯罪中起次要作用,系从犯,同时适用《中华人民共和国刑法》第25条第1款、第27条之规定。

被告人柯某乙积极参加具有黑社会性质的组织;多次骗取国家资金共计238,662.73元,数额巨大;采取威胁、贿赂方式串通投标;强迫他人放弃中标项目,情节严重。其行为触犯了《中华人民共和国刑法》第294条第1款、第266条、第223条、第226条第3项,犯罪事实清楚,证据确实、充分,应当以参加黑社会性质组织罪、诈骗罪、串通投标罪、强迫交易罪追究其刑事责任,依据《中华人民共和国刑法》第69条的规定;实行数罪并罚。被告人柯某乙在诈骗共同犯罪中起次要作用,系从犯,同时适用《中华人民共和国刑法》第25条第1款、第27条之规定。

被告人柯某丙积极参加具有黑社会性质的组织;骗取国家资金182,652.19元,数额巨大;采取威胁、贿赂方式串通投标;强迫他人放弃中标项目,情节严重;以暴力方式阻碍国家机关工作人员依法执行职务。其行为触犯了《中华人民共和国刑法》第294条第1款、第266条、第223条、第226条第3项、第277条第1款,犯罪事实清楚,证据确实、充分,应当以参加黑社会性质组织罪、诈骗罪、串通投标罪、强迫交易罪、妨害公务罪追究其刑事责任,依据《中华人民共和国刑法》第69条的规定,实行数罪并罚。

被告人柯某丁积极参加具有黑社会性质的组织;敲诈勒索他人财物140,000元,数额巨大;故意销毁会计凭证。其行为触犯了《中华人民共和国刑法》第294条第1款、第274条、第162条之一第1款,犯罪事实清楚,证据确实、充分,应当以参加黑社会性质组织罪、敲诈勒索罪、故意销毁会计凭证罪追究其刑事责任,依据《中华人民共和国刑法》第69条的规定,实行数罪并罚。被告人柯某丁如实供述自己的罪行,系坦白,同时适用《中华人民共和国刑法》第67条第3款之规定。

被告人柯某戊积极参加具有黑社会性质的组织;故意销毁会计凭证;以营利为目的,聚众赌博。其行为触犯了《中华人民共和国刑法》第294条第1款、第162条之一第1款、第303条第1款,犯罪事实清楚,证据确实、充分,应当以参加黑社会性质组织罪、故意销毁会计凭证罪、赌博罪追究其刑事责任,依据《中华人民共和国刑法》第69条的规定,实行数罪并罚。

被告人吴某一积极参加具有黑社会性质的组织;敲诈勒索他人财物共计98,800元,数额巨大;多次骗取国家资金共计456,949.32元,数额巨大。其行为触犯了《中华人民共和国刑法》第294条第1款、第274条、第266条,犯罪事实清楚,证据确实、充分,应当以参加黑社会性质组织罪、敲诈勒索罪、诈骗罪追究其刑事责任,依据《中华人民共和国刑法》第69条的规定,实行数罪并罚。被告人吴某一在敲诈勒索、诈骗共同犯罪中起次要作用,系从犯;如实供述自己的罪行,系坦白,同时适用《中华人民共和国刑法》第25条第1款、第27条、第67条第3款之规定。

被告人卢某一积极参加具有黑社会性质的组织;敲诈勒索他人财物共计98,800元,数额巨大;多次骗取国家资金共计456,949.32元,数额巨大。其行为触犯了《中华人民共和国刑法》第294条第1款、第274条、第266条,犯罪事实清楚,证据确实、充分,应当以参加黑社会性质组织罪、敲诈勒索罪、诈骗罪追究其刑事责任,依据《中华人民共和国刑法》第69条的规定,实行数罪并罚。被告人卢某一在敲诈勒索、诈骗共同犯罪中起次要作用,系从犯,同时适用《中华人民共和国刑法》第25条第1款、第27条之规定。

被告人柯某己积极参加具有黑社会性质的组织;故意销毁会计凭证。其行为触犯了《中华人民共和国刑法》第294条第1款、第162条之一第1款,犯罪事实清楚,证据确实、充分,应当以参加黑社会性质组织罪、故意销毁会计凭证罪追究其刑事责任,依据《中华人民共和国刑法》第69条的规定实行数罪并罚。

根据《中华人民共和国刑法》第64条之规定,建议没收该组织及成员全部非法所得。

根据《中华人民共和国刑事诉讼法》第176条第1款的规定,提起公诉,请依法判处。

此致

Z市人民法院

检　察　官:×××

检察官助理:×××　××

2019年6月17日

变更起诉决定书

Z市人民检察院
变更起诉决定书

Z检公诉刑变诉(2020)×号

被告人柯某甲涉嫌组织、领导黑社会性质组织罪、敲诈勒索罪、诈骗罪、串通投标罪、强迫交易罪、妨害公务罪、故意销毁会计凭证罪、贪污罪、挪用公款罪;被告人谭某某涉嫌参加黑社会性质组织罪、敲诈勒索罪、诈骗罪、贪污罪、挪用公款罪;被告人聂某一涉嫌参加黑社会性质组织罪、敲诈勒索罪、诈骗罪、贪污罪;被告人聂某二涉嫌参加黑社会性质组织罪、敲诈勒索罪、诈骗罪、贪污罪、挪用公款罪;被告人柯某乙涉嫌参加黑社会性质组织罪、诈骗罪、串通投标罪、强迫交易罪;被告人柯某丙涉嫌参加黑社会性质组织罪、诈骗罪、串通投标罪、强迫交易罪、妨害公务罪;被告人柯某丁涉嫌参加黑社会性质组织罪、敲诈勒索罪、故意销毁会计凭证罪;被告人柯某戊涉嫌参加黑社会性质组织罪、故意销毁会计凭证罪、赌博罪;被告人吴某一涉嫌参加黑社会性质组织罪、敲诈勒索罪、诈骗罪;被告人卢某一涉嫌参加黑社会性质组织罪、敲诈勒索罪、诈骗罪;被告人柯某己涉嫌参加黑社会性质组织罪、故意销毁会计凭证罪一案,本院以Z检公诉刑诉(2019)×××号起诉书向你院提起公诉,在法庭审理过程中,发现案件事实与起诉书指控的事实不符。现根据查明的事实对Z检公诉刑诉(2019)×××号起诉书作如下变更:

认定的事实变更为:

被告人柯某甲任Z市××镇××村村委会主任、村党支部书记期间,借助家族势力及其个人淫威,将被告人谭某某、聂某一、柯某丁、柯某一等××村村委会干部、××村小组干部及其亲属拉拢发展为亲信,经常纠集村委会干部、村小组干部及其亲属实施敲诈勒索、诈骗、强迫交易、故意销毁会计凭证等违法犯罪活动,逐步形成了以被告人柯某甲为首,被告人谭某某、聂某一、聂某二、柯某乙、柯某丙、柯某丁、柯某戊、吴某一、卢某一、柯某己为成员的恶势力团伙。该恶势力团伙长期把持该村"两委",霸占自然资源,变相侵占集体财产,横行乡里、为非作恶、称霸一方,扰乱了当地政治、经济、社会生活秩序,损害了党的形象和执政根基,造成了较为恶劣的社会影响。

该恶势力团伙实施了以下犯罪事实:

一、敲诈勒索罪

1.2009年,付某一与他人合伙承包经营××煤矿。2010年,经被告人柯某甲决定，带领被告人谭某某、聂某一、聂某二、吴某一、卢某一到××煤矿，以××煤矿效益好为由，要求付某一每年缴纳10,000元“管理费”。付某一迫于被告人柯某甲等人在××村的强势地位不得已缴纳10,000元。之后每年被告人柯某甲都会安排被告人谭某某到××煤矿收取10,000元“管理费”。至2017年，共向付某一收取了75,000元“管理费”，所收取的钱款均由被告人谭某某保管，用于被告人柯某甲等人吃喝、发福利、请客送礼等。

2.2010年，××公司杨某一承包了××镇××村400多亩山地种油茶树。2012年，因油茶树大面积干旱，杨某一通过××镇干部找到被告人柯某甲提出想承包××村××村小组×××荒地挖水库用于灌溉油茶林。被告人柯某甲与杨某一商量好承包费每年10,000元。之后被告人柯某甲将此事告知被告人柯某丁等村小组干部，被告人柯某丁和柯某戊、柯某己等村小组干部召集××村民开村民大会讨论对外承包×××荒地一事。会上，村民柯某庚等人表示想承包。被告人柯某甲、柯某丁见此情形便提出要承包必须一次性交10年的租金，柯某庚等人遂放弃承包念头。之后杨某一便与村小组干部被告人柯某丁等人及××村村委会签订了×××荒地承包协议。协议签订后，被告人柯某甲以承包费太低为由指使被告人柯某丁向杨某一提出再交140,000元，并且暂不把承包协议给杨某一。杨某一为尽快拿到承包协议开工挖水库缓解油茶林旱情，被迫给了被告人柯某甲、柯某丁140,000元现金。被告人柯某甲、柯某丁每人分得60,000元后，剩余20,000元经被告人柯某甲决定，由柯某丁、柯某己、柯某戊、柯某辛、柯某壬每人分得3400元，被告人柯某甲自己分得3000元。

3.2015年，温某某通过××镇政府招商引资，在××村开办了××建材公司。2016年八九月，被告人柯某甲、谭某某、聂某一、聂某二、吴某一、卢某一与温某某吃饭时，被告人柯某甲向温某某提出待企业正式投产后要缴纳“管理费”，其他在场被告人均予以附和，温某某为了应付面上同意了。之后，被告人柯某甲又以×1至×2的路经过该建材公司门口为由跟被告人谭某某、聂某一、聂某二、吴某一、卢某一提议向××建材公司收取20,000元“修路费”。2016年年底，×1至×2的公路已由政府拨款修建。温某某因惧怕被告人柯某甲等人在××村的势力，遂委托张某一和被告人柯某甲商谈能否少交一点，最终谈好××建材公司交“修路费”13,800元。在被告人柯某甲多次打电话催张某一缴纳13,800元“修路费”的情况下，温某某害怕不交“修路费”会影响公司生产经营，2017年9月，被迫向被告人柯某甲等人交了13,800元“修路费”。由于温某某一直拖着“管理费”没有交，被告人柯某甲便多次打电话催收“管理费”，并和被告人谭某某等人说“要是××建材公司不交管理费就让他关门，没什么客气讲”。2017年12月，温某某迫于被告人柯某甲等人施加的压力缴纳了10,000元“管理费”。向温某某收取的钱款全部由被告人谭某某保管，用于被告人柯某甲等人的吃喝、发福利、请客送礼等。

认定上述事实的证据有:江西省行政事业单位收款收据、农村土地承包协议书等书证;证人刘某一、柯金某、黄玉某、柯小某、柯某辛、柯某壬、柯发某、张某一等人的证言;被害人付某一、杨某一、温某某的陈述;同案人柯某戊、柯某己的供述与辩解;被告人柯某甲、谭某某、聂某一、聂某二、吴某一、卢某一的供述与辩解;辨认笔录。

二、诈骗罪

2013 年至 2017 年,被告人柯某甲争取到国家资金后,便召集被告人谭某某、聂某一、聂某二、吴某一、卢某一等人开会,要求大家准备好相关申报材料骗取资金。根据被告人柯某甲的安排,被告人柯某甲、谭某某、聂某一负责准备合同、会议记录、项目预算等材料,负责找人签字、盖章;挂点项目所在村小组的村委会干部负责现场拍照、监督施工等;被告人柯某乙和其他村委会干部予以协助。骗取的资金在支付一部分工程款后由被告人谭某某保管,用于被告柯某甲等人日常吃喝、私分、旅游、送礼、发福利等。

1.2013 年,被告人柯某甲争取到××电站维修项目"一事一议"资金后,安排彭某对××村电站及渠道进行部分维修,花费维修工程款 10,556.2 元,并要柯某癸作为施工方与××村村委会签订了××电站维修虚假合同。之后被告人柯某甲、谭某某、聂某一、聂某二、吴某一、卢某二和柯某子利用虚假合同及伪造的申报材料骗取了"一事一议"资金 3 万元。被告人柯某甲等人诈骗金额为 19,443.8 元。

2.2013 年,被告人柯某甲争取到××排灌涵桥项目移民资金 3 万元后,召集被告人谭某某、聂某一、聂某二、吴某一、卢某一开会,提出拿 2 万元给被告人吴某一所在××村小组,剩下的钱留下来。之后被告人柯某甲等人利用伪造的申报材料骗取了该笔移民资金。被告人谭某某收到财政拨付的 3 万元资金后,转了 2 万元到被告人吴某一账户,扣除项目缴税 1992.3 元,被告人柯某甲等人诈骗金额为 8007.7 元。

3.2014 年,被告人柯某甲争取到××提灌站项目移民资金 9 万元后,召集被告人谭某某、聂某一、聂某二、吴某一、卢某二开会,指定被告人吴某一负责落实该项目,被告人吴某一叫柯某寅对××提灌站进行部分维修,花费维修工程款 3.9 万元,被告人柯某甲等人以柯某寅、江西××科技有限公司为施工方与××村村委会签订了××提灌站项目虚假合同,并利用虚假合同及伪造的申报材料骗取该笔移民资金。扣除 44,706.9 元(含缴税 5706.9 元),被告人柯某甲等人诈骗金额为 45,293.1 元。

4.2015 年,被告人柯某甲争取到××抗旱井项目移民资金 6 万元后,召集被告人谭某某、聂某一、聂某二、吴某一、卢某一开会,指定被告人吴某一负责落实该项目,被告人吴某一叫柯某寅对××抗旱井进行部分维修,到南昌购买电机并请人安装,共花费 10,800 元。被告人柯某甲等人以彭某、江西××科技有限公司为施工方与××村村委会签订了××抗旱井项目虚假合同,并利用虚假合同及伪造的申报材料骗取该笔移民资金,扣除 14,604.6 元(含缴税 3804.6 元),被告人柯某甲等人诈骗金额为

45,395.4 元。

5.2015 年,被告人柯某甲以××村民自筹修建的公路争取到移民资金 5.1 万元后,召集被告人谭某某、聂某一、聂某二、吴某一、卢某二开会准备申报材料,指定被告人吴某一负责落实该项目,要柯某寅作为施工方与××村村委会签订了修建公路的虚假合同,并利用虚假合同及伪造的申报材料骗取该笔移民资金。扣除缴税 3386.91 元,被告人柯某甲等人诈骗金额为 47,613.09 元。

6.2015 年,被告人柯某甲以××村民自筹修建的公路争取到“一事一议”资金 8 万元后,召集被告人谭某某、聂某一、聂某二、吴某一、卢某一开会准备申报材料,并请李某一将店门口桥及引桥路面进行维修,花费维修工程款 19,572 元;同时安排被告人柯某乙作为施工方与××村村委会签订了修建公路的虚假合同,被告人柯某乙明知自己没有修建公路,仍与××村村委会签订了该虚假合同。被告人柯某甲等人利用虚假合同及伪造的申报材料骗取了该笔“一事一议”资金。扣除24,828.8元(含缴税 5256.8 元),被告人柯某甲等人诈骗金额为 55,171.2 元。

7.2016 年,××镇政府工作人员到××村村委会水库进行防汛检查,发现××水库泄洪渠道不畅通。后 Z 市水利局决定拨 3 万元工程款维修××水库泄洪渠道。被告人柯某甲、谭某某、聂某一、聂某二、吴某一、卢某一便以付某二为施工方与××村委会签订了××水库泄洪道维修虚假合同,向水利局谎称已维修该水库,利用虚假合同及伪造的申报材料骗取国家防汛补助费 3 万元,扣除缴税 1843.92 元,诈骗金额为 28,156.08 元。

8.2014 年,××村民自筹资金修建了 3 条公路,2016 年,被告人柯某甲以公路硬化及过水桥闸工程、××改水改厕 3 个项目争取到移民资金后,召集被告人谭某某、聂某一、聂某二、吴某一、卢某一开会准备申报材料,并要求被告人柯某乙作为施工方与××村村委会签订虚假合同,被告人柯某乙明知 2014 年自己没有修建公路,××改水改厕项目,仍与××村村委会签订了上述项目施工合同。被告人柯某乙在被告人柯某甲安排下修建了部分公路和加宽了 200 米公路,被告人吴某一在被告人柯某甲安排下承建××改水改厕工程。工程完工后,被告人柯某甲等人利用虚假合同及伪造的申报材料骗取了 3 笔移民资金 55.5 万元,支付被告人柯某乙工程款 45.5 万元,被告人吴某一工程款 2.04 万元,扣除缴税 34,662.14 元、审计费 4500 元,被告人柯某甲等人诈骗金额为 40,437.86 元。

9.2013 年×××村民自筹资金请杨某二修建了公路,2014 年××村民自筹资金请吴某二修建了公路,2015 年××村民自筹资金请李某一修建了公路,2016 年被告人柯某甲用上级拨付的移民资金安排被告人柯某乙修建了公路。柯某甲以上述修建的公路争取到交通补助30.9387万元后,召集被告人谭某某、聂某一、聂某二、吴某一、卢某一开会准备申报材料,安排被告人柯某乙签订虚假合同,被告人柯某乙明知 2013

年至2015年自己没有修建公路,仍与××村村委会签订上述3条公路施工合同。2016年3月至11月,××镇财政所陆续下拨了交通补助款30.9387万元。被告人谭某某按被告人柯某甲指示给了01村小组66,328.12元,02村小组66,328.12元,03村小组13,265.61元,扣除缴税20,411.48元,被告人柯某甲等人诈骗金额为143,053.67元。

10.2012年至2016年,市财政局和民政局每年都会发放一定名额的冬春生活救助和自然灾害生活补助,被告人柯某甲就会召集被告人谭某某、聂某一、聂某二、吴某一、卢某一开会,要求他们提供虚假受灾和救助人员名单,确保这些人领了钱能收回交给被告人谭某某保管。2012年至2016年,被告人柯某甲等人就将自己的亲属上报申请补助,共骗得补助款24,377.51元。2015年9月2日,因审计发现虚报救助名单情况,被告人柯某甲等人应××镇政府要求将骗取的21,577.51元救灾补助款予以上交,2017年4月28日将骗取的2800元救灾补助款予以上交。

11.2017年10月20日,Z市水利局发文拨付22万元除险加固资金到××山塘,Z市水利局和乡镇工作人员来测量××山塘时,被告人柯某甲将这些人带到被告人柯某丙私挖承包的××水库,指着××水库说这就是××山塘,后被告人柯某甲告诉了被告人柯某丙其为××水库争取到除险加固项目;2017年11月,被告人柯某丙在知道自己的水库不是××山塘,也明显不符合条件的情况下,通过围标的方式取得了××山塘除险加固工程项目,将该项目资金用到自己私挖的××水库,该项目在2018年完成施工,被告人柯某丙获得工程款193,930元,缴税11,277.81元,诈骗金额为182,652.19元。

认定上述事实的证据有:项目施工合同、项目档案、银行流水、收据、工作说明、完税证明、领条等书证;证人彭某、柯某寅、吴某二、杨某二、柯某癸、李某一等人的证言;被告人柯某甲、柯某乙、柯某丙、谭某某、聂某一、聂某二、吴某一、卢某一等人的供述与辩解;现场方位图。

三、串通投标罪

2013年被告人柯某甲将××镇政府准备兴建××幼儿园、××小学等一系列工程项目的情况告诉被告人柯某乙、柯某丙,被告人柯某甲并提出幼儿园、小学等一系列项目就由他们3人做,被告人柯某乙和柯某丙负责具体操作。之后被告人柯某乙、柯某丙报名参加小学教学楼投标,在招投标现场,被告人柯某乙、柯某丙得知参加投标的有八九家,为顺利中标该工程项目,被告人柯某乙、柯某丙对邓某某、谢某某等其他投标人说××小学教学楼的项目他们要做,并且说××工程他们做不了,提出每个资质给5000元好处费。投标时,被告人柯某甲作为评标委员会成员,特意巡视会场一圈,被告人柯某乙再次警告其他投标人要按照之前商量好的写标价。邓某某等投标人迫于被告人柯某甲在××村的势力,在投标时按照被告人柯某乙、柯某丙的要求写了标价，被告人柯某甲、柯某乙、柯某丙如愿中标。中标之后被告人柯某乙、柯某丙给每个参与投标人支付了5000元好处费。被告人柯某甲、柯某乙、柯某丙还承建了除××小学教学楼以外的××幼儿园、小学综合楼及跑道等附属工程项目，以上工程项目总共获利30多万元，被告人柯某甲、柯某乙、柯某丙各分得10万元左右。

认定上述事实的证据有：扣押清单；承包合同及相关资料、工程预算书、结算书等书证；证人李四、邓某某、谢某某、刘二、邹志某、陈建某、柯月某、陈爱某等人的证言；被告人柯某乙、柯某丙的供述与辩解；辨认笔录。

四、强迫交易罪

2013年，被告人柯某乙、柯某丙在做××小学教学楼时，为了能顺利中标××小学综合楼及跑道等附属工程项目，将本来不需他们平整的土地进行平整。2013年年底，Z市××镇政府对××小学综合楼进行公开招投标，谢某某中标。被告人柯某乙、柯某丙遂在外面放话称“这是在我的地界，土地平整是我做的，水也是我家的，我看他谢某某怎么施工”。同时被告人柯某甲也给××镇干部施压，要求把××小学综合楼工程交给被告人柯某乙做。谢某某知道这些情况后，因惧怕被告人柯某甲等人在××村的势力，不敢进场施工，镇干部多次协商未果，最后谢某某因未按照合同约定的时间进场施工而被毁标。为保证工程如期完成，××镇政府只好重新和被告人柯某乙签订合同，合同价格549,200元。工程完工后，××镇政府为了平息谢某某的情绪，增加20,000元工程款，并要被告人柯某乙以自己的名义将20,000元补偿给谢某某，被告人柯某乙从中扣除了1000多元税款之后将剩下的18,000余元给了谢某某。

认定上述事实的证据有：××镇××小学综合楼工程施工承包合同、工程预算书、结算书等书证；证人龚小某的证言；被害人谢某某的陈述；被告人柯某乙、柯某丙的供述与辩解。

五、妨害公务罪

2015年9月1日，Z市烟草专卖局执法人员张某二、雷某某到××镇××村被告人柯某丙开设的商店内进行烟草检查，发现了17包硬盒利群和7包硬盒中华疑似假烟。当日烟草专卖局副局长林某某带领工作人员聂三、李某二等人也到了××村。张某二开具扣押清单要求把烟带到Z市进行检查，被告人柯某甲赶到现场不配合执法并对烟草专卖局执法人员进行谩骂。见此状况，张某二随即报警，被告人柯某丙得知后赶回店中与被告人柯某甲一起推搡烟草专卖局工作人员并表示不同意将疑似假烟带走。××镇派出所民警抵达现场后，被告人柯某甲、柯某丙因不满烟草专卖局人员报警，又和烟草专卖局人员发生冲突，被告人柯某甲找了根木棍追打烟草专卖局工作人员，被告人柯某丙也捡起一个啤酒瓶砸向烟草专卖局工作人员，被××镇派出所民警制止。聂三见此情形拿出手机拍照，被告人柯某丙和其女儿柯卯一起抢夺聂三的手机，抢夺过程中，被告人柯某丙撕扯了聂三，并将抢下来的手机交给柯卯，由柯卯将手机里的视频删除。后聂三等人由民警护送上了警车。经Z市公安司法鉴定中心鉴定,聂三、李某二的损伤程度为轻微伤。

认定上述事实的证据有:行政处罚决定书、Z市烟草专卖局出具Z市××镇××村村委会卷烟零售户陈连某联合村书记及其亲属采取暴力抗拒阻碍烟草执法经过、出警经过,Z市人民法院民事卷宗、烟草专卖执法人员行使的职权依据、烟草专卖执法检查证复印件、说明等书证;证人柯晓某、黄少某、聂三、雷某某、张某二、林小某、李某二、柯卯、陈连某的证言;被告人柯某丙的供述与辩解。

六、故意销毁会计凭证罪

2016年年初,被告人柯某丁向被告人柯某戊、柯某已和柯某辛提议将××村小组的账本烧掉,但他们4人均不敢擅自决定。被告人柯某丁、柯某戊、柯某已将此事向被告人柯某甲汇报,被告人柯某甲表示账已经算了,可以烧。被告人柯某丁、柯某戊、柯某已3人遂在被告人柯某已家里将××村小组2007年至2015年的会计凭证全部烧掉,被烧毁的会计凭证金额至少达50多万元。

认定上述事实的证据有:Z市财政局、Z市林业局文件、Z市社会主义新农村建设领导小组办公室文件、新农村建设财政专户资金拨款凭证回单,××村村委会2008年至2015年退耕还林发放表及江西省农村信用卡代理业务成功清单、山地承包协议等书证;证人柯某辛、柯某壬等人的证言;被告人柯某甲、柯某丁、柯某已、柯某戊的供述与辩解。

七、贪污罪

1. 2014年,××镇财政所拨付××村村委会××小学征地款、青苗补助款等共计170,990元。××村村委会向村民支付了征地款、青苗补助款等共计151,918元,剩余款项经被告人柯某甲决定,由被告人柯某甲、谭某某、聂某一、聂某二和吴某一、卢某一6人私分,被告人柯某甲分得4000元,其他人员各分得3000元。

2. 2015年××村小组新农村建设,财政部门分2次共拨付资金20万元。工程完工后,××村村委会支付了××村小组新农村建设工程款16万元,截留了4万元。经被告人柯某甲决定,从截留款项中拿出2万元来私分,被告人柯某甲、谭某某、聂某一、聂某二4人各分得5000元。

认定上述事实的证据有:协议书、关于拨付2015年度新农村建设村点第一批资金的通知、拨款凭证、银行流水、青苗补助发放表、自制凭证、领条等书证;证人孙志某等人的证言;被告人柯某甲、谭某某、聂某一等人的供述与辩解。

八、挪用公款罪

2013年12月,Z市××新型环保建材有限公司(以下简称××公司)与××村村委会××村签订征地协议,2013年12月至2014年4月,××公司分4笔将83.464万元征地拆迁款汇至××镇财政所,××镇财政所于2013年12月25日、2014年4月

29日分2次将××公司支付的83.464万元征地拆迁款转到被告人谭某某银行账户上。

2017年7月,被告人柯某甲与他人合伙开设的××水稻合作社需要资金收早稻,并按1分的月息算利息,于是被告人柯某甲找到被告人谭某某要其将其保管的××公司征地拆迁款给70万元到××水稻合作社用于收早稻,被告人谭某某遂按被告人柯某甲的指示将70万元征地拆迁款转给××水稻合作社出纳付某二账上。2017年9月18日,在早稻收购结束之后,付某二按照被告人柯某甲的指示将谭某某转给其的70万元征地拆迁款转到其妻子被告人聂某二账上。2017年10月21日、11月1日、11月8日,被告人聂某二按被告人柯某甲的指示,分3次将60万元征地拆迁款转到付某二账上用于收购晚稻,2017年11月8日转10万元征地拆迁款到付某三账上收购晚稻。2017年11月17日、18日、20日,被告人柯某甲安排柯某丙、柯某乙、柯某辰将70万元征地款分4笔还给被告人谭某某。被告人柯某甲从××水稻合作社共获取利息2.17万元。被告人柯某甲给了被告人谭某某2000元好处费、被告人聂某二1000元好处费。

认定上述事实的证据有:××水稻合作社信息、拨款凭证、提取笔录、利息凭证、征地材料、银行流水、票据、常住人口信息等书证;证人陈菊某、南清某、宋义某、付某二、柯某辰、潘劲某、杨某三等人的证言;同案人聂某一、柯某乙、柯某丙等人的供述与辩解;被告人柯某甲、谭某某、聂某二等人的供述与辩解。

此外,被告人柯某甲等人还实施了以下违法事实:

1.1998年九十月,已村村民因邻村村民在两村相邻且有争议的山地上捡茶子发生纠纷。被告人柯某甲、柯某乙召集村民开会去打邻村村民,组建了柯某午等三四十人参加的“敢死队”,并承诺对参加打架的人员给予补助。次日,被告人柯某甲、柯某乙等人领着“敢死队”队员和一二百名村民持铁棍、鱼叉、梭镖等去打邻村村民,因邻村村民无打架意图且××镇政府及时干预,两村未发生械斗。几天后,柯某午等7个“敢死队”队员向被告人柯某乙、柯某甲等人索要补助,与被告人柯某甲、柯某乙等人发生打架。次日,被告人柯某甲、柯某乙带着被告人柯某丁、柯某己和柯某壬、柯某辛来到柯某午家,将柯某午家房门、电视、玻璃等物打烂。

2.2001年的某天,柯某未没有向村小组报告而挖了家门前的土路埋排水管,被告人柯某丁路经此处看见后责怪柯某未事先没有说此事,柯某未承诺埋好排水管就恢复原状,两人为此发生争吵。被告人柯某丁遂叫来被告人柯某甲一同殴打了柯某未。

3.2001年被告人柯某丁将何某某砍致轻伤,被告人柯某丁因此被Z市公安局刑事拘留,并被Z市人民法院判处管制1年。事后,被告人柯某甲要被告人柯某己等人从××村小组拿了2万余元给被告人柯某丁予以补偿。

4.2003年,被告人柯某甲通过在柯某申等人承包的××水库强围水面排猪粪、殴打柯某申及以稻田用水为由将水库的水放掉等方式进行威胁,迫使柯某申等人放弃了××水库承包权,而强行承包了××水库。

5.2005 年的某天,孙某一、黄某一夫妻俩骑摩托车与被告人柯某甲会车时,被告人柯某甲将与其有矛盾的孙某一、黄某一夫妻俩逼停,打了黄某一、孙某一夫妻俩。

6.2007 年左右,××村小组新农村建设修路未按原路画线,向黄某二、柯某酉家偏了点,柯某酉在征得修路的柯某乙同意后,按其家以前的地界将修路画的石灰线锄掉了。被告人柯某甲发现后与黄某二发生口角,继而殴打了黄某二。

7.2007 年左右,××村小组新农村建设,被告人柯某甲擅自指挥钩机将未在拆除范围之内的南某某老宅推倒,并致老宅中的瓷瓶、杉木谷仓、大缸和瓶罐损坏。2016 年左右,被告人柯某甲未经批准擅自在南某某等人的老宅基地上建了车库和厨房。

8.2008 年年初,××村小组分山,余某某提出想和其丈夫哥哥家的山分在一起,被告人柯某甲不同意,余某某遂去撕分山登记表,被告人柯某甲、柯某戌为此打了余某某。事后,被告人柯某甲要被告人柯某丁、柯某己等人从××村小组拿了 4950 元赔给余某某。

认定上述事实的证据有:村党支部书记职责、中共 Z 市××镇委员会文件、谭某某所记流水账、党员档案、误工补助发放表、刑事判决书、户籍信息等书证;证人柯某未、柯某申、余某某、黄某二、柯某辛、柯某壬、柯某辰、柯欠某等人的证言;被告人柯某甲、谭某某、聂某一、聂某二、柯某乙、柯某丙、柯某丁、柯某戌、吴某一、卢某一、柯某己的供述与辩解。

该团伙成员还实施了以下个人犯罪事实:

一、赌博罪

2010 年至 2018 年,被告人柯某戌在其所开商店内,摆放 2 台麻将机及 1 张方桌,供他人打麻将和打牌。期间柯某戌、吴某二等 20 多人在该商店内以打麻将、打牌、玩"牛牛"的方式进行赌博活动,被告人柯某戌多次为赌博人员提供借款,并以收取台费和抽头渔利的方式获利。

认定上述事实的证据有:扣押物品清单等物证;账本复印件、记账明细等书证;证人柯细某、柯学某、柯小某、柯海某、柯三某、柯某戌等人的证言;被告人柯某戌的供述与辩解;现场照片等。

二、诈骗罪

2016 年,被告人聂某二、付某二(另案处理)夫妇得知五保户进行危房改造有 2 万元补贴,就利用其夫妇赡养的五保户柯某亥的身份骗取危房改造资金 2 万元,将自家一栋老房子拆掉新建了一栋两层楼房。

认定上述事实的证据有:危房改造资金发放表、危房改造试点农户档案信息表、关于柯某己账户变动的说明、农村危房改造农户纸质档案(柯某亥)、情况说明、政府文件、凭证和转账记录等书证;证人傅龙某、傅礼某、简小某、杜小某等人的证言;同案人付某二的供述;被告人聂某二的供述与辩解。

适用的法律变更为:

被告人柯某甲伙同他人多次敲诈勒索他人财物共计238,800元,数额巨大;伙同他人多次骗取国家资金共计639,601.51元,数额特别巨大;伙同他人采取威胁、贿赂方式串通投标;伙同他人强迫他人放弃中标项目,情节严重;伙同他人以暴力方式阻碍国家机关工作人员依法执行职务;伙同他人故意销毁会计凭证;利用职务上的便利,伙同他人侵吞国家资金共计39,000元,数额较大;利用职务上的便利,伙同他人挪用公款700,000元归个人使用,进行营利活动,数额较大。其行为触犯了《中华人民共和国刑法》第274条、第266条、第223条、第226条第3项、第277条第1款、第162条之一第1款、第382条第1款、第383条第1款第1项和第2款、第384条第1款,犯罪事实清楚,证据确实、充分,应当以敲诈勒索罪、诈骗罪、串通投标罪、强迫交易罪、妨害公务罪、故意销毁会计凭证罪、贪污罪、挪用公款罪追究其刑事责任,依据《中华人民共和国刑法》第69条的规定,实行数罪并罚。被告人柯某甲系主犯,同时适用《中华人民共和国刑法》第25条第1款、第26条之规定。

被告人谭某某伙同他人敲诈勒索他人财物共计98,800元,数额巨大;伙同他人多次骗取国家资金共计456,949.32元,数额巨大;利用职务上的便利,伙同他人侵吞国家资金共计39,000元,数额较大;利用职务上的便利,伙同他人挪用公款700,000元归个人使用,进行营利活动,数额较大。其行为触犯了《中华人民共和国刑法》第274条、第266条、第382条第1款、第383条第1款第1项和第2款、第384条第1款,犯罪事实清楚,证据确实、充分,应当以敲诈勒索罪、诈骗罪、贪污罪、挪用公款罪追究其刑事责任,依据《中华人民共和国刑法》第69条的规定,实行数罪并罚。被告人谭某某在敲诈勒索、诈骗、贪污、挪用公款共同犯罪中起次要作用,系从犯;如实供述自己的罪行,系坦白,同时适用《中华人民共和国刑法》第25条第1款、第27条、第67条第3款之规定。

被告人聂某一伙同他人敲诈勒索他人财物共计98,800元,数额巨大;伙同他人多次骗取国家资金共计456,949.32元,数额巨大;利用职务上的便利,伙同他人侵吞国家资金共计39,000元,数额较大。其行为触犯了《中华人民共和国刑法》第274条、第266条、第382条第1款、第383条第1款第1项和第2款,犯罪事实清楚,证据确实、充分,应当以敲诈勒索罪、诈骗罪、贪污罪追究其刑事责任,依据《中华人民共和国刑法》第69条的规定,实行数罪并罚。被告人聂某一在敲诈勒索、诈骗、贪污共同犯罪中起次要作用,系从犯;如实供述自己的罪行,系坦白,同时适用《中华人民共和国刑法》第25条第1款、第27条、第67条第3款之规定。

被告人聂某二伙同他人敲诈勒索他人财物共计98,800元,数额巨大;伙同他人多次骗取国家资金共计476,949.32元,数额巨大;利用职务上的便利,伙同他人侵吞国家资金共计39,000元,数额较大;利用职务上的便利,伙同他人挪用公款700,000元归个人使用,进行营利活动,数额较大。其行为触犯了《中华人民共和国刑法》第274条、第266条、第382条第1款、第383条第1款第1项和第2款、第384条第1款,犯罪事实清楚,证据确实、充分,应当以敲诈勒索罪、诈骗罪、贪污罪、挪用公款罪追究其刑事责任,依据《中华人民共和国刑法》第69条的规定,实行数罪并罚。被告人聂某二在敲诈勒索、诈骗、贪污共同犯罪中起次要作用,系从犯,同时适用《中华人民共和国刑法》第25条第1款、第27条之规定。

被告人柯某乙伙同他人多次骗取国家资金共计238,662.73元,数额巨大;伙同他人采取威胁、贿赂方式串通投标;伙同他人强迫他人放弃中标项目,情节严重。其行为触犯了《中华人民共和国刑法》第266条、第223条、第226条第3项,犯罪事实清楚,证据确实、充分,应当以诈骗罪、串通投标罪、强迫交易罪追究其刑事责任,依据《中华人民共和国刑法》第69条的规定,实行数罪并罚。被告人柯某乙在诈骗共同犯罪中起次要作用,系从犯,同时适用《中华人民共和国刑法》第25条第1款、第27条之规定。

被告人柯某丙伙同他人骗取国家资金182,652.19元,数额巨大;伙同他人采取威胁、贿赂方式串通投标;伙同他人强迫他人放弃中标项目,情节严重;伙同他人以暴力方式阻碍国家机关工作人员依法执行职务。其行为触犯了《中华人民共和国刑法》第266条、第223条、第226条第3项、第277条第1款,犯罪事实清楚,证据确实、充分,应当以诈骗罪、串通投标罪、强迫交易罪、妨害公务罪追究其刑事责任,依据《中华人民共和国刑法》第69条的规定,实行数罪并罚。

被告人柯某丁伙同他人敲诈勒索他人财物140,000元,数额巨大;伙同他人故意销毁会计凭证。其行为触犯了《中华人民共和国刑法》第274条、第162条之一第1款,犯罪事实清楚,证据确实、充分,应当以敲诈勒索罪、故意销毁会计凭证罪追究其刑事责任,依据《中华人民共和国刑法》第69条的规定,实行数罪并罚。被告人柯某丁如实供述自己的罪行,系坦白,同时适用《中华人民共和国刑法》第67条第3款之规定。

被告人柯某戊伙同他人故意销毁会计凭证;以营利为目的,聚众赌博。其行为触犯了《中华人民共和国刑法》第162条之一第1款、第303条第1款,犯罪事实清楚,证据确实、充分,应当以故意销毁会计凭证罪、赌博罪追究其刑事责任,依据《中华人民共和国刑法》第69条的规定,实行数罪并罚。

被告人吴某一伙同他人敲诈勒索他人财物共计98,800元,数额巨大;伙同他人多次骗取国家资金共计456,949.32元,数额巨大。其行为触犯了《中华人民共和国刑法》第274条、第266条,犯罪事实清楚,证据确实、充分,应当以敲诈勒索罪、诈骗罪追究其刑事责任，依据《中华人民共和国刑法》第69条的规定，实行数罪并罚。被告人吴某一在敲诈勒索、诈骗共同犯罪中起次要作用，系从犯；如实供述自己的罪行，系坦白，同时适用《中华人民共和国刑法》第25条第1款、第27条、第67条第3款之规定。

被告人卢某一伙同他人敲诈勒索他人财物共计98,800元，数额巨大；伙同他人多次骗取国家资金共计456,949.32元，数额巨大。其行为触犯了《中华人民共和国刑法》第274条、第266条，犯罪事实清楚，证据确实、充分，应当以敲诈勒索罪、诈骗罪追究其刑事责任，依据《中华人民共和国刑法》第69条的规定，实行数罪并罚。被告人卢某一在敲诈勒索、诈骗共同犯罪中起次要作用，系从犯；其自动到案，如实供述自己的罪行，系自首，同时适用《中华人民共和国刑法》第25条第1款、第27条、第67条第1款之规定。

被告人柯某己伙同他人故意销毁会计凭证。其行为触犯了《中华人民共和国刑法》第162条之一第1款，犯罪事实清楚，证据确实、充分，应当以故意销毁会计凭证罪追究其刑事责任。被告人柯某己如实供述自己的罪行，系坦白，同时适用《中华人民共和国刑法》第67条第3款之规定。

根据《人民检察院刑事诉讼规则》第423条的规定，变更起诉，请依法判处。

Z检公诉刑诉(2019)×××号起诉书未被变更部分仍然具有法律效力。

此致

Z市人民法院

检　察　官：×××

检察官助理：×××、×　×

2020年4月15日

一审判决书

J省Z市人民法院
刑事判决书

(2019)××××刑初×××号

公诉机关Z市人民检察院。

被告人柯某甲，男，汉族，中专文化，原Z市××镇××村党支部书记，户籍所在地J省Z市，住Z市××镇××村××组。因涉嫌犯故意销毁会计凭证罪，2018年9月28日被Z市公安局刑事拘留，经Z市人民检察院批准，11月1日被Z市公安局逮捕；2018年12月18日因涉嫌犯组织、领导、参加黑社会性质组织罪，Z市公安局决定对其重新计算羁押期限；2019年2月14日经Y市人民检察院批准，延长侦查羁押期限1个月；2019年3月4日被Z市公安局取保候审，同日因涉嫌犯挪用公款罪被Z市监察委员会留置；2019年4月12日因涉嫌犯敲诈勒索罪，经Z市人民检察院批准，被Z市公安局逮捕。现羁押于Z市看守所。

辩护人张艳霞，北京市京师律师事务所律师。

辩护人李树，北京市京师律师事务所律师。

被告人谭某某，男，汉族，初中文化，原Z市××镇××村村委会出纳，户籍所在地J省Z市，住Z市××镇××村××组。因涉嫌犯挪用资金罪，2018年11月21日被Z市公安局刑事拘留，经Z市人民检察院批准，12月27日被Z市公安局逮捕；2019年2月26日经Y市人民检察院批准，延长侦查羁押期限1个月；2019年3月12日经J省人民检察院批准，延长侦查羁押期限2个月。现羁押于Z市看守所。

辩护人黎×、张××，××律师事务所律师。

被告人聂某一，男，汉族，初中文化，原Z市××镇××村村委会会计，户籍所在地J省Z市，住Z市××镇××村××组。因涉嫌犯诈骗罪，2018年11月27日被Z市公安局刑事拘留，经Z市人民检察院批准，12月28日被Z市公安局逮捕；2019年2月26日经Y市人民检察院批准，延长侦查羁押期限1个月；2019年3月12日经J省人民检察院批准，延长侦查羁押期限2个月。现羁押于Z市看守所。

指定辩护人黎×、张××，××律师事务所律师。

被告人聂某二，女，汉族，初中一年级文化，原Z市××镇××村村委会妇女主任，户籍所在地J省Z市，住Z市××村××组。因涉嫌犯挪用资金罪，2018年11月23日被Z市公安局刑事拘留，经Z市人民检察院批准，12月27日被Z市公安局逮捕；2019年2月26日经Y市人民检察院批准，延长侦查羁押期限1个月；2019年3月12日经J省人民检察院批准，延长侦查羁押期限2个月。现羁押于Y市看守所。

辩护人黎×、张××，××律师事务所律师。

被告人柯某乙，男，汉族，初中一年级文化，农民，户籍所在地J省Z市，住Z市××小区×栋×单元×室。因涉嫌犯诈骗罪，2018年11月24日被Z市公安局刑事拘留，经Z市人民检察院批准，12月28日被Z市公安局逮捕；2019年2月26日经Y市人民检察院批准，延长侦查羁押期限1个月；2019年3月12日经J省人民检察院批准，延长侦查羁押期限2个月。现羁押于Z市看守所。

辩护人黎×、张××，××律师事务所律师。

被告人柯某丙，男，汉族，初中文化，农民，户籍所在地J省Z市，住Z市××镇××村××组。2016年7月27日因殴打他人被Z市公安局行政拘留10日。因涉嫌犯串通投标罪，2018年12月6日被Z市公安局刑事拘留，经Z市人民检察院批准，2019年1月10日被Z市公安局逮捕；2019年3月6日经Y市人民检察院批准，延长侦查羁押期限1个月；2019年4月2日经J省人民检察院批准，延长侦查羁押期限2个月。现羁押于Z市看守所。

辩护人吴××，××律师事务所律师。

被告人柯某丁，男，汉族，初中文化，原Z市××镇××村××组组长，户籍所在地J省Z市，住Z市××镇××村××组。2001年10月19日因犯故意伤害罪被本院判处管制1年。因涉嫌犯故意销毁会计凭证罪，2018年9月28日被Z市公安局刑事拘留，经Z市人民检察院批准，11月1日被Z市公安局逮捕；2018年12月18日因涉嫌犯组织、领导、参加黑社会性质组织罪，Z市公安局决定对其重新计算羁押期限；2019年2月14日经Y市人民检察院批准，延长侦查羁押期限1个月；2019年3月12日经J省人民检察院批准，延长侦查羁押期限2个月。现羁押于Z市看守所。

辩护人兰××，××律师事务所律师。

被告人柯某戊，男，汉族，小学文化，原Z市××镇××村××组出纳，户籍所在地J省Z市，住Z市××镇××村××组。因涉嫌犯故意销毁会计凭证罪，2018年9月28日被Z市公安局刑事拘留，经Z市人民检察院批准，11月1日被Z市公安局逮捕；2018年12月18日因涉嫌犯组织、领导、参加黑社会性质组织罪，Z市公安局决定对其重新计算羁押期限；2019年2月14日经Y市人民检察院批准，延长侦查羁押期限1个月；2019年3月12日经J省人民检察院批准，延长侦查羁押期限2个月。现羁押于Y市看守所。

辩护人杨××，××律师事务所律师。

被告人吴某一，男，汉族，小学文化，原Z市××镇××村村委会民兵营长，户籍所在地J省Z市，住Z市××镇××村××组。因涉嫌犯诈骗罪，2018年12月21日被Z市公安局刑事拘留，经Z市人民检察院批准，2019年1月25日被Z市公安局逮捕；2019年3月6日经Y市人民检察院批准，延长侦查羁押期限1个月；2019年4月2日经J省人民检察院批准，延长侦查羁押期限2个月。现羁押于Z市看守所。

辩护人俞×，××律师事务所律师。

被告人卢某一，男，汉族，初中一年级文化，原Z市××镇××村村委会治保主任，户籍所在地J省Z市，住Z市××镇××村××组。因涉嫌犯敲诈勒索罪，2019年5月14日被Z市公安局刑事拘留，经Z市人民检察院批准，5月16日被Z市公安局逮捕。现羁押于Z市看守所。

辩护人肖×，××律师事务所律师。

被告人柯某己,男,汉族,初中文化,原Z市××镇××村××组会计,户籍所在地J省Z市,住Z市××镇××村××组。因涉嫌犯销毁会计凭证罪,2018年9月28日被Z市公安局刑事拘留,经Z市人民检察院批准,11月1日被Z市公安局逮捕;12月18日因发现其涉嫌组织、领导、参加黑社会性质组织罪,Z市公安局决定对其重新计算羁押期限;2019年2月14日经Y市人民检察院批准,延长侦查羁押期限1个月;2019年3月12日经J省人民检察院批准,延长侦查羁押期限2个月。现羁押于Z市看守所。

辩护人曾××,××律师事务所律师。

Z市人民检察院以Z检公诉刑诉(2019)×××号起诉书指控被告人柯某甲犯组织、领导黑社会性质组织罪、敲诈勒索罪、诈骗罪、串通投标罪、强迫交易罪、妨害公务罪、故意销毁会计凭证罪、贪污罪、挪用公款罪,被告人谭某某犯参加黑社会性质组织罪、敲诈勒索罪、诈骗罪、贪污罪、挪用公款罪,被告人聂某一犯参加黑社会性质组织罪、敲诈勒索罪、诈骗罪、贪污罪,被告人聂某二犯参加黑社会性质组织罪、敲诈勒索罪、诈骗罪、贪污罪、挪用公款罪,被告人柯某乙犯参加黑社会性质组织罪、诈骗罪、串通投标罪、强迫交易罪,被告人柯某丙犯参加黑社会性质组织罪、诈骗罪、串通投标罪、强迫交易罪、妨害公务罪,被告人柯某丁犯参加黑社会性质组织罪、敲诈勒索罪、故意销毁会计凭证罪,被告人柯某戊犯参加黑社会性质组织罪、故意销毁会计凭证罪、赌博罪,被告人吴某一犯参加黑社会性质组织罪、敲诈勒索罪、诈骗罪,被告人卢某一犯参加黑社会性质组织罪、敲诈勒索罪、诈骗罪,被告人柯某己犯参加黑社会性质组织罪、故意销毁会计凭证罪,于2019年6月17日向本院提起公诉。本院依法组成合议庭,公开开庭审理了本案。Z市人民检察院指派检察官×××、检察官助理×××、××出庭支持公诉,上述各被告人及其辩护人均到庭参加诉讼。在诉讼过程中,Z市人民检察院两次建议对本案延期审理和恢复审理,本院依法决定予以准许,并两次重新计算审限,期间经Y市中级人民法院批准,延长审限3个月。

2020年4月15日,Z市人民检察院以Z检公诉刑变诉(2020)×号变更起诉决定书向本院提出变更起诉,指控被告人柯某甲犯敲诈勒索罪、诈骗罪、串通投标罪、强迫交易罪、妨害公务罪、故意销毁会计凭证罪、贪污罪、挪用公款罪,被告人谭某某犯敲诈勒索罪、诈骗罪、贪污罪、挪用公款罪,被告人聂某一犯敲诈勒索罪、诈骗罪、贪污罪,被告人聂某二犯敲诈勒索罪、诈骗罪、贪污罪、挪用公款罪,被告人柯某乙犯诈骗罪、串通投标罪、强迫交易罪,被告人柯某丙犯诈骗罪、串通投标罪、强迫交易罪、妨害公务罪,被告人柯某丁犯敲诈勒索罪、故意销毁会计凭证罪,被告人柯某戊犯故意销毁会计凭证罪、赌博罪,被告人吴某一犯敲诈勒索罪、诈骗罪,被告人卢某一犯敲诈勒索罪、诈骗罪,被告人柯某己犯故意销毁会计凭证罪,上述被告人系恶势力团伙犯罪。现已审理终结。

Z市人民检察院指控:

被告人柯某甲任Z市××镇××村村委会主任、村党支部书记期间,借助家族势力及其个人淫威,将被告人谭某某、聂某一、柯某丁、柯某乙等××村村委会干部、××组干部及其亲属拉拢发展为亲信,经常纠集村委会干部、村小组干部及其亲属实施敲诈勒索、诈骗、强迫交易、故意销毁会计凭证等违法犯罪活动,逐步形成了以被告人柯某甲为首,被告人谭某某、聂某一、聂某二、柯某乙、柯某丙、柯某丁、柯某戊、吴某一、卢某一、柯某己为成员的恶势力团伙。该恶势力团伙长期把持××村“两委”,霸占自然资源,变相侵占集体财产,横行乡里、为非作恶、称霸一方,扰乱了当地政治、经济、社会生活秩序,损害了党的形象和执政根基,造成了较为恶劣的社会影响。

该恶势力团伙实施了以下犯罪事实:

一、敲诈勒索事实及证据(略)

二、诈骗事实及证据(略)

三、串通投标事实及证据(略)

四、强迫交易事实及证据(略)

五、妨害公务事实及证据(略)

六、故意销毁会计凭证事实及证据(略)

七、贪污事实及证据(略)

八、挪用公款事实及证据(略)

被告人柯某甲等人实施的违法事实及证据(略)

该团伙成员实施的个人犯罪事实及证据(略)

被告人柯某丙系主动投案,被告人卢某一系接到公安机关口头传唤后到公安机关配合调查,被告人柯某甲、谭某某、聂某一、聂某二、吴某一、柯某丁、柯某戊、柯某乙、柯某己,系公安民警抓获归案。

公诉机关认为,被告人柯某甲伙同他人多次敲诈勒索他人财物共计238,800元,数额巨大;伙同他人多次骗取国家资金共计639,601.51元,数额特别巨大;伙同他人采取威胁、贿赂方式串通投标;伙同他人强迫他人放弃中标项目,情节严重;伙同他人以暴力方式阻碍国家机关工作人员依法执行职务;伙同他人故意销毁会计凭证;利用职务上的便利,伙同他人侵吞国家资金共计39,000元,数额较大;利用职务上的便利,伙同他人挪用公款700,000元归个人使用,进行营利活动,数额较大。其行为触犯了《中华人民共和国刑法》第274条、第266条、第223条、第226条第3项、第277条第1款、第162条之一第1款、第382条第1款、第383条第1款第1项和第2款、第384条第1款,犯罪事实清楚,证据确实、充分,应当以敲诈勒索罪、诈骗罪、串通投标罪、强迫交易罪、妨害公务罪、故意销毁会计凭证罪、贪污罪、挪用公款罪追究其刑事责任,依据《中华人民共和国刑法》第69条的规定,实行数罪并罚。被告人柯某甲系主犯,同时适用《中华人民共和国刑法》第25条第1款、第26条之规定。

被告人谭某某伙同他人敲诈勒索他人财物共计98,800元,数额巨大;伙同他人多次骗取国家资金共计456,949.32元,数额巨大;利用职务上的便利,伙同他人侵吞国家资金共计39,000元,数额较大;利用职务上的便利,伙同他人挪用公款700,000元归个人使用,进行营利活动,数额较大。其行为触犯了《中华人民共和国刑法》第274条、第266条、第382条第1款、第383条第1款第1项和第2款、第384条第1款,犯罪事实清楚,证据确实、充分,应当以敲诈勒索罪、诈骗罪、贪污罪、挪用公款罪追究其刑事责任,依据《中华人民共和国刑法》第69条的规定,实行数罪并罚。被告人谭某某在敲诈勒索、诈骗、贪污、挪用公款共同犯罪中起次要作用,系从犯;如实供述自己的罪行,系坦白,同时适用《中华人民共和国刑法》第25条第1款、第27条、第67条第3款之规定。

被告人聂某一伙同他人敲诈勒索他人财物共计98,800元,数额巨大;伙同他人多次骗取国家资金共计456,949.32元,数额巨大;利用职务上的便利,伙同他人侵吞国家资金共计39,000元,数额较大。其行为触犯了《中华人民共和国刑法》第274条、第266条、第382条第1款、第383条第1款第1项和第2款,犯罪事实清楚,证据确实、充分,应当以敲诈勒索罪、诈骗罪、贪污罪追究其刑事责任,依据《中华人民共和国刑法》第69条的规定,实行数罪并罚。被告人聂某一在敲诈勒索、诈骗、贪污共同犯罪中起次要作用,系从犯;如实供述自己的罪行,系坦白,同时适用《中华人民共和国刑法》第25条第1款、第27条、第67条第3款之规定。

被告人聂某二伙同他人敲诈勒索他人财物共计98,800元,数额巨大;伙同他人多次骗取国家资金共计476,949.32元,数额巨大;利用职务上的便利,伙同他人侵吞国家资金共计39,000元,数额较大;利用职务上的便利,伙同他人挪用公款700,000元归个人使用,进行营利活动,数额较大。其行为触犯了《中华人民共和国刑法》第274条、第266条、第382条第1款、第383条第1款第1项和第2款、第384条第1款,犯罪事实清楚,证据确实、充分,应当以敲诈勒索罪、诈骗罪、贪污罪、挪用公款罪追究其刑事责任,依据《中华人民共和国刑法》第69条的规定,实行数罪并罚。被告人聂某二在敲诈勒索、诈骗、贪污共同犯罪中起次要作用,系从犯,同时适用《中华人民共和国刑法》第25条第1款、第27条之规定。

被告人柯某乙伙同他人多次骗取国家资金共计238,662.73元,数额巨大;伙同他人采取威胁、贿赂方式串通投标;伙同他人强迫他人放弃中标项目,情节严重。其行为触犯了《中华人民共和国刑法》第266条、第223条、第226条第3项,犯罪事实清楚,证据确实、充分,应当以诈骗罪、串通投标罪、强迫交易罪追究其刑事责任,依据《中华人民共和国刑法》第69条的规定,实行数罪并罚。被告人柯某乙在诈骗共同犯罪中起次要作用,系从犯,同时适用《中华人民共和国刑法》第25条第1款、第27条之规定。

被告人柯某丙伙同他人骗取国家资金182,652.19元,数额巨大;伙同他人采取威胁、贿赂方式串通投标;伙同他人强迫他人放弃中标项目,情节严重;伙同他人以暴力方式阻碍国家机关工作人员依法执行职务。其行为触犯了《中华人民共和国刑法》第266条、第223条、第226条第3项、第277条第1款,犯罪事实清楚,证据确实、充分,应当以诈骗罪、串通投标罪、强迫交易罪、妨害公务罪追究其刑事责任,依据《中华人民共和国刑法》第69条的规定,实行数罪并罚。

被告人柯某丁伙同他人敲诈勒索他人财物140,000元,数额巨大;伙同他人故意销毁会计凭证。其行为触犯了《中华人民共和国刑法》第274条、第162条之一第1款,犯罪事实清楚,证据确实、充分,应当以敲诈勒索罪、故意销毁会计凭证罪追究其刑事责任,依据《中华人民共和国刑法》第69条的规定,实行数罪并罚。被告人柯某丁如实供述自己的罪行,系坦白,同时适用《中华人民共和国刑法》第67条第3款之规定。

被告人柯某戊伙同他人故意销毁会计凭证;以营利为目的,聚众赌博。其行为触犯了《中华人民共和国刑法》第162条之一第1款、第303条第1款,犯罪事实清楚,证据确实、充分,应当以故意销毁会计凭证罪、赌博罪追究其刑事责任,依据《中华人民共和国刑法》第69条的规定,实行数罪并罚。

被告人吴某一伙同他人敲诈勒索他人财物共计98,800元,数额巨大;伙同他人多次骗取国家资金共计456,949.32元,数额巨大。其行为触犯了《中华人民共和国刑法》第274条、第266条,犯罪事实清楚,证据确实、充分,应当以敲诈勒索罪、诈骗罪追究其刑事责任,依据《中华人民共和国刑法》第69条的规定,实行数罪并罚。被告人吴某一在敲诈勒索、诈骗共同犯罪中起次要作用,系从犯;如实供述自己的罪行,系坦白,同时适用《中华人民共和国刑法》第25条第1款、第27条、第67条第3款之规定。

被告人卢某一伙同他人敲诈勒索他人财物共计98,800元,数额巨大;伙同他人多次骗取国家资金共计456,949.32元,数额巨大。其行为触犯了《中华人民共和国刑法》第274条、第266条,犯罪事实清楚,证据确实、充分,应当以敲诈勒索罪、诈骗罪追究其刑事责任,依据《中华人民共和国刑法》第69条的规定,实行数罪并罚。被告人卢某一在敲诈勒索、诈骗共同犯罪中起次要作用,系从犯;其自动到案,如实供述自己的罪行,系自首,同时适用《中华人民共和国刑法》第25条第1款、第27条、第67条第1款之规定。

被告人柯某己伙同他人故意销毁会计凭证。其行为触犯了《中华人民共和国刑法》第162条之一第1款,犯罪事实清楚,证据确实、充分,应当以故意销毁会计凭证罪追究其刑事责任。被告人柯某己如实供述自己的罪行,系坦白,同时适用《中华人民共和国刑法》第67条第3款之规定。

根据《中华人民共和国刑法》第64条之规定,建议没收该组织及成员全部非法所得。提请本院依法判处。

被告人柯某甲辩称起诉书指控的全部不是事实,其不是恶势力团伙,其不构成犯罪。

其辩护人提出的辩护意见是:(1)被告人柯某甲等人不构成恶势力团伙,以柯某甲为首的××村村委会不具有为非作恶、欺压百姓的特征,违法犯罪手段不具有暴力性、行为方式不具有公开性,违法犯罪对象并非针对不特定性,不具有发展性特征,不能认定为恶势力犯罪。(2)关于敲诈勒索部分。向××煤矿每年收取"管理费"属于当地惯例,向××建材收取管理费和修路费,都是经过村委会研究决定,所得钱财都入了村委会的账,由谭某某保管,用于村委会正常的开支,上述行为虽然违法,但尚不构成犯罪。(3)关于诈骗部分。①××山塘项目除险加固资金用到××水库系柯某丙个人行为,柯某甲并未取得该项目,也未获得工程款项,对柯某甲不应作为犯罪处理。②柯某甲等人利用虚假合同和伪造的申报材料骗取冬春生活救助和自然灾害生活补助资金24,377.51元,后因审计发现虚报救助名单情况,将骗取的资金予以上交。根据我国刑法规定,这部分犯罪可免于刑事处罚。③2013年至2016年,柯某甲等人用虚假合同和伪造的申报材料骗取资金432,671.9元。这些骗取资金行为均是村委会集体所为,且都入了村委会的账,用于村委会正常开支,应对柯某甲从轻处罚。(4)关于强迫交易部分。柯某甲未对其行为予以供述,仅有证人龚某某的证言,被害人谢某某的陈述和被告人柯某乙、柯某丙的供述等言词证据,并不足以证明柯某甲有强迫交易行为,即使柯某甲事实上确有该种行为,也未达到情节严重的程度。而且,柯某甲并未承揽该项工程,只是给××镇政府施压让工程由柯某乙做,不宜作为犯罪处理。(5)关于妨害公务部分。检察机关指控柯某甲、柯某丙的行为从行为方式、强度、后果等方面来看未达到妨害公务罪中的暴力标准,且Z市公安局于2016年5月13日已就该事对柯某丙作出行政处罚,柯某甲也未对其行为予以供述,即使柯某甲事实上确有该种行为,也并不足以迫使国家机关工作人员放弃正在执行的公务,也没有现实危险,故不应作为犯罪处理。

被告人谭某某对起诉书指控的事实无异议,辩称其不是挪用公款而是挪用资金,其不是恶势力。

其辩护人提出的辩护意见是:(1)本案各被告人没有形成恶势力犯罪团伙,也非恶势力犯罪,即使涉案村委会认定为恶势力组织,被告人谭某某也并非该组织成员。(2)被告人谭某某不构成敲诈勒索罪。其主观上不具有非法占有的目的,收取管理费是惯例且系村委会的行为,不是个人行为,村委会作为一个单位不是敲诈勒索罪的适格主体。(3)被告人谭某某不构成诈骗罪。签订合同、争取项目资金都是以村委会的名义实施且相关部门也进行了验收，村委会作为一个单位不是诈骗罪的适格主体。(4)被告人谭某某不构成贪污罪。对于起诉书指控的第一起私分××村小学征地款1.9万元不持异议，对于第二起私分新农村建设资金2万元持有异议，共同贪污2万元的事实不能成立，贪污数额不够立案标准。(5)被告人谭某某不构成挪用公款罪。现有证据不能证明该笔70万元款项系公款，即使构成犯罪，也只能构成挪用资金罪。(6)被告人谭某某系初犯、从犯，其主动到办案机关接受调查，应依法认定为自动投案，投案后如实供述，依法应认定为自首。

被告人聂某一对起诉书指控的事实无异议，当庭认罪。其指定辩护人提出的辩护意见是：(1)本案不构成恶势力犯罪，即使存在变更起诉决定书指控的恶势力团伙，被告人聂某一也不属于该团伙成员。(2)关于本案事实。①起诉书指控的诈骗罪中第1项××电站维修项目“一事一议”资金中，聂某一等人诈骗金额为19,443.8元与事实不符，该款还应扣除交税的部分才是村委会所得资金。②起诉书指控被告人聂某一敲诈勒索98,800元和骗取456,949.32元与客观事实不符。(3)关于本案定罪。①现有事实和证据不足以证明被告人聂某一的行为符合敲诈勒索罪和诈骗罪的构成要件。②对起诉书指控被告人聂某一构成贪污罪没有异议，聂某一本人对该犯罪事实予以认可，但数额较小、情节较轻。

被告人聂某二对起诉书指控的事实无异议，当庭认罪。

其辩护人提出的辩护意见是：(1)本案不构成恶势力犯罪，即使存在变更起诉决定书所指控的恶势力团伙，被告人聂某二也不属于该团伙成员。(2)被告人聂某二不构成敲诈勒索罪和诈骗罪。(3)指控被告人聂某二等4人私分××小组新农村建设资金2万元事实不清，不能认定，虽被告人聂某二等人私分××小学征地款属实，但金额未达3万元，故被告人聂某二不构成贪污罪。(4)指控被告人聂某二诈骗2万元构成诈骗罪不持异议。(5)被告人聂某二不构成挪用公款罪，而应构成挪用资金罪。被告人聂某二等人所挪用的70万元系公司财产，不属公款范畴。(6)被告人聂某二在最后陈述时表示自愿认罪；在共同犯罪中起次要作用，系从犯；被告人聂某二领取2万元危房补贴事出有因，情有可原，其诈骗犯罪数额小、情节轻，且其丈夫付某二在2020年4月13日已将该2万元危房补贴款退回××镇财政所，应视为共同退赃；被告人聂某二平时一贯表现较好，得到了当地村民的认可和肯定，归案后基本供述了其所参与的相关犯罪事实，庭审时也表示对起诉书指控的主要事实并无异议，应认定为如实供述，其是在接到村委会电话后，主动到镇政府接受调查，应视为主动投案，并依法认定其有自首情节。

被告人柯某乙对起诉书指控的事实无异议，辩称其不是恶势力团伙，其认罪。

其辩护人提出的辩护意见是：(1)以被告人柯某甲为首的村委会不具备恶势力的特征，即使具备，被告人柯某乙也不属于该团伙成员，更没参与相关性质的犯罪。

(2)被告人柯某乙不构成诈骗罪。现有证据不能证明被告人柯某乙存在非法占有目的。(3)被告人柯某乙不构成强迫交易罪。现有证据不能证明被告人柯某乙存在以暴力、威胁手段迫使谢某某退出中标项目的事实。(4)对起诉书指控被告人柯某乙犯串通投标罪的事实、定性没有异议,但该串通投标的行为发生在2013年七八月,而该案受理时间是在2018年11月28日,而涉及该案的被告人柯某甲、柯某丙没有比此时间更早的立案证据,从该犯罪行为终止到侦查机关立案已经超过法定追诉时效5年的规定,不应再追究此罪。(5)被告人柯某乙系初犯,其在接到派出所警官的电话后积极主动的配合警官的讯问,且如实供述犯罪事实,系主动投案,应当认定为自首,其到案后,认罪、悔罪态度好,且事后退回部分赃款3万元。

被告人柯某丙辩称其不是恶势力团伙,其不构成诈骗罪,妨害公务的行为已经处理了,不能再次处理,对串通投标罪、强迫交易罪认罪。

其辩护人提出的辩护意见是:(1)以被告人柯某甲为首的村委会不具备恶势力的特征,即使具备,被告人柯某丙也不属于该团伙成员,更没参与相关性质的犯罪。(2)妨害公务罪。被告人柯某丙已被Z市公安局进行治安处罚,拘留10天,且在被拘留后被告人柯某丙还主动赔偿了聂三4000多元的相关损失,具有悔过表现,其妨碍公务的行为不应再以犯罪来追究其刑事责任。(3)强迫交易罪。被告人柯某乙与柯某丙均没有实施直接强迫、威胁受害人谢某某的行为,甚至没有与谢某某见面及电话沟通,本罪不能成立,即使本罪成立,也应认定柯某丙为从犯。(4)诈骗罪。被告人柯某丙的行为不符合诈骗罪的构成要件。其主观上没有骗取国家拨款及将该拨款非法占为己有的故意,客观上没有实施诈骗公私财物的行为。(5)被告人柯某丙自动投案,应认定为投案自首,其系初犯且退回赃款3万元,亦可酌定从轻处罚。(6)串通投标罪。该串通投标的行为发生在2013年七八月,而该案受理时间是在2018年11月28日,而涉及该案的被告人柯某甲、柯某乙没有比此时间更早的立案证据,从该犯罪行为终止到侦查机关立案已经超过法定追诉时效5年的规定,不应再追究此罪。

被告人柯某丁对起诉书指控的事实无异议,其认罪。

其辩护人提出的辩护意见是:(1)对被告人柯某丁构成敲诈勒索罪的定性不持异议,但被告人柯某丁应认定从犯。(2)对被告人柯某丁构成故意销毁会计凭证罪不持异议,但应认定为从犯。(3)被告人柯某丁如实供述自己的罪行,系坦白。

被告人柯某戊辩称其不是恶势力团伙,其不是赌博,对销毁会计凭证罪认罪。

其辩护人提出的辩护意见是:(1)被告人柯某戊故意销毁会计凭证罪犯罪情节显著轻微,危害不大,可不作犯罪处理。(2)赌博罪的证据未达到证据确实、充分的法定条件,在被告人柯某戊家中搜到的账本,搜查笔录上没有侦查人员和见证人签名,该证据存疑,不能作为定案依据。(3)柯某戊当庭认罪认罚,有悔罪表现。

被告人吴某一对指控的事实无异议,其认罪。

其辩护人提出的辩护意见是:(1)被告人吴某一并未主动参与到任何恶势力团伙当中,其不是恶势力团伙成员。(2)被告人吴某一不构成敲诈勒索罪和诈骗罪。(3)如认定被告人吴某一构成犯罪,被告人吴某一系坦白,属从犯、初犯、偶犯且退赃4万元。

被告人卢某一对指控的事实无异议,其认罪。

其辩护人提出的辩护意见是:(1)被告人卢某一的行为不构成敲诈勒索罪。(2)被告人卢某一的行为不构成诈骗罪。即使认定诈骗罪,对起诉书上认定的诈骗金额有异议,且被告人卢某一在其中的作用是次要的、辅助性的,系从犯,依法应从轻、减轻或免除处罚。除了冬春补助及贫困户补助,被告人卢某一知晓外,其他公路建设、抗旱、电站维修、排灌涵桥、提灌站等项目的资金,被告人卢某一没有实际参与,故被告人卢某一涉嫌的诈骗金额仅为24,377.51元。并且冬春补助及贫困户补助资金早在2015年、2017年就已经全部上交了,依法不应再追究刑事责任。(3)被告人卢某一系接到公安机关口头传唤后到公安机关配合调查,并如实供述自己的罪行,系自首,系初犯、偶犯、无前科,主观恶性较小、当庭自愿认罪,悔罪态度好,并且已积极退回相关款项。

被告人柯某已辩称其不是恶势力犯罪,对销毁会计凭证罪认罪。

其辩护人提出的辩护意见是,对指控被告人柯某已构成故意销毁会计凭证罪无异议,但被告人柯某已在该犯罪的过程中只起次要的辅助性的作用,属从犯。

经审理查明:

被告人柯某甲在任Z市××镇××村村委会主任、村党支部书记期间,借助家族势力及其个人影响力,将村委会干部被告人谭某某、聂某一、聂某二、吴某一、卢某一,××村小组干部被告人柯某丁、柯某戊、柯某已,亲属被告人柯某乙、柯某丙拉拢发展为亲信,经常纠集上述被告人实施敲诈勒索、诈骗、强迫交易、故意销毁会计凭证等违法犯罪活动,逐步形成了以被告人柯某甲为首,被告人谭某某、聂某一、聂某二、柯某乙、柯某丙、柯某丁、柯某戊、吴某一、卢某一、柯某已为成员的恶势力团伙。该恶势力团伙长期把持××村“两委”、××村小组,霸占自然资源,变相侵占集体财产,横行乡里、为非作恶、称霸一方,扰乱了当地政治、经济、社会生活秩序,损害了党的形象和执政根基,造成了较为恶劣的社会影响。

该恶势力团伙实施了以下犯罪事实:

一、敲诈勒索罪

1.2009年,付某一与他人合伙承包经营××煤矿。2010年,经被告人柯某甲决定,带领被告人谭某某、聂某一、聂某二、吴某一、卢某一到××煤矿,以××煤矿效益好为由,要求付某一每年缴纳10,000元“管理费”。付某一迫于被告人柯某甲等人在××村的强势地位不得已缴纳10,000元。之后每年被告人柯某甲都会安排被告人谭某某到××煤矿收取10,000元“管理费”。至2017年，共向付某一收取了75,000元“管理费”，所收取的钱款均由被告人谭某某保管，用于被告人柯某甲等人吃喝、发福利、请客送礼等。

2.2010年，××公司杨某一承包了××镇××村400多亩山地种油茶树。2012年，因油茶树大面积干旱，杨某一通过××镇干部找到被告人柯某甲提出想承包××村××村小组×××荒地挖水库用于灌溉油茶林。被告人柯某甲与杨某一商量好承包费每年10,000元。之后被告人柯某甲将此事告知被告人柯某丁等村小组干部，被告人柯某丁和柯某戊、柯某己等村小组干部召集××村民开村民大会讨论对外承包×××荒地一事。会上，村民柯某庚等人表示想承包。被告人柯某甲、柯某丁见此情形便提出要承包必须一次性交10年的租金，柯某庚等人遂放弃承包念头。之后杨某一便与村小组干部被告人柯某丁等人及××村村委会签订了×××荒地承包协议。协议签订后，被告人柯某甲以承包费太低为由指使被告人柯某丁向杨某一提出再交140,000元，并且暂不把承包协议给杨某一。杨某一为尽快拿到承包协议开工挖水库缓解油茶林旱情，被迫给了被告人柯某甲、柯某丁140,000元现金。被告人柯某甲、柯某丁每人分得60,000元后，剩余20,000元经被告人柯某甲决定，由柯某丁、柯某己、柯某戊、柯某辛、柯某壬每人分得3400元，被告人柯某甲自己分得3000元。

3.2015年，温某某通过××镇政府招商引资，在××村开办了××建材公司。2016年八九月，被告人柯某甲、谭某某、聂某一、聂某二、吴某一、卢某一与温某某吃饭时，被告人柯某甲向温某某提出待企业正式投产后要缴纳“管理费”，其他在场被告人均予以附和，温某某为了应付面上同意了。之后，被告人柯某甲又以×1至×2的路经过该建材公司门口为由跟被告人谭某某、聂某一、聂某二、吴某一、卢某一提议向××建材公司收取20,000元“修路费”。2016年年底，×1至×2的公路已由政府拨款修建。温某某因惧怕被告人柯某甲等人在××村的势力，遂委托张某一和被告人柯某甲商谈能否少交一点，最终谈好××建材公司交“修路费”13,800元。在被告人柯某甲多次打电话催张某一缴纳13,800元“修路费”的情况下，温某某害怕不交“修路费”会影响公司生产经营。2017年9月，被迫向被告人柯某甲等人交了13,800元“修路费”。由于温某某一直拖着“管理费”没有交，被告人柯某甲便多次打电话催收“管理费”，并和被告人谭某某等人说“要是××建材公司不交管理费就让他关门，没什么客气讲”。2017年12月，温某某迫于被告人柯某甲等人施加的压力缴纳了10,000元“管理费”。向温某某收取的钱款全部由被告人谭某某保管，用于被告人柯某甲等人的吃喝、发福利、请客送礼等。

认定上述事实的证据有：J省行政事业单位收款收据、农村土地承包协议书等书证；证人刘某一、柯金某、黄玉某、柯小某、柯某辛、柯某壬、柯发某、张某一等人的证言；被害人付某一、杨某一、温某某的陈述；同案人柯某戊、柯某己的供述与辩解；被告人柯某甲、谭某某、聂某一、聂某二、吴某一、卢某一的供述与辩解；辨认笔录。

二、诈骗罪

2013年至2017年，被告人柯某甲争取到国家资金后，便会召集被告人谭某某、聂某一、聂某二、吴某一、卢某一等人开会，要求大家准备好相关申报材料骗取资金。根据被告人柯某甲的安排，被告人柯某甲、谭某某、聂某一负责准备合同、会议记录、项目预算等材料，负责找人签字、盖章；挂点项目所在村小组的村委会干部负责现场拍照、监督施工等；被告人柯某乙和其他村委会干部予以协助。骗取的资金在支付一部分工程款后由被告人谭某某保管，用于被告柯某甲等人日常吃喝、私分、旅游、送礼、发福利等。

1. 2013年，被告人柯某甲争取到××电站维修项目“一事一议”资金后，安排彭某对××村电站及渠道进行部分维修，花费维修工程款10,556.2元，并要柯某癸作为施工方与××村村委会签订了××电站维修虚假合同。之后被告人柯某甲、谭某某、聂某一、聂某二、吴某一、卢某二和柯某子利用虚假合同及伪造的申报材料骗取了“一事一议”资金3万元。被告人柯某甲等人诈骗金额为19,443.8元。

2. 2013年，被告人柯某甲争取到××排灌涵桥项目移民资金3万元后，召集被告人谭某某、聂某一、聂某二、吴某一、卢某一开会，提出拿2万元给被告人吴某一所在××村小组，剩下的钱留下来。之后被告人柯某甲等人利用伪造的申报材料骗取了该笔移民资金。被告人谭某某收到财政拨付的3万元资金后，转了2万元到被告人吴某一账户，扣除项目缴税1992.3元，被告人柯某甲等人诈骗金额为8007.7元。

3. 2014年，被告人柯某甲争取到××提灌站项目移民资金9万元后，召集被告人谭某某、聂某一、聂某二、吴某一、卢某二开会，指定被告人吴某一负责落实该项目，被告人吴某一叫柯某寅对××提灌站进行部分维修，花费维修工程款3.9万元，被告人柯某甲等人以柯某寅、J××科技有限公司为施工方与××村村委会签订了××提灌站项目虚假合同，并利用虚假合同及伪造的申报材料骗取该笔移民资金。扣除44,706.9元（含缴税5706.9元），被告人柯某甲等人诈骗金额为45,293.1元。

4. 2015年，被告人柯某甲争取到××抗旱井项目移民资金6万元后，召集被告人谭某某、聂某一、聂某二、吴某一、卢某一开会，指定被告人吴某一负责落实该项目，被告人吴某一叫柯某寅对××抗旱井进行部分维修，到南昌购买电机并请人安装，共花费10,800元。被告人柯某甲等人以彭某、J××科技有限公司为施工方与××村村委会签订了××抗旱井项目虚假合同，并利用虚假合同及伪造的申报材料骗取该笔移民资金，扣除14,604.6元（含缴税3804.6元），被告人柯某甲等人诈骗金额为45,395.4元。

5. 2015年，被告人柯某甲以××村民自筹修建的公路向上争取到移民资金5.1

万元后,召集被告人谭某某、聂某一、聂某二、吴某一、卢某二开会准备申报材料,指定被告人吴某一负责落实该项目,要柯某寅作为施工方与××村村委会签订了修建公路虚假合同,并利用虚假合同及伪造的申报材料骗取该笔移民资金。扣除缴税3386.91元,被告人柯某甲等人诈骗金额为47,613.09元。

6.2015年,被告人柯某甲以××村民自筹修建的公路争取到"一事一议"资金8万元后,召集被告人谭某某、聂某一、聂某二、吴某一、卢某一开会准备申报材料,并请李某一将店门口桥及引桥路面进行维修,花费维修工程款19,572元;同时安排被告人柯某乙作为施工方与××村村委会签订了修建公路虚假合同,被告人柯某乙明知自己没有修建公路,仍与××村村委会签订了该虚假合同。被告人柯某甲等人利用虚假合同及伪造的申报材料骗取了该笔"一事一议"资金。扣除24,828.8元(含缴税5256.8元),被告人柯某甲等人诈骗金额为55,171.2元。

7.2016年,××镇政府工作人员到××村村委会水库进行防汛检查,发现××水库泄洪渠道不畅通。后Z市水利局决定拨3万元工程款维修××水库泄洪渠道。被告人柯某甲、谭某某、聂某一、聂某二、吴某一、卢某一便以付某二为施工方与××村委会签订了××水库泄洪道维修虚假合同,向水利局谎称已维修该水库,利用虚假合同及伪造的申报材料骗取国家防汛补助费3万元,扣除缴税1843.92元,诈骗金额为28,156.08元。

8.2014年,××村民自筹资金修建了3条公路。2016年,被告人柯某甲以公路硬化及过水桥闸工程、××改水改厕3个项目向上争取到移民资金后,召集被告人谭某某、聂某一、聂某二、吴某一、卢某一开会准备申报材料,并要求被告人柯某乙作为施工方与××村村委会签订虚假合同,被告人柯某乙明知2014年自己没有修建公路,××改水改厕项目,仍与××村村委会签订了上述项目施工合同。被告人柯某乙在被告人柯某甲安排下修建了部分公路和加宽了200米公路,被告人吴某一在被告人柯某甲安排下承建××改水改厕工程。工程完工后,被告人柯某甲等人利用虚假合同及伪造的申报材料骗取了3笔移民资金55.5万元,支付被告人柯某乙工程款45.5万元,被告人吴某一工程款2.04万元,扣除缴税34,662.14元、审计费4500元,被告人柯某甲等人诈骗金额为40,437.86元。

9.2013年×××村民自筹资金请杨某二修建了公路,2014年××村民自筹资金请吴某二修建了公路,2015年××村民自筹资金请李某一修建了公路,2016年被告人柯某甲用上级拨付的移民资金安排被告人柯某乙修建了公路。柯某甲以上述修建的公路向上争取到交通补助30.9387万元后,召集被告人谭某某、聂某一、聂某二、吴某一、卢某一开会准备申报材料,安排被告人柯某乙签订虚假合同,被告人柯某乙明知2013年至2015年自己没有修建公路,仍与××村村委会签订上述3条公路施工合同。2016年3—11月,××镇财政所陆续下拨了交通补助款30.9387万元。被告人谭某某按被告人柯某甲指示给了01村小组66,328.12元,02村小组66,328.12元,03村小组13,265.61元,扣除缴税20,411.48元,被告人柯某甲等人诈骗金额为143,053.67元。

10.2012年至2016年,市财政局和民政局每年都会发放一定名额的冬春生活救助和自然灾害生活补助,被告人柯某甲就会召集被告人谭某某、聂某一、聂某二、吴某一、卢某一开会,要求他们提供虚假受灾和救助人员名单,确保这些人领了钱能收回交给被告人谭某某保管。2012年至2016年,被告人柯某甲等人就将自己的亲属上报申请补助,共骗得补助款24,377.51元。2015年9月2日,因审计发现虚报救助名单情况,被告人柯某甲等人应××镇政府要求将骗取的21,577.51元救灾补助款予以上交,2017年4月28日将骗取的2800元救灾补助款予以上交。

11.2017年10月20日,Z市水利局发文拨付22万元除险加固资金到××山塘,Z市水利局和乡镇工作人员来测量××山塘时,被告人柯某甲将这些人带到被告人柯某丙私挖承包的××水库,指着××水库说这就是××山塘,后被告人柯某甲告诉了被告人柯某丙其为××水库争取到除险加固项目。2017年11月,被告人柯某丙在知道自己的水库不是××山塘,也明显不符合条件的情况下,通过围标的方式取得了××山塘除险加固工程项目,将该项目资金用到自己私挖的××水库,该项目在2018年完成施工,被告人柯某丙获得工程款193,930元,缴税11,277.81元,诈骗金额为182,652.19元。

认定上述事实的证据有:项目施工合同、项目档案、银行流水、收据、工作说明、完税证明、领条等书证;证人彭某、柯某寅、吴某二、杨某二、柯某癸、李某一等人的证言;被告人柯某甲、柯某乙、柯某丙、谭某某、聂某一、聂某二、吴某一、卢某一等人的供述与辩解;现场方位图。

三、串通投标罪

2013年被告人柯某甲将××镇政府准备兴建××幼儿园、××小学等一系列工程项目的情况告诉被告人柯某乙、柯某丙,并且被告人柯某甲提出幼儿园、小学等一系列项目就由他们3人做,被告人柯某乙和柯某丙负责具体操作。之后被告人柯某乙、柯某丙报名参加小学教学楼投标,在招投标现场,被告人柯某乙、柯某丙得知参加投标的有八九家。为顺利中标该工程项目,被告人柯某乙、柯某丙对邓某某、谢某某等其他投标人说××小学教学楼的项目他们要做,并且说××工程其他投标人做不了,提出每个资质给5000元好处费。投标时,被告人柯某甲作为评标委员会成员,特意巡视会场一圈,被告人柯某乙再次警告其他投标人要按照之前商量好的写标价。邓某某等投标人迫于被告人柯某甲在××村的势力,在投标时按照被告人柯某乙、柯某丙的要求写了标价,被告人柯某甲、柯某乙、柯某丙如愿中标。中标之后被告人柯某乙、柯某丙给每个参与投标人支付了5000元好处费。被告人柯某甲、柯某乙、柯某丙还承建了除××小学教学楼以外的××幼儿园、××小学综合楼及跑道等附属工程项目,以上工程项目总共获利30多万元,被告人柯某甲、柯某乙、柯某丙各分得10多万元。

认定上述事实的证据包括:扣押清单;承包合同及相关资料、工程预算书、结算书等书证;证人李四、邓某某、谢某某、刘二、邹志某、陈建某、柯月某、陈爱某等人的证言;被告人柯某乙、柯某丙的供述与辩解;辨认笔录。

四、强迫交易罪

2013年,被告人柯某乙、柯某丙在做××小学教学楼时,为了能顺利中标××小学综合楼及跑道等附属工程项目,将本来不需他们平整的土地进行平整。2013年年底,Z市××镇政府对××小学综合楼进行公开招投标,谢某某中标。被告人柯某乙、柯某丙遂在外面放话称"这是在我的地界,土地平整是我做的,水也是我家的,我看他谢某某怎么施工"。同时被告人柯某甲也给××镇干部施压,要求把××小学综合楼工程交给被告人柯某乙做。谢某某知道这些情况后,因惧怕被告人柯某甲等人在××村的势力,不敢进场施工,镇干部多次协商未果,最后谢某某因未按照合同约定的时间进场施工被毁标。为保证工程如期完成,××镇政府只好重新和被告人柯某乙签订合同,合同价格549,200元。工程完工后,××镇政府为了平息谢某某的情绪,增加2万元工程款,并要被告人柯某乙以自己的名义将20,000元补偿给谢某某,被告人柯某乙从中扣除了1000多元税款之后将剩下的18,000余元给了谢某某。

认定上述事实的证据有:××镇××小学综合楼工程施工承包合同、工程预算书、结算书等书证;证人龚小某的证言;被害人谢某某的陈述;被告人柯某乙、柯某丙的供述与辩解。

五、妨害公务罪

2015年9月1日,Z市烟草专卖局执法人员张某二、雷某某到××镇××村被告人柯某丙开设的商店内进行烟草检查,发现了17包硬盒利群和7包硬盒中华疑似假烟。当日烟草专卖局副局长林某某带领工作人员聂三、李某二等人也到了××村。张某二开具扣押清单要求把烟带到Z市进行检查,被告人柯某甲赶到现场不配合执法并对烟草专卖局执法人员进行谩骂。见此状况,张某二随即报警,被告人柯某丙得知后赶回店中与被告人柯某甲一起推搡烟草专卖局工作人员并表示不同意将疑似假烟带走。××镇派出所民警抵达现场后,被告人柯某甲、柯某丙因不满烟草专卖局人员报警,又和烟草专卖局人员发生冲突,被告人柯某甲找了根木棍追打烟草专卖局工作人员,被告人柯某丙也捡起一个啤酒瓶砸向烟草专卖局工作人员,被××镇派出所民警制止。聂三见此情形拿出手机拍照,被告人柯某丙和其女儿柯卯一起抢夺聂三的手机,抢夺过程中,被告人柯某丙撕扯了聂三,并将抢下来的手机交给柯卯,由柯卯将手机里的视频删除。后聂三等人由民警护送上了警车。经Z市公安司法鉴定中心鉴定，聂三、李某二的损伤程度为轻微伤。

认定上述事实的证据有：行政处罚决定书、Z 市烟草专卖局出具 Z 市××镇××村村委会卷烟零售户陈连某联合村书记及其亲属采取暴力抗拒阻碍烟草执法经过、出警经过，Z 市人民法院民事卷宗、烟草专卖执法人员行使的职权依据、烟草专卖执法检查证复印件、说明等书证；证人柯晓某、黄少某、聂三、雷某某、张某二、林小某、李某二、柯卯、陈连某的证言；被告人柯某丙的供述与辩解。

六、故意销毁会计凭证罪

2016 年年初，被告人柯某丁向被告人柯某戊、柯某己和柯某辛提议将××村小组的账本烧掉，但他们 4 人均不敢擅自决定。被告人柯某丁、柯某戊、柯某己将此事向被告人柯某甲汇报，被告人柯某甲表示账已经算了，可以烧。被告人柯某丁、柯某戊、柯某己 3 人遂在被告人柯某己家里将××村小组 2007 年至 2015 年的会计凭证全部烧掉，被烧毁的会计凭证金额至少达 50 多万元。

认定上述事实的证据有：Z 市财政局、Z 市林业局文件、Z 市社会主义新农村建设领导小组办公室文件、新农村建设财政专户资金拨款凭证回单，××村村委会 2008 年至 2015 年退耕还林发放表及 J 省农村信用卡代理业务成功清单、山地承包协议等书证；证人柯某辛、柯某壬等人的证言；被告人柯某甲、柯某丁、柯某己、柯某戊的供述与辩解。

七、贪污罪

1. 2014 年，××镇财政所拨付××村村委会××小学征地款、青苗补助款等共计 170,990 元。××村村委会向村民支付了征地款、青苗补助款等共计 151,918 元，剩余款项经被告人柯某甲决定，由被告人柯某甲、谭某某、聂某一、聂某二和吴某一、卢某一 6 人私分，被告人柯某甲分得 4000 元，其他人员各分得 3000 元。

2. 2015 年××村小组新农村建设，财政部门分两次共拨付资金 20 万元。工程完工后，××村村委会支付了××村小组新农村建设工程款 16 万元，截留了 4 万元。经被告人柯某甲决定，从截留款项中拿出 2 万元来私分，被告人柯某甲、谭某某、聂某一、聂某二 4 人各分得 5000 元。

认定上述事实的证据有：协议书、关于拨付 2015 年度新农村建设村点第一批资金的通知、拨款凭证、银行流水、青苗补助发放表、自制凭证、领条等书证；证人孙志某等人的证言；被告人柯某甲、谭某某、聂某一等人的供述与辩解。

八、挪用公款罪

2013 年 12 月，Z 市××新型环保建材有限公司（以下简称××公司）与××村村委会××村签订征地协议，2013 年 12 月至 2014 年 4 月，××公司分 4 笔将 83.464 万元征地拆迁款汇至××镇财政所，××镇财政所于 2013 年 12 月 25 日、2014 年 4 月 29 日分两次将××公司支付的 83.464 万元征地拆迁款转到被告人谭某某银行账户上。

2017年7月,被告人柯某甲与他人合伙开设的××水稻合作社需要资金收早稻,并按1分的月息算利息,于是被告人柯某甲找到被告人谭某某要其将其保管的××公司征地拆迁款给70万元到××水稻合作社用于收早稻,被告人谭某某遂按被告人柯某甲的指示将70万元征地拆迁款转给××水稻合作社出纳付某二账上。2017年9月18日,在早稻收购结束之后,付某二按照被告人柯某甲的指示将谭某某转给其的70万元征地拆迁款转到其妻子被告人聂某二账上。2017年10月21日、11月1日、11月8日,被告人聂某二按被告人柯某甲的指示,分3次将60万元征地拆迁款转到付某二账上用于收购晚稻,2017年11月8日转10万元征地拆迁款到付某三账上收购晚稻。2017年11月17日、18日、20日,被告人柯某甲安排柯某丙、柯某乙、柯某辰将70万元征地款分4笔还给被告人谭某某。被告人柯某甲从××水稻合作社共获取利息2.17万元。被告人柯某甲给了被告人谭某某2000元好处费、被告人聂某二1000元好处费。

认定上述事实的证据有:××水稻合作社信息、拨款凭证、提取笔录、利息凭证、征地材料、银行流水、票据、常住人口信息等书证;证人陈菊某、南清某、宋义某、付某二、柯某辰、潘劲某、杨某三等人的证言;同案人聂某一、柯某乙、柯某丙等人的供述与辩解;被告人柯某甲、谭某某、聂某二等人的供述与辩解。

此外,被告人柯某甲等人还实施了以下违法事实:

1.1998年九十月,己村村民因邻村村民在两村有争议的山地上捡茶子发生纠纷。被告人柯某甲、柯某乙召集村民开会去打相邻村民,组建了柯某午等三四十人参加的"敢死队",并承诺对参加打架的人员给予补助。次日,被告人柯某甲、柯某乙等人领着"敢死队"队员和一二百名村民持铁棍、鱼叉、梭镖等去打相邻村民,因相邻村民无打架意图且××镇政府及时干预,两村未发生械斗。几天后,柯某午等7个"敢死队员"向被告人柯某乙、柯某甲等人索要补助,与被告人柯某甲、柯某乙等人发生打架。次日,被告人柯某甲、柯某乙带着被告人柯某丁、柯某己和柯某壬、柯某辛来到柯某午家,将柯某午家房门、电视、玻璃等物打烂。

2.2001年的某天,柯某未没有向村小组报告挖了家门前的土路埋排水管,被告人柯某丁路经此处看见后责怪柯某未事先没有说此事,柯某未承诺埋好排水管就恢复原状,两人为此发生争吵。被告人柯某丁遂叫来被告人柯某甲一同殴打了柯某未。

3.2001年被告人柯某丁将何某某砍致轻伤,被告人柯某丁因此被Z市公安局刑事拘留,并被Z市人民法院判处管制1年。事后,被告人柯某甲要被告人柯某己等人从××村小组拿了2万余元给被告人柯某丁予以补偿。

4.2003年,被告人柯某甲通过在柯某申等人承包的××水库强围水面排猪粪、殴打柯某申及以稻田用水为由将水库的水放掉等方式进行威胁，迫使柯某申等人放弃了××水库承包权，而强行承包了××水库。

5.2005年的某天，孙某一、黄某一夫妻俩骑摩托车与被告人柯某甲会车时，被告人柯某甲将与其有矛盾的孙某一、黄某一夫妻俩逼停，打了黄某一、孙某一夫妻俩。

6.2007年左右，××村小组新农村建设修路未按原路画线，向黄某二、柯某酉家偏了点，柯某酉在征得修路的柯某乙同意后，按其家以前的地界将修路画的石灰线锄掉了。被告人柯某甲发现后与黄某二发生口角，继而殴打了黄某二。

7.2007年左右，××村小组新农村建设，被告人柯某甲擅自指挥钩机将未在拆除范围之内的南某某老宅推倒，并致老宅中的瓷瓶、杉木谷仓、大缸和瓶罐损坏。2016年左右，被告人柯某甲未经批准擅自在南某某等人的老宅基地上建了车库和厨房。

8.2008年年初，××村小组分山，余某某提出想和其丈夫哥哥家的山分在一起，被告人柯某甲不同意，余某某遂去撕分山登记表，被告人柯某甲、柯某戊为此打了余某某。事后，被告人柯某甲要被告人柯某丁、柯某已等人从××村小组拿了4950元赔给余某某。

认定上述事实的证据有：村党支部书记职责、中共Z市××镇委员会文件、谭××所记流水账、党员档案、误工补助发放表、刑事判决书、户籍信息等书证；证人柯某未、柯某申、余某某、黄某二、柯某辛、柯某壬、柯某辰、柯欠某等人的证言；被告人柯某甲、谭某某、聂某一、聂某二、柯某乙、柯某丙、柯某丁、柯某戊、吴某一、卢某一、柯某已的供述与辩解。

该团伙成员还实施了以下个人犯罪事实：

一、赌博罪

2010年至2018年，被告人柯某戊在其所开商店内，摆放2台麻将机及1张方桌，供他人打麻将和打牌。期间柯某戊、吴某二等20多人在该商店内以打麻将、打牌、玩“牛牛”的方式进行赌博活动，被告人柯某戊多次为赌博人员提供借款，并以收取台费和抽头渔利的方式获利。

认定上述事实的证据有：扣押物品清单等物证；账本复印件、记账明细等书证；证人柯细某、柯学某、柯小某、柯海某、柯三某、柯某戊等人的证言；被告人柯某戊的供述与辩解；现场照片等。

二、诈骗罪

2016年，被告人聂某二、付某二（另案处理）夫妇得知五保户进行危房改造有2万元补贴，就利用其夫妇赡养的五保户柯某亥的身份骗取危房改造资金2万元，将自家一栋老房子拆掉新建了一栋两层楼房。

认定上述事实的证据有：危房改造资金发放表、危房改造试点农户档案信息表、关于柯某已账户变动的说明、农村危房改造农户纸质档案（柯某亥）、情况说明、政府文件、凭证和转账记录等书证;证人傅龙某、傅礼某、简小某、杜小某等人的证言;同案人付某二的供述;被告人聂某二的供述与辩解。

辩护人张艳霞当庭提供了被告人柯某甲的8份荣誉证书(复印件)、被告人柯某甲疾病证明书及相关治疗材料、××村村委会所获先进照片4张、××村部分村民对被告人柯某丁、柯某己、柯某戊烧毁账目凭记的谅解书,证明被告人柯某甲并非是恶势力的代表,被告人柯某甲确实为村里做好事、做实事,其受伤也是为村委会做事所伤,部分村民也对烧毁账目的行为表示谅解。

辩护人黎明、聂小勇、俞伟当庭各提供了一份部分村民陈情书,证明被告人谭某某、聂某二、吴某一平时表现良好,其各自村上的部分村民请求办案单位对其宽大处理。

本院认为,被告人柯某甲伙同他人多次敲诈勒索财物共计人民币238,800元,数额巨大;伙同他人多次骗取国家资金共计人民币639,601.60元,数额特别巨大;伙同他人采取威胁、贿赂方式串通投标;伙同他人强迫他人放弃中标项目,情节严重;伙同他人以暴力方式阻碍国家机关工作人员依法执行职务;伙同他人故意销毁会计凭证,情节严重;利用职务上的便利,伙同他人共同侵吞国家资金共计人民币39,000元,数额较大;利用职务上的便利,伙同他人挪用公款人民币700,000元归个人使用,进行营利活动,数额较大,其行为已构敲诈勒索罪、诈骗罪、串通投标罪、强迫交易罪、妨害公务罪、故意销毁会计凭证罪、贪污罪、挪用公款罪。公诉机关指控的罪名成立。被告人柯某甲在敲诈勒索罪、诈骗罪、贪污罪、挪用公款罪共同犯罪中起主要作用,系主犯,应当按照其所参与的全部犯罪处罚;被告人柯某甲参与骗取的国家冬春生活救助和自然灾害生活补助资金已全部上交,挪用的公款在案发前已全部归还,可酌情从轻处罚;案发后,被告人柯某甲退缴了赃款人民币10万元,可酌情从轻处罚;被告人柯某甲一人犯数罪,依法应当数罪并罚。

被告人谭某某伙同他人敲诈勒索他人财物共计人民币98,800元,数额巨大;伙同他人多次骗取国家资金共计人民币456,949.41元,数额巨大;利用职务上的便利,伙同他人共同侵吞国家资金共计39,000元,数额较大;利用职务上的便利,伙同他人挪用公款人民币700,000元归个人使用,进行营利活动,数额较大,其行为已构成敲诈勒索罪、诈骗罪、贪污罪、挪用公款罪。公诉机关指控的罪名成立。被告人谭某某在敲诈勒索、诈骗、贪污、挪用公款共同犯罪中起次要作用,系从犯,依法应当从轻处罚;被告人谭某某主动投案并能如实供述自己敲诈勒索罪、诈骗罪、挪用公款的罪行,系自首,依法可以从轻处罚;被告人谭某某参与骗取的国家冬春生活救助和自然灾害生活补助资金已全部上交,挪用的公款在案发前已全部归还,可酌情从轻处罚;案发后,被告人谭某某退缴了赃款人民币6万元,可酌情从轻处罚;被告人谭某某一人犯数罪,依法应当数罪并罚。被告人谭某某提出其系在接到村委会电话通知后主动到

××镇政府配合调查，然后被公安机关关押的辩解以及其辩护人提出被告人谭某某系初犯、从犯，其主动到办案机关接受调查，应依法认定为自动投案的辩护意见，与审理查明的事实、证据和法律相符，本院予以采纳；其辩护人提出被告人谭某某投案后如实供述，依法应认定为自首的辩护意见，经查，在案证据显示，被告人谭某某主动投案并在侦查阶段能如实供述自己的罪行，但在庭审中对贪污事实予以翻供，故对敲诈勒索罪、诈骗罪、挪用公款罪应依法认定为自首，对贪污罪依法不应认定为自首。

被告人聂某一伙同他人敲诈勒索他人财物共计人民币98,800元，数额巨大；伙同他人多次骗取国家资金共计人民币456,949.41元，数额巨大；利用职务上的便利，伙同他人共同侵吞国家资金共计人民币39,000元，数额较大，其行为已构成敲诈勒索罪、诈骗罪、贪污罪。公诉机关指控的罪名成立。被告人聂某一在敲诈勒索、诈骗、贪污共同犯罪中起次要作用，系从犯，依法应当从轻处罚；其能如实供述自己的罪行，系坦白，依法可以从轻处罚；被告人聂某一参与骗取的国家冬春生活救助和自然灾害生活补助资金已全部上交，可酌情从轻处罚；案发后，被告人聂某一退缴了赃款人民币4万元，可酌情从轻处罚。被告人聂某一一人犯数罪，依法应当数罪并罚。

被告人聂某二伙同他人敲诈勒索他人财物共计人民币98,800元，数额巨大；伙同他人多次骗取国家资金共计人民币476,949.41元，数额巨大；利用职务上的便利，伙同他人共同侵吞国家资金共计人民币39,000元，数额较大；利用职务上的便利，伙同他人挪用公款人民币700,000元归个人使用，进行营利活动，数额较大，其行为已构成敲诈勒索罪、诈骗罪、贪污罪、挪用公款罪。公诉机关指控的罪名成立。被告人聂某二在敲诈勒索、诈骗、贪污、挪用公款共同犯罪中起次要作用，系从犯，依法应当从轻处罚；被告人聂某二主动投案，归案后在侦查机关第一次讯问时如实供述了伙同他人挪用公款的主要犯罪事实，系自首，依法可以从轻处罚，其在庭审中能如实供述自己的敲诈勒索、诈骗罪行，系坦白，依法可以从轻处罚；被告人聂某二一人犯数罪，依法应当数罪并罚。被告人聂某二参与骗取的国家冬春生活救助和自然灾害生活补助资金已全部上交，挪用的公款在案发前已全部归还，骗取的国家危房改造补贴款已退赃，可酌情从轻处罚。被告人聂某二提出其系在接到村委会书记的电话去谈话后被公安机关关押的辩解以及其辩护人提出被告人聂某二在共同犯罪中起次要作用，系从犯，被告人聂某二领取2万元危房补贴事出有因，情有可原，其个人诈骗犯罪数额小、情节轻，且其丈夫付某二在2020年4月13日已将该2万元危房补贴款退回××镇财政所，应视为共同退赃的辩护意见，与审理查明的事实、证据和法律相符，本院予以采纳；其辩护人提出被告人聂某二归案后基本供述了其所参与的相关犯罪事实，庭审时也表示对起诉书指控的主要事实并无异议，应认定为如实供述，其是在接到村委会电话后，主动到镇政府接受调查，应视为主动投案，并依法认定其有自首情节的辩护意见，经查，在案证据显示，被告人聂某二在接到村委会书记的电话后到××镇政府配合调查,后被公安机关带走并拘留,被告人聂某二归案后在公安机关第一次讯问时如实供述了伙同他人挪用公款的主要犯罪事实,但没有如实供述其他犯罪事实,其在被采取刑事强制措施后在公安机关亦未如实供述其他犯罪事实,但在监察机关供述了挪用公款的事实,在法庭审理过程中,被告人聂某二对敲诈勒索、诈骗、挪用公款事实无异议,但对贪污事实予以否认,故被告人聂某二的行为依法应视为主动投案,对挪用公款犯罪应依法认定为自首,对敲诈勒索、诈骗犯罪应依法认定为坦白。

被告人柯某乙伙同他人多次骗取国家资金共计人民币238,662.73元,数额巨大;伙同他人采取威胁、贿赂方式串通投标;伙同他人强迫他人放弃中标项目,情节严重,其行为已构成诈骗罪、串通投标罪、强迫交易罪。公诉机关指控的罪名成立。被告人柯某乙在诈骗共同犯罪中起次要作用,系从犯,依法应当从轻处罚;其主动投案并如实供述了自己的犯罪事实,系自首,依法可以从轻处罚;案发后,被告人柯某乙退缴了赃款人民币3万元,可酌情从轻处罚。被告人柯某乙一人犯数罪,依法应当数罪并罚。其辩护人提出被告人柯某乙系在接到派出所警官的电话后积极主动的配合警官的讯问,且如实供述犯罪事实,系主动投案,应当认定为自首,到案后,其认罪、悔罪态度好,且退回部分赃款3万元的辩护意见,与审理查明的事实、证据和法律相符,本院予以采纳。

被告人柯某丙伙同他人骗取国家资金人民币182,652.19元,数额巨大;伙同他人采取威胁、贿赂方式串通投标;伙同他人强迫他人放弃中标项目,情节严重;伙同他人以暴力方式阻碍国家机关工作人员依法执行职务,其行为已构成诈骗罪、串通投标罪、强迫交易罪、妨害公务罪。公诉机关指控的罪名成立。被告人柯某丙主动投案并能如实供述自己的罪行,系自首,依法可以从轻处罚;案发后,被告人柯某丙退缴了赃款人民币3万元,可酌情从轻处罚;被告人柯某丙因妨害公务被公安机关行政拘留10日,依法应当折抵刑期;被告人柯某丙一人犯数罪,依法应当数罪并罚。其辩护人提出被告人柯某丙自动投案,应认定为投案自首,其系初犯且退回赃款3万元,亦可酌定从轻处罚的辩护意见,与审理查明的事实、证据和法律相符,本院予以采纳。

被告人柯某丁伙同他人敲诈勒索他人财物人民币140,000元,数额巨大;伙同他人故意销毁会计凭证,情节严重,其行为已构成敲诈勒索罪、故意销毁会计凭证罪。公诉机关指控的罪名成立。被告人柯某丁能如实供述自己的罪行,系坦白,依法可以从轻处罚;其有犯罪前科,可酌情从重处罚。被告人柯某丁一人犯数罪,依法应当数罪并罚。其辩护人提出被告人柯某丁如实供述自己的罪行,系坦白的辩护意见,与审理查明的事实、证据和法律相符,本院予以采纳;其辩护人提出被告人柯某丁在敲诈勒索、故意销毁会计凭证共同犯罪中属从犯的辩护意见,经查,在案证据显示,被告人柯某丁在伙同被告人柯某甲共同敲诈××公司杨某一人民币14万元的犯罪中起积极主动作用,且所得赃款被告人柯某丁、柯某甲每人分得人民币6万元,被告人柯某丁的行为依法不能认定为从犯,被告人柯某丁在故意销毁会计凭证共同犯罪中起积极主动作用,依法不应认定为从犯。故对其辩护人提出的上述辩护意见,本院不予采纳。

被告人柯某戊伙同他人故意销毁会计凭证,情节严重;以营利为目的,聚众赌博,其行为已构成故意销毁会计凭证罪、赌博罪。公诉机关指控的罪名成立。被告人柯某戊能如实供述自己的罪行,系坦白,依法可以从轻处罚;案发后,被告人柯某戊退缴了赃款2万元,可酌情从轻处罚。被告人柯某戊一人犯数罪,依法应当数罪并罚。其辩护人提出被告人柯某戊故意销毁会计凭证罪犯罪情节显著轻微,危害不大,可不认为是犯罪的辩护意见,与庭审查明的事实、证据和法律不符,本院不予采纳。

被告人吴某一伙同他人敲诈勒索他人财物共计人民币98,800元,数额巨大;伙同他人多次骗取国家资金共计人民币456,949.41元,数额巨大,其行为已构成敲诈勒索罪、诈骗罪。公诉机关指控的罪名成立。被告人吴某一在敲诈勒索、诈骗共同犯罪中起次要作用,系从犯,依法应当从轻处罚;其能如实供述自己的罪行,系坦白,依法可以从轻处罚;被告人吴某一参与骗取的国家冬春生活救助和自然灾害生活补助资金已全部上交,可酌情从轻处罚;案发后,被告人吴某一退缴了赃款人民币4万元,可酌情从轻处罚。被告人吴某一一人犯数罪,依法应当数罪并罚。其辩护人提出如认定被告人吴某一构成犯罪,被告人吴某一系坦白,属从犯且退赃4万元的辩护意见,与庭审查明的事实、证据和法律相符,本院予以采纳。

被告人卢某一伙同他人敲诈勒索他人财物共计人民币98,800元,数额巨大;伙同他人多次骗取国家资金共计人民币456,949.41元,数额巨大,其行为已构成敲诈勒索罪、诈骗罪。公诉机关指控的罪名成立。被告人卢某一在敲诈勒索、诈骗共同犯罪中起次要作用,系从犯,依法应当从轻处罚;其主动投案并能如实供述自己的罪行,系自首,依法可以从轻处罚;被告人卢某一参与骗取的国家冬春生活救助和自然灾害生活补助资金已全部上交,可酌情从轻处罚;案发后,被告人卢某一退缴了赃款人民币5000元,可酌情从轻处罚。被告人卢某一一人犯数罪,依法应当数罪并罚。其辩护人提出被告人卢某一系接到公安机关口头传唤后到公安机关配合调查,并如实供述自己的罪行,系自首,系初犯、偶犯、主观恶性较小、当庭自愿认罪,悔罪态度好的辩护意见,与庭审查明的事实、证据和法律相符,本院予以采纳。

被告人柯某己伙同他人故意销毁会计凭证,情节严重,其行为已构成故意销毁会计凭证罪。公诉机关指控的罪名成立。被告人柯某己能如实供述自己的罪行,系坦白,依法可以从轻处罚。其辩护人提出被告人柯某己在故意销毁会计凭证犯罪的过程中只起次要辅助性作用,属从犯的辩护意见,经查,在案证据显示,被告人柯某己在故意销毁会计凭证共同犯罪中起积极主动作用,依法不应认定为从犯。故对其辩护人提出的上述辩护意见,本院不予采纳。

根据被告人柯某甲等人各自犯罪事实,根据我国刑法之规定,经本院审判委员会讨论决定,判决如下:

一、被告人柯某甲犯敲诈勒索罪,判处有期徒刑7年10个月,并处罚金人民币10万元;犯诈骗罪,判处有期徒刑12年4个月,并处罚金人民币20万元;犯串通投标罪,判处有期徒刑1年,并处罚金人民币10万元;犯强迫交易罪,判处有期徒刑1年,并处罚金人民币10万元;犯妨害公务罪,判处有期徒刑1年2个月;犯故意销毁会计凭证罪,判处有期徒刑2年,并处罚金人民币5万元;犯贪污罪,判处有期徒刑8个月,并处罚金人民币10万元;犯挪用公款罪,判处有期徒刑8个月。数罪并罚,决定执行有期徒刑19年,剥夺政治权利5年,并处罚金人民币65万元。

二、被告人谭某某犯敲诈勒索罪,判处有期徒刑3年,并处罚金人民币5万元;犯诈骗罪,判处有期徒刑5年6个月,并处罚金人民币10万元;犯贪污罪,判处有期徒刑6个月,并处罚金人民币10万元;犯挪用公款罪,判处有期徒刑6个月。数罪并罚,决定执行有期徒刑7年6个月,并处罚金人民币25万元。

三、被告人聂某一犯敲诈勒索罪,判处有期徒刑3年,并处罚金人民币5万元;犯诈骗罪,判处有期徒刑6年,并处罚金人民币12万元;犯贪污罪,判处有期徒刑6个月,并处罚金人民币10万元。数罪并罚,决定执行有期徒刑7年6个月,并处罚金人民币27万元。

四、被告人聂某二犯敲诈勒索罪,判处有期徒刑3年,并处罚金人民币5万元;犯诈骗罪,判处有期徒刑6年1个月,并处罚金人民币12万元;犯贪污罪,判处有期徒刑6个月,并处罚金人民币10万元;犯挪用公款罪,判处有期徒刑6个月。数罪并罚,决定执行有期徒刑7年6个月,并处罚金人民币27万元。

五、被告人柯某乙犯诈骗罪,判处有期徒刑3年4个月,并处罚金人民币5万元;犯串通投标罪,判处有期徒刑10个月,并处罚金人民币10万元;犯强迫交易罪,判处有期徒刑10个月,并处罚金人民币10万元。数罪并罚,决定执行有期徒刑4年,并处罚金人民币25万元。

六、被告人柯某丙犯诈骗罪,判处有期徒刑4年3个月,并处罚金人民币5万元;犯串通投标罪,判处有期徒刑10个月,并处罚金人民币10万元;犯强迫交易罪,判处有期徒刑10个月,并处罚金人民币10万元;犯妨害公务罪,判处有期徒刑11个月。数罪并罚,决定执行有期徒刑5年6个月,并处罚金人民币25万元。

七、被告人柯某丁犯敲诈勒索罪,判处有期徒刑5年3个月,并处罚金人民币8万元;犯故意销毁会计凭证罪,判处有期徒刑2年,并处罚金人民币5万元。数罪并罚,决定执行有期徒刑6年,并处罚金人民币13万元。

八、被告人柯某戊犯故意销毁会计凭证罪,判处有期徒刑2年,并处罚金人民币5万元;犯赌博罪,判处有期徒刑2年,并处罚金人民币5万元。数罪并罚,决定执行有期徒刑3年,并处罚金人民币10万元。

九、被告人吴某一犯敲诈勒索罪,判处有期徒刑3年,并处罚金人民币5万元;犯诈骗罪,判处有期徒刑6年,并处罚金人民币12万元。数罪并罚,决定执行有期徒刑7年,并处罚金人民币17万元。

十、被告人卢某一犯敲诈勒索罪,判处有期徒刑3年,并处罚金人民币5万元;犯诈骗罪,判处有期徒刑5年6个月,并处罚金人民币10万元。数罪并罚,决定执行有期徒刑6年6个月,并处罚金人民币15万元。

十一、被告人柯某已犯故意销毁会计凭证罪,判处有期徒刑2年,并处罚金人民币5万元。

十二、随案移送的扣押款、退赃款共计人民币154,640.20元,依法予以没收,上缴国库;依法追缴被告人柯某甲等人违法所得的一切财物及其孳息,上缴国库,尚未追缴的继续追缴。

如不服本判决,可在接到判决书的第二日起10日内,通过本院或者直接向J省Y市中级人民法院提出上诉。书面上诉的,应提交上诉状正本1份,副本2份。

审　判　长:×××
人民陪审员:×××
人民陪审员:×××
2020年5月27日
书　记　员:×××

一审辩护词

辩护意见

尊敬的审判长、合议庭:

根据《中华人民共和国刑事诉讼法》和《中华人民共和国律师法》的规定,北京市京师律师事务所接受柯某甲儿子柯某辰的委托并作出指派,张艳霞律师在征得柯某甲本人的同意后,担任柯某甲涉嫌组织、领导黑社会性质组织、敲诈勒索、诈骗、串通投标、强迫交易、妨害公务、故意销毁会计凭证、贪污、挪用公款一案一审辩护人。接受委托后,辩护人仔细审阅并研究了本案的全部证据材料,会见了被告人,并进行了调查取证。现辩护律师本着以事实和证据为依据,以法律为准绳的原则,发表如下辩护意见,供合议庭参考。

一、被告人柯某甲不构成组织、领导黑社会性质组织罪

有违法犯罪行为的单位,是指依法成立后在从事生产经营活动中实施了某些违法犯罪活动的社会经济实体(单位)。我们认为,尽管有违法犯罪行为的单位在实施违法犯罪活动过程中也可能"转化"为黑社会性质的犯罪组织,但二者在转化前,有着明显的区别:

(一)成立目的不同

有违法犯罪行为的单位,一般都是依法设立的公司、企业等合法经济实体或者社会组织,从事一定的生产经营活动或者履行一定的社会职责;而黑社会性质组织系为了实施违法犯罪而成立的非法组织。虽然二者都有基本的组织架构、职责分工,但前者是为了正常开展生产、经营等活动而设立的;而黑社会性质组织,其内部严密的组织结构、细致的职能分工、帮规纪律等,均是为了有组织地实施违法犯罪活动而设立。

(二)经济特征不同

有违法犯罪行为的单位,自成立开始便有其正当的经营或职能范围以及较为稳定的运作方式和营收模式。违法犯罪行为,对其而言,只是在单位行使职权或者在经营过程中偶然出现的"越权行为"或者"寻租行为",违法犯罪所得不会成为其主要的、稳定的收入来源。而黑社会性质组织是以有组织地实施违法犯罪行为或者其他手段获取经济利益,具有一定的经济实力,并以此支持该组织活动。一言以蔽之,黑社会性质组织是"以黑养黑",其维持犯罪组织日常运作的资金主要来源于违法犯罪活动,或者与违法犯罪活动有关。

(三)行为特征不同

有违法犯罪行为的单位实施违法犯罪行为一般不具有经常性,违法犯罪并不是单位获取经济利益或者解决纠纷的主要手段。与此不同的是,黑社会性质组织实施违法犯罪行为具有经常性、一贯性,而且其所实施的违法犯罪行为具有明显的暴力性特征,通常表现为故意杀人、故意伤害、绑架、抢劫、敲诈勒索、聚众斗殴、寻衅滋事、故意毁坏财物等。

(四)非法控制特征不同

黑社会性质组织本质上是要通过实施违法犯罪活动称霸一方,在一定区域或者行业内,形成非法控制或者重大影响,从而严重破坏社会经济、社会生活秩序。非法控制特征不同是连接其他3个特征的纽带,正是在"非法控制"这一点上,使得黑社会性质的组织犯罪与其他犯罪组织区别开来:在对组织内部进行严格控制的基础上,通过对一定行业或者区域的控制最终实现对社会道德控制。由此可以认为,非法控制是黑社会性质组织的基本特征。而有违法犯罪行为的单位,并不具有非法控制社会

的意图，亦无法形成对一定区域或行业内社会、经济秩序的严重破坏。[1]

结合本案，以被告人柯某甲为首的××村村委会不属于黑社会性质组织，而是有违法犯罪行为的单位，柯某甲等人的行为亦不构成组织、领导、参加黑社会性质组织罪，具体分析如下：

首先，从成立角度而言，1996年3月被告人柯某甲进入Z市××镇××村村委会任团支部书记，1998年4月任××村村委会民兵营长，1999年任××村村委会副主任，2000年任××村村委会主任，2004年主持××村村委会全面工作，2005年至2017年任××村党支部书记，2005年至2011年兼任××村村委会主任。任职期间，被告人谭某某、聂某一、聂某二、柯某丁、柯某戊、吴某一、卢某一、柯某己等人担任××村村委。现有证据表明，由柯某甲等人组成的××村村委会系依据《村民委员会组织法》规定的条件和程序选举产生，具有合法的组织架构及权利运作机制。××村村委会并不是为了实施违法犯罪行为而成立的。在柯某甲等人任职××村村委会期间，柯某甲多次被中共Z市委评为优秀共产党员、被中共××镇委员会和××镇人民政府评为优秀党总支书记、被中共Z市委党校评为全市村（居）党组织书记培训班优秀学员、被中共××镇委员会评为年度村党组织书记带富标兵称号、被中共××镇委员会和××镇人民政府评为先进工作者等多项荣誉。××村村委会多次被中共Z市委、Z市人民政府中共××镇委员会、××镇人民政府授予先进村委会、先进建设试点、先进单位、全市创先争优先进基层党组织、和谐平安稳定村等荣誉。这就更加说明××村村委会并不是为了实施违法犯罪而成立的；相反，××村村委会确实为了××村村民做了很多实事、好事，带领村民致富，改善了村民的生活。而且，根据本案事实、证据，并不能认定该村委会成立后以实施违法犯罪行为为主要活动。

其次，从经济特征角度而言，柯某甲等人通过各种方式获取钱财，大多是经过村委会研究决定，所得钱财绝大部分都入了村委会的账，用于村委会正常的开支运作，并非柯某甲等人从事违法犯罪活动的物质保障。

再次，从行为特征角度而言，柯某甲等人下列违法犯罪行为均是个人行为，与村委会无关。这些行为有：(1)2017年10月20日，Z市水利局拨付22万元除险加固资金到××山塘，柯某丙通过围标方式取得××山塘除险加固项目，将该项目资金用到自己私挖的×××水库。(2)2013年兴建××幼儿园、××小学等一系列工程项目，柯某甲、柯某乙、柯某丙串通投标。(3)2013年在××小学教学楼等项目中，柯某甲、柯某乙、柯某丙强迫交易。(4)2015年9月1日，柯某甲、柯某丙等人妨害公务。

综合判断全案的犯罪事实，以下行为属于村委会的集体行为：(1)柯某甲任职期

---

〔1〕 参见《张更生等故意杀人、敲诈勒索、组织卖淫案》，载最高人民法院刑事审判第一、二、三、四、五庭编：《刑事审判参考》（总第74集），法律出版社2010年版，第106—108页。

间,2010 年至 2017 年向××煤矿每年收取"管理费"10,000 元,共收取 75,000 元"管理费"。(2)2017 年 9 月,柯某甲向××建材公司收取 13,800 元"修路费",2017 年 12 月向××建材公司收取 10,000 元"管理费"。(3)2013 年至 2016 年,柯某甲向上争取到国家资金后,召集谭某某、聂某一、聂某二、吴某一、卢某一等人开会,利用虚假合同和伪造的申报材料骗取国家资金 432,671.9 元。(4)2012 年至 2016 年,柯某甲等人利用虚假合同和伪造的申报材料骗取冬春生活救助和自然灾害生活补助资金 24,377.51 元。后因审计发现虚报救助名单情况,将骗取的资金予以上交。在上述行为中,收取管理费是当地惯例,换句话说当地村镇都这样做,而不单单只是××村收取;而且,××村村委会及××组也确实对该种企业进行了一定的管理,客观上也确实保障了该种企业在当地顺利开办。收取管理费和修路费行为虽然违法,但尚不构成犯罪。由此说明××村村委会实施违法犯罪活动并不具有一贯性和经常性,达不到黑社会性质组织所要求的行为特征。

2009 年 12 月 9 日最高人民法院、最高人民检察院、公安部《办理黑社会性质组织犯罪案件座谈会纪要》中强调:"此外,'多次进行违法犯罪活动'只是认定黑社会性质组织的必要条件之一,最终能否认定为黑社会性质组织,还要结合危害性特征来加以判断。即使有些案件中的违法犯罪活动已符合'多次'的标准,但根据其性质和严重程度,尚不足以形成非法控制或者重大影响的,也不能认定为黑社会性质组织。"

最后,从非法控制角度而言,柯某甲等人实施的违法犯罪活动,虽然在当地造成一定的影响,但并没有达到在一定区域或行业内形成非法控制或重大影响,严重破坏经济、社会生活秩序的程度。××村村委会财务制度比较健全,从获利的用途和去向来看,主要还是为了给××村或者××组这个小集体和柯某甲等人组成的小团体谋取利益,并没有非法控制一定区域或者一定行业内社会、经济秩序的意图。

申言之,该案柯某甲等人涉嫌组织、领导、参加黑社会性质组织罪部分同最高人民法院刑事审判第一、二、三、四、五庭主办的《刑事审判参考》案例第 627 号:张某生等人故意杀人、敲诈勒索、组织卖淫案中张某生等人涉嫌组织、领导黑社会性质组织罪部分极为相似。张某生等人故意杀人、敲诈勒索、组织卖淫案中一审法院认为张某生等人为首的村委会不是黑社会性质组织,起诉书指控张某生等人犯组织、领导、参加黑社会性质组织罪的罪名不能成立。二审法院审查,对原判决书认为起诉书指控张某生等人犯组织、领导、参加黑社会性质组织罪的罪名不能成立的认定予以确认。该案作为最高人民法院指导性案例具有重要的指导意义。

2018 年 1 月中共中央、国务院《关于开展扫黑除恶专项斗争的通知》要求,要主动适应以审判为中心的刑事诉讼制度改革,切实把好案件事实关、证据关、程序关和法律适用关,严禁刑讯逼供,防止冤假错案。扫黑除恶绝不能超越法律政策界限,人为拔高,采取破坏法治的方式扫黑。

在2019年“两会”期间最高人民检察院答记者问时，最高人民检察院副检察长对记者表示：“在逮捕和起诉的时候不是黑社会的就不能按黑社会批捕，不是这个犯罪的就不能按这个罪名起诉”，并对有些地方扫黑除恶下指标问题明确指出“这是不可以的”。此后不久，在2019年4月9日，最高人民法院、最高人民检察院、公安部、司法部又联合发布“关于办理扫黑除恶四个意见”，在一定程度上对扫黑除恶案件办理过程中出现的问题作了更有可操作性的规定，以防止司法实践中出现各类“跑偏”现象。

综上，以被告人柯某甲为首的××村村委会不属于黑社会性质组织，而是有违法犯罪行为的单位，柯某甲等人的行为亦不构成组织、领导、参加黑社会性质组织罪。

二、关于敲诈勒索部分

（一）2010年至2017年，柯某甲任职期间，向××煤矿每年收取“管理费”10,000元，共收取75,000元“管理费”。收取管理费属于当地惯例，换句话说当地村镇都这样做，而不单单只是××村收取。收取管理费是经过村委会研究决定，所得钱财都入了村委会的账，由谭某某保管，用于村委会正常的开支；而且，××村村委会及××组也确实对该种企业进行了一定的管理，客观上也确实保障了该种企业在当地顺利开办。因此，收取管理费行为虽然违法，但尚不构成犯罪。

（二）2017年9月，向××建材公司收取13,800元“修路费”，12月向××建材公司收取10,000元“管理费”。向××建材公司收取管理费和修路费也是经过村委会研究决定，所得钱财都入了村委会的账，由谭某某保管，用于村委会正常的开支。同理，收取管理费和修路费行为虽然违法，但尚不构成犯罪。

三、关于诈骗部分

（一）2013年至2016年，柯某甲争取到国家资金后，召集谭某某、聂某一、聂某二、吴某一、卢某一等人开会，用虚假合同和伪造的申报材料骗取资金432,671.9元。以上这些资金都入了村委会的账，由谭某某保管，用于村委会正常的开支。也就是说，这些骗取资金行为均是村委会集体所为，并不是柯某甲个人所为，最后也没有被柯某甲据为己有，而是入了村委会的账，用于村委会正常开支，应对柯某甲从轻处罚。

（二）2012年至2016年，柯某甲等人利用虚假合同和伪造的申报材料骗取冬春生活救助和自然灾害生活补助资金24,377.51元。后因审计发现虚报救助名单情况，将骗取的资金予以上交。根据我国刑法规定，这部分犯罪可免予刑事处罚。

（三）2017年10月20日，Z市水利局拨付22万元除险加固资金到××山塘，柯某丙通过围标方式取得××山塘除险加固项目，将该项目资金用到自己私挖的××水库，柯某丙获得工程款182,652.19元。该行为系柯某丙个人行为，柯某甲并未取得该项目，也未获得工程款项，对柯某甲不应作为犯罪处理。

四、关于强迫交易部分

2013年，Z市××镇政府对××小学综合楼进行公开招投标，谢某某中标，柯某乙、柯某丙放话威胁谢某某,谢某某出于害怕不敢进场施工,导致未能按合同约定的时间进场施工被毁标,××镇政府和柯某乙签了合同。工程完工后,××镇政府为了平息谢某某的情绪,增加2万元工程款,并要求柯某乙以自己名义将2万元补偿给谢某某,柯某乙从中扣除1000多元税款之后将剩下的18,000余元给了谢某某。根据《中华人民共和国刑法》和《刑法修正案(八)》的规定,强迫交易行为情节严重的才构成犯罪。在承揽该项工程中,被告人实施的强迫交易行为,未达到情节严重的程度,不应作为犯罪处理。柯某甲未对其行为予以供述,仅有证人龚小某的证言,被害人谢某某的陈述和被告人柯某乙、柯某丙的供述等言词证据,并不足以证明柯某甲有强迫交易行为。即使柯某甲事实上确有该种行为,也未达到情节严重的程度。而且,柯某甲并未承揽该项工程,只是给××镇政府施压让工程由柯某乙做,更不易作为犯罪处理。

五、关于妨害公务部分

检察机关指控2015年9月1日,Z市烟草专卖局执法人员到××镇××村柯某丙开设的商店内进行烟草检查,发现假烟后,柯某丙、柯某甲不配合执法,与执法人员发生冲突。柯某丙有推搡、抢手机、撕扯等行为,经鉴定致工作人员轻微伤。柯某甲有谩骂、追赶行为。这些行为从行为方式、强度、后果等方面来看未达到妨害公务罪中的暴力标准。Z市公安局于2016年5月13日已就该事件对柯某丙作出行政处罚,柯某甲未对其行为予以供述,即使柯某甲事实上确有该种行为,也并不足以迫使国家机关工作人员放弃正在执行的公务,也没有现实危险,故不应作为犯罪处理。

六、关于挪用公款部分

案发前被告人柯某甲已经将挪用款项全部归还,根据我国刑法规定,可以减轻或免予刑事处罚。

以上辩护意见恳请合议庭采纳,谢谢!

辩护人·北京市京师律师事务所张艳霞律师

2019年7月26日

一审补充辩护词

补充辩护意见

尊敬的审判长、合议庭:

根据《中华人民共和国刑事诉讼法》和《中华人民共和国律师法》的规定,北京市京师律师事务所接受柯某甲儿子柯某辰的委托并作出指派，张艳霞律师在征得柯某甲本人的同意后，担任柯某甲涉嫌组织、领导黑社会性质组织、敲诈勒索、诈骗、串通投标、强迫交易、妨害公务、故意销毁会计凭证、贪污、挪用公款一案一审辩护人。接受委托后，辩护人仔细审阅并研究了本案的全部证据材料，会见了被告人，并进行了调查取证，一审开庭时辩护人发表了充分的辩护意见。2020 年 4 月 15 日，Z 市检察院作出《变更起诉决定书》[Z 检公诉刑变诉(2020)×号]。现辩护律师本着以事实和证据为依据，以法律为准绳的原则，发表如下辩护意见，供合议庭参考。

一、被告人柯某甲等人不构成恶势力团伙。

2018 年 1 月 16 日最高人民法院、最高人民检察院、公安部、司法部《关于办理黑恶势力犯罪案件若干问题的指导意见》(法发〔2018〕1 号，以下简称《黑恶势力指导意见》)，对恶势力进行了明确的司法界定。恶势力是指：经常纠集在一起，以暴力、威胁或者其他手段，在一定区域或者行业内多次实施违法犯罪活动，为非作恶，欺压百姓，扰乱经济、社会生活秩序，造成较为恶劣的社会影响，但尚未形成黑社会性质组织的违法犯罪组织。

换言之，恶势力犯罪团伙是黑社会性质组织的雏形，既然是雏形，则恶势力犯罪团伙的犯罪意图应当与黑社会性质组织的犯罪意图保持基本一致。黑社会性质组织的犯罪意图，实质上是推翻政府的合法控制，形成黑社会的非法控制。本质上，恶势力犯罪团伙同样欲形成非法控制，只不过羽翼未丰、尚未形成控制，正在朝非法控制的方向“努力”，所以，其实施的每起违法犯罪案件的目的、动机，必须带有“建立非法控制”的犯罪意图，否则不应认定为恶势力犯罪案件，只能认定为一般刑事案件。例如，某起敲诈勒索犯罪案件，若行为人带有“为非作恶，欺压百姓”“欲形成非法控制、谋求强势地位”的犯罪意图，则应当认定为恶势力犯罪案件；反之，则只能认定为一般刑事案件。

由于恶势力并非一个法定概念，导致有的司法机关对于恶势力的认识分歧较大、执法尺度把握不一，甚至“拔高”处理。在司法实践中存在这样的现象：只要是有寻衅滋事、非法拘禁、强迫交易、敲诈勒索等恶势力犯罪团伙经常实施的犯罪就一律认定为恶势力或恶势力犯罪集团，不再仔细探究是否满足恶势力的构成要件。

综观本案，以被告人柯某甲为首的××村村委会不属于黑社会性质组织，而是有违法犯罪行为的单位，关于这一点我在该案一审辩护意见中已详细论述，在此不再赘述。柯某甲等人实施的违法犯罪活动，虽然在当地造成一定的影响，但并没有达到在一定区域或行业内形成非法控制或重大影响，严重破坏经济、社会生活秩序的程度。××村村委会财务制度比较健全，从获利的用途和去向来看，主要还是为了给××村或者××组这个小集体和柯某甲等人组成的小团体谋取利益，并没有非法控制一定区域或者一定行业内社会、经济秩序的意图。因此，柯某甲等人犯罪由于没有“建立

非法控制”的犯罪意图,不应认定为恶势力犯罪案件,只能认定为一般刑事案件,柯某甲等人不构成恶势力团伙。具体分析如下:

(一)以柯某甲为首的××村村委会不具有为非作恶、欺压百姓的特征。

从成立角度而言,1996年3月被告人柯某甲进入Z市××镇××村村委会任团支部书记,1998年4月任××村村委会民兵营长,1999年任××村村委会副主任,2000年任××村村委会主任,2004年主持××村村委会全面工作,2005年至2017年任××村党支部书记,2005年至2011年兼任××村村委会主任。任职期间,被告人谭某某、聂某一、聂某二、柯某丁、柯某戊、吴某一、卢某一、柯某己等人担任××村村委。现有证据表明,由柯某甲等人组成的××村村委会系依据《村民委员会组织法》规定的条件和程序选举产生,具有合法的组织架构及权利运作机制。××村村委会并不是为了实施违法犯罪行为而成立的。在柯某甲等人任职××村村委会期间,柯某甲多次被中共Z市市委评为优秀共产党员、被中共××镇委员会和××镇人民政府评为优秀党总支书记、被中共Z市委党校评为全市村(居)党组织书记培训班优秀学员、被中共××镇委员会评为年度村党组织书记带富标兵称号、被中共××镇委员会和××镇人民政府评为先进工作者等多项荣誉。××村村委会多次被中共Z市市委、Z市人民政府中共××镇委员会、××镇人民政府授予先进村委会、先进建设试点、先进单位、全市创先争优先进基层党组织、和谐平安稳定村等荣誉。这就更加说明××村村委会并不是为了实施违法犯罪而成立的,也没有为非作恶、欺压百姓的目的。相反,××村村委会确实为了××村村民做了很多实事、好事,带领村民致富,改善了村民的生活。而且,根据本案事实、证据,并不能认定该村委会成立后以实施违法犯罪行为为主要活动。因此,以柯某甲为首的××村村委会不具有为非作恶、欺压百姓的特征。

恶势力因为意图“形成非法影响、谋求强势地位”,其违法犯罪活动带来的危害往往具有复合性,在侵犯公民人身、财产权利的同时,还会破坏市场经济秩序或者社会管理秩序。

2019年4月9日最高人民法院、最高人民检察院、公安部、司法部《关于办理恶势力刑事案件若干问题的意见》(以下简称《恶势力意见》)规定,单纯为牟取不法经济利益而实施的“黄、赌、毒、盗、抢、骗”等违法犯罪活动,不具有为非作恶、欺压百姓特征的,不应作为恶势力犯罪处理。

(二)违法犯罪手段不具有暴力性。

“为非作恶,欺压百姓”的特定含义,决定了恶势力实施违法犯罪活动应当以暴力、威胁为主要手段。而本案全部案件没有任何一起是暴力性案件,也没有以暴力相威胁。检察院起诉书中指控的村民之间的打架行为系违法行为。故柯某甲等人不应认定为恶势力犯罪团伙。

(三)行为方式不具有公开性,违法犯罪活动对象并非针对不特定多数。

恶势力实施违法犯罪活动一般都会不同程度地带有“形成非法影响、谋求强势地位”的意图,而且客观上要求“在一定区域或者行业内,造成较为恶劣的社会影响”,因此,其实施违法犯罪活动必然具有一定的公开性,也就是通常所说的“横行乡里,肆无忌惮”。而该案系普通共同违法犯罪案件,被告人在实现犯罪目的后并未有意制造或者放任形成不法影响。因此,行为方式不具有公开性,违法犯罪活动对象并非针对不特定多数。

(四)不具有发展性特征。

柯某甲等人不符合恶势力犯罪组织的发展性特征。《黑恶势力指导意见》第14条规定,恶势力是尚未形成黑社会性质组织的违法犯罪组织,“恶势力”是“黑社会性质组织”形成之前的形态,不可能演化为“黑社会性质组织”的组织不能认定为“恶势力”。如何判断柯某甲等人是否能转化为“黑社会性质组织”应当坚持客观标准,站在社会普通人的立场上去认定。而纵观全案,柯某甲等人未发展成黑社会性质组织,也不可能发展成黑社会性质组织,那么,从该意义上讲,柯某甲等人也不能被认定为恶势力犯罪。

二、关于被告人柯某甲各具体违法犯罪情况,我在一审辩护意见中已经阐述。由于柯某甲等人通过各种方式获取钱财,大多是经过村委会研究决定,所得钱财绝大部分都入了村委会的账,用于村委会正常的开支运作,并非柯某甲等人从事违法犯罪活动的物质保障。案发后,柯某甲等人认罪态度较好,因此,建议对柯某甲等人从轻处罚,宽大处理。

以上辩护意见恳请合议庭采纳,谢谢!

辩护人:北京市京师律师事务所张艳霞律师

2020年4月30日

办案总结

该案被定性为涉嫌组织、领导、参加黑社会性质组织罪,柯某甲等11名当事人涉嫌触犯组织、领导、参加黑社会性质组织罪,敲诈勒索罪,串通投标罪,强迫交易罪,诈骗罪,妨害公务罪,故意销毁会计凭证罪,贪污罪,挪用公款罪,赌博罪10个罪名。

该案中柯某甲被检察院指控犯有组织、领导黑社会性质组织罪,敲诈勒索罪,诈骗罪,串通投标罪,强迫交易罪,妨害公务罪,故意销毁会计凭证罪,贪污罪,挪用公款罪,赌博罪10个罪名。多数罪名都涉及多起犯罪事实,其中,仅诈骗罪就涉及11起犯罪事实,且数额特别巨大。由于该案人数众多且涉及多起犯罪事实,导致案卷材料复杂,共涉及

60余本案卷材料和50余本同步录音录像。柯某甲先后20余年在当地任村委会主任、村党支部书记,长期把持该村“两委”,逐步形成有组织的团伙,进行违法犯罪行为,在当地造成了一定的社会影响。该案被列为当地第一个涉黑犯罪案件,有较大社会影响,柯某甲等人被定性为组织、领导、参加黑社会性质组织罪首要分子,罪行严重,律师办案压力很大。

该案是我主办的第一起涉黑涉恶犯罪案件,而且接受委托较晚,时间紧、任务重。涉黑涉恶案件参与人数多,涉案金额大,且柯某甲被认定为首要分子。接受委托后,我们查阅了所有关于办理涉黑涉恶犯罪案件的相关法律法规、司法解释和地方性法律规定,检索了最高人民法院的指导性案例,找准案件辩护方向和主要辩护观点,最终确定柯某甲等人不构成涉黑犯罪而是有违法犯罪行为的单位的辩护思路并被法院采纳,辩护取得成功。Z市检察院变更起诉,指控被告人柯某甲等人系恶势力团伙犯罪。

一审宣判后,柯某甲等人提出上诉,江西省Y市中级人民法院受理后,依法组成合议庭,决定不开庭审理,认为原判认定事实清楚,证据确实、充分,审判程序合法,但对部分事实定性不准确,应依法予以纠正。撤销了江西省Z市人民法院(2019)赣××××刑初×××号判决书中的第1~6项、第9项、第10项。认为原判认定柯某甲等人共同诈骗罪定性不当,量刑过重,应认定为共同贪污罪。柯某甲获减刑7年,其他伙同贪污人员也分别获减刑。

该案在我国当前扫黑除恶的大背景下具有典型的示范意义:在全面推进依法治国的新形势下,应当在法治的框架下,以法治思维和法治方式推进扫黑除恶专项斗争,使扫黑除恶走向规范化、制度化、法治化;既要保障被害人、广大人民群众的合法权利,也要尊重和保障犯罪嫌疑人、被告人等少数人应有的人权,应当体现程序正义的精神和理念;涉黑涉恶案件既不降格放纵也不拔高凑数,确保案件经得起法律、历史和人民的检验。

专家点评

一、检察机关起诉书概要

本案原本定性为涉黑案件。检察机关以柯某甲涉嫌犯组织、领导黑社会性质组织罪等10个罪名将本案起诉至法院。

二、检察机关变更起诉概要

一审庭审中,律师提出柯某甲不构成组织、领导黑社会性质组织罪的辩护意见。庭审后,检察机关变更起诉,转而指控本案为以柯某甲为首的恶势力团伙犯罪案件。

三、一审阶段概要

一审判决认定柯某甲等人系恶势力团伙,柯某甲成立敲诈勒索、诈骗、强迫交易、妨害公务等8个罪名,一审成功“去黑”。

四、案件评析

2018年1月,中共中央、国务院发出《关于开展扫黑除恶专项斗争的通知》。该通知指出,把扫黑除恶和加强基层组织建设结合起来。《黑恶势力指导意见》指出,重点打击“把持基层政权、操纵破坏基层换届选举、垄断农村资源、侵吞集体资产的黑恶势力”“利用家族、宗族势力横行乡里、称霸一方、欺压残害百姓的‘村霸’等黑恶势力”。因此,村民委员会作为农村基层群众性自治组织,在扫黑除恶专项斗争中被列为重点领域,而本案正是一起村委会成员涉黑涉恶的案件。

案件“去黑”非常艰难。律师从村委会的成立目的、经济特征、行为特征、非法控制特征等方面详尽分析了柯某甲等人根本不满足黑社会性质组织的“四个特征”。论述中结合了扫黑除恶的相关法律规定及案例,思路清晰,层次鲜明,论辩较为有力。辩护意见引起检察机关高度重视,遂对起诉书作出变更,全案取消了对组织、领导、参加黑社会性质组织罪的指控。众所周知,我国刑法对涉黑案件有着明确的罪名规制,对于组织、领导者,不仅起刑点即为7年有期徒刑,而且根据《黑恶势力指导意见》的规定,一般应当并处没收个人全部财产,足见扫黑除恶斗争对涉黑案件被告人打击力度之大,影响程度之深。这一变更大幅度降低了对各相关被告人的处刑,律师实现了有效辩护。本案成功去“黑”,是律师辩护价值的充分体现。

本案一审控辩双方在法官主持下充分发表意见,庭外,辩护律师与检察官、法官及时沟通,进一步阐明观点,据理力争。整个办案过程体现了控、辩、审三方作为法律共同体求真务实的工作态度。与此同时,检察机关变更起诉,改“黑”为“恶”,一审法院对此予以认定。司法机关这种既严格把关,又细致求证的办案作风值得称道。可以说,本案是一起扫黑除恶专项斗争中被“拔高”后又果断“去黑”的典型案例。

审核人、点评人:北京律师智库重大复杂案件研究专家组成员　孙明经律师

复核人:北京律师智库重大复杂案件研究专家组副组长　许兰亭律师

得到许可的行为不违法，法律不应强人所难

——张某某等人恶势力案

争议焦点

政府部门允许的采砂行为是否构成非法采矿罪？发生于2003年的行为应当适用2001年司法解释还是2009年司法解释？

关键词

恶势力　敲诈勒索　非法采矿　诈骗

案情简介

张某某，原系N自治区Y市E村村委会主任。2019年3月20日，Y市人民法院判决张某某犯非法储存爆炸物罪、受贿罪、敲诈勒索罪、贪污罪，数罪并罚执行有期徒刑8年，并处罚金人民币36万元。

一、起诉书指控事实

Y市人民检察院指控，张某某作为村委会主任，把持基层政权，利用村干部身份横行村里，欺压村民，在涉农惠农补贴申领发放、救灾扶贫优抚、征地拆迁补偿、生态环境保护过程中，利用职权恃强凌弱、吃拿卡要、侵吞国家专项资金，对多名村民多次敲诈勒索，非法采矿造成生态环境严重损害，行为涉嫌犯非法储存爆炸物罪、敲诈勒索罪、贪污罪、诈骗罪、非法采矿罪，且为“恶势力”犯罪案件。

二、律师辩护意见

1. 被告人张某某等3人行为不符合最高司法机关所确立的“恶势力”定义与基本特征，依法不应将本案定性为恶势力犯罪案件。

2. 缺乏相应客观证据支持的刑事指控不应得到支持。敲诈勒索罪指控中，证明被害人受到威胁、勒索以及张某某殴打、恐吓及获得款项的证据不足。

3. 无客观证据支持的所谓指控事实不是法律事实。无任何证据证实张某某实施了虚构事实或隐瞒真相的诈骗行为。

4. 得到承诺的行为不违法。张某某的采砂行为经政府允许，存在违法阻却事由，且张某某系在原有旧砂坑取料，采砂面积无法确定。非法采矿罪不能成立。

5. 法律不应强人所难。本案所查获电雷管系从公安机关合法购买。出于安全考虑，将他人使用剩余电雷管捡回保管的行为，依当时法律不构成非法储存爆炸物罪。

三、一审判决结果

被告人张某某犯非法储存爆炸物罪，判处有期徒刑 3 年；犯受贿罪，判处有期徒刑 1 年 10 个月，并处罚金人民币 10 万元；犯敲诈勒索罪，判处有期徒刑 1 年，并处罚金人民币 1 万元；犯贪污罪，判处有期徒刑 4 年，并处罚金人民币 25 万元。数罪并罚，合并执行有期徒刑 8 年，并处罚金人民币 3 万元。同时认定张某某等 3 人为村霸恶势力案件。

四、辩护取得的效果

1. 采纳辩护意见，非法采矿罪未予认定。

2. 采纳辩护意见，诈骗罪未予认定。

3. 采纳辩护意见，敲诈勒索罪所指控 3 起事实：

(1)张某某敲诈勒索孙某一未予认定。

(2)将张某某敲诈勒索低保款的行为由敲诈勒索罪改定为受贿罪，指控金额由 19 万余元改定为 12 万余元。

(3)将张某某敲诈勒索煤补款的金额由 2.5 万元改定为 1.4 万余元。

本案虽未改变恶势力定性，但减少、改变指控罪名，减少指控金额，最大限度地维护了张某某的合法权益。辩护人认为指控张某某犯非法储存爆炸物罪适用法律错误，所憾一审法院并未采纳。

案件历程

Y 市人民检察院

起诉书

×检公诉刑诉(2018)167 号

被告人张某某，男，×族，小学文化，中共党员，原 N 自治区 Y 市 B 镇 E 村村委会主任,户籍所在地N自治区Y市,住N自治区Y市B镇E村××号,因涉嫌敲诈勒索罪、非法储存爆炸物罪、诈骗罪,于2018年3月17日被N自治区Y市公安局刑事拘留;同年4月18日被本院批准逮捕,次日由Y市公安局执行。

被告人张某一,女,×族,初中文化,中共党员,原N自治区Y市B镇E村村委会委员、妇女主任,户籍所在地N自治区Y市,住N自治区Y市B镇E村××号,因涉嫌犯有敲诈勒索罪、诈骗罪,于2018年3月16日被N自治区Y市公安局刑事拘留;同年4月18日被本院批准逮捕,次日由Y市公安局执行。

本案由Y市公安局侦查终结,以被告人张某某涉嫌敲诈勒索罪、非法储存爆炸物罪、诈骗罪,被告人张某一涉嫌敲诈勒索罪、诈骗罪,于2018年6月16日向本院移送审查起诉。本院受理后,于2018年6月17日已告知被告人有权委托辩护人,依法讯问了被告人,听取了辩护人的意见,审查了全部案件材料。本院于2018年7月11日第一次退回侦查机关补充侦查,侦查机关于8月10日补查重报。本院于2018年9月7日延长审查起诉期限15日。

经依法审查查明:

被告人张某某、张某一分别担任Y市B镇E村村委会主任、妇女主任,长期把持基层政权,利用村干部身份横行村里,欺压村民,在涉农惠农补贴申领发放、扶贫、优抚、农村基础设施建设等领域,恃强凌弱、敲诈勒索,形成"村霸"恶势力,严重破坏了当地群众的生产生活秩序。

一、张某某非法储存爆炸物犯罪事实

2018年3月16日,Y市公安局民警在对被告人张某某位于Y市B镇E村的住宅进行搜查时,在二楼卧室衣柜顶部查获电雷管疑似物57枚、小口径运动步枪子弹92发。经鉴定,送检的57枚均为电雷管,随机抽取的5枚经引爆均发生爆炸。

二、张某某、张某一贪污犯罪事实

1.2009年8月,被告人张某某伙同祝某(另案处理),在祝某不符合低保申请条件的情况下,利用张某某负责村民最低生活保障审核的职务便利,使用虚假诊断证明,共同骗取城镇居民最低生活保障金15,265.3元。以上钱款由张某某交给祝某,用于祝某日常生活。

2.2011年4月,被告人张某一伙同丈夫王某某(另案处理),在不符合低保申请条件的情况下,利用张某一负责村民最低生活保障审核的职务便利,采取隐瞒家庭收入情况的手段,共同骗取城镇居民最低生活保障金37,643元。以上钱款被二人用于日常生活。

三、张某某、张某一敲诈勒索犯罪事实

1.2009年至2016年被告人张某某伙同被告人张某一二人以取消享受城镇居民最低生活保障金相威胁的手段,勒索村民刘某某2000元、华某某10,000元、杨某五

5000 元、梁某某 3000 元、徐某某 6000 元、徐某一 5000 元、华某二 3000 元、陈某10,000 元、高某某 6000 元、华某三 5000 元、张某四 9000 元、王某二 1000 元、单某某 2000 元、胡某某 9000 元、方某某 3500 元、王某三 12,000 元、田某某 6000 元、华某四 12,000 元、卞某某 4000 元、姜某某 5000 元、马某某 11,000 元、陈某一 8000 元、王某四 16,000 元、魏某某 10,000 元、王某五 6000 元、华某五 5000 元、王某六 2000 元、侯某某 6000 元、王某七 4000 元。上述被勒索的钱款交给张某一后由其交给张某某。

2.2009 年至 2016 年被告人张某某伙同被告人张某一二人以取消享受城镇居民最低生活保障金相威胁的手段,敲诈勒索刘某某、华某某、杨某五、梁某某、徐某一、高某某、华某三、张某四、王某二、单某某、胡某某、方某某、侯某一、刘某一、田某某、华某四、卞某某、姜某某、马某某、陈某一、王某四、魏某某、侯某某、王某六、王某五煤补每人约 1000 元,总计约 25,000 元,以上赃款由张某一收取后交给张某某。

综上,二人共同实施敲诈勒索低保款 29 起,敲诈金额 196,500 元;二人共同实施敲诈勒索煤补款 1 起,敲诈金额约 25,000 元,共计敲诈金额 221,500 元。

四、张某一盗窃犯罪事实

1.2014 年 9 月 4 日,被告人张某一明知村民刘某二已死亡,张某一从其持有的刘某二存折内盗取现金 10,017 元。

2.2014 年 9 月 4 日,被告人张某一明知村民崔某某已死亡,张某一从其持有的崔某某存折内盗取现金 11,015 元。

以上盗窃钱款被张某一用于日常花销。

认定上述事实的证据如下:

(1)扣押的雷管等物证;(2)祝某、王某某最低生活保障申请审批表、低保金发放明细等书证;(3)证人刘某六等人的证言;(4)被害人徐某一、陈某、华某某等人的陈述;(5)被告人张某某、张某一的供述与辩解;(6)鉴定意见;(7)勘验笔录;(8)视听资料。

本院认为,被告人张某某非法储存爆炸物;伙同张某一多次敲诈勒索他人财物数额巨大;利用职务上的便利贪污国家救济特定款物情节较重,其行为触犯了《中华人民共和国刑法》第 125 条第 1 款、第 274 条、第 382 条、第 383 条第 1 款第 1 项的规定,犯罪事实清楚,证据确实、充分,应当以非法储存爆炸物罪、敲诈勒索罪、贪污罪追究其刑事责任。被告人张某一盗窃他人财物数额较大;伙同张某某多次敲诈他人财物数额巨大;利用职务上的便利贪污国家救济特定款物情节较重,其行为触犯了《中华人民共和国刑法》第 264 条、第 274 条、第 382 条、第 383 第 1 款第 1 项的规定,犯罪事实清楚,证据确实、充分,应当以盗窃罪、敲诈勒索罪、贪污罪追究其刑事责任。二被告人在敲诈勒索罪犯罪事实中的行为,符合《中华人民共和国刑法》第 25 条、第 26 条的规定,属于共同犯罪,作用相当,均系主犯;同时根据《中华人民共和国刑法》第 69

条的规定,对二被告人依法应当数罪并罚。根据《中华人民共和国刑事诉讼法》第172条的规定,提起公诉,请依法判处。

此致

Y市人民法院

检察员:×××、×××

××××年××月××日

Y市人民检察院
起诉书

Y检公诉刑诉(2018)262号

被告人张某某,男,×族,初中文化,中共党员,原Y市B镇E村支部书记兼村委会主任,户籍所在地N自治区Y市,住Y市B镇E村××号,因涉嫌敲诈勒索罪、非法储存爆炸物罪、诈骗罪,于2018年3月17日被Y市公安局刑事拘留,4月18日被本院批准逮捕,次日由Y市公安局执行。

被告人张某一,女,×族,初中文化,中共党员,原Y市B镇E村村委会委员、妇女主任,户籍所在地N自治区Y市,住Y市B镇E村××号,因涉嫌敲诈勒索罪、诈骗罪,于2018年3月16日被Y市公安局刑事拘留,4月18日被本院批准逮捕,次日由Y市公安局执行。

被告人杨某某,女,×族,小学文化,无职业,户籍所在地N自治区Y市,住Y市B镇E村××号,因涉嫌诈骗罪,于2018年5月8日被Y市公安局刑事拘留,6月11日经本院批准逮捕,次日由Y市公安局执行。

被告人孙某,男,×族,高中文化,原Y市B镇E村会计,户籍所在地N自治区Y市,住L省B市P区×街××号,因涉嫌诈骗罪,于2018年5月29日被Y市公安局刑事拘留,6月11日经本院批准逮捕,同日由Y市公安局执行。

被告人祝某,女,×族,高中文化,无固定职业,户籍所在地N自治区Z市,住Z市×小区××号楼×单元××室,因涉嫌诈骗罪,于2018年5月8日被Y市公安局取保候审。

被告人杨某一,男,×族,初中文化,无职业,户籍所在地N自治区Y市,住Y市B镇G村××号,因涉嫌诈骗罪,于2018年10月22日被Y市公安局取保候审。

被告人张某二,女,×族,小学文化,无职业,户籍所在地N自治区Y市,住Y市B镇G村××号,因涉嫌诈骗罪,于2018年10月22日被Y市公安局取保候审。

本案由Y市公安局侦查终结、由Y市监察委员会调查终结,以被告人杨某某、祝某、孙某涉嫌诈骗罪,Y市公安局于2018年8月11日向本院移送审查起诉;以被告人张某某涉嫌寻衅滋事罪、诈骗罪、敲诈勒索罪,被告人杨某某涉嫌寻衅滋事罪,被告人杨某一、张某二涉嫌诈骗罪,于2018年11月23日向本院移送审查起诉;Y市监察委员会以被告人张某某、孙某涉嫌贪污罪,于2018年11月28日向本院移送审查起诉。本院受理后,已告知被告人有权委托辩护人,依法讯问了被告人,审查了全部案件材料。对被告人杨某某等3人涉嫌诈骗案,本院于2018年9月11日、11月20日两次退回侦查机关补充侦查,侦查机关于2018年10月10日、12月17日2次补查重报,期间于2018年11月9日延长审查起诉期限15日;对被告人张某某等4人涉嫌寻衅滋事、诈骗、敲诈勒索案,本院于2018年12月23日延长审查起诉期限15日。本院经审查后,对Y市公安局、Y市监察委员会移送的上述案件作出并案处理。

经依法审查查明:

一、被告人张某某、孙某、张某一、杨某一、张某二贪污的犯罪事实

1. 被告人张某某贪污N自治区整村推进扶贫工程奶牛养殖扶贫款的犯罪事实

2006年至2008年,Y市农牧业局扶贫办分多批次拨付给B镇E村N自治区整村推进扶贫工程款30万元,用于实施整村推进奶牛养殖扶贫工程,由村主任张某某具体负责组织实施项目。在项目实施过程中,张某某没有按照项目要求进行,而是开具了虚假购买扶贫牛的发票、签订虚假购牛协议书上报Y市扶贫办。同时采取拍摄虚假扶贫牛照片、跟贫困户签订虚假扶贫合同书、制作虚假E村扶贫养牛明细表,利用少发、不发、多记发放扶贫牛款的方式,侵吞123,500元扶贫牛款后据为己有。

2. 被告人张某某贪污N自治区产业化扶贫项目E村马铃薯种植基地建设项目款的犯罪事实

2010年年初,被告人张某某以E村村委会的名义向政府申报了《马铃薯种薯种植基地建设项目》获批扶贫项目款50万元,该款由N自治区财政厅直接拨付Y市财政局财政扶贫资金专户,并由Y市财政局转账拨付给B镇财政所,B镇财政所分别于2010年12月20日、2012年1月13日将40万元、10万元两笔共计50万元资金最终转账至张某某个人账户(银行卡号:××××)。张某某采用开具虚假购买微型马铃薯发票和虚假购买化肥发票入账的方式,并让村会计孙某制作虚假的马铃薯种薯基地项目扶贫资金收支明细账,在明细账中虚列购买微型马铃薯种薯、租用土地、平整土地、耕种、喷洒农药、抗旱拉水、起土豆等费用,以及做假会议记录、给部分村民发放

少量马铃薯种薯并做虚假记录等方式完成政府检查验收,将该笔财政扶贫款50万元据为己有。

3. 被告人张某某、孙某贪污N自治区整村推进工程扶贫项目扶贫羊款的犯罪事实

2012年至2014年,Y市财政局分多批次共计拨付资金60万元给B镇E村用于实施N自治区整村推进工程扶贫项目,其中一项是购买和发放扶贫羊扶持贫困村民脱贫,由村主任张某某具体负责实施项目,在项目实施过程中,张某某实际购买和分发了扶贫羊60只,支付购羊款75,600元。2014年12月,张某某让孙某采取续保核销的方式在村财务入账核销120只扶贫羊款,共计151,200元,张某某将多核销出来75,600元扶贫款据为己有。

2012年12月,孙某利用村会计的职务便利,在张某某不知情的情况下,在村财务入账核销60只扶贫羊款共计75,600元,孙某将75,600元据为己有。

以上,张某某伙同孙某共同贪污扶贫羊资金款75,600元,个人得款75,600元,孙某单独或伙同张某某贪污扶贫羊资金款151,200元,个人得赃款75,600元。

4. 被告人张某某、孙某贪污国家良种推广补贴款的犯罪事实

2012年在E村向政府申报国家良种推广补贴过程中,张某某利用职务便利,在自己没有实际种植小麦的情况下,虚报小麦种植面积1000亩,骗取小麦良种推广补贴款10,000元据为己有。

2013年在E村向政府申报国家良种推广补贴过程中,张某某利用职务便利,在自己没有实际种植小麦的情况下,虚报小麦种植面积3000亩,骗取小麦良种推广补贴款30,000元据为己有。

2014年在E村向政府申报国家良种推广补贴过程中,张某某利用职务便利,伙同孙某在没有实际种植小麦的情况下利用孙某身份虚报小麦种植面积3000亩,骗取小麦良种推广补贴款30,000元,张某某将钱款据为己有。

2015年在E村向政府申报国家良种推广补贴工程中,张某某利用职务便利,在自己没有实际种植大豆的情况下,虚报大豆种植面积2000亩,骗取大豆良种推广补贴款20,000元据为己有。

以上,2012年至2015年,张某某共贪污国家良种推广补贴款90,000元,其中孙某参与贪污30,000元,个人未得款。

5. 被告人张某某、孙某、张某一贪污大豆目标价格补贴款的犯罪事实

2014年在E村向政府申报大豆目标价格补贴过程中,张某某利用职务便利,并与孙某、张某一共同商量,在没有实际种植大豆的情况下,以村委会名义向镇政府虚报张某某、孙某、张某一各种植大豆面积500亩,各自骗取大豆目标价格补贴款18,280元据为己有,张某某、孙某、张某一共同骗取大豆目标价格补贴款54,840元。

2015年在E村向政府申报大豆目标价格补贴过程中，张某某利用职务便利，并与孙某共同商量，在没有实际种植大豆的情况下，向镇政府虚报张某某、孙某各种植大豆面积750亩，各自骗取大豆目标价格补贴款87,802.5元据为己有，张某某、孙某共同骗取大豆目标价格补贴款175,605元。

2017年在E村向政府申报大豆目标价格补贴过程中，张某某利用职务便利，冒用村民狄某某的身份虚报大豆种植面积105亩，骗取大豆目标价格补贴款15,750元据为己有。

2017年在E村向政府申报大豆目标价格补贴过程中，张某某伙同张某一在张某一及其弟弟张某三没有实际种植大豆的情况下，适用张某一、张某三的身份分别虚报大豆种植面积91亩和96亩，骗取大豆目标价格补贴款合计28,050元，张某某将钱款据为已有。

以上，2014年至2017年，张某某共参与贪污大豆目标价格补贴款274,245元，个人得款149,882.5元，孙某共参与贪污大豆目标价格补贴款230,445元、个人得款106,082.5元，张某一共参与贪污大豆目标价格补贴款82,890元，个人得款18,280元。

6. 被告人张某某、杨某一、张某二贪污城镇居民最低生活保障金的犯罪事实

被告人杨某一、张某二系与被告人张某某同居生活的杨某某的父母，2009年11月，杨某一、张某二找到张某某以杨某一儿子杨某二名义申请办理城镇居民最低生活保障，张某某明知杨某二户籍在G村，利用村委会负责对城镇居民最低生活保障初步审核、入户调查并上报的职务便利，为杨某二家庭申报城镇居民最低生活保障，于2010年至2013年共申领骗取城镇居民最低生活保障金17,026元。

2014年12月，被告人杨某一、张某二找到被告人张某某在E村申请办理城镇居民最低生活保障，张某某明知杨某一户籍在G村，利用村委会负责对城镇居民最低生活保障初步审核、入户调查并上报的职务便利，为杨某一家庭申报城镇居民最低生活保障，于2015年至2018年共申领骗取城镇居民最低生活保障金36,256元。

以上钱款共计53,282元由杨某一、张某二领取后用于家庭日常花销。

综上，被告人张某某单独或伙同他人贪污13次，贪污数额共计1,116,627元，个人得贪污款938,982.5元，被告人孙某单独或伙同张某某贪污5次，参与贪污数额共计411,645元，个人得贪污款181,682.5元，被告人张某一伙同张某某贪污2次，参与贪污数额为82,890元，个人得贪污款18,280元，杨某一、张某二伙同张某某贪污2次，贪污数额53,282元，二人得款53,282元。

二、被告人祝某、张某某（另案）贪污的犯罪事实

被告人祝某曾与张某某同居生活，并育有一女，2009年8月，祝某在已经与张某某分居并在Z市生活的情况下，找到张某某要在E村申请办理城镇居民最低生活保障，张某某利用村委会负责对城镇居民最低生活保障初步审核、入户调查并上报的职

务便利,在祝某不符合享受低保条件的情况下,使用虚假诊断证明,为祝某申报城镇居民最低生活保障,于2009年至2015年共申领骗取城镇居民最低生活保障金12,985.3元,以上钱款由张某某交给祝某,用于祝某日常花销。

三、被告人张某某、张某一诈骗的犯罪事实

2017年8月,国家电网Y市供电公司在E村架设输电线路塔基需要占用土地,被告人张某某谎称被占用的土地为村集体土地,伙同被告人张某一分别以E村、王某某、张某三的名义与施工单位××建设有限公司签订了3份永久占地及地上附着物补偿协议,每份协议约定占用2个塔基补偿3万元(每个塔基补偿1.5万元),张某某共领取补偿款9万元,其中张某一分得6万元。经鉴定,被占用的土地系H市B林业局所有的国有林地。

四、被告人张某某、杨某某非法采矿的犯罪事实

2016年至2017年,被告人张某某未经主管部门审批,在E村附近国有林地开砂场采砂并出售,被告人杨某某负责对采砂及运砂过程进行监督,经鉴定,采砂地块为H市B林业局施业区57林班11、12、13、85小班林地,采砂造成林地3.11公顷(46.65亩)被严重毁坏,生态环境遭到严重破坏。

五、被告人张某某敲诈勒索的犯罪事实

2005年,被告人张某某发现与自己同居生活的祝某和村民孙某一在自己家中发生不正当男女关系,张某某采取殴打、恐吓的方式逼迫孙某一答应赔偿2万元并要求孙某一离开E村,后孙某一的父亲孙某将2万元现金在村委会交给张某某,孙某一被迫离开了E村。

六、被告人杨某某诈骗的犯罪事实

2009年10月,被告人杨某某在不符合享受城镇居民最低生活保障的条件下,虚构其老婶患癌症死亡、老叔离家出走,需要抚养堂弟杨某三、堂妹杨某四的事实,于2009年至2018年共申领骗取城镇居民最低生活保障金51,100.3元。

七、被告人孙某诈骗的犯罪事实

2014年,被告人孙某在不符合享受城镇居民最低生活保障的条件下,采取隐瞒家庭财产收入情况的手段申领城镇居民最低生活保障金,于2015年至2018年共申领骗取城镇居民最低生活保障金14,922元。

认定上述事实的证据如下:(1)物证;(2)杨某二低保审批表等书证;(3)证人狄某某、邱某某等人的证言;(4)被害人孙某一等人的陈述;(5)7名被告人的供述与辩解;(6)鉴定意见;(7)勘验、辨认笔录。

本院认为,被告人孙某、张某一、祝某、杨某一、张某二单独或伙同被告人张某某,利用张某某、孙某职务上的便利,侵吞、骗取公共财物,其中张某某、孙某贪污数额巨大,张某一、杨某一、张某二贪污数额较大,祝某具有其他较重情节,犯罪事实清楚、证

据确实、充分，6人行为均已触犯《中华人民共和国刑法》第382条第2款和第3款、第383条第1款第1项和第2项之规定，应当以贪污罪追究6名被告人刑事责任；同时被告人张某某分别伙同被告人孙某、张某一、祝某、杨某一、张某二贪污的行为符合《中华人民共和国刑法》第25条第1款之规定，系共同犯罪。

被告人张某某伙同张某一诈骗公私财物，杨某某、孙某诈骗城镇居民最低生活保障金，其中张某某、张某一、杨某某诈骗数额巨大，孙某诈骗数额较大，犯罪事实清楚、证据确实、充分，4人行为均已触犯《中华人民共和国刑法》第266条之规定，应当以诈骗罪追究4名被告人刑事责任；同时被告人张某某、张某一的行为符合《中华人民共和国刑法》第25条第1款、第26条之规定，系共同犯罪，均系主犯。

被告人张某某、杨某某违反矿产资源法的规定，未取得采矿许可证擅自采砂，造成生态环境严重损害，犯罪事实清楚、证据确实、充分，二人行为均已触犯《中华人民共和国刑法》第343条之规定，应当以非法采矿罪追究二被告人刑事责任；同时被告人张某某、杨某某的行为符合《中华人民共和国刑法》第25条第1款、第26条、第27条之规定，系共同犯罪，张某某系主犯，杨某某系从犯。

被告人张某某敲诈他人财物，数额较大，犯罪事实清楚、证据确实、充分，其行为已触犯《中华人民共和国刑法》第274条之规定，应当以敲诈勒索罪追究其刑事责任。

被告人张某某、张某一、孙某、杨某某的行为符合《中华人民共和国刑法》第69条之规定，应当数罪并罚。

被告人张某某长期担任Y市B镇E村村委会主任，把持基层政权，利用村干部身份横行村里，欺压村民，在涉农惠农补贴申领与发放、救灾扶贫优抚、征地拆迁补偿、生态环境保护等过程中，利用职权恃强凌弱、吃拿卡要、侵吞国家专项资金；被告人张某一依附张某某，在张某某指使下对多名村民多次敲诈勒索；被告人杨某某帮助张某某非法采矿、造成生态环境严重损害。三被告人的行为严重破坏了当地群众的生产生活秩序，造成恶劣的社会影响，依法应认定为“恶势力”犯罪案件，应从严惩处，彰显正义。根据《中华人民共和国刑事诉讼法》第176条第1款的规定，提起公诉，请依法判处。

此致

Y市人民法院

检察员：×××、×××

××××年××月××日

一审辩护词

被告人张某某涉嫌非法储存爆炸物、敲诈勒索、贪污、诈骗、非法采矿案一审辩护词

尊敬的审判长、合议庭:

北京天驰君泰律师事务所接受本案被告人张某某之子张某六委托并征得被告人本人同意,指派孙明经律师担任其非法储存爆炸物、敲诈勒索、贪污、诈骗、非法采矿案的一审辩护人。庭前辩护人经过会见、阅取案卷材料,对本案有了较为全面的了解和把握。现结合庭审举证质证情况,所发表的整体辩护意见是:除贪污罪外,Y 市人民检察院对被告人张某某所指控的其他犯罪,或事实不清,证据不足,或法律依据错误、不足,均依法不能成立。被告人张某某、张某一、杨某某行为不符合最高司法机关所确立的"恶势力"的定义与基本特征,依法不应将本案定性为恶势力犯罪案件。具体辩护意见如下:

一、针对 Y 市人民检察院×检公诉刑诉(2018)167 号起诉书所指控罪名

(一)Y 市人民检察院指控法律依据错误,被告人张某某依法不构成非法储存爆炸物罪。

根据庭审查明的事实,被告人张某某捡拾电雷管的时间发生于 2003 年。在此之前,最高人民法院、最高人民检察院已于 2001 年 5 月 15 日颁布了《关于审理非法制造、买卖、运输枪支、弹药、爆炸物等刑事案件具体应用法律若干问题的解释》(以下简称《2001 年司法解释》)。该解释第 8 条明确规定:"刑法第一百二十五条第一款规定的'非法储存',是指明知是他人非法制造、买卖、运输、邮寄的枪支、弹药、爆炸物而为其存放的行为。"2009 年 11 月 16 日修正后的新司法解释,将非法储存爆炸物罪当中对爆炸物的"非法储存"界定为"非法存放爆炸物的行为"。可见,在法律适用上,存在前后两个司法解释对"非法储存"含义作出过不同界定的情形。毋庸讳言,正是因为《2001 年司法解释》遗漏了应当认定为非法储存爆炸物罪的行为表现,导致打击面过窄、执法困难,新司法解释才会对此予以完善。依据《2001 年司法解释》定义,"非法储存"指的是明知系他人非法制造、买卖、运输、邮寄的爆炸物而为其存放的行为。那么不是明知或是否明知无法查清的,合法使用中私自截留或虚报冒领的,来源不明的,他人赠与或拾得的这些行为在司法实践中就无法定罪。这也正是最高人民法院研究室在新司法解释出台时对修改原因所作的解答。被告人张某某捡拾电雷管的行为正好发生在新旧两个司法解释颁布施行之间,应选择何者适用于本案不容回避。

"从旧兼从轻"原则不仅在我国 1997 年新刑法第 12 条得以确立,最高司法机关

对于刑事司法解释的时间效力问题也有明确规定。最高人民法院、最高人民检察院《关于适用刑事司法解释时间效力问题的规定》（以下简称《刑事司法解释时间效力规定》）第3条规定："对于新的司法解释实施前发生的行为，行为时已有相关司法解释，依照行为时的司法解释办理，但适用新的司法解释对犯罪嫌疑人、被告人有利的，适用新的司法解释。"

本案中，被告人张某某捡拾电雷管这一行为在2003年发生时，最高人民法院、最高人民检察已颁布实施了《2001年司法解释》，该司法解释第8条明确界定了"非法储存"的定义。因此，司法机关完全应当依据《刑事司法解释时间效力规定》第3条中"行为时已有相关司法解释，依照行为时的司法解释办理"的规定对被告人捡拾电雷管的行为作出评判，无论是指控还是审判均应适用《2001年司法解释》第8条的规定。2009年修正后的新司法解释只有在有利于被告人时才能适用。显然，在本案中适用新司法解释对于被告人张某某是不利的，因此就不能适用。本案的指控错误恰恰在于依据了新司法解释，根本违背了《刑事司法解释时间效力规定》中"从旧兼从轻"的原则。

本案庭审已经查明的事实是，被告人张某某在2003年捡拾电雷管放于家中，以备将来开矿自用，时间一久便产生了遗忘，案发时被查获。依据《2001年司法解释》第8条的规定，Y市人民检察院对被告人作出非法储存爆炸物罪的指控，不仅须举证证明被告人明知电雷管系他人非法制造、买卖、运输或者邮寄，还要证明电雷管系为他人存放。本案完全不存在这样的情节，Y市人民检察院也不可能完成符合上述犯罪构成要件要素的举证工作。

对任何一种行为进行定罪处罚必须由刑法及相关司法解释事先加以规定。刑法绝不可以不教而诛，不能够根据嗣后的刑法完善来追究当时已作出明确界定、不符合犯罪构成的前行为的刑事责任。这正是我国新刑法罪刑法定原则确立的重要意义所在。

综上，辩护人认为，Y市人民检察院指控被告人构成非法储存爆炸物罪所依据的司法解释根本错误，指控不能成立，被告人张某某依法不构成非法储存爆炸物罪。

（二）Y市人民检察院针对被告人张某某、张某一敲诈勒索罪的指控事实不清，证据不足，依法不能成立。

1. 本案缺乏被告人张某某、张某一共同实施敲诈勒索行为的有力证据。通观本案，指控二被告人实施敲诈勒索的证据全部集中源于被害人陈述。众所周知，言词证据的证明力受到很多因素的影响，客观性不强，在所有证据种类当中，隐藏虚假事实可能性最大，最不稳定。根据被告人张某某的辩解，其本人未曾就取消低保一事给被害人打电话或口头说过，被害人也未就此给被告人打过电话或者口头说过；被告人张某一亦辩称其从未就此向被害人索要过涉案钱款；亦无证据证实二被告人对此有过合谋。在当前扫黑除恶斗争的大环境下,仅仅通过过于片面的言词证据,根本不能认定二被告人实施了以打电话或者口头方式通过取消低保资格相威胁与要挟的敲诈勒索行为,否则将与以审判为中心的诉讼制度改革相背离,是对证据裁判原则的违反与放弃。

2. 被害人所称害怕低保被取消这一恐惧心理的产生在客观上难以成立。

首先,已如前述,被害人所称受到两被告人以取消低保相威胁与要挟除各自陈述外并无其他证据相印证,因此各被害人产生恐惧心理的前提是否存在不能确定。

其次,本案被害人根本就不符合享受低保条件,取消低保待遇本身对被害人根本不具有产生心理恐惧的基础,无法确定被害人所称害怕低保被取消说法的真实性。

客观地讲,对于根本就不符合享受低保条件的被害人而言,其所称因害怕低保被取消从而被迫给付钱款真实性令人质疑。应当说,取消本不该享受的低保(或者说失去了本该失去的利益),被害人所产生的只能是没有占到便宜的遗憾、失落与惋惜心理,而完全不应当是恐惧心理。从享受了本不该享受的经济利益角度看就会更加清楚,本案根本无须索要,被害人积极主动交付钱款以求长期享受低保待遇才是符合常理的。

最后,本案被告人张某某、张某一在村委会所担任的职务,在是否取消低保待遇问题上完全不具备对本案被害人产生精神强制的条件,因为其二人根本没有被害人能否享受低保待遇的决定权。

我国刑事法律将村民委员会等村基层组织人员协助人民政府所从事的部分行政管理工作,明确界定为《刑法》第 93 条第 2 款规定的"其他依照法律从事公务的人员"。依照《全国人民代表大会常务委员关于〈中华人民共和国刑法〉第九十三条第二款的解释》规定:"村民委员会等村基层组织人员协助人民政府从事下列行政管理工作,属于刑法第九十三条第二款规定的'其他依照法律从事公务的人员':(一)救灾、抢险、防汛、优抚、扶贫、移民、救济款物的管理;(二)社会捐助公益事业款物的管理;(三)国有土地的经营和管理;(四)土地征用补偿费用的管理;(五)代征、代缴税款;(六)有关计划生育、户籍、征兵工作;(七)协助人民政府从事的其他行政管理工作。"虽然村委会人员协助从事的行政管理工作中包括有救灾、抢险、防汛、优抚、扶贫、移民、救济款物的管理等规定事项,但辩护人认为,只有明确了协助政府从事这些行政管理工作的性质,才能充分认识被告人能否利用村委会任职在低保待遇取消与否的问题上对被害人产生精神强制的可能性。

村委会人员协助政府从事行政管理,所协助事项的决策与决定权在政府,村委会人员只是在工作上起到一个协助作用而已。本案中有关 E 村低保待遇的决策、审批、包括监督权都归属于政府。对此作为 E 村村民的被害人毫无疑问应当是清楚的,因此他们对村委会人员以取消低保相威胁或要挟(假设存在)产生心理恐惧进而被迫交纳敲诈勒索钱款的陈述不符合常理常情。反之也一样，作为村委会成员的二被告人，更无法以取消本就不该享受最低生活保障待遇的被害人低保资格对其形成精神强制，造成心理恐惧，根本原因在于二被告人根本就没有享受低保待遇的审核决定权。被告人张某某庭审中就提到，有的村民是自己到政府填报的低保申请，村委会也没有意见，政府也签字了。

事实上，不只是协助政府从事行政管理，即便在管理本村公共事务时，虽然按照《中华人民共和国村民委员会组织法》（以下简称《村民委员会组织法》）第2条的规定，村民委员会具有办理本村公共事务的职权。但在很多重要问题上，村民委员会也同样无权决定。《村民委员会组织法》第24条规定："涉及村民利益的下列事项，经村民会议讨论决定方可办理：（一）本村享受误工补贴的人员及补贴标准；（二）从村集体经济所得收益的使用；（三）本村公益事业的兴办和筹资筹劳方案及建设承包方案；（四）土地承包经营方案；（五）村集体经济项目的立项、承包方案；（六）宅基地的使用方案；（七）征地补偿费的使用、分配方案；（八）以借贷、租赁或者其他方式处分村集体财产；（九）村民会议认为应当由村民会议讨论决定的涉及村民利益的其他事项。"

3. 敲诈勒索罪的被害人以被迫交出钱款的方式获取非法利益，这在刑法因果关系上是完全不能够成立的。

根据案卷材料以及庭审调查，众多被害人在自称被迫交出钱款前后，均不同程度地享受到了国家低保待遇，也就是说，本不符合享受低保待遇的被害人在被敲诈勒索的同时却以享受低保待遇的形式从国家获取了非法利益。因此，该项罪名指控从根本上讲是错误的，依法不能成立。

除依法维护被告人合法权益外，辩护人还被同时赋予了维护法律正确实施的职责。敲诈勒索罪是指以非法占有为目的，对被害人实施威胁或者要挟的方法，强行索取数额较大的公私财物的行为。被害人作为被敲诈勒索对象，本应是自身财产利益遭受损失的一方，何以还能够在远超被迫交出钱款之外获取非法经济利益呢？这里的"非法占有目的"本应是对被指控犯罪的被告人主观心理状态的要求，遭受法益损害的被害人居然也可以同时出现此种涉嫌犯罪心态，这不能不引起我们的高度警觉。刑事追诉理应遵循法治轨道，符合基本的刑法因果关系，毕竟逻辑上的自洽是对刑事指控最基本的要求，否则不仅有违公平公正原则，还有可能出现定性错误，导致错案的产生。希望合议庭对此予以充分注意。

综上，辩护人认为，针对被告人张某某、张某一敲诈勒索罪的指控事实不清，证据不足，依法不能成立。

（三）指控被告人张某某涉嫌贪污罪［因此笔事实在Y市人民检察院×检公诉刑诉（2018）262号起诉书中同时作为对被告人祝某的贪污事实予以指控，故辩护人将针对该起诉书指控张某某的全部贪污事实一并发表辩护意见］。

二、针对Y市人民检察院Y检公诉刑诉(2018)262号起诉书所指控罪名

(一)辩护人对Y市人民检察院指控被告人涉嫌贪污罪的指控罪名不持异议,并完全尊重被告人张某某当庭对指控贪污事实所持的认罪及积极要求退赃态度,希望合议庭能够充分考虑如下相应情节,在法定量刑幅度内依法对被告人张某某从轻处罚:

1. 指控被告人张某某贪污N自治区整村推进扶贫工程奶牛养殖扶贫款的犯罪事实中,虽然被告人张某某负责项目组织实施但并未实际参与,而是由时任村委会副主任的张某五具体经办,张某五虽已不在人世,但被告人的辩解得到了在案相关证据的一定支持,具有可信度。我国刑法明确规定了罪刑相适应原则,被告人只能为自己的犯罪行为承担刑责,指控被告人侵吞123,500元扶贫牛款后据为己有并无确实充分证据支持。

2. 指控被告人张某某贪污N产业化扶贫项目E村马铃薯种植基地建设项目款的犯罪事实中,在案证据表明,不少村民实际上已经领到了马铃薯,袋数、斤数均有。在此情况下,辩护人认为将50万元扶贫项目款全部作为被告人贪污款项有失公平公正,该部分指控并不确实,事实并未查清。

3. 指控被告人张某某、孙某贪污国家良种推广补贴款以及被告人张某某、孙某、张某一贪污大豆目标价格补贴款的犯罪事实中,张某某所辩解的补贴款返镇政府一部分,剩余村里入账的事实与部分在案书证以及孙某相关供述相印证,尽管真实情况已无法完全还原,但事实并非虚构,希望合议庭在量刑时予以充分考虑。3被告人均对共同商量确定虚报面积当庭予以否认,对此辩护人认为,被告人张某某作为时任村主任,确实负有传达政府指示精神的义务,同时无论出于何种目的,每个人都应当对自己作出的选择负责,但指控不能通过没有事实依据的推定得出表面合理的结论,这个结论就是,同时虚报了面积就一定共同商量过。事实上这个结论并不确定。

(二)Y市人民检察院针对被告人张某某、张某一诈骗罪的指控事实不清,证据不足,依法不能成立。

1. 客观上,被告人张某某、张某一根本不存在任何虚构事实或者隐瞒真相的诈骗行为。

(1)起诉书对于被告人张某某谎称被占用的土地为村集体土地的指控完全不符合客观事实。架设输电线路6个塔基所占用的土地长期以来一直就是E村的村集体土地。B镇政府会议纪要及××林业局资源科的地图(原件)等一组书证通过文字记录及数字记载,结合被告人张某某的说明,十分清楚地证实了6个塔基所占土地为E村集体所有。可见,指控被告人张某某谎称被占用的土地为村集体所有是不符合客观事实的,张某某不存在任何虚构事实或隐瞒真相的诈骗行为。合议庭应高度重视对于该组证据中参加会议相关人员的核实工作,从而印证会议纪要内容的真实性。

(2)6个塔基所占土地长期以来一直由E村村民使用。其中一个塔基的两个支点就在张某一所耕种土地的地头，张某一、张某三对使用土地还拥有草原证，张某一也不存在任何虚构事实或隐瞒真相的诈骗行为。且张某三所使用的草原从其父辈开始就在使用，所提供的交款证明就是明证。E村村委会针对案涉土地所出具的证明也清楚地对上述事实作出了印证。

(3)××林业局森林调查设计队的调查报告、《E村500KV输电线路塔基位置示意图》等证据无法证明塔基位置为林地，权属为国有。姑且不论××林业局森林调查设计队根本不具有鉴定主体身份，调查报告不是鉴定意见，即使作为一般书证，调查报告所形成的调查结论本身也缺乏相关依据，无任何证明力可言；同时，作为下属单位，以调查报告的形式证明他人土地或者说至少目前尚存争议的土地归自己的上级单位所有，也不合乎基本经验法则。据此认为被告人张某某存在谎称被占用的土地为村集体土地的虚构事实或隐瞒真相行为令人难以置信，与客观事实不符。

(4)即便××林业局认为案涉塔基所占土地为林地，权属为国有，但迄今为止其从未针对此片土地提起过确权诉讼亦或向任何一级政府反映过；E村及村民领取补偿款后××林业局也从未就此向E村及施工单位提出过异议。

(5)是施工单位主动找到E村村委会，与时任村主任的张某某协商塔基补偿事宜。这在一定程度上说明施工单位本身就认为塔基所占土地属于E村所有。

2. 本案被告人张某某、张某一主观上更不存在刑法意义上的“非法占有目的”。

案涉6个塔基所处位置无论是完全在张某一、张某三的耕地及草原使用范围内，还是属于E村集体以及归其他村民使用，二被告人所领取补偿款的行为均非出于诈骗罪的“非法占有目的”。在未明确设置界标的情况下，E村集体以及村民不可能懂得专业坐标测定，他们所关注的只可能是所使用土地的具体位置及祖辈世代沿袭的历史耕种、使用状态。退一步讲，如果因为坐标测定以及记载错误导致所领取补偿应归村集体或其他村民享有，那么也只可导致民法意义上的不当得利，只需返还即可，被告人张某某、张某一主观上从未具有非法占有补偿款目的。

综上，辩护人认为，对于被告人张某某、张某一诈骗罪的指控事实不清，证据不足，依法不能成立。

(三)Y市人民检察院针对被告人张某某、杨某某非法采矿罪的指控事实不清，证据及法律依据均不足，依法不能成立。

1. 辩护人认为，指控被告人张某某在E村附近国有林地开砂场采砂的行为，虽未经主管部门审批，但并非个人行为，而系被告人作为时任村主任，为完成政府10个全覆盖农村改造工程的任务而实施。根据辩护人向合议庭所提供的B镇政府文件，以及辩护人提出申请后公诉机关补充提交的李某四证言，证实被告人的采砂行为不仅有政府文件批准，还有B镇时任书记李某四和E林场的电话沟通，以及E林场不能破坏新的林地的前提下可以在老的取料坑取料的答复。这就充分证明被告人张某某在国有林地采砂绝非其个人行为,而是为了完成政府所安排的任务。同时,李某四作为B镇时任书记,其证言与王某卯"2012—2014年张某某在E村经过批准在E村附近采砂根,根据示意图我确任1号、5号坑是我采砂位置,6号坑大概一半是我们采的,4号坑中间位置是我们采的,2号、3号坑什么时间、什么人采的我不清楚,只是知道农村改造工程期间采的"的证言及被告人张某某关于"2012年修公路期间,王某卯在村里的砂坑(注:被告人张某某认为E林场的取砂地点土地系村里所有,故称'村里的砂坑'。目前归属仍存争议)取过砂"的辩解相互印证,证实王某卯采砂地块所形成的陈旧性砂坑与被告人张某某的采砂地块存在重叠。加之没有其他在案证据证实案涉采砂行为对林地所造成的毁损程度,因而无法确定被告人张某某采砂地块的面积。

可见,被告人张某某的采砂行为事先经政府文件允许,系根据政府命令行事,存在违法阻却事由。且张某某在原有陈旧性砂坑取料,采砂面积无法确定,指控被告人采砂造成林地46.65亩被严重毁坏的证据不足,根本达不到事实清楚,证据确实、充分的证明标准,该项指控依法不能成立。

2. 2016年12月1日最高人民法院、最高人民检察院《关于办理非法采矿、破坏性采矿刑事案件适用法律若干问题的解释》(法释〔2016〕25号)第4条规定:"在河道管理范围内采砂,具有下列情形之一,符合刑法第三百四十三条第一款和本解释第二条、第三条规定的,以非法采矿罪定罪处罚:(一)依据相关规定应当办理河道采砂许可证,未取得河道采砂许可证的;(二)依据相关规定应当办理河道采砂许可证和采矿许可证,既未取得河道采砂许可证,又未取得采矿许可证的。实施前款规定行为,虽不具有本解释第三条第一款规定的情形,但严重影响河势稳定,危害防洪安全的,应当认定为刑法第三百四十三条第一款规定的'情节严重'。"

可见,该司法解释首次具体、明确地规定了采砂行为认定为非法采矿罪的客观构成要件:第一,未取得采矿许可证;第二,在河道管理范围内采砂;第三,情节严重。本案中,尽管被告人采砂没有取得采矿许可证,但是却并非在河道管理范围内采砂。因此被告人的采砂行为并不符合非法采矿罪的构成要件。

3. 我国1997年新刑法,也就是现行《刑法》第3条明确规定了罪刑法定原则,严格禁止一切类推解释。本案被告人在林地采砂的行为法律没有明确规定为犯罪,就不能定罪处罚。在该司法解释中,非常明确的对于采砂行为入罪进行了两个限定,也可以说是规定了两个前提,那就是无证采砂与在河道管理范围内采砂同时存在。在林地采砂行为并无刑法及司法解释明确规定为非法采矿犯罪的情况下,公诉机关比照最相类似的在河道管理范围内采砂以非法采矿罪定罪处罚的规定条文予以刑事追诉,这是为我国刑法完全禁止的类推解释。该指控不应为合议庭所采纳。

4. 辩护人无须比较在未取得采矿许可证前提下,在河道管理范围内采砂与在林地采砂有何区别，以及二者社会危害性的大小。我国刑法之所以抛弃类推解释，根本原因还在于类推解释的存在将严重影响我们对于自己行为的可预测性，使人们因恐惧可能面临的刑事追究而在选择自己的行为时变得茫然无措，无所适从。这不仅会影响个人的社会生活，实际上也会对整个国家社会秩序的维护造成困扰。毕竟刑事法律是作为维护社会公平正义的最后一道防线，刑事审判事关被告人的人身自由。上述司法解释对于非法采矿罪构成要件的规定，是最高司法机关在广泛调研与严谨论证的基础上凝聚广泛共识所形成的结论，也是今后一段时间指控与认定采砂行为是否构成非法采矿罪的重要依据。辩护人认为，对采砂行为的刑事规制在有如此具体、明确规定的情况下，各级司法机关没有任何理由随意加以突破。

综上，辩护人认为，针对被告人张某某、杨某某非法采矿罪的指控法律依据不足，依法不能成立。

（四）Y 市人民检察院针对被告人张某某敲诈勒索孙某一的该起指控事实不清，证据不足，依法不能成立。

1. 起诉书指控被告人张某某采取殴打、恐吓的方式逼迫孙某一答应赔偿 2 万元事实不清，证据不足。

被告人张某某不存在刑法意义上的殴打、恐吓行为。不能期望被告人张某某发现孙某一与祝某发生不正当男女关系时还能保持理性平和，出于气愤打孙某一几下纯属人之常情，不能认定这就是敲诈勒索罪所要求的殴打、恐吓行为。也没有证据证明被告人此时借机索要钱财，存在逼迫孙某一答应赔偿 2 万元的事实。孙某一虽然陈述认为被告人张某某有向其要 2 万元的事实，但其从未认为遭受过被告人张某某的殴打与恐吓。而证人祝某的证言却证实被害人孙某一系在并未遭受殴打、恐吓的情况下主动提出给被告人张某某钱款。另外，孙某一对同一事实所作前后两份陈述内容完全不同，得知被告人张某某被抓后，又主动到公安机关所作的后一份陈述对被告人明显不利，陈述内容真实性存疑。

2. 不仅证人孙某所称给付被告人的 2 万元钱款与孙某一为弥补自己过错主动提出给付被告人的 2 万元钱款不是一回事，而且没有确实充分证据证实被告人张某某从孙某处实际取得过 2 万元钱款。

（1）无法证实孙某自称交付给被告人张某某的 2 万元系替孙某一代付。被害人孙某一陈述证实，其仅就与祝某发生性关系被张某某抓现行以及要离开 E 村的事实与其父孙某有过交流，从未提及 2 万元的事实。直到两年后回到 E 村也没有提及。

（2）虽然证人孙某证明被告人张某某向其要过 2 万元钱，其也给了被告人张某某，然而两人对事实的叙述却大相径庭，本案没有确实充分证据证实被告人张某某实际得到了证人孙某的 2 万元钱款。

（3）狄某某、董某一两位证人的证言所证实的内容各不相同，狄某某称系对 2 万元欠款作担保,董某一则称是担保要孙某一离开E村,但两位证人均不能证实被告人张某某对孙某一采取过殴打、恐吓行为以及张某某实际取得过该2万元款项。狄某某不仅不能证实2万元系因孙某一遭受被告人殴打、恐吓所答应的赔偿,甚至连2万元是因何所欠都不清楚(证据材料3卷第83—95页,狄某某2018年3月18日12时19分至17时8分询问笔录)。

综上,辩护人认为,对被告人张某某所作敲诈勒索罪的指控事实不清,证据不足,依法不能认定。

三、被告人张某某、张某一、杨某某等三人行为并不符合最高司法机关所确立的“恶势力”的定义及基本特征,依法不应将本案定性为“恶势力”犯罪案件

2018年1月16日最高人民法院、最高人民检察院、公安部、司法部《关于办理黑恶势力犯罪案件若干问题的指导意见》(以下简称《指导意见》)中第14条规定:“具有下列情形的组织,应当认定为‘恶势力’:经常纠集在一起,以暴力、威胁或者其他手段,在一定区域或者行业内多次实施违法犯罪活动,为非作恶,欺压百姓,扰乱经济、社会生活秩序,造成较为恶劣的社会影响,但尚未形成黑社会性质组织的违法犯罪组织。恶势力一般为三人以上,纠集者相对固定,违法犯罪活动主要为强迫交易、故意伤害、非法拘禁、敲诈勒索、故意毁坏财物、聚众斗殴、寻衅滋事等,同时还可能伴随实施开设赌场、组织卖淫、强迫卖淫、贩卖毒品、运输毒品、制造毒品、抢劫、抢夺、聚众扰乱社会秩序、聚众扰乱公共场所秩序、交通秩序以及聚众‘打砸抢’等。”通过对如上两份起诉书所针对指控罪名的辩护,不难看出本案被告人张某某、张某一、杨某某3人行为并不符合《指导意见》所确立的“恶势力”的定义及基本特征,依法不应将本案定性为“恶势力”犯罪案件。

首先,“恶势力”要求一般为3人以上,经常纠集在一起,以暴力、威胁或者其他手段,在一定区域或者行业内多次实施违法犯罪活动,为非作恶,欺压百姓,扰乱经济、社会生活秩序,造成较为恶劣的社会影响。本案当中,没有证据证实被告人张某某与张某一、杨某某经常纠集在一起,实施“恶势力”惯常的违法犯罪活动。

其次,本案被告人所涉嫌的两个敲诈勒索犯罪均不能成立,尤其不属于“恶势力”犯罪案件。所指控的第一个敲诈勒索犯罪,通过对于前述涉嫌敲诈勒索犯罪事实的分析不难看出,表面看作为被害人的众多村民,其法律地位却大可商榷,有涉嫌犯罪的极大可能。被告人张某某和张某一不仅并未实施任何暴力、威胁、要挟行为,更谈不上为非作恶、欺压百姓、扰乱社会经济生活的问题,因此对二被告人的敲诈勒索指控不属于“恶势力”犯罪案件。至于指控被告人张某某对孙某一实施敲诈勒索犯罪的问题,案发原因系孙某一与祝某发生不正当男女关系导致,不仅指控本身事实不清、证据不足,也与“恶势力”犯罪没有关联。

再次,非法采矿罪不仅在法律适用上不应被认定,而且被告人张某某2016年采

砂活动完全是为了完成政府的“十个全覆盖”任务，被告人案卷材料及庭审中提出多名政府领导对当时情况完全了解并可以证实，希望合议庭予以核实。根据案卷材料及庭审调查，被告人杨某某均否认参与过采砂活动，而被告人张某某也始终供述，采砂只有2016年这一年，杨某某根本没参与。2017年被告人张某某曾经买砂并出售，杨某某去监督过。这些情况没有引起侦查机关重视并作出甄别，也使证人在时间上将2016年（采砂）与2017年（未采砂，买砂并出售）张冠李戴、混为一谈了。不仅如此，根据庭审中被告人张某某提供的水域承包合同，其所承包鱼塘的面积亦包括在指控毁坏林地面积中，加之当庭检察机关对林地毁坏面积也不能清楚作出说明并排除合理怀疑，使该项指控在很多事实上存在重大错误。不难看出，本案被告人张某某、杨某某并不存在霸占以及破坏资源问题。

最后，“恶势力”犯罪的成立一定是建立在对案件指控犯罪事实与证据所作认定基础之上的，而绝不应当先入为主，依据未经举证质证的材料定案。

2018年1月中共中央、国务院《关于开展扫黑除恶专项斗争的通知》中强调，政法各机关要进一步明确政策法律界限，统一执法思想，加强协调配合，既坚持严厉打击各类黑恶势力违法犯罪，又坚持严格依法办案，确保办案质量和办案效率的统一，确保政治效果、法律效果和社会效果的统一……要主动适应以审判为中心的刑事诉讼制度改革，切实把好案件事实关、证据关、程序关和法律适用关……确保把每一起案件都办成铁案。

综上，辩护人认为，被告人张某某虽长期担任Y市B镇E村村委会主任，但并不存在利用村干部身份横行村里、欺压村民，亦未利用职权恃强凌弱、吃拿卡要，更未非法采矿造成生态环境严重损坏。起诉书指控被告人张某某所涉嫌的两个敲诈勒索犯罪与非法采矿罪均不能成立，指控本案为“恶势力”犯罪案件定性并不准确，依法不能认定。

综上所述，被告人张某某对贪污罪的相关犯罪事实能够当庭主动认罪并积极要求退赃，建议对其从轻处罚。Y市人民检察院对被告人张某某所指控的其他犯罪，或事实不清，证据不足，或法律依据错误、不足，均依法不能成立。本案依法也不应认定为“恶势力”犯罪案件。希望合议庭坚持以审判为中心，秉持证据裁判原则，切实把好案件事实关、证据关、法律适用关，在查明案件事实基础上准确适用法律，对被告人张某某依法作出客观公正的判决。

以上意见，供合议庭评议时参考。

感谢审判长、合议庭的辛勤付出。

辩护人：北京天驰君泰律师事务所孙明经律师

2019年2月11日

一审判决书

N 自治区 Y 市人民法院
刑事判决书

(2018)NXX 刑初 177 号

公诉机关 N 自治区 Y 市人民检察院。

被告人张某某。因本案于 2018 年 3 月 16 日被 Y 市公安局刑事拘留,4 月 18 日被逮捕,现羁押于 Y 市看守所。

辩护人郑明亮,北京王玉梅律师事务所海拉尔分所律师。

辩护人孙明经,北京天驰君泰律师事务所律师。

被告人孙某。因本案于 2018 年 5 月 29 日被 Y 市公安局刑事拘留,6 月 11 日被逮捕,现羁押于 Y 市看守所。

辩护人钟卫国,N 桐坤律师事务所律师。

被告人张某一。因本案于 2018 年 3 月 16 日被 Y 市公安局刑事拘留,4 月 18 日被逮捕,现羁押于 H 市看守所。

辩护人费星刚,N 羽林律师事务所律师。

被告人杨某某。因本案于 2018 年 5 月 8 日被 Y 市公安局刑事拘留,6 月 11 日被逮捕,现羁押于 H 市看守所。

辩护人刘金梅、沈东伟,N 羽林律师事务所律师。

被告人杨某一。因本案于 2018 年 10 月 22 日被 Y 市公安局取保候审,12 月 29 日被本院取保候审,2019 年 3 月 20 日被本院批准逮捕,交由公安机关执行。

指定辩护人王卓,N 敖森律师事务所律师。

被告人张某二。因本案于 2018 年 10 月 22 日被 Y 市公安局取保候审,12 月 29 日被本院取保候审,2019 年 3 月 20 日被本院批准逮捕,交由公安机关执行。

指定辩护人王晓贤,N 敖森律师事务所律师。

被告人祝某。因本案于 2018 年 5 月 8 日被 Y 市公安局取保候审,12 月 29 日被本院取保候审,现在居住地候审。

指定辩护人张庆锐,Y 市法律援助中心主任。

Y 市人民检察院以 Y 检公诉刑诉(2018)167 号起诉书指控被告人张某某犯非法储存爆炸物罪、敲诈勒索罪、贪污罪,被告人张某一犯盗窃罪、敲诈勒索罪、贪污罪,于 2018 年 9 月 26 日向本院提起公诉。本院依法适用普通程序,组成合议庭,于 2018 年

11月6日公开开庭审理了本案，10日Y市人民检察院建议补充侦查并对本案延期审理，2018年12月9日建议对本案恢复庭审。2018年12月29日以Y检公诉刑诉(2018)262号起诉书指控被告人张某某犯贪污罪、敲诈勒索罪、非法采矿罪、诈骗罪，被告人张某一犯贪污罪、诈骗罪，被告人杨某某犯非法采矿罪、诈骗罪，被告人孙某犯贪污罪、诈骗罪，被告人祝某、杨某一、张某二犯贪污罪向本院提起公诉。本院对上述两公诉案件合并审理，依法适用普通程序，组成合议庭，分别于2019年1月21日、22日、30日和3月13日公开开庭审理了本案。Y市人民检察院于2019年1月23日、2月23日建议补充侦查并对本案延期审理，3月4日建议对本案恢复庭审。Y市人民检察院指派检察员××、×××出庭支持公诉，被告人张某某及其辩护人郑明亮、孙明经，被告人张某一及其辩护人费星刚，被告人杨某某及其辩护人刘金梅、沈东伟，被告人孙某及其辩护人钟卫国，被告人祝某及其指定辩护人张庆锐，被告人杨某一及其指定辩护人王卓，被告人张某二及其指定辩护人王晓贤到庭参加了诉讼。本案经审判委员会讨论决定，现已审理终结。

Y市人民检察院指控：被告人张某某长期担任Y市B镇E村村委会主任，把持基层政权，利用村干部身份横行村里，欺压村民，在涉农惠农补贴申领发放、救灾扶贫优抚、征地拆迁补偿、生态环境保护过程中，利用职权恃强凌弱、吃拿卡要、侵吞国家专项资金；被告人张某一依附张某某，在张某某的指使下对多名村民多次敲诈勒索；被告人杨某某帮助张某某非法采矿，造成生态环境严重损害，3被告人的行为严重破坏了当地群众的生产生活秩序，造成了恶劣的社会影响，依法应认定为恶势力犯罪案件。

一、张某某非法储存爆炸物犯罪事实

2018年3月16日，Y市公安局民警在对被告人张某某位于Y市××道的住宅进行搜查时，在二楼卧室衣柜顶部查获电雷管疑似物57枚、小口径运动步枪子弹92发。经鉴定，送检的57枚均为电雷管，随机抽取的5枚经引爆均发生爆炸。

二、张某某伙同祝某贪污生活保障金的犯罪事实

被告人祝某曾与张某某同居生活，并育有一女，2009年8月，祝某在已经与张某某分居并在Z市生活的情况下，找到张某某要在E村申请办理城镇居民最低生活保障，张某某利用村委会负责对城镇居民最低生活保障初步审核、入户调查并上报的职务便利，在祝某不符合享受低保条件的情况下，使用虚假诊断证明，为祝某申报城镇居民最低生活保障，于2009年至2015年共申请骗取城镇居民最低生活保障金12,985.3元，以上钱款由张某某交给祝某，用于祝某日常花销。

三、张某一贪污生活保障金的犯罪事实

2011年4月，被告人张某一伙同丈夫王某某(另案处理)，在不符合低保申请条件的情况下，利用张某一负责村民最低生活保障审核的职务便利，采取隐瞒家庭收入情

况的手段,共同骗取城镇居民最低生活保障金29,613元。以上钱款被二人用于日常生活。

四、张某某、张某一敲诈勒索犯罪事实

1.2009年至2016年被告人张某某伙同被告人张某一二人以取消享受城镇居民最低生活保障金相威胁的手段,勒索村民刘某某2000元、华某某10,000元、杨某五5000元、梁某某3000元、徐某某6000元、徐某一5000元、华某二3000元、陈某10,000元、高某某6000元、华某三5000元、王某一9000元、王某二1000元、单某某12,000元、胡某某9000元、方某某3500元、王某三12,000元、田某某6000元、华某四12,000元、卞某某4000元、姜某某5000元、马某某11,000元、陈某一8000元、王某四16,000元、魏某某10,000元、王某五6000元、华某五5000元、王某六2000元、侯某某6000元、王某七4000元。上述被勒索的钱款交给张某一后由其交给张某某。

2.2009年至2016年被告人张某某伙同被告人张某一以取消享受城镇居民最低生活保障金相威胁的手段,敲诈勒索刘某某、华某某、杨某五、梁某某、徐某一、高某某、华某三、张某四、王某二、单某某、胡某某、方某某、侯某一、刘某一、田某某、华某四、卞某某、姜某某、马某某、陈某一、王某四、魏某某、侯某某、王某六、王某八煤补款每人约1000元,总计约25,000元,以上赃款由张某一收取后交给张某某。

综上,二人共同实施敲诈勒索低保款29起,敲诈金额196,500元;二人共同实施敲诈勒索煤补款1起25人,敲诈金额约25,000元,共计敲诈金额221,500元。

五、张某一盗窃犯罪事实

1.2014年9月4日,被告人张某一明知村民刘某二已死亡,张某一从其持有的刘某二存折内盗取现金10,017元。

2.2014年9月4日,被告人张某一明知村民崔某某已死亡,张某一从其持有的崔某某存款折内盗取现金11,015元。以上盗窃钱款被张某一用于日常花销。

六、张某某、孙某、张某一贪污的犯罪事实

1.被告人张某某贪污N自治区整村推进扶贫工程奶牛养殖扶贫款的犯罪事实

2006年至2008年,Y市农牧业局扶贫办多次拨付给B镇E村N自治区整村推进扶贫工程款30万元,用于实施整村推进奶牛养殖扶贫工程,由村主任张某某具体负责组织实施项目。在项目实施过程中,张某某没有按照项目要求进行,而是开具了虚假购买扶贫牛的发票、签订虚假购牛协议书并上报Y市扶贫办。同时采用拍摄虚假扶贫牛照片、跟贫困户签订虚假扶贫合同书、制作虚假E村扶贫牛明细表,利用少发、不发、多记发放扶贫牛款的方式,侵吞123,500元扶贫牛款后据为己有。

2.被告人张某某贪污N产业化扶贫项目E村马铃薯种植基地建设项目款的犯罪事实

2010年年初,被告人张某某以E村村委会的名义向政府申报的《马铃薯种薯种植基地建设项目》获批扶贫项目款50万元,该款由N自治区财政厅直接拨付Y市财政局财政扶贫资金专户,并由Y市财政局转账拨付给B镇财政所,B镇财政所分别于2010年12月20日、2012年1月13日将40万元、10万元两笔共计50万元资金最终转账至张某某个人账户(银行卡号:×××)。张某某采用开具虚假购买微型马铃薯发票和虚假购买化肥发票入账的方式,并让村会计孙某制作虚假的马铃薯种薯基地项目扶贫资金收支明细账,在明细账目虚列购买微型马铃薯种薯、租用土地、平整土地、耕种、喷洒农药、抗旱拉水、起土豆等费用,以及作假会议记录、给部分村民发放少量马铃薯种薯并做虚假记录方式等完成政府检查验收,并将该笔财政扶贫款50万元据为已有。

3. 被告人张某某、孙某贪污N自治区整村推进工程扶贫项目扶贫羊款的犯罪事实

2012年至2014年,Y市财政局多批次共计拨付资金60万元给B镇E村用于实施N自治区整村推进工程扶贫项目,其中一项是购买和发放扶贫羊给村民脱贫,由村主任张某某具体负责组织实施项目。在项目实施过程中,张某某实际购买和分发了扶贫羊60只,支付购羊款75,600元。2014年12月,张某某让孙某采取虚报核销的方式在村财务入账核销120只扶贫羊款共计151,200元,张某某将多核销出来75,600元扶贫款据为已有。

2012年12月,孙某利用村会计的职务便利,在张某某不知情的情况下,在村账务入账核销60只扶贫羊款共计75,600元扶贫款据为已有。

以上,张某某伙同孙某共同贪污扶贫羊资金款75,600元,个人得款75,600元,孙某单独或伙同张某某贪污扶贫羊资金款151,200元,个人得赃款75,600元。

4. 被告人张某某、孙某贪污国家良种推广补贴款的犯罪事实

2012年在E村向政府申报国家良种推广补贴过程中,张某某利用职务便利,在自己没有实际种植小麦的情况下,虚报小麦种植面积1000亩,骗取小麦良种推广补贴款10,000元据为已有。

2013年在E村向政府申报国家良种推广补贴过程中,张某某利用职务便利,在自己没有实际种植小麦的情况下,虚报小麦种植面积3000亩,骗取小麦良种推广补贴款30,000元据为已有。

2014年在E村向政府申报国家良种推广补贴过程中,张某某利用职务便利,伙同孙某在没有实际种植小麦的情况下利用孙某身份虚报小麦种植面积3000亩,骗取小麦良种推广补贴款30,000元,张某某将钱款据为已有。

2015年在E村向政府申报国家良种推广补贴过程中,张某某利用职务便利,在自己没有实际种植大豆的情况下,虚报大豆种植面积2000亩,骗取大豆良种推广补贴款20,000元据为已有。

以上,2012 年至 2015 年,张某某共贪污国家良种推广补贴款 90,000 元,其中孙某参与贪污 30,000 元,个人未得款。

5. 被告人张某某、孙某、张某一贪污大豆目标价格补贴款的犯罪事实

2014 年在 E 村向政府申报大豆目标价格补贴过程中,张某某利用职务便利,并与孙某、张某一共同商量,在没有实际种植大豆的情况下,以村委会名义向镇政府虚报张某某、孙某、张某一各种大豆面积 500 亩,各自骗取大豆目标价格补贴款 18,280 元据为己有,张某某、孙某、张某一共同骗取大豆目标价格补贴款 54,840 元。

2015 年在 E 村向政府申报大豆目标价格补贴过程中,张某某利用职务便利,并与孙某共同商量,在没有实际种植大豆的情况下,向镇政府虚报张某某、孙某各种大豆面积 750 亩,各自骗取大豆目标价格补贴款 87,802.5 元据为己有,张某某、孙某共同骗取大豆目标价格补贴款 175,605 元。

2017 年在 E 村向政府申报大豆目标价格补贴过程中,张某某利用职务便利,冒用村民狄某某的身份虚报大豆种植面积 105 亩,骗取大豆目标价格补贴款 15,750 元据为己有。

2017 年在 E 村向政府申报大豆目标价格补贴过程中,张某某伙同张某一在张某一及其弟弟张某三没有实际种植大豆的情况下,使用张某一、张某三的身份分别虚报大豆种植面积 91 亩和 96 亩,骗取大豆目标价格补贴款合计 28,050 元,张某某将钱款据为己有。

以上,2014 年至 2017 年,张某某共参与贪污大豆目标价格补贴款 274,245 元,个人得款 149,882.5 元,孙某共参与贪污大豆目标价格补贴款 230,445 元,个人得款 106,082.5元,张某一共参与贪污大豆目标价格补贴款 82,890 元,个人得款 18,280 元。

七、被告人张某某、杨某一、张某二贪污城镇居民最低生活保障金的犯罪事实

被告人杨某一、张某二系与被告人张某某同居生活的杨某某的父母,2009 年 11 月,杨某一、张某二找到张某某以杨某一儿子杨某二的名义办理城镇居民最低生活保障,张某某明知杨某二户籍在 G 村,利用村委会负责对城镇居民最低生活保障初步审核、入户调查并上报的职务便利,为杨某二家庭申报城镇居民最低生活保障,于 2010 年至 2013 年共申领骗取城镇居民最低生活保障金 17,026 元。

2014 年 12 月,被告人杨某一、张某二找到被告人张某某要在 E 村申请办理城镇居民最低生活保障,张某某明知杨某一户籍在 G 村,利用村委会负责对城镇居民最低生活保障初步审核、入户调查并上报的职务便利,为杨某一家庭申报城镇居民最低生活保障,于 2015 年至 2018 年共申领骗取城镇居民最低生活保障金 36,256 元。

以上钱款共计 53,282 元由杨某一、张某二领取后用于家庭日常花销。

综上,被告人张某某单独伙同他人贪污 13 次,贪污数额共计 1,116,627 元,个人

得贪污款938,982.5元；被告人孙某单独伙同张某某贪污5次，参与贪污数额共计411,645元，个人得贪污款181,682.5元；被告人张某一伙同张某某贪污2次，参与贪污数额为82,890元，个人得贪污款18,280元；杨某一、张某二伙同张某某贪污2次，贪污数额53,282元，二人得款53,282元。

八、被告人张某某、张某一诈骗的犯罪事实

2017年8月，国家电网Y市供电公司在E村架设输电线路塔基需要占用土地，被告人张某某谎称被占用土地为村集体土地，伙同被告人张某一分别以E村、王某某、张某三的名义与施工单位NXX电力建设有限公司签订了3份永久占地及地上附着物补偿协议，每份协议约定占用2个塔基补偿3万元（每个塔基补偿1.5万元），张某某共领取补偿款9万元，其中张某一分得6万元。经鉴定，被占用的土地系H市××林业局所有的国有林地。

九、被告人张某某、杨某某非法采矿的犯罪事实

2016年至2017年，被告人张某某未经主管部门审批，在E村附近国有林地开砂场采砂并出售，被告人杨某某负责对采砂及运砂过程进行监督，经鉴定，采砂地块为H市××林业局施业区57林班11、12、13、85小班林地，采砂造成林地3.11公顷（46.65亩）被严重毁坏，生态环境遭到严重破坏。

十、被告人张某某敲诈勒索的犯罪事实

2005年，被告人张某某发现与自己同居生活的祝某和村民孙某一在自己家中发生不正当男女关系，张某某采取殴打、恐吓的方式逼迫孙某一答应赔偿2万元并要求孙某一离开E村，后孙某一的父亲孙某将2万元现金在村委会交给张某某，孙某一被迫离开了E村。

十一、被告人杨某某诈骗的犯罪事实

2009年10月，被告人杨某某在不符合享受城镇居民最低生活保障的条件下，虚构其老婶患癌症死亡、老叔离家出走，需要抚养堂弟杨某三、堂妹杨某四的事实，于2009年至2018年共申领骗取城镇居民最低生活保障金51,100.3元。

十二、被告人孙某诈骗的犯罪事实

2014年，被告人孙某在不符合享受城镇居民最低生活保障的条件下，采取隐瞒家庭财产收入情况的手段申领城镇居民最低生活保障金，于2015年至2018年共申领骗取城镇居民最低生活保障金14,922元。

公诉机关提供了相应的证据，提请适用《中华人民共和国刑法》第125条第1款、第274条、第382条、第383条、第343条、第266条的规定，以非法储存爆炸物罪、敲诈勒索罪、贪污罪、非法采矿罪、诈骗罪追究被告人张某某的刑事责任；提请适用《中华人民共和国刑法》第264条、第274条、第382条、第383条、第266条的规定，以盗窃罪、敲诈勒索罪、贪污罪、诈骗罪追究被告人张某一的刑事责任；提请适用《中华人

民共和国刑法》第343条、第266条的规定，以非法采矿罪、诈骗罪追究被告人杨某某的刑事责任；提请适用《中华人民共和国刑法》第382条、第383条、第266条的规定，以贪污罪、诈骗罪追究被告人孙某的刑事责任；《中华人民共和国刑法》第382条、第383条的规定，以贪污罪追究被告人祝某、杨某一、张某二的刑事责任。

被告人张某某对公诉机关指控的犯罪事实和确定的罪名表示有异议。辩称雷管是我用合法手续从公安机关买的，给一个工程队用过，剩余的捡回来放在家里就忘记了。祝某的诊断书是空白的是我办的，这个事情我认可。敲诈勒索的部分我不认可，我没有收钱，张某一也没有给我钱。30万元牛款我没有贪污一分钱，我交给张某五办了，他怎么发的我不清楚。马铃薯我买种薯花了36万元，马铃薯也发给了村民，少说也得有十二三万斤。扶贫羊多开了7万多元都用在跑项目的花销上了，我没有贪污这部分钱。推广小麦补贴时我种了2年小麦，大豆我也种植过，得的钱交给政府一部分。杨某一户籍是E村的，我见过杨某一的户籍复印件。根据××林业局和政府的会议纪要占的地是我们村的集体土地，供电局主动找我并签补偿协议，钱本来就是王某某、张某三的，转给村里3万元。指控我非法采矿我不认可，农村改造工程施工时政府让我们供应砂子，政府有文件，林业局也同意采砂，我采砂的沙坑可能不超过5亩地，那里有原沙坑。

被告人张某某的第一辩护人辩称：被告人张某某经相关部门批准在公安机关购买雷管并非非法获取，故其不构成非法储存爆炸物罪；张某某使用虚假诊断申请低保，但是张某某只是有申请上报资格，没有审核批准的权利，张某某没有领取祝某的低保金，该部分不应认定为贪污罪。在案证据中大量村民的证言均体现的事实是村民害怕被取消低保将钱给了张某一（村民的行为具有主动性），没有证据证实本案被告人张某某收取该款，故张某某不构成敲诈勒索罪。被告人张某某的第二辩护人辩称，被告人张某某除贪污外，公诉机关指控的其他犯罪或事实不清、证据不足，或法律依据错误，均依法不能成立。张某某、张某一、杨某某三人行为不符合恶势力的定义和特征，依法不应当将本案定性为恶势力犯罪。（1）指控张某某构成非法储存爆炸物罪所依据的司法解释根本错误，指控不能成立。（2）指控张某某、张某一实施敲诈勒索的证据全部源于被害人陈述，二被告人均辩称没有以取消低保为名给被害人打电话或者口头说过索要钱款，被害人所称受二被告人以取消低保相威胁，除各自陈述外并无其他证据相印证，二被告人没有取消被害人低保待遇的决定权。（3）指控张某某侵吞123,500元扶贫款据为已有无确实充分证据支持。（4）在案证据表明不少村民领取马铃薯袋数、斤数都有，将50万元扶贫款全部作为被告人贪污款项有失公平，张某某购买种薯10万元后发放给村民的事实存在，该部分指控不确实，事实未查清。（5）张某某、张某一、孙某三人均对虚报面积进行共同商量予以否认，同时张某某作为村主任有传达政府指示精神的义务，指控共同商量虚报面积的结论是不确定的。

(6)75,600元的扶贫羊款的去处是以张某六名义向B镇政府交10万元公益款，该笔应予扣除。(7)张某某、张某一客观上不存在虚构事实隐瞒真相的诈骗行为，架设输电线路的6个塔基所占土地是E村集体土地，张某一、张某三持有草原使用证，也能证实该土地是E村村民使用。××林业局森林调查设计队的调查报告不具备鉴定主体身份，作为下属单位，以调查报告的形式证明他人土地或者说尚存争议土地为自己上级单位所有的土地不符合基本经验法则。(8)非法采矿罪中张某某并非在河道管理范围内采砂，因此不构成非法采矿罪。(9)公诉机关没有证据证明被告人张某某借机索要、逼迫孙某一交2万元的事实，也没有证据证明孙某交付给张某某2万元。(10)被告人张某某、张某一、杨某某3人行为不应认定为恶势力犯罪案件。本案没有证据证实3被告人经过纠集在一起实施恶势力惯常的违法犯罪活动，所指控的被告人张某某涉嫌两个敲诈勒索罪及非法采矿罪均不能成立，故指控本案为恶势力犯罪案件定性不准确，依法不能认定。

被告人孙某对公诉机关指控的犯罪事实和确定的罪名表示有异议，我报低保单身无财产，符合条件。扶贫羊的75,600元确实用于买羊并补助给村民了，但是有笔钱入不了账，村长让我用这钱堵上，都用在村里的开销了。被告人孙某的辩护人辩称：(1)指控被告人孙某成立贪污罪不持异议，对贪污次数及数额有异议，2014年12月的扶贫羊款中的75,600元孙某都用在村委会开销上了。2012年12月的扶贫羊款75,600元已经发放给村民，孙某并未占为已有。(2)2014年申报大豆款孙某与张某某、张某一共同商量的证据未达到证据充分的标准，应当以个人所得款认定贪污数额。(3)孙某获取低保金的行为实际是利用职务的便利，应当认定为贪污罪。(4)应认定孙某在共同犯罪过程中起次要或者辅助作用系从犯；被告人孙某具有主动投案的自首的情节，到案后能够如实供述犯罪事实，认罪态度好，且系初犯，依法可以从轻或者减轻处罚。

被告人张某一对公诉机关指控的犯罪事实和确定的罪名表示有异议，辩称我取钱是经过刘某二、崔某某家人同意的，我们之间也有债务往来，我不认为我是盗窃。我不认为我是贪污，我的低保是正常填写的，一级一级批下来的，我是符合低保条件的。我没有敲诈威胁村里人，都是村民主动将钱送来的，有的村民的钱我根本就没收过，煤补款的钱我收了几份。2014年大豆补贴时候我确实种了大豆，我们叫饭豆，我不认为我是贪污大豆补贴款。2017年我不知道张某某给我申报大豆补贴项目。供电局建塔基确实在我家地里建设的，毁坏了我的土豆苗，草原是我爸的。被告人张某一的辩护人辩称：(1)被告人张某一在公诉机关指控的贪污低保金的行为当中，不具备犯罪主体资格，即便认定张某一隐瞒家庭收入也属于违反治安管理行为，依法给予行政处罚；(2)认定张某一敲诈勒索罪的证据不足，本案中公诉机关对相关事实的认定依赖于被害人陈述，被害人陈述中没有被告人实施威胁行为的表述，敲诈勒索不能以不作为的方式实施,被害人表述交钱时没有第三人在场,对涉案金额、款项来源没有相关证据加以证实;(3)张某一涉嫌盗窃的基本事实即钱款性质及来源没有查清,指控罪名不能成立;(4)被告人张某一承包的土地种植饭豆,得知饭豆符合补贴政策时予以申报,并经政府审核发放补贴款,领取补贴款并无不当,指控其贪污该补贴款不能成立,2017 年再次申报大豆补贴时不知情,对于他人冒用自己身份实施行为,张某一不应当承担共犯指控的法律后果;(5)因××林业局与 E 村对涉案地块使用权存在争议,E 村村委会办理占地补偿事宜期间有理由认定相关土地为本村所有,作为土地的使用者领取土地补偿属于正当行为,不属于诈骗;(6)被告人张某一不属于恶势力犯罪的特征,首先指控张某一犯罪的罪名均不成立,其次恶势力的认定要求经常纠集在一起多次实施违法犯罪活动,公诉机关指控的犯罪中杨某某非法采矿活动张某一毫不知情没有参与,指控张某一依附张某某犯罪没有证据支持,故张某一不构成恶势力犯罪。

被告人杨某某对公诉机关指控的犯罪事实和确定的罪名表示有异议,辩称我没有参与非法采矿的事情,我就是去给张某某做了两次饭,低保款我领取了,申报理由我不知道。被告人杨某某的辩护人辩称:(1)对杨某某犯有诈骗罪的罪名无异议,杨某某离婚后没有稳定收入是符合低保条件的,对于其本人的诈骗数额应予减除。(2)指控杨某某犯非法采矿罪只有证人证言和辨认笔录,杨某某并未持续在砂场从事管理工作,且否认其曾对运输车辆负责开票、查验车数,在杨某某不明知该行为系非法采矿或者未取得采矿许可的情况下不能认定杨某某为非法采矿罪的共犯。(3)被告人杨某某没有欺压百姓、恃强凌弱,也没有造成生态环境破坏,仅诈骗罪不是恶势力犯罪。(4)被告人杨某某归案后能够如实供述,认罪、悔罪且系初犯,依法可以从轻处罚。

被告人杨某一对公诉机关指控的犯罪事实和确定的罪名表示无异议。被告人杨某一的指定辩护人辩称,被告人杨某一在犯罪过程中所起作用不大应当比照主犯从轻或者减轻处罚;被告人具有悔罪表现且系初犯,属于老年人犯罪,可依法适用缓刑。

被告人张某二对公诉机关指控的犯罪事实和确定的罪名表示无异议。被告人张某二的指定辩护人辩称,被告人张某二能够如实供述自己的犯罪事实,没有前科劣迹且系老年人犯罪,犯罪情节较轻微,主观恶性不深,可依法适用缓刑。

被告人祝某对公诉机关指控的犯罪事实和确定的罪名表示无异议。被告人祝某的指定辩护人辩称,被告人祝某能够如实供述自己的犯罪事实,且系初犯依法可以从轻处罚;被告人祝某主观恶性较小,情节轻微,建议对被告人免予刑事处罚。

经审理查明,被告人张某某长期担任 Y 市 B 镇 E 村村委会主任,长期把持基层政权,利用村干部身份横行村里,欺压村民,在涉农惠农补贴申领发放、救灾扶贫优抚过程中,利用职权恃强凌弱、侵吞国家专项资金;被告人张某一作为村委会委员、被告人孙某作为村委会会计依附于村主任张某某，被告人张某一在张某某的指使下对多名村民敲诈勒索，利用职务之便收受村民钱款；被告人张某某、孙某共同贪污扶贫资金，被告人张某某、张某一、孙某共同侵吞涉农惠农补贴，3被告人的行为造成了恶劣的社会影响，符合2018年1月16日《黑恶势力指导意见》第14条关于恶势力犯罪的规定，认定被告人张某某、张某一、孙某为村霸恶势力犯罪案件。具体犯罪事实如下：

一、张某某非法储存爆炸物犯罪事实

2018年3月16日，Y市公安局民警在对被告人张某某位于Y市××道的住宅进行搜查时，在二楼卧室衣柜顶部查获电雷管疑似物57枚、小口径运动步枪子弹92发。经鉴定，送检的57枚均为电雷管，随机抽取的5枚经引爆均发生爆炸。

认定证据如下：

1. 现场勘验笔录、现场勘验张某某住宅，证实2018年3月16日从B镇E村张某某住宅内卧室衣柜顶部提取到92发5.6mm运动长弹药和57枚疑似雷管的物品。

2. 张某某住宅搜查笔录、扣押决定书、扣押清单，证实依法扣押：文件40份，公章4个，证书、户口26份，存折11张(9张卡、2个存折)，首饰1串(铜钱1串3个)，票据39份，借条、合同35份，电雷管57枚，账簿1个(现金日记账)，证件1袋，票据1袋，运动步枪子弹92发，现金105,197元，礼单5个。

3. N自治区××森林公安局司法鉴定中心司法鉴定意见书，证实涉案子弹认定为以火药为发射动力的民用制式子弹，具备正常发生能力，具有杀伤力。

4. ××司法鉴定中心司法鉴定意见书，鉴定结果为送检的57枚均为电雷管，随机提取的5枚经引爆均发生爆炸。

5. 被告人张某某的供述与辩解，证实公安机关在2018年3月16日在我住所依法搜查出的电雷管是我的。我对扣押物品清单上面显示是57枚雷管数字没有异议。2005年之后具体哪年我记不清了，我开红土矿时有购买炸药、雷管的证，当时Y市供电局的施工队在E村需要爆破开坑，因为当时整个B镇只有我一个有购买炸药、雷管的证，施工队负责人找到我之后用我的这套手续去公安局购买雷管、炸药、导火索，然后施工队自己找爆破员炸坑，当时施工队爆破完坑之后，剩的没有使用的电雷管他们有时就直接扔草地上了，当时我开过红土矿知道电雷管自己还能用上，所以我每次看着他们把剩的没用过的电雷管扔草地上之后我就全捡回家里了，准备以后自己开矿留着用，这些雷管的出处是在Y市公安局交完钱，然后警察跟着我去免渡河煤矿买的。当庭供述称电雷管为2003年购买。

二、张某某、张某一受贿、敲诈勒索的犯罪事实

(一)张某某、张某一受贿的犯罪事实：2009年至2016年被告人张某某伙同张某一利用职务便利，在为村民上报享受城镇居民最低生活保障工作过程中，收取刘某某2000元、华某某10,000元、杨某五4000元、梁某某2000元、徐某某6000元、徐某一

5000元、华某二2000元、陈某5000元、华某三5000元、张某四9000元、单某某12,000元、胡某某9000元、田某某6000元、华某四8000元、卞某某2000元、姜某某5000元、马某某7000元、陈某一8000元、王某四10,000元、魏某某9000元、王某八2000元、侯某某1000元、高某某6000元（张某某收取）。上述部分钱款交给张某一后由其交给张某某，高某某钱款直接由张某某收取。二被告人共同收取129,000元，张某某单独收取6000元，张某某收取或者索取数额总计135,000元。

（二）张某某、张某一敲诈勒索的犯罪事实：B镇政府前往E村发放煤补期间，被告人张某某伙同张某一在村委会二楼领取钱煤补后，张某一在一楼收取村民煤补款，收取华某某、杨某五、梁某某、高某某、华某三、胡某某、侯某一、陈某一、魏某某、王某六、华某四各1000元、徐某一820元、张某四800元、方某某900元、卞某某1100元，总计约14,620元，以上赃款由张某一收取后交给张某某。

认定证据如下：

1. B镇政府2007年至2017年低保人员煤补发放清单卷，证实E村发放煤补的情况。

2. B镇E村村委会办公室现场图2张，照片16张，证实2018年3月16日从B镇E村村委会计生办办公室办公桌抽屉内提取到的张某一本人记载的2个笔记本的事实。

3. 搜查证、搜查笔录、扣押决定书、扣押清单，证实公安机关依法扣押张某某、张某一的涉案材料及物品。

4. 证人王某九的证言，证实我是B镇民政办主任，负责全镇的低保、煤补和一些其他工作，涉及E村的低保、煤补、三无人员、高龄补助、40%的精简下放。有关E村民政事情、发放各类现金补助，就找张某一，我给她打电话告诉她什么事情，她就组织村民来办理了。

5. 证人张某七的证言，证实我在B镇民政办工作时，在2015年之前E村村民领取低保是民政主任组织我们去村里发放现金。张某某通知村民拿低保本和手章到村委会领取，村民现场领取完在发放名单上盖上户主的手章和按上手印。我参加过E村低保和煤补发放，在2013年12月左右去过一次，低保和煤补都是现金发到村委会发的，等我2017年9月在兼职低保工作时低保就往卡里打了，2017年煤补也是现金发放的。

6. 证人王某十的证言，证实2000年我的低保被取消了，我找村主任张某某问他为什么取消我的低保，张某某说："给你办低保可以，但是你得跟我在一块"，就是乱搞男女关系的意思，我没有同意，然后我就一直没有低保资格。

7. 被害人刘某某证言，证实2008年和妻子领取低保至2015年都是到村里领取，2009年张某某扣了2次低保钱，第一次2009年五六月1000元，张某一打的电话去的村委会张某某也在场,理由是好处费;第二次是几个月后同样的理由二人在场扣下1000元。2016年冬天发煤补领取后给张某一1000元。

8. 被害人华某某的证言,证实我家里3口人,我家办理低保的时候记不清楚了,张某一打电话跟我家要10,000元钱,要是不拿过去,就给我家取消低保。大概到2015年9月的某个白天,和我姐华某二到张某一的家给张某一送了10,000元,她当时打电话给我的时候,说我家低保3个人,每人3000元,加上煤补1000元,共计10,000元。我说的煤补钱就是政府发给我们的买煤补助,但是我家从来都没拿到过,都是政府在楼上发给我们,然后我们拿着钱到楼下,再把钱给张某一。我们不敢不给,我们就是受压迫的,这个规矩都多少年了,谁也不敢跟他们作对。

9. 被害人陈某二的证言,证实我们一家三口人从2008年开始享受低保,到2014年的时候张某一给我打电话让我去村委会商量事,然后我媳妇去的,张某一说你家三口人得给我10,000元,别人家两人交了7000元。过了三五天后,我媳妇和我大姨姐华某二就把10,000元给张某一送到她家里,当时张某一她妈也在场,又过了几天我媳妇才把事情告诉我。我们家也不敢得罪张某一,张某一管我们要的10,000元是我们家三口人享受低保的钱,不交张某一就把我家低保全部停掉。我们村里人大部分户口本身份证都在张某某那里,他想咋样就咋样,我想出门办事特别不方便,还得去张某某那里取证件,另外张某某给我们每个人做了名戳放到他那,他想干啥就干啥,包括国家给我们每个村民的钱和物张某某偷偷领了我们都不知道。

10. 被害人杨某五的证言,证实2015年冬天的时候,张某某给我打电话让我拿7000元送到张某一那,他说现在低保名额不够了,我家已经不符合低保条件了,要是不给拿钱我们家的两个低保就要被取消了。我跟张某一说这是张某某让我送来的5000元,张某一点完钱我就走了。我家是2010年办的低保,低保资格张某某说谁有就有,说没有就没有,村子就是张某某他家在掌管。2014年、2015年那两年的时候,镇政府的工作人员到村委会二楼给村民发煤补,每年能发1000元,但是村民在二楼签完字领完钱下楼就要给张某一,因为发煤补之前张某一就通知我们领完钱要交给她,我也知道这钱不应该给张某一,这是国家给我们村民的钱,但是大伙没人敢站出来说这钱不给她,我就只能跟着一起给,村子是张某某家的,我不敢和他们作对。

11. 被害人梁某某的证言,证实2012年左右我找张某一申请低保,我领了1年多低保,一共领了多少钱记不清了,每次领钱都是到张某一那领取,后来张某一和我说我的低保不符合规定就把我的低保取消了,我也就没再找她。大约2016年春天的时候,张某一找的我说可以给我办低保,低保办下来之后张某一给了我农村信用社的存折,没过几天张某一找到我向我要3000元,当时我就给她了,我就一直享受低保至今。我不知道她要这3000元是什么钱,但是我不给也不行,我不给她钱她就会把我的低保取消,之前她就给我取消过低保,既然说我不符合标准为什么后来又能办理低保,还是张某一说的算呗。还有就是有一年,B镇来人给我发了煤补,发钱的时候在村委会二楼,我领完钱下楼就被张某一要回去了。我不知道为什么张某一要走了,我也没敢问。

12. 被害人徐某某的证言,证实2016年春天的时候,张某一给我打的电话告诉我让我跟她一起到B镇里办低保卡。于是我就和张某一在B政府后院的民政楼二楼取了我本人的低保卡,我俩从政府取完卡出来之后,张某一就跟我说让我给他8000元好处费。第二天我在B信用社取出来6000元,就把这6000元送到村委会张某一办公室了,因为害怕村里的张某一、张某某取消我的低保资格,断了我的生活来源,以后怎么活呀。因为之前有其他村民没给她钱,她就把人家的低保资格取消了。

13. 被害人徐某一的证言,证实2006年左右办理低保的时候张某一没有向我要钱,而是张某某向我要钱,并让我给张某一送去。张某某跟我说:"现在要向上面送礼,要不然就取消你的低保,所以你给张某一10,000元。"后来我跟张某某"讲价""求情"后张某某说"7000元"。过了几天后,我凑了5000元给张某一了,张某一没说什么。有一年张某一让我到村委会二楼领钱,然后把钱给张某一,当时从B政府工作人员那儿领取了820元,到了楼下我就把钱给张某一了。我也不想给,张某一向我要的,我不敢不给她,我也不敢问,她再把我低保取消了,问也没有用,啥钱张某一要你也得给她。

14. 被害人华某二的证言,证实2014年春季,张某一以办低保的名义向华某二索要人民币3000元整,华某二和妹妹华某某一起将3000元送至张某一家,当时张某一母亲胡某某在场。

15. 被害人陈某的证言,证实我们家3口人享受低保,没有别的生活来源,是从2016年10月开始领取的,那时我找到村主任张某某说想把我们3口人都办成低保,张某某说那你得拿出1万元钱,要不就别办。我当时没有那么多钱就凑了5000元,给张某一送过去;2017年1月,张某一让我把剩下的5000元送到她家去,我当时就把钱送到张某一家了。这两次给钱都是张某一自己在家,要求的原因是不给钱就不给办低保,我第一次给张某一5000元后,剩下的如果不给,我是怕张某某和张某一把我全家的低保都给停了。

16. 被害人高某某的证言,证实大概就是2008年我在外地打工,张某某就找到我媳妇说给我家办个低保,过了1年多我们的低保资格就办下来了。2016年上半年政府办理低保卡的时候,张某某说让我给他钱,当时我们家的两个名额就要给他6000元,忙乎了1年才把钱凑齐给他。后来是我妻子在村委会张某某办公室把钱给了张某某,他要钱肯定是不合法,但为了继续领低保不给不行,他要是给我取消了,我什么都没有了。我以前和村里人一起告过张某某,所以现在村里的好事我什么都享受不到,只能出门打工。这些年的低保我们都领到了,2016年前发的都是在张某一那领,都是我媳妇在领,2016年冬天的时候,镇政府工作人员在村委会二楼会议室发放的煤补,我媳妇在会议室领了1000元钱,下楼后就去张某一办公室把钱都交给她了。和低保一样不交给她,不交钱就要取消低保资格,她就拿这事要挟我们。

17. 被害人华某三的证言,证实七八年前,找到张某某办理低保,张某某说需要5000元办事费。同意后,张某某给办理了3个低保名额,过了约两年张某某给自己低保存折,发现已经领取了两年的低保,之后存折被张某一要走每个季度领取400~500元,之前领煤补是在村委会开现金,就领过这么一次,还让张某一拿走了。我记得那次领的是1000多元,整钱张某一拿走了,零钱我们自己拿走了。

18. 被害人张某四的证言,证实2016年我还享受低保的时候,我从村委会的道边过来,张某一就给我喊住了,说的你家现在有3个低保名额,你给我拿9000元钱,你要是要煤补就得给我拿1万元。我当时跟张某一说我不要煤补,我给9000元吧,后来我就给张某一送去9000元钱。前几年我在村委会二楼取得煤补,我前后领过两次煤补,都是800多元钱,给的张某一。当时大伙都把钱给张某一了,要是不给她就取消你的低保。

19. 被害人王某二的证言,证实2009年找到张某一要求办理低保,2012年收到的低保存折,2008年开户,缺少2页。2012年九十月开始领取低保,2014年换卡时被张某一索要1000元,在其家中交给张某一,2015年以取消低保为由索要4000元,钱没凑齐就没给,后低保被取消了。煤补未领取到,儿子的煤补被张某一要回去了。

20. 被害人华某五的证言,证实我媳妇王某一,四五年前,张某一跟我媳妇说要给我家办低保,低保办完后我媳妇给张某某送了5000元钱。

21. 被害人王某七的证言,2014年12月我找村主任张某某办低保,找他的时候他管我要1000元钱,说找人给我办低保。我在村长办公室给他的钱,不给钱低保肯定办不下来。好像2015年6、7月,张某一把低保银行卡给我的。第一次张某某向我要了1000元钱,从那以后2015年到2017年,每年我都主动给他1000元钱。我怕每年不给他钱将把我的低保给取消。

22. 被害人单某某的证言,证实2015年年初的某天,张某一问我办不办低保,你家4口人,1人3000元,要收12,000元。2015年7、8月,我媳妇直接去的张某一家交的12,000元。张某一在村里横行霸道惯了,不给她钱以后低保钱肯定没了,生活来源就全断了。每年的煤补1000多元都是张某一替我家领了,不给我们。2011年到2015年的煤补都归张某一了。

23. 被害人胡某某的证言,证实2015年冬天的时候我在山上干活,张某某给我媳妇打电话问我们家想不想办低保。我就跟张某某说我们家3口人都想办,2016年我的低保卡发下来了。2016年冬天的时候,张某某给我打电话说现在低保的资格不好办了,我要是想继续享受这个待遇就要按每个人3000元,3人一共9000元,否则低保就要被取消,还让我尽快把钱给他,听到张某某这么说,我就赶紧到张某某办公室把钱给他了。2014 年、2015 年那两年的时候,镇政府工作人员到村委会二楼给村民发煤补,每年能发 1000 元,但是村民在二楼签完字领完钱下楼就要给张某一,我家的钱也都交给张某一了。

24. 被害人方某某的证言,证实我母亲王某二,2014 年 9 月,我知道要发低保卡了,我找到张某某的侄女张某一,求她办理,没隔几天张某一给我打电话向我要了 3500 元办事费用,给完钱后也就半年我的低保就办理下来了。2016 年煤补应该是 900 多元,我去村委会二楼领取,领完后走到一楼就被张某一叫住,她说你把煤补钱给我,我也没敢问张某一为什么要。如果不给我的低保肯定没有了,我们村民不敢和张氏家族站对立面。2011 年到 2016 年的煤补都被张某一领取了。

25. 被害人侯某一的证言,证实 B 镇来到村里给低保户发煤补,都是给现金,二楼取完钱,张某一就在一楼等着,让我们把领到的钱都给她,不给都不行。我的低保因为没上礼被取消了,我当时也不敢问啊。张某某那就是个恶霸啊,整个村都成他家的,张某一借着她大爷,也是有点事就收钱,我们也不敢问。

26. 被害人刘某一的证言,证实 2010 年老伴办理的低保证,2010 年 10 月至 2011 年 6 月三个季度,每个季度 480 元,前二个季度给了张某一一半,后来低保被取消,2011 年领取煤补 1000 多元后在张某一家交给她。

27. 被害人王某三的证言,证实 2014 年的时候我儿子就得病了,2015 年年初张某某知道我家困难,就主动找到我跟我说要给我儿子和孙女办个低保,但是要给她 9000 元钱,当时我觉得那是一件好事,我就答应他了。三四月的时候,张某一给我打电话找我要这 9000 元钱,我就到村委会把钱给了张某一。2017 年年初,张某一又找到我跟我说因为我儿子名下有这个烧烤店就不符合低保的申请条件,让我再给她 3000 元,她才能把低保给我儿子办下来,我记忆力真的不好,实在是想不起具体时间了,反正我儿子是把这 3000 元也送到了村委会给张某一了。

28. 被害人王某甲的证言,证实 2015 年的[illegible]天,我还在 B 镇。张某某找到我妈说,给我和女儿办个低保。我妈当时好像挺高兴的。当时我不在,据我妈讲,张某某说完以后没几天就把低保卡给我妈了,不过低保卡给我妈之后张某某还管我妈要了 9000 元。这都是我听我妈说的。张某一管我要钱是 2017 年秋天的时候,张某一给我打电话说,你在 B 镇开的饭店没有注销,镇里准备把你和王某乙(我女儿)的低保取消。又过了两三天张某一把我和我妈叫到村委会二楼的会议室,当时张某某和张某一都在。张某某说你这事(享受低保)必须再花点钱,我妈问得花多少钱,张某一对我说得再给她拿 3000 元,在家取了 3000 元给送到村委会张某一手里了。张某某、张某一左一回要钱,右一回要钱。真是没法活了。我家的经济状况张某某、张某一都知道,他们根本不管你死活,要不张某某怎么能主动找我妈,给我和我女儿办低保呢。

29. 被害人田某某的证言，证实4年前，我去找的张某某，跟他说了我家的情况，我说想办个低保，张某某当时也同意了，我就直接回家了。过了好几个月（具体时间我记不清了），张某某告诉我，我的低保办下来了，但我得给他拿6000元。我后来给张某某送的6000元，我也不敢告啊，告也告不赢，王某丙被张某某打了，那么大的事，告张某某都没告赢，我还告什么啊，要想活要想有这个低保就得听张某某，我也挺无奈的，告也没有用。有个煤补也让张某一拿了，当时我媳妇说，张某一要拿这个钱，给村委会当取暖费，这个钱不给不行啊，大伙都给，不给张某一就把你的低保给取消了。

30. 被害人华某四的证言，证实大概是2012年的时候，张某某和张某一说给我和我妻子办个低保，但我俩不符合低保条件，要想办低保就要给他们4000元，他们负责去医院给我俩开证明，张某一给我打电话让我把钱送到村委会，我把4000元给了张某一。2015年左右，政府给我们办低保卡了，年底的时候张某一又找到我们说让我们拿8000元给她，我媳妇就去村委会张某一那屋把钱给了张某一。我和我妻子享受低保那两年，领过镇政府发放的煤补，但是楼上领完就交给楼下的张某一了。我们就领过一次，领了1000多元，这钱张某一要了，不给不行。张某某和张某一在村里横行霸道都挺狠，不敢得罪。

31. 被害人卞某某的证言，证实张某一以每个低保2000元为名索要现金4000元，在其办公室交给张某一。应该是发冬补的第一年，张某一给我打电话，让我去村委会取冬补钱。我去的村委会二楼，按的名章取的钱，取了有1100多元，下楼的时候，张某一就在一楼等着呢，说让我把冬补钱给她。

32. 被害人姜某某的证言，证实我找张某一办低保，张某一说我的低保要给她提成一半才能办，我同意以后才又继续领的低保，不给就把低保取消了，我是在低保下来后给张某一5000元，每次都是给张某一打电话让她出来把钱给她的，煤补也被张某一取走。

33. 被害人马某某的证言，证实大概2001年就把我家低保转到E村委会了，一直到2016年左右（具体时间记不清了）张某一还管我要3000元钱，意思就是不给钱就说我家低保不合格，要取消低保。我当时一听就害怕，赶紧把我丈夫在外面打工攒下来的钱给她了，8000元的事是张某一管我要3000元之后一年的事，这8000元就是低保卡里的钱，不给不行。还有煤补的事情，具体时间记不清了，当时镇里面来给我们发煤补，在村委会二楼领取的，当时旁边有人说煤补钱必须交给张某一，我就和大家一起下楼交给张某一了。

34. 被害人陈某一的证言，证实2014年张某某办理低保，通过张某一领取低保，张某某要11,000元好处费，2017年直接交给张某某8000元，我记得领取煤补的前两天，张某某给我打电话说发煤补你别要了，领完钱下楼交给张某一。

35. 被害人王某四的证言，证实2015年1月，张某某打电话给我喊到村委会，跟我说的给你家办个低保吧,我说行,张某某说办1个名额得交3000元钱,给你家办3个你得给我拿9000元钱,我说的行。后来张某某又说办完这3个名额你得给我拿出来1个名额,我当时没有办法也就同意了,钱直接给的张某某。2016年开3个人的低保的钱的时候,我去的张某某办公室给的张某某,1个人1年的低保钱,当时我给了张某某将近5000元。2017年6月的时候,卡上就只有2个低保名额了,张某某就直接将那个名额的钱扣走了。说白了这不就是明抢吗,我们老百姓都让他吓怕了。2016年、2017年这两年都是煤补发下来的时候,发完后,我就给她拿过去了。这两次都是1000元。

36. 被害人魏某某的证言,证实我丈夫和女儿是2009年开始享受低保,我是从2011年发低保的时候也开始享受低保了。在2014年我家低保折换成低保卡的时候,我家用低保卡领取了1年的低保后,张某一给我家打电话说让我家给张某某送1万元,凑够了1万元去村委会找到张某某把钱给他了,当时没有其他人在场。领取低保卡的前一年,我去村委会二楼领取B镇上工作人员给我家发的煤补,领完钱我还没等数多少钱呢,到了一楼煤补钱就被张某一要走了。

37. 被害人侯某某的证言,证实张某某给我涨低保以后,每个季度给我还是300元,张某某每个季度提200元,一直持续到2013年,国家有政策给我们享受低保的人每个季度涨到2000元,张某某从我们低保工资中每个季度抽取1000元,持续到2015年。2015年以后,我每年给张某某2000元,一直到2017年。张某某说你的低保现在已经涨到2000元了,我得多提点,往上面送礼,这样你可以多挣点,一直开这些低保,还不给你取消。我不答应不行,我不敢惹他,要不然他就把我的低保取消了。领取过3年煤补,每年1200元,张某某扣除了2年的煤补。

38. 被害人王某六的证言,证实大约6年前办理过低保,大约四五年前低保被取消,张某某找到自己要给自己办理低保,低保卡发下来后在低保卡内取2000元交给张某某,有一年政府发煤补钱,二楼领钱后到一楼被张某一拿走,2016年张某某为自己办理慢性病索要1000元。

39. 被害人王某八的证言,证实是2013年(具体几月记不清了),在张某某的办公室,他告诉我说我的低保卡里有4000元钱,让我再给他拿2000元钱,就能把低保卡给我了。我回家拿了2000元现金给张某某,才从张某一手里取回我的低保卡,另外的4000元钱是直接从我的低保卡里取出去的,我拿到低保卡的时候卡里是一分钱都没有的。我当时以为我没有煤补,我听说政府发煤补的时候张某一拿着兜子在一楼等着,大家都得给,谁敢不给啊。

40. 被告人张某一的供述与辩解,证实我担任的妇女主任是村里妇女们推举的。我是什么工作都干,民政、计生、劳动、党建这些活我都干。我向村主任张某某负责。我负责民政工作主要就是低保方面的工作,首先村民向村里申请办理低保,然后村长召集村代表开会评议申请低保的村民是否符合条件,村民代表开会通过后报镇里民政部门审批。我在笔记本上记的这些人名和数字是E村村民交到我这里的钱，人名后面的数字就是钱数，但是具体谁交了多少钱我真记不清了。都是村主任张某某通知村民把钱交给我的。我收到钱以后就把钱送到村委会楼上交给张某某了，我打电话催一下让他们交钱，多数电话都是张某某自己打电话给村民，我打电话就是村主任问我谁谁交没交钱，我打电话催问一下。我收到村民交给我的钱后都是把钱交给张某某了。胡某一、举某某、李某某、方某一、华某三这几个没交过钱，我确定华某三没交过钱，我收过村民杨某五4000元、梁某某2000元、刘某某2000元、徐某一5000元、徐某某6000元、华某二6000元、华某某5000元。其他人我也没收过。我没有以取消低保的名义收钱，都是村民为了办低保主动送钱的。

41. 被告人张某某的供述与辩解，证实1992年开始担任村主任，1995年至2000年支部书记兼村主任，2000年至2003年任支部书记，2003年至今E村支部书记兼村主任。我在给村民办理低保期间收取了村民的钱，我收取村民的钱就是我给村民办低保去B镇和Y市的费用，有村民不符合享受低保条件的，我给办理低保是因为我有关系，我和镇低保市低保关系好，我给村民出具村民种地受灾的证明，就这样给办的。我收取村民钱的去向是有村里来人招待吃饭，相关部门过年过节送礼，加上我个人的平时花销，高三是我村村民，大名不知道叫什么，我收取他多少钱记不清了，根据公安机关扣押张某一日记本显示我收高三6000元，我收了。华某三5000元、张某八2000元、李某一6000元、高某某6000元、王某八2000元、高某一4000元，我都收了，都是办低保的钱，去向都是用于招待来人、人情往来。根据公安机关依法扣押张某一日记本显示以上人员名单中的钱，我收取了，我没有什么解释的了，我记不清什么时间收的了，收的是给办低保的钱，收的钱用于我给村里办事走人情和我个人平时花销。张某一收村民的钱都是村民办低保收的钱，村民给我打电话送钱，我就告诉村民给张某一送去，我没有告诉张某一收的是什么钱，张某一问过我是什么钱，我说啥钱你就别管了，村民每次送的钱张某一都给我了，我直接收村民多少钱我确实记不清了，张某一给了我多少钱我也记不清了，我要求公安机关将我收取村民办低保包括张某一给我办低保的钱如数退还给村民。当时公安机关在我家扣押一部分现金，不够的让我儿子张某六替我退还，只要是村民反映出我收钱的，我都愿意按村民说的钱如数退还。我没收过任何张某四的钱。我在H看守所在你们提审的时候，说张某一她收到的钱都给我了，是因为我当时认为我私藏雷管犯罪的行为会被判7年，我以为我要死在监狱了，张某一是我侄女我就想帮她承担了。

三、张某某伙同祝某、张某某伙同杨某一、张某二贪污最低生活保障金的犯罪事实

（一）被告人祝某曾与张某某同居生活，并育有一女，2009年8月，祝某在已经与张某某分居并在Z市生活的情况下，找到张某某要在E村申请办理城镇居民最低生

活保障,张某某利用村委会负责对城镇居民最低生活保障初步审核、入户调查并上报的职务便利,在祝某不符合享受低保的条件的情况下,使用虚假诊断证明,为祝某申报城镇居民最低生活保障,于2009年至2015年共申请骗取城镇居民最低生活保障金12,985.3元,以上钱款由张某某交给祝某,用于祝某日常花销。

(二)被告人杨某一、张某二系与被告人张某某同居生活的杨某某的父母,2009年11月,杨某一、张某二找到张某某以杨某一儿子杨某二的名义办理城镇居民最低生活保障,张某某明知杨某二户籍在G村,利用村委会负责对城镇居民最低生活保障初步审核、入户调查并上报的职务便利,为杨某二家庭申报城镇居民最低生活保障,于2010年至2013年共申领骗取城镇居民最低生活保障金17,026元。

(三)2014年12月,被告人杨某一、张某二找到被告人张某某要在E村申请办理城镇居民最低生活保障,张某某明知杨某一户籍在G村,利用村委会负责对城镇居民最低生活保障初步审核、入户调查并上报的职务便利,为杨某一家庭申报城镇居民最低生活保障,于2015年至2018年共申领骗取城镇居民最低生活保障金36,256元。

以上钱款共计53,282元由杨某一、张某二领取后用于家庭日常花销。

认定证据如下:

1. 祝某低保审批手续,申请低保原因:现患有肝病、无职业、无固定收入。附吉林大学第一医院出院诊断书。

2. 祝某Y市农村商业银行流水明细,证实祝某领取低保款的数额。

3. 被告人张某一的供述与辩解,证实村主任张某某让我填表、办理低保的有王某丙、祝某、杨某某都不符合。因为王某丙当时申请时年轻、没病、有劳动能力,祝某、杨某某申请时岁数也不大,身体都没有疾病、有劳动能力,她俩都是靠着跟张某某有关系才申请上的低保。

4. 被告人祝某的供述与辩解,证实我是2009年申请的低保,这两份Y城镇居民最低生活保障申请审批书申请理由和签字是我本人书写的,我的申请理由是离婚后无正当工作,患有肝病,一直在姐姐家居住。我没有乙肝,吉林大学第一医院的出院诊断证明是怎么开出来的我不清楚。我享受了2010年和2011年两年的低保。

5. 被告人张某某的供述与辩解证实,这份审批表中的2009年12月20日出院的吉林大学第一医院出院诊断书是我提供的,我印象中是我在B镇低保办办事的时候有空白的诊断书顺手拿走的。这个低保钱开出来后我都给祝某了。最低生活申请保障书是不是本人填写的我记不清了,不是她写的就是我替她写的。审核意见应该是我本人签的。

6. 杨某一、杨某二的社会救助审批表,证实2014年12月G村村民杨某一以E村村民的身份申请低保。

7. B镇派出所核实材料,证实杨某一、张某二、杨某二户籍地为B镇G村32号,该三人户口无迁移轨迹。

8. E村证明,证实杨某一、张某二户籍不在E村,二人未在E村生活居住过。

9. 证人杨某二的证言,证实我从来没有享受过低保,我的户口在我妈妈那放着,我父母有没有低保我也不知道。

10. 证人夏某某的证言,证实杨某一、张某二他们在G村申请过低保,但是没有通过。

11. 被告人杨某一的供述与辩解,证实我在G村申请低保没有通过,在E村申请的低保,妻子张某二也在E村申请的低保,具体时间想不起来了,找到张某某求他在E村办理一个低保,他当时就答应了,我就把我和我妻子的申请给张某某了,后来B镇政府就给我打电话让我去取低保卡。他能给我办理是因为我女儿杨某某的关系,钱都被我花了。我儿子杨某二一家的低保也是自己找到张某某办理的。

12. 被告人张某二的供述与辩解,证实我享受低保是丈夫杨某一找张某某办理的,申请不是本人书写的,我是G村的村民,张某某给办理的原因是张某某是我女儿杨某某的丈夫,没有给过张某某钱。儿子杨某二享受低保,杨某二的身份信息是我给张某某的,是我找张某某办理的,没有和杨某某说过给杨某二申请低保的事。钱都是我领取的,领取了多少钱我记不清了。

13. 被告人张某某的供述与辩解,证实杨某二办理低保的理由是孩子上不起学,杨某二有病,拿来医院证明我也没看,户口簿复印件篡改我不知情,我也没改过,杨某二是G村申请低保是违规的,这我承认,现在他的低保已经取消了。杨某一、张某二的户口当时迁到S村了,谁迁的我不知道,具体办理细节我现在想不起来了,我记得张某二胳膊摔坏了。

四、被告人张某某、孙某、张某一贪污的犯罪事实

(一)被告人张某某贪污N自治区整村推进扶贫工程奶牛养殖扶贫款的犯罪事实

2006年至2008年,Y市农牧业局扶贫办多次拨付给B镇E村N自治区整村推进扶贫工程款30万元,用于实施整村推进奶牛养殖扶贫工程,由村主任张某某具体负责组织实施项目。在项目实施过程中,张某某没有按照项目要求进行,而是开具了虚假购买扶贫牛的发票、签订虚假购牛协议书并上报Y市扶贫办。同时采用拍摄虚假扶贫牛照片、跟贫困户签订虚假扶贫合同书、制作虚假E村扶贫牛明细表,利用少发、不发、多记发放扶贫牛款的方式,侵吞123,500元扶贫牛款后据为己有。

认定证据如下:

1. 关于转发《N自治区2006年整村推进扶贫工程实施方案》的通知、财政专项扶贫资金管理方法、关于上报2005年度整村推进重点G村名单的紧急通知,证实确定旗县市一个村为整村推进村,财政资金每年扶持30万元,资金性质为财政扶贫专项

资金。

2. Y市扶贫办整村推进直接扶贫到户工程财政扶贫资金项目计划的请示、E村2006年整村推进工程的请示、B镇请示、整村推进工程申请表,证实2006年Y市政府确定E村为财政扶贫整村推进村,该项目拟购入30头优质高产奶牛,建牛舍300平方米,财政扶贫资金30万元,自筹10万元。

3. Y市扶贫办记账凭证、财政资金拨付凭证,证实已将30万元分批拨付给E村了。

4. B财政所记账凭证7份、E村、孙某收据12份,证实转给E村财政整村推进养牛项目款30万元。

5. 张某九奶牛检疫合格证、购买发票、奶牛扶贫实施方案、E村购买张某九发票一张及协议,证实张某某假造2006年9月E村从村民张某九手中购买奶牛30头,每头1万元,共计30万元的情况。

6. B镇E村扶贫项目资金有偿使用合同、E村30人养牛户领取1万元的详单及购买优质奶牛的照片一组、E村与30名村民签订的扶贫合同书,证实30人已经领取到每人1万元并购买奶牛(但实质并未足额发放)。

7. 财政资金提款报账申请表、扶贫资金项目验收单,证实2006年张某某以E村上报的财政扶贫项目申请扶贫资金及验收情况。

8. 关于上报2006年整村推进工程重点G村的验收报告贫困户解决温饱达标验收表(农户)、整村推进扶贫工程重点G村贫困户扶持卡,证实E村的奶牛项目获得相关部门的验收。

9. 证人刘某三的证言,证实2006年2月至2010年7月任Y市农牧业局副局长兼产业办主任,分管产业化和扶贫工作。认识张某某,E村2006年至2008年整村推进项目,市财政拨款30万元用于扶持奶牛养殖产业。30万元分批拨付,没经手过前期运作费用,没收过张某五送的五六万元钱,不认识张某五,与张某某没有个人经济往来。村里制定了项目实施方案,30万元交村里组织实施,不允许直接给贫困户发放。当时农牧业局与财政局、镇政府等相关单位参与验收,未发现有问题。

10. 证人张某九的证言,证实其原来在B镇养牛,2008年将牧场卖给王某丁,养牛期间张某某及E村没从张某九处买过牛,办案人员出示的购买协议、检疫证、发票均不是自己所签字和提供。

11. 证人徐某一、李某某、董某某、陈某一、胡某某、李某一、陈某三、徐某二、王某戊证言,证实均是E村村民,2006年、2007年村里没给过扶贫牛,给过2000~3500元不等,照片牛是自己家原来的牛,但未得到扶贫牛。

12. 证人王某己的证言,证实是E村村民,养了很多年牛,2006年、2007年村里没给过牛,扶贫款发放明细领取金额1万元王某己签字是其本人所签,但只给了5000元钱,孙某到其家中让其妻子和家中的牛一起拍了照片。

13. 证人随某某、狄某一、陈某、王某丁证言,证实均是E村村民,没得到过扶贫牛和1万元,发放明细签字不是其本人签字也不是家人代签。

14. 被告人张某一的供述与辩解:证实是2006年或2007年E村有扶贫牛的项目,由张某某和孙某具体实施负责,该项目过程中我做过相关的表格,给村民拍过扶贫牛的照片,钱都由孙某经手。拍照都是村民用自己家的牛照的相,没实际购买扶贫牛,其父亲张某十得了1万元扶贫牛款,但未买牛,用自己的牛照的照片。不知村委会是否从张某九处购买过牛。

15. 被告人孙某的供述与辩解,2006年E村有"整村推进工程"养殖奶牛的扶贫项目,上级拨款30万元,钱款没入村里账,钱款在张某某手里保管,扶贫款未经过自己手,发放名单由张某某决定,张某某想给谁就给谁,扶贫项目在具体实施中没按方案进行,没看见村里在张某九处买过牛,扶贫款是张某某和张某五发放给贫困村民的。张某某让给发放扶贫牛的村民照过相,E村扶贫养牛明细表制作出来给张某某,让村民签名的事不是自己做的。

16. 被告人张某某供述与辩解,证实2006年E村有"整村推进工程"养殖奶牛的扶贫项目,上级拨款30万元,自2007年2月15日至2008年4月2日Y市扶贫办分6次共向E村拨扶贫款30万元,拨款过程中收款收据单位负责人是其自己本人签字、填制"孙某"签字是孙某签的,收条是张某某本人书写,钱款入村里账了,不知为什么村里账上没有,钱款由孙某保管和收支。2008年4月2日拨付的3万元转到张某某个人账户是因为村委会没账户,钱取出来后交给孙某保管。给每个贫困村民不是都发放了1万元,具体发放金额由张某某与张某五确定,由孙某和张某五发放。发放过程中未按方案执行,张某九购牛协议书、发票、发放明细表都是假的,为了把给发放村民的钱和30万元对上,为了迎接项目验收检查。扶贫款共少给村民发放123,500元,约有10万元返给农牧业局作项目前期费用。

(二)被告人张某某贪污N产业化扶贫项目E村马铃薯种植基地建设项目款的犯罪事实

2010年年初,被告人张某某以E村村委会的名义向政府申报的《马铃薯种薯种植基地建设项目》获批扶贫项目款50万元,该款由N自治区财政厅直接拨付Y市财政局财政扶贫资金专户,并由Y市财政局转账拨付给B镇财政所,B镇财政所分别于2010年12月20日、2012年1月13日将40万元、10万元2笔共计50万元资金最终转账至张某某个人账户(银行卡号:×××)。张某某采用开具虚假购买微型马铃薯发票和虚假购买化肥发票入账的方式,并让村会计孙某制作虚假的马铃薯种薯基地项目扶贫资金收支明细账,在明细账中虚列租用土地、平整土地、耕种、喷洒农药、抗旱拉水、起土豆等费用,以及作假会议记录、给部分村民发放少量马铃薯种薯并做虚假记录方式等完成政府检查验收,张某某通过王某庚从姜某一处购买10万元马铃薯薯种发放给部分村民,剩余40万元被张某某据为己有。

认证证据如下:

1. 关于Y市2010年产业化扶贫项目的请示,证实2010年4月18日,根据N自治区产业化扶贫项目管理办法、Y市2010年产业化扶贫项目的请示确定上报Y市B镇E村马铃薯种植基地项目为产业化扶贫项目,申请财政补助资金为50万元。

2. E村马铃薯脱毒种薯基地建设申报文本,证实2010年4月18日,E村申报的马铃薯种植基地项目具体实施方案,申请人E村村委会、张某某签字。

3. B镇E村马铃薯种薯基地建设项目可行性报告,证实E村委会申请马铃薯种薯基地项目建设单位为E村、计划扶贫101户、规模300亩,申请资金50万元。

4. H市财政局关于下达财政扶贫资金(产业化)的通知,证实B镇E村马铃薯脱毒种薯基地扶贫资金50万元。

5. B镇E村马铃薯基地发展及种薯分配计划,将购回的甘肃微型种薯交张某五集中种植管理;将2011年产出种薯元一分配35户,将2012年收获元二60%返村委会。并将元二免费分发65户。

6. 2011年、2012年E村马铃薯基地种薯分配名单,项目申请资金为50万元,元一种薯分配给华某四、王某某等35户具体名单,元二种薯分配给刘某八等65户。

7. E村马铃薯基地建设项目两委班子会议记录、E村马铃薯种子基地建设项目村民代表大会记录、E村马铃薯种子基地建设项目村民代表大会公告、B镇2011年E村马铃薯种薯基地建设项目目标责任状、B镇E村马铃薯基地种植协议,证实马铃薯种薯基地项目经过村民代表大会审议通过并公告,签订了项目目标责任状。

8. 财政扶贫资金提款报账申请表2份,证实2010年10月10日、2011年12月8日,Y市扶贫办、财政局同意E村马铃薯项目提款报账申请,一笔40万元、一笔10万元,由财政资金拨付给B镇财政所。

9. E村2011年马铃薯扶贫总结、2011年E村马铃薯扶贫总结开支情况报表,证实2011年E村马铃薯种薯基地项目支出承包费、购买化肥款、人工等费用共计518,840元。

10. 帮扶计生贫困户明细表,证实2010年12月王某辛、王某某等35户每户的帮助标准为4000元共计140,000元。

11. E村马铃薯基地财政扶贫资金项目验收单,证实E马铃薯种薯基地项目已经验收。

12. B镇财政所收拨E村马铃薯扶贫款账目,证实2011年12月至2012年1月B镇财政所分2次收到马铃薯种植基地项目一笔40万元、一笔10万元。

13. 查询金融财产通知书、B财政所进账单、B镇××毛刷加工部转账支票一份、

××毛刷加工部账户详单、张某某个人银行卡存款凭条1张、张某某个人银行卡明细详单、Y市××马铃薯产业发展有限公司记账凭证,证实2010年12月20日B镇财政所将40万元资金拨付给××毛刷加工部,21日××毛刷加工部将40万元通过转账支票的形式存入张某某个人账户,张某某银行卡中于2011年4月11日支取10万元,20日姜某一收取张某某种薯款10万元。

14. E村马铃薯基地建设项目入账核销的代开发票2张,证实一张为N自治区国家税务局机关代开发票时间为2011年11月2日、付款人为E村村委会、金额10万元;一张为北京市服务业、娱乐业、文化体育业专用发票,开具人为北京市房山区马铃薯种子研究所、金额为40万元、日期为2011年8月24日。(为假发票)

15. 关于企业数据查无的函,证实北京市工商行政管理局出具函告,在企业数据库未查询到北京市房山区马铃薯种子研究所。

16. 北京市地方税务局自印发票送票单,证实按照张某某提供的北京市房山区马铃薯研究所出具的40万元金额的发票号查询结果该发票为北京市交通一卡通有限公司出具的发票,入账发票为假发票。

17. 代开发票申请资料、证明1份、完税凭证1份、收费专用章收据、代开发票1张(发票号码:×××),证实E村从孙某处购买化肥共计10万元,在Y市国家税务局代开发票,以村委会开证明形式让Y市国税局出证明,最后为村委会购买。

18. E村扶贫款明细账、E村委会收据2张,证实2010年12月20日收到B镇财政所马铃薯项目扶贫资金40万元、2011年5月18日用于购买种薯花费40万元;2012年1月10日收财政扶贫款10万元,补以前欠款约10万元。

19. E村马铃薯种薯项目支出费用明细,证实支付费用包括土地承包费、人工费等共计500,040元(其中部分费用均被当事人证实为假)。

20. 证人李某二的证言,证实2009年4月至2011年4月我在B镇E村挂职锻炼,E村马铃薯基地建设扶贫项目,这个我帮支部书记、村主任张某某写过这个材料。我只是给张某某准备过这方面的材料,至于这个项目有没有通过审批、怎样落实实施等其他情况我都不清楚。我没参加过E村召开的研究、讨论关于马铃薯基地建设扶贫项目的会议。当时这个会议我没参加过,但是会议记录的内容都是我按照张某某的要求写的。这份决议公告是张某某安排我写的公告,贴到了村里的公告栏里。

21. 证人李某某的证言,证实2010年我在B镇E村是村民代表。我不知道E村有没有召开过会议研究、讨论关于马铃薯项目基地的建设项目。我没参加过这个会议,村民代表签字"李某某"也不是我签的字,我也没给村里拉水抗旱过,这笔钱我没得到过,签章李某某都不是我本人写的。2011年10月左右,给了我家7袋用编织袋装的"早大白"种子,每袋种子也就是100斤左右重量。我没得到15袋,李某某名字也不是我写的。

22. 证人王某壬的证言,证实2010年我在B镇E村是村民代表,E村没有召开过会议研究、讨论关于马铃薯项目基地建设项目的事情。村民代表签字"王某壬"也不是我签的字,这个会议记录应该是后补上去的。

23. 证人华某三的证言,证实2010年我在E村是村委会委员。E村没有召开过会议研究、讨论关于马铃薯项目基地建设项目的事情。村里没有建设过马铃薯项目基地。村民代表签字"华某三"也不是我签的字。我也没给村里拉水抗旱过,这笔钱我没得到过,签章华某三不是我本人写的。

24. 证人华某四的证言,证实2010年我在B镇E村是村民代表。村里根本就没建设过马铃薯项目基地的事情。E村没有召开过会议研究、讨论关于马铃薯项目建设的事情,我没参加过类似的会议。村民代表签字"华某四"也不是我签的字。我也没给村里运过种子,没给村里起过土豆,这笔钱我没得到过,盖章华某四,不是我本人写的。

25. 证人张某甲的证言,证实E村没有召开过会议研究、讨论关于马铃薯项目基地建设项目的事情。我没参加过这个会议,村民代表签字"张某甲"也不是我签的字。

26. 证人张某六的证言,证实我知道E村马铃薯种子基地项目。这个项目大概是在2011年左右,政府有个马铃薯种子项目资金,这个项目种到我的地里了,种的是马铃薯原种。当时我在B镇开农药化肥种子店,我父亲张某某说他种了一批好种子,要打好药,比正常种土豆多花了不少药钱,种完以后,秋天给老百姓分了,分多少,具体分给谁了我都不清楚。2011年父亲张某某应该是种过我村里的土地,我父亲那年整过一批好种子,种在我地里了,具体亩数记不清了,不知道是他个人种的还是以其他名义种的。

27. 证人王某己的证言,证实我不知道E村召没召开过关于建设马铃薯种薯项目基地的村民大会。2011年10月左右给了我家7袋用编织袋装的"早大白"种子,每袋种子也就100斤左右重量。我没得到15袋,王某己名字也不是我写的。我没有因为马铃薯种薯基地建设给村委会干过活。这钱我没得到过,名字也不是我签的。

28. 证人王某甲的证言,证实我没有给村委会干过这活,村委会没种过土豆,这张工资表中签字"王某甲"不是我本人写的,也不是我家人代替我签的字,这1200元钱我没有得到。是2011年给村民发放的马铃薯种薯,给了五六袋土豆,大约700斤。

29. 证人卞某某的证言,证实2011年左右,给我分了10小袋马铃薯薯种。我家分的是"早大白"品种。(2011年工资单)我没给张某某或者村里铲过土豆,更没得到过铲土豆的900元钱,种土豆也就给了我150元,也不是表中的1200元钱。我丈夫孙某二也没给村里或者张某某干过抗旱活,他没得过表中的2100元钱。

30. 证人董某某的证言,证实我不知道E村召没召开过关于建设马铃薯种薯项目基地的村民大会。(2010年12月10日E村召开村民大会,参加人员,内容:马铃薯项目扶贫,主持:张某某)我对这份记录没有印象。2011 年 10 月左右给了我家 7 袋用编织袋装的“早大白”种子(E 村马铃薯分发名单,董某某分发 15 袋马铃薯种子)我没得到 15 袋,董某某名字也不是我写的。

31. 证人狄某某的证言,证实我不知道 2011 年 E 村建设过马铃薯种薯项目基地,也没听说过。我不知道 E 村召没召开过关于建设马铃薯种薯项目基地的村民大会。2011 年 10 月左右给了我家 7 袋用编织袋装的“早大白”种子。我没得到 15 袋,狄某某名字也不是我写的。我没有因为马铃薯种薯基地建设给村委会干过活,这钱我没得到过,名字也不是我签的。

32. 证人胡某二的证言,证实 E 村没有建设过马铃薯基地。我不知道 E 村以村委会的名义种没种植过微型马铃薯。E 村给村民发放过微型马铃薯薯种,给我分了 7 袋马铃薯薯种。给我分的是“早大白”品种。

33. 证人李某一的证言,证实我不知道 2011 年 E 村建设过马铃薯种薯项目基地,也没听说过。我不知道 E 村召没召开过关于建设马铃薯种薯项目基地的村民大会。2011 年 10 月左右给了我家 7 袋用编织袋装的“早大白”种子,每袋种子也就 100 斤左右重量。我没得到 15 袋,李某一名字也不是我写的。

34. 证人李某三的证言,我没听说过 E 村建设过马铃薯种薯基地。我和我家人都没参加过有关建设马铃薯种植基地扶贫项目的村民大会。关于马铃薯基地的会我不知道。签字是我写的,手印也是我捺的,这会议我好像参加过,但实际我不知道会议内容,村里开会还经常先空白纸签字捺手印,然后才进屋开会。大约是 2011 年春天给了我大约 4 袋土豆,每袋 100 斤,是“早大白”种子,我家没领过 15 袋这么多。

35. 证人陈某三的证言,证实我不知道也没听说过 2011 年 E 村建设过马铃薯种薯项目基地。我不知道 E 村关于建设过马铃薯种薯项目基地召没召开过村民大会。2011 年 10 月左右,给了我家 5 袋用编织袋装的“早大白”种子。我没得到 15 袋,陈某三名字也不是我写的。我没有因为马铃薯种薯基地建设给村委会干过活。

36. 证人胡某三的证言,证实 E 村给村民发放过微型马铃薯薯种,有一年村里给部分村民免费发放过一次马铃薯薯种,给我分了几袋马铃薯薯种。给我分的应该是“早大白”品种。

37. 证人徐某四的证言,证实 E 村给村民发放过微型马铃薯薯种,有一年村里给部分村民免费发放过一次马铃薯薯种,给我分了 10 来袋马铃薯薯种。给我分的应该是“早大白”品种。

38. 证人高某二的证言,证实 E 村向村民免费发放过马铃薯薯种,具体时间记不清了,我得到过 7 袋马铃薯品种“早大白”。

39. 证人刘某一的证言,证实 E 村给村民发放过微型马铃薯薯种,有一年村里给部分村民免费发放过一次马铃薯薯种,给我分了 2 袋马铃薯薯种。给我分的应该是

"早大白"品种。

40. 证人徐某五的证言,证实我记忆中,我在分管扶贫办期间,B镇E村有个马铃薯种薯基地建设项目。是我们扶贫办联合Y财政局向H市财政局给E村马铃薯种薯基地建设项目申请的财政补助资金50万元。

41. 证人杨某六的证言,证实我在B镇财政所任出纳时就负责现金业务和统计。这笔40万元是我汇给Y市B镇××毛刷加工部的。毛刷加工部的这个账号应该是张某某提供的,这笔钱是E村的扶贫款。这笔10万元钱是我从农行通过转账支票打入到张某某的个人账户中。

42. 证人王某癸的证言,证实我任B镇财政所会计,这张40万元凭证是B镇财政所转给E村的马铃薯建设基地的钱,E村当时没有对公账号,张某某自己联系的B镇××毛刷加工部,财政所按照张某某提供的账号把这40万元转到了毛刷加工部。这张10万元凭证是财政所转给张某某的马铃薯扶贫款钱。

43. 证人姜某一的证言,证实大概是2011年春天,王某庚找到我说E村张某某要在我这购买10万元马铃薯种薯,E村要发展马铃薯产业,我就同意卖给张某某10万元的微型马铃薯薯种,王某庚说张某某把钱转到他的账上了,××公司财务凭证收张某某薯种10万元是真实发生的,我签的字。

44. 证人王某庚的证言,证实2011年春天,张某某找我说E村有一笔扶贫款,发展马铃薯种植产业,需要以村委会名义购买薯种,让我帮忙在××公司买了10万元的马铃薯种薯,4月11日张某某转账给我10万元用于购买种薯的钱,我把钱给了××公司财务人员了。

45. 证人何某某的证言,证实2011年4月王某庚交给××公司10万元,跟我说是张某某买马铃薯种子钱,王某庚交给我的是现金,收据单上写的是张某某购买马铃薯薯种款。

46. 被告人张某某的供述与辩解,证实2010年春天,我知道有这个马铃薯种薯基地项目建设后,就开始运作这件事情,当时D镇下派李某二到我们村担任副书记,当时的可行性报告和项目的申请资料可能是他写的。我把报告拿到B镇和Y市农业局扶贫办上报。申请马铃薯种薯种植项目,是否召开过村委会的村民代表会议或村民大会,我忘记了。如果开过会的话,应该有会议记录,马铃薯种薯项目资金一共给我们村拨付了50万元,2010年12月,给我们村拨付了40万元,2012年1月,又给我们村拨付了10万元。共购买了36万元的微型马铃薯种薯,共买了3600斤。我把钱交给卖马铃薯种薯的人后,他们给我打印了张40万元的发票。第一笔40万元马铃薯种薯款中剩余的4万元,我把钱交给村委会孙某了。马铃薯种薯种植在了B镇十八公里处了,一共种植了100亩地左右,全部种植在了我承包的土地上。收完马铃薯种薯后我给本村的村民分了,一共收获了多少斤马铃薯种子、每家具体分了多少袋记不清了，分给谁了有账。2012 年 1 月拨付的 10 万元马铃薯项目款，我用于村里花销了。马铃薯项目的实施有账目记载，在会计孙某手里呢。孙某记录的账目应该是真实的。B 镇 E 村马铃薯基地种植协议这个不是孙某就是李某二起草的，张某六跟这个事没关系，就是以他的名义，他没有参与 E 村马铃薯种植项目，是村里种的，这是个假协议，签名也不是张某六本人签的。出示北京市服务业、娱乐业、文化体育业专用发票(发票号码×××)，这张发票购买马铃薯种子 4000 斤 40 万元，这就是我买马铃薯种子的发票，买种子花了 36 万元，发票开了 40 万元。发票是卖种子的人在 E 村村委会办公室开的，是 2011 年 3 月、4 月的时候。N 国家税务局税务机关代开发票(发票号 6324647)购买钾肥、尿素，花去 10 万元。这张发票是买化肥、买农药，当时卖这些东西的地方都没有发票，就在税务局开的正规发票。我记不清谁去税务局开的。我不知道为什么收款方是孙某，孙某也不卖化肥。这本财务账中的各项支出有的是真实的，有的不是真实的。2011 年工资明细表是我签字的，表是孙某做的，支出 1 万元，推土机平整土地劳务费，是我自己开推土机平整土地的。这 1 万元我没要，那这个工资表不是真的，是假的。我不知道是谁雇的这 13 人种土豆。我不知道这个种土豆的劳务费是不是真实的支出。铲土豆支出 10,500 元，我不知道这份工资表上的 9 人，实际雇没雇他们铲土豆是否实际支出了我不知道。运种子、喷洒农药、抗旱浇地、运费 24,750 元，这份工资表里的钱没发生，这钱是否支出了我不知道。起土豆 17 人共计 10,200 元，我把这件事交给张某五办了，他雇没雇我不知道，这钱是否支出我也不知道。土地承包费收据 9000 元，收款人张某六。收据不知道是谁写的，好像不是张某六写的，"张某乙"是我签的字，这个收据是假的，没有这回事。化肥收据 18,000 元，收款人张某六。是我签的字，收据是假的。出示 2011 年 12 月 10 日 E 村召开村民大会记录，这张签名和捺指印的单子是开会之前就让村民签到捺指印。出示 E 村马铃薯原种发放名单，在这份发放名单中，一共有 68 人领取了土豆原种，每人领取 15 袋，这表是孙某做的。这个发放记录是真实的。

47. 被告人孙某的供述与辩解，E 村马铃薯种植项目的扶贫款我做了假账。2016 年我不在村里当会计的时候，把账本交给张某某了。这本账本中记载了有平整土地费用，土地承包费用，购买化肥农药费用，抗旱浇水等费用，雇佣村民的劳务费、运输费、抗旱费等，账本中记载的事情是没有真实发生，都是张某某让我做的假账，我也没收到过 E 村马铃薯种植基地项目扶贫款任何钱。

48. 被告人张某一的供述与辩解，证实我不知道 E 村有没有过马铃薯基地建设项目，我只是印象中村主任张某某召开过村民代表会，告诉我们村里有繁育马铃薯种薯的事情，具体细节我不知道。这份会议记录不是我写的，会议记录上我的名字不是我本人签的，我是否参加过这个村民代表会记不清了。当时给村民发放的是"早大白"马铃薯种子，给没给我家我记不清了。马铃薯种子是村里发的。发放这些马铃薯种薯有记录,发放记录是我做的。我没得到过村委会支付给我的种植马铃薯的劳动报酬。

(三)被告人张某某、孙某贪污N自治区整村推进工程扶贫项目扶贫羊款的犯罪事实

2012年至2014年,Y市财政局分多批次共计拨付资金60万元给B镇E村用于实施N自治区整村推进工程扶贫项目,其中一项是购买和发放扶贫羊给村民脱贫,由村主任张某某具体负责组织实施项目。在项目实施过程中,张某某实际购买和分发了扶贫羊60只,支付购羊款75,600元。2014年12月,张某某让孙某采取虚报核销的方式在村财务入账核销120只扶贫羊款共计151,200元,张某某将多核销出来75,600元扶贫款据为己有。

2012年12月,孙某利用村会计的职务便利,在张某某不知情的情况下,在村账务入账核销60只扶贫羊款共计75,600元扶贫款据为己有。

以上,张某某伙同孙某共同贪污扶贫羊资金款75,600元,个人得款75,600元,孙某单独或伙同张某某贪污扶贫羊资金款151,200元,个人得赃款75,600元。

认定证据如下:

1.H市财政局、扶贫办整村推进相关文件,B镇E村关于财政扶贫资金使用情况的报告、申请报告2份,证实整村推进扶贫开发项目实施方案及具体的实施方式。

2.整村推进扶贫养猪协议书2份、扶贫羊资金明细表,证实E村与部分村民签扶贫猪、扶贫羊协议书、9名村民60只扶贫羊花费75,600元。

3.资金往来票据2张、发票1张、扶贫办记账凭证、财政直接支付通知书、发票,证实Y市扶贫办支出财政整村推进扶贫资金情况。

4.E村提供购羊发票1张,证实2014年3月11日王某丁出售给E村120只母羊,金额151,200元,2013年5月6日收到E村购120只羊款151,200元。

5.整村推进扶贫羊户名单、扶贫羊明细表、协议书,证实王某子等10名村民委扶贫羊户,每人12只金额共计151,200元。

6.B镇政府财务账目资料E村整村推进扶贫项目(2012年账单6份、记账凭证8份、孙某签字农业银行转账支票回执7份、E村收据6张),证实E村收到财政整村推进扶贫款情况。

7.E村总账目复印件、记账凭证、收据、中国农业银行进账单、扶贫羊资金使用明细表、发票,证实2014年12月14日第15号记账凭证支付扶贫羊款75,600元、2014年12月30日2号记账凭证120只扶贫羊购羊款151,200元,两次合计226,800元。

8.E村银行账户查询明细及现金支票复印件,证实E村收到整村推进扶贫资金的情况。

9.B镇政府收据,证实2014年12月10日,收张某六赞助费10万元。

10. 证人邵某某的证言，证实2012年5月至2015年2月邵某某在B镇任镇长职务，当时E村的村主任、书记是张某某，2012年，E村有个整村推进项目，其到B镇后，这个项目已经申请完了，镇里负责将项目的相关资金拨付到位。B镇负责监管村里项目实施工作。其不知道2011年E村有过马铃薯种薯基地项目建设这个项目，镇里的经费资金来源主要是上级的拨付资金为主，镇里也有接受资助的情况，××林业局给镇里赞助过经费，具体钱数记不清了，其他的资助记不清了。张某六于2014年12月以公益事业为由赞助10万元，这件事情和张某某无关。

11. 证人张某六的证言，证实张某六于四五年前给B镇政府提供过10万元的公益事业赞助，赞助费不是其个人的钱，其以谁的名义赞助其记不清了。

12. 证人刘某四的证言，证实2011年11月买了能有六十七八只羊，在我养了2个月的时候孙某从我这以1200元的价格购买32只羊，给的现金，其没有出具收条。

13. 证人丁某某的证言，证实丁某某帮助孙某从娄某某处购买七八十只羊。

14. 证人娄某某的证言，证实丁某某介绍别人从娄某某处买羊。

15. 证人王某四、王某三、卞某某、马某一、王某子、祝某一、张某丙、狄某一、姚某某的证言，证实2012年10月左右村里给分过羊。

16. 证人王某丁的证言，证实王某丁经营的商店没有给村委会出具过发票、手写收条，也没有收到过151,200元钱。

17. 被告人张某某的供述与辩解，E村财务账目2012年12月14日第15号会计凭证，村购羊60只使用扶贫款75,600元，实际购买了75,600元钱的羊，我不知道孙某把这笔钱核销，入账了。E村财务账目2014年12月30日第2号会计凭证，E村委会购买王某丁羊120只，总计151,200元，这笔扶贫羊款并未发生，我让孙某把上次买羊的75,600元核销在王某丁购羊的发票中，多报销出来的钱给村里使用。孙某没跟我说过已经报销过75,600元的事情。我对扶贫羊款的核销情况掌握的是，我们村在王某丁购羊151,200元钱的发票中多核销了75,600元，我们村购买的60只扶贫羊花了75,600元，之前买羊的时候没开发票，扶贫办要求用正规发票核销，我跟孙某就以王某丁的名义代开了120只羊，共计花费151,200元，把之前村里购买羊的75,600元核销了，多虚报的75,600元钱用于村里花销。我不知道，孙某之前已经把村里购买羊的75,600元钱核销了。孙某也没跟我说过，他已经把买羊的钱核销了。我们以村里名义让张某六给B镇政府赞助的10万元钱是会计孙某从村里支出的，这钱都是村里从项目中虚报出来，留着以后使用的。

18. 被告人孙某的供述与辩解，2012年12月14日第15号会计凭证，村购羊60只使用扶贫款75,600元，E村扶贫养羊资金明细表，这些都是真实发生的，这笔财务账核销也是正常合理的。E村财务账目2014年12月30日第2号会计凭证，E村村委会购买王某丁的羊120只，总计151,200元，这笔扶贫羊款并未发生，是村主任张某某让我制作的假账目,目的就是让我虚报出来钱留着用。张某某在我核销入账151,200元扶贫羊款的时候,并不知道我已经把以前购买和发放的60只羊的扶贫款75,600元已经入账核销了。当时张某某以为我核销入账151,200元扶贫羊款中包括75,600元的扶贫羊款,张某某只知道虚报出来75,600元。入账以后我跟张某某说,以前购买和发放的60只羊的扶贫款75,600元以前已经入账核销过了,这次入账核销重复核销了60只羊的扶贫款。张某某说重复就重复了吧,钱就留着顶白条子和送礼用吧。多核销出来的扶贫羊款,顶了大约7万元的白条子,还有被政府要走了10万元钱,是邵某某当镇长的时候,张某某让我和张某六去政府送去的。

(四)被告人张某某、孙某贪污国家良种推广补贴款的犯罪事实

2012年在E村向政府申报国家良种推广补贴过程中,张某某利用职务便利,在自己没有实际种植小麦的情况下,虚报小麦种植面积1000亩,骗取小麦良种推广补贴款10,000元据为已有。

2013年在E村向政府申报国家良种推广补贴过程中,张某某利用职务便利,在自己没有实际种植小麦的情况下,虚报小麦种植面积3000亩,骗取小麦良种推广补贴30,000元据为已有。

2014年在E村向政府申报国家良种推广补贴过程中,张某某利用职务便利,伙同孙某在没有实际种植小麦的情况下利用孙某身份虚报小麦种植面积3000亩,骗取小麦良种推广补贴款30,000元,张某某将钱款据为已有。

2015年在E村向政府申报国家良种推广补贴过程中,张某某利用职务便利,在自己没有实际种植大豆的情况下,虚报大豆种植面积2000亩,骗取大豆良种推广补贴款20,000元据为已有。

以上,2012年至2015年,张某某共贪污国家良种推广补贴款90,000元,其中孙某参与贪污30,000元,个人未得款。

认证证据如下:

1. B镇E村2010年至2017年良种补贴面积分配表、补贴名单、2012年B镇小麦良种补贴汇总表、2012年B镇大豆良种补贴汇总表、2013年B镇小麦良种补贴汇总表、2014年Y市国家农作物良种补贴分配表、2014年Y市国家农作物良种补贴落实表、2015年Y市国家农作物良种补贴分配表、2015年Y市国家农作物良种补贴落实表、2017年补贴资金汇总表、2017年度补贴公示表、E村2012年良种补贴公示名单、2015年农作物良种补贴清册,证实张某某、孙某申报小麦良种补贴亩数、大豆补贴亩数及补贴资金情况。

2. Y市2013年、2014年国家良种推广补贴项目实施方案,证实良种补贴的范围、具体实施方式等政策性规定。

3. 张某某、孙某、张某一、李某某、狄某某、张某三、张某六已办结资金记录,证实

张某某等人良种补贴发放情况。

4. 张某某、孙某Y市农村信用社银行卡交易明细,证实大豆、小麦补贴资金已补贴至个人账户。

5. 被告人张某某的供述与辩解,证实2012年我没种小麦,张某六种了。2012年镇政府的农办的工作人员,让我报小麦补贴,小麦的补贴款10,000元打入到我的个人卡里了,我把10,000元取出来交给镇农牧业办的于某某了。2013年我没有种植小麦,情况跟2012年一样,也是镇政府让我上报的,2013年我得的小麦补贴款30,000元,我给镇政府上交了一部分钱,给谁我也忘了,剩下的钱给村里花了。2014年我没种小麦,张某六没种那么多小麦,他跟村里签的合同还有1200亩,张某六没有3000亩土地。2014年孙某没有种植小麦,他没有那么多土地。2014年张某六和孙某各自得了30,000元的小麦补贴,他俩的补贴款一部分给镇政府送去了,一部分留给村里花了。2015年我、张某六、狄某某没有种植大豆。我上报了2000亩,得到了20,000元补贴款。

6. 被告人孙某的供述与辩解,证实大约2014年的时候,我和村主任张某某一起到B镇政府办事,知道有小麦良种补贴申报,张某某跟我商量说:"咱们报点小麦良种补贴吧,以我的名义报2000亩,以你的名义报3000亩,钱得到后作为村委会费用支出。"我同意了,然后我就填写了一份申请表,以我的名义报了3000亩小麦良种补贴。2014年我没种3000亩小麦,我没有那些地,就是虚报的。

(五)被告人张某某、孙某、张某一贪污大豆目标价格补贴款的犯罪事实

2014年在E村向政府申报大豆目标价格补贴过程中,张某某利用职务便利,并与孙某、张某一相互沟通,在没有实际种植大豆的情况下,以村委会名义向镇政府虚报张某某、孙某、张某一各种大豆面积500亩,各自骗取大豆目标价格补贴款18,280元据为已有,张某某、孙某、张某一共同骗取大豆目标价格补贴款54,840元。

2015年在E村向政府申报大豆目标价格补贴过程中,张某某利用职务便利,并与孙某共同商量,在没有实际种植大豆的情况下,向镇政府虚报张某某、孙某各种大豆面积750亩,各自骗取大豆目标价格补贴款87,802.5元据为已有,张某某、孙某共同骗取大豆目标价格补贴款175,605元。

2017年在E村向政府申报大豆目标价格补贴过程中,张某某利用职务便利,冒用村民狄某某的身份虚报大豆种植面积105亩,骗取大豆目标价格补贴款15,750元据为已有。

2017年在E村向政府申报大豆目标价格补贴过程中,张某某伙同张某一在张某一及其弟弟张某三没有实际种植大豆的情况下,使用张某一、张某三的身份分别虚报大豆种植面积91亩和96亩,骗取大豆目标价格补贴款合计28,050元,张某某将钱款据为已有。

以上,2014年至2017年,张某某共参与贪污大豆目标价格补贴款274,245元,个

人得款149,882.5元,孙某共参与贪污大豆目标价格补贴款230,445元,个人得款106,082.5元,张某一共参与贪污大豆目标价格补贴款82,890元,个人得款18,280元。

认定证据如下:

1. N自治区财政厅关于大豆目标价格补贴的实施意见、关于印发《Y市玉米和大豆生产者补贴实施方案》的通知及相关政策性文件,证实补贴对象为试点地区实际大豆种植者,村委会的职责是负责核实并编制大豆种植花名册,必须公示7天方可上报到镇政府。

2. B镇政府统计办说明,证实各村负责本村居民种地亩数和金额的情况,面积的申报由各村、各经管会负责。

3. 2014年度、2015年度E村年大豆补贴申报面积统计表、公示单、补贴花名册、E村大豆种植面积统计汇总表、大豆面积分户情况调查表、B镇关于2015年大豆补贴的说明等材料,证实2014年E村种植大豆的总面积为1500亩、种植户为张某某、孙某、张某一各500亩,3人每人获得补贴金额18,280元,共计获得54,840元。2015年E村种植大豆的总面积为1500亩、种植户为张某某、孙某各750亩,每人获得补贴金额23,737.5元,共计获得47,475元。

4. (2017年度)E村大豆种植面积统计明细表、大豆生产者补贴清册,证实2017年度张某一申报了91亩获得补贴13,650元、张某某使用狄某某的名字申报105亩获得补贴15,750元、张某三申报96亩获得补贴14,400元。

5. E村2014年至2017年大豆和玉米补贴申报相关材料,证实2014年张某某、张某一、孙某各500亩,2015年张某某、孙某各750亩,2017年张某一91亩、张某三96亩、狄某某105亩。

6. 张某某、张某一、孙某、狄某某、张某三Y农村信用社银行卡交易明细,证实大豆补贴金额发放情况已进入个人账户。

7. 证人李某某的证言,证实2017年E村上报了15户村民,共560多亩地的黄豆补贴面积。有村民补贴名单,村民补贴名单是张某某让张某一统计的种植户和种植亩数。这张表就是我们村2017年上报的黄豆补贴名册,这个表不是我统计的,张某某让我签字,我就签字了。我也不知道这个统计表中统计的内容是否真实发生了,这是张某某和张某一负责统计的,他俩做完后交给我,让我把统计表送到镇里了。

8. 证人狄某某的证言,证实2017年我没种植过黄豆,也没得过黄豆补贴。2017年10月左右,我去村里办理土地流转手续,张某某跟我说,村里以你的名义申报了黄豆补贴款了,补贴款打入你的银行卡里的时候,你把钱取出来送回村里,过了几个月进了1笔补贴款,我就把钱取出来交给张某某了。

9. 证人赵某某的证言,证实我任副镇长2012年左右就分管农牧业了,我分管这几年，都是根据Y市农牧业局的工作要求，由各村统计、核实、公示后上报镇农办，由镇农办再上报给市农牧业局相关部门。大概是2013年或2014年，张某某只是跟我说他种黄豆了，但是具体种没种我也不知道，我也没去看。

10. 证人于某某的证言，我1997年到2014年退休，一直在农办工作。我们以各村上报的种植户名单和种植亩数为准，没下去核实过。2014年的补贴工作我就没管。

11. 证人王某丁、李某一、陈某一的证言，证实孙某没有种植过大豆。

12. 被告人张某某的供述与辩解，证实2014年，我们村上报了1500亩的黄豆补贴。这1500亩黄豆补贴是虚报的，镇政府也让我们上报补贴，得到补贴款后给镇政府上交一部分。2014年我们村以我、张某一、孙某我们三人的名义各自上报了500亩的补贴款。我找张某一、孙某说了，就以咱们三人的名义报上去吧。张某一和孙某的大豆补贴款没经过我，我告诉他俩把钱交给村里或者交给镇政府。2015年，我和孙某两人各自上报了750亩的补贴款，一共报了1500亩。我找张某一、孙某在村委会商量这事，张某一说："本来就是虚报的，冒着风险，自己也得不到多少，我就不报了"。2016年我跟孙某两人，每人上报了750亩的补贴款，一共上报了1500亩。我们村根本没有种植黄豆，镇政府还让我们村上报种植面积。2016年镇政府非让我们报，我没办法。2017年我们村上报了多少亩的大豆补贴款我不知道，是镇政府让报的，都是村民自己报的。2017年上报的大豆补贴名单中，狄某某105亩的补贴款15,750元交给我了，我给村里使用了。2017年E村上报的大豆补贴表是我让李某某或者张某一统计的，我在表上签的字。我没有核实过实际种植情况，李某某跟张某一也没有核实过。

13. 被告人孙某的供述与辩解，证实2014年我没种大豆。2014年张某某和张某一他们也没种大豆。张某一在笔录中说，张某一当年实际种了500亩饭豆，申报补贴的时候是我和张某某给她报上去的，饭豆不该给补贴。说我从张某一那要了1万元钱，这不是事实。当年报补贴的时候，是张某某给张某一打的电话，商量上报的500亩大豆补贴。这18,280元大豆补贴款原本想自己花，结果都给村里花了。以上这1500亩大豆补贴款没有入村财务账。第二年，张某一就不报大豆补贴款了，只是我和张某某各自报了750亩的大豆补贴款。2014年大豆补贴款发下来的时候，张某某跟我和张某一说："拿这大豆补贴钱送点礼吧。"张某一说："骗取大豆补贴款我们都承担着责任，而且还要拿去送礼，自己捞不着花。"所以张某一以后就不报了。2016年、2017年大豆补贴这8万多元钱，张某某要走3万元说是送礼了，剩下的钱我也是用在村上了，我就抵白条子了。

14. 被告人张某一的供述与辩解，证实2014年春天，村主任张某某跟村会计孙某两人商量给村里种植户报黄豆补贴的事情，村主任张某某让村会计孙某给我打的电话，问我种植了多少亩的黄豆，我说我今年种了530亩、540亩的饭豆，过了一段时间，张某某跟孙某商量报黄豆补贴款的事情,我也在场,张某某跟我说:"给你报了500亩大豆补贴款啊,我跟孙某也都报了500的大豆补贴"。2014年张某某和孙某没有种黄豆。黄豆补贴款打入我卡里后,张某某让孙某向我要了10,000元给村里了。2015年、2016年我也没再申报黄豆补贴款,2015年张某某和孙某跟我说过,让我跟他俩再继续申报补贴款的事情,我没同意跟他俩再报补贴款。2017年我没有种大豆,2017年我得到了13,000多元补贴款。2017年春天,村主任张某某跟村会计李某某商量黄豆补贴的事情,张某某跟我说:"以你的名义和张某三的名义申报黄豆补贴"。我没同意,过了一段时间,李某某把申报的补贴名单写完后,在申报的名单亩数上,给我写了91亩的黄豆补贴款,给张某三96亩的黄豆补贴款。张某某说等补贴款下来的时候,你把你和张某三的补贴款给我拿回来。我和张某三的大豆补贴款打入我跟张某三卡里的时候,我从家取出现金到村委会的办公室把29,000多元的补贴款交给张某某了。2017年,村里申报的黄豆补贴款的事情是张某某跟李某某提前就商量好了的,他让李某某虚报的种植户名单。我印象中,2017年B镇政府或者上级部门没有到E村实际核实过种植黄豆的情况。

五、张某一贪污最低生活保障金的犯罪事实

2011年4月,被告人张某一伙同丈夫王某某(已判决),在不符合低保申请条件的情况下,利用张某一负责村民最低生活保障审核的职务便利,采取隐瞒家庭收入的情况的手段,共同骗取城镇居民最低生活保障金29,613元。以上钱款被二人用于日常生活。

认定证据如下:

1. N自治区Y市城镇居民最低生活保障申请审批表、低保动态管理审批表,证实王某某于2011年4月申请低保,4月20日被审批同意。王某某家庭开始享受低保。

2. 关于低保公益员家庭成员享受低保的情况说明,关于对全市低保公益员重新选用的通知,证实被选为低保公益员的前提是家庭符合低保条件。

3. 王某某的低保发放情况清单,证实王某某领取最低生活保障金的数额。

4. 王某某、张某一银行交易明细表,证实王某某、张某一银行卡内有大额金额往来及固定金额入账。

5. 被告人张某一的供述与辩解,证实我们家以前有低保,当时领取低保的有我和王某某、我儿子王某丑3人,大概是2010年享受的低保,当时我是低保公益员或者低保协理员,镇里还是村里给的政策,让我们这些低保公益员或者低保协理员全家可以享受低保。当时我丈夫王某某没工作,王某某是2013年或者2014年才在××林业局上班的,我儿子王某丑的低保是因为他2004年出生的,领取低保的时候正在外面上学(住宿生),当时我们的政策就是可以报一家人的低保。我所说的政策,我没见过文件,我是听别人口头告诉我的。我家3口人享受低保的时候,低保款汇入王某某的银行卡上。我记得我丈夫王某某手伤了以后申请的低保，具体王某某哪年受伤的我确实记不清了。我家3口人申领低保的时候填写了“城镇居民最低生活保障申请审批书”了，申请低保都得填这张表，我家的申请表都是我填写的，以王某某的身份申请的，王某某的签字也是我签的，因为当时王某某的右手受伤了。

6. 另案被告人王某某的供述与辩解，证实我是否享受低保我真的记不清了，但是申请单是我写的，我们村里是张某一负责审核低保，低保申请书上写的张某一有病是她刚生完孩子，浑身疼，我手上的伤是我小舅子结婚那年和孙某三打架被他用刀砍伤的，我在镇上的医院看的。我是在六七年前在××林场上班的，之前是临时工，我现在的工资收入是每年五六万元，我家自己还种地，主要种植油菜、土豆、大豆，种地的收入说不好，开始地少两三万元，后来地多了有20多万元的时候，我没有疾病和伤残。

7. 被告人张某某的供述与辩解，证实王某某低保审批书中村委会意见不是我签的，这份低保申请是王某某本人提出的，这份低保申请书中的民主评议小组成员中的名字不是我本人签的，其他人我不清楚。王某某的这份低保申请中的诊断书和申请理由，手受伤是真的，但不是干农活受的伤，是跟别人打架被人砍的，王某某申请的时候，当时挺困难，后来条件就好了，这份申请是经过村里开会同意的，都是通过村民民主评议通过才办理的。

六、被告人杨某某诈骗的犯罪事实

2009年10月，被告人杨某某在不符合享受城镇居民最低生活保障的条件下，虚构其老婶患癌症死亡、老叔离家出走，需要抚养堂弟杨某三、堂妹杨某四的事实，于2009年至2018年共申领骗取城镇居民最低生活保障金51,100.3元。

认定的证据如下：

1. 杨某某低保申请审批表，证实杨某某以老婶患癌症死亡，堂兄妹需要其抚养为由申请低保的事实。

2. 被告人张某一的供述与辩解，证实杨某某提供的低保申请内容，申报的时候我就看见她的户口是E村的，张某某让我给杨某某出证明，我就出了，其中有些材料杨某某本人自己写不了，是由我代写的。离婚，无职业是属实的，但是她老婶得癌症去世，杨某三兄妹和杨某某一起生活都是杨某某自己说的，我没核实过。

3. 被告人张某某的供述与辩解，证实杨某某在E村具体哪年申请的低保记不清了，当时杨某某是符合低保的。

4. 被告人杨某某的供述与辩解，证实2006年我离婚了之后外出打工带着孩子生活挺困难，所以2008年或者2009年我申请的低保，当年我知道张某一是村里办低保的负责人，我就去找她申请的，最低保障申请书的内容及签名是我书写的，审批表的照片、户口复印件是我提供的，证明不是我写的，但是是我口述的，我离婚没有固定收入是真的,我老婶没患癌症死亡、我兄妹没有和我一起生活,这部分是假的。

七、被告人孙某诈骗的犯罪事实

2014年,被告人孙某在不符合享受城镇居民最低生活保障的条件下,采取隐瞒家庭财产收入情况的手段申领城镇居民最低生活保障金,于2015年至2018年共申领骗取城镇居民最低生活保障金14,922元。

认定的证据如下:

1. E村证明,证实孙某2012年领取扶贫羊12只,窖补2万元的事实。

2. E村记账凭证,证实2013年至2014年工资收入每月500元。

3. 收入证明,证实2017年1月至2018年3月孙某在辽宁××药业工作,平均月收入1500元。

4. 关于取消孙某低保的情况说明,证实2018年5月孙某的低保待遇被动态取消。

5. 低保申请审批表,证实孙某2014年申请低保。

6. 证人李某某的证言,证实孙某在村里是会计,有30亩地,养牛养猪,家里人都很健康,认为孙某的条件不适合享受低保。

7. 证人李某一的证言,证实孙某家庭收入情况挺好的,2012年养了二三十头猪。家里种地有三四十亩,还是村里的会计,他家人没有病,他的经济条件属于一般以上的家庭。

8. 证人张某丙的证言,证实孙某家庭还可以,养过猪、羊、牛,还有土地,家庭没有啥负担,生活条件还可以。

9. 证人华某六的证言,证实孙某家庭条件可以,是村里的会计,养过猪,有耕地。

10. 证人朱某某的证言,证实孙某家里有不到40亩的土地,还是村里会计,村里的各种优惠政策他都有,家里的生活条件在村里属于上等的了。

11. 证人王某丙的证言,证实孙某没有重大疾病或者残疾,是村里的会计,家里有耕地、小四轮车、摩托车、家庭条件一般。

12. 证人王某丁的证言,证实孙某养过牛羊、2013年前后养过猪,是村里的会计。

13. 证人刘某五的证言,证实孙某家里种地,养过猪,比村里多数村民的生活条件都好。

14. 被告人孙某的供述与辩解,证实2003年至2016年是村里会计,当会计时候有工资收入,2014年办的低保,是否符合低保条件我不清楚,我当时已经离婚了,养猪啥的也是贷款的,我有50亩耕地、50多亩草地,养过牛、羊、猪,我办低保的目的是想让原来的生活条件更好些,这几年领了不到3万元。

综上,被告人张某某伙同张某一受贿数额129,000元,张某某单独受贿6000元,二人合计受贿129,000元,张某某受贿数额为135,000元,张某某得款135,000元;被告人张某某伙同张某一敲诈勒索数额14,620元,张某某得款14,620元;被告人张某某单独或伙同他人贪污数额共计1,029,612.3元，个人得贪污款838,982.5元；被告人孙某单独或伙同张某某、张某一贪污数额共计411,645元，个人得贪污款181,682.5元；被告人张某一伙同张某某贪污数额共计82,890元，个人得贪污款18,280元；被告人张某一伙同王某某贪污数额共计29,613元，个人得贪污款29,613元；被告人祝某伙同张某某贪污数额12,985.3元，个人得贪污款12,985.3元；被告人杨某某诈骗数额51,100.3元，个人得款51,100.3元；被告人孙某诈骗数额14,922元，个人得款14,922元；被告人杨某一、张某二伙同张某某贪污数额53,282元，二人得款合计53,282元。

另查明，公安机关扣押被告人张某某雷管57枚，扣押张某某现金73,570.6元，扣押张某一现金50,000元，银行存单2张共计50万元，扣押祝某现金150,300元。张某一退还个人全部非法所得47,893元，张某某退还个人全部非法所得988,602.5元，祝某退还个人全部非法所得12,985.3元。

公诉机关指控张某一犯盗窃罪、张某某伙同张某一犯诈骗罪、张某某犯敲诈勒索罪、张某某伙同杨某某犯非法采矿罪的事实不清，证据不足，不予认定。具体如下：

（一）张某一领取刘某二、崔某某银行卡内钱款的事实

崔某某于2012年12月3日去世，刘某二于2011年12月去世，被告人张某一明知村民崔某某、刘某二已死亡，于2014年9月4日张某一从其持有的刘某二、崔某某银行卡内分别取出现金11,015元和10,017元。现刘某二、崔某某银行卡内钱款性质及资金来源经查无法查实。

认定证据如下：

1. 崔某某、刘某二银行流水及取款凭单，证实2014年9月4日崔某某银行卡被支取现金11,015元，刘某二银行卡被支取现金10,017元。

2. E村村委会死亡证明、崔某某、刘某二死亡申报表，证实申报崔某某死亡时间为2013年11月8日，刘某二死亡时间为2013年10月29日。（该死亡日期为张某一虚报）

3. 证人刘某六的证言，证实崔某某是我婆婆，她在2012年12月3日因病去世，95岁去世的。崔某某生前没有享受过低保和“五七工”，申请过低保和“五七工”，但是没有得过低保，我记得有一次是张某一领着政府的人来过我家给崔某某照过相，照完相就走了。崔某某去世时丧葬费没有得过。我没听说过享受低保的人员在死亡后有丧葬费。

4. 证人徐某一的证言，证实崔某某是我奶奶，生前在E村与我母亲刘某六一直一起生活，我奶奶大概是2012年或2013年的冬天去世的，我奶奶好像有过一个关于年龄的补助，除了那个补助没有任何补助，我听过低保，我奶奶是否有我不清楚，我确定我奶奶崔某某肯定没有领取或办理过“五七工”。

5. 证人刘某七的证言,我父亲叫刘某二。2011 年 12 月去世了。我父亲去世之前在村里有低保,钱都是我自己去取,存折一直在我手里,我父亲没有办理过“五七工”或其他补助,我父亲去世后没有丧葬费。

6. 查询说明,证实未查询到崔某某、刘某二在 Y 市铁路办理过“五七工”。

7. 被告人张某一的供述与辩解,证实通过给崔某某、刘某二开虚假的死亡时间证明办理销户手续,并从崔某某的邮政储蓄卡里取走 11,015 元,从刘某二的邮政储蓄卡里取走 10,017 元,其中 2000 元给了刘某七,实际得了 8000 元。崔某某、刘某二的低保卡一直在其手里,基本卡里的低保钱都是其代领,并在取款凭证上签写崔某某、刘某二的名字。我记得崔某某办理过低保,具体什么时间办理的我记不清了,低保在现金形式发放的时候,崔某某的儿子徐某六或儿媳妇刘某六去村委会领取。发放的钱打到邮政储蓄卡里后,卡我给了刘某六,刘某六总是委托我去帮她把钱取出来然后我将钱取回来,钱取回来后我将钱和卡都还给刘某六,后来崔某某死后,因为销户的问题,刘某六找我,让我按人已经死后的一段时间开死亡证明,因为已经多领了几个月的低保钱,怕被要回去,我当时就是按崔某某实际死亡日期开证明,后来刘某六就让我帮她去办理崔某某的销户,刘某六意思销户后卡里剩余的钱就给我了,崔某某的实际死亡时间,与我所写的证明里死亡时间确实是不一致,我写的证明里崔某某的死亡时间晚于实际死亡时间,E 村出具的关于崔某某死亡的证明是我手写的,也是我拿着这个证明去办理销户的,销户经过是写一张证明,到 B 卫生院,换取死亡证明,然后拿着死亡证明到 B 镇派出所进行销户。B 镇中心医院的 E 村出具的关于刘某二死亡的证明是我手写的,去医院开死亡证明和去派出所注销户口也是我办理的,至于我所写的证明中,刘某二的死亡时间和实际死亡时间不同,也是因为之前所说的,和崔某某销户原因差不多,销户经过和崔某某的基本一致。

(二)被告人张某某、张某一获得征地补偿款的事实

2017 年 8 月,国家电网 Y 市供电公司在 E 村架设输电线路塔基需要占用土地,国家电网 Y 市供电公司找到时任 E 村村主任被告人张某某,被告人张某某、张某一分别以 E 村、王某某(张某一丈夫)、张某三(张某一弟弟)的名义与施工单位××电力建设有限公司签订了 3 份永久占地及地上附着物补偿协议,每份协议约定占用 2 个塔基补偿 3 万元(每个塔基补偿 1.5 万元),张某某共领取补偿款 9 万元,其中张某一分得 6 万元,张某某将剩余 3 万元交至 E 村财务入账。被占地块有张某三、张某一草原使用证,E 村出具证明证实该地块为 E 村所有,被告人张某某及其辩护人提供了××林业局、B 镇政府于 1991 年 11 月 25 日关于林权证划界线的会议纪要及土地使用地图,据现有证据,不能证实被告人张某某、张某一与供电公司签订补偿合同时具有非法占有的主观目的。

认证的证据如下:

1. 调查报告，证实国家电网 Y 市公司输电线路在 E 村的 6 个塔基占用的是林地，权属为国有。

2. E 村证明，证实草原归张某十使用，现为其子张某三使用。E 村二十四公里土地是 E 村土地，张某一在 2010 年至 2018 年种植使用。

3. ××林业局森林调查设计队说明，依据 1994 年自治区政府发放林权证确定塔基位置。

4. 永久占地及地上附着物补偿协议书 3 份，证实以 E 村、王某某、张某三名义与国网 Y 市公司签署补偿协议。

5. 证人要某某的证言，证实 2017 年 8 月与同事去 E 村谈塔基占地一事，具体是邱某某谈的，因为我们的施工图坐标点在 E 村内，就找村主任谈的。

6. 证人邱某某的证言，证实 2017 年与张某某签订塔基补偿协议，6 个塔基共计补偿 90,000 元，分别是与王某某、张某三、E 村签订的。补偿款打到村委会 30,000 元、王某某 30,000 元、张某三 30,000 元。

7. 证人李某某的证言，证实 2016 年开始担任村里会计，2017 年 E 村修建塔基时，村里得到了 3 万元的补偿，是张某某给我的，不知道是占用了谁的草场，我当时开了一张收据，我把钱存进村里的对公账户。

8. 证人张某三的证言，证实 2017 年当时塔基已经挖好了，张某某让我去看是不是我家草场，我去现场看了，确实是我家的草场，我在 E 村石垃山附近有一块草场，有草原使用证，大概 400～500 亩。建塔基时的收据和协议不是我签字的。

9. 证人王某某的证言，证实去年的一天塔基施工人员和我说塔基占了我家的草场和耕地，我家有 2 块草场，补偿协议和补偿费的事情我不知道。

10. 永久占地及地上附着物补偿协议 3 份、收条 3 张、王某某和张某三身份证复印件 3 份、银行回执 2 份，证实国家电网与王某某、张某三、E 村委会签订的补偿协议，30,000 元打到 E 村村委会、30,000 元打到王某某银行卡、30,000 元打到张某三银行卡。

11. 情况说明 1 份，证实由××林业局森调队勘测的 6 个电力塔基坐标点与 B 镇政府提供的王某某、张某三草原使用证坐标对比，6 个电力塔基均不在王某某、张某三的草原范围内。

12. 被告人张某某的供述与辩解，证实在 2017 年八九月 Y 市供电局建塔基的时候，按照设计路线占用村民朱某某耕地 1 分地左右，朱某某向供电局要 10 万元补偿，当时我和施工队一个姓韩的和一个姓谢的负责人去解决这个问题，朱某某和他姐夫王某寅说明年种黄金，我一看解决不了问题，我们就走了，后来供电局一个姓邱的去了，到现场一看就把当初设计路线更改了，就占的张某三和张某一的草场，一共建了 4 个塔基，供电局给了 9 万元，我让供电局给张某三和张某一银行卡各汇入 3 万元，村里留下了3万元,村里用这3万元给村民修院内到村水泥路中间的水泥路了。塔基一点都没占朱某某的耕地,供电局因为朱某某要10万元补偿现改的线路。占用张某三和张某一的草场,占张某一土地了,一半土地、一半草场,各占用了多少草场,这个我不会计算,占用张某三和张某一的草场,张某三没有草原证,但是占用的草场是张某三家打了多少年草场的,占用张某一的草场有草原证。补偿协议在哪签的,是不是张某三和张某一本人签的,我记不清了,我是让会计李某某办的。补偿款是供电局直接汇到张某三和张某一银行卡,村里汇到村银行卡的。

13.被告人张某一的供述与辩解,证实输电线路的塔基占了我家的耕地和草场,耕地是我的名字,草场是王某某的名字,另一个塔基也占了张某三的草场,手续是我和施工方办理的,钱也是我用的。

(三)被告人张某某、杨某某采砂的事实

公诉机关指控2016年至2017年,被告人张某某未经主管部门审批,在E村附近国有林地开砂场采砂并出售,被告人杨某某负责对采砂及运砂过程进行监督,经鉴定,采砂地块为H市××林业局施业区57林班11、12、13、85小班林地,采砂造成林地3.11公顷(46.65亩)被严重毁坏,生态环境遭到严重破坏。

经查,上述勘查鉴定的采砂地块有王某卯采砂地块及陈旧性砂坑,亦有张某某与王某卯交叉采砂地块,且在农村改造工程施工期间存在在陈旧性砂坑取料情况,现有证据无法确定被告人张某某采砂地块的面积,故公诉机关指控二被告人采砂造成林地46.65亩被严重毁坏证据不足。

认定证据如下:

1.调查报告1份、N自治区林业厅准予行政许可决定书,证实同意2014年Y市交通局建设Y市B至忠工屯四级公路项目工程,临时占用××林业局E林场国有林地3.8709公顷。临时占用林地为2年,调查报告,E林场施业区被占用的二类调查区划的57林班11、12、13、85小班,与林权证对照,界定为林地,该地块总面积为4.14公顷。其中经审批的使用林地面积1.03公顷,非法使用林地面积3.11公顷。后附相关坐标点。

2.现场勘查检查卷,证实2018年3月22日对E村沙场现场勘验后附照片一组。

3.证人王某卯的证言(与张某某合伙采砂的人),证实2012年至2014年张某某在E村经过批准在E村附近采砂根,根据示意图我确认1号、5号坑是我采砂位置,6号坑大概一半是我们采的,4号坑中间位置是我们采的,2号、3号坑什么时间、什么人采的我不清楚,只是知道农村改造工程期间采的。

4.证人孙某四的证言(身份为农村改造工程施工人),证实2016年农村改造工程在E村施工期间,购买过张某某的砂子,约50万元。张某某的砂场在E村进村东侧。应该是他的砂场,因为他当时领我去看了。

5. 证人王某辰、胡某四、王某巳、马某二、侯某二的证言，以上几名被害人证言均证实在2016年至2017年受张某某雇佣给张某某的砂场拉过沙子和碎石用于其他单位施工，砂场的位置在E村，是张某某的，张某某的媳妇杨某某有时负责看管及监督开票。

6. 证人杨某七的证言，证实自己和老伴给2013年冬天的时候开始给王某卯看鱼塘，一共4个鱼塘，2大2小，1个大的是张某某的，另外3个是王某卯的。农村改造工程期间张某某在此取砂施工了。杨某某有时帮忙开票，是2015年或者2016年的事情。

7. 证人王某午、张某丁的证言，证实以上二人身份是××林业局E林场的工作人员，张某某的鱼塘大部分属于林业用地，应该没有承包手续，鱼塘是2014年就有的，Y市交通局用于修路，当时是和××林业局沟通好了。E村的土地有部分林地，张某一在林地上放牧过。

8. 证人李某四的证言，2013年1月至2017年10月在B镇任书记，农村改造工程期间砂子用料是施工方提供，施工方与村里协商的，当时镇里和E林场电话沟通了，林场说不能破坏新的林地的前提下可以在老的取料坑取料。

9. 被告人张某某的供述与辩解，证实2012年修公路期间，王某卯在村里的砂坑取过沙，是交通局出面协调的××林业局，后来王某卯将剩下的沙子卖给我了。2016年将这些砂子重新水筛了一遍用于农村改造工程，我给王某卯7万元买砂子的钱，2017年修塔基的砂子是农村改造工程没用完的砂子，和我在W和B两地购买后卖给施工方的。杨某某去过2次是我让她去的。杨某某不会开票，她不识字。采砂子是B镇政府给××林业局出具的文件，有没有回函我不知道。

10. 被告人杨某某的供述与辩解，证实和张某某一起生活，否认参与砂场的监督干活、开票的事情。

11. 王某辰、胡某四、王某巳、马某二、杨某七的辨认笔录，证实均辨认出了杨某某就是负责运沙过程中参与开票及监督的人。

（四）被告人张某某与孙某一的事实

公诉机关指控2005年，被告人张某某发现与自己同居生活的祝某和村民孙某一在自己家中发生不正当男女关系，张某某采取殴打、恐吓的方式逼迫孙某一答应赔偿2万元并要求孙某一离开E村，后孙某一的父亲孙某将2万元现金在村委会交给张某某，孙某一被迫离开了E村。

从现有证据看被告人张某某发现与自己同居生活的女友祝某和村民孙某一在自己家中发生不正当男女关系后即打了孙某一的头和面部，后孙某一离开了E村前往辽宁辽阳打工。被告人张某某是否当场向孙某一索要过20,000元及事后孙某是否受张某某威胁交给20,000元，无其他证据佐证，无法查实。

认定的证据如下:

1. 证人孙某一的陈述,证实2005年和祝某发生不正当男女关系被张某某抓到,张某某打了自己,并要20,000元。我说现在没有20,000元,不能从家里要钱,等有钱肯定给你,后来找的狄某某、董某一作担保。他们来了我说我欠村主任20,000元,你们作个担保,他俩没问就同意了。张某某就让我走了,我第二天晚上10点多就去辽宁辽阳了。我简单地和父亲孙某说了这事,没说2万元的事情,我家人是否给了钱没问过。

2. 证人孙某的证言,证实2005年左右,接到儿子孙某一的电话,说了与祝某发生关系被张某某抓到,第二天张某某让孙某到村委会要20,000元钱,我答应回家筹钱,大约2、3天后村委会把钱给张某某了,给的是现金,没有其他人在场。

3. 证人狄某某、董某一的证言,证实10多年前,孙某一和祝某被张某某抓现行,接到孙某一电话让到张某某家中,到了后孙某一说欠张某某20,000元钱,让狄某某、董某一作担保,孙某一离开了E村,之后是否给张某某钱不清楚。

4. 被告人张某某的供述与辩解,证实祝某和孙某一搞男女关系被我抓住了。我就打他几个嘴巴子,身上几撇子,也没有打疼他。当时我抓住孙某一的时候,孙某一要给我钱了事,我说我不缺钱,孙某一的父亲孙某第二天找我,说别让儿媳妇知道,我就答应他了,孙某一出去打工了。因为这事我没收孙某一和孙某的钱。我当时没朝孙某一要钱,是孙某一主动同我说要给我钱的,孙某一指控我朝他要钱,我确实没要,多丢人的事,那钱能花吗,当时孙某一也没找人担保他给我钱,孙某一在家待了一段时间才走的,他怕他媳妇知道。孙某一的父亲孙某也没给过我2万元钱。这事之后过了大约3个月,有一天孙某一的父亲孙某跟我出门办事,孙某往我兜里塞了2万元钱,孙某当时说他兜里放不下,就放在我兜里了。

本案认证的其他证据如下:

1. 接处警登记表、受案登记表、立案决定书、立案告知书,证实本案案件来源。

2. 强制措施相关文书,证实对七被告人采取的强制措施情况。

3. 被告人基本情况、常住人口基本信息,证实七被告人均已达到刑事责任年龄。

4. 被告人归案情况说明,证实七被告人均系被动到案。

5. 证人李某五的证言,证实我是2001年到2003年在E村当的村主任,当时村委会我任村主任、村支书是张某某,我就干了3天村主任,之后就没上过班。2001年我通过村民代表大会选举后任E村村主任,在担任村主任的第一天和第二天因家中父亲生病我就没上班,到了第三天,镇里通知要展开防火检查,我才去的村委会,因为我是第一天上班,我们村委会成员都在我家门口等我,张某某突然驾驶一辆蓝色212吉普车向我快速驶来,我来不及躲避就跳到吉普车的前机械盖子上,大约行驶15米后撞击到一个土堆才停下。为什么不上班,一是家中老人有病,二是自己身体不好,主要还是觉得这个村主任不好当，所以我就退了。

6. 证人王某丙、胡某五的证言，证实王某丙2001年至2003年任职村副主任、李某五是村主任、村支书是张某某，胡某五是村委会委员，李某五不让张某某乱开村委会的车，张某某不满开车撞了李某五，撞击不成拿斧子砍李某五，被人拦下。王某丙因村委会库房和推土机的事儿，也被张某某拿斧子砍过。

7. 证人王某未的证言，证实2001年至2003年我被选为治保主任，李某五干村主任就当了几个月，结果就被张某某给打跑了，被打住院了。王某丙要开村里的拖拉机大门，就拿了斧子要砍锁头，张某某这时就把斧子从王某丙手里抢过来把王某丙砍了，应该是砍了头部。张某某砍王某丙说白了就是张某某没当上村主任。还有一次张某某被罢免后，有一天我和胡某五、赵某一在村委会喝酒，张某某来了后也不知道说啥了就和胡某五吵吵起来，随后张某某就拿个斧子追胡某五，后来让我们拉开了，总之我们这届班子就是被张某某打黄了。2001年张某某没选上村主任那年，第一次打完了王某丙没多长时间，5月的某个早晨七八点钟，村委会平房着火了，什么都没剩下，是张某某没选上村主任和李某五结的仇放的火，村里这是公开的秘密了。胡某五家的草垛子在一片空地上放着，然后就被点着火了，绝对是张某某干的，胡某五是村委会委员，张某某因为没有选上村主任，然后就挨个报复村委会所有的干部。

8. 证人朱某某的证言，证实我反映张某某贿选问题，时间发生在2003年，选举村主任的时候给有选举权的村民发钱，一人给了200元钱，朱某一给我的200元钱是张某某通过我姐给我的，2003年选举，张某某共给了我400元钱。给我钱的目的就是让我在选举村主任的时候投他一票。当时我妈有选举权，张某某通过我姐给我妈也拿了200元钱。在选举之前，张某某吩咐张某一银行卡都收走的目的就是在选举村主任的时候选他一票，用低保资格相要挟，谁要是不选，张某某就会取消低保，张某某用低保资格相要挟是从2009年那届选举开始的，享受低保的村民没有人敢不选他，不选他就被取消低保资格。

9. 证人王某六的证言，证实我基本每次都参加村主任选举，我有一次选举的时候没选张某某，但是我不知道张某某是怎么知道的，后来我听说张某某在票上盖章的时候都是有记号的，没选他他都知道，如果不选他，他就会报复。张某某在村里当村主任这么多年十分霸道，和他作对的村民低保就会被取消，还有家里经常着火的村民都是跟张某某有过矛盾的，但没有证据证明是他干的，可是村民心里都清楚家里着火是怎么回事儿，就是因为得罪过张某某。选举之前张某某承诺选他的人，他能给办低保，我没选张某某后低保就停了，我哥王某未和王某丙他们任了一届村委会成员，当时张某某没选上，后来村委会被张某某打散了。

10. 证人金某某的证言，证实大概是2006年选举的时候，张某某到我家找过我，让我在选举的时候投他一票，还给了我500元钱，但是我也没选，再后来他知道了，他就不让我参加了。因为选村主任的事他没选上,就把王某丙、李某五都打了,有刀砍的还有枪打的,还有些被放火的都是张某某干的,后来也就没人敢惹他了,张某某在E村当村主任,没什么好事,别人不选他,他就打人报复,他就是个村霸。

11. 证人朱某一的证言,证实张某某从E村建村就是村主任。2001年至2003年,张某某不是村主任,其他时间都是村主任,2003年村主任换届选举张某某有贿选行为,大约是2003年六七月开始换届选举,张某某拿了200元现金给我,让我转交给朱某某,因为他是村民,有选举权,从而能获得朱某某这一票。张某某也给了我母亲200元钱,让我母亲在村主任选举的时候选他。

12. 证人赵某二的证言,证实2013年11月我回村里的时候,发现房子及牛圈都没有了,变成耕地了。我从村民处得知我家的房子是2013年7月被火烧了,是王某某开着推土机给推平的。现在是王某某的耕地了,他媳妇是张某一,张某某是村主任,在村里就是土皇上,谁都不敢惹他。2011年张某某给我打过电话说要买我的房子,我不想卖,张某某就说你他妈爱卖不卖,我哪天就给推倒了。

13. 证人张某戊的证言,证实2017年7月我家的商店仓库被烧毁了,我和别人没有矛盾,就是案发前一天的下午我和张某一吵吵了几句,因为当时她是妇女主任,她找到我让把我家的一个仓房给扒了,我没有同意。我没有报案的原因是村民之前家中也着火过,报案始终案件也没有破。村民也是敢怒不敢言,我家开商店期间,张某某就让我家的电费按1.25元/度收取,别人家都是6毛多,张某某横行乡里多年,仗势欺人、好多家庭都是因为张某某的原因离婚了。

被告人的辩护人提供的证据如下:

1. 私营企业预先核准通知书、经营场所使用证书、使用林地许可书、采矿许可证、爆炸物品使用许可证,证实张某某经营氧化矿需要爆炸物,爆炸物有审批手续。

2.《Y市人民政府办公室关于印发〈Y市城乡居民最低生活保障工作过错责任追究办法的通知〉》,证实按照该文件的规定,张某某出具虚假证明应当处以冒领金额1~3倍的罚金。

3. 方某某、卞某某等6人的调查笔录,证实上述被害人陈述钱交给张某一,张某某没有直接向他们要钱,张某某不存在威胁他人索要钱财的事实。

4. 张某十交款凭证,证实现张某三使用草原缴纳费用的情况。

5. E村证明,证实张某一2010年至2018年耕种E村24公里公路边土地,该地为E村土地。

6. 王某某草原使用证复印件,证实涉案草地王某某具有合法手续。

7. B镇财务所收据,证实2014年12月14日张某六赞助B镇10万元公益事业款。

8. ××林业局、B镇政府于1991年11月25日关于林权证划界线的会议纪要及土地使用地图，证实涉案地块属于E村土地。

9. 孙某离婚证复印件，证实孙某与妻子离婚，当时生活陷入困境，所以申请低保。

对于辩护人提供的上述证据认可与审理查明事实相符部分，对不能形成证据链条的部分证据不予认可。

针对公诉机关指控被告人张某某等7人涉嫌犯罪及7被告人的辩解理由、辩护人的辩护意见，本院评判如下：

公诉机关指控被告人张某某犯非法存储爆炸物罪、敲诈勒索罪、贪污罪，指控被告人张某一犯敲诈勒索罪、贪污罪，指控被告人孙某犯贪污罪、诈骗罪，指控被告人杨某某犯诈骗罪，指控被告人杨某一、张某二、祝某犯贪污罪的罪名成立，提供的证据合法有效，适用法律意见得当，本院予以采纳，对被告人张某某、张某一、孙某应数罪并罚，追究其刑事责任。

关于公诉机关指控被告人张某某、张某一以取消享受城镇最低生活保障金相威胁的手段勒索村民刘某二等人钱款196,500元，经查，在案证据不足以证实二人对村民有威胁或者勒索等相关行为或言语，但二人利用职务之便收受村民钱款的事实存在，故应定性为受贿罪，本院按照刑事犯罪证据标准依法认定张某某、张某一共同受贿129,000元，张某某单独受贿6000元。

关于公诉机关指控张某某、张某一以取消享受城镇最低生活保障金相威胁的手段勒索村民刘某二等人25,000元的事实部分，经查，因村民从二楼领取煤补后当场被迫交给张某一，应认定为敲诈勒索行为，但指控数额不尽准确，本院按照刑事犯罪证据标准依法认定张某某、张某一共同敲诈勒索14,620元。

关于公诉机关指控被告人张某一犯盗窃罪部分，经查，刘某二、崔某某二人去世后，银行卡内钱款共计21,032元，钱款性质及资金来源无法查实，事实不清，证据不足，故本院不予认定。

关于公诉机关指控张某某、张某一犯诈骗罪部分，经查，电力公司因占用土地给予补偿款而主动与E村及张某一签订3份征地补偿协议及地上附着物补偿协议，客观上被占地块有张某三（张某一弟弟）、王某某（张某一丈夫）草原使用证、张某一与E村土地承包合同，且E村出具证明证实该地块为E村所有，同时从被告人张某某及其辩护人提供的××林业局、B镇政府于1991年11月25日关于林权证划界线的会议纪要及土地使用地图看，张某某、张某一与供电公司签订补偿合同时不具有非法占有的主观目的，所征地块得到补偿款后亦无××林业局等第三方提出异议，被征地块具有权属争议，故不应认定张某某、张某一的行为构成诈骗罪。

关于公诉机关指控张某某敲诈勒索孙某一2万元事实部分，经查，张某某在发现同居女友祝某与孙某一在其家中发生不正当男女关系后当场打了孙某一的头和面部，一段时间后孙某一的父亲孙某是否给过张某某2万元证据不足，因孙某陈述为了平息事情给了张某某2万元,张某某对此予以否认,且张某某是否存在威胁、勒索孙某一进而其父孙某给张某某钱款的证据不足,故对该起指控不予认定。

关于公诉机关指控张某某、杨某某犯非法采矿罪事实部分,根据《最高人民法院、最高人民检察院关于办理非法采矿、破坏性采矿刑事案件适用法律若干问题的解释》第4条规定,未取得河道采砂许可证的,在河道管理范围内采砂以非法采矿罪定罪处罚。据此,被告人张某某未经批准在E村附近国有林地范围内采砂并出售的行为不构成非法采矿罪。经查,被勘查鉴定的地块有王某卯采砂地块及陈旧性砂坑,亦有张某某与王某卯交叉采砂地块,且在农村基础设施改造工程施工期间E村在镇政府知晓的情况下存在在陈旧性砂坑取料情况,因此现有证据无法确定张某某采砂地块的面积,故是否构成非法占用农用地罪或其他犯罪的证据不足。

关于被告人张某某及其辩护人所提,张某某持有的雷管系从公安机关合法购买,指控非法储存爆炸物罪所依据的司法解释错误,指控不成立;张某某没有收到张某一所收村民的钱款;张某某已将扶贫牛款交给了张某五(已死亡);张某某购买马铃薯种薯共计花费36万元并有发票;张某某没有贪污扶贫羊款、小麦及大豆补贴款,该款用于跑项目或交给政府;杨某一户籍为E村;张某某没有审核批准的权利,亦未领取祝某的低保金;张某某、张某一、孙某3人均对虚报面积未共同商量;75,600元的扶贫羊款的去处是以张某六名义向B镇政府交10万元公益款不应视为贪污等上述辩解理由及辩护意见,经查,张某某储存雷管持续至案发,符合现行法律对非法储存爆炸物罪的规定,应以非法储存爆炸物罪追究刑事责任;在案证据能够证实张某一收到村民钱款后交给张某某,依据司法解释的规定将赃款用于单位公务支出或者社会捐赠的,不影响贪污罪的认定,但在量刑时可以酌情考虑;张某某所得扶贫牛款交给张某五、购买种薯发票系假发票、所得小麦及大豆补贴款、扶贫羊款用于跑项目或交给政府的辩解理由没有证据支持,与事实不符,于法无据,本院不予采纳。被告人及其辩护人所提,签订征地补偿款涉案土地为E村所有,有会议纪要,征地补偿款并未据为己有;政府和林业局同意在为农村改造工程采砂,有原砂坑;张某某没有以取消低保为名向被害人威胁索要钱款;张某某给村民发放种薯10万元应予扣除;张某某、张某一不构成诈骗罪,张某某不构成非法采矿罪、不存在敲诈勒索孙某一钱款,张某某、张某一、杨某某不应定为恶势力等上述辩解理由及辩护意见,与本院依在案证据查明的事实相符,予以采纳。

关于被告人孙某及其辩护人所提,孙某报低保时是单身、无财产,孙某获取低保金的行为系利用职权获取,应认定为贪污罪,扶贫羊款用于村委会开销,2014年申报大豆款孙某与张某某、张某一未共同商量,孙某具有从犯,自首情节等上述辩解理由及辩护意见,经查,孙某申请低保金时有土地、房屋、时任村会计,有固定收入,属于隐瞒实情,孙某在贪污犯罪过程中与其他行为人所起作用相当,均应认定为主犯,其被动到案后并未如实供述全部犯罪事实，避重就轻，不应认定为自首，扶贫羊款用于村委会开销无证据支持，2014 年申报大豆款未与张某某、张某一共同商量与事实不符，故本院对上述辩护观点不予采纳。

关于被告人张某一及其辩护人所提，张某一领取刘某二、崔某某钱款是其家人同意且有债务往来的情况下所得的钱款，不构成盗窃；张某一申请低保时确系因当时家庭困难；上报大豆补贴时家中确实种植过饭豆，不属于虚构事实，且张某一不具备犯贪污罪主体资格等辩解理由，经查，张某一不构成盗窃罪系因该款性质及来源未查清，刘、崔二人家属证实与张某一不存在债务往来，在案证据显示张某一作为村委会成员长期从事低保申报工作，属于从事公务，申报低保前后有大额款项往来且有耕地等，不符合享受低保条件，张某一作为农民应知饭豆与大豆具有明显区别，仍伙同张某某虚报大豆亩数骗取补贴款，应认定为贪污罪，故对上述辩解理由不予采纳。关于被告人张某一及其辩护人所提，张某一盗窃的钱款性质及来源未查清，不应认定为盗窃罪，张某一收取部分村民钱款系村民主动送款，钱款已交给张某某，镇政府在村委会发放煤补时只收取部分村民煤补款，张某一在与供电公司签订征地补偿协议获取补偿款时，没有虚构事实，不构成诈骗罪的辩解理由与在案证据予以证实，与本院查明的事实相符，予以采纳。

关于被告人杨某某及其辩护人所提，杨某某未参与采砂不构成非法采矿罪，申报低保金时不知道自己的申报理由，其本人领取低保金的数额应予减除等辩解理由，经查，因杨某某是否参与采砂不是本罪认定标准，杨某某低保审批表中有其本人签名，申请理由为叔婶疾病或出走需要抚养弟妹而全户 3 人得到批准，故其不应扣除其本人享有的低保待遇，对上述辩解理由不予采纳。关于被告人杨某某及其辩护人所提，杨某某不构成非法采矿罪、不构成恶势力犯罪、归案后能够如实供述，认罪、悔罪且系初犯，依法可以从轻处罚的辩护理由，与本院依在案证据查明的事实相符，予以采纳。

关于被告人杨某一指定辩护人所提，杨某一系从犯、属于老年人犯罪的辩护意见，经查，杨某一是贪污低保金的实际领取者，在贪污犯罪过程中与张某某所起作用相当，均为主犯，杨某一不属于刑法意义上的老年人犯罪，故对此辩护观点不予采纳。

关于被告人张某二指定辩护人所提，张某二主观恶性不深，属于老年人犯罪的辩护意见，经查，因张某二、杨某一二人贪污国家低保金的行为具有一定的主观恶性，张某二不属于刑法意义上的老年人犯罪，故不予采纳；所持张某二能如实供述，无前科的辩护意见于法有据，予以采纳。

关于被告人祝某指定辩护人所提，祝某主观恶性较小，情节轻微建议对被告人免予刑事处罚的辩护意见，经查，因其贪污低保金 12,985.3 元，该款性质属于司法解释中界定的较为严重情节，不符合免予刑事处罚的法定条件，故不予采纳；所持祝某能如实供述且系初犯可从轻处罚的辩护意见，于法有据，予以采纳。

本院认为,被告人张某某长期担任Y市B镇E村村委会主任,长期把持基层政权,利用村干部身份横行村里,欺压村民,在涉农惠农补贴申领发放、救灾扶贫优抚过程中,利用职权恃强凌弱、侵吞国家专项资金;被告人张某一作为村委会委员、孙某作为村委会会计依附于村主任张某某,被告人张某一在张某某的指使下对多名村民敲诈勒索,利用职务之便收受村民钱款;被告人张某某、孙某共同贪污国家扶贫资金,被告人张某某、张某一、孙某共同侵吞涉农惠农补贴,三被告人的行为造成了恶劣的社会影响,符合《黑恶势力指导意见》第14条关于恶势力犯罪的规定,认定被告人张某某、张某一、孙某为村霸恶势力犯罪案件。经查,张某某与杨某某不构成非法采矿罪,在案现有证据不能证实杨某某与张某某、张某一经常纠集在一起实施违法犯罪活动,指控杨某某单独实施诈骗又不符合恶势力犯罪的组织特征,故杨某某不构成恶势力。

被告人张某某非法储存雷管57枚的行为已构成非法储存爆炸物罪。被告人张某某伙同被告人张某一利用职务便利,在为村民上报享受城镇居民最低生活保障工作过程中,二人收受村民钱款129,000元,张某某单独收受6000元,数额较大,二人的行为均已构成受贿罪,均系主犯。被告人张某某伙同张某一在B镇政府前往E村发放煤补期间,村民于村委会二楼领取煤补款后于一楼当场被迫交给张某一钱款14,620元,数额较大,二人的行为均已构成敲诈勒索罪,均系主犯。被告人孙某、张某一、杨某一、张某二、祝某单独或者伙同被告人张某某,利用张某某、张某一、孙某分别担任村委会成员职务上的便利,单独或者共同侵吞、骗取公共财物或最低生活保障金,其中张某某侵吞1,029,612.3元、孙某侵吞411,645元,数额巨大;张某一侵吞112,503元、杨某一和张某二共同侵吞53,282元,数额较大;祝某侵吞最低生活保障金12,985.3元,数额较大,上述5被告人均已构成贪污罪,在各自共同犯罪过程中,均起主要作用,均系主犯。被告人孙某虚构事实骗取城镇居民最低生活保障金14,922元,数额较大,其行为已构成诈骗罪。被告人杨某某虚构事实骗取城镇居民最低生活保障金51,100.3元,数额巨大,其行为已构成诈骗罪。

被告人张某某对部分犯罪事实能够如实供述,退还全部违法所得,依法可以从轻处罚。被告人张某一归案后能够如实供述大部分犯罪事实,退还全部违法所得,依法可以从轻处罚。被告人杨某一、张某二能够如实供述自己的犯罪事实,依法可以从轻处罚。被告人祝某能够如实供述自己的犯罪事实,退还全部违法所得,且系初犯,依法可适用缓刑。结合本案7名被告人的犯罪事实、犯罪情节、犯罪性质及悔罪退赃情况,依照《刑法》第125条第1款,第274条,第382条,第383条,第385条第1款,第266条,第25条第1款,第26条第1款,第64条,第67条第3款,第69条,第72条第1款、第3款,第73条及《黑恶势力指导意见》第14条的规定,经本院审判委员会讨论决定,判决如下:

一、被告人张某某犯非法储存爆炸物罪,判处有期徒刑3年;犯受贿罪判处有期徒刑1年10个月，并处罚金人民币10万元；犯敲诈勒索罪，判处有期徒刑1年，并处罚金人民币1万元；犯贪污罪，判处有期徒刑4年，并处罚金人民币25万元，数罪并罚，决定执行有期徒刑8年，并处罚金人民币36万元；

（刑期从判决执行之日起计算。判决执行以前先行羁押的，羁押1日折抵刑期1日，即自2018年3月16日起至2026年3月15日止，罚金已缴纳84,968.1元，剩余275,031.9元于判决生效之日起10日内缴纳。）

二、被告人孙某犯贪污罪，判处有期徒刑3年3个月，并处罚金人民币20万元；犯诈骗罪，判处有期徒刑6个月，并处罚金人民币5000元，数罪并罚，决定执行有期徒刑3年7个月，并处罚金人民币205,000元；

（刑期从判决执行之日起计算。判决执行以前先行羁押的，羁押1日折抵刑期1日，即自2018年5月29日起至2021年12月28日止，罚金于判决生效之日起10日内缴纳。）

三、被告人张某一犯受贿罪，判处有期徒刑1年6个月，并处罚金人民币10万元；犯敲诈勒索罪，判处有期徒刑1年，并处罚金人民币1万元；犯贪污罪，判处有期徒刑1年，并处罚金人民币10万元，数罪并罚，决定执行有期徒刑2年10个月，并处罚金人民币21万元；

（刑期从判决执行之日起计算。判决执行以前先行羁押的，羁押1日折抵刑期1日，即自2018年3月16日起至2021年1月15日止，罚金已缴纳。）

四、被告人杨某某犯诈骗罪，判处有期徒刑3年，并处罚金人民币1万元；

（刑期从判决执行之日起计算。判决执行以前先行羁押的，羁押1日折抵刑期1日，即自2018年5月8日起至2021年5月7日止，罚金于判决生效之日起10日内缴纳。）

五、被告人杨某一犯贪污罪，判处有期徒刑6个月，并处罚金人民币10万元；

（刑期从判决执行之日起计算，罚金于判决生效之日起10日内缴纳。）

六、被告人张某二犯贪污罪，判处有期徒刑6个月，并处罚金人民币10万元；

（刑期从判决执行之日起计算，罚金于判决生效之日起10日内缴纳。）

七、被告人祝某犯贪污罪判处拘役4个月，缓刑6个月，并处罚金人民币10万元；

（缓刑考验期自判决确定之日起计算，罚金已缴纳。）

八、已扣押、追缴的张某某的1,073,570.6元，其中贪污、受贿违法所得973,982.5元依法上缴国库，敲诈勒索违法所得14,620元返还相关被害人；已扣押张某一的550,000元，其中贪污违法所得47,893元依法上缴国库，依法抵缴罚金人民币21万元，剩余292,107元予以返还；已扣押祝某150,300元，其中贪污违法所得12,985.3元依法上缴国库，抵缴罚金人民币10万元，剩余37,314.7元予以返还；

九、未随案移送的已扣押雷管57枚由Y市公安局依法处理；被告人孙某违法所得196,604.5元予以追缴,上缴国库;被告人杨某某违法所得51,100.3元予以追缴,上缴国库;被告人杨某一、张某二违法所得合计53,282元予以追缴,上缴国库。

审判长:×××

审判员:×××

审判员:×××

2019年3月20日

书记员:×××

书记员:×××

附件:本案涉及相关法律法规(略)

办案总结

本案是一起扫黑除恶专项斗争开展之初的涉恶案件。应当说,就律师参与本案辩护工作的切身感受而言,司法机关还是秉持了高度负责、实事求是的态度,在办案过程中严把事实关、证据关、法律适用关,做到了宽严有据、罚当其罪,基本实现了政治效果、法律效果和社会效果的统一。

一、法律不应强人所难,得到许可的行为不违法。

每一次有效辩护,律师对于案情的研判都需要"致广大而尽精微",既能胸怀全局,又要积微成著。对于刑事法律基本理论与案例的长期沉浸与研判,会帮助辩护律师形成犯罪构成要件(要素)的良好感知能力,逐步建立起对这一架构的直觉。

依据2001年相关司法解释,被告人的行为丝毫不应受到任何责难。所憾该辩护意见未能获得合议庭认可,但辩护律师坚持认为法律不应强人所难,毕竟被告人此行为系出于安全考虑,看到散落在草原的电雷管而无动于衷反而令我们无法理解。无论如何,行为发生在2003年却不当地适用嗣后出台的2009年司法解释定罪处罚,对被告人造成了实质上的不公平。律师从控方证据中找寻到"2003年"这一行为发生的关键时间节点,看似"精微",实际上作用"广大"。这一时间点的发掘与落实,形成该部分辩护的基本格局。在非法采矿罪的指控中,表面看,被告人并未取得采砂许可证却实施了采砂行为,追究被告人的刑事责任似乎不存争议。然而当律师得知采砂系为完成政府任务所实施时,就意识到一个问题,得到许可的行为不违法,被告人实为听从政府命令行事。于是才有了下文所述的律师积极调查取证,从证据上还原违法阻却事由,从而出罪。事实上,律师的辩护思路是否正确,落实是否得力,直接影响辩护效果。

二、胜兵先胜而后求战，应取证时(处)尽取证。

《孙子兵法》"胜兵先胜而后求战"的论断同时蕴含战略与战术思想。对刑事辩护的重要启示在于，如果不能把握胜算抑或认清胜算之机就不要盲目对抗，否则极易招致胜算尽失的局面。而调查取证从来都是有效辩护的重要仰仗与实现手段，正是把握胜算之机。并且因所取得证据会极大地影响案件事实的查明与裁判结论的得出，从而使案件取得突破性进展，甚至直接达到出罪的效果，所以律师应将调查取证置于辩护工作的首要地位。

本案中辩护律师在充分了解采砂相关背景后，认为存在违法阻却事由，但须取得相关证据予以证明，于是毫不迟疑地开展取证工作，终于取得了会议纪要等相关重要书证。结合事后公诉机关对李某四所补充的证人证言，使在案证据相互印证，被告人实施采砂行为确属依政府命令行事，并非擅自开采的事实得以还原和查明。诈骗罪无罪辩护成功也与律师的调查取证密不可分。由上可见，客观证据在案，远胜雄辩滔滔。

三、律师判断分析案情(证据)应严格遵循先客观而后主观的逻辑次序。

律师判断分析案情(证据)应严格遵循由(先)客观到(后)主观的顺序，对于诈骗类刑事案件的处理尤其如此，实际上也大有裨益。对此类案件的办理应紧紧抓住被告人客观上根本不存在诈骗行为这一关键所在，利用在案及所取得书证，结合周密的逻辑论证，不仅能够极大地动摇控方证据的"三性"，还使指控被告人实施诈骗行为的证据所存在的问题得以暴露出来。本案辩护成功即循此思路。实际上，司法机关若严格遵此逻辑次序，也会一定程度上改变当前诈骗类犯罪案件本不应追诉却被作出不当认定的现状，最大限度地实现无罪之人免受不法追诉的目的。

专家点评

一、检察院起诉书概要

检察机关指控张某某犯非法储存爆炸物罪、敲诈勒索罪、贪污罪、诈骗罪、非法采矿罪，并且指控该案件为"恶势力"案件。

二、一审法院判决

一审判决去掉了非法采矿罪、诈骗罪；对于敲诈勒索罪，则是去掉了一起犯罪事实，减少了对犯罪金额的认定。

三、案件评析

本案是中央开展扫黑除恶专项斗争之初打击的一起涉恶案件，这类案件的特点在于，涉案人员多、事实多、罪名多，这给律师的辩护工作带来了难度和挑战。

本案律师并没有一味地选择全案无罪辩护，而是根据案件的事实、证据作出了区分。对于"非法采矿罪"的辩护，律师紧紧抓住司法解释的规定，紧扣犯罪构成要件，最终找到了有利的辩点。"诈骗罪"的辩护，律师以"非法占有目的"为突破口，通过对控方证据的质证及自行调取证据获取的有利书证,为当事人争取到了最好的结果。“敲诈勒索”的辩护虽然没能把整个罪名去掉,但律师通过对证据的分析,去掉了其中的一起犯罪事实,进而减少了整体敲诈勒索罪的犯罪金额,也达到了有效的辩护。

本案辩护的难点在于,在“扫黑除恶”的大背景下,这类案件本身就具有非常大的辩护难度。其次,本案中一些罪名的辩护多集中于法律定性问题,对于法律的理解和认识就存在“仁者见仁,智者见智”的情况,那么如何说服办案机关,让办案人也能善意理解法律,这就对律师的法律功底、理论水平提出了很高的要求。

本案并非典型的二审改判案件,而是在一审就取得了良好的辩护效果,这与律师的努力工作是分不开的。本案中律师在查阅卷宗方面认真细致,善于发现问题;在整个辩护过程中,能够变被动为主动,充分运用律师所享有的诉讼权利,为当事人争取最大利益;同时,本案中对法律问题的分析、论证,也展示了律师深厚的理论功底。最终,案件在定罪及量刑上都取得了突破,是一个较为成功的辩护案例。

审核人、点评人:北京律师智库重大复杂案件研究专家组成员　常铮律师

复核人:北京律师智库重大复杂案件研究专家组　刑事小组组长　佘尘律师

一波三折，几经辗转，终迎曙光

——王某诈骗案

争议焦点

如何认定诈骗罪“非法占有目的”？诈骗罪与民事欺诈的划分。

关键词

诈骗罪　刑民交叉　非法占有的主观目的

案情简介

A省B市人民检察院指控：自2013年5月至2014年5月，被告人王某在没有偿还能力的情况下，以急需资金周转为名、以虚假手续多次骗取杨某、王某某等8名被害人共计2599.5万元。

王某辩称，其没有采取诈骗方式取得被害人财产，无非法占有目的，不构成诈骗罪。辩护人辩护意见是，王某拥有大额到期债权，具有偿还能力，没有采取虚构事实的方式骗取他人财物，主观上无非法占有目的，不构成诈骗罪。

A省B市中级人民法院原一审判决认为被告人王某已构成诈骗罪，判处有期徒刑15年，并处罚金人民币30万元。责令被告人王某退赔被害人人民币共计1964.28万元。

王某以一审判决事实不清、证据不足，其不构成诈骗罪为由向A省高级人民法院提起上诉，高院经审理，裁定撤销原一审判决，发回B市中级人民法院重审。

B市中级人民法院在重审过程中，B市人民检察院申请延期审理两次，补充起诉两项事实，指控王某除第一次起诉事实外，伙同武某以假借据或编造虚假事实骗取郭某、刘某旭800万元。

王某辩称,无法归还借款系被武某诈骗所致,对各被害人的借款未采用诈骗手段,不构成诈骗罪。其辩护人提出:王某对武某拥有大量债权,不存在资不抵债情形;王某未虚构事实骗取他人财物,王某无罪。

B市中级人民法院经重新审理,未认定B市人民检察院起诉书原认定的8起诈骗事实,但认定王某同武某以非法占有为目的,骗取他人数额特别巨大钱款已构成诈骗罪,且王某系主犯。判处王某有期徒刑11年,并处罚金人民币20万元。王某与武某共同退赔被害人刘某、郭某共计人民币794.4万元。

王某不服,提出上诉,A省高院认为原判决认定事实尚不清楚,且在审理过程中有违反法定诉讼程序的情形,裁定撤销原判决,发回B市中级人民法院重审。

B市中级人民法院经重审仍认定王某和武某以非法占有为目的,骗取他人数额特别巨大钱款,构成诈骗罪,判处王某有期徒刑11年,并处罚金人民币20万元。

王某再次上诉,认为事实不清,证据不足,且有证据证实其拥有的应收款项足以支付应付款项,不具有非法占有目的,且与武某未实施共同的犯罪行为,不构成共同犯罪。

A省高级人民法院经审理认为:王某伙同武某以非法占有为目的,骗取他人数额特别巨大钱款的事实不清,据以定案的证据未达确实、充分的法定证明标准,不能认定王某有罪,采纳A省人民检察院的出庭意见、王某的上诉理由及辩护人的辩护意见,判决撤销B市中级人民法院的原判决;上诉人(原审被告人)王某无罪。

案件历程

B市人民检察院
起诉书

××公诉刑诉(×××)××号

被告人王某,男,××××年××月××日出生于A省C市C镇城一街,身份证号码略,汉族,大专文化,C市农村信用合作联社客户部经理,捕前住A省C市××小区南区15号楼2单元101室。2014年12月12日因涉嫌合同诈骗被C市公安局刑事拘留,2015年1月17日经C市人民检察院批准,以涉嫌诈骗罪被依法逮捕。

本案由C市公安局侦查终结,以被告人王某涉嫌犯诈骗罪于2015年3月10日移送C市人民检察院审查,该院于2015年3月19日依法报送本院审查起诉。本院受理后,依法已告知被告人有权委托辩护人,已告知各被害人有权委托诉讼代理人,依法讯问了被告人，审查了全部案件材料。

经依法审查查明：

1.2013 年 9 月 4 日，被告人王某在没有偿还能力的情况下，以急需资金周转的名义，并以“C 市××电子设备有限公司”（该公司为空壳公司，以下简称××电子公司）作担保，骗取杨某人民币 600 万元，后经追讨，王某退还杨某 200 万元，剩余 400 万元未还。

2.2013 年 6 月、7 月、10 月，被告人王某在明知没有偿还能力的情况下，以资金周转的名义分 3 次向王某某借款 1030 万元，被告人王某在偿还王某某 100 万元后拒不偿还剩余的 930 万元。

3.2013 年 6 月，2014 年 1 月、2 月，被告人王某在没有偿还能力的情况下，以急需资金周转的名义，以虚假的赵某某借款手续作抵押，先后 3 次骗取郭某某人民币 109 万元。

4.2013 年 5 月、7 月，被告人王某在没有能力偿还的情况下，以资金周转的名义，先后 2 次骗取冯某某人民币 75 万元。

5. 被告人王某以急需资金周转的名义，并以自己注册了“C 市××电子设备有限公司”，且在 C 市开发区拥有 100 亩土地，具有偿还能力为借口，在取得李某某的信任后，2013 年 11 月，骗取李某某人民币 10 万元。2014 年 1 月 8 日，骗取李某某人民币 30 万元。2014 年 1 月 29 日，骗取李某某人民币 15 万元。

6.2014 年 1 月 12 日，被告人王某在没有偿还能力的情况下，以急需资金周转的名义，骗取李某人民币 20 万元。2014 年 2 月的一天，被告人王某又谎称在某市办贷款需要送礼，骗取李某某人民币 6 万元。

7. 被告人王某在已不具有偿还能力的情况下，以急需资金周转的名义，并以“C 市××电子设备有限公司”立项协议书作抵押，虚构在 C 市开发区征地 100 亩的事实，和以××回迁楼及××村大坑使用权作抵押等形式，取得冯某某的信任后，2014 年 3 月 2 日，骗取冯某某 193 万元。后又于 2014 年 3 月 9 日、12 日、17 日，2014 年 4 月 10 日、13 日先后 5 次骗取冯某某 50 万元、38 万元、150 万元、20 万元、59 万元。2014 年 3 月 24 日，被告人王某又谎称朋友的父亲住院急需手术费，骗取冯某某人民币 40 万元。2014 年 3 月、4 月，被告人王某以帮助冯某某贴现承兑汇票的名义从冯某某处骗取 434.5 万元承兑汇票。

8.2014 年 5 月 19 日，被告人王某在没有偿还能力的情况下，以资金周转的名义，并以“C 市××电子设备有限公司”作担保，骗取刘某人民币 20 万元。

认定上述事实的主要证据如下：

1. 书证：××电子设备有限公司营业执照、借款借据单、年龄证明等；

2. 证人刘某某、王某某等证言；

3. 被害人杨某、王某某等陈述;

4. 被告人王某的供述与辩解。

本院认为,被告人王某的行为已触犯《中华人民共和国刑法》第266条之规定,犯罪事实清楚,证据确实、充分,应当以诈骗罪追究其刑事责任。根据《中华人民共和国刑事诉讼法》第172条之规定,提起公诉,请依法判处。

此致

A省B市中级人民法院

代理检察员:××

2015年××月××日

附件:1. 被告人王某现押于C市看守所;

2. 移送卷宗3册,证人名单1份。

一审判决书

A省B市中级人民法院刑事判决书

(2015)×刑初字第××号

公诉机关A省B市人民检察院。

被告人王某,男,××××年××月××日出生于A省C市,汉族,大专文化,C市农村信用合作联社客户经理。2014年12月12日因涉嫌犯合同诈骗罪被C市公安局刑事拘留,2015年1月17日因涉嫌犯诈骗罪被逮捕。现羁押于C市看守所。

辩护人胡兴中,北京市亿达律师事务所律师。

A省B市人民检察院以×检公诉刑诉(2015)××号起诉书指控被告人王某犯诈骗罪,于2015年5月13日向本院提起公诉。本院依法组成合议庭,于2015年11月11日至12月8日公开开庭审理了本案。B市人民检察院指派代理检察员靳某某、常某某出庭支持公诉,被告人王某及其辩护人胡兴中到庭参加诉讼。现已审理终结。

A省B市人民检察院指控,(1)2013年9月4日,被告人王某在没有偿还能力的情况下,以急需资金周转的名义,并以××电子公司作担保,骗取杨某某人民币600

万元(以下币种均为人民币),后经追讨,王某退还杨某某200万元,剩余400万元未还。(2)2013年6月、7月、10月3个月间,被告人王某在明知没有偿还能力的情况下,以资金周转的名义分3次向王某某借款项1030万元,被告人王某在偿还王某某100万元后拒不偿还剩余的930万元。(3)2013年6月、2014年一二月期间,被告人王某在没有偿还能力的情况下,以急需资金周转的名义,以虚假的赵某某借款手续作抵押,先后3次骗取郭某某109万元。(4)2013年5月到7月,被告人王某在没有偿还能力的情况下,以资金周转的名义,先后2次骗取冯某某75万元。(5)被告人王某以急需资金周转的名义,并以自己注册了××电子公司,且在C市开发区拥有100亩土地,具有偿还能力为借口,在取得李某某的信任后,2013年11月,骗取李某某10万元。2014年1月8日,骗取李某某30万元。2014年1月29日,骗取李某某15万元。(6)2014年1月12日,被告人王某在没有偿还能力的情况下,以急需资金周转的名义,骗取李某某20万元。2014年2月的一天,被告人王某又谎称在某市办贷款需要送礼,骗取李××6万元。(7)被告人王某在已不具有偿还能力的情况下,以急需资金周转的名义,并以××电子公司立项协议书作抵押,虚构在C市开发区征地100亩的事实,和以贾庄回迁楼及高庄村大坑使用权作抵押等形式,取得冯某某的信任后,2014年3月2日,骗取冯某某193万元。后又于2014年3月9日、12日、17日,2014年4月10日、13日先后5次骗取冯某某50万元、38万元、150万元、20万元、59万元。2014年3月24日,被告人王某又谎称朋友的父亲住院急需手术费,骗取冯某某40万元。2014年三四月期间,被告人王某以帮助冯某某贴现承兑汇票的名义从冯××处骗取434.5万元承兑汇票。(8)2014年5月19日,被告人王某在没有偿还能力的情况下,以资金周转的名义,并以××电子公司作担保,骗取刘某某20万元。

针对上述指控,公诉人当庭提供了被害人陈述、证人证言、书证、被告人的供述与辩解等证据,并讯问了被告人。公诉机关认为,被告人王某之行为已触犯《中华人民共和国刑法》第266条之规定,应当以诈骗罪追究其刑事责任。提请本院依法判处。

被告人王某辩称,其没有采取诈骗方式取得被害人财产,无非法占有目的,不能归还借款系被武某某诈骗,其行为不构成诈骗罪。辩护人提出的辩护意见是,王某拥有大额到期债权,具有偿还能力,王某没有采取虚构事实的方式骗取他人财物,主观上无非法占有目的,不构成诈骗罪。

经审理查明,2013年5月至2014年5月,被告人王某以资金周转为名,隐瞒其从事个人借贷资金链断裂并欠巨额债务的真相或采用虚假担保,允诺支付高额利息,骗取杨某、王某某等8名被害人共计1964.28万元。具体事实如下:

一、2013年9月,王某以资金周转为名,用无担保能力的××电子公司作担保,骗取杨某某376万元。

上述事实,有公诉机关提交并经法庭质证、认证的下列证据予以证实:

1. 被害人杨某陈述,2013 年 9 月 4 日,其与王某签订借款合同,由××电子公司作担保,约定月息 2 分,借给王某 600 万元。后王某支付利息 24 万元,经催要归还本金 200 万元。其未找到××电子公司,感觉受骗遂报警。

杨某提供的借款合同、借条及银行交易凭证等书证印证了杨某某陈述的内容。

2. 证人刘某某证实,其不知丈夫王某以其名义成立××电子公司。

3. 证人李某晶证实,其曾给王某做会计,××电子公司注册手续由其办理,该公司没有车间、场地、生产设备及产品,也没有员工,是空壳公司。公司注册地址是天祥安盛塑料有限公司(以下简称天祥安盛公司)租赁的场地,注册资金 500 万元在验资后转走,公司账上没有钱。

证人牛某明的证言及王某所用银行卡交易明细印证了证人李某晶证实的内容。

4. 证人刘某红、刘某某、武某华、王某海的证言、被害人冯某某陈述及王某所用银行卡交易明细证实,王某在收到杨某转入的 600 万元后,部分用于归还刘某红、刘某华、冯某某等人借款及利息,部分转给武某某。

5. ××电子公司档案资料证实,该公司成立于 2013 年 3 月 26 日,注册资金 500 万元,法定代表人刘某某。

6. 被告人王某对向杨某某借款 600 万元,支付利息 24 万元,归还本金 200 万元及借款去向予以供认,并供认××电子公司的注册由李某晶办理,注册资金在完成验资后转走,至案发前公司没有产品及场地。

二、2013 年 6 月至 10 月,王某以资金周转为名,骗取王某某 880 万元。

上述事实,有公诉机关提交并经法庭质证、认证的下列证据予以证实:

1. 被害人王某某陈述及证人王某海证言证实,2013 年 6 月、7 月,王某分 2 次从王某某处借款 1040 万元,约定月息 15%。2013 年 10 月,王某从王某某处借款 30 万元。经催要,王某归还王某某本金及利息共计 190 万元。

2. 证人王某海提交的银行交易凭证及交易明细印证了王某向王某某借款 1040 万元的内容。

3. 证人刘某伟、徐某学、刘某华、刘某红证言及王某所用银行卡交易明细证实,王某在收到王某某 1040 万元借款后,部分用于归还刘某伟、徐某学、刘某华、刘某红等人借款及利息,部分转给武某某。

4. 公安机关从证人王某某处调取的借条证实,王某以资金周转为名向王某某借款 930 万元。

5. 被告人王某对向王某某借款及借款的去向予以供认。

三、2013 年 6 月至 2014 年 3 月,被告人王某以资金周转为名,采用虚假担保,骗取郭某某 94.4 万元。

上述事实,有公诉机关提交并经法庭质证、认证的下列证据予以证实:

1. 被害人郭某某陈述，2013年6月，王某的投资公司着急用钱，其将60万元借给王某，期限1个月，月息2分，到期后王某未还。2014年1月5日，王某把赵某某借款1700万元的借据作质押，并由天祥安盛公司作担保，以资金周转为由书写了100万元的借款。后王某以找赵某某要钱为由将借据原件取走，用安某杰欠款600万元的借据原件作抵押。此后，王某又以安某杰的借款600万元到期为由将借据取走。2014年2月底，王某又向其借款19万元。经其催要，王某共归还本金及利息共计34.6万元。

公安机关从郭某某处调取的借据印证了郭某某陈述的相关情节。

2. 证人安某杰、李某雪及赵某群证实，赵某某1700万元的借据、安某杰600万元的借据均系伪造。

3. 证人武某证言及天祥安盛公司工商档案资料证实，天祥安盛公司法人代表为武某，对于王某向郭某某借款用该公司作担保之事，公司不知情。

4. 证人尹某阳证言及王某所用银行卡交易明细证实，王某在收到郭某某的借款后，部分用于归还借款和取现，部分转给武某某。王某通过银行账户以本息的形式共归还郭某某34.6万元。

5. 被告人王某对向郭某某借款及借款的去向予以供认。

四、2013年5月至7月，王某以资金周转为名，骗取冯某某67.8万元。

上述事实，有公诉机关提交并经法庭质证、认证的下列证据予以证实：

1. 被害人冯某某陈述，其从侄女李某晶处得知王某倒贷款用钱、月息2分的消息后，其认为王某在信用社上班，还有小额信贷公司，挺有实力，于2013年5月6日、7月8日2次转给王某75万元，李某晶转给其2张借据。在王某支付部分利息后，其向王某催要，王某以种种理由推脱。

公安机关从冯某某处调取的借据及银行转账凭证印证了冯某某陈述的内容。

2. 证人赵某涛证言及王某所用银行卡交易明细证实，王某收到冯某某转款后，部分用于归还赵某涛借款，部分用于对外转账。后王某通过银行账户向冯某某归还7.2万元。

3. 被告人王某对其通过李某晶向冯某某借款及借款的去向予以供认。

五、2013年11月至2014年1月，王某以资金周转为名，骗取李某某37.6万元。

上述事实，有公诉机关提交并经法庭质证、认证的下列证据予以证实：

1. 被害人李某某陈述，2013年11月，其借给王某10万元，后王某主动找其当场书写一张借据并加盖××电子公司公章。王某称与他人在C市某集乡某村有地，设立了××电子公司，其认为王某有能力还钱。2014年1月8日，王某以资金周转为由向其借款30万元，后王某给其1张加盖××电子公司公章的借据。此后，经其到××电子公司注册地址查找发现被骗。

公安机关从李某某处调取的借据印证了李某某陈述的内容。

2. 王某所用银行卡交易明细证实,王某收到李某某30万元用于对外转账。后王某通过银行账户向李某某转账2.4万元。

3. 被告人王某对向李某某借款40万元予以供认,并供认借款后向李某某支付过利息。

六.2014年1月,王某以资金周转为名,骗取李某19.48万元。

上述事实,有公诉机关提交并经法庭质证、认证的下列证据予以证实:

1. 被害人李某陈述,2014年1月12日,王某向其妻张某娟借款20万元用于资金周转。后王某补写盖有××电子公司公章的借据时,称××电子公司是他妻子的,他借钱用于××电子公司的资金周转。

公安机关从李某处调取的借据印证了李某陈述的内容。

2. 王某所用银行卡交易明细证实,王某收到借款后用于对外转账,后王某通过银行账户向张某娟转账5200元。

3. 被告人王某对向李某某借款予以供认,并供认借款后向李某某支付过利息。

七、2014年3月,王某以资金周转或朋友生病为名,用无效的××电子公司三维高精建模测量系统项目协议书作抵押,骗取冯某471万元。

上述事实,有公诉机关提交并经法庭质证、认证的下列证据予以证实:

1. 被害人冯某陈述,2014年3月2日,王某以资金周转为名向其借款200万元,月息3分,并用××电子公司在C市开发区征的100亩地作抵押。其认为王某有正式工作,又有100亩地抵押,便借给王某193万元,扣下7万元利息。2014年3月9日至17日,王某以资金周转为由3次向其借款共计238万元。同年3月24日,王某称朋友生病急需用钱,向其借款40万元。公安机关从冯某调取的借据等书证印证了冯某陈述的内容。

2. 证人李某晶、牛某明的证言证实,××电子公司欲在C市开发区征地100亩,未得到批准。

3. 公安机关从冯某处调取的三维高精建模测量系统项目协议书证实,2013年4月,××电子公司与C市经济技术开发区管理委员会签订协议书,意向在C市开发区投资三维高精建模测量系统项目,项目占地约100亩。同时,协议书约定××电子公司的义务及时限要求。

4. 王某所用银行卡交易明细证实,王某在收到冯某借款后,部分用于归还借款和转账,部分转给武某某。

5. 被告人王某向冯某借款、借款的去向及未履行三维高精建模测量系统项目协议书义务等予以供认。

八、2014年5月,王某以资金周转为名,骗取刘某18万元。

上述事实,有公诉机关提交并经法庭质证、认证的下列证据予以证实:

1. 被害人刘某陈述，2014年5月19日，王某向其借款20万元，月息2分，并在借据上加盖了××电子公司的公章。王某共支付其利息2万元。在得知××电子公司不存在后，其向王某催要借款，王某以各种理由推脱不还。

公安机关从刘某处调取的借据及银行交易明细印证了刘某陈述的内容。

2. 被告人王某向刘某借款的事实予以供认。

此外，公诉机关还向法庭宣读出示了下列证据，经庭审质证，本院予以确认：

1. 被告人王某供述，2008年12月至2014年5月，其从事个人借贷业务。2012年3月至2013年3月，其注册C市安盛投资有限公司用于从事个人借贷业务。2013年年初，因资金周转困难而其拆东补西，陆续向王某某等人借款，并将借款用于归还前债及利息，部分转账给武某某。其与武某某自2008年相识后，一直有经济往来，在交往过程中，其知悉武某某有借高利贷和借他人债务不还的行为。至案发前，武某某多次、大量拖欠其本金不还，骗其钱财。

2. 证人刘某某证实，2013年年初，王某出现资金周转困难，无力偿还欠款。

3. 证人王某、王某海、赵某涛、刘某华证言及C市人民法院民事裁判文书等书证证实，2013年5月前，王某欠C市××科技小额贷款有限公司、赵某涛、马某兵共计1080万元。

4. C市安盛投资有限公司档案资料证实，该公司于2013年4月26日因严重亏损注销备案，同年6月18日被注销。

5. 王某所用银行卡交易明细证实，2013年5月前，王某与武某某之间存在多次、大额资金往来，且王某向武某某转账总额明显多于武某某向王某转账总额。

6. 武某某涉嫌诈骗案材料证实该案的诉讼情况。武某某否认诈骗王某。

7. C市农村信用合作联社书证证实，王某系客户经理，负责信贷业务工作。

8. C市公安局刑警大队提供常住人口基本信息证实王某的自然身份情况。

对于公诉机关起诉指控被告人王某于2014年1月29日骗取李某某15万元、2014年1月骗取李某6万元、用贾庄旧城改造2套拆迁房产和西高庄村大坑作抵押骗取冯某79万元及以帮助冯某贴现承兑汇票名义骗取冯某434.5万元承兑汇票的指控，经查，现有证据不足以认定上述借款中王某具有非法占有目的，指控诈骗证据不足，本院不予支持。

对于被告人王某所提辩解及其辩护人所提辩护意见，经查，王某隐瞒其所从事的个人借贷业务资金链断裂并欠巨额债务的情况，许诺给付高息，或采用虚假担保，向被害人借款，属于诈骗。王某将借款用于偿还个人债务、支付利息，或者任意处置，非法拆借给他人，致使被害人钱款无法偿还，具有非法占有目的。王某是否被武某某诈骗、是否对武某某存在大量债权，不影响对其诈骗性质的认定。本院对王某及其辩护人的辩解、辩护意见不予采纳。

本院认为,被告人王某以非法占有为目的,骗取他人数额特别巨大钱款的事实清楚、证据确实、充分。B 市人民检察院指控的罪名成立。王某之行为已构成诈骗罪。根据被告人王某犯罪的事实,犯罪的性质、情节以及对社会的危害程度,依照《中华人民共和国刑法》第 266 条、第 52 条、第 53 条、第 64 条及最高人民法院、最高人民检察院《关于办理诈骗刑事案件具体应用法律若干问题的解释》第 1 条第 1 款之规定,判决如下:

一、被告人王某犯诈骗罪,判处有期徒刑 15 年,并处罚金人民币 30 万元。

(刑期从判决执行之日起计算。判决执行以前先行羁押的,羁押 1 日折抵刑期 1 日,即自 2014 年 12 月 12 日起至 2029 年 12 月 11 日止。)

二、责令被告人王某退赔被害人人民币共计 1964.28 万元。上列所判罚金限自判决生效之日起 30 日内一次缴纳。

如不服本判决,可在接到判决书的第 2 日起 10 日内,通过本院或直接向 A 省高级人民法院提出上诉,书面上诉的,应当提交上诉状正本 1 份,副本 2 份。

审　判　长:××
审　判　员:××
代理审判员:××
2015 年 12 月 15 日
书　记　员:××

一审辩护词

辩　护　词

审判长、审判员:

受王某家属委托,北京市亿达律师事务所指派胡兴中、颂和安达律师事务所指派韩来宝为王某涉嫌诈骗案的辩护人,通过阅卷和参加庭审,根据现有证据,对本案发表如下辩护意见:

起诉书指控王某骗取杨某 400 万元事实不清,证据不足。对起诉书认定王某欠王某某等其他 7 人款项的事实没异议,但起诉书指控王某明知没有偿还能力、虚构事实、隐瞒真相等事实的证据不足,王某不具有非法占有他人财物的目的,公诉机关指控王某涉嫌诈骗罪名不能成立。

一、公诉机关起诉书认定的部分案件事实不清，认定王某在借款时不具有偿还能力，主观上具有非法占有他人财物目的的证据不足。

1. 杨某所述事实及提交证据与客观事实不符，起诉书指控王某的此起犯罪事实不清、证据不足。

杨某报案时称王某骗其600万元并提交证据给公安机关，后又陈述王某已还200万元，尚欠其400万元。但其隐瞒了双方达成延期还款承诺及增加担保人的事实及证据，同时隐瞒了王某将拥有的300万元债权转让给他的事实，这在辩护人提交的杨某在C市法院起诉的相关材料中可以证实。特别是此次庭审，证人崔某某当庭陈述和提交的证据，说明此笔借款崔某某已履行担保责任，偿还给杨某。公诉人提出暂时无法认定崔某某是否是替王某还款，但这也反过来说明起诉书认定的事实不清。另有一点毋庸置疑，王某借杨某此笔款到期后，其一直在积极研究解决办法，根本没有骗取杨某款项的意图，王某提供的担保人有履行能力，有真实的到期债权转让，只是杨某懈怠主张权利，存在恶意报案嫌疑。

2. 起诉书指控王某骗取王某某等7人财物的证据不足。

通过庭审可以查明，上述7人均没有向公安机关报案，在原一审中，法院亦未通知上述7人到庭参加诉讼。这些人都是王某在举报武某某涉嫌诈骗案时，主动向侦查机关提供信息，为说明王某出借款项来源，配合侦查机关调查的，公安机关固定的笔录带有明显的主观性和诱导性。此次庭审，到庭的王某某、郭某某、冯某某当庭陈述均可证明，这些人截至现在也没指证王某诈骗，都认为双方是正常的民间借贷，上述7人根本不能认定为被害人，公诉机关无充分证据证实，王某有非法占有上述7人财物的主观目的。

3. 公诉机关没有充分证据证实王某在向上述8人借款时没有偿还能力。

通过庭审控辩双方提供的王某的银行往来账目和他人给王某出具的借据等证据可以认定，王某自2008年开始，一直从事资金拆借业务。至王某在向起诉书所列8人借款时，尚有大量的应收账款没有收回，这在武某某当庭核实证据时能证明，仅武某某一人给王某出具的借据就超过亿元。事实上王某在向他人借款同时，一直在积极清收应收账款，而且在陆续地收回借款本息，这有王某银行账户资金往来记录可以证实。公诉机关不能否认王某拥有大量应收账款的事实，也无法证实王某在向他人借款时没有偿还能力。

通过庭审调查，王某是在2014年4月发现联系不上武某某，立即向公安机关报案，直到此时，王某才认为武某某有可能涉嫌诈骗。报案之后，王某不但没有再向他人拆借过资金进行周转，反而一直积极协助侦查机关进行抓捕、调查取证、追赃等活动，最大限度地挽回损失。以上行为表明，在王某向起诉书所列明的受害人借款时，王某并不具有非法占有的目的。

除此之外，公诉机关提供的C市公安局×公(刑)诉字(2015)×××号起诉意见书及C市检察院对杨某的起诉书,可以进一步地说明真实的过程,即武某某涉嫌诈骗王某、杨某涉嫌敲诈勒索武某某。通过上述2份文书,不但可以确认武某某诈骗王某的部分款项去向,而且更加印证了王某才是上述资金流转过程中真正的受害人。司法机关本应据此线索继续追赃,以维护受害人王某的权益,但现在却是真正的犯罪嫌疑人尚未被追究,而作为举报犯罪的王某却被送上了法庭。鉴于上述2个案件还未有结果,无法确认赃款是否能够被追缴,在此情况下,根本无法认定王某不具有偿还能力,公诉机关的指控缺乏证据支持。

关于王某是否具有偿还能力的问题,在2015年10月19日C市公安局刑警大队出具的案件说明中可见一斑,案件说明仅对王某的2个银行账户进行整理,虽然取证范围不够全面,但也足以证实王某在向本案起诉书所述8人借款之时,有大量的应收账款,在债权真实存在的前提下,王某具备偿还借款的能力。

4. 起诉书认定王某骗取冯某某434.5万元承兑汇票的事实不能成立。通过庭审查明,此笔承兑是没能及时回款,王某只是确认此笔账由其承担,并非是骗取承兑汇票。

二、王某没有虚构事实骗取他人财物,起诉书指控王某虚构事实不能成立。

第一,C市××电子设备有限公司是经C市工商局依法注册成立的,公诉人指控的该公司无厂房、无设备,王某以“空壳公司”作抵押的表述不符合法律规定。公司是独立法人,完全可以对外担保,此案中王某也不是以公司的厂房设备设定抵押,只是以合法设立的该公司作担保而已。该公司成立后为投资建厂,曾与开发区管委会签订征地协议,该事实并非王某虚构。即使公司设立后存在抽逃出资的行为,也属公司法调整范围,按照相关的法律规定,股东或实际控制人应在抽逃出资的范围内承担责任,不能因此认定虚构事实。更何况在本案中,王某本人是债务人,对其债务应承担无限责任,在借款过程中,王某并不存在编造借款用途、虚构事实的行为。

第二,用作抵押的××回迁楼和××村大坑均为真实存在,根据在案的证据可以看出,王某有权对上述财产进行处置,用其设定抵押合法有效,这也进一步印证王某的借款系民间借贷性质,不存在诈骗行为。

第三,庭审查明,虚假的赵某某借款手续系武某某伪造并抵押给王某的,王某对此并不知情。

第四,即使王某借款理由与使用用途存在不一致的情况,也要分清是民事欺诈还是刑事诈骗,没有证据证实主观非法占有的目的,都不能认定为诈骗。

综上所述,本案是否构成诈骗罪,关键看王某在借款之时是否具有偿还能力,是否存在非法占有他人财物的主观故意,而不能以其现在不能返还借款的结果来认定,否则便陷于客观归罪。因此,公诉机关指控被告人王某犯有诈骗罪缺少确实充分的证据予以支持,请合议庭依法作出指控的罪名不能成立的无罪判决。

辩护人:胡兴中、韩来宝

二审裁定书

A省高级人民法院
刑事裁定书

(2016)×刑终115号

原公诉机关A省B市人民检察院。

上诉人(原审被告人)王某，男。因涉嫌犯合同诈骗罪于2014年12月12日被刑事拘留，因涉嫌犯诈骗罪于2015年1月17日被逮捕。现羁押于C市看守所。

辩护人胡兴中，北京市亿达律师事务所律师。

辩护人韩来宝，颂和安达律师事务所律师。

A省B市中级人民法院审理B市人民检察院指控原审被告人王某犯诈骗罪一案，于2015年12月29日作出(2015)×刑初字第××号刑事判决，认定被告人王某犯诈骗罪，判处有期徒刑15年，并处罚金人民币30万元；责令被告人王某退赔被害人人民币共计1964.28万元。原审被告人王某不服，以原判决认定事实不清，证据不足，其不构成诈骗罪为由提出上诉。本院受理后，依法组成合议庭，审理了本案。现已审理终结。

本院认为，原判决认定上诉人(原审被告人)王某犯诈骗罪的事实尚不清楚。依照《中华人民共和国刑事诉讼法》第225条第1款第3项、第233条之规定，裁定如下：

一、撤销A省B市中级人民法院(2015)×刑初字第38号刑事判决；

二、发回B市中级人民法院重新审判。

本裁定为终审裁定。

审　判　长：×××

代理审判员：×××

代理审判员：×××

2016年5月6日

书　记　员：×××

补充起诉书

B市人民检察院
补充起诉决定书

×检公诉刑补诉(2017)×号

被告人王某诈骗一案,本院以×检公诉刑诉(2015)×号起诉书向你院提起公诉,在审理过程中,发现被告人王某有遗漏的罪行应当一并起诉和审理。现根据查明的事实对×检公诉刑诉(2015)×号起诉书作如下补充:

1. 2013年10月1日,被告人王某以贷款到期急需资金周转为由,向被害人刘某旭借款人民币800万元,借款到期后刘某旭多次向王某催讨,被告人王某伙同武某某(另案处理)谎称将2500万元借给了胜芳的王春某、王雷某倒贷款了,编造虚假事实,至案发王某只归还了刘某旭100万元,剩余700万元至今未还。

2. 2013年6月,2014年1月、2月,被告人王某伙同武某某,以急需资金周转的名义,以虚假的赵某某借款手续作抵押,先后3次骗取郭某某人民币109万元。

认定上述事实的主要证据如下:

1. 书证:借款借据单、借款合同、银行转账交易单等;

2. 证人武某勇、李某某等证言;

3. 被害人刘某旭、郭某某陈述;

4. 被告人王某供述与辩解;

5. 辨认笔录。

本院认为,被告人王某伙同武某某以非法占有为目的,虚构事实,隐瞒真相,骗取他人财物,其行为已触犯《中华人民共和国刑法》第266条之规定,犯罪事实清楚,证据确实、充分,应当以诈骗罪追究其刑事责任。在共同犯罪中被告人王某起主要作用,系主犯,适用《中华人民共和国刑法》第25条、第26条之规定;依据《中华人民共和国刑事诉讼法》第172条及《人民检察院刑事诉讼规则(试行)》第458条的规定,补充起诉,请依法判处。

×检公诉刑诉(2015)×号起诉书仍然具有法律效力。

此致

B市中级人民法院

检察员：×××

2017 年 4 月 7 日

附件：移送卷宗 1 册，散页 24 页，证人名单 1 份。

一审判决(第一次重审)

A 省 B 市中级人民法院刑事判决书

(2016)×10 刑初××号

公诉机关 A 省 B 市人民检察院。

被告人王某，男。2014 年 12 月 12 日因涉嫌犯合同诈骗罪被 C 市公安局刑事拘留，2015 年 1 月 17 日因涉嫌犯诈骗罪被逮捕。现押于 C 市看守所。

辩护人胡兴中，北京市亿达律师事务所律师。

辩护人韩来宝，颂和安达律师事务所律师。

A 省 B 市人民检察院以×检公诉刑诉(2015)27 号起诉书指控被告人王某犯诈骗罪，于 2015 年 5 月 13 日向本院提起公诉。本院依法组成合议庭公开开庭审理了本案，于 2015 年 12 月 29 日作出(2015)×刑初字第 38 号刑事判决。被告人王某提出上诉。A 省高级人民法院于 2016 年 5 月 6 日作出(2016)×刑终×××号刑事裁定，撤销原判，发回重审。本院依法另行组成合议庭，于 2016 年 12 月 8 日公开开庭审理了本案。

B 市人民检察院指派代理检察员靳某某出庭支持公诉，被害人王某某、冯某、郭某某、冯某某，证人崔某某、武某某，被告人王某及其辩护人胡兴中、韩来宝到庭参加诉讼。本案应公诉机关补充侦查建议，延期审理 2 次，报 A 省高级人民法院批准延长审理 3 个月。后 B 市人民检察院以×检公诉刑补诉(2017)2 号补充起诉决定书补充起诉，本院于 2017 年 5 月 5 日再次公开开庭审理了本案。现已审理终结。

B 市人民检察院指控，2013 年 5 月至 2014 年 5 月，被告人王某在没有偿还能力的情况下，以急需资金周转为名，骗取杨某人民币 600 万元(以下币种均为人民币)、王某某 930 万元、冯某某 75 万元、李某某 55 万元、李某 26 万元、冯某 984.5 万元、刘某 20 万元。指控，被告人王某伙同武某某(另案处理)以假借据或编造虚假事实骗取郭某某109 万元，骗取刘某旭 800 万元。

针对上述指控,公诉人当庭提供了证人证言、被害人陈述、书证、辨认笔录、电子数据、被告人供述与辩解等证据,并讯问了被告人。公诉机关认为,被告人王某的行为已触犯《中华人民共和国刑法》第266条之规定,应当以诈骗罪追究其刑事责任。在共同犯罪中,王某起主要作用,系主犯。提请本院依法判处。

被告人王某对起诉书指控的欠款事实不持异议,辩称无法归还借款系被武某某诈骗所致,对各被害人的借款未采用诈骗手段,不构成诈骗罪。王某的辩护人提出的主要辩护意见是,王某对武某某拥有大量债权,不存在资不抵债情形;王某未虚构事实骗取他人财物,王某无罪。

经审理查明,被告人王某为偿还因从事个人借贷所欠巨额债务及高额利息,伙同武某某(另案处理)伪造对安某杰有600万元债权,对赵某某有1700万元债权,对王春某、王雷某有2500万元债权的虚假借款借据,骗取被害人刘某旭、郭某某共计794.4万元。具体事实如下:

一、2013年10月1日,被告人王某伙同武某某以资金周转为由向刘某旭借款800万元。王某将其中619.666万元归还旧债,170万元转给武某某。后王某、武某某以虚构的王雷某、王春某债权推脱还款。至案发,尚有700万元未归还。

上述事实,有公诉机关提供并经庭审举证、质证,本院予以确认的下列证据证实:

1.被害人刘某旭陈述,2013年10月1日,袁某某打电话称C市信用社王某想借800万元。在信用社,王某称他银行里有一笔款因国庆放假支取不了,现急需资金周转,放假后便归还。刘某旭通过公司会计李某蕊账户转给王某800万元,后王某偿还其本金100万元。国庆节后,王某称他将钱借给胜芳的王雷某、王春某倒贷款,钱没有回来。王某曾向其出示王雷某的土地证,其提出要去胜芳看看王雷某的厂子,走到半路,王某称他心脏病犯了,将其带到赵各庄一厂子里,其看到2名男子,王某指着其中一个瘦男子说该男子与王某一起倒贷款,平时由该男子打理小额信贷公司,王雷某的贷款就是由该男子经手办理的。一个自称王某小弟的人还给其打电话让其不要逼王某,王某借给胜芳王雷某、王春某2500万元的手续是由这个人亲手办的,胜芳王雷某、王春某那边的贷款很快就倒下来了,等钱下来就还钱。

经依法辨认,刘某旭辨认出被告人武某某即为在赵各庄看到的与王某共同倒贷款的瘦男子。

2.证人袁某某证实,2013年10月,王某打电话借钱,其让王某找刘某旭借800万元。后由于王某未还上借款,其帮刘某旭找王某催要欠款,王某称钱借给胜芳的一个人,还没回来。在催要欠款过程中,一个自称是王某弟弟的男子给其打电话称,让其放心,欠刘某旭的钱一定能还。

3.证人李某蕊证言及借款合同、银行转账记录证实,2013年10月1日,王某向刘某旭借款800万元,并通过李某蕊的银行卡转给王某。

4. 银行交易明细证实，2013 年 10 月 1 日，王某尾号 4115 的银行账户收到李某蕊银行转款 800 万元后分别转给崔某某 251.666 万元、宋某某 50 万元、许某某 318 万元，向武某某尾号 4219 的银行账户转款 170 万元。

5. C 市公安局调取证据通知书、调取证据清单及个体工商户登记基本信息、借款借据证实，王春某借款 2500 万元的借款借据系伪造。

6. 同案犯武某某供述，王某称他的资金链已经出现问题，需要弄一些假的借款借据搪塞债主或者再向别人借钱，并让其协助他。王某知道王雷某、王春某、赵某松、安某杰等人的借款借据是假的。尹某阳、武某华等人的银行账户由其使用。2013 年 10 月，正好是国庆节放假，其与王某开车去胜芳借钱未果后，王某便给袁某某打电话称：一老板王春某欠他 2500 万元，现王春某正在办贷款，因国庆放假，贷款业务无法办理需要拆借 800 万元。袁某某表示帮忙问一下。一会儿，袁某某回电话让王某去 C 市找刘某旭借 800 万元。后王某带着王春某 2500 万元的借款借据回 C 市找刘某旭借款。王某对其表示，借 800 万元的用途是为了还前债。800 万元借款到期后，王某便以王春某欠钱的借口搪塞刘某旭。王某让其给袁某某打电话，让其用王春某搪塞袁某某。刘某旭到 C 市联社门口找王某要账，王某让其以王春某欠其钱的名义搪塞刘某旭，其用王某的电话跟刘某旭通过电话，其对刘某旭说胜芳王春某 2500 万元快下来了，等贷款下来钱就还给他。因一直未归还借款，刘某旭让王某带他去胜芳找王春某的厂子，王某给其打电话称随便找个厂子，假装是王春某的企业，去厂子里面转一圈再拖延刘某旭一段时间。其对王某说其在赵各庄村朋友的厂子里，不久王某带着刘某旭就来到赵各庄。

7. 被告人王某供述，2013 年 10 月 1 日，其以资金周转的名义借刘某旭 800 万元，刘某旭将钱转给其尾号 4115 的银行账户上。当日其还给荣某某投资公司 300 万元，还给郑某某 250 万元，次日转给武某某 150 万元。然后其分两笔还了 100 万元的本金，尚有 700 万元未归还。

二、2013 年 6 月至 2014 年 3 月，王某以急需资金周转为由，先后以安某杰、赵某某的借款借据作质押，向郭某某借款 129 万元，王某将该款部分归还旧债，部分转给武某某。至案发，尚有 91.4 万元未归还。

上述事实，有公诉机关提供并经庭审举证、质证，本院予以确认的下列证据证实：

1. 被害人郭某某陈述，2013 年 6 月，王某向其借款 60 万元，每月利息 1.2 万元，王某均按时付息，并偿还其 10 万元。2014 年 1 月 5 日，王某打电话让其到 C 信用联社找他，其看了几个人的借款借据，其中有赵某某借款 1700 万元、安某杰借款 600 万元的借款借据原件，王某把赵某某的借款借据作抵押向其借款。王某还给其看过王春某、王雷某 2500 万元的借款借据原件，王某说这 2500 万元是他帮王春某、王雷某垫资买地，如果不还，地就是他的。王某让其放心，他肯定能还钱。其觉得王某很有实力,在王某支付其11月、12月的利息后,其又借给王某50万元,王某给其出了100万元的借据。赵某某1700万元的借款借据原件抵押1个月后,王某以找赵某某要钱为由将借款借据原件拿走,给其一份安某杰600万元的借款借据原件作抵押。2014年八九月,王某以安某杰借款到期的名义又将安某杰的借款借据原件取走。2014年2月底,王某又借其19万元。王某共归还本息34.6万元。

经被害人郭某某辨认,在案赵某某1700万元、王春某2500万元、安某杰600万元的借款借据系王某给其看过的借据。

2. 证人安某某、李某及赵某群证实,赵某某1700万元的借据、安某杰600万元的借据均系伪造。

3. C市公安局调取证据通知书、调取证据清单及安某杰600万元借据、赵某某1700万元借据、王某向郭某某的借款借据。

4. 证人尹某某证言及王某所用银行卡交易明细证实,王某在收到郭某某的借款后,分别转给王某怀、杨某成、王某涛、王某梅14.8万元;取现、转支29万元;还借款20.8万元;转给武某某40万元。王某通过银行账户以本息的形式共归还郭某某34.6万元。

5. 同案犯武某某供述,王春某2500万元、赵某某1700万元、安某杰600万元的借款借据是其与王某伪造用于搪塞债主或向别人借款。其对王某拿假借据向郭某某借款之事不知情。

6. 被告人王某供述,在办公室,其将赵某某1700万元、安某杰600万元的借据出示给郭某某,让他放心其能还钱,并将赵某某1700万元的借据抵押给郭某某并借款。

公诉机关还向本院提交以下证据并经法庭质证:

1. 证人李某晶证实,王某和武某某关系很好,王某让武某某干什么他就干什么。2013年下半年安盛投资开始资金周转不开,王某曾拿着一沓借款借据让其看,并对其说这些借款借据都是假的,是武某某给他的。

2. 证人武某勇证实,王某和武某某一起合着倒贷款。其曾2次目睹王某和武某某伪造假的借款借据。王某找别人借的钱还不上,就给债主看一下伪造的这些借款借据,让债主相信他有钱都借出去,还没有要回来。

3. 证人刘某某(王某之妻)证实,2013年二三月,王某的资金上就出现了问题,已无力偿还债主的欠款。

4. C市公安局调取证据通知书、调取证据清单、C市安盛投资有限公司档案资料证实,2012年2月20日C市安盛投资有限公司登记设立,法定代表人牛某某,股东为牛某某、王某。2012年3月21日C市安盛投资有限公司股东变更为牛某某、刘某某。2013年4月26日C市安盛投资有限公司因严重亏损,进行注销公司备案。2013年6月18日C市安盛投资有限公司进行注销登记。

5. 常住人口基本信息证实被告人王某的自然身份情况。

对于公诉机关起诉被告人王某诈骗杨某、王某某、冯某某、李某某、李某、冯某、刘某共计2690.5万元的指控，经查，上述被害人或为王某亲友、或为获取高息借款给王某；王某借款中或未采取欺骗手段、或采取的欺诈行为与借款没有必然联系。现有证据不足以认定上述借款中王某具有非法占有目的，不符合诈骗犯罪构成。对公诉机关的上述指控，本院不予支持。对王某及其辩护人所提上列指控不构成犯罪的辩解及辩护意见，本院予以采纳。

对于被告人王某及辩护人所提未诈骗郭某某、刘某旭的辩解及辩护意见，经查，王某用虚假借据质押向他人借款，或借款后编造虚假事实推脱责任，应认定其具有诈骗故意。对此辩解及辩护意见，本院不予采纳。

对于被告人王某及其辩护人所提无法归还借款系被武某某诈骗所致；王某对武某某拥有大量债权，不存在资不抵债情形的辩解及辩护意见，经查，现有证据不能认定武某某诈骗王某；王某与武某某关系特殊，资金往来频繁，但往来资金性质不清，且王某是否对武某某拥有大量债权不影响其对他人诈骗性质的认定。对此辩解及辩护意见，本院不予采纳。

本院认为，被告人王某伙同武某某以非法占有为目的，骗取他人数额特别巨大钱款的事实清楚、证据确实、充分。B市人民检察院指控的罪名成立。王某之行为已构成诈骗罪。在共同犯罪中，王某起主要作用，系主犯。根据被告人王某犯罪的事实，犯罪的性质、情节以及对社会的危害程度，依照《刑法》第266条、第25条第1款、第26条第1款、第52条、第53条、第64条之规定，判决如下：

一、被告人王某犯诈骗罪，判处有期徒刑11年，并处罚金人民币20万元。罚金限自判决生效之日起30日内一次缴纳。

（刑期从判决执行之日起计算。判决执行以前先行羁押的，羁押1日折抵刑期1日，即自2014年12月12日起至2025年12月11日止。）

二、被告人王某与武某某共同退赔被害人刘某旭、郭某某共计人民币794.4万元。

如不服本判决，可在接到判决书的第2日起10日内，通过本院或直接向A省高级人民法院提出上诉，书面上诉的，应当提交上诉状正本1份，副本2份。

审判长代理：×××

审　判　员：×××

代理审判员：×××

2017年9月26日

书　记　员：×××

一审辩护词(第一次重审)

辩 护 词

审判长、审判员:

受被告人王某委托,北京市亿达律师事务所指派我为王某诈骗案的二审辩护人,因参加了原一审和重审及二审的整个审理过程,对本案有全面的了解,对二审法院总结的争议焦点问题没有异议,现针对一审判决认定事实和法律适用问题发表如下辩护意见:

一、B市中级人民法院(2016)×10刑初字××号刑事判决书审理查明的事实不清,认定被告人犯有诈骗罪的证据不足,应予改判。

本案在审理查明中认定的被告人伙同武某某骗取刘某旭、郭某某共计794.4万元的事实明显不清,证据严重不足。被告人是向刘某旭提出过借款,但实际是李某蕊借给被告人的款,此纠纷经C市人民法院诉讼解决,生效法律文书一直在执行中。被告人向郭某某借款也是事实,在本案重审及二审开庭时,郭某某也出庭陈述,双方只是借贷关系,并不认可被告人涉嫌诈骗。被告人向上述两人借款完全是个人民间借贷行为,没有诈骗行为,更不存在伙同武某某诈骗他人的情况。

构成诈骗罪的关键,是被告人是否以非法占有为目的,骗取他人财物的直接故意,构成共同犯罪要求必须有共同的犯罪故意,所实施的行为都必须是犯罪行为,必须具有共同的犯罪行为。一审判决在认定事实时,选择性使用证据,依靠不能互相印证的言词证据,忽略直接证据,认定事实与客观事实严重不符,具体如下:

(一)一审认定刘某旭系本案被害人缺乏证据支持,与现有生效法律文书认定的事实冲突,刘某旭不应作为本案当事人,且此案已经民事诉讼解决,不构成犯罪,更不成立共同犯罪。

事实是,2013年9月末,被告人因资金周转向袁某某借款,袁某某给刘某旭打电话,问其是否有钱出借,刘某旭同意拆借。2013年10月1日,刘某旭和李某蕊到王某处,由王某与李某蕊签订相关借款手续,李某蕊将800万元借款转给王某,借款到期后,王某偿还李某蕊100万元,余款因王某应收账款未能及时收回而未偿还。后李某蕊于2013年11月29日向C市人民法院提起诉讼,12月6日,原告李某蕊与王某达成协议,详见(2013)×民初字第××××号民事调解书,在该案中,刘某旭只是代理人,2014年1月14日,李某蕊向C市人民法院提交强制执行申请书,刘某旭是执行代理人,截至本次开庭为止,没有直接证据证实此款是刘某旭出借。2014年2月25日,C市人民法院向被告人送达执行通知书和报告财产令[(2014)×执字第×××号],

王某向法院报告了财产信息，期间C市人民法院已经冻结、扣划被告人王某银行账户存款并于2016年4月29日划转给李某蕊47,168.82元（详见C市法院案件款支付票据，收款人为李某蕊），同时一直冻结王某住房公积金76,753.65元[详见(2014)×执字第172－18号执行裁定书]和王某在C市农村信用合作社股金368,000元[详见(2014)×执字第172－22号执行裁定书]，此外还查封了王某名下的3辆小汽车，因王某被羁押后，无法进行评估机构的选定及进行拍卖程序，C市人民法院中止了该案执行。以上证据足以认定，此借款当事人是李某蕊，并非刘某旭。在生效法律文书未被撤销的情况下，其证明效力要大于证人证言的效力。并且在庭审中，公诉机关提供的相关人的陈述均可证实，王某在借款之时，没有编造虚假事实。此案已通过民事诉讼解决，且仍在执行中，不符合刑事立案条件。

一审判决认定"王某伙同武某某以资金周转为由向刘某旭借款800万元""王某、武某某以虚构的王雷某、王春某债权推脱还款。"无证据证实，不能成立。卷宗中的确有武某某提供给王某作为抵押的王春某2500万元的借据，但这并非王某伙同武某某编造，借据时间为2013年10月25日，是在王某向李某蕊借款到期后才形成的，这也能证实，武某某的陈述不真实，从相关人员陈述可以认证，王某在李某蕊借款到期后，一直向武某某追款，武某某称王春某、王雷某等人借款未还，后又给王某相关借据作抵押，但王某从未将这些出示给刘某旭或李某蕊。这之后王某带着刘某旭找武某某，让武某某带着找王春某追款，在此过程中，王某并没有编造任何事实，更没有欺骗刘某旭等人。通过几次庭审，武某某的供述、他人陈述及侦查机关扣押物品清单均可认定相关借据、公章、名章系武某某伪造。而2014年1月1日武某某的借条和证明、1月8日武某某的证明能证实，武某某一直称这些人欠其款，并给王某承诺还款时间，这些恰恰说明，是武某某在编造事实欺骗王某，王某才是真正的受害者。而武某某编造的这些事实，也是在王某举报武某某诈骗后，经侦查机关核实后，被告人才知悉，根本不存在王某伙同武某某伪造的情况。

综上，王某主观上没有非法占有他人财物的目的，亦未虚构事实，其在应收账款未及时收回时向他人拆借资金，应认定为民间借贷，并且已经过民事诉讼解决，一审判决对此起事实的认定，事实不清，证据不足，此起罪名不能成立，更不成立共同犯罪，应依法撤销。

（二）王某与郭某某之间的借款应认定为民间借贷，现有证据无法证实王某采取虚构事实，隐瞒真相，骗取他人财物的主观故意，此起事实不应认定为诈骗，更不成立共同犯罪。

一审判决对王某伙同武某某伪造对安某杰有600万元债权，对赵某某有1700万元债权骗取郭某某94.4万元的认定缺乏证据支持。

此案在原一审固定的证据和发回重审庭审及二审庭审中郭某某的当庭陈述，都能证实其是通过邻居介绍,主动找到王某单位的,借款给王某,是基于对王某在信用社工作产生的信任,而不是基于王某给其提供抵押借款手续。在王某借款前根本未向郭某某陈述过用借据抵押的情况,并且郭某某是先给王某汇款,后去王某办公室补的借条,王某接受这些款项,根本不需要向郭某某提供抵押,也没必要虚构事实。庭审中,郭某某陈述也不认为王某是诈骗,双方只是民间借贷,其并未向侦查机关报案(详见郭某某庭审中陈述)。此外,此次向郭某某只是借款50万元,出具借据时,是原来尚有50万元借款未还,加在一起换的借据而已,也就是说在原来借款时,还没有对安某杰有600万元债权,对赵某某有1700万元债权之说,并且王某向郭某某借款与武某某无任何关系。因此,一审法院认定王某伙同武某某骗取郭某某94.4万元不能成立。

在被告人向公安机关举报武某某涉嫌金融凭证、票据诈骗后,怀疑武某某伪造假手续,向公安机关提供线索,并配合公安机关找到相关单位和个人,经侦查机关核实后的证据可以认定,赵某某的借款手续是虚假的,但签字、公章、名章等都是武某某伪造。武某某提供这些手续是为了获取王某的信任,王某当时也不明知赵某某的手续是虚假的。没有任何直接证据能证实,王某和武某某共同伪造上述证据。王某只是武某某诈骗案的受害者,没有伙同武某某诈骗任何人。

综上,王某与郭某某的借款系民间借贷关系,王某没有非法占有的目的,也未伙同他人虚构事实,隐瞒真相。一审判决认定罪名不能成立,更不成立共同犯罪,应依法撤销。

二、有证据证实,被告人拥有的应收款项足以支付应付款项,不具有非法占有他人财物的主观故意。

此案发回重审后,C市公安局委托B××会计师事务所作出了×××审专(2017)第×××号鉴定报告,鉴定意见为王某及一致行动人向武某某及一致行动人相关账户付款金额合计82,891,701元,武某某及一致行动人向王某及一致行动人相关账户付款金额合计33,429,510元。此份鉴定意见虽未反映出王某借给武某某所有款项的全部,但结合武某某给王某出具的借据和公安机关调取的双方及相关人的银行往来,足可以认定,王某的应收款项远远大于公诉机关指控的应付款项。这份鉴定意见再次印证了王某向他人借款时只是资金周转,主观上不具有非法占有他人财物的目的。而事实上截至此次庭审,尚未确定王某的应收款项是否能收回,更无证据来认定王某在向他人借款之时不具备偿还能力,从卷宗证据来看,被告人也是一直在积极主张应收账款的回收,从2014年4月之前被告人的银行流水能够证实,被告人的资金往来都是正常的,被告人一直有回款,一直在偿付债务。并且,王某于2014年4月向公安机关报案武某某诈骗,就是为了追回应收账款,偿还债务,此举更能印证王某主观上没有占有他人财物的目的。因此王某是否具备偿还能力,是否具有诈骗的主观故意，不应以个别人的主观判断来认定，应根据相关应收账款的凭据、银行流水、鉴定意见等情况来综合认定。

综上，一审判决事实不清，证据不足，认定被告人犯有诈骗罪不能成立，认定与武某某共同犯罪更不成立。请求贵院撤销A省B市中级人民法院（××××）×刑初字××号刑事判决书，依法作出裁判。

辩护人：胡兴中

2018年6月28日

二审裁定书

A省高级人民法院
刑事裁定书

（××××）×刑终×××号

原公诉机关A省B市人民检察院。

上诉人（原审被告人）王某，男。2014年12月12日因涉嫌犯合同诈骗罪被刑事拘留，2015年1月17日因涉嫌犯诈骗罪被逮捕。现押于C市看守所。

辩护人胡兴中，北京市亿达律师事务所律师。

辩护人韩来宝，颂和安达律师事务所律师。

A省B市中级人民法院审理B市人民检察院指控原审被告人王某犯诈骗罪一案，于2015年12月29日作出（2015）×刑初字第38号刑事判决，认定被告人王某犯诈骗罪，判处有期徒刑15年，并处罚金人民币30万元；责令被告人王某退赔被害人人民币共计1964.28万元。被告人王某不服，提出上诉。本院经审理，于2016年5月6日作出（2016）×刑终×××号刑事裁定，撤销原判，发回重审。B市中级人民法院经重新审理，2017年9月26日作出（2016）×10刑初××号刑事判决，认定被告人王某犯诈骗罪，判处有期徒刑11年，并处罚金人民币20万元；被告人王某与武某某共同退赔被害人刘某旭、郭某某共计人民币794.4万元。被告人王某不服，提出上诉。本院依法组成合议庭，公开开庭审理了本案，A省人民检察院指派检察员××、×××出庭履行职务，被害人郭某某，原审被告人王某及其辩护人北京市亿达律师事务所律师胡兴中，颂和安达律师事务所律师韩来宝到庭参加诉讼。现已审理终结。

本院认为,原判决认定被告人王某犯诈骗罪的事实尚不清楚,且在审理过程中有违反法律规定的诉讼程序的情形。依照《中华人民共和国刑事诉讼法》第225条第1款第3项、第227条第5项、第233条,《最高人民法院关于适用〈中华人民共和国刑事诉讼法〉的解释》第329条之规定,裁定如下:

一、撤销B市中级人民法院(2016)×10刑初××号刑事判决;

二、发回B市中级人民法院重新审判。

本裁定为终审裁定。

审判长:×××

审判员:×××

审判员:×××

2018年9月7日

书记员:×××

一审判决书(第二次重审)

A省B市中级人民法院刑事判决书

(2018)×10刑初××号

公诉机关A省B市人民检察院。

被告人王某,男,2014年12月12日因涉嫌犯合同诈骗罪被C市公安局刑事拘留,2015年1月17日因涉嫌犯诈骗罪被逮捕。现押于C市看守所。

辩护人胡兴中,北京市亿达律师事务所律师。

辩护人韩来宝,颂和安达律师事务所律师。

A省B市人民检察院以×检公诉刑诉(2015)27号起诉书指控被告人王某犯诈骗罪,于2015年5月13日向本院提起公诉。本院依法组成合议庭公开开庭审理了本案,于2015年12月29日作出(2015)×刑初字第38号刑事判决。被告人王某提出上诉。A省高级人民法院于2016年5月6日作出(2016)×刑终115号刑事裁定,撤销原判,发回重审。本院依法另行组成合议庭,于2016年12月8日公开开庭审理了本案,后B市人民检察院以×检公诉刑补诉(2017)2号补充起诉决定书补充起诉,本院于2017年5月5日再次公开开庭审理了本案,于9月26日作出(2016)×10刑初51

号刑事判决。被告人王某提出上诉。A省高级人民法院于2018年9月7日作出(2017)×刑终482号刑事裁定，撤销原判，发回重审。本院依法另行组成合议庭，于2018年12月13日、28日公开开庭审理了本案，B市人民检察院指派检察员左某某出庭支持公诉，被害人李某，被告人王某及其辩护人胡兴中、韩来宝到庭参加诉讼。现已审理终结。

B市人民检察院指控，2013年5月至2014年5月，被告人王某在没有偿还能力的情况下，以急需资金周转为名，骗取杨某人民币600万元（以下币种均为人民币）、王某某930万元、冯某某75万元、李某某55万元、李某26万元、冯某984.5万元、刘某20万元。

又补充指控，被告人王某伙同武某某（另案处理）以假借据或编造虚假事实骗取郭某某109万元，骗取刘某旭800万元。

针对上述指控，公诉人当庭提供了证人证言、被害人陈述、书证、辨认笔录、电子数据、被告人供述与辩解等证据，并讯问了被告人。公诉机关认为，被告人王某其行为已触犯《中华人民共和国刑法》第266条之规定，应当以诈骗罪追究其刑事责任。在共同犯罪中，王某起主要作用，系主犯。提请本院依法判处。

被告人王某对起诉书指控的欠款事实不持异议，辩称无法归还借款系被武某某诈骗所致，对各被害人的借款未采用诈骗手段，不构成诈骗罪。被告人王某的辩护人提出的主要辩护意见是，王某对武某某拥有大量债权，不存在资不抵债情形；王某未虚构事实骗取他人财物，王某无罪。

经审理查明，被告人王某为偿还因从事个人借贷所欠巨额债务及高额利息，伙同武某某（另案处理）伪造对安某杰有600万元债权，对赵某某有1700万元债权，对王春某、王雷某有2500万元债权的虚假借款借据，骗取被害人刘某旭、郭某某共计794.4万元。具体事实如下：

一、2013年10月1日，被告人王某伙同武某某以资金周转为由向刘某旭借款800万元。王某将其中619.666万元归还旧债，170万元转给武某某。后王某、武某某以虚构的王雷某、王春某债权推脱还款。至案发，尚有700万元未归还。

上述事实，有公诉机关提供并经庭审举证、质证，本院予以确认的下列证据证实：

1. 被害人刘某旭陈述，2013年10月1日，袁某某打电话称C市信用社王某想借800万元。在信用社，王某称他银行里有1笔款因国庆放假支取不了，现急需资金周转，放假后便偿还。其通过公司会计李某蕊账户转给王某800万元，后王某偿还其本金100万元。国庆节后，王某称他将钱借给胜芳的王雷某、王春某倒贷款，钱没有回来。王某曾向其出示王雷某的土地证，其提出要去胜芳看看王雷某的厂子，走到半路，王某称他心脏病犯了，将其带到赵各庄一厂子里，其看到2名男子，王某指着其中一个瘦男子说该男子与其一起倒贷款，平时由该男子打理小额信贷公司，王雷某的贷款就是由该男子经手办理的。一个自称王某小弟的人还给其打电话让其不要逼王某,王某借给胜芳王雷某、王春某2500万元的手续是由这个人亲手办的,胜芳王雷某、王春某那边的贷款很快就倒下来了,等钱下来就还钱。

经依法辨认,刘某旭辨认出被告人武某某即为在赵各庄看到的与王某共同倒贷款的瘦男子。

2. 证人袁某某证实,2013年10月,王某打电话借钱,其让王某找刘某旭借800万元。后由于王某未还上借款,其帮刘某旭找王某催要欠款,王某称钱借给胜芳的一个人,还没回来。在催要欠款过程中,一个自称是王某弟弟的男子给其打电话称,让其放心,欠刘某旭的钱一定能还。

3. 证人李某蕊证言及借款合同、银行转账记录证实,2013年10月1日,王某向刘某旭借款800万元,并通过李某蕊的银行卡转给王某。

4. 银行交易明细证实,2013年10月1日,王某尾号4115的银行账户收到李某蕊银行转款800万元后分别转给崔某某251.666万元、宋某某50万元、许某某318万元,向武某某尾号4219的银行账户转款170万元。

5. C市公安局调取证据通知书、调取证据清单及个体工商户登记基本信息、借款借据证实,王春某借款2500万元的借款借据系伪造。

6. 同案犯武某某供述,王某称他的资金链已经出现问题,需要弄一些假的借款借据搪塞债主或者再向别人借钱,并让其协助他。王某知道王雷某、王春某、赵某某、安某杰等人的借款借据是假的。尹某阳、武某华等人的银行账户由其使用。2013年10月,正好是国庆节放假,其与王某开车去胜芳借钱未果后,王某便给袁某某打电话称:胜芳一老板王春某欠他2500万元,现王春某正在办贷款,因国庆放假,贷款业务无法办理需要拆借800万元。袁某某表示帮忙问一下。一会儿,袁某某回电话让王某去C市找刘某旭借800万元。后王某带着王春某2500万元的借款借据回C市找刘某旭借款。王某对其表示,借800万元的用途是为了还前债。800万元借款到期后,王某便以王春某欠钱的借口搪塞刘某旭。王某让其给袁某某打电话,让其用王春某搪塞袁某某。刘某旭到C市联社门口找王某要账,王某让其以王春某欠其钱的名义搪塞刘某旭,其用王某的电话跟刘某旭通过电话,其对刘某旭说胜芳王春某2500万元快下来了,等贷款下来钱就还给他。因一直未归还借款,刘某旭让王某带他去胜芳找王春某的厂子,王某给其打电话称随便找个厂子,假装是王春某的企业,去厂子里面转一圈再拖延刘某旭一段时间。其对王某说其在赵各庄村朋友的厂子里,不久王某带着刘某旭就来到赵各庄。

7. 被告人王某供述,2013年10月1日,其以资金周转的名义借刘某旭800万元,刘某旭将钱转给其尾号4115的银行账户上。当日其还给某投资公司300万元,还给郑某某250万元,次日转给武某某150万元。后其分2笔还了100万元的本金,尚有

700 万元未归还。

二、2013 年 6 月至 2014 年 3 月，王某以急需资金周转为由，先后以安某杰、赵某某的借款借据作质押，向郭某某借款 129 万元，王某将该款部分归还旧债，部分转给武某某。至案发，尚有 94.4 万元未归还。

上述事实，有公诉机关提供并经庭审举证、质证，本院予以确认的下列证据证实：

1. 被害人郭某某陈述，2013 年 6 月，王某向其借款 60 万元，每月利息 1.2 万元，王某均按时付息，并偿还其 10 万元。2014 年 1 月 5 日，王某打电话让其到 C 信用联社找他，其看了几个人的借款借据，其中有赵某某借款 1700 万元、安某杰借款 600 万元的借款借据原件，王某把赵某某的借款借据作抵押向其借款。王某还给其看过王春某、王雷某 2500 万元的借款借据原件，王某说这 2500 万元是他帮王春某、王雷某垫资买地，如果不还，地就是他的。王某让其放心，他肯定能还钱。其觉得王某很有实力，在王某支付其 11 月、12 月的利息后，其又借给王某 50 万元，王某给其出了 100 万元的借据。赵某某1700 万元的借款借据原件抵押 1 个月后，王某以找赵某某要钱为由将借款借据原件拿走，给其一份安某杰 600 万元的借款借据原件作抵押。2014 年 8—9 月，王某以安某杰借款到期的名义又将安某杰的借款借据原件取走。2014 年 2 月底，王某又借其 19 万元。王某共归还本息 34.6 万元。

经被害人郭某某辨认，在案赵某某 1700 万元、王春某 2500 万元、安某杰 600 万元的借款借据系王某给其看过的借据。

2. 证人安某某、李某雪及赵某群证实，赵某某 1700 万元的借据、安某杰 600 万元的借据均系伪造。

3. C 市公安局调取证据通知书、调取证据清单及安某杰 600 万元借据、赵某某 1700 万元借据、王某向郭某某的借款借据。

4. 证人尹某某证言及王某所用银行卡交易明细证实，王某在收到郭某某的借款后，分别转给王某怀、杨某成、王某涛、王某梅 14.8 万元；取现、转支 29 万元；还借款 20.8 万元；转给武某某 40 万元。王某通过银行账户以本息的形式共归还郭某某 34.6 万元。

5. 同案犯武某某供述，王春某 2500 万元、赵某某 1700 万元、安某杰 600 万元的借款借据是其与王某伪造用于搪塞债主或向别人借款。其对王某拿假借据向郭某某借款之事不知情。

6. 被告人王某供述，在办公室，其将赵某某 1700 万元、安某杰 600 万元的借据出示给郭某某，让他放心其能还钱，并将赵某某 1700 万元的借据抵押给郭某某并借款。

公诉机关还向本院提交以下证据并经法庭质证：

1. 证人李某晶证实，王某和武某某关系很好，王某让武某某干什么他就干什么。2013 年下半年安盛投资开始资金周转不开，王某曾拿着一沓借款借据让其看，并对其说这些借款借据都是假的,是武某某给他的。

2. 证人武某勇证实,王某和武某某一起合着倒贷款。其曾2次目睹王某和武某某伪造假的借款借据。王某找别人借的钱还不上,就给债主看一下伪造的这些借款借据,让债主相信他有钱都借出去,还没有要回来。

3. 证人刘某某(王某之妻)证实,2013年二三月,王某的资金上就出现了问题,已无力偿还债主的欠款。

4. C市公安局调取证据通知书、调取证据清单、C市安盛投资有限公司档案资料证实,2012年2月20日C市安盛投资有限公司登记设立,法定代表人牛某某,股东为牛某某、王某。2012年3月21日C市安盛投资有限公司股东变更为牛某某、刘某某。2013年4月26日C市安盛投资有限公司因严重亏损,进行注销公司备案。2013年6月18日C市安盛投资有限公司进行注销登记。

5. 常住人口基本信息证实被告人王某的自然身份情况。

对于公诉机关起诉被告人王某诈骗杨某、王某某、冯某某、李某某、李某、冯某、刘某共计2690.5万元的指控,经查,上述被害人或为王某亲友、或为获取高息而借款给王某;王某借款中或未采取欺骗手段、或采取的欺诈行为与借款没有必然联系。现有证据不足以认定上述借款中王某具有非法占有目的,不符合诈骗犯罪构成。对公诉机关的上述指控,本院不予支持。对王某及其辩护人所提上列指控不构成犯罪的辩解及辩护意见,本院予以采纳。

对于被告人王某及辩护人所提王某未诈骗郭某某、刘某旭的辩解及辩护意见,经查,王某用虚假借据质押向他人借款,或借款后编造虚假事实推脱责任,主观上具有直接占有他人财物的故意,客观上采用了隐瞒真相、虚构事实的欺诈手段,可以认定王某的行为为诈骗行为。对此辩解及辩护意见,本院不予采纳。

对于被告人王某及其辩护人所提无法归还借款系被武某某诈骗所致;王某对武某某拥有大量债权,不存在资不抵债情形的辩解及辩护意见,经查,现有证据不能认定武某某诈骗王某;王某与武某某关系特殊,资金往来频繁,但往来资金性质不清,且王某是否对武某某拥有大量债权不影响其对他人诈骗性质的认定。对此辩解及辩护意见,本院不予采纳。

本院认为,被告人王某伙同武某某以非法占有为目的,骗取他人数额特别巨大钱款的事实清楚、证据确实、充分。B市人民检察院指控的罪名成立。王某之行为已构成诈骗罪。在共同犯罪中,王某起主要作用,系主犯。根据被告人王某犯罪的事实,犯罪的性质、情节以及对社会的危害程度,依照《中华人民共和国刑法》第266条、第25条第1款、第26条第1款、第52条、第53条、第64条之规定,判决如下:

一、被告人王某犯诈骗罪,判处有期徒刑11年,并处罚金人民币20万元。罚金限自判决生效之日起30日内一次缴纳。

(刑期从判决执行之日起计算。判决执行以前先行羁押的,羁押1日折抵刑期1日,即自2014年12月12日起至2025年12月11日止。)

二、被告人王某与武某某共同退赔被害人刘某旭、郭某某共计人民币794.4万元。

如不服本判决,可在接到判决书的第二日起10日内,通过本院或直接向A省高级人民法院提出上诉,书面上诉的,应当提交上诉状正本1份,副本2份。

审判长:×××

审判员:×××

审判员:×××

2018年12月28日

书记员:×××

一审辩护词(第二次重审)

辩护词

审判长、审判员:

受被告人王某委托,北京市亿达律师事务所指派我为王某诈骗案的重审辩护人,因参加了原一审和重审、二审以及第二次重审的整个审理过程,对本案有全面的了解,现针对本案认定事实和法律适用问题发表如下辩护意见:

起诉书指控王某骗取杨某400万元事实不清,证据不足。起诉书认定王某欠王某某等其他7人款项的事实没异议,但起诉书指控王某明知没有偿还能力、虚构事实、隐瞒真相等事实的证据不足,王某不具有非法占有他人财物的目的,补充起诉书指控王某与武某某共同诈骗刘某旭、郭某某的事实不清,证据不足,公诉机关指控王某涉嫌诈骗罪名均不能成立。

一、公诉机关起诉书认定的案件事实不清,认定王某在借款时不具有偿还能力,主观上具有非法占有他人财物目的的证据不足。

1. 杨某所述事实及提交证据与客观事实不符,起诉书指控王某的此起犯罪事实不清、证据不足。

杨某报案时称王某骗其600万元并提交证据给公安机关,后又陈述王某已还200万元,尚欠其400万元。但其隐瞒了双方达成延期还款承诺及增加担保人的事实及证据,同时隐瞒了王某将拥有的300万元债权转让给他的事实,这在辩护人提交的杨某在××法院起诉的相关材料可以证实。特别是证人崔某华当庭陈述和提交的证据,说明此笔借款崔某华已履行担保责任,偿还给杨某。王某借杨某此笔款到期后,其一直在积极研究解决办法,根本没有骗取杨某款项的意图,王某提供的担保人有履行能力,有真实的到期债权转让,只是杨某某懈怠主张权利,存在恶意报案嫌疑。

2. 起诉书指控王某骗取王某某等7人财物的证据不足。

通过庭审可以查明,上述7人均没有向公安机关报案,在原一审中,法院亦未通知上述7人到庭参加诉讼。这些人都是王某在举报武某某涉嫌诈骗案时,主动向侦查机关提供信息,为说明王某出借款项来源,配合侦查机关调查的,公安机关固定的笔录带有明显的主观性和诱导性。此案发回重审后,到庭的王某某、郭某某、冯某某、冯某及李某的当庭陈述均可证明,这些人到现在也没指证王某诈骗,都认为双方是正常的民间借贷,上述7人根本不能认定为被害人,公诉机关无充分证据证实,王某有非法占有上述7人财物的主观目的。

3. 公诉机关没有充分证据证实王某在向上述8人借款时没有偿还能力。

通过庭审控辩双方提供的王某的银行往来账目和他人给王某出具的借据等证据可以认定,王某自2008年开始,一直从事资金拆借业务。至王某在向起诉书所列8人借款时,尚有大量的应收账款没有收回,这在武某某当庭核实证据时能证明,仅武某某一人给王某出具的借据就超过亿元。事实上王某在向他人借款的同时,一直在积极清收应收账款,而且在陆续地收回借款本息,这有王某银行账户资金往来记录可以证实。公诉机关不能否认王某拥有大量应收账款的事实,也无法证实王某在向他人借款时没有偿还能力。

通过庭审调查,王某是在2014年4月发现联系不上武某某,立即向公安机关报案,直到此时,王某才认为武某某有可能涉嫌诈骗。报案之后,王某不但没有再向他人拆借过资金进行周转,反而一直积极协助侦查机关进行抓捕、调查取证、追赃等活动,最大限度地挽回损失。以上行为表明,在王某向起诉书所列明的受害人借款时,王某并不具有非法占有的目的。

除此之外,公诉机关提供的C市公安局×公(刑)诉字(2015)×××号起诉意见书及C市人民检察院对杨某的起诉书,可以进一步地说明真实的过程,即武某某涉嫌诈骗王某、杨某涉嫌敲诈勒索武某某。通过上述2份文书,不但可以确认武某某诈骗王某的部分款项去向,更加印证了王某才是上述资金流转过程中真正的受害人。司法机关本应据此线索继续追赃,以维护受害人王某的权益,但现在却是真正的犯罪嫌疑人尚未被追究,而作为举报犯罪的王某却被送上了法庭。在无法确认赃款是否能够被追缴的情况下,根本无法认定王某不具有偿还能力,公诉机关的指控缺乏证据支持。

关于王某是否具有偿还能力的问题，在2015年10月19日C市公安局刑警大队出具的案件说明中可见一斑，案件说明仅对王某的2个银行账户进行整理，虽然取证范围不够全面，但也足以证实王某在向本案起诉书所述8人借款之时，有大量的应收账款，在债权真实存在的前提下，王某具备偿还借款的能力。

4.起诉书认定王某骗取冯某某434.5万元承兑汇票的事实不能成立。通过庭审查明，此笔承兑是没能及时回款，王某只是确认此笔账由其承担，并非是骗取承兑汇票。

二、王某没有虚构事实骗取他人财物，起诉书指控王某虚构事实不能成立。

第一，××电子公司是经C市工商局依法注册成立的，公诉人指控的该公司无厂房、无设备，王某以“空壳公司”作抵押的表述不符合法律规定。公司是独立法人，完全可以对外担保，此案中王某也不是以公司的厂房设备设定抵押，只是以合法设立的该公司作担保而已。该公司成立后为投资建厂，曾与开发区管委会签订征地协议，该事实并非王某虚构。即使公司设立后存在抽逃出资的行为，也属公司法调整范围，按照相关的法律规定，股东或实际控制人应在抽逃出资的范围内承担责任，不能因此认定虚构事实。更何况在本案中，王某本人是债务人，对其债务应承担无限责任，在借款过程中，王某并不存在编造借款用途、虚构事实的行为。

第二，用作抵押的贾庄回迁楼和高庄村大坑均为真实存在，根据在案的证据可以看出，王某有权对上述财产进行处置，用其设定抵押合法有效，这也进一步印证王某的借款系民间借贷性质，不存在诈骗行为。

第三，庭审查明，虚假的赵某某借款手续系武某某伪造并抵押给王某的，王某对此并不知情。

第四，即使王某借款理由与使用用途存在不一致的情况，也要分清是民事欺诈还是刑事诈骗，没有证据证实主观上非法占有的目的，都不能认定为诈骗。

三、公诉机关补充起诉指控被告人王某与武某某共同诈骗的证据不足。

被告人是向刘某旭提出过借款，但实际是李某蕊借给被告人的，此纠纷经C市人民法院诉讼解决，生效法律文书一直在执行中。被告人向郭某某借款也是事实，在本案重审及二审开庭时，郭某某也出庭陈述，双方只是借贷关系，并不认可被告人涉嫌诈骗。

构成诈骗罪的关键，是被告人是否以非法占有为目的，骗取他人财物的直接故意，构成共同犯罪要求必须有共同的犯罪故意，所实施的行为都必须是犯罪行为，必须具有共同的犯罪行为。被告人向上述两人借款完全是个人民间借贷行为，没有诈骗行为，更不存在伙同武某某诈骗他人的情况。

（一）刘某旭系本案被害人缺乏证据支持，与现有生效法律文书认定的事实冲突，刘某旭不应作为本案当事人，且此案已经民事诉讼解决，不构成犯罪，更不成立共同犯罪。

事实是,2013 年 9 月末,被告人因资金周转向袁某某借款,袁某某给刘某旭打电话,问其是否有钱出借,刘某旭同意拆借。2013 年 10 月 1 日,刘某旭和李某蕊到王某处,由王某与李某蕊签订相关借款手续,李某蕊将 800 万元借款转给王某,借款到期后,王某偿还李某蕊 100 万元,余款因王某应收账款未能及时收回未偿还。后李某蕊于 2013 年 11 月 29 日向 C 市人民法院提起诉讼,2013 年 12 月 6 日,原告李某蕊与王某达成协议,详见(2013)×民初字第××××号民事调解书,在该案中,刘某旭只是代理人,2014 年 1 月 14 日,李某蕊向霸州市人民法院提交强制执行申请书,刘某旭是执行代理人,截至本次开庭为止,没有直接证据证实此款是刘某旭出借。2014 年 2 月 25 日,C 市人民法院向被告人送达执行通知书和报告财产令[(2014)×执字第××× 号],王某向法院报告了财产信息,期间 C 市人民法院已经冻结、扣划被告人王某银行账户存款并于2016 年4 月 29 日划转给李某蕊 47,168.82 元(详见 C 市人民法院案件款支付票据,收款人为李某蕊),同时一直冻结王某住房公积金 76,753.65 元[详见(2014)×执字第 172-18 号执行裁定书]和王某在 C 市农村信用合作社股金 368,000 元[详见(2014)×执字第 172-22 号执行裁定书],此外还查封了王某名下的 3 辆小汽车,因王某被羁押后,无法进行评估机构的选定及进行拍卖程序,C 市人民法院中止了该案执行。以上证据足以认定,此借款当事人是李某蕊,并非刘某旭。在生效法律文书未被撤销的情况下,其证明效力要大于证人证言的效力。并且在庭审中,公诉机关提供的相关人的陈述均可证实,王某在借款之时,没有编造虚假事实。此案已通过民事诉讼解决,且仍在执行中,不符合刑事立案条件。

公诉机关指控"王某伙同武某某以资金周转为由向刘某旭借款 800 万元""王某、武某某以虚构的王春某、王雷某债权推脱还款"。无证据证实,不能成立。卷宗中的确有武某某提供给王某作为抵押的王春某 2500 万元的借据,但这并非王某伙同武某某编造,借据时间为 2013 年 10 月 25 日,是在王某向李某蕊借款到期后才形成的,这也能证实,武某某的陈述不真实,从相关人员陈述可以认证,王某在李某蕊借款到期后,一直向武某某追款,武某某称王春某、王雷某等人借款未还,后又给王某相关借据作抵押的,但王某从未将这些出示给刘某旭或李某蕊。这之后王某带着刘某旭找武某某,让武某某带着找王春某追款,在此过程中,王某并没有编造任何事实,更没有欺骗刘某某等人。通过几次庭审,武某某的供述、他人陈述及侦查机关扣押物品清单均可认定相关借据、公章、名章系武某某伪造。而 2014 年 1 月 1 日武某某的借条和证明、2014 年 1 月 8 日武某某的证明能证实,武某某一直称这些人欠其款,并给王某承诺还款时间,这些恰恰说明,是武某某在编造事实欺骗王某,王某才是真正的受害者。而武某某编造的这些事实,也是在王某举报武某某诈骗后,经侦查机关核实后,被告人才知悉,根本不存在王某伙同武某某伪造的情况。

综上,王某主观上没有非法占有他人财物的目的,亦未虚构事实,其在应收账款未及时收回时向他人拆借资金,应认定为民间借贷,并且已经过民事诉讼解决,公诉机关指控此起犯罪事实不清,证据不足,此起罪名不能成立,更不成立共同犯罪。

(二)王某与郭某某之间的借款应认定为民间借贷,现有证据无法证实王某采取虚构事实,隐瞒真相,骗取他人财物的主观故意,此起事实不应认定为诈骗,更不成立共同犯罪。

公诉机关指控王某伙同武某某伪造对安某杰有600万元债权,对赵某某有1700万元债权骗取郭某某94.4万元缺乏证据支持。

此案在原一审固定的证据和发回重审庭审、二审庭审中郭某某的当庭陈述,都能证实其是通过邻居介绍,主动找到王某单位的,借款给王某,是基于对王某在信用社工作产生的信任,而不是基于王某给其提供抵押借款手续。王某借款前根本未向郭某某陈述过用借据抵押的情况,并且郭某某是先给王某汇款,后去王某办公室补的借条,王某接受这些款项,根本不需要向郭某某提供抵押,也没必要虚构事实。庭审中,郭某某陈述也不认为王某是诈骗,双方只是民间借贷,其并未向侦查机关报案(详见郭某某庭审中陈述)。此外,此次向郭某某只是借款50万元,出具借据时,是原来尚有50万元借款未还,加在一起换的借据而已,也就是说在原来借款时,还没有对安某某有600万元债权,对赵某某有1700万元债权之说,并且王某向郭某某借款与武某某无任何关系。因此,指控王某伙同武某某骗取郭某某94.4万元不能成立。

在被告人向公安机关举报武某某涉嫌金融凭证、票据诈骗后,怀疑武某某伪造假手续,向公安机关提供线索,并配合公安机关找到相关单位和个人,经侦查机关核实后的证据可以认定,赵某某的借款手续是虚假的,但签字、公章、名章等等都是武某某伪造。武某某提供这些手续是为了获取王某的信任,王某当时也不明知赵某某的手续是虚假的。没有任何直接证据能证实,王某和武某某共同伪造上述证据。王某只是武某某诈骗案的受害者,没有伙同武某某诈骗任何人。

综上,王某与郭某某的借款系民间借贷关系,王某没有非法占有的目的,也未伙同他人虚构事实,隐瞒真相。公诉机关指控罪名不能成立,更不成立共同犯罪。

四、有证据证实,被告人拥有的应收款项足以支付应付款项,不具有非法占有他人财物的主观故意。

此案在发回重审后,C市公安局委托×××会计师事务所作出了×××审专(2017)第013号鉴定报告,鉴定意见为王某及一致行动人向武某某及一致行动人相关账户付款金额合计82,891,701元,武某某及一致行动人向王某及一致行动人相关账户付款金额合计33,429,510元。此份鉴定意见虽未反映出王某借给武某某所有款项的全部,但结合武某某给王某出具的借据和公安机关调取的双方及相关人的银行往来,足可以认定,王某的应收款项远远大于公诉机关指控的应付款项。这份鉴定意见再次印证了王某向他人借款时只是资金周转,主观上不具有非法占有他人财物的目的。而事实上截至此次庭审,尚未确定王某的应收款项是否能收回,更无证据来认定王某在向他人借款之时不具备偿还能力。从卷宗证据来看,被告人也是一直在积极主张应收账款的回收,从2014年4月之前被告人的银行流水能够证实,被告人的资金往来都是正常的,被告人一直有回款,一直在偿付债务。并且,王某于2014年4月向公安机关报案武某某诈骗,就是为了追回应收账款,偿还债务,此举更能印证王某主观上没有占有他人财物的目的。因此王某是否具备偿还能力,是否具有诈骗的主观故意,不应以个别人的主观判断来认定,应根据相关应收账款的凭据、银行流水、鉴定意见等情况来综合认定。

综上所述,本案是否构成诈骗罪,关键看王某在借款之时是否具有偿还能力,是否存在非法占有他人财物的主观故意,而不能以其现在不能返还借款的结果来认定,否则便陷于客观归罪。因此,公诉机关指控被告人王某犯有诈骗罪缺少确实充分的证据予以支持,认定与武某某共同犯罪更不成立,并且,此案已被A省高级人民法院两次发回重审,发回重审理由都有事实不清这一项,在此次发回重审后,公诉机关在没有补充确实充分的证据情况下,请合议庭本着疑罪从无的法治精神,依法作出指控的罪名不能成立的无罪判决。

此致

A省高级人民法院

辩护人:胡兴中

2018年12月13日

二审判决书

A省高级人民法院刑事判决书

(2019)×刑终××号

原公诉机关A省B市人民检察院。

上诉人(原审被告人)王某,男,2014年12月12日因涉嫌犯合同诈骗罪被刑事拘留,2015年1月17日因涉嫌犯诈骗罪被逮捕。现羁押于C市看守所。

辩护人胡兴中，北京市亿达律师事务所律师。

辩护人韩来宝，颂和安达律师事务所律师。

A省B市中级人民法院审理B市人民检察院指控原审被告人王某犯诈骗罪一案，于2015年12月29日作出(2015)×刑初字第38号刑事判决，认定被告人王某犯诈骗罪，判处有期徒刑15年，并处罚金人民币30万元；责令被告人王某退赔被害人人民币共计1964.28万元。原审被告人王某不服，提出上诉。经本院审理并于2016年5月6日作出(2016)×刑终××号刑事裁定，撤销原判，发回重审。

B市中级人民法院于2017年9月26日作出(2016)×10刑初××号刑事判决，认定被告人王某犯诈骗罪，判处有期徒刑11年，并处罚金人民币20万元；责令被告人王某与武某某共同退赔被害人刘某旭、郭某某共计人民币794.4万元。原审被告人王某不服，提出上诉。经本院审理并于2018年9月7日作出(2017)×刑终××号刑事裁定，撤销原判，发回重审。B市中级人民法院于2018年12月28日作出(2018)×10刑初××号刑事判决。原审被告人王某不服，提出上诉。本院受理后依法组成合议庭公开开庭审理了本案。A省人民检察院指派检察员张××、林××出庭履行职务。原审被告人王某及其辩护人韩来宝、胡兴中到庭参加诉讼。现已审理终结。

原判决认定：被告人王某为偿还因从事个人借贷所欠巨额债务及高额利息，伙同武某某(另案处理)伪造对安某杰有600万元债权，对赵某某有1700万元债权，对王春某、王雷某有2500万元债权的虚假借款借据，骗取被害人刘某旭、郭某某共计794.4万元。具体事实如下：

一、2013年10月1日，被告人王某伙同武某某以资金周转为由向刘某旭借款800万元。王某将其中619.666万元归还旧债，170万元转给武某某。后王某、武某某以虚构的王雷某、王春某债权推脱还款。至案发，尚有700万元未归还。

上述事实，有原公诉机关提供并经庭审举证、质证，原审法院予以确认的下列证据证实：

1. 被害人刘某旭陈述，2013年10月1日，袁某某打电话称C市信用社王某想借800万元。在信用社，王某称他银行里有一笔款因国庆放假支取不了，现急需资金周转，放假后便偿还。其通过公司会计李某蕊账户转给王某800万元，后王某偿还其本金100万元。国庆节后，王某称他将钱借给胜芳的王雷某、王春某倒贷款，钱没有回来。王某曾向其出示王雷某的土地证，其提出要去胜芳看看王雷某的厂子，走到半路，王某称他心脏病犯了，将其带到赵各庄一厂子里，其看到2名男子，王某指着其中1个瘦男子说该男子与其一起倒贷款，平时由该男子打理小额信贷公司，王雷某的贷款就是由该男子经手办理的。一个自称王某小弟的人还给其打电话让其不要逼王某，王某借给胜芳王雷某、王春某2500万元的手续是由这个人亲手办的，胜芳王雷某、王春某那边的贷款很快就倒下来了，等钱下来就还钱。

经依法辨认,刘某旭辨认出被告人武某某即为在赵各庄看到的与王某共同倒贷款的瘦男子。

2. 证人袁某某证实,2013 年 10 月,王某打电话借钱,其让王某找刘某旭借 800 万元。后由于王某未还上借款,其帮刘某旭找王某催要欠款,王某称钱借给胜芳的一个人,还没回来。在催要欠款过程中,一个自称是王某弟弟的男子给其打电话称,让其放心,欠刘某旭的钱一定能还。

3. 证人李某蕊证言及借款合同、银行转账记录证实,2013 年 10 月 1 日,王某向刘某旭借款 800 万元,并通过李某蕊的银行卡转给王某。

4. 银行交易明细证实,2013 年 10 月 1 日,王某尾号 4115 的银行账户收到李某蕊银行转款 800 万元后分别转给崔某华 251.666 万元、宋某某 50 万元、许某某 318 万元,向武某某尾号 4219 的银行账户转款 170 万元。

5. C 市公安局调取证据通知书、调取证据清单及个体工商户登记基本信息、借款借据证实,王春某借款 2500 万元的借款借据系伪造。

6. 同案犯武某某供述,王某称他的资金链已经出现问题,需要弄一些假的借款借据搪塞债主或者再向别人借钱,并让其协助他。王某知道王雷某、王春某、赵某某、安某杰等人的借款借据都是假的。尹某阳、武某华等人的银行账户由其使用。2013 年 10 月,正好是国庆节放假,其与王某开车去胜芳借钱未果后,王某便给袁某某打电话称:胜芳一老板王春某欠他 2500 万元,现王春某正在办贷款,因国庆放假,贷款业务无法办理需要拆借 800 万元。袁某某表示帮忙问一下。一会儿,袁某某回电话让王某去 C 找刘某旭借 800 万元。后王某带着王春某 2500 万元的借款借据回 C 找刘某旭借款。王某对其表示,借 800 万元的用途是为了还前债。800 万元借款到期后,王某便以王春某欠钱的借口搪塞刘某旭。王某让其给袁某某打电话,让其用王春某搪塞袁某某。刘某旭到 C 市联社门口找王某要账,王某让其以王春某欠其钱的名义搪塞刘某旭,其用王某的电话跟刘某旭通过电话,其对刘某旭说胜芳王春某 2500 万元快下来了,等贷款下来钱就还给他。因一直未归还借款,刘某旭让王某带他去胜芳找王春某的厂子,王某给其打电话称随便找个厂子,假装是王春某的企业,去厂子里面转一圈再拖延刘某旭一段时间。其对王某说其在赵各庄村朋友的厂子里,不久王某带着刘某旭就来到赵各庄。

7. 被告人王某供述,2013 年 10 月 1 日,其以资金周转的名义借刘某旭 800 万元,刘某旭将钱转给其尾号 4115 的银行账户上。当日其还给某投资公司 300 万元,还给郑某某 250 万元,次日转给武某某 150 万元。然后其分 2 笔还了 100 万元的本金,尚有 700 万元未归还。

二、2013 年 6 月至 2014 年 3 月,王某以急需资金周转为由,先后以安某杰、赵某某的借款借据作质押,向郭某某借款 129 万元,王某将该款部分归还旧债,部分转给武某某。至案发，尚有94.4万元未归还。

上述事实，有原公诉机关提供并经庭审举证、质证，原审法院予以确认的下列证据证实：

1. 被害人郭某某陈述，2013年6月，王某向其借款60万元，每月利息1.2万元，王某均按时付息，并偿还其10万元。2014年1月5日，王某打电话让其到C信用联社找他，其看了几个人的借款借据，其中有赵某某借款1700万元、安某杰借款600万元的借款借据原件，王某把赵某某的借款借据作抵押向其借款。王某还给其看过王春某、王雷某2500万元的借款借据原件，王某说这2500万元是他帮王春某、王雷某垫资买地，如果不还，地就是他的。王某让其放心，他肯定能还钱。其觉得王某很有实力，在王某支付其11月、12月的利息后，其又借给王某50万元，王某给其出了100万元的借据。赵某某1700万元的借款借据原件抵押1个月后，王某以找赵某某要钱为由将借款借据原件拿走，给其一份安某杰600万元的借款借据原件作抵押。2014年8月、9月，王某以安某杰借款到期的名义又将安某杰的借款借据原件取走。2014年2月底，王某又借其19万元。王某共归还本息34.6万元。

经被害人郭某某辨认，在案赵某某1700万元、王春某2500万元、安某杰600万元的借款借据系王某给其看过的借据。

2. 证人安某某、李某雪及赵某群证实，赵某某1700万元的借据、安某杰600万元的借据均系伪造。

3. C市公安局调取证据通知书、调取证据清单及安某杰600万元借据、赵某某1700万元借据、王某向郭某某的借款借据。

4. 证人尹某阳证言及王某所用银行卡交易明细证实，王某在收到郭某某的借款后，分别转给王某怀、杨某成、王某涛、王某梅14.8万元；取现、转支29万元；还借款20.8万元；转给武某某40万元。王某通过银行账户以本息的形式共归还郭某某34.6万元。

5. 同案犯武某某供述，王春某2500万元、赵某某1700万元、安某杰600万元的借款借据是其与王某伪造用于搪塞债主或向别人借款。其对王某拿假借据向郭某某借款之事不知情。

6. 被告人王某供述，在办公室，其将赵某某1700万元、安某杰600万元的借据出示给郭某某，让他放心其能还钱，并将赵某某1700万元的借据抵押给郭某某并借款。

原公诉机关还向原审法院提交以下证据并经法庭质证：

1. 证人李某晶证实，王某和武某某关系很好，王某让武某某干什么他就干什么。2013年下半年安盛投资开始资金周转不开，王某曾拿着一沓借款借据让其看，并对其说这些借款借据都是假的，是武某某给他的。

2. 证人武某勇证实，王某和武某某一起合着倒贷款。其曾2次目睹王某和武某某伪造假的借款借据。王某找别人借的钱还不上，就给债主看一下伪造的这些借款借据,让债主相信他有钱都借出去,还没有要回来。

3. 证人刘某某(王某之妻)证实,2013年二三月,王某的资金上就出现了问题,已无力偿还债主的欠款。

4. C市公安局调取证据通知书、调取证据清单、C市安盛投资有限公司档案资料证实,2012年2月20日C市安盛投资有限公司登记设立,法定代表人牛某某,股东为牛某某、王某。2012年3月21日C市安盛投资有限公司股东变更为牛某某、刘某某。2013年4月26日C市安盛投资有限公司因严重亏损,进行注销公司备案。2013年6月18日C市安盛投资有限公司进行注销登记。

5. 常住人口基本信息证实被告人王某的自然身份情况。

对于原公诉机关起诉被告人王某诈骗杨某、王某某、冯某某、李某某、李某、冯某、刘某共计2690.5万元的指控,经查,上述被害人或为王某亲友、或为获取高息而借款给王某;王某借款中或未采取欺骗手段、或采取的欺诈行为与借款没有必然联系。现有证据不足以认定上述借款中王某具有非法占有目的,不符合诈骗犯罪构成。对原公诉机关的上述指控,不予支持。对王某及其辩护人所提上列指控不构成犯罪的辩解及辩护意见,予以采纳。

对于被告人王某及辩护人所提王某未诈骗郭某某、刘某旭的辩解及辩护意见,经查,王某用虚假借据质押向他人借款,或借款后编造虚假事实推脱责任,主观上具有直接占有他人财物的故意,客观上采用了隐瞒真相、虚构事实的欺诈手段,可以认定王某的行为为诈骗行为。对此辩解及辩护意见,不予采纳。对于被告人王某及其辩护人所提无法归还借款系被武某某诈骗所致;王某对武某某拥有大量债权,不存在资不抵债情形的辩解及辩护意见,经查,现有证据不能认定武某某诈骗王某;王某与武某某关系特殊,资金往来频繁,但往来资金性质不清,且王某是否对武某某拥有大量债权不影响其对他人诈骗性质的认定。对此辩解及辩护意见,不予采纳。

原审法院认为,被告人王某伙同武某某以非法占有为目的,骗取他人数额特别巨大钱款的事实清楚、证据确实充分。B市人民检察院指控的罪名成立。王某之行为已构成诈骗罪。在共同犯罪中,王某起主要作用,系主犯。根据被告人王某犯罪的事实,犯罪的性质、情节以及对社会的危害程度,依照《中华人民共和国刑法》第266条、第25条第1款、第26条第1款、第52条、第53条、第64条之规定,认定被告人王某犯诈骗罪,判处有期徒刑11年,并处罚金人民币20万元;被告人王某与武某某共同退赔被害人刘某旭、郭某某共计人民币794.4万元。

原审被告人王某上诉及其辩护人辩护主要提出:上诉人王某没有非法占有的主观故意,现有证据不能证实上诉人王某虚构事实、隐瞒真相骗取他人财物。上诉人王某与武某某没有共同的犯罪故意,没有实施共同的犯罪行为,不构成共同犯罪。原判决认定事实不清,证据不足,依法应宣告上诉人王某无罪。

A省人民检察院出庭意见：一审判决认定被告人王某犯诈骗罪的部分事实尚不清楚，证据不足。建议二审法院依法裁判。

经二审庭审举证、质证的证据与一审相同，本院充分听取了控辩双方的质证意见。现对证据具体评判如下：

1. 原判认定王某向刘某旭借款时具有虚构事实，隐瞒真相的行为证据不足。

王某关于借款经过的供述和被害人刘某旭的陈述相一致，证实王某是经袁某某介绍找的刘某旭借款，而借款的理由是资金周转。刘某旭在侦查阶段证言提到“因为有袁某某的介绍，还有王某在信用社信贷部上班，我们企业用贷款都得找他，所以我就同意了（指同意借给王某800万元）”。因此，认定王某借款时具有虚构事实，隐瞒真相行为的证据不足。

2. 原判认定王某以虚假借据作抵押骗取郭某某借款证据不足。

（1）原判决认定，上诉人王某伙同武某某（另案处理）伪造对安某杰、赵某某、王春某、王雷某有债权的虚假借款借据的事实不清，证据不足。

虽武某某的供述与武某勇的证言一致，证明王某与武某某共同伪造了假借据，但武某某与武某勇均证明伪造借据是在2012年，本案中3份假借据的签订日期均为2013年，时间上存在明显的矛盾。武某勇证明2012年见过王某和武某某伪造过两次假的借款借据，没有证明伪造的借据是否为本案中涉及的假借据。且武某某的供述前后不一，在侦查机关供述假借据是自己伪造的，本案发回重审以后，其又供是和王某共同伪造的，其供述的真实性存疑。武某某供述伪造假借据时李某宾也在场，但经侦查机关多方查找，未能找到李某宾。王某始终否认伪造假借据。

故，认定假借据是王某伙同武某某伪造对安某杰、赵某某、王春某、王雷某有债权的虚假借据的事实不清，现有证据存在矛盾，尚达不到确实、充分的证明标准。

（2）关于王某在用借据作为抵押向被害人借钱时，明知该借据为假借据的事实不清，证据不足。

武某某供述，王某在2012年上半年就知道其提供给王某的所有借据是假的，但是前面已经分析，其供述与本案中的假借据之间存在矛盾，其供述的真实性存疑。王某供述，假借条是武某某向其借款时提供的抵押，武某某向王某借款的事实有二人的供述及相关借条证实，借条中虽没有记载用本案中的假借条作抵押，但武某某2014年1月1日的证明中记载，武某某承诺兑现2014年1月8日王春某1000万元、2014年1月20日王春某1000万元的借款，亦印证了王某的供述，即武某某向王某借款时用王春某的借条作了抵押的事实。可印证王某不知借条是假的，否则不可能让武某某用假借条向自己作抵押借钱。

武某勇的证言也不能得出王某在2012年就知道假借据的结论。另一名证人李某晶的证言，一是没有证明王某给其看的一沓借据中是否有本案中的假借据；二是证明2013年王某知道武某某给的借据是假的,与武某某、武某勇证的2012年不一致。故李某晶的证言亦与其他证据相矛盾。

故,原判决认定王某以虚假借据作抵押骗取郭某某借款的证据不足。

3.原判认定王某向刘某旭、郭某某借款时具有非法占有的目的,无偿还能力的事实不清,证据不足。

李某晶证明2013年下半年,王某的投资公司资金出现了问题;武某某证明2012年王某就说他的资金链出现问题了,有6000多万元的外债;王某供述在2013年1月资金出现问题,有220万元的亏空,到2014年6月,出现7000多万元的亏空;王某妻子刘某某证实2013年二三月,王某资金出现问题,无力还债了;这些证据均为言词证据且证明出现资金问题的时间、金额也不一致,因此证明王某是否有偿债能力应以能反映其当时的投资公司经营状况,其个人资产情况、债权债务情况的客观性证据为主。

安盛投资公司注销备案登记证实,该公司在2013年4月26日因严重亏损进行了注销备案,这与李某晶的证言相印证,但安盛投资仅是王某资产的一部分,还需要查清王某除投资公司之外的其他的资产情况;侦查机关也调取了王某的多个银行账号的交易明细及余额情况,但是否为王某的全部银行账号侦查机关未说明,另外这些账号在案发前后一直还有频繁的资金进出,侦查机关也没有委托专门的审计或会计机构对王某向被害人借款时的资产和负债情况进行鉴定,没有充分的证据证实王某当时已经资不抵债。

本案发回重审后,侦查机关委托会计师事务所对王某与武某某之间的资金往来情况进行了鉴定,证明王某及一致行动人向武某某及一致行动人相关账户付款401笔,金额合计82,891,701.00元,武某某及一致行动人向王某及一致行动人相关账户付款184笔,金额合计33,429,510.00元。结合武某某的借条、2014年1月保证还款的证明、王某及武某某的供述,不排除王某对武某某享有大量债权的可能性,且在王某向被害人借款前后,武某某也在陆续还款,加之王某并不知道工春某等人的借据为假,因此难以认定王某借款之时明知武某某无法还款。另,王某还供述,其拥有对其他人的债权,侦查机关也未调查核实。

综合全案,现有证据不足以认定王某向刘某旭、郭某某借款时具有非法占有的目的,无偿还能力。

故,原审被告人王某上诉及其辩护人辩护所提,原判决认定事实不清,证据不足,上诉人王某与武某某不构成共同犯罪,及检察机关所提一审判决认定被告人王某犯诈骗罪的部分事实不清,证据不足的意见,经查属实。

本院认为,原判决认定上诉人王某伙同武某某以非法占有为目的,骗取他人数额特别巨大钱款的事实不清,据以定案的证据,没有达到确实、充分的法定证明标准,不能认定上诉人王某有罪。A省人民检察院的出庭意见、上诉人王某的上诉理由及辩护人的辩护意见，予以采纳。依据《中华人民共和国刑事诉讼法》第236条第1款第3项、第200条第3项、第244条之规定，判决如下：

一、撤销B市中级人民法院(2018)×10刑初××号刑事判决；

二、上诉人(原审被告人)王某无罪。

本判决为终审判决。

审判长：×××

审判员：×××

审判员：×××

2019年10月16日

书记员：×××

二审辩护词

辩　护　词

审判长，审判员：

受被告人王某委托，北京市亿达律师事务所指派我为王某诈骗案的二审辩护人，因参加了原一审和2次重审及2次二审的整个审理过程，对本案有全面的了解，对二审法院总结的争议焦点问题没有异议，对A省检察院出庭检察员发表的认为B市中级人民法院作出的(2018)×10刑初字××号刑事判决书"事实尚不清楚，证据尚不充分，上诉人上诉理由成立，请法院依法判决"的公诉意见没有异议。《刑事诉讼法》第200条第3项规定，证据不足，不能认定被告人有罪的，应当作出证据不足，指控罪名不能成立的无罪判决。据此，请求二审法院宣告被告人王某无罪。现针对一审判决认定事实和法律适用问题发表如下辩护意见：

一、B市中级人民法院(2018)×10刑初字××号刑事判决书审理查明的事实不清，认定上诉人犯有诈骗罪的证据不足，应依法宣告上诉人无罪。

本案在审理查明中认定的上诉人伙同武某某骗取刘某旭、郭某某共计794.4万元的事实明显不清，证据严重不足。上诉人是向刘某旭提出过借款，但实际是李某蕊借给上诉人的款，此纠纷经C市人民法院诉讼解决，生效法律文书一直在执行中。上诉人向郭某某借款也是事实，在本案第一次重审和二审开庭时，郭某某也出庭作证，双方只是借贷关系，并且都是先向上诉人打款，后办理的借款手续，多次表明，即使王某不提供任何抵押,其也会借款,不认可上诉人涉嫌诈骗。上诉人向上述两人借款完全是个人民间借贷行为,没有诈骗行为,更不存在伙同武某某诈骗他人的情况。

构成诈骗罪的关键,是上诉人是否以非法占有为目的,骗取他人财物的直接故意。构成共同犯罪要求必须有共同的犯罪故意,所实施的行为都必须是犯罪行为,必须具有共同的犯罪行为。一审判决在认定事实时,选择性使用证据,依靠不能互相印证的言词证据,忽略直接证据,认定事实与客观事实严重不符,具体如下:

(一)一审认定刘某旭系本案被害人缺乏证据支持,与现有生效法律文书认定的事实冲突,刘某旭不应作为本案当事人,且此案已经民事诉讼解决,不构成犯罪,更不成立共同犯罪。

事实是,2013年9月末,被告人因资金周转向袁某某借款,袁某某给刘某旭打电话,问其是否有钱出借,刘某旭同意拆借。2013年10月1日,刘某旭和李某蕊到王某处,由王某与李某蕊签订相关借款手续,李某蕊将800万元借款转给王某,借款到期后,王某偿还李某蕊100万元,余款因王某应收账款未能及时收回未偿还。后李某蕊于2013年11月29日向C市人民法院提起诉讼,12月6日,原告李某蕊与王某达成协议,详见(2013)×民初字第4059号民事调解书,在该案中,刘某旭只是代理人。2014年1月14日,李某蕊向C市人民法院提交强制执行申请书,刘某旭是执行代理人,截至本次开庭为止,没有直接证据证实此款是刘某旭出借。2014年2月25日,C市人民法院向被告人送达执行通知书和报告财产令[(2014)×执字第172号],王某向法院报告了财产信息,期间C市人民法院已经冻结、扣划被告人王某银行账户存款并于2016年4月29日划转给李某蕊47,168.82元(详见C市人民法院案件款支付票据,收款人为李某蕊),同时一直冻结王某住房公积金76,753.65元[详见(2014)×执字第172-18号执行裁定书]和王某在C市农村信用合作社股金368,000元[详见(2014)×执字第172-22号执行裁定书],此外还查封了王某名下的3辆小汽车,因王某被羁押后,无法进行评估机构的选定及进行拍卖程序,C市人民法院中止了该案执行。以上证据足以认定,此借款当事人是李某蕊,并非刘某旭。在生效法律文书未被撤销的情况下,其证明效力要大于证人证言的效力。并且在庭审中,公诉机关提供的相关人的陈述均可证实,王某在借款之时,没有编造虚假事实。此案已通过民事诉讼解决,且仍在执行中,不符合刑事立案条件。

一审判决认定"王某伙同武某某以资金周转为由向刘某旭借款800万元""王某、武某某以虚构的王雷某、王春某债权推脱还款"。无证据证实,不能成立。卷宗中的确有武某某提供给王某作为抵押的王春某2500万元的借据,但这并非王某伙同武某某编造,借据时间为2013年10月25日,是在王某向李某蕊借款到期后才形成的,这也能证实,武某某的陈述不真实,从相关人员陈述可以认证,王某在李某蕊借款到期后,一直向武某某追款,武某某称王春某、王雷某等人借款未还,后又给王某相关借据作抵押的，但王某从未将这些出示给刘某旭或李某蕊。这之后王某带着刘某旭找武某某，让武某某带着找王春某追款，在此过程中，王某并没有编造任何事实，更没有欺骗刘某旭等人。通过几次庭审，武某某的供述、他人陈述及侦查机关扣押物品清单均可认定相关借据、公章、名章系武某某伪造。

而2014年1月1日武某某的借条和证明、1月8日武某某的证明能证实，武某某一直称这些人欠其款，并给王某承诺还款时间，这些恰恰说明，是武某某在编造事实欺骗王某，王某才是真正的受害者。而武某某编造的这些事实，也是在王某举报武某某诈骗后，经侦查机关核实后，被告人才知悉，根本不存在王某伙同武某某伪造的情况。

综上，王某主观上没有非法占有他人财物的目的，亦未虚构事实，其在应收账款未及时收回时向他人拆借资金，应认定为民间借贷，并且已经过民事诉讼解决，一审判决对此起事实的认定，事实不清，证据不足，此起罪名不能成立，更不成立共同犯罪，应依法撤销。

（二）王某与郭某某之间的借款应认定为民间借贷，现有证据无法证实王某采取虚构事实，隐瞒真相骗取他人财物的主观故意，此起事实不应认定为诈骗，更不成立共同犯罪。

一审判决对王某伙同武某某伪造对安某杰有600万元债权，对赵某某有1700万元债权骗取郭某某94.4万元的认定缺乏证据支持。

此案在原一审固定的证据和发回重审庭审、二审庭审中郭某某的当庭陈述，都能证实其是通过邻居介绍，主动找到王某单位的，借款给王某，是基于对王某在信用社工作产生的信任，而不是基于王某给其提供抵押借款手续，在王某借款前根本未向郭某某陈述过用借据抵押的情况，并且郭某某是先给王某汇款，后去王某办公室补的借条，王某接受这些款项，根本不需要向郭某某提供抵押，也没必要虚构事实。庭审中，郭某某作证也不认为王某是诈骗，双方只是民间借贷，其并未向侦查机关报案（详见郭某某庭审中证言）。此外，此次向郭某某只是借款50万元，出具借据时，是原来尚有50万元借款未还，加在一起换的借据而已，也就是说在原来借款时，还没有对安某杰有600万元债权，对赵某某有1700万元债权之说，并且王某向郭某某借款与武某某无任何关系。因此，一审法院认定王某伙同武某某骗取郭某某94.4万元不能成立。

在被告人向公安机关举报武某某涉嫌金融凭证、票据诈骗后，怀疑武某某伪造假手续，向公安机关提供线索，并配合公安机关找到相关单位和个人，经侦查机关核实后的证据可以认定，赵某某的借款手续是虚假的，但签字、公章、名章等等都是武某某伪造。武某某提供这些手续是为了获取王某的信任，王某当时也不明知赵某某的手续是虚假的。没有任何直接证据能证实，王某和武某某共同伪造上述证据。王某只是武某某诈骗案的受害者，没有伙同武某某诈骗任何人。

综上，王某与郭某某的借款系民间借贷关系，王某没有非法占有的目的，也未伙同他人虚构事实,隐瞒真相。一审判决认定罪名不能成立,更不成立共同犯罪,应依法撤销。

二、有证据证实,被告人拥有的应收款项足以支付应付款项,不具有非法占有他人财物的主观故意。

此案在第一次发回重审后,C市公安局委托B××会计师事务所作出了×××审专[2017]第013号鉴定报告,鉴定意见为王某及一致行动人向武某某及一致行动人相关账户付款金额合计82,891,701元,武某某及一致行动人向王某及一致行动人相关账户付款金额合计33,429,510元。此份鉴定意见虽未反映出王某借给武某某所有款项的全部,但结合武某某给王某出具的借据和公安机关调取的双方及相关人的银行往来,足可以认定,王某的应收款项远远大于公诉机关指控的应付款项。这份鉴定意见再次印证了王某向他人借款时只是资金周转,主观上不具有非法占有他人财物的目的。而事实上截至此次庭审,尚未确定王某的应收款项是否能收回,更无证据来认定王某在向他人借款之时不具备偿还能力,从卷宗证据来看,被告人也是一直在积极主张应收账款的回收,从2014年4月之前被告人的银行流水能够证实,被告人的资金往来都是正常的,被告人一直有回款,一直在偿付债务。并且,王某于2014年4月向公安机关报案武某某诈骗,就是为了追回应收账款,偿还债务,此举更能印证王某主观上没有占有他人财物的目的。因此王某是否具备偿还能力,是否具有诈骗的主观故意,不应以个别人的主观判断来认定,应根据相关应收账款的凭据、银行流水、鉴定意见等情况来综合认定。

综上,本案从侦查、移送起诉、B市中级人民法院2次一审判决到A省高级人民法院2次发回重审,上诉人被羁押4年多时间,相关司法机关已穷尽各种手段,特别是在此次A省高级人民法院以事实不清,违反法定程序再次发回重审后,一审法院在没有任何新证据证实上诉人犯罪的情况下,对上诉人及辩护人提供的证据视而不见,对上级法院的裁定视而不见,在事实不清的情况下,选择性使用证据,依然作出与原判决内容一致的有罪认定,认定的事实与客观事实严重不符,已严重违反了以事实为根据、以法律为准绳的法治精神。

辩护人认为一审判决认定上诉人犯有诈骗罪不能成立,认定与武某某共同犯罪更不成立。请求贵院撤销A省B市中级人民法院(2018)×10刑初字××号刑事判决书,依法宣告上诉人王某无罪。

此致

A省高级人民法院

辩护人:胡兴中

2019年8月8日

办案总结

被告人王某于2014年12月12日因涉嫌合同诈骗被C市公安局刑事拘留，其家属于2015年1月委托律师为王某提供法律帮助。

律师在接受委托后，第一时间会见了王某，了解了案件相关事实。本案发生是因为武某向王某借款数千万元没能按时偿还，王某为偿还之前向他人的借款，陆续向亲朋拆借了数笔款项，偿还之前借款。后王某发现武某联系不上，可能被武某诈骗，向公安机关报案，并配合公安机关将在逃的武某抓捕归案。在公安机关办案过程中，因王某借杨某一笔借款到期后没能及时偿还，杨某向法院提起诉讼，后双方达成调解，法院出具民事调解书。但王某到期后因外欠款未及时收回，未按法院调解书约定时间执行，杨某向公安机关报案，称王某诈骗，公安机关侦查后以王某涉嫌合同诈骗罪将王某刑事拘留，检察院后以王某涉嫌诈骗提起公诉，经过3次一审3次二审，历时5年时间，最后王某被宣告无罪。

律师在此案侦查阶段时即介入，5年时间会见王某80余次，向检察院、法院提交了数十份法律文件，申请证人出庭、申请调取了案件相关人员的银行往来流水、申请法院委托审计机构做了司法审计、调取了相关民事案件诉讼和执行卷宗，以上证据足以证明王某在向涉案人员借款时有大量的应收账款，金额足以覆盖其所借款项，王某具有足够的还款能力，王某的借款只是民事纠纷根本不构成犯罪。但在王某作出自己不构成犯罪的辩解，律师也坚持作无罪辩护的情况下，B市人民检察院仍坚持起诉，B市中级人民法院3次做出了有罪判决。

此案是在A省高级人民法院两次发回重审后，下级法院拒不改变判决结果，在当事人第三次上诉后，由A省高级人民法院直接宣告无罪的案件，在王某被羁押5年里，反复经历了失望与希望，最终被还以清白。

经历本案，再次验证了：只要坚持，正义虽然会迟到，但永远不会缺席！

专家评语

一、一审阶段概要

在本案一审过程中，辩护律师结合本案证据，对被告人具有偿还能力、不存在非法占有目的，未实施虚构事实、隐瞒真相的诈骗行为等主观、客观两个方面均进行了充分的论述。但B市中级人民法院无视案件存在的事实和证据问题，以诈骗罪判处王某15年有期徒刑。

二、发回重审阶段概要

在第一次重新审理过程中，公诉机关再次补充起诉了2项诈骗犯罪事实。对此，辩护律师就本案事实和证据存在的问题进行了详细阐述。B市中级人民法院经重新审理后，虽推翻了原一审判决认定的全部犯罪事实，但仍认定了补充起诉的2起犯罪事实，并认定被告人系主犯，以诈骗罪判处其11年有期徒刑。随后当事人再次上诉、再次发回,但仍取得了与第一次重审完全相同的判决结果。

三、二审阶段概要

第二次重审后被告人再次上诉。在此次庭审过程中,辩护律师强调当事人是否具备偿还能力应根据客观证据加以认定,并举出鉴定意见加以佐证。A省高院以事实不清、证据不足为由,依法改判上诉人无罪。

四、案件亮点、焦点及难点

案件亮点:本案从一审15年有罪判决到二审改判无罪,历时5年,历经3次上诉、2次发回重审,最终取得了圆满的结果。其中,尤其值得关注的是,辩护律师在每一次审理过程中均能够将案件争议点充分展现,将案件向好的结果不断向前推进:原一审判决采纳辩护律师部分意见,剔除数起犯罪事实;发回重审阶段,法院全盘推翻原一审判决认定的犯罪事实,仅认定了补充犯罪事实,并将判决结果由15年改判为11年;二审阶段最终改判无罪。过程的重要性在本案办理过程中展现得淋漓尽致,这也是本案制胜的关键。

焦点与难点:如何区分民间借贷纠纷与"以借为名"的诈骗犯罪行为,是本案争议的焦点也是难点。借款人主观上是否具备"非法占有的目的"是刑、民区分的关键。对此,既不能单纯依据损失结果客观归罪,也不能仅依据被借款人的证言来认定,而是需要结合借款人借款前后的客观行为表现来进行综合判断。具体应当根据行为人借款时是否具备还款能力、款项用途、未能及时还款的原因以及还款意愿等多方表现来综合考察。

本案审理过程中,辩护律师正是紧紧抓住了"非法占有目的"这一区分要点,结合当事人银行流水、既有民事判决等证据,从当事人享有多项债权,未还款的原因系基于被他人诈骗,相关借款已处于民事执行阶段等多个方面层层论证,充分说明本案系一起典型的民间借贷纠纷,当事人不具备非法占有目的,不构成刑事诈骗犯罪。

审核人、点评人:北京律师智库重大复杂案件研究专家组成员　王兆峰律师

复核人:北京律师智库重大复杂案件研究专家组副组长　许兰亭律师

数罪中的个罪减轻量刑近三分之一

——某乡政府副乡长李某某职务犯罪（涉嫌贪污罪）案

争议焦点

政府有关部门工作人员在集体土地协议腾退中代理国有拆迁主体与村集体协商补偿款是否属于履行公务？负责拆迁腾退签约现场协调工作的乡政府领导干部对拆迁面积认定文件失实应承担何种责任？

关键词

集体土地拆迁腾退　贪污罪　滥用职权罪　诈骗罪　主从犯认定

案情简介

2013年5月，某市A区启动"FZS桥西北侧地区回迁安置项目"范围内房屋征收和拆迁工作。区政府房屋征收办公室接受国有开发主体SKYX置业股份有限公司（以下简称SKYX公司）委托，指派区房屋征收事务中心组织开展房屋征收与补偿工作，征收和拆迁协议、筹集和支付补偿款由SKYX公司负责。本案被告人李某某时任S乡副乡长，分管建设、拆迁等工作，在本项目实施过程中负责现场征收拆迁工作的协调配合工作；本案第二被告人张某时任区房屋征收事务中心科长，在本项目实施过程中代表该中心在征收、拆迁现场开展工作。

涉案企业HS综合批发市场（以下简称HS市场）坐落于S乡SL村，在本项目实施过程中涉及集体土地上房屋拆迁腾退，被拆迁主体为SL村集体。依据租赁协议，该市场拆迁补偿款将由村集体与HS市场有限公司出资人肖某某（另案处理，已判决）共同获得。2014年10月房屋征收公告发布后，肖某某决定对市场内原有露天部分加建顶棚，增加经营建筑面积。在此期间,肖某某分别向李某某、张某提出请托,希望在拆迁腾退签约过程中给予关照,并送给李某某现金50万元,分数次送给张某现金共计7万元。后拆迁中心及评估机构对HS市场入户实测房屋建筑面积41,819平方米,其中包含征收公告后加建的顶棚面积5000余平方米。根据张某、李某某的当庭供述,二人先后多次与征收中心主要领导商议按包含加建顶棚的实测面积与SL村签约并支付补偿款,以便于推进项目进度,取得了领导同意。期间,李某某将张某拟定的一份关于HS市场实测面积就是原有经营面积的情况说明,安排SL村村委会和S乡政府盖章确认。相关程序完成后,拆迁主体SKYX公司与SL村村委会签订拆迁补偿协议,按HS市场实测面积向SL村支付补偿款共计1.7亿余元,肖某某获得其中1.1亿余元。

项目实施期间,被拆迁人朴某某(另案处理)与拆迁中心其他工作人员合谋并共同实施伪造宅基地确权文件,被告人李某某明知朴某某宅基地权利资格存在争议,未严格审核后同意在朴某某确权文书上加盖乡政府公章,确认为宅基地房屋,致使朴某某多获得拆迁补偿款600万余元。

2020年8月,A区监察委接举报后以卫星遥感数据认定从征收公告发布至HS市场拆迁协议签订,该市场建筑面积违规增加5000余平方米,该部分面积使政府多支付拆迁补偿款1500万余元,且李某某、张某从中收受钱款,认定二人涉嫌贪污罪,移送检察机关审查起诉。2021年3月,某市人民检察院第三分院以李某某涉嫌贪污罪提起公诉。2021年9月某市第三中级人民法院一审判决李某某犯诈骗罪判处有期徒刑12年,犯滥用职权罪判处有期徒刑3年,合并执行有期徒刑13年;被告人张某犯诈骗罪判处有期徒刑5年,犯受贿罪判处有期徒刑1年,合并执行有期徒刑5年6个月。另案处理的肖某某亦被某市第三中级人民法院以诈骗罪判处有期徒刑14年。一审宣判后,李某某、张某、肖某某均提起上诉,某市高级人民法院经开庭审理后改判李某某犯诈骗罪、受贿罪、滥用职权罪,其中诈骗罪系从犯,调整量刑决定合并执行有期徒刑9年。

案件历程

某市人民检察院第三分院
起诉书

×三分检职检刑诉(2021)×号

被告人李某某,男,1959年1月2日出生,公民身份证号码××××××××××××××××××,汉族,大专文化,某市A区S乡人民政府原副乡长,出生地某市

A区,户籍所在地某市A区S乡××××村29号,现住址同户籍地。因涉嫌职务犯罪,于2020年8月19日被某市A区监察委员会留置;因涉嫌贪污罪,同年10月30日经某市A区人民检察院决定,于同日被某市公安局A分局刑事拘留;同年11月12日经某市A区人民检察院决定,于同日被某市公安局A分局执行逮捕。

被告人张某,男,1980年6月28日出生,公民身份证号码××××××××××××××××××汉族,大学文化,某市A区房屋征收事务中心征收补偿一科原副科长,出生地某市A区,户籍所在地某市A区×××××街7楼3单元401号,现住某市A区××路32号院2号楼607号。因涉嫌职务犯罪,于2020年8月19日被某市A区监察委员会留置;因涉嫌贪污罪、受贿罪,于2020年10月30日经某市A区人民检察院决定,于同日被某市公安局A分局刑事拘留;同年11月12日经某市A区人民检察院决定,于同日被某市公安局A分局执行逮捕。

本案由某市A区监察委员会调查终结,以被告人李某某涉嫌贪污罪、被告人张某涉嫌贪污罪、受贿罪,于2020年10月29日向某市A区人民检察院移送审查起诉,某市A区人民检察院于2020年12月11日报送本院审查起诉。本院受理后,于2020年12月11日已告知被告人有权委托辩护人和认罪认罚可能导致的法律后果,依法讯问了被告人,听取了被告人及其辩护人的意见,审查了全部案件材料。其间,因案件重大、复杂,延长审查起诉期限一次(自2021年1月12日至26日);退回补充侦查一次(自2021年1月26日至2月26日)。

经依法审查查明:

1. 被告人李某某、张某于2016年至2017年,分别利用各自担任某市A区S乡人民政府副乡长、某市A区房屋征收事务中心征收补偿一科副科长职务上的便利,伙同HS市场有限公司法定代表人肖某某(另案处理),采取违规出具确权说明、指使乡、村两级盖章确权、将违规扩建面积予以认定等手段,骗取国家拆迁补偿款共计人民币1519.09808万元。其中,被告人李某某分得人民币50万元,被告人张某分得人民币7万元。

2. 被告人李某某于2015年11月至2016年4月,利用担任某市A区S乡人民政府副乡长负责规划、拆迁工作职务上的便利,伙同康某、蒋某、朴某某(均另案处理),采取违规指使乡、村两级盖章确权的手段,骗取国家拆迁补偿款共计人民币632.5713万元。

3. 被告人张某于2016年至2017年,利用担任某市A区房屋征收事务中心征收补偿一科副科长职务上便利,为TL拆迁服务有限公司工作人员周某某在为被征收人分户、认定大病补助证明、要求评估公司增加重置成新价等事项上提供帮助。被告人张某于2016年6月至2017年,分2次收受周某某钱款共计人民币5万元。

被告人李某某于2020年8月19日在某市A区S乡人民政府被监察机关查获;

被告人张某于2020年8月19日在某市A区停车管理有限公司被监察机关查获,到案后主动交代了办案机关尚未掌握的受贿犯罪事实。

认定上述事实的证据如下:

(1)书证:被告人李某某干部履历表、任免审批表、分管工作情况,张某任职定级审批表、干部任免审批表,房屋拆迁档案,A区房屋征收暂停办理事项的公告等;(2)证人肖某某、韩某、蒋某、李某某、朴某某等人的证言;(3)被告人李某某、张某的供述和辩解;(4)到案经过等其他证明材料。

上述证据收集程序合法,内容客观真实,足以认定指控事实。

本院认为,被告人李某某身为国家工作人员,利用职务便利,伙同他人骗取公共财物,数额特别巨大,其行为触犯了《中华人民共和国刑法》第382条第1款、第383条第1款第3项和第2款、第25条之规定,犯罪事实清楚,证据确实、充分,应当以贪污罪追究其刑事责任;被告人张某身为国家工作人员,利用职务便利、伙同他人骗取公共财物,数额巨大,其行为触犯了《中华人民共和国刑法》第382条第1款、第383条第1款第3项、第25条之规定,犯罪事实清楚,证据确实、充分,应当以贪污罪追究其刑事责任;为他人谋取利益,非法收受他人财物,数额较大,其行为触犯了《中华人民共和国刑法》第385条第1款、第386条、第383条第1款第1项之规定,犯罪事实清楚,证据确实、充分,应当以受贿罪追究其刑事责任;依据《中华人民共和国刑法》第69条之规定,数罪并罚;鉴于被告人张某自愿认罪认罚,依据《中华人民共和国刑事诉讼法》第15条之规定,可以依法从宽处理。根据《中华人民共和国刑事诉讼法》第176条的规定,提起公诉,请依法判处。

此致

某市第三中级人民法院

2021年3月26日

一审辩护词(1)

审判长、审判员:

北京市世航律师事务所接受被告人李某某的委托,指派本律师担任被告人李某某的辩护人。在两天庭审期间,本辩护人、其他被告的辩护人分别就公诉机关指控的事实对各被告人进行了发问,对公诉人当庭出示的证据发表了质证意见,向法庭着重指出了证据中能够证明被告人李某某等人不构成贪污罪的相关内容,现综合全案证据向法庭发表被告人李某某不构成贪污罪，公诉机关指控罪名不成立的辩护意见，同时发表被告人李某某构成受贿罪，但有法定从轻、减轻处罚情节，请求法庭给予从宽处理的辩护意见。具体内容如下：

一、公诉机关指控被告人李某某等人合谋共同骗取1519万余元公共财产，没有法律依据，指控罪名不成立。

1. A区政府针对本项目发布的暂停办理事项公告及征收决定，对HS市场无约束力，HS市场为经营需要加建顶棚，在拆迁腾退过程中有权要求补偿。

××房征审字[2013]34号《暂停办理事项公告》明确载明了适用的法规是《国有土地上房屋征收与补偿条例》和《某市国有土地上房屋征收与补偿实施意见》，针对的都是国有土地上房屋的征收工作，征收对象明确指向的是国有土地上房屋。上述公告和征收决定未援引《某市集体土地房屋拆迁管理办法》，可以确定公告和决定对HS市场没有约束力，HS市场为经营需要加盖顶棚没有违反区政府行政命令。

2. 集体土地上拆迁腾退协商补偿是民事主体之间平等协商行为，A区政府无权按国有土地上房屋征收补偿条例单方面认定集体土地上HS市场拆迁腾退补偿标准。

HS市场所处的村集体土地，根据《某市集体土地房屋拆迁管理办法》的规定，拆迁补偿问题由拆迁人与被拆迁人协商签订书面协议。没有达成拆迁补偿安置协议的，经一方或者双方当事人申请，由区、县国土房管局裁决。裁决规定的搬迁期限届满被拆迁人拒绝搬迁的，属于占地拆迁房屋的，由当事人依法向人民法院提起民事诉讼。

该规定已经清晰地反映出，对于集体土地上房屋占地拆迁的补偿问题，补偿标准的议定权在拆迁双方，最终的裁决确定权在人民法院，政府及其职能部门无权自行议定拆迁单价等补偿标准。

公诉人在今天庭审中补充出示了涉及本项目征收决定的法院判决，辩护人质证中已经发表了该判决针对国有土地上房屋，与本案无关联性的意见。同时，辩护人当庭提交的(2018)×13行初××号王某某与S市Y区人民政府行政诉讼判决书，清楚地论述了已纳入城市规划区的土地，农民转城镇居民后剩余的少量集体土地必须被依法征收后，才能成为国有，并用于建设，区政府依据《国有土地上房屋征收与补偿条例》对属于集体土地上的房屋作出《房屋征收决定》属超越法定职权，依法应予以撤销。在辩论阶段，辩护人向法庭进一步强调，公诉人出示的2份判决，没有任何内容确认征收决定对集体土地上房屋有效，没有任何内容确认相关征收补偿方案适用于集体土地上房屋，没有任何内容确认HS市场所在土地属于国有土地，对指控李某某等人构成贪污罪没有证明力。

同时，公诉人在第一次开庭时分别向法庭出示了区政府与SKYX公司关于本项目的工作协议，协议内明确对项目范围内的集体土地上房屋不是征收而是拆迁腾退，区政府不负责作出补偿决定和申请强拆,公诉人出示了SKYX公司给A区监察委出具的关于本项目的情况说明,内容明确确认了该公司未取得项目范围内集体土地的用地手续,只能按照拆迁腾退方式与被拆迁人签订协议。因此,本案证据能够证明区政府及本项目征收领导小组无权依据征收决定和征收补偿方案单方确定HS市场拆迁补偿金额。

3. HS市场实际获得的拆迁补偿总额未超过征收领导小组议定的补偿总额,公共财产无损失。

2015年8月,A区常务副区长主持本项目征收领导小组会议研究确定了对HS市场等集体土地上非宅房屋停产停业补偿总额为:按预算控制最高不超过预算金额10%。在案证据证实,本项目停产停业损失预算为3000元/平方米。即便是去除起诉书指控的5557.3平方米顶棚面积后,实际建筑面积为36,262.69平方米计算后HS市场可要求获得拆迁补偿为1.83亿元,远高于本案实际获得的补偿金额,符合征收领导小组议定的限定总额,公共财产无实际损失。(见表1)

表1　HS市场补偿预算统计

补偿项目	补偿预算(元/平方米)	补偿面积(平方米)	补偿金额(元)
房产总价	按评估	36,262.69	28,008,529.18
设备附属物	按评估	36,262.69	4,147,174
搬迁补偿	1200	34,263.96	41,116,752
停产停业损失	3000	36,262.69	108,788,070
非宅搬迁费	50	36,262.69	1,813,134.5
合计			183,873,659.68

如果SL村放弃新增面积转而在补偿单价上提高要求,长时间不能协商一致,本项目上征收中心或SKYX公司无权申请区政府下达补偿决定或强拆,完成拆迁工作时间和经济成本将远超本案所指控的1519万余元。

二、指控HS市场加建面积的证据明显不足,起诉书指控事实不成立。

遥感监测报告依据的遥感卫星图拍摄时间与征收领导小组议定的确认补偿面积截止时间不符,该监测报告不能作为计算加建面积的依据。

庭审质证中公诉人出示的2015年8月28日征收领导小组会议议定了本项目非宅补偿确认建筑面积的截止时间是征收决定时间即2014年10月30日,而公诉人向法庭出示的遥感监测报告所依据的卫星遥感图比对时间为2013年8月25日至2016年5月6日,不能证明2014年10月30日HS市场实际建筑面积,因此不能作为计算违规加建面积的依据。本案中,无论是肖某某的供述还是王某某、李某某等人的证言均证实2013年HS市场为了经营需要开始加盖顶棚,A区监察委在案件初查阶段也发现2014年间HS市场有新增面积,因此,征收中心依据该监测报告得出HS市场加建面积5557.3平方米的结论是错误的。

三、李某某没有伙同肖某某共同贪污公款的故意和行为,不构成贪污罪。

从公诉机关庭审中出示的相关证据,并结合本案有3名被告人的供述和辩解,针对公诉机关指控李某某在HS市场拆迁的问题,已向法庭还原出本案的基本事实,那就是李某某在完成政府拆迁工作中虽有履职不当的行为,但未对国家造成重大经济损失,且客观上帮助A区拆迁中心在预算和补偿标准内完成了较为困难的集体土地上房屋的拆迁工作,没有贪污的故意和行为,不构成贪污罪。以下分别论述:

1. 李某某没有受委托经营、管理公共财产的职权,其身份不符合贪污罪的主体要件。

由于本案HS市场拆迁腾退补偿款的来源是SKYX公司自筹资金,直接负责经营管理该国有资金的是SKYX公司内的国家工作人员。被告人张某作为区政府征收中心员工,其权力来源是A区政府征收事务办公室与SKYX公司的工作协议中SKYX公司的授权,张某是受委托管理国有财产人员。特别是在集体土地上房屋拆迁腾退协商补偿工作中,由于区政府对拆迁事项无直接经办权,征收中心的授权单纯来自SKYX公司,李某某所在的乡政府则未获得SKYX公司任何授权,不属于受委托经营、管理国有资产的国家工作人员,在HS市场拆迁中职责是配合征收中心完成拆迁协商工作,自身并没有管理国有资产的职权,不符合贪污罪主体要件。

2. 李某某为了协助征收中心完成集体土地拆迁腾退协商,主观上没有帮助他人非法占有公共财物的故意。

贪污罪的共同犯罪故意,要求国家工作人员与其他行为人有共同非法占有公共财物的故意。

最高人民法院《关于审理贪污、职务侵占案件如何认定共同犯罪几个问题的解释》(法释〔2000〕15号)第1条规定:"行为人与国家工作人员勾结,利用国家工作人员的职务便利,共同侵吞、窃取、骗取或者以其他手段非法占有公共财物的,以贪污罪共犯论处。"

佐证这一理解的法规体现在最高人民法院、最高人民检察院《关于办理国家出资企业中职务犯罪案件具体应用法律若干问题的意见》(法发〔2010〕49号)规定"国家工作人员……在改制过程中故意通过……等方式隐匿公司、企业财产,转为本人持有股份的改制后公司、企业所有……以贪污罪定罪处罚","国家工作人员……将国有资产低价折股或者低价出售给其本人未持有股份的公司、企业或者其他个人……以徇私舞弊低价折股、出售国有资产罪定罪处罚"。根据上述司法解释,国家工作人员与行为人构成共同贪污罪的一点必要条件,是国家工作人员对被侵占公共财物至少在一定程度上存在经济上的共同占有关系。

本案证据中,无论是SL村书记陈某某的证言,还是被告人肖某某、李某某的供述,均能够证实HS市场腾退协商阶段,李某某不存在与村集体或肖某某共同非法占有公共财物的故意和行为,不构成贪污罪的共犯。

3. 面积证明上确认的补偿面积,是征收中心与SL村经合社协商确定的结果,李某某按征收中心要求在面积证明上盖章是对这一结果的"背书",不是骗取公共财物的客观行为。

根据本案证据A区政府征收办公室与SKYX公司协议书(卷11第7页)证实,位于SL村的HS市场所涉土地为集体土地,在本次拆迁中未被征收,地上房拆迁补偿款应当由拆迁主体与被拆迁主体充分协商协议确定,政府不会作出补偿决定亦不会支持申请强拆。换句话说,本次拆迁应当由区征收中心代表SKYX公司与SL村经合社充分协商确定拆迁补偿面积、补偿单价和总价。

根据张某供述(卷22第33页),在HS市场入户实测、商谈补偿金额后曾向部门领导王某某、吴某某如实汇报了该市场新增顶棚等客观情况,王某某说"HS市场那里不算是征收,补偿主体是SKYX公司,无非咱们几家坐下来好好谈谈,协商协商,都同意了就行了",征收中心主任吴某某也说"有的面积我们不和乡里去争了,可以按实测情况给予认定"。该供述与国家关于集体土地上房屋拆迁腾退相关政策相符,与区政府本项目文件精神相符,那就是以本项目征收补偿方案为参考,涉及集体土地拆迁腾退问题以预算为限协商腾退。

本案中,HS市场加盖顶棚的行为,既没有瞒着村委会、乡政府,也没有瞒着征收中心,在协商拆迁腾退补偿过程中,村集体与HS市场均是以争取按实测面积现状计算补偿的态度,不存在欺诈行为。征收中心作为受委托代替SKYX公司洽谈拆迁腾退工作的责任主体,吴某某、王某某、张某等主要负责人员均了解HS市场实际情况,最终征收中心决定由乡、村两级盖章出具说明完成拆迁补偿手续,是综合考虑拆迁预算、时间成本、经济成本后作出的决定,也是基于征收中心已决定按实测面积给予补偿后,李某某按张某的要求在面积说明上盖章,无论司法机关认为征收中心作出这一决定是否合法、是否有渎职问题,李某某行为都只是为征收中心完成拆迁工作提供了协助,而不是帮助肖某某以虚假证明"骗取"拆迁补偿款的行为。

四、李某某被羁押后主动交代监察机关尚未掌握的受贿犯罪行为,依法应认定为自首,建议法庭给予从轻处罚或减轻处罚。

辩护人对李某某收受肖某某50万元好处费的受贿行为构成受贿罪不持异议。被告人李某某被监察机关留置后,于9月4日主动供述收受肖某某50万元好处费的事实,在法庭审理期间仍能够如实供认此项事实,依据《中华人民共和国刑法》第67条第2款规定,对被告人李某某应当以自首论,提请法庭给予从轻或减轻处罚。

五、起诉书指控的第二起事实，贪污罪罪名不成立。

1. 李某某没有参与朴某某等人骗取拆迁补偿款，公诉机关指控李某某伙同朴某某等3人共同贪污系指控错误。

起诉书指控李某某伙同康某、蒋某和朴某某骗取国家拆迁补偿款，其中关于"伙同"的指控没有事实依据。根据康某、蒋某供述，李某某等人证言，本项目需要通过乡、村两级盖章确权的村民都是经过征收中心审核确认后再安排盖章的。蒋某拿来的36人名单包含朴某某，李某某并不清楚朴某某的宅基地实际情况。根据2016年2月24日协调会备忘录（卷11第83页）第3条议定内容，对未提供建设用地使用证的村民认定宅基地，由"乡政府根据村委会出具的证明材料，对原宅基地使用人及地址进行确认"。根据这一工作安排和分工，李某某并不负责直接调查核实朴某某的情况。因此无论李某某是否直接电话联系李某某给名单盖章，都不能认定李某某是故意违规出具虚假证明材料，伙同康某等人骗取拆迁补偿款。

当然，公诉人当庭也出示了朴某某证言，李某某供述证明李某某曾经拒绝了朴某某请乡政府给其出具证明材料的要求，意图证实李某某非常了解朴某某的情况，据此指控李某某安排盖章是利用职务便利将公款非法处分给朴某某构成贪污罪共犯。但换个角度看，如果李某某是一名毫无责任心混事的干部，谁来要求确权就给安排盖章，却仅仅只需在渎职犯罪的范围内承担责任，而对出具证明材料有一定的责任心，却要承担共同贪污犯罪的责任，有违责刑相适应的刑法原则。

另请法庭注意，公诉人宣读的蒋某笔录提到，在拿宅基地确权名单找李某某时承认自己收了朴某某的钱，这一供述没有其他证据印证系孤证，既不符合违法犯罪行为的人之常情，又与此后蒋某、康某为逃避侦查协商串供时从未与李某某商议这一事实相悖，建议法庭对该供述不予采信。具体理由在质证环节已论述在此不再赘述。

2. 李某某没有要求他人违规盖章确权，公诉机关指控李某某指使乡、村两级盖章确权系指控错误。

关于李某某是否指使SL村给朴某某违规盖章确权，一方面从工作程序上，本案所有宅基地确权名单都是经过征收中心审核认定后，安排乡、村盖章确认的，名单经过李某某这里只是因为乡政府有配合征收中心现场联络的作用，蒋某作为乡政府一般工作人员，由李某某电话联系村里盖章，无论是职权上还是言语上都没有授意村委会违规给不具有宅基地的人盖章确权的表示。另一方面李某某证言说2015年年初李某某电话联系安排在名单上签字，此后都是这个流程，而朴某某的入户测量发生在2016年，名单产生于2016年，李某某的证言不能证实李某某安排村集体给朴某某盖章确权。

关于李某某是否指使乡一级在有关朴某某确权名单上盖章，公诉人没有向法庭出示任何证据。蒋某笔录中说（卷12）"在SL村村委会盖完章后，我又拿着认定名单找规划科边某某盖章,认定名单是一式两份,盖完章之后我就给乡规划科留了一份存档”,而案卷中无规划科负责人或边某某的证言,同样不能证实李某某安排乡规划管理科盖章。

3. 李某某在本起事实中未谋取和获得任何经济利益,不符合贪污罪共同非法占有公共财产的构成要件。

贪污罪侵犯国家工作人员职务廉洁性和公共财产权双重客体,这是我国刑法理论的通说和共识。李某某主观上没有利用职务便利为自己牟取非法利益的故意,客观上也没有获得任何经济利益,不符合贪污罪的犯罪构成。这方面辩护人在上一起事实的辩护意见中已有论述,在此不再展开。

六、李某某的失职行为在朴某某等人骗取拆迁款的过程中所起作用轻微,不构成渎职犯罪。

本起事实中,由多个违法行为和失职行为导致公共财产被非法占有,是典型的多因一果型犯罪,其中康某、蒋某分别利用各自职务、工作上的便利条件违规确认、违规盖章的作用最大,康某、蒋某与朴某某多次合谋,参与积极性最高,康某、蒋某从朴某某600余万元拆迁补偿款中分得200万元是唯一获利的国家工作人员。二人在共同骗取拆迁补偿款上起到了决定性的作用。李某某虽有失职、失察行为,但本起事实中,李某某也是被康某、蒋某欺骗,其个人没有直接参与贪污犯罪行为。即便从渎职犯罪考量,李某某的失职行为在多因一果中所起的作用轻微,失职程度比李某某还轻(李某某盖章时就知道朴某某不是村民没有宅基地),不构成共同贪污犯罪亦不足以造成632万元拆迁款的损失,不构成渎职犯罪。

七、李某某有酌定从轻情节。

2020年10月22日,李某某家属李春某代为向A区监察委代缴案款150万元扣押在案(卷1第27页)。李某某违法所得金额50万元,已全部退缴在案,其余扣押案款亦可作为预交罚金。这一事实体现了李某某积极退赃、认罪认罚、有悔罪表现,请合议庭综合考虑据此给予从轻处罚。

审判长、审判员,本辩护人的主要辩护意见发表完毕。

北京市世航律师事务所

辩护人:韩哲

一审辩护词(2)

审判长、审判员:

在参加第三天庭审,针对公诉人补充出示的证据发表辩护意见并向法庭申请调取相关证据之后,作为被告人李某某的辩护人,本人再次重申对李某某不构成贪污罪而构成其他犯罪且罪轻的辩护意见,并补充阐述如下:

第一部分,针对本案控辩双方的争议焦点,公诉人今天庭审中补充出示的证据不仅不能补强证据锁链,反而进一步印证了辩护人的质证和辩护意见。

其一,王某某证言和征收中心的公告及附件,证明HS市场不在本项目规划用地范围内,拆迁腾退协议是企业与村集体之间平等民事主体协商一致的结果。

其二,张某不属于从事公务管理国有资产人员。公诉人补充出示的SKYX股东组成资料,证明SKYX公司是国有控股企业,不是国家机关或刑法上的国企,由征收中心代表完成HS市场所涉拆迁腾退事务系SKYX与区征收办为了工作便利形成的一种工作模式,不符合刑法以及司法解释关于国家工作人员的认定标准。至于李某某在征收和拆迁事务上的分工是现场协调,而没有拆迁款的管理职权。

第二部分,辩护人针对HS市场拆迁问题是合同纠纷,SKYX公司没有被欺骗而处分财物这两个方面,发表本案不构成诈骗罪的辩护意见,望合议庭采纳。

1. 庭审质证已经向法庭充分证明了HS市场不在本项目征收范围内,征收决定对HS市场无约束力,HS市场有权要求对顶棚下经营面积给予腾退补偿,双方因该部分面积产生的争议属于合同纠纷。

其一,公诉机关在本次庭审中出示的××房征审[2014]120号公示信息内不含HS市场内容,结合3名被告人当庭供述和辩解的内容可以证明HS市场不在本项目规划用地范围内。

其二,经过庭审质证的暂停办理事项公告和征收决定均明确限定了不能扩建房屋的范围限于"规划文件标明的范围"(从既规划红线范围)。公诉人3天开庭所出示的全部证据,均未证明HS市场在规划文件标明的范围内。

其三,酒店、商场等地面停车场虽没有大面积建筑,但在拆迁、占地施工等影响经济收益情况下,相关经营主体仍有权要求经济补偿。

根据庭审已经查明的事实,HS市场加建顶棚下方基本是市场地面停车区域和露天摊位,在市场不在政府征收决定范围的情况下,作为平等协商拆迁腾退主体的一方,HS市场对这部分面积索要停业补偿有其权利基础。因此产生的拆迁款争议属于合同纠纷。

2. 无论是征收中心还是SKYX公司都没有基于被骗而错误给付钱款。

本案拆迁补偿总额为1.7亿元,争议项拆迁补偿额0.15亿元,占比不到10%。

且庭审中也已查明,吴某某拍板决定的HS市场的停业补偿单价是在拆迁标准上打了折的,从2600元/平方米折到2340元/平方米,也基本是10%。这两点不是巧合,符合平等市场主体间就争议项谈判相互让步后达成一致的客观规律,也符合征收中心、SKYX公司当时快速推进非宅主体拆迁事项的工作目标,不是被骗而错误交付财物。

上述意见已经阐明,HS市场拆迁是平等民事主体签订、履行合同中协商、谈判的结果,我们认为被告人当庭供述所称吴某某、孟某等人对加建问题都知情,是符合本案证据和事实的。退一万步说,假如SKYX公司对顶棚加建的时间有错误认识,但本案拆迁腾退协议中所有对拆迁人方面作出决定有重大影响的内容均属实,本案被拆迁主体(HS市场及村委会)对拆迁谈判居于主导地位,SKYX公司的错误认识仅仅是加快了其签约决策而并不是被诈骗而错误交付财物,本案仅仅符合民事合同欺诈缔约责任的表现形式。

最后,综合考量本案的诸多因素和案件本身法律适用方面存在较大的争议,如合议庭认定本案构成贪污罪或诈骗罪,基于李某某本人对其中收受好处费50万元的事实是在监委留置期间主动供述的,且李某某在本案中所起的地位和作用确实明显低于其他两名被告,请合议庭对李某某认定从犯并给予减轻处罚。

审判长、审判员,本辩护人的主要辩护意见发表完毕。

北京市世航律师事务所

辩护人:韩哲

一审判决书

某市第三中级人民法院
刑事判决书

(2021)×03刑初××号

公诉机关某市人民检察院第三分院。

被告人李某某,男,1959年1月2日出生,汉族,出生地某市,大专文化,某市A区S乡人民政府原副乡长,户籍所在地某市A区S乡××××村29号,住址同户籍地;因涉嫌职务犯罪于2020年8月19日被某市A区监察委员会留置,因涉嫌犯贪污罪于10月30日被刑事拘留,11月12日被逮捕。现羁押在某市第一看守所。

辩护人周某波，北京市×××律师事务所律师。

辩护人韩哲，北京市世航律师事务所律师。

被告人张某，男，1980年6月28日出生，汉族，出生地某市，大学文化，某市A区房屋征收事务中心征收补偿一科原副科长，户籍所在地某市A区×××小街7楼3单元401号，住某市A区××路32号院2号楼607号；因涉嫌职务犯罪于2020年8月19日被A区监察委员会留置，因涉嫌犯贪污罪、受贿罪于10月30日被刑事拘留，11月12日被逮捕。现羁押在某市第一看守所。

辩护人田某平，北京××律师事务所律师。

辩护人邢×昊，北京市××律师事务所律师。

某市人民检察院第三分院以×三分检职检刑诉(2021)3号起诉书指控被告人李某某犯贪污罪、被告人张某犯贪污罪、受贿罪，于2021年4月1日向本院提起公诉。本院受理后，依法组成合议庭，适用普通程序公开开庭审理了本案。某市人民检察院第三分院指派检察员××出庭支持公诉，被告人李某某、张某及各辩护人均到庭参加诉讼。现已审理终结。

某市人民检察院第三分院起诉书指控：

1. 被告人李某某、张某于2016年至2017年，分别利用各自担任某市A区S乡（以下简称S乡）人民政府副乡长、某市A区房屋征收事务中心（以下简称A区征收中心）征收补偿一科副科长职务上的便利，伙同HS市场法定代表人肖某某（另案处理），采取违规出具确权证明、指使乡、村两级盖章确权，将违规扩建面积予以认定等手段，骗取国家拆迁补偿款共计人民币1519.09808万元（以下币种均为人民币）。其中，被告人李某某分得50万元，被告人张某分得7万元。

2. 被告人李某某于2015年11月至2016年4月，利用担任S乡人民政府副乡长负责规划、拆迁工作职务上的便利，伙同康某、蒋某、朴某某（均另案处理），采取违规指使乡、村两级盖章确权的手段，骗取国家拆迁补偿款共计623.4357万元。

3. 被告人张某于2016年至2017年，利用担任A区征收中心征收补偿一科副科长职务上的便利，为TL拆迁服务有限公司工作人员周某某在为被征收人分户、认定大病补助证明、要求评估公司增加重置成新价等事项上提供帮助。被告人张某于2016年6月至2017年，分2次收受周某某钱款共计5万元。

被告人李某某于2020年8月19日在S乡人民政府被监察机关查获；被告人张某于2020年8月19日在某市A区停车管理有限公司被监察机关查获，到案后主动交代了办案机关尚未掌握的受贿犯罪事实。

针对指控的事实，公诉机关当庭出示了被告人供述、证人证言、书证等证据，认为被告人李某某身为国家工作人员，利用职务便利，伙同他人骗取公共财物，数额特别巨大,其行为已构成贪污罪。被告人张某身为国家工作人员,利用职务便利,伙同他人骗取公共财物,数额特别巨大,其行为已构成贪污罪;为他人谋取利益,非法收受他人财物,数额较大,其行为已构成受贿罪。提请本院依法判处。

李某某当庭辩称:其没有伙同张某、肖某某骗取补偿款,认可收受肖某某50万元的事实,但应当认定为受贿而非贪污;其在朴某某、蒋某、康某共同贪污补偿款中没有获得任何利益,不构成贪污罪。

李某某的辩护人韩哲的辩护意见是:第一,A区人民政府发布的征收决定、暂停办理事项公告针对的是国有土地上房屋征收,HS市场系集体土地上建筑物,其征收应适用《某市集体土地房屋拆迁管理办法》,征收补偿金额应由平等民事主体协商确定;在案证据证实本项目停产停业损失预算3000元/平方米,即使按照实际面积HS市场也可以获得1.8亿余元补偿,不超出征收领导小组议定的补偿总价,公共财产无损失;公诉机关出示的遥感监测报告不能证明2014年10月30日征收决定作出时HS市场实际面积,依据遥感报告认定HS市场新增面积5000余平方米有误。第二,李某某没有受委托经营、管理公共财产的职权,不符合贪污罪主体要件,李某某协助A区征收中心完成集体土地拆迁协商,主观上没有帮助他人非法占有公共财物的故意,A区征收中心和SL村协商确定补偿面积,李某某按照征收中心要求盖章,不存在骗取行为,不构成贪污罪。第三,李某某没有参与朴某某等人骗取拆迁补偿款的事实,也没有要求他人违规盖章确权,且没有获得任何经济利益,不构成贪污罪,李某某的失职行为在犯罪过程中所起作用轻微,亦不构成渎职犯罪。第四,李某某到案后主动交代了收受肖某某50万元贿赂的犯罪事实,成立自首,积极退赃,认罪认罚,有悔罪表现。

李某某的辩护人周某波的辩护意见是:第一,对于第一起事实,李某某没有权利决定HS市场最终认定面积及补偿金,收受肖某某50万元也不是分赃行为,主观上没有非法占有补偿款的故意,客观上未占有补偿款,没有给公共财物造成损失,不构成贪污罪;第二,李某某确有未尽审查义务,但没有侵占国家财产的故意,李某某的行为应当评价为滥用职权;第三,李某某在共同犯罪中起次要作用,应认定为从犯,李某某到案后如实供述,系坦白,积极退赃,认罪悔罪,主观恶性小,应当对李某某从轻、减轻处罚。

张某当庭辩称:其认可收受7万元的事实,HS市场的补偿款是SKYX公司与SL村平等协商确定的数额,其在征收中心执行领导安排的工作任务,不存在与李某某、肖某某合谋贪污,不构成贪污罪;其主动向办案机关投案自首,如实供述犯罪事实,成立自首。

张某的辩护人的辩护意见是:第一,张某收受肖某某7万元钱款多发生于补偿款发放之前,所送财物属于肖某某个人所有,目的是为了拉拢、贿赂张某,因此该笔钱款认定为贿金更合理；第二，张某没有与他人串通、勾结共同实施非法占有征收补偿款的行为，事后没有实际分得赃款，亦未索要钱款，主观上没有贪污的犯意；第三，张某在整个犯罪过程中起次要作用，张某主动投案，如实供述，成立自首，积极退赃，认罪态度好，希望法庭对张某减轻、从轻处罚。

同时被告人李某某、张某及各辩护人亦不认可公诉机关指控的第一起犯罪事实构成诈骗罪。

经审理查明：

一、诈骗的事实

被告人李某某、张某于2016年至2017年，分别利用各自担任S乡人民政府副乡长、A区征收中心征收补偿一科副科长职务上的便利，为使HS市场法定代表人肖某某（另案处理）多获拆迁补偿款，违规出具确权证明，并由乡、村两级组织盖章确权，将HS市场违规扩建面积认定为被拆迁面积，从而骗取国家拆迁补偿款共计1519.09808万元。其中，被告人李某某分得50万元，被告人张某分得7万元。

上述事实，有经庭审举证、质证，本院审核后确认的下列证据予以证实：

1. 办案机关调取的干部任免审批表、干部履历表、工作履历、李某某分管工作情况等证明：李某某自2006年11月任S乡副乡长。2007年1月至2016年，李某某作为S乡副乡长分管规划、拆迁工作，其分管的工作科室主要职责为，负责制订并落实本地区建设发展规划；农村土地开发建设管理工作；市政基础设施建设与管理，并对相关情况进行检查；对保障性住房申请家庭情况的认定、入户核查、评议、公示、上报以及对承租保障性住房家庭资格的年检复核等工作；指导监督本地区业主大会和业主委员会成立、运作、活动；地下空间巡查、房屋安全管理和房屋拆迁现场管理工作。

2. 办案机关调取的A区征收中心事业单位法人证书、组织机构代码证、某市A区机构编制委员会《关于成立某市A区房屋征收事务中心的通知》《关于成立A区人民政府房屋征收办公室的批复》《关于调整区房屋征收办主要职责的批复》《关于调整区房屋征收中心机构编制的通知》《关于调整区房屋征收中心机构编制的批复》等证明：A区征收中心于2011年10月17日成立，系A区人民政府直属事业单位。A区征收中心的主要职责为受A区人民政府房屋征收办委托，承担房屋征收与补偿工作，包括组织对房屋实施调查登记、宣传解释政策、动员征收、补偿资金发放和管理等，下设部门有办公室、征收补偿一科、征收补偿二科、征收补偿三科、征收补偿四科、财务管理科、监督审核科等。其中征收补偿一科的职责包括：按照职责分工负责建设项目拟征收范围内的房屋情况的调查登记；负责拟征收范围内人口、户籍等情况的入户调查；拟征收项目补偿方案的编制；被征收人的搬迁动员；与被征收人协商并订立补偿安置协议；向与征收部门未达成补偿协议的被征收人下达补偿决定的申请；法院强制搬迁后被征收人的安置;房屋征收与补偿政策的解释、群众来访接待和信访事件投诉办理;房屋征收补偿安置档案的归集和查询。

3. 办案机关调取的某市城镇人员就业登记卡、职工履历表、A 区纳入机关工资规范管理事业单位人员录用审批表、A 区纳入规范管理事业单位新录入人员任职定级审批表、干部任免审批表、中共某市 A 区房屋管理局委员会关于干部任职的通知、FZS 西北侧地区回迁安置房项目张某分工与工作职责、工资规范单位人员辞去公职申请表、中共某市 A 区房屋管理委员会关于同意张某同志辞职的批复、劳动合同书、关于张某等同志任职的通知、员工信息表等证明:张某于 2014 年 11 月至 2015 年 11 月,任 A 区征收中心征收补偿一科科员;2015 年 11 月,任 A 区征收中心征收补偿一科副主任科员;2016 年 6 月,任 A 区征收中心征收补偿一科副科长(主持工作)。张某自 2015 年 2 月至 2018 年 11 月负责 FZS 项目非住宅全面工作,包括非住宅的入户调查、拟定方案、与被征收人协商并签订非住宅征收补偿协议与协议初审工作;2016 年 6 月至 2018 年 11 月负责 FZS 项目征收全面工作。

2018 年 11 月,经 A 区房屋管理局党委会研究决定,同意张某提出辞职的申请,同时免去张某 A 区征收中心征收补偿一科副科长职务。2018 年 12 月,张某与某市 A 停车管理有限公司签订固定期限劳动合同,担任行政管理岗位工作;2019 年 11 月,张某被聘为该公司综合管理部部长,试用期 1 年。

4. 办案机关调取的 S 乡、S 乡 SL 村村民委员会、SL 村经济合作社组织机构代码证、登记证书、法定代表人身份证明书等证明:S 乡 SL 村经济合作社的机构类型为其他机构,业务范围为综合经营与资产管理,李某某系合作社社长、法定代表人。

5. 办案机关调取的《区征收办关于委托征收中心组织实施 FZS 桥西北侧地区回迁安置房项目房屋征收工作的情况说明》《FZS 桥西北侧地区回迁安置房项目房屋征收补偿工作协议书》《A 区国有土地上非旧城区改建项目房屋征收与补偿实施工作委托协议》等证明:甲方某市 A 区人民政府征收办公室(以下简称 A 区征收办)与乙方北京 SKYX 置业股份有限公司(以下简称 SKYX 公司)签订工作协议,甲方负责 FZS 项目的房屋征收与补偿,乙方负责筹措周转房屋、安置房源、征收补偿资金等。协议中所提需乙方支付、预付的款项均按照实报实销、多退少补的原则于被征收人全部安置后,由甲方组织相关部门与乙方进行结算。依据《某市国有土地上房屋征收与补偿实施意见》第 2 条"房屋征收部门可以委托符合条件的房屋征收实施单位承担房屋征收与补偿的具体工作"的规定,2016 年 7 月 1 日,A 区征收办与 A 区征收中心签署房屋征收与补偿实施工作委托协议。

6. 办案机关调取的《关于制定 FZS 桥西北侧地区回迁安置房项目房屋征收议事协调工作机制的请示》、批示及附件《关于制定 FZS 桥西北侧地区回迁安置房项目房屋征收议事协调工作机制》等证明:房屋征收工作指挥部的成立及具体工作内容和时间安排等情况。

7. 办案机关调取的SKYX公司、××城市开发集团有限责任公司(以下简称城开集团)、××城建集团有限责任公司、Z集团有限责任公司、××××实业股份有限公司、××股份有限公司营业执照、《关于××SKYX置业股份有限公司2020年第一次股东会会议记录》,SKYX公司出具的《关于FZS桥西北侧回迁安置房项目征收主体相关事宜的情况说明》《关于FZS桥西北侧回迁安置房项目情况的相关说明》等证明:SKYX公司成立于1999年12月,其股东为城开集团、××城建集团有限责任公司、Z集团有限责任公司、××××实业集团有限责任公司、××股份有限公司。

FZS项目的立项主体为SKYX公司,A区征收办负责组织实施项目房屋征收与补偿工作,A区征收中心依职责承担项目房屋征收与补偿的具体实施工作。

在征收范围内,由于YMJ村少部分土地性质属于集体土地,建设单位未取得该部分土地用地手续,不适用国有土地上房屋征收的相关补偿政策,故参照征收补偿安置政策,以协议腾退的方式,由SKYX公司与居民签订腾退协议。因以上区域仍属于项目征收范围,故相关前期入户调查、与居民协商、资料收集及审核、回迁安置房选择以及评估、拆迁、拆除、测绘等项工作仍由A区征收中心具体负责。相关材料经A区征收中心审核完备无误,居民签订正式腾退协议后,案卷整体移交SKYX公司,由SKYX公司完善会签审批程序,进行后续补偿款给付及协议用印事宜。

FZS项目总投资估算为69亿余元,资金来源全部由SKYX公司自行筹措解决。未使用政府专项债券,不涉及政府隐性债,全部为自筹资金,所有房屋均为回迁安置房,土地不上市,不涉及政府财政担保。

8. 办案机关调取的《关于将FZS桥西北侧地区回迁安置房项目列入区政府房屋征收工作的申请》、A区房屋征收暂停办理事项的公告、《FZS桥西北侧地区回迁安置房项目征收暂停办理事项有关情况说明》、A区征收办关于FZS桥西北侧地区房屋征收范围内暂停办理规划审批的通知、某市A区房屋征收办公室关于FZS桥西北侧地区房屋征收范围内暂停办理户籍分户、迁入等事项的通知、暂停办理工商注册登记的通知、暂停办理变更权属登记的通知、送达回证、《A区人民政府房屋征收办公室关于尽快拨付FZS桥西北侧地区回迁安置房项目房屋征收补偿资金及落实产权调换房源手续的函》、2014年第8次区政府常务会会议记录首页、纪要、《某市A区人民政府房屋征收决定》[××房征字(2014)3号]等证明:2012年12月,SKYX公司向某市A区人民政府申请将FZS项目列入政府房屋征收。2013年5月3日,A区征收办发布房屋征收暂停办理事项的公告,主要内容为SKYX公司进行FZS项目建设,自公告公布之日起,在上述征收范围内不得实施新建、扩建、改建房屋和改变房屋用途、变更房屋权属登记等不当增加补偿费用的行为。暂停期限为公告发布之日起1年。暂停公告的张贴,是为项目开展入户调查以及核定被征收人认定工作作准备,是开展入户调查登记工作的前置条件。2013年5月3日,A区征收办向某市规划委员会A分局、某市公安局A分局、某市工商管理局A分局、某市A区房屋权属登记中心等单位制发暂停办理相关事项通知,各单位均收悉。

2014年9月26日,A区征收办致函SKYX公司,要求该公司按照《某市国有土地上房屋征收与补偿实施意见》的规定,尽快拨付征收补偿资金、尽快落实产权调换房源手续。

2014年10月16日,A区人民政府召开常务会,议题为“区房屋征收办关于报请区政府对FZS桥西北侧地区回迁安置房项目作出房屋征收决定的请示”。该项目评估公司对被征收房屋的市场价格进行了评估,基本价格为38,516元/平方米(不含房屋重置价,以征收决定发布之日公布的基准价格为准)。根据市场价格、基础数据和方案其他补偿、奖励、补助进行测算,该项目补偿预算总额为63亿元。项目二标段内(属于B村,土地性质为国有)部分房屋不在征收红线内,五标段内(YMJ村)有部分房屋在集体土地上。建议上述两部分房屋参照项目补偿政策签约搬迁。

2014年10月30日A区人民政府发布房屋征收决定,对FZS项目用地红线范围内的房屋及其附属物实施征收,规定由A区征收办委托A区征收中心承担本项目房屋征收与补偿的具体实施工作,由A区征收中心与被征收人签订《房屋征收补偿协议书》,并公布征收补偿方案。项目搬迁签约期限自2014年10月31日9时起至2014年12月31日12时止。

9. 办案机关调取的《FZS桥西北侧地区回迁安置房项目住宅房屋征收补偿方案》证明:该方案是FZS项目征收住宅房屋,对原宅基地上被征收房屋所有人和农租房承租人给予补偿的依据。

10.《国有土地上房屋征收与补偿条例》《某市国有土地上房屋征收停产停业损失补偿暂行办法》《A区征收国有土地上住宅房屋停产停业损失补偿标准》等证明:国家和某市关于征收的相关规定及被征收人获得停产停业损失补偿的条件计算方法、基准补偿费分级情况。

11. 办案机关调取的《FZS桥西北侧地区回迁安置房项目非住宅房屋征收补偿方案》《FZS项目停产停业补偿的情况说明》证明:(略)

12. A区征收中心出具的《关于FZS桥西北侧地区回迁安置房项目YMJ村集体土地范围腾退工作的说明》、SKYX公司出具的《关于FZS桥西北侧回迁安置房项目征收主体相关事宜的函》证明:FZS项目A区段涉及S乡SL大队B和饮马井两个村。YMJ村在项目批准的四至范围北部为第五标段。由于该村土地为集体土地不适用国有土地上房屋征收补偿条例,因此由项目建设单位SKYX公司对该项目集体土地上居民进行腾退补偿安置工作,但实际征收由A区征收中心负责。

13. 办案机关调取的会议纪要证明:2015年3月3日,A区征收中心吴某某主任主持召开FZS项目协调会。会议认定,与S乡有租地关系的非住宅被征收人将直接与S乡签订补偿协议,没有相关手续的按照违章建筑进行拆除,并成立领导工作小组,对非住宅内的出租户、个体户,进行清退、发放评估报告,进入征收程序。

14.办案机关调取的A区房屋征收工作领导小组会议备忘录证明:2015年8月28日,甘某某常务副区长主持召开A区房屋征收补偿工作领导小组专题会,对FZS项目征收补偿工作涉及的相关问题进行讨论。会议议定无产权手续的非住宅房屋可以依据租地协议予以补偿;乡政府负责证明协议的真实性;村、乡两级确定被补偿对象;补偿面积以征收决定之前的建筑面积为准。

15.办案机关调取的HS市场工商资料证明:HS市场法定代表人肖某某,住所S乡SL村村西,公司类型为有限责任公司(自然人投资或控股),经营项目为销售农副产品、生肉、水产、包装食品、粮油及制品、饮料、熟食、卷烟等。

16.办案机关调取的租赁协议书、土地出让合同、租赁经营合同书、协议书、解除租赁关系协议书等证明:(略)

17.办案机关调取的非住宅征收调查表、FZS桥西北侧回迁安置房项目房屋征收非住宅评估结果报告证明:(略)

18.××××××××××××股份有限公司提供的关于"SL村HS市场地块"的监测报告证明:该公司利用高分遥感影像数据采用人工目视判读的方式,分五期对HS市场进行房屋屋顶提取工作。其中2012年9月14日影像提取图斑19块,面积17,721.6平方米;2013年8月25日影像提取图斑19块,面积17,681平方米;2014年11月24日影像提取图斑19块,面积17,117.4平方米;2015年8月4日影像提取图斑23块,面积22,415.6平方米;2016年5月6日影像提取图斑23块,面积23,162.8平方米。

19.S乡人民政府、SL村村民委员会、SL村经济合作社出具的《关于HS市场非住宅补偿主体及房屋建筑面积的说明》证明:S乡SL村经济合作社在FZS项目征收范围内有一处房产。该处房产坐落于S乡SL村西,房屋建筑面积为41,819.99平方米,现同意SL村经济合作社为被征收人,对其进行该处房屋、地上及地下设施的补偿。SL村经济合作社将该处房产租赁给HS市场,HS市场在项目张贴暂停办理事项前一直利用该处房产进行批发零售等经营活动。

20.办案机关调取的SKYX公司FZS项目拆迁腾退补偿协议会签单证明:2016年4月20日,A区征收中心与SKYX公司相关部门、主管副总、总经理就"某市A区S乡SL村经济合作社坐落于A区东三环南路SL村,征收建筑面积41,819.99平方米,补偿金额175,131,265.1元"的拆迁腾退补偿协议内容进行会签。张某代表A区征收中心签字。

21.办案机关调取的FZS项目房屋征收补偿协议证明:2016年4月25日,甲方征收人SKYX公司与乙方被征收人S乡SL村经济合作社签订协议。乙方所有房屋坐落于S乡SL村西(HS市场),房屋总建筑面积为41,819.99平方米。乙方应得房屋征收补偿款总额为175,131,265.1元,其中价值补偿依据JL公司所出具的房地产评估报告乙方房地产总价为29,917,563元;设备及附属物补偿为4,147,174元;搬迁补偿41,116,752元;停产停业损失补偿97,858,776.6元;其他补偿合计2,090,999.5元。

22. 办案机关调取的SKYX公司支出证明单、电汇凭证、增值税发票、进账单等证明:2016年4月21日,SKYX公司向S乡SL村经济合作社支付HS市场拆迁补偿款34,064,737元;2017年5月3日支付70,000,000元;2017年12月7日支付71,066,528.1元。

23. 办案机关调取的支出凭单、收据、××农商银行转账支票存根记账凭证等证明:2016年11月24日肖某某从SL村经济合作社领取HS市场拆迁补偿款2000万元,2017年5月17日领取3000万元、12月19日领取4000万元,2018年2月2日领取20,078,800元。

24. A区征收中心出具的《关于FZS西北侧地区安置房项目某市A区S乡SL村经济合作社补偿情况的说明》证明:S乡SL村经济合作社坐落于S乡SL村西(HS市场)的房屋,在FZS项目征收过程中,与SKYX公司签订了非住宅《征收补偿协议》,房屋总建筑面积为41,819.99平方米。

根据发布的《房屋征收暂停办理事项公告》规定,在公告期内应暂停办理新增、扩建、改建房屋等事项,通过《遥感监测报告》对比,发现2016年比2013年多出20、21、22、23共4块图斑,4块图斑建筑物结构为钢架大棚,建筑面积分别为327平方米、625.5平方米、320.5平方米、4284.3平方米,建筑面积合计5557.3平方米。多出的5557.3平方米重置成新价值、停产停业损失补偿、搬迁费使S乡SL村经济合作社违规获益15,190,980.8元。

25—31. 证人证言证明:(略)

32. 证人李某某(SL村经济合作社原社长)的证言证明:2007年,SL村集体与肖某某签订了HS市场租赁协议,当时与肖某某签订的是面积为2万多平方米的租赁协议,租赁时间为15年,如遇拆迁补偿,SL经济合作社补偿占60%,HS市场补偿占40%。后来肖某某在租赁过程中陆续翻盖、扩建了很多,费用都是肖某某自己出的,拆迁补偿时租赁面积已经达到4万多平米。2016年4月SK集团找JL公司对HS市场整体拆迁进行评估,HS市场应得补偿款总额为1.75亿余元,当时是以HS市场4万多平方米来评估补偿的。拆迁补偿的主体是SL村经济合作社,SK集团将1.75亿余元补偿款直接打入SL村经济合作社的账户,再由SL村经济合作社将钱打入肖某某的账户。《关于HS市场非住宅补偿主体及房屋建筑面积的说明》是为了HS市场征收补偿出具的,印象中是2014年副乡长李某某来村里说HS市场面积认定完了,需要村委会盖个章，其就配合在这份说明上盖了章。

拆迁过程中有很多实际问题，肖某某在经营过程中收了租户很多租金，需要先退还租户押金和未到期的租金，肖某某没有钱去腾退租户，所以向SL村提出先行拨付部分停产停业补偿款。村委会考虑到实际情况，为了保证HS市场内的几百租户能及时清退，保证HS市场顺利拆除，决定在2016年12月和2017年5月分2次将5000余万元先行拨付给肖某某清退市场的租户。2017年12月，村里针对HS市场拆迁的问题召开会议，主要针对HS市场拆除补偿分配方案进行讨论，会上集体讨论决定将HS市场拆除补偿分配比例由原来的SL经济合作社占60%、HS市场40%更改为SL经济合作社占50%、HS市场占50%同时再奖励500万元现金，目的是让HS市场尽快拆除搬走，推进整体拆迁工作。

33. 证人吴某某(A区征收中心原主任)的证言证明：FZS项目大概是2013年启动的，征收主体是A区征收办，实施主体是A区征收中心，建设单位是SKYX公司，征收主要涉及住宅和非住宅两方面，住宅包括原农民宅基地和国有企业的农租房两块，总户数1000户左右，非宅涉及19个单位，项目分为5个标段，拆迁公司有5个。评估公司有××华信、××国盛、××盛华翔伦、××华源国际、JL公司。

FZS项目有住宅和非住宅两个征收方案，由A区征收中心和A区征收办共同起草，然后报区政府。住宅征收方案中规定的被征收人是按原宅基地所有权人进行认定，即按照红本、宅基地审批表、社员建筑施工许可证上面的所有权人和使用权人认定，被征收房屋面积以上述三种证明中标注的建筑面积认定，无法提供上述证明的根据征收办会议纪要要求，由SL村和S乡政府共同认定被征收人，房屋面积按照某市39号令的标准认定。国企的农租房按照产权单位出具的弃产证明和租赁合同认定，被征收房屋面积按照租赁合同中标注的建筑面积认定。非宅征收认定被征收人以产权证信息为准，无法提供产权证的以村、乡两级的租赁协议信息为准。

FZS项目由A区征收中心征收补偿一科负责具体实施，当时的科长是刘某，2015年8月刘某辞职后，由张某负责。张某是2015年2月进入FZS项目，负责非宅工作，2016年年初，张某作为副科长主持征收一科工作，负责整个FZS项目。当时分管征收一科的领导是A区征收中心副主任王某某，期间王某某由于生孩子休了1年产假，2017年5月，征收一科由A区征收中心副主任刘某某分管。其作为A区征收中心的主任，负责征收中心的全面工作，FZS项目在王某某休产假期间，刘某将有些重要工作直接向其请示汇报，包括后来的张某也是如此。

2015年至2016年，张某跟其汇报说，HS市场征收推进比较难，村里反馈HS市场征收需要通过李某某协调才可以推进，张某希望其出面跟李某某协调。其就让张某和村内沟通安排和李某某见面，没多久，其带着A区征收办补偿科科长王某某、A区征收中心补偿二科科长刘某某去找李某某，后其把与李某某沟通的情况告诉了张某，让他抓紧找村里签约。其不了解HS市场的真实情况,不清楚是否存在违建,张某没有跟其汇报过HS市场违建的情况。按照会议纪要规定,应该由SL村、S乡里出具HS市场被征收人和被征收房屋的面积证明。印象中在FZS项目征收过程中,张某跟其说过没有非住宅的补偿标准,问其怎么处理,其说这件事不是A区征收中心能决定的,应该上报A区征收办,同时报区长办公会审批。后A区征收办以会议纪要的方式出台了非住宅补偿标准,HS市场按照不超过4000元/平方米获得补偿。

其认识李某某,李某某作为S乡副乡长代表乡里配合A区征收中心做HS市场的征收工作,包括出具HS市场被征收人和被征收房屋面积证明,在此过程中李某某没有和其沟通过,其不清楚HS市场在征收过程中是否存在问题。

34. 证人王某某(A区征收中心原副主任)的证言证明:A区征收中心2011年成立,刚成立时班子成员只有主任吴某某和其,吴某某主抓全面工作,其协助。2013年,其按照分工分管拆迁一科、拆迁二科,当时拆迁一科的科长是刘某,拆迁二科是副科长刘某某主持工作。2014年,A区征收中心成立了监督审核科和拆迁三科,2015年底成立了拆迁四科。其作为A区征收中心主管副主任期间,征收一科在2012年至2016年开展过2012年的×××医院改扩建项目和2013年的FZS项目。

FZS项目是2013年纳入征收的,首先是建设单位SKYX公司向A区征收办提出申请,A区征收办报请区政府确认纳入征收后张贴暂停公告,选取拆迁公司提供拆迁服务;之后组织S乡、拆迁公司、评估机构及A区征收中心工作人员入户调查,根据入户结果拟定征收补偿方案,并将方案提交给A区征收办,由A区征收办组织相关部门论证后报区政府,2014年1月左右对征收补偿方案征求意见,根据反馈意见修改征收补偿方案。其在2014年4月至2015年1月在家休产假,2014年9月左右,区政府办公会通过该项目的征收补偿方案,作出征收决定,该项目启动签约工作。2015年8月征收一科科长刘某离职,之后由张某临时主持工作,后期也是张某具体负责该项目的征收现场住宅和非宅的评估,并向其汇报征收工作进展。印象中2013年A区征收办在SL村发布暂停新建、扩建公告,HS市场作为非宅被征收户也在被征收范围内。刘某离职后,张某带着评估公司、S乡、SL村村委会等人员到现场进行评估,从而确定被征收房屋的建筑面积。

《FZS桥西北侧地区回迁安置房项目房屋征收补偿协议》其见过,好像是张某给其发过邮件。其知道HS市场被补偿面积是现场评估认定的,而且有乡里出的《关于HS市场非住宅补偿主体及房屋建筑面积的说明》,其认为应该没有问题。作为主管领导,其只看张某提交的征收补偿协议,现场具体情况其不了解,不清楚是否存在突击加建、扩建情况,其没去过HS市场,张某也没有跟其说过HS市场在他接手后存在违规加建、扩建的现象。其看过张某通过微信给其发的HS市场相关材料,对于HS市场是否符合腾退标准,其是依据S乡提供的由村级和乡级盖章的《关于HS市场非住宅补偿主体及房屋建筑面积的说明》才同意的。张某是否跟吴某某汇报过HS市场存在违规加建、扩建情况其不清楚，张某是吴某某提拔的人，吴某某很器重张某，让他主持拆迁一科的工作，很多工作都是张某直接向吴某某汇报，汇报完后再告诉其，但HS市场存在新增加建、扩建情况，张某没有跟其说过。其和吴某某、张某一起讨论过FZS项目非宅的停产停业损失补偿标准，正常情况下应当按照规定的公式计算，这需要企业提供很多证明材料，现实中企业很难提供，所以参照地铁10号线征收的做法，按照住宅标准给予FZS项目非宅停产停业补偿，讨论决议写到会议纪要中了，这个标准是在2015年FZS项目奖励期结束后，其和吴某某、张某、S乡副乡长李某某、SKYX公司副总郑某一起开会讨论决定的。

2020年8月张某被留置后，其才知道HS市场因为多算补偿面积出事了，后来经其回忆，想起来HS市场属于集体土地上的建筑，不是由A区征收中心作为主体开展征收工作，而是由SKYX公司负责审核盖章并发放补偿款。

35. 证人郑某（SKYX公司副总经理）的证言证明：SKYX公司的前身是城开集团第一分公司，2006年城开集团与TH集团有限公司合并成立SDKF集团有限公司（以下简称SK集团），SK集团是市属国有企业，同年城开集团第一分公司更名为SKYX公司，上级单位是SDKF股份有限公司（以下简称SK股份），SK股份的上级单位是SK集团。SKYX公司到目前为止在A区只开发过两个项目，其中一个是FZS项目，这个项目的立项和出资主体都是SKYX公司，FZS项目是公益性项目，除了回迁房以外，全部是绿地等公共配套设施，所以这个项目是纳入政府主导的征收。

20世纪90年代，B村的土地性质已从集体用地变为国有建设用地，SK股份已经将征地补偿款全部支付S乡各级部门。后因为计划原因，上述地块的地上物征收一直没有开展，2011年地上物的征收工作正式立项并着手实施，2011年12月30日立项通过，2012年5月A区征收中心正式入户调查，2014年10月底区政府公示了征收决定。A区征收办负责政策的制定，A区征收中心负责具体实施，S乡规划科负责配合工作。拆迁补偿款是SK集团出的，SKYX公司先期拨付10亿元到A区征收中心，后来征收款不够，又拨了6亿元到A区征收中心。

FZS项目被征收地上物一部分是宅基地，一部分是国有企业租地建房的职工宿舍（农租房）、企业（非住宅）。违章建筑应该由乡政府完成拆违，不在补偿范围之内。A区征收中心依据相关文件及证明材料作出是否属于征收范围的认定并公示，SK集团不用进行复核。如果不符合征收资格的人通过伪造相关证明文件材料获取了征收资格从而得到补偿款或者回迁房，SKYX公司必然受到经济损失。

按照SKYX公司与A区征收办签订的协议，测量、评估、谈判、补偿、拆除工作由A区征收中心具体实施。HS市场一部分是在YMJ村的集体土地上（后来经过权属审查，这块土地也是国有土地），所以根据工作协议要求，由A区征收中心负责，由

SKYX公司签订补偿协议,并从开设的监管账号上支付征收补偿款。在签约和补偿的过程中,SKYX公司必须服从A区征收中心制定的补偿标准。拆迁补偿先由拆迁公司、A区征收中心在会签审批单上签字,然后SKYX公司按照工作协议履行后面的工作,对于征收档案SKYX公司不作实质审核,就是履行相关手续,实际上就是走个形式。

36. 证人肖某某的证言证明:2007年,HS市场租赁S乡SL村集体土地用于经营。2013年5月,村里发布禁止加盖违建的公告,为了经营需要,其在HS市场一直在进行扩建和加盖,危房改造等。2015年SL村的工作人员让其去村里一趟,一个管拆迁的老同志说现在市里要对HS市场拆迁,让其回去准备企业的相关手续,过了2天其把材料整理好给了村里负责拆迁的同志,后来乡、村两级开了一个协调会,参会的人有乡里的李某某、A区征收中心的张某、SL村书记陈某某、村主任王某某、村合作社社长李某某等人,会上说HS市场要拆迁,要求其积极配合政府。又过了2天张某跟其联系,让其准备拆迁手续,准备进行市场测量,其说测量可以,别影响市场的正常经营,这件事就搁置下来了。其得知A区征收中心要对HS市场进行征收的消息后,对HS市场部分大厅及大厅间的过道进行加建封顶的改造,将原来露天大厅间的道路封顶,使几个区域连成一体。评估公司看完现场后测算出整体面积,把其加建的这部分封顶区域也都纳入拆迁范围内。

2016年年初的一天中午,SL村里的领导叫其一起跟A区征收中心的吴某某主任在SL画院吃饭,除了吴某某之外还有李某某、张某、陈某某、王某某等人。吃饭时聊了一些拆迁的事情,吴某某说HS市场要积极配合拆迁,陈某某代表村里跟吴某某说,这次拆迁难得赶上,农民和企业都不容易,能多给点补偿就多给点。吴某某当时表示会尽最大努力,该给的一定给。

其认为李某某、张某、吴某某等人在HS市场拆迁过程中提供了很大帮助,如果没有他们,其肯定拿不到预期的补偿款,因为张某、吴某某和李某某是拆迁过程中重要的领导及工作人员,每一步的审批、测量、合同的签订都需要他们在中间协调,如果他们不帮忙,其是不能获得这么多补偿款的。其和张某、李某某谈过希望对HS市场按照实测面积进行补偿,后期也是按照实测面积给其补偿的,其分得了1.1亿元左右,是村里分4次将这笔钱给其的,其还给马某某5000多万元,还给SL集团1300万元,补给租户一部分钱,剩下的钱归其所有。

2017年9月中秋节前,李某某说要买房,家里缺资金,其约李某某晚上一起在××饭店四层吃饭喝酒后,在停车场其将一个放了50万元现金的纸箱子,放在了李某某的后备箱里。

2015年4月左右,张某给其打电话说对HS市场进行入户调查,其约张某晚上在××大厦一起吃饭,吃饭时其给张某递了一个信封,信封里装了2万元,其说过节了,给家里人买点吃的,张某就收下了。

2016年5月过后的一个周末,当时HS市场已经签订了非住宅征收补偿协议,李某约李某某和其一起去迁西过周末,是谁叫的张某其记不清了。在迁西的一个酒店住了一晚,第二天早上在酒店门口,其给了张某一个信封,里面有1万元现金,并说:"兄弟,这是一点意思,给孩子买点吃的,你收着。"张某没说什么就收下了。

2016年11月,张某因为踢球腿骨折了,其去××××医院看张某,在病房里给张某塞了一个信封,里面装了1万元现金,跟张某说:"我就不给你买东西了,你自己买点营养品吃吧。"张某收下了。

其之所以给张某钱,是因为在HS市场拆迁过程中和张某配合得不错,其觉得这个朋友可交,以后有朋友在拆迁或者工作中用得到的地方还可以继续帮忙,维系感情。

37.被告人李某某的供述证明:其从2006年7月开始担任S乡副乡长,2017年年底退居二线。担任副乡长期间主要分管S乡的规划和拆迁工作。

FZS项目大概是2013年5月开始发布的公告,2014年10月左右正式启动,因为征收工作算是拆迁工作的一部分,所以其作为乡里的分管领导配合协助A区征收中心、协调下属村及居委会开展相关工作,代表乡政府就相关拆迁问题进行商谈,包括出具相关证明或情况说明等材料。

HS市场租的是SL四队也就是YMJ村的地,经营者是肖某某。2015年4月左右,A区征收中心的张某找其,意思是非宅拆迁工作已经启动了,很多地方需要尽快拆掉,包括HS市场,他们之前已经跟SL村的人、肖某某沟通过,但是SL村和肖某某不是很配合工作,希望其作为主管拆迁工作的乡领导能出面协调一下,其答应了。其先去村里找的村书记陈某某,跟他说HS市场整体被纳入征收范围,希望他能配合乡里和区里工作,尽快拆迁。陈某某说HS市场对他们村挺重要,问其能否晚点拆,其态度比较坚决,提出村集体最好起带头作用,陈某某也同意了,之后他应该通知了肖某某,并且开始布置相关的拆迁工作。

过了一段时间,张某说A区征收中心对HS市场大概算出了一个标准,单价是3600元/平方米,经评估公司测量,HS市场的实测面积是42,000平方米,但经实地走访,发现这42,000平方米中有一部分属于加盖面积,本来是几栋建筑物,中间是道路,上面是露天的,但是被盖上了棚顶,形成了类似的大棚房,张某表示这部分面积应该除去,不予认定。其说先跟村里包括肖某某说一下,看看他们什么意见。之后其把这个情况分别告诉了陈某某和肖某某,陈某某、肖某某都觉得这个钱给得少,肖某某希望其能帮着再把价钱往上涨涨。其一看村里和肖某某都不满意补偿价格,就把这个意思转达给张某,问他还有没有可能再把单价往上提。过了一段时间,张某跟其说经过协调,每平米的价格可以提到3800元。其跟陈某某说了,陈某某对这个价格也不是很满意,说这块地怎么着不得赔个2亿元啊,每平米的价格起码得5000元,其说再协调看看。之后其也联系了肖某某,跟他说了3800元/平方米的这个价格,肖某某表示价格还是低,让其帮忙再把价格往上抬抬,同时也说了A区征收中心关于HS市场面积的认定和实际测量面积有些出入,可能A区征收中心想认定的少一点,希望其能够帮着争取一下。其把陈某某和肖某某的意思告诉了张某,张某又提出HS市场有临时加盖的行为无法认定。考虑到如果不能满足陈某某、肖某某的要求,他们可能不会走,出于推进整体工作进度的需要,其跟张某说,HS市场全部是用来经营的,大棚下面的那些地有时候也摆摊或者停车,是一个整体,修这部分也是为了安全或者夏天遮雨什么的,而且评估公司已经测量完面积了,如果不违规就按实测面积算补偿。张某说这个事他定不了,还得跟单位领导请示一下。

因为对于HS市场的面积认定存在出入,实测面积和租赁面积不符,所以当时应该是张某提出来如果按照42,000平方米认定,还需要乡里出一个证明。这事可能张某也跟肖某某提过,所以才有了《关于HS市场非住宅补偿主体及房屋建筑面积的说明》。这个证明应该是张某做好后拿给其的,其觉得没啥问题,就把这个说明给了韩某,安排韩某去找村里以及乡政府办公室盖章。这个说明相当于乡里出的一个关于面积的证明,A区征收中心也是依据这个说明最后认定的拆迁面积,对SL村和肖某某进行补偿。出具这份说明不需要经乡长或党委书记批准,其直接让下面的人去盖章并且交给A区征收中心入档了,没有其他审批程序,盖章的时间可能是在2016年三四月。这个说明上HS市场的面积是41,819.99平方米,不是之前说的42,000平方米,这是因为2016年年初,肖某某对其说HS市场还有3套房子,希望拆迁时能按照宅基地政策补偿,其说如果是宅基地,得拿出依据,肖某某说材料肯定有。过了没几天,肖某某找到其,说3套宅基地手续已经准备好了,其也没细看,就先收着了。这件事其后来跟张某反映,张某说既然这样,HS市场的非宅面积就有变化了,他得跟领导请示。基于以上原因,才有了41,800多平方米的面积证明。

2016年年初,其和吴某某就其他问题开会,会后其约了张某、吴某某谈了谈,其说了村里对拆迁款的想法,表示希望能多给点,最好能给到2亿元,吴某某表示这个价格太多了,其说HS市场如果每平米能给到4000元左右也行,面积按照实测算,吴某某说既然谈好了价格就不能变了,他回头跟领导请示下。过了没几天,张某打电话说吴某某已经请示完了,可以按照之前说的标准,总补偿金额1.7亿元。其觉得这个价格可以,就通知了陈某某,让他们作好相应的准备。之后A区征收中心跟村里签了合同。

2017年国庆节前,肖某某请其在××饭店吃饭,饭后肖某某送其到酒店前面的停车场,然后抱过来一个箱子,放到其车的后备箱里。第二天下班的时候,其想起后备箱里还有1个箱子,就把箱子搬回家,发现里面是50万元现金。这笔钱其交给妻子,作为家庭日常生活开支花了。

38.被告人张某的供述证明:其是2015年2月初负责FZS项目非住宅的征收工作,一直到2018年8月,包括非住宅的入户调查、拟定方案、与被征收人协商并签订征收补偿协议及负责协议初审;2016年6月至2018年8月,作为科级负责人负责FZS项目的全面工作。

2015年2月左右,A区征收中心主任吴某某安排其负责FZS项目非住宅征收补偿工作,为了尽快推进工作,其与当时的现场负责人刘某进行了沟通,刘某说HS市场一直没有入户调查,前期联系过HS市场的负责人肖某某,但是肖某某没有明确答复。

HS市场属于无产权的非住宅房屋,印象里其调取过HS市场的租地协议,也看过HS市场的租赁协议,占地面积40多亩26,000平方米左右。

2015年过完春节后,其去过SL村委会找王某某说要对HS市场入户调查,王某某说HS市场的入户调查得找市场的法定代表人肖某某协商。其联系了肖某某,但肖某某说不在当地,等回来再联系,这个情况其向刘某汇报了。2015年3月初,刘某带其去找S乡副乡长李某某沟通HS市场的征收工作,刘某告诉李某某以后由其负责FZS项目非住宅征收补偿工作。其提出HS市场还没入户调查,肖某某也不配合,希望乡里能够帮助做好HS市场的入户调查工作,李某某听后说先去村里和HS市场商量商量。没多久,其带着JL公司的评估员去HS市场内部勘察,发现市场内有正在翻建房屋和加盖顶棚的情况,其将情况汇报给了当时的现场负责人刘某,刘某表示知道了。2015年4月底,刘某说可以对HS市场入户调查了,其通知JL公司、TL拆迁有限公司工作人员准备在"五一"后对HS市场入户调查。2015年5月初,其带着JL公司的张某某、范某等人,拆迁公司的张某舒,S乡拆迁办的韩某以及HS市场的工作人员马某某等人一起对HS市场入户调查。HS市场的工作人员指认了市场边界,其让评估公司分组对HS市场进行测量,而之前其看到的翻建房屋以及加盖的顶棚都建好了。经过几天的测量和登记,JL公司的张某某将HS市场的实际测量建筑面积42,000多平方米以及现场的平面图报给其,之后其也向刘某汇报了。2015年6月左右,刘某带其与李某某协商HS市场的征收补偿,李某某提出的补偿单价较高,而且要求HS市场必须按照实际测量的建筑面积给予补偿,其向李某某介绍了非住宅征收补偿标准,但是双方没能达成一致。2015年7月刘某辞职后,A区征收中心副主任王某某有一天带其和康某一起去找李某某,明确跟李某某说由其具体负责FZS项目非住宅征收补偿工作,康某具体负责住宅房屋征收补偿工作。因为HS市场内有一部分建筑在征收红线外,不属于征收范围,按照当时A区征收办、A区征收中心以及SKYX公司三方协商决定,红线外的部分由A区征收中心代理SKYX公司运用征收补偿的政策测量评估,收集材料,核算补偿金额,审核把关后交由SKYX公司与红线外的非住宅单位签订征收补偿协议,所以其之后叫上SKYX公司拆迁部经理孟某再次去找李某某协商补偿的情况。李某某说,非住宅房屋的单价可以降低,可以接受其提出的每平方米4000多元的补偿标准,但必须按照HS市场实际测量的建筑面积进行补偿,否则没法给HS市场、SL村村委会做工作,甚至没法签约。其说HS市场里面有一部分是在征收公告发布之后再建的,不能按照征收补偿的标准给予补偿,但李某某说HS市场的建筑全部用于经营,之前空出来的地是用作停车收费、摆摊经营,还是一个整体,并说其看到的翻建和加盖顶棚的情况是为了对HS市场修缮加固,顶棚是为了夏季防雨,还是希望其能按照HS市场的实际测量建筑面积给予补偿。其提出这事得回去跟领导汇报,并让李某某也跟A区征收中心的领导进行沟通。其回单位后,将与李某某协商的情况向王某某和吴某某进行了汇报,告诉王某某、吴某某,就HS市场的征收补偿已经和李某某谈了几次,李某某对补偿的单价和认定的建筑面积不能接受,虽然和李某某说了HS市场内有一部分新增面积,不能按照征收的标准给予补偿,但是李某某要求必须按照实际测量的建筑面积给予补偿,否则没法谈。吴某某听完问HS市场按照非住宅的征收标准有哪些补偿,其回答,有房屋的重置成新价不超过1000元/平方米、停产停业补偿2600元/平方米、搬迁补偿1200元/平方米、搬家费50元/平方米。吴某某又问如果不认定HS市场内的新增建筑面积,他们是否能签约、能拆走吗?其回答,跟李某某谈了几次,乡里就是要求按照实际测量的建筑面积给予征收补偿,要不然没得谈。王某某说,HS市场那里不算是征收,补偿主体是SKYX公司,无非是几家坐下来好好谈谈,都同意就行。吴某某又说,让HS市场完成拆迁,打开个局面,以非住宅腾退促进住宅腾退,减少租房户,人少了房子租不出去了,自然而然就好拆了,有的面积不和乡里去争了,可以按实际测量情况给予认定,但补偿的钱不能都给他们。王某某又让其将HS市场内的房屋和棚房分开测算,然后再研究,吴某某也表示同意。

其按照吴某某和王某某的要求,给HS市场的非住宅征收补偿制订了9种方案,通过QQ邮箱发给王某某,并当面向王某某进行了汇报。王某某听完后带其去了吴某某的办公室,将其制订的9种补偿方案又向吴某某进行了汇报,王某某提出,HS市场是一个综合市场,都是做批发零售的,可以参考地铁10号线二期×××停车场项目,按照实测经营面积给予停产停业补偿,但棚房毕竟不是房子,所以棚房的搬迁补偿可以不给。吴某某说,有案例可以参考,那HS市场的停产停业补偿上调0.1,不能给满,并问其按照这个标准HS市场能获取多少补偿。其回答,按照这个方案HS市场可以获取1.7亿多元的征收补偿。吴某某听后表示同意,王某某也同意,吴某某让其按照这个方案执行,并让其问问SKYX公司的意见。之后其联系了SKYX公司的孟某,征求他们的意见,孟某说,只要A区征收中心认可,他们也会同意。其将与孟某联系的情况向吴某某和王某某进行了汇报,吴某某拍板定的方案就是给HS市场1.7亿多元的征收补偿。

2015年12月底或者2016年1月初，吴某某告诉其，已经跟李某某说好了，给予HS市场1.7亿多元的非住宅征收补偿，并安排其与李某某对接，做好签约工作。其找李某某谈HS市场具体交房、付款和最终签订征收补偿协议的事，李某某说HS市场法定代表人肖某某租赁的是SL村集体土地，所以要求补偿主体为SL村经济合作社。其提出如果征收补偿的主体是SL村经济合作社，需要乡里作个认定，HS市场按照实际测量的建筑面积获取非住宅征收补偿也需要乡里出一个认定，将新增的面积认定为可征收补偿的面积。李某某表示乡里肯定能认定，并让其出一个需要的说明，他拿去盖章。过了几天，李某某通知其去商量HS市场征收后交房的具体事宜，当时在场的有SL村村委会书记陈某某、村委会主任王某某、HS市场肖某某、其和李某竹，肖某某提出HS市场先交中心靠南侧的房屋，再交东侧房屋，最后交HS市场剩余房屋，每次预估的面积拆除后，将拆除房屋的征收补偿款拨付给SL村经济合作社。肖某某说完后，在座的各位征求其的意见，其说这个方案要回单位和领导汇报完再确认。其回单位向王某某、吴某某汇报了这个方案，两人没有提出异议，只是让其尽快完成HS市场的签约工作，并让SL村协助按照肖某某提出的方案完成腾退。之后其跟SKYX公司的孟某也说了HS市场非住宅房屋腾退和补偿方案，孟某听完后说只要A区征收中心没意见，他们就没意见。

按照征收政策及会议纪要的规定，征收主体及房屋建筑面积还需要乡、村两级认定，所以其出具了一份关于HS市场非住宅主体及房屋建筑面积的说明，拿给李某某让他去乡、村两级盖章确认，李某某盖好章后又交还给其。乡、村两级盖章确认后就可以将HS市场内实际测量的建筑面积全部认定为补偿面积，同时可以让评估公司按照说明内的房屋建筑面积出具评估报告，有了评估报告就可以核算认定面积的补偿金额。按照这个说明，要多支付HS市场征收补偿1500余万元，这个其和吴某某汇报过，李某某也知道HS市场会多获取1500余万元补偿。这份说明其没有填落款时间，目的是规避2015年8月28日A区征收办出台的会议纪要对于非住宅房屋补偿面积的规定。当时会议纪要明确提出非住宅无产权手续的房屋可以依据租地协议予以补偿，由乡、村两级确认补偿对象；补偿面积以征收决定前的建筑面积认定。如果按照其出具这份说明的时间填写落款日期，将违反会议纪要的规定。其将乡、村两级盖章确认说明交给了JL公司的张某某，并要求她将HS市场的评估报告按照乡、村两级认定的补偿面积计算。张某某按照其的要求给HS市场出具了评估报告。

《FZS桥西北侧地区回迁安置房项目房屋征收补偿协议》是其在2016年三四月拟好的，之后其将合同内房屋总建筑面积41,819.99平方米填好，将被征收人填写为S乡SL村经济合作社，并代表SKYX公司与S乡SL村经济合作社签订了征收补偿协议，再交由SKYX公司拨付补偿款。

2015 年 4 月左右,因为 HS 市场一直没有入户调查,其给肖某某打电话说入户调查的事,肖某某约其 17 时到××大厦,其到后,肖某某提出让其入户调查时帮着多量点面积,其表示不会让肖某某吃亏。吃饭过程中,肖某某拿出一个信封递给其,说这是一点意思,让其收着,量房的时候多给量点。其推辞了半天,还是收下了。回家的路上其打开信封,看到里面是 2 万元现金。

2016 年 5 月中旬,HS 市场已经签订了征收补偿协议,李某某约其去迁西过周末,并说会叫着肖某某一起去。在迁西的一个酒店,第二天早上吃完饭,肖某某将其叫到酒店门口,掏出一个信封递给其,说这是一点意思,让其收着。其没有推脱就装裤兜里了,之后其上了自己的车,打开信封看到里面是 1 万元现金。

2016 年 9 月的一天,肖某某约其到×××吃饭,在饭桌上,肖某某因为想晚些交房,让其帮帮忙,临走时在一楼大厅给其揣了一个信封,其没有拒绝。之后其打开信封,看到里面是 2 万元现金。

2016 年 11 月,其因为跟腱断裂在××××医院住院,肖某某前来探望,给其被子下面塞了一个信封,并说"兄弟,我就不给你买别的东西了,好好养伤,这是一点心意,你收着",其没有拒绝就收下了,趁没人的时候打开信封,看到里面是 1 万元现金。

2017 年年初的一天,李某某约其到××酒楼吃饭,肖某某也在。吃饭时,肖某某感谢其在 HS 市场拆迁中给予的帮助,吃完饭准备离开时,肖某某在楼道里给其揣了一个信封,说这是一点心意,让其收下,其也没有拒绝。之后其搭车回到办公室,打开信封看到里面是 1 万元现金。

二、被告人李某某滥用职权的事实

2015 年 11 月至 2016 年 4 月,被告人李某某在担任 S 乡人民政府副乡长分管 FZS 项目征收补偿工作期间,在该项目住宅房屋征收补偿过程中,明知朴某某(另案处理)在拆迁范围内的房屋权属存在争议,仍擅自同意为朴某某出具确权证明,把朴某某认定为被征收人,将没有权属证明的房屋认定为宅基地房屋,致使朴某某多获拆迁补偿款 600 余万元。

上述事实,有经庭审举证、质证,本院审核后确认的下列证据予以证实:

1. 办案机关调取的《房屋征收档案内目录》《材料交接及协议审批单》《某市 FZS 桥西北侧地区回迁安置房项目房屋征收补偿协议》《房屋征收入户调查登记表》《朴某某户口簿》《某市国有土地上住宅房屋征收评估结果报告》《交房验收单》《声明》《说明》《房屋征收补偿款发放明细表》等证明:朴某某被征收房屋位于 S 乡 SL 三队,建筑面积和土地面积均为 146.25 平方米。其户籍所在地为 S 乡××××村 19 号。对于被征收房屋,朴某某不能提供《集体土地建设用地使用证》。经 SL 村委会、S 乡规划建设管理科确认,包括朴某某在内的 36 户为 FZS 项目范围内的被征收人,朴某某系 A 区 S 乡 SL 三队的房屋的宅基地产权人。朴某某的被征收房屋经×××××××

××土地评估有限责任公司评估，价值总额为5,902,513元。朴某某作为被征收人，在《某市FZS桥西北侧地区回迁安置房项目住宅房屋征收补偿方案》上签字，落款时间为2015年2月15日。该征收补偿方案约定，坐落于S乡SL三队（建筑面积146.25平方米）的房屋以货币补偿方式进行补偿，征收补偿款共计6,325,713元，其中被征收房屋价值补偿5,896,181元，室内装修及附属物补偿6332元，搬迁补偿175,500元，临时安置费16,000元，搬迁费11,700元，一次性奖励费220,000元。同日，被征收人朴某某交房。朴某某签字后，该征收补偿方案交由A区征收中心审核，A区征收中心作为征收人于2016年3月31日盖章确认该征收补偿方案后，向朴某某发放征收补偿款6,325,713元。

2. A区征收中心2020年6月18日出具的《关于FZS西北侧地区安置房项目朴某某补偿情况的说明》证明：S乡SL三队朴某某的房屋在FZS项目征收过程中，与该中心签订编号为FZS20160011的《征收补偿协议》，朴某某获得货币补偿款6,325,713元。根据征收方案规定，因朴某某的房屋无相关权属证明，故无法按照宅基地房屋获取征收补偿，仅能获得房屋重置成新价、装修设备及附属物价格合计91,356元。朴某某违规获益金额为6,234,357元。

3. 证人朴某某的证言证明：2002年其劳教释放后回到周某村，没工作也没住处，其找乡里民政部门帮忙解决住房问题，乡里说没办法，其就在三环边上搭了个停车棚，以收自行车费为生，也住在里面。有次时任S乡组宣科科长的于某看见其，询问了其的情况，其求他帮忙解决自己的住房困难。过了挺长一段时间，于某说B村有几间破房，问其愿不愿意住，其说只要有地方就行。之后其去了几间破房那里，发现房子是破布搭的顶，没有门窗，其花钱重新安装门窗，买的石棉瓦封顶，总共修缮了7间房，每间房不到20平方米，总面积不到140平方米。其留下2间，剩下的5间出租了，每个月每间房租金有二三百元。这些房子应该算是违建，没有《集体土地使用证》《宅基地审批表》《社员施工建筑许可证》。

2015年11月左右，其听说B这边开始拆迁了，就去FZS项目征收办公室去打听如何获取补偿。征收现场的工作人员问其有没有房屋权属证明，其说没有，便让其回去了。过了1周左右，其去S乡政府办事，正好碰见穆某明，其问穆某明是否认识拆迁办的人，帮着问问其在B村的房屋能不能获取拆迁补偿，穆某明说帮其看看。之后的第二天或第三天，穆某明通知其去乡里和蒋某见面，其对蒋某说自己在B村有7间房，看看能不能也给补偿了。蒋某问其房在哪里，要去实地看看去。第二天带着穆某明和蒋某去了B村看了在那里的房屋，蒋某问其房子是否有产权，其说什么都没有，让蒋某给想想辙。过了2天，穆某明把其叫到蒋某的办公室，蒋某拿出一份《宅基地审批表》，问其是否有，其回答没有。穆某明说得去找找李某某，跟李某某说说其房屋的情况，出一个证明。其去了李某某的办公室，提出自己在B村有几间房，看看能不能帮个忙,给那几间房出个产权证明。李某某说过几天再说,他先核实一下。过了1周其又去找李某某,李某某说这事弄不了,让其去找征收的人。后其找到穆某明,告诉穆某明,李某某不同意办,穆某明说过2天再说。过了2周,穆某明打电话说其的事差不多了,要见面聊。见面后,穆某明说可以办其的事了,前提是得先出100万元,其同意了。又过了1周,穆某明约其见面后说这事儿还得再加100万元,上边得有人使劲儿事才能成。其说回家商量一下,第二天其打电话告诉穆某明会尽力把200万元凑出来。过完春节后穆某明通知其去现场测量房屋,蒋某和康某带着评估的人到了其的房子那里,让其指认哪些是其的房子,然后进行了测量,评估员说其的房屋面积在140平方米左右,蒋某让其回去等信。隔了两三天,穆某明约其见面,问其是否把钱准备出来了,要是准备不出来,这事办不了,其说正在筹钱。过了半个月,其用妻子李某伟的房子抵押出来130多万元,又和李某伟凑了不到70万元,之后打电话告诉穆某明钱已经准备好了,穆某明约其和李某伟第二天见面。第二天见面后,穆某明打了一张收条给李某伟,之后穆某明和李某伟去了银行,李某伟将200万元转账给了穆某明。

没过两天,穆某明打电话让其去签协议。第二天穆某明开车拉其去了FZS项目征收现场,康某确认其是亲自来的,就让其去旁边的屋子签字。进屋后有一个女的问是康某让其过来签字的吗,其说是,并按要求在摆好的协议上签字、按了手印,协议的内容其没仔细看,就知道补偿款在600万元以上。过了1个多月,穆某明说补偿款下来了,第二天其和李某伟、穆某明去了征收现场领取补偿,当天蒋某也在现场。其领完补偿款和李某伟去了附近的银行,蒋某和穆某明开车跟着,到银行后把补偿款全部转到李某伟的银行卡内。过了1个月左右,其和李某伟离婚了,她给了其40万元。

4—11. 证人证言(略)

12. 某市人民检察院第三分院×三分检职检刑诉(2020)32号起诉书后所附扣押物品清单、证人高某的证言、某市A区监察委员会查封、扣押通知书等证明:朴某某取得的征收补偿款已追回175万元。

三、被告人张某受贿的事实

被告人张某于2016年至2017年,利用担任A区征收中心征收补偿一科副科长职务上的便利,为TL拆迁服务有限公司(以下简称TL公司)工作人员周××在被征收人分户、认定大病补助证明、要求评估公司增加重置成新价等事项上提供帮助,先后2次收受周××给予的感谢费共计5万元。

2020年8月19日,被告人李某某接办案机关电话后主动投案。2020年10月某市A区监察委员会扣押了被告人李某某钱款262.5346万元,并将其中50万元作为犯罪所得移送检察机关。被告人张某于2020年8月19日主动投案,如实供述了诈骗犯罪事实,并主动交代了办案机关尚未掌握的受贿犯罪事实。2021年1月被告人张某家属代为退缴违法所得12万元。

上述事实,有经庭审举证、质证,本院审核后确认的下列证据予以证实:(略)

对于被告人李某某、张某的辩解及各自辩护人的辩护意见,本院综合评判如下:

第一,A区人民政府征收决定合法有效。李某某的辩护人提出HS市场所在地属于集体土地,征地拆迁应当适用《某市集体土地房屋拆迁管理办法》。但该办法第2条第2款规定"征地拆迁宅基地以外的房屋的,按照本市有关规定执行",HS市场属于宅基地以外的房屋,不适用该办法,且某市第四中级人民法院(2015)四中行初字第68号行政判决书、某市高级人民法院(2015)高行终字第2000号行政判决书已经确认了A区人民政府按照《国有土地上房屋征收与补偿条例》和《某市国有土地上房屋征收与补偿实施意见》规定的条件和程序作出的《某市A区人民政府房屋征收决定》依据充分,并无不当。

第二,HS市场加建面积不应获得征收补偿。依据国土资源部《关于完善征地补偿安置制度的指导意见》(国土资发〔2004〕238号,已失效)及《某市国有土地上房屋征收与补偿实施意见》的相关规定,征收范围明确后被征收人恶意增加的地上物不在补偿之列。在案证据证明,征收公告发布后,肖某某明知HS市场在征收范围,仍实施加建、抢建行为,而由此增加的面积依法不应获得补偿。

第三,李某某、张某的行为应成立诈骗罪。李某某、张某分别作为S乡人民政府、A区征收中心在涉案项目中的工作人员,负有包括审核辖区内被征地主体申报材料真实性在内的职责。二人在明知HS市场法定代表人肖某某意图通过不当增加补偿面积方式多获得征收补偿款后,仍利用各自在涉案项目中分管具体工作的便利,出具、确认对最终补偿价格起到决定性作用的证明材料,主观上具有意图使肖某某骗取征收补偿款的犯罪故意,客观上造成肖某某通过欺骗手段多获征收补偿款,二人的行为符合诈骗罪的犯罪构成,且在共同犯罪中均起到主要作用,应当以诈骗罪追究李某某、张某的刑事责任。同时二人收受肖某某钱款的行为与伙同肖某某共同实施诈骗犯罪密切相关,故应作为诈骗犯罪行为中的重要环节予以评判。

第四,SKYX公司就HS市场征收与SL村经济合作社签订的征收补偿协议不能作为否定李某某、张某的行为构成诈骗犯罪的依据。SKYX公司与SL村经济合作社签订1.7亿余元征收补偿协议的前提,是A区征收中心对由S乡、SL村盖章确认的《关于HS市场非住宅补偿主体及房屋建筑面积的说明》的认可,而说明中所称的HS市场被征收面积为4万余平方米,正是因李某某、张某将HS市场中本不应被补偿的加建面积计入应补偿面积中得出,以此为基础计算出的征收补偿数额虽然得到SKYX公司的认可,但SKYX公司系在受到欺骗后签订征收补偿协议、支付补偿款,由此多支付的征收补偿款,应计入被骗数额。

第五,李某某帮助朴某某违法获得补偿款的行为构成滥用职权罪。李某某作为国家机关工作人员,违反规定处理公务,明知朴某某申请征收补偿的房屋产权存在争议，仍然认可有关人员对朴某某涉案房屋出具确权证明，导致朴某某非法获取征收补偿款600余万元，致使公共财产遭受重大损失，李某某的行为应构成滥用职权罪。

第六，依据办案机关出具的到案经过，李某某虽然自动投案，但到案后未能及时如实供述所犯罪行，不能认定为自首；张某接办案机关电话通知后，在主动投案过程中被办案人员带至监察机关，到案后如实供述共同诈骗犯罪事实，并在被采取强制措施后如实供述办案机关尚未掌握的受贿事实，对于所犯诈骗罪、受贿罪均成立自首。

本院认为，被告人李某某、张某伙同肖某某以非法占有为目的，虚构事实，隐瞒真相，共同骗取征收补偿款，二被告人之行为已构成诈骗罪，且犯罪数额特别巨大；被告人李某某作为国家机关工作人员滥用职权，致使公共财产遭受重大损失，其行为已构成滥用职权罪，且情节特别严重；被告人张某身为国家工作人员，利用职务便利，非法收受他人财物，数额较大，为他人谋取利益，其行为已构成受贿罪；被告人李某某所犯诈骗罪、滥用职权罪、被告人张某所犯诈骗罪、受贿罪均应依法惩处，并予以并罚。某市人民检察院第三分院指控被告人李某某、张某的犯罪事实清楚，证据确实、充分，唯指控的罪名有误，本院予以变更。鉴于被告人李某某自动到案，庭审中如实供述主要犯罪事实，退缴违法所得，滥用职权犯罪所造成的损失部分挽回；被告人张某自动投案，到案后如实供述犯罪事实，构成自首，退缴违法所得；诈骗犯罪损失已全部挽回，故依法对被告人李某某从轻处罚，对被告人张某所犯诈骗罪予以减轻处罚，对其所犯受贿罪从轻处罚。本院根据被告人李某某、张某犯罪的事实、犯罪的性质、情节及对于社会的危害程度，依照《中华人民共和国刑法》第266条、第397条第1款、第385条第1款、第386条、第383条第1款第1项和第2款、第52条、第53条第1款、第69条第1款和第3款、第25条第1款、第26条、第67条第1款和第3款、第61条、第64条，最高人民法院、最高人民检察院《关于办理诈骗刑事案件具体应用法律若干问题的解释》第1条第1款，最高人民法院、最高人民检察院《关于办理渎职刑事案件适用法律若干问题的解释（一）》第1条第2款第2项、第8条第1款和第3款，最高人民法院、最高人民检察院《关于办理贪污贿赂刑事案件适用法律若干问题的解释》第1条第1款、第19条第1款，最高人民法院《关于处理自首和立功具体应用法律若干问题的解释》第1条、第2条及《中华人民共和国监察法》第44条第3款之规定，判决如下：

一、被告人李某某犯诈骗罪，判处有期徒刑12年，并处罚金人民币12万元；犯滥用职权罪，判处有期徒刑3年；决定执行有期徒刑13年，并处罚金人民币12万元。

（刑期从判决执行之日起计算。判决执行以前先行羁押的，羁押1日折抵刑期1日，即自2020年8月19日起至2033年8月18日止。罚金于本判决生效后10日内缴纳。）

二、被告人张某犯诈骗罪，判处有期徒刑5年，并处罚金人民币5万元；犯受贿罪，判处有期徒刑1年，并处罚金人民币10万元；决定执行有期徒刑5年6个月，并处罚金人民币15万元。

（刑期从判决执行之日起计算。判决执行以前先行羁押的，羁押1日折抵刑期1日，即自2020年8月19日起至2026年2月18日止。罚金于本判决生效后10日内缴纳。）

三、在案之人民币62万元，其中57万元发还××SKYX置业股份有限公司，剩余5万元予以没收。

如不服本判决，可在接到判决书的第2日起10日内，通过本院或者直接向某市高级人民法院提出上诉。书面上诉的，应当提交上诉状正本1份，副本1份。

审判长：××

审判员：××

审判员：××

2021年9月30日

书记员：××

二审辩护意见

李某某诈骗罪一案上诉二审辩护意见

审判长、审判员：

北京市世航律师事务所接受上诉人李某某的委托，指派本律师担任上诉人李某某诈骗一案上诉二审阶段的辩护人。现综合全案证据向合议庭发表本案一审判决认定事实有误、适用法律错误以及量刑畸重，上诉人不构成诈骗罪、不构成滥用职权罪的意见，同时发表上诉人李某某有法定从轻、减轻处罚情节，请求合议庭给予从轻处罚辩护意见。具体内容如下：

一、一审判决认定上诉人李某某、张某与肖某某形成诈骗共同犯罪，系认定事实错误。

1. 肖某某没有诈骗的犯罪故意和行为，与李某某、张某没有针对诈骗犯罪进行过合意，一审判决认定李某某、张某帮助肖某某骗取拆迁补偿款系认定事实错误。

从庭审证据来看，关于顶棚加建的面积是否给予补偿，肖某某供述称“曾经和张某、李某某谈过希望对HS市场按照实测面积进行补偿”（判决书第33页）；李某某供认自己向张某提出“大棚下面那些地有时候也摆摊或者停车，是一个整体，修这部分也是为了安全或者夏天遮雨什么的，而且评估公司已经测量完面积了，如果不违规就按实测面积算补偿”（判决书第36页）；张某供述称“李某某说HS市场的建筑全部用于经营，之前空出来的地是用作通车收费、摆摊经营，还是一个整体……希望能按照HS市场的实测建筑面积给予补偿”。本案中3名直接参与人的供述关于商量是否给顶棚加建的面积给予补偿，均是在商量确定如何补偿才能完成拆迁任务，并没有商议过通过虚增建筑面积骗取拆迁款的诈骗行为。

从行为表现来说，无论是本案上诉人供述、证人证言，还是包括《补偿协议》（判决书第16页）、《关于HS市场非住宅补偿主体及房屋建筑面积的说明》（判决书第15页）等书证，均已经证明肖某某在HS市场入户测量、评估作价、出具证据和签订拆迁补偿协议的过程中没有参与，亦没有实施虚构事实或隐瞒真相的诈骗行为。本案HS市场有加建顶棚的问题是摆在明面上的，肖某某没有欺骗任何人，本案HS市场拆迁补偿面积问题实质是拆迁腾退户与开发商之间的博弈，而不是弄虚作假的诈骗，一审判决认定上诉人李某某、张某与肖某某共同诈骗系认定事实有误。

2. 上诉人李某某安排盖章所出具的确权证明是征收中心确定的文本，李某某本人没有欺骗征收中心的故意。

根据本案证据，HS市场加盖顶棚的事实对征收中心是公开、透明的，肖某某、李某某均没有采取任何手段对征收中心隐瞒这一事实，征收中心主任吴某某、副主任王某某均知情。一审判决认为，王某某、吴某某证言没有证实张某向二人汇报过HS市场顶棚是征收开始以后加盖的，但即便张某真的有所隐瞒，该行为也不是跟李某某合谋而为，李某某主观上没有欺骗征收中心的故意，在客观上李某某安排乡政府和村委会盖章的证明，文本也是张某代表征收中心下发给李某某的。征收中心安排李某某盖章，与李某某安排村委会盖章，从本质上没有区别，李某某与村支书陈某某盖章主观上都是认为加盖面积的补偿已经通过这种方式得到了征收中心的认可，而不是通过这种方式骗取。既然监委、检察机关及一审法院均不认为村支书陈某某等人加盖村委会印章的行为系共同诈骗犯罪行为，那么李某某的行为亦不应认定为诈骗罪。

因此，李某某经手盖章的文件内容虽然与实际情况不符，但并非出于骗取拆迁补偿款的主观故意，不是诈骗犯罪的施行行为。

3. 1519万余元拆迁补偿款不是基于欺骗取得。

（1）SL村征收、拆迁现场有征收中心、SKYX公司大量人员驻场工作，HS市场加建顶棚的情况征收中心和SKYX公司均知情。

在侦查阶段，上诉人张某多次供述称当年对HS市场入户调查时自己、拆迁公司人员、评估公司人员均见到了市场内正在搭建顶棚，协商拆迁腾退事项时该市场加建顶棚的问题已经向上级领导王某某、吴某某汇报并经过充分的研究、权衡后，由吴某某拍板决定按实测面积给予补偿。在同期的讯问笔录中,上诉人李某某也较为详细、具体地供述了自己、张某、吴某某商量对HS市场顶棚面积给予补偿的过程。请合议庭注意,张某、李某某在侦查阶段的上述供述是在二人被留置期间背靠背作出的,没有串供的可能,口供的真实性较高。对此,A区监委没有调查核实或者说不想核实,直至案件进入庭审阶段后才按照法庭要求提取吴某某、王某某的证言,因HS市场拆迁补偿问题李某某、张某均被以贪污罪提起公诉,面临10年以上有期徒刑的刑罚,可想而知,王某某、吴某某为了摆脱个人责任,当然矢口否认。特别需要强调的是,2021年6月24日吴某某的证言中并未直接否认王某某或李某某就HS市场拆迁问题汇报、沟通过,而是说“没有印象了”,从刑事诉讼存疑事实应本着对上诉人有利的裁判原则出发,本案应认定的事实是HS市场顶棚补偿问题经过了征收中心负责人研究后决定。

(2)现有证据已经证明,A区政府征收决定对HS市场没有征收的效力,HS市场以拆迁腾退方式解决搬迁补偿问题,征收中心与SL村集体之间平等主体协商确定补偿总额,SL村、肖某某在协商中因获得了顶棚面积的拆迁补偿,而放弃了对高额拆迁单价的要求,村集体、肖某某一方并不存在欺骗行为,公共财产亦没有损失。

2013年5月3日,A区政府针对本项目发布的《暂停办理事项公告》及2014年10月30日作出的《征收决定》,明确载明了适用的法规是《国有土地上房屋征收与补偿条例》和《某市国有土地上房屋征收与补偿实施意见》,针对的都是国有土地上房屋的征收工作,征收对象明确指向的是国有土地上房屋。HS市场系集体土地上房屋,一方面A区政府无权以行政决定单方面决定征收,另一方面HS市场为经营需要加建顶棚,没有违反区政府此前对本项目国有土地上房屋限制加盖的命令。

根据证据7所列书证证实,“饮马井村少部分土地性质属于集体土地,建设单位未取得该部分土地用地手续,不适用国有土地上房屋征收的相关补偿政策,故参照征收补偿安置政策,以协议腾退的方式,由SKYX公司与居民签订腾退协议”。

需要强调的是,证据5中《FZS桥西北侧地区回迁安置房项目房屋征收补偿工作协议书》的第3页:“二标段红线外房屋和五标段内集体土地上房屋按照本方案执行,由区征收中心负责签订补偿协议,发生的补偿费用及所需的安置房源由乙方提供、超出签约期限搬迁的,甲方(即区政府)不予下达补偿决定和申请强制执行。”此部分内容在一审庭审质证中由辩护人着重指出,能够证实HS市场拆迁腾退补偿事项没有国家强制力,补偿面积、补偿总额由征收中心代表SKYX公司与村集体协商确定,补偿标准仅仅是参照本项目补偿方案执行,但判决书援引证据内容时却“回避”引用此段内容。

根据SL村村书记陈某某证言,李某某、张某、肖某某供述相互印证可以证实,村集体和HS市场经营主体一方在拆迁谈判开始时对补偿总额的要求从单价1万元/平方米总额4亿元到最终按1.7亿元完成拆迁腾退,李某某帮助征收中心对村集体做了大量的协调、解释工作。对于被拆迁主体来说,顶棚的问题是谈判中双方心知肚明的,最终确定拆迁补偿总额是与开发商之间博弈形成的结果,并不存在欺诈成分。

4. 上诉人李某某收受肖某某给予的好处费50万元,发生在拆迁协议腾退过程中,不是分赃行为。

本案一审审理过程中,李某某、张某与另案的肖某某共同出庭受审,庭审期间,李某某和肖某某均对案涉50万元行贿受贿的时间当庭供述一致(详见一审庭审笔录),证实行贿受贿行为发生在2016年,而不是2017年肖某某取得拆迁补偿款后。庭审中肖某某的辩护人还向法庭提交了肖某某给付50万元对应的银行取款凭证书证,取款时间与肖某某供述一致。一审合议庭既然为了有利于查明案情而将肖某某案合并庭审,却对有关于李某某是事先受贿还是事后分赃的关键证据,没有在判决书中阐明不予采纳的理由,甚至没有列入一审判决证据内容,造成对本案系共同诈骗事后分赃的错误认定。

二、一审判决认定犯罪数额有误。

1. 一审判决错误采信《监测报告》数据造成认定犯罪数额有误。

根据证据14"A区房屋征收工作领导小组会议备忘录"(判决书第12页)载明,本项目"无产权手续的非住宅房屋……补偿面积以征收决定之前的建筑面积为准"。而A区政府对项目作出征收决定的日期是2014年10月30日,即该日期前已经形成的建筑面积都在本次征收、拆迁补偿范围内。

一审庭审过程中,公诉人出示了《遥感监测报告》所依据的卫星遥感图比对时间为2013年8月25日至2016年5月6日,不能证明2014年10月30日HS市场实际建筑面积,不能作为计算违规加建面积的依据。本案中,无论是肖某某的供述还是王某某、李某某等人的证言均证实2013年HS市场为了经营需要开始加盖顶棚,A区监察委在案件初查阶段也发现2014年HS市场有新增面积,因此,征收中心依据该监测报告得出HS市场加建面积5557.3平方米的结论是错误的。

一审延期审理期间,办案单位再次委托机构作出《遥感监测报告》并在恢复法庭审理后由公诉人当庭出示(证据18,判决书第15页),这份报告使用了2014年11月24日和2015年8月4日美国谷歌公司的"googleearth"卫星遥感数据。辩护人当庭指出:根据《中华人民共和国测绘法》第8条"外国的组织或者个人在中华人民共和国领域和中华人民共和国管辖的其他海域从事测绘活动,应当经国务院测绘地理信息主管部门会同军队测绘部门批准,并遵守中华人民共和国有关法律、行政法规的规定"的规定,谷歌公司是外国组织,在自然资源部政务平台测绘信息查询页面搜索(见图1),查无批准信息。该公司卫星数据不具有作为我国遥感监测数据资料的资格,该监测报告数据来源不合法,建议合议庭依法不予采信。但一审判决未采纳此辩护意见,将不具有合法性的证据作为本案确定犯罪数额的重要证据。

图 1　自然资源部网上政务服务平台截图

2. 一审判决未认定 SL 村集体为共犯，却错误地将村集体因 HS 市场顶棚拆迁补偿中分得的 50% 补偿款计入李某某等人犯罪数额中。

在案证据证实，肖某某对 HS 市场加建顶棚时跟 SL 村集体打了招呼，村集体一方面给予默许，在协商拆迁补偿时按整体的面积索要补偿；另一方面本案的重要证据《关于 HS 市场非住宅补偿主体及房屋建筑面积的说明》上，村集体加盖了公章，取得了包含顶棚补偿 1519 万元的总额 1.7 亿元全额的补偿款后才按早已拟定的合同条款将 50% 补偿款分给肖某某。

本案 3 名涉案人员中，肖某某从始至终知道包含顶棚面积的所有拆迁补偿款有一半归属于村集体，李某某和张某亦知道，补偿款会根据肖某某与村集体的协议双方按比例分配。在本案办案机关、公诉机关、一审法院均不认为村集体及相关负责人涉嫌犯罪的情况下，因 3 名上诉人主观故意均不涉及村集体分得的 50% 份额，无论本案一审法院按起诉书指控判决贪污罪、自行改判为诈骗罪甚至改判为滥用职权罪，犯罪数额均应当以肖某某实际获得的 50% 金额认定，达到主客观相一致。

三、一审判决基于错误的事实认定,导致适用法律错误,上诉人李某某不构成诈骗罪。

一审判决在综合评判部分第三段(判决书第67页)认定"二人在明知HS市场法定代表人肖某某意图通过不当增加补偿面积方式多获得征收补偿款后,仍利用各自在涉案款项中分管具体工作的便利,出具、确认对最终补偿价格起到决定性作用的证明材料,主观上具有意图使肖某某骗取征收补偿款的犯罪故意,客观上造成肖某某通过欺骗手段多获得征收补偿款",该评判内容有严重错误。

其一,HS市场在征收程序开始后确实有加建顶棚的行为,但加建的工程无法隐瞒,征收中心、SL村集体、评估单位、市场内的摊贩均知情,李某某的行为充其量是在肖某某为HS市场在拆迁腾退谈判中增加建筑面积增加筹码后没有严格把握原则,为了完成拆迁协调工作任务放松了工作标准,其行为不是共同实施诈骗犯罪的行为。

其二,李某某、张某出具、确认的《面积证明》,不是对最终补偿价格起到决定性作用的证明材料。本案时间脉络非常清晰,先后经过HS市场加盖顶棚,征收中心、评估单位入户调查实测建筑面积4.1万平方米,村集体与征收中心初步商量提出至少2亿元补偿,张某向王某某提报包含顶棚面积的9套补偿方案,张某、李某某、吴某某一起研究决定按照实测面积给予总额1.7亿元的补偿,张某编写《面积证明》要求李某某安排乡政府和村委会盖章。将征收中心已经决定对HS市场给予的补偿面积、单价和补偿总额后,为了完善手续而要求乡政府、村集体出具的证明文件认定为"具有决定性作用的证明材料",显然是本末倒置。

征收中心作为受委托代替SKYX公司洽谈拆迁腾退工作的责任主体,吴某某、王某某、张某等主要负责人员均了解HS市场实际情况,最终征收中心决定按实测面积给予补偿,是综合考虑拆迁预算、时间成本、经济成本后作出的决定。征收中心要求乡、村两级盖章出具说明完成拆迁补偿手续,李某某按张某的要求在《面积说明》上盖章,无论审判机关采纳辩护意见认为其行为不构成犯罪,还是涉嫌滥用职权犯罪,其本质上也是协助征收中心拆迁工作的职务行为,而不是帮助肖某某以虚假证明"骗取"拆迁补偿款的犯罪行为。

四、即便二审合议庭仍然认为本案构成诈骗罪,上诉人李某某在本案中的作用和地位不是主犯,一审判决认定量刑情节有误,导致量刑畸重。

一审判决认定李某某、张某在共同犯罪中均起到主要作用,该认定有误。主要理由有四:

1. 肖某某起意通过加盖顶棚多要拆迁补偿,李某某没有参与预谋,没有参与实施,没有参与分成,以3人共同犯罪中的地位和作用来看,李某某的作用比肖某某明显较低。

2. 张某代表征收中心入户调查、测量,掌握认定补偿面积、运用补偿标准的权利,对HS市场加建顶棚的面积如何认定，如何向征收中心领导汇报情况，最终确定补偿金额起到关键作用。在案件中李某某的作用明显比张某低。

3. 一审判决未采信张某、李某某供述中关于二人与吴某某一起商量决定按实测面积给予HS市场拆迁补偿的供述，故在征收中心决定补偿金额之前，李某某仅有的行为就是让张某“去帮着争取，如果觉得不违规，最好给算上”，参与程度明显比张某、肖某某低。

4. 李某某收受肖某某给予的好处费50万元，对比一审判决认定诈骗数额1519万余元，金额仅为1/30。

综上，结合李某某在本案中相对于肖某某和张某的地位、作用明显较低，一审判决未区分主从犯，未对上诉人李某某给予减轻处罚，导致量刑畸重。

五、李某某被羁押后主动交代监察机关尚未掌握的收受50万元的犯罪行为，在不认定本案构成诈骗罪或贪污罪的前提下，李某某构成自首，建议法庭给予减轻处罚。

六、李某某的失职行为在朴某某等人骗取拆迁款的过程中所起作用轻微，没有应受刑罚处罚必要性。

本起事实中，由多个违法行为和失职行为导致公共财产被非法占有，是典型的多因一果型犯罪，其中康某、蒋某分别利用各自职务、工作上的便利条件违规确认、违规盖章的作用最大，康某、蒋某与朴某某多次合谋，参与积极性最高，康某、蒋某从朴某某600余万元拆迁补偿款中分得200万元。二人在共同骗取拆迁补偿款上起到了决定性的作用。李某某虽有失职、失察行为，但本起事实中，李某某也是被康某、蒋某欺骗，其个人没有直接参与二人的贪污犯罪行为。从渎职犯罪考量，李某某的失职行为在多因一果中所起的作用轻微，失职程度比村支书李某某还轻（李某某在名单上盖村委会公章时明确知道朴某某不是村民没有宅基地），不足以造成632万元拆迁款的损失。本起事实相关的康某、蒋某、朴某某均已到案并受到应有的处罚，李某某失职行为已没有应受刑罚处罚的必要性。

七、二审出庭检察员对本案构成贪污罪的出庭意见错误，李某某涉案2起事实均不构成贪污罪。

（一）对于HS市场拆迁补偿问题，犯罪主体方面上诉人李某某不具备贪污罪主体身份，犯罪客体上拆迁协商腾退补偿款不是国有财产，不符合贪污罪客体要件，行为上李某某在拆迁双方之间协调谈判过程，没有对拆迁主体有欺骗和隐瞒，不符合拆迁罪客观方面要件，不构成贪污罪。

1. 李某某在HS市场拆迁问题上，不是受委托管理国有资产人员，不符合贪污罪主体要件。

审判长，HS市场拆迁腾退谈判要解决的是SKYX公司向被拆迁主体SL村集体支付拆迁补偿款的问题。根据××××股份有限公司《关于FZS桥西北侧回签安置房项目情况的相关说明》，本项目资金全部源于SKYX公司企业自筹资金（李某某补充证据卷1第21页），直接负责经营管理该国有资金的是SKYX公司内的国家工作人员。同案上诉人张某作为区政府征收中心员工，其权力来源是A区政府征收事务办公室与SKYX公司的工作协议中SKYX公司的授权，区征收办再将工作转委托给张某所在的征收中心（李某某补充证据卷1第11页）。但是上诉人李某某的职务是S乡政府副乡长，在集体土地上房屋拆迁腾退协商补偿工作中，乡政府在拆迁事项无直接经办权，未获得SKYX公司任何授权。根据《李某某分管工作情况》（证据卷1第37页）及上诉人李某某、张某等人在侦查阶段供述的内容，李某某仅有对拆迁现场的管理和协调工作，没有管理拆迁腾退补偿核实和认定的权力和职责，HS市场拆迁中李某某履行了配合、协调征收中心与被拆迁主体完成拆迁协商工作的职责，自身并没有管理国有资产的职权，不符合贪污罪主体要件。

2. 李某某从事的是协助征收中心完成集体土地拆迁腾退协商，没有与他人共同非法占有公共财物的故意和行为。

贪污罪的共同犯罪故意，要求国家工作人员与其他行为人有共同非法占有公共财物的故意和行为结果。

最高人民法院《关于审理贪污、职务侵占案件如何认定共同犯罪几个问题的解释》（法释〔2000〕15号）第1条规定："行为人与国家工作人员勾结，利用国家工作人员的职务便利，共同侵吞、窃取、骗取或者以其他手段非法占有公共财物的，以贪污罪共犯论处。"

佐证这一理解的法规体现在最高人民法院、最高人民检察院《关于办理国家出资企业中职务犯罪案件具体应用法律若干问题的意见》（法发〔2010〕49号）规定"国家工作人员……在改制过程中故意通过……等方式隐匿公司、企业财产，转为本人持有股份的改制后公司、企业所有……以贪污罪定罪处罚"，"国家工作人员……将国有资产低价折股或者低价出售给其本人未持有股份的公司、企业或者其他个人　　以徇私舞弊低价折股、出售国有资产罪定罪处罚"。根据上述司法解释，国家工作人员与行为人构成共同贪污罪的一点必要条件，是国家工作人员对被侵占公共财物至少在一定程度上存在经济上的共同占有关系，可以理解为"损公不肥私"不是贪污罪。

（二）在朴某某骗取拆迁补偿款的问题上，上诉人李某某在朴某某拆迁补偿问题上，既没有与朴某某共谋也没有与康某、蒋某形成合意，没有帮助朴某某共同骗取国家拆迁补偿款的主观故意和客观行为，不构成贪污罪。

1. 李某某没有参与朴某某等人骗取拆迁补偿款的犯罪活动。

出庭检察员意见认为，李某某伙同康某、蒋某和朴某某骗取国家拆迁补偿款，其中关于"伙同"的指控没有事实依据。根据康某、蒋某供述，李某某等人证言，本项目需要通过乡、村两级盖章确权的村民都是经过征收中心审核确认后再安排盖章的。蒋某拿来的36人名单包含朴某某，李某某并不清楚朴某某的宅基地实际情况。根据《2016年2月24日协调会备忘录》（卷11第83页）第3条议定内容，对未提供建设用地使用证的村民认定宅基地，由“乡政府根据村委会出具的证明材料，对原宅基地使用人及地址进行确认”。根据这一工作安排和分工，李某某并不负责直接调查核实朴某某的情况。因此无论李某某是否直接电话联系李某某给名单盖章，都不能认定李某某是故意违规出具虚假证明材料，伙同康某等人骗取拆迁补偿款。

同时，合议庭应当关注案卷中朴某某证言、李某某供述，其中有关于李某某曾经拒绝了朴某某请乡政府给其出具证明材料的要求，一审公诉人曾以此指控李某某非常了解朴某某的情况，认为李某某安排盖章是利用职务便利将公款非法处分给朴某某构成贪污罪共犯。但换个角度看，如果李某某是一名毫无责任心混事的干部，谁来要求确权就给安排盖章，却仅仅只需在渎职犯罪的范围内承担责任，而对出具证明材料有一定的责任心，拒绝过资料不全的村民，却要承担共同贪污犯罪的责任，这个证据运用既有违责刑相适应的刑法原则，又有违常情常理。

另请法庭注意，检察员提到蒋某笔录中称，在拿宅基地确权名单找李某某时承认自己收了朴某某的钱，这一供述没有其他证据印证系孤证，既不符合违法犯罪行为的人之常情，又与此后蒋某、康某为逃避侦查协商串供时从未与李某某商议这一事实相悖，建议法庭对该供述不予采信。

2. 李某某没有要求乡、村两级违规盖章确权。

关于李某某是否指使SL村给朴某某违规盖章确权，一方面从工作程序上，本案所有宅基地确权名单都是经过征收中心审核认定后，安排乡、村盖章确认的，名单经过李某某这里只是因为乡政府有配合征收中心现场联络的作用，蒋某作为乡政府一般工作人员，由李某某电话联系村里盖章，无论是职权上还是言语上都没有授意村委会违规给不具有宅基地的人盖章确权的表示。另一方面李某某证言（李某某补充证据卷第12页）说2015年年初李某某电话联系安排在名单上签字，此后都是这个流程，而朴某某的入户测量发生在2016年，名单产生于2016年，李某某的证言不能证实李某某安排村集体给朴某某盖章确权。

关于李某某是否指使乡一级在有关朴某某确权名单上盖章，案卷中没有相关证据。蒋某笔录中说（卷12）“在SL村委会盖完章后，我又拿着认定名单找规划科边某某盖章，认定名单是一式两份，盖完章之后我就给乡规划科留了一份存档”，而案卷中无规划科负责人或边某某的证言，同样不能证实李某某安排乡规划管理科盖章。

3. 李某某在本起事实中未谋取和获得任何经济利益，不符合贪污罪共同非法占有公共财产的构成要件。

贪污罪侵犯国家工作人员职务廉洁性和公共财产权双重客体,这是我国刑法理论的通说和共识。李某某主观上没有利用职务便利为自己谋取非法利益的故意,客观上也没有获得任何经济利益,不符合贪污罪的犯罪构成。这方面辩护人在上一起事实的辩护意见中已有论述,在此不再展开。

本案证据中,相关证人证言和被告人供述均证实李某某所协调的事项是拆迁主体双方均满足要求完成拆迁腾退工作,SL村书记陈某某的证言(李某某证据卷4第113页)"关于拆迁补偿价格,李某某也问过我们村的心理价位,我说每平米1万多元吧,李某某说这个价格太高了,征收中心肯定不答应",被告人肖某某供述(李某某案补充证据卷5第47页)"我为了经营需要,在HS市场内一直在进行扩建和加盖,危房改造等工程,我和张某、李某某谈过希望按实测面积进行补偿",张某供述(张某补充调查卷第8页)"非住宅房屋的单价可以降低,可以接受我提出的每平米4000元的补偿费用,但是必须按照HS市场的实际测量的面积给予补偿,否则就没法给HS市场做工作,没法跟SL村村委会做工作,甚至没法签约"。均能够证实HS市场腾退协商阶段,李某某协调的是双方协商过程的博弈,不存在与村集体或肖某某共同非法占有公共财物的故意和行为,不构成贪污罪的共犯。

审判长,一审庭审期间,李某某辩护人当庭提交过A区政府、SKYX公司在本项目征收、拆迁腾退过程中,对HS市场周边待征收、拆迁的非宅建筑房价评估结果均为3万余元,SKYX的拆迁预算即按这个价格确定的,但该评估结果当年并未对被拆迁主体公开。SL村、HS市场及肖某某想尽办法所争取到的拆迁补偿1.7亿元,建筑面积单价4000余元,不到评估值的15%。SKYX公司在没有用地手续、区政府明确不负责强拆的不利局面下,通过李某某多次协调、解释,建议SL村、肖某某降低对补偿单价的期望值,SKYX公司仅仅以接近1/10的成本完成了HS市场这一复杂主体的拆迁腾退,节约了时间成本和资金占用成本,公共财产并未受到实际损失。请合议庭查明事实,依据《中华人民共和国刑事诉讼法》第236条的规定,依法改判被告人李某某诈骗罪、滥用职权罪罪名不成立。

北京市世航律师事务所

辩护人:韩哲

2022年7月1日

二审判决书

某市高级人民法院
刑事判决书

（2021）×刑终173号

原公诉机关某市人民检察院第三分院。

上诉人（原审被告人）李某某，男，1959年1月2日出生，汉族，出生地某市，大专文化，某市A区S乡人民政府原副乡长，户籍所在地某市A区S乡××××村29号，住址同户籍地；因涉嫌职务犯罪于2020年8月19日被留置，因涉嫌犯贪污罪于10月30日被拘留，11月12日被逮捕；现羁押在某市第一看守所。

辩护人韩哲，北京市世航律师事务所律师。

辩护人郭广英豪，北京浩天律师事务所律师。

上诉人（原审被告人）张某，男，1980年6月28日出生，汉族，出生地某市，大学文化，某市A区房屋征收事务中心征收补偿一科原副科长，户籍所在地某市A区××××街7楼3单元401号，住某市A区××路32号院2号楼607号；因涉嫌职务犯罪于2020年8月19日被留置，因涉嫌犯贪污罪、受贿罪于10月30日被拘留，11月12日被逮捕；现羁押在某市第一看守所。

辩护人田某平，北京××律师事务所律师。

辩护人邢×昊，某市××律师事务所律师。

某市第三中级人民法院审理某市人民检察院第三分院指控原审被告人李某某犯贪污罪及原审被告人张某犯贪污罪、受贿罪一案，于2021年9月30日作出（2021）×03刑初61号刑事判决。宣判后，原审被告人李某某、张某不服一审判决，提出上诉。本院依法组成合议庭，公开开庭审理了本案。某市人民检察院指派检察员王××、检察官助理赵××依法出庭履行职务，上诉人李某某及其辩护人韩哲、郭广英豪，上诉人张某及其辩护人田某平、邢×昊到庭参加诉讼。本案经合议庭评议，现已审理终结。

某市第三中级人民法院判决认定：

一、诈骗的事实

被告人李某某、张某于2016年至2017年，分别利用各自担任S乡人民政府副乡长、A区征收中心征收补偿一科副科长职务上的便利，为使HS市场有限公司法定代表人肖某某（另案处理）多获拆迁补偿款，违规出具确权证明，并由乡、村两级组织盖章确权,将HS市场违规扩建面积认定为被拆迁面积,从而骗取国家拆迁补偿款共计1519.09808万元。其中,被告人李某某分得50万元,被告人张某分得7万元。

二、被告人李某某滥用职权的事实

2015年11月至2016年4月,被告人李某某在担任S乡人民政府副乡长分管FZS项目征收补偿工作期间,在该项目住宅房屋征收补偿过程中,明知朴某某(另案处理)在拆迁范围内的房屋权属存在争议,仍擅自同意为朴某某出具确权证明,把朴某某认定为被征收人,将没有权属证明的房屋认定为宅基地房屋,致使朴某某多获拆迁补偿款600余万元。

三、被告人张某受贿的事实

被告人张某于2016年至2017年,利用担任A区征收中心征收补偿一科副科长职务上的便利,为TL拆迁服务有限公司(以下简称TL公司)工作人员周某某在被征收人分户、认定大病补助证明、要求评估公司增加重置成新价等事项上提供帮助,先后两次收受周某某给予的感谢费共计5万元。

2020年8月19日,被告人李某某接办案机关电话后主动投案。2020年10月某市A区监察委员会扣押了被告人李某某钱款262.5346万元,并将其中50万元作为犯罪所得移送检察机关。被告人张某于2020年8月19日主动投案,如实供述了诈骗犯罪事实,并主动交代了办案机关尚未掌握的受贿犯罪事实。2021年1月被告人张某家属代为退缴违法所得12万元。

一审法院认定上述事实的证据有:证人证言、拆迁安置补偿相关文件及材料、说明、监测报告、任职证明材料、查封扣押材料、到案经过及被告人供述等。

一审法院认为,被告人李某某、张某伙同肖某某以非法占有为目的,虚构事实,隐瞒真相,共同骗取征收补偿款,二被告人之行为已构成诈骗罪,且犯罪数额特别巨大;被告人李某某作为国家机关工作人员滥用职权,致使公共财产遭受重大损失,其行为已构成滥用职权罪,且情节特别严重;被告人张某身为国家工作人员,利用职务便利,非法收受他人财物,数额较大,为他人谋取利益,其行为已构成受贿罪,被告人李某某所犯诈骗罪、滥用职权罪、被告人张某所犯诈骗罪、受贿罪均应依法惩处,并予以并罚。鉴于被告人李某某自动到案,庭审中如实供述主要犯罪事实,退缴违法所得,滥用职权犯罪所造成的损失部分挽回;被告人张某自动投案,到案后如实供述犯罪事实,构成自首,退缴违法所得;诈骗犯罪损失已全部挽回,故依法对被告人李某某从轻处罚,对被告人张某所犯诈骗罪予以减轻处罚,对其所犯受贿罪从轻处罚。故判决如下:(一)被告人李某某犯诈骗罪,判处有期徒刑12年,并处罚金人民币12万元;犯滥用职权罪,判处有期徒刑3年;决定执行有期徒刑13年,并处罚金人民币12万元。(二)被告人张某犯诈骗罪,判处有期徒刑5年,并处罚金人民币5万元;犯受贿罪,判处有期徒刑1年,并处罚金人民币10万元;决定执行有期徒刑5年6个月,并处罚金人民币15万元。(三)在案之人民币62万元,其中57万元发还SKYX置业股份有限公司,剩余5万元予以没收。

上诉人李某某的上诉理由为:(1)一审判决认定其犯诈骗罪错误。征收中心是房屋征收补偿的实施主体,其作为S乡副乡长,配合征收中心工作,既无决定权,亦不具备诈骗的动机和条件;其和张某、肖某某不是同伙,没有指使他们诈骗。(2)房屋征收补偿受益单位是SL村经济合作社,其收受的50万元是受贿所得,不是诈骗金额。(3)其不构成滥用职权罪,朴某某是否具备补偿资格其不知情,系配合征收中心工作进行盖章,没有获得任何利益。

李某某的辩护人韩哲的辩护意见为:(1)一审判决认定李某某、张某、肖某某实施诈骗共同犯罪,认定事实和适用法律错误。肖某某没有诈骗的犯罪故意和行为,HS市场加建顶棚是客观存在的,加建面积是否给予补偿是协商的结果;确权证明是征收中心确定的文本,李某某安排盖章,没有欺骗征收中心的故意;HS市场拆迁没有国家强制力,征收中心代表SKYX置业股份有限公司(以下简称SKYX公司)与村集体协商确定补偿面积和补偿金额,1519余万元拆迁补偿款不是欺骗取得。(2)一审判决认定诈骗犯罪数额有误,错误采信监测报告数据,未将SL村集体认定为共犯,却将村集体分得的50%补偿款计入李某某等人的犯罪数额中。(3)李某某收取50万元的行为成立受贿罪,系自首且全部退赔,请求对其减轻处罚。(4)即使认定李某某与肖某某、张某构成诈骗罪,李某某作用明显较低,一审判决未区分主从犯,导致量刑畸重。(5)李某某的失职行为在朴某某等人骗取拆迁款的过程中所起作用轻微,不构成渎职犯罪。

李某某的辩护人郭广英豪的辩护意见为:(1)李某某不构成诈骗犯罪,李某某帮助征收中心推进征收工作,无骗取或期待他人骗取征收补偿款的故意。SKYX公司依据征收中心的决定决策,作为确权证明的《说明》不是决定性文件,对征收进程的影响微乎其微。(2)李某某收受肖某某给予的50万元构成受贿罪。(3)李某某与朴某某没有共谋,没有分取朴某某等人侵占的拆迁补偿款,仅起到了帮助作用,系从犯,应当减轻或者从轻处罚。(4)李某某主动投案并如实供述,系自首,且其所起作用相对较小,属从犯。(5)一审判决量刑过重,请求对李某某从轻处罚。

上诉人张某的上诉理由为:(1)一审判决认定其构成诈骗罪不准确,其应构成受贿罪。(2)一审判决对其受贿5万元的量刑过重,请求二审法院改判其有期徒刑6个月。

张某的辩护人的辩护意见为:(1)征收手续缺乏法律依据,没有效力,认定HS市场加建面积不应获得征收补偿依据不充分。(2)张某没有非法获取拆迁补偿款的想法,从没有就拆迁补偿款的处理、分配与肖某某或李某某沟通,其不构成诈骗罪,为此收取7万元的行为应构成受贿罪。(3)张某即使构成诈骗罪或贪污罪,也应为从犯。(4)一审法院对张某受贿罪量刑较重,请求二审法院判处有期徒刑6个月。

某市人民检察院检察员的出庭意见为:一审判决认定事实清楚,证据确实充分;一审公诉机关指控李某某、张某构成贪污罪具有事实和法律依据,李某某、张某在与肖某某骗取拆迁补偿款过程中,均利用了各自作为国家工作人员的职务便利;一审判决改变公诉机关对部分事实的定性是由于法律适用认识上的分歧;一审判决基本体现了罪责刑相适应的原则。建议二审法院驳回上诉,维持原判。

本院经审理查明:

一、李某某、张某诈骗、受贿的事实

上诉人李某某、张某于2016年至2017年,分别利用各自担任S乡人民政府副乡长、A区征收中心征收补偿一科副科长职务上的便利,为使HS市场有限公司法定代表人肖某某(另案处理)多获拆迁补偿款,违规出具确权证明,并由乡、村两级组织盖章确权,将HS市场违规扩建面积认定为被拆迁面积,帮助肖某某骗取SKYX公司拆迁补偿款共计人民币1519.09808万元(以下币种均为人民币)。因李某某、张某为肖某某在HS市场拆迁事项上谋取利益,李某某收受肖某某给予的钱款50万元,张某收受肖某某给予的钱款7万元。

二、李某某滥用职权的事实

2015年11月至2016年4月,上诉人李某某在担任S乡人民政府副乡长分管FZS项目征收补偿工作期间,在该项目住宅房屋征收补偿过程中,明知朴某某(另案处理)在拆迁范围内的房屋权属存在争议,仍擅自同意为朴某某出具确权证明,把朴某某认定为被征收人,将没有权属证明的房屋认定为宅基地房屋,致使朴某某多获拆迁补偿款600余万元。

三、张某受贿的事实

上诉人张某于2016年至2017年,利用担任A区征收中心征收补偿一科副科长职务上的便利,为TL公司工作人员周某某在被征收人分户、认定大病补助证明、要求评估公司增加重置成新价等事项上提供帮助,先后2次收受周某某给予的感谢费共计5万元。

2020年8月19日,上诉人李某某接办案机关电话后主动投案。2020年10月某市A区监察委员会扣押了上诉人李某某钱款262.5346万元,并将其中50万元作为犯罪所得移送检察机关。上诉人张某于2020年8月19日主动投案,如实供述了诈骗犯罪事实,并主动交代了办案机关尚未掌握的受贿犯罪事实。2021年1月上诉人张某家属代为退缴违法所得12万元。

认定上述事实的证据,已经一审法院庭审质证属实予以确认,本院经审核属实亦予以确认。

结合上诉人李某某、张某及其辩护人、检察机关各方所提意见,本院综合分析评判如下:

一、关于一审认定李某某、张某共同诈骗的事实

在案证据证明,A区人民政府房屋征收办公室发布《某市A区房屋征收暂停办理事项的公告》,明确自公布之日起在征收范围内不得实施新建、扩建、改建房屋后,肖某某在明知HS市场在征收范围内的情况下,仍实施加建抢盖行为,根据拆迁相关规定及文件精神,HS市场由此增加的面积依法不应获得补偿。李某某、张某分别作为S乡人民政府、A区征收中心在涉案项目中的工作人员,在明知肖某某意图通过不当增加补偿面积方式多获得拆迁补偿款后,由张某违规出具《HS市场非住宅补偿主体及房屋建筑面积的说明》,李某某安排村、乡两级组织盖章确认,将HS市场违规扩建面积认定为被拆迁面积。李某某、张某主观上具有意图使肖某某骗取拆迁补偿款的犯罪故意,客观上实施了帮助肖某某通过欺骗手段多获取拆迁补偿款的行为,二人的行为符合诈骗罪的犯罪构成。李某某、张某不具有主管、管理涉案拆迁补偿款的职务便利,二人的实施帮助肖某某骗取拆迁补偿款的行为系利用各自在涉案项目中分管具体工作的便利,故一审法院认定李某某、张某与肖某某构成诈骗共同犯罪正确。对于李某某、张某及其辩护人所提二人未实施诈骗行为、与肖某某无共谋、不构成诈骗犯罪等上诉理由及辩护意见,本院不予采纳。

二、关于李某某、张某收受肖某某钱款性质的认定

同案犯肖某某的供述和上诉人李某某、张某的供述相互印证,证实在HS市场拆迁过程中,肖某某为多获取拆迁利益,给予李某某50万元、张某7万元,从给付的时间、方式、次数及金额等来看,该57万元并非李某某、张某对于帮助肖某某骗取的拆迁补偿款的分赃,而是李某某、张某利用职务为肖某某谋取利益,收受贿赂所得,李某某对于涉案50万元、张某对于涉案7万元构成受贿罪,应与所犯诈骗罪数罪并罚,该57万元作为受贿所得,应予没收。对于李某某、张某及其辩护人所提李某某、张某对于涉案57万元构成受贿罪的上诉理由及辩护意见,本院予以采纳。

三、关于李某某、张某在诈骗犯罪中是否系从犯

经查,在推进HS市场拆迁过程中,张某在明知HS市场存在不应获得补偿的加建面积的情况下,违规出具确权证明,李某某协调乡、村两级组织盖章确认,二人的行为为肖某某骗取拆迁补偿款提供了帮助,虽然二人的行为是肖某某得以通过欺骗手段多获取拆迁补偿款的重要环节,但从加建抢建行为实施、几人协商通谋程度、赃款去向等方面看,李某某、张某在诈骗共同犯罪中起到的系次要或辅助作用,构成从犯。对于李某某、张某的辩护人关于二人系从犯的辩护意见,本院予以采纳。

四、关于一审认定李某某滥用职权的事实

李某某作为国家机关工作人员,负有包括审核辖区内被征地主体申报材料真实性在内的职责。李某某明知朴某某申请征收补偿的房屋产权存在争议,仍然认可有关人员对朴某某涉案房屋出具确权证明,导致朴某某非法获取征收补偿款600余万

元,致使公共财产遭受重大损失,一审法院认定李某某致使朴某某违法获得补偿款的行为构成滥用职权罪正确。对于李某某及其辩护人所提李某某对朴某某是否具备补偿资格不知情、作用轻微、不构成滥用职权罪的上诉理由及辩护意见,本院不予采纳。

五、关于李某某是否构成自首

到案经过及李某某的供述证实,李某某虽然自动投案,但到案后未能及时如实供述所犯罪行,不构成自首。李某某虽然在被采取强制措施期间如实供述监察机关尚不掌握的受贿50万元的罪行,但其供述的受贿犯罪事实与监察机关已掌握的帮助肖某某骗取拆迁补偿款的行为在事实上密切关联,根据最高人民法院《关于处理自首和立功若干具体问题的意见》的相关规定,亦不构成自首。故对于李某某辩护人关于李某某构成自首的辩护意见,本院不予采纳。

本院认为,上诉人李某某、张某伙同肖某某以非法占有为目的,虚构事实,隐瞒真相,共同骗取征收补偿款,二上诉人之行为已构成诈骗罪,且犯罪数额特别巨大;上诉人李某某作为国家机关工作人员滥用职权,致使公共财产遭受重大损失,其行为已构成滥用职权罪,且情节特别严重;上诉人李某某、张某身为国家工作人员,利用职务便利,非法收受他人财物,为他人谋取利益,其行为已构成受贿罪,李某某受贿数额巨大,张某受贿数额较大;上诉人李某某所犯诈骗罪、受贿罪、滥用职权罪,上诉人张某所犯诈骗罪、受贿罪均应依法惩处,并予以并罚。鉴于上诉人李某某、张某在诈骗犯罪中起次要、辅助作用,系从犯;李某某自动到案,庭审中如实供述主要犯罪事实,退缴违法所得,滥用职权犯罪所造成的损失部分挽回;张某自动投案,到案后如实供述犯罪事实,构成自首,退缴违法所得;诈骗犯罪损失已全部挽回,故依法对上诉人李某某所犯诈骗罪减轻处罚、所犯受贿罪、滥用职权罪从轻处罚,对上诉人张某所犯诈骗罪减轻处罚、所犯受贿罪从轻处罚。

综上,一审法院根据李某某、张某二人犯罪的事实、犯罪的性质、情节和对于社会的危害程度,依法所作的判决事实清楚,证据确实、充分,审判程序合法,但对部分犯罪事实的性质及上诉人在共同犯罪中作用认定有误且量刑不当,本院依法予以改判。据此,本院依照《中华人民共和国刑法》第266条、第385条第1款、第386条、第383条第1款第1项和第2项以及第2款、第397条第1款、第69条第1款和第3款、第25条第1款、第27条、第67条第1款和第3款、第52条、第53条第1款、第61条、第64条,《中华人民共和国监察法》第44条第3款,《中华人民共和国刑事诉讼法》第236条第1款第2项和第3项,最高人民法院、最高人民检察院《关于办理诈骗刑事案件具体应用法律若干问题的解释》第1条第1款,最高人民法院、最高人民检察院《关于办理贪污贿赂刑事案件适用法律若干问题的解释》第1条第1款、第2条第1款、第19条第1款,最高人民法院、最高人民检察院《关于办理渎职刑事案件适用法律若干问题的解释(一)》第1条第2款第2项、第8条第1款和第3款,最高人民法院《关于处理自首和立功具体应用法律若干问题的解释》第1条、第2条,最高人民法院《关于适用〈中华人民共和国刑事诉讼法〉的解释》第401条第3项之规定,判决如下:

一、撤销某市第三中级人民法院(2021)×03刑初61号刑事判决。

二、上诉人李某某犯诈骗罪,判处有期徒刑5年,并处罚金人民币5万元;犯受贿罪,判处有期徒刑3年,并处罚金人民币20万元;犯滥用职权罪,判处有期徒刑3年;决定执行有期徒刑9年,并处罚金人民币25万元。

(刑期从判决执行之日起计算。判决执行以前先行羁押的,羁押1日折抵刑期1日,即自2020年8月19日起至2029年8月18日止。罚金于本判决生效后10日内缴纳。)

三、上诉人张某犯诈骗罪,判处有期徒刑3年,并处罚金人民币3万元;犯受贿罪,判处有期徒刑1年,并处罚金人民币10万元;决定执行有期徒刑3年6个月,并处罚金人民币13万元。

(刑期从判决执行之日起计算。判决执行以前先行羁押的,羁押1日折抵刑期1日,即自2020年8月19日起至2024年2月18日止。罚金于本判决生效后10日内缴纳。)

四、在案之人民币62万元,予以没收。

本判决为终审判决。

审判长:××

审判员:××

审判员:××

2022年7月27日

书记员:××

办案总结

承办律师介入本案代理李某某辩护工作时,案件已经由检察机关以贪污罪提起公诉,一审开庭准备工作刻不容缓。承办律师立即组织本所刑辩律师组成办案团队,迅速从阅卷和会见、寻找新证据和相关案例、与同案被告的辩护人交流辩护思路三个主要方面开展工作。承办律师在较短的办案周期内全面掌握了案件事实和证据情况形成辩护思路,并针对一审两轮开庭和二审开庭时庭审重点内容适时调整,最终取得了一审判决改变指控罪名,二审改变量刑的有效辩护成果。

(一)紧紧抓住全案认定事实和法律适用上的核心争议焦点。

1. 全案不应认定为涉侵犯财产类犯罪。

HS市场是集体土地上房屋拆迁腾退,政府没有实施强制征收的权力,以建筑面积实测现状签订拆迁补偿协议是各方权衡利益后的决定,国有资金没有实质性的损失,案件不构成贪污罪、诈骗罪、滥用职权罪等基于非法占有和国有财产损失类犯罪。一审、二审辩护意见始终围绕这一基础事实展开。

2. 涉及 HS 市场加建顶棚拆迁补偿的问题,不存在欺诈情形。

HS 市场在公告后加建顶棚,既没有秘密施工,也没办法对已经开始驻场工作的区征收中心和 SKYX 公司现场工作人员隐瞒。特别是在李某某、张某被留置期间供述均指出区征收中心主要领导始终掌握 HS 市场顶棚加建问题实际情况,考虑到有利于推进项目实施进程,拍板决定按实测面积签订拆迁补偿协议,二人的相关供述是背靠背完成,不存在串供可能性,供述的真实性较高。一审庭审期间针对贪污罪的指控意见和二审庭审中对一审认定诈骗罪的证据采信错误,给予法庭充分的提示。

(二)紧抓为当事人谋求改判轻罪,确定从轻、减轻量刑情节的事实基础,确保有效辩护的成果。

本案指控事实由多个主体参与,多个行为共同形成案件结果,刑事审判过程中应全面、充分考虑被告人李某某、张某与 HS 市场拆迁最大的利益获得者肖某某之间地位、作用、获利的区别。辩护时一方面最大化阐述不构成指控罪名的意见,另一方面也必须在辩论中向合议庭输出对部分事实改判轻罪,全案认定减轻处罚量刑情节的辩护观点。最终,一审将李某某第二起贪污 600 万元指控事实判决认定为滥用职权罪,二审终审判决将李某某诈骗罪罪名拆分量刑降档,合并执行刑期调减 4 年的有效辩护成果。

(三)终审判决结果在认定事实、法律适用和量刑上仍有进一步调整的空间。

本案是国有土地上房屋征收、集体土地上房屋拆迁腾退法律关系交织的复杂案件,是指控证据与无罪、罪轻证据有重大矛盾冲突难以全面采信的疑难、复杂案件,也是对城市建设中征收、拆迁中对虚报、瞒报被拆迁房屋真实状况追责时罪名适用和形势政策把握的典型案件。案件从监委调查到终审宣判,每一个阶段每一级司法机关对案件事实的认定大体一致,但在法律适用方面都作出了不同的认定结果,两级审判机关均部分接受了辩护意见,从确定罪名、主从犯认定和量刑上进行了调整,是一起有罪案件刑事辩护取得实效的典型案例。

虽然某市高院对被告人李某某调低了宣告刑,承办律师仍认为终审判决在认定李某某的行为属于帮助他人骗取国家拆迁补偿款的事实认定方面采信证据存在片面性;对李某某主动坦白受贿事实未予认定自首情节存在法律适用错误;对因朴某某等人合伙实施犯罪行为导致国家拆迁补偿款被骗取,李某某的职务过错轻微,终审量刑仍显畸重。

专家评语

近年来,随着房价的持续上涨,××市的农村集体土地拆迁腾退安置补偿工作,一直是社会关注的热点和焦点。鉴于相应的工作流程不透明、不规范、政策性较强、历史遗留问题多、涉及金额巨大等特点，土地拆迁腾退工作背后的法律关系错综复杂，且极易出现各类行政、民事和经济纠纷，甚至是刑事犯罪。

而本案，正是一起具有代表性的典型案例。其中的被拆迁人肖某某、负责拆迁工作的国家工作人员李某某、张某，皆因拆迁腾退补偿获罪受刑。

作为李某某的辩护人，承办律师首先全面否定了公诉机关对被告人李某某贪污罪的指控，并从涉嫌犯罪的事实、被告人李某某的身份和职权、当事人之间的意思联络、犯罪后果和是否受益等主客观方面，对李某某不构成贪污罪的理由进行了客观、专业的分析，抽丝剥茧、由表入里。精准地把握住了公诉机关指控罪名的瑕疵和错误，一针见血地指出了被告人李某某不构成贪污罪的焦点和辩点，从根本上推翻了“被告人李某某构成贪污罪”的指控，并获得了一审法院的认可。

二审中，承办律师持续发力，明确提出并有效论证了一审判决认定被告人李某某构成诈骗罪的错误，并对其是否构成滥用职权犯罪给予强烈质疑和客观分析。虽然，最终未能改变最终判罚罪名，但刑期从 13 年降至 9 年，客观而言，达到了有效辩护的最终效果。

审核人、点评人：北京律师智库重大复杂案件研究专家组成员　李向辉律师

复核人：北京律师智库重大复杂案件研究专家组　刑事小组组长　余尘律师

透过现象看本质，从诈骗罪的构成建立辩护基点

——李某某诈骗、伪造、变造国家机关公文、印章案

争议焦点

诈骗罪的构成。

关键词

诈骗罪　伪造、变造国家机关公文、印章罪

案情简介

起诉书中认为李某某以非法占有为目的，隐瞒在建客运站建设单位是某元置业有限公司及在建商业项目的事实，虚构在建单位是某南方运输有限公司、某中广运输有限公司，以伪造、变造国家机关公文、印章为手段，伪造多份某中广运输有限公司建设江南汽车站项目相关资料，骗取国家补贴款3000万元，数额特别巨大，其行为已触犯《中华人民共和国刑法》第266条之规定，犯罪事实清楚，证据确实、充分，应当以诈骗罪追究其刑事责任，量刑建议处10年以上有期徒刑、无期徒刑。

辩护人接受李某某的委托，经依法查阅卷宗材料、多次会见李某某，通过走访调查、专家论证、案情分析、提供证据材料，综合全案情况，辩护人决定为当事人作无罪辩护，形成了如下辩护意见：

1. 李某某对江南客运站有建设行为和出资事实，不存在所谓的“空手套白狼”。

2. 国家应当发放3000万元补贴款，李某某应当获得该补贴款，不存在李某某非法占有的问题。

（1）江南客运站项目符合一级汽车客运站标准并已建成，国家对一级客运站的补贴

标准即为3000万元，其符合国家、自治区有关政策要求。

(2)获得补贴的额度由江南客运站的“一级汽车客运站”级别决定。

(3)江南客运站所获得的3000万元，就是应当归属于江南客运站的所有权人所有。

(4)本案中的项目补贴款到底该由李某某还是朱某某申请、获取，都不涉及诈骗问题。因为该补贴应该归谁，这属于项目合作者李某某与朱某某之间的权益分配问题，与行为是否具有诈骗性质无关。

市中级人民法院通过公开开庭审理本案，于2020年12月26日作出判决，判决认为被告人李某某主观上没有非法占有国家专项补助资金的意图，被告人李某某与他人签订的合作开发协议真实有效，客观上被告人李某某无法对国家专项资金非法占有，且国家专项补助资金已经部分投入客运站项目中，故公诉机关指控被告人李某某犯诈骗罪的罪名不能成立，该院不予支持。被告人李某某的辩解及辩护人提出的公诉机关指控被告人李某某犯诈骗罪事实不清、证据不足，被告人李某某主观上没有非法占有国家专项补助资金的目的，不构成诈骗罪的辩护意见，该院予以采纳。判决认定被告人李某某犯诈骗罪的罪名不能成立，但被告人李某某犯伪造、变造国家机关公文、印章罪，判处有期徒刑2年。宣判、送达后，市人民检察院提出抗诉。自治区高级人民法院审理过程中，抗诉机关的上级机关自治区人民检察院认为抗诉不当，向高级人民法院撤回抗诉。高级人民法院认为人民检察院撤回抗诉的要求符合法律规定，准许撤回抗诉。该案尘埃落定！

检察院起诉书

C市人民检察院
起诉书

C检刑诉(2019)××号

被告人李某某，男，1957年3月15日出生，居民身份证号码××××××××××××××××××，蒙古族，高中文化程度，C市某宇运输有限公司法定代表人，户籍所在地N自治区C市S区，住C市××区××公寓2号楼1901室，无前科。2019年1月9日，因伪造、变造国家机关公文、印章罪被C市公安局刑事拘留，2019年1月22日，经本院批准，同日，由C市公安局执行逮捕。

本案由C市公安局侦查终结，以被告人李某某涉嫌诈骗罪、伪造国家机关公文、印章罪，于2019年3月21日移送我院审查起诉，我院于2019年3月22日告知被告人有权委托辩护人。后依法讯问了被告人，审查了全部案件材料。其间，因案件复杂,延长审查起诉期限1次;因部分事实不清,证据不足,退回补充侦查1次,侦查机关于2019年6月3日补查重报。

经依法审查查明:

2009年8月3日,C市人民政府以×发(2009)431号文件,规划设计建设C国家运输枢纽项目。2009年10月28日,C市政府以×交发(2009)551号文件,向自治区人民政府发出关于报送《C国家公路运输枢纽总体规划》的报告,拟在某境内建设包括江南客运站(一级)在内的5个客运站。2011年6月10日,N自治区财政厅、N自治区交通厅以×财工(2011)720号文件,规定公路客货运枢纽项目可以申请专项资金补贴。2012年4月17日,N交通运输厅签报中,规定在国家公路运输枢纽范围内的项目如一并建设公交和出租枢纽站,给予适当投资补贴。补助标准如下:国家公路运输枢纽新建一级客运站国家投资2500万元,自治区投资公交和出租枢纽站500万元,合计3000万元。道路运输站场建设项目施工许可申请经有关部门批准,项目有一定形象进度后,自治区交通运输厅按年度投资计划和同比例到位拨付资金,资金拨付按财政集中支付的有关规定,由自治区运管局提出拨付计划,经自治区交通运输厅核准,报自治区财政厅批复后,予以拨付。

2011年11月5日,被告人李某某与C市某华置业有限公司股东朱某某签订《C市某某汽车站商业广场项目合作开发协议书》,约定由李某某负责协调土地,由朱某某负责出资建设某江南客运商业广场项目,项目建成后,朱某某无偿将汽车站交付给李某某。后C市某华置业有限公司取得土地使用证及工程建设许可证,开工建设。2012年3月,李某某变造C市规划局某区分局文件,将建设单位由C市某华置业有限公司变造为C某某运输有限公司,将原占地面积99,359平方米变造成60,649平方米,将该文件上的"商业"字眼全部删除。同时编造了C市规划局建设用地许可证,将C市某华置业有限公司变造为C某某运输有限公司,提供给广安大学,由广安大学出具《客运站建设项目工程可行性研究报告》,后以该可行性研究报告申请国家运输枢纽江南客运站项目,2012年5月31日,N自治区发改委批准该项目建设。2013年6月6日,李某某以C某某运输有限公司名义,向C市发改委和C市交通运输局申请变更国家运输枢纽江南客运站的建设单位,由原C某某运输有限公司变更为C某宇运输有限公司(以下简称某宇公司)。后李某某伙同张某某(已死亡)伪造多份C市某华置业有限公司建设江南客运站工程项目的相关资料,还伪造了C市城市建设档案馆的公章,盖在《C国家公路运输枢纽江南客运站竣工验收资料》上,提供给C市交通运输局。其间,以某宇公司名义向C市交通运输局申请国家补贴款,2013年12月30日,C市财政局向C某宇运输有限公司拨付江南汽车站补贴资金2375万元;2014年6月20日,又拨款475万元;2015年12月21日,再次拨付150万元,某宇公司3次共收款3000万元。款项到某宇公司后,2510万元被李某某还债务,其余款项亦未用于江南汽车站项目建设。在C市监察委员会调查该案期间,2018年8月28日,李某某将骗取的3000万元交到C市监察委员会。2019年1月7日,李某某向C市公安局投案。

认定上述事实的证据如下:

1. 书证;2. 证人证言;3. 被告人的供述与辩解;4. 鉴定意见;5. 情况说明等。

本院认为,被告人李某某以非法占有为目的,隐瞒在建江南客运站建设单位是C市某华置业有限公司及在建商业项目的事实,虚构在建单位是某某公司、某宇公司,以伪造、变造国家机关公文、印章为手段,伪造多份某宇公司建设江南汽车站项目相关资料,骗取国家补贴款3000万元,数额特别巨大,其行为已触犯《中华人民共和国刑法》第266条之规定,犯罪事实清楚,证据确实、充分,应当以诈骗罪追究其刑事责任。被告人李某某犯罪后自动投案,如实供述主要犯罪事实,符合《中华人民共和国刑法》第67条第1款的规定,系自首。根据《中华人民共和国刑事诉讼法》第176条第1款的规定,提起公诉,请依法判处。

此致

C市中级人民法院

N自治区C市人民检察院

检察员:张某某

2019年6月27日

附:1. 被告人李某某羁押于S区看守所。(略)

2. 案卷材料和证据14册。(略)

N自治区C市中级人民法院
刑事判决书

(2019)某04刑初××号

公诉机关N自治区C市人民检察院。

被告人李某某,男,1957年3月15日出生于N自治区C市S区,蒙古族,高中文化,C 市某宇运输有限公司法定代表人,捕前住 C 市××公寓 2 号楼 1901 室,2019 年 1 月 9 日因涉嫌犯伪造、变造国家机关公文、印章罪,被 C 市公安局刑事拘留,2019 年 1 月 22 日被逮捕。现羁押于 C 市 S 区看守所。

辩护人许兰亭,北京市君永律师事务所律师。

辩护人丁春泽,N 沛泽律师事务所律师。

C 市人民检察院以 C 检刑诉(2019)××号起诉书指控被告人李某某犯诈骗罪,于 2019 年 7 月 1 日向本院提起公诉。本院依法组成合议庭,公开开庭审理了本案。C 市人民检察院检察员张某某出庭支持公诉,被告人李某某及其辩护人丁春泽、许兰亭到庭参加诉讼。审理期间,经 N 自治区高级人民法院批准,本案延长审限一次,经公诉机关建议,延期审理一次。现已审理终结。

C 市人民检察院指控,2009 年 8 月 3 日,N 自治区交通厅、C 市人民政府以×交发(2009)431 号文件,即《关于印发〈C 国家公路运输枢纽总体规划〉预评审会议纪要的通知》,规划建设 C 国家运输枢纽项目。2009 年 10 月 28 日,C 市政府以×交发(2009)551 号文件,向自治区人民政府报送《C 国家公路运输枢纽总体规划》的报告,拟在 C 境内建设包括江南客运站(一级站)在内的 5 个客运站。2011 年 6 月 10 日,N 自治区财政厅、交通厅以×财工(2011)720 号文件《N 自治区车辆购置税用于交通运输重点项目专项资金管理实施细则》规定,公路客货运枢纽项目可以申请专项资金补贴。2012 年 4 月 17 日,《N 交通运输厅签报》中规定,在国家公路运输枢纽范围内的项目如一并建设公交和出租枢纽站,给予适当投资补助,补助标准如下:国家公路运输枢纽新建一级客运站国家投资 2500 万元,自治区投资公交和出租枢纽站 500 万元,合计 3000 万元。2013 年 9 月 5 日,N 自治区交通运输厅,以×发(2013)523 号文件《关于印发〈N 自治区道路运输站场建设管理办法〉的通知》,规定政府投资的道路运输站场建设资金专用于候车厅、售票厅、停车场、信息管理系统和安全设施设备等基本功能的建设;其他经营性设施的建设资金,由项目法人自筹,不得占用政府投资。同时还规定,道路运输站场建设项目施工许可申请经有关部门批准,项目有一定形象进度后,自治区交通运输厅按年度投资计划和同比例到位拨付资金,资金拨付按财政集中支付的有关规定,由自治区运管局提出拨付计划,经自治区交通运输厅核准,报自治区财政厅批复后,予以拨付。

2011 年 11 月 5 日,被告人李某某与 C 市某华置业有限公司股东朱某某签订《C 市 H 区物流园区某某汽车站商业广场项目合作开发协议书》,约定由李某某负责协调土地,由朱某某负责出资建设江南汽车站商业广场项目,项目建成后,朱某某无偿将汽车站交付给李某某。后某华置业公司取得(某某汽车站商业广场项目 99,359 平方米)土地使用证及(客运站场站楼)建设工程施工许可证,开工建设。2012 年 3 月前,被告人李某某变造 C 市规划局 H 区分局文件(2012)24 号《关于江南客运站建设用地选址的意见》,将建设单位由C某华置业有限公司变造为C某某运输有限责任公司,将原占地面积99,359平方米变造成60,649平方米,将该文件上的"商业"字眼全部删除,同时变造了C市规划局建设用地许可证,将建设单位由C某华置业公司变造为C某某运输有限责任公司(以下简称某某运输公司),提供给广安大学,由广安大学出具《国家公路运输枢纽江南客运站建设项目工程可行性研究报告》,以该可行性研究报告,申请国家运输枢纽江南客运站项目。2012年5月31日,N自治区发改委以×发改基础字(2012)1086号文件《关于C国家公路运输枢纽江南客运站工程可行性研究报告的批复》,批准该项目建设。2013年6月6日,李某某以某某运输公司的名义,向C市发改委和C市交通运输局申请变更江南客运站的建设单位,由原某某运输公司变更为C某宇运输有限责任公司(以下简称某宇公司)。C市发改委、交通运输局以C发改(2013)806号文件《关于变更C国家公路运输枢纽江南客运站建设单位的报告》,向自治区发改委和交通运输厅上报。自治区交通运输厅证明,对变更建设单位的报告未作批复。后李某某伙同张某某(某某运输公司办公室主任,已死亡),伪造多份某宇公司建设江南汽车站工程项目相关资料,还伪造了C市城市建设档案馆的公章,盖在《C国家公路运输枢纽江南客运站竣工验收资料》上,提供给C市交通运输局,其间,以某宇公司名义向C市交通运输局申请拨付国家补贴款。2013年12月30日,C市财政局向某宇公司拨付江南汽车站补贴资金2375万元;2014年6月20日,又拨款475万元;2015年12月21日,再次拨款150万元,某宇公司3次共收款3000万元。款项到某宇公司后,2510万元被李某某还债务,其余款项亦未用于江南汽车站项目建设。在C市监察委员会调查该案期间,2018年8月28日,李某某将骗取的3000万元交到C市监察委员会。2019年1月7日,被告人李某某向C市公安局投案。被告人李某某在广安大学为其编制的《可行性报告》中,在项目名称中套用"国家公路运输枢纽"名称,其目的是与交通厅规定的国家专项补助资金的项目名称一致,是套取国家项目资金。被告人李某某将编制《可行性报告》的项目建设单位伪造为某某运输公司。项目名称是某某汽车站一期商业广场建设项目,且某某汽车站建成后的房产证上的用途为商业。综上,某某汽车站项目的用途是商业。被告人李某某在给广安大学提供的两份基础文件,将《建设用地批准书》中的用地单位进行伪造,并将项目名称删除"商业"字样,而商业项目国家不予补贴。被告人李某某的上述伪造行为,其目的就是掩盖某某汽车站在建项目是商业项目,使之成为符合补贴的项目。被告人李某某以某某运输公司名义上报项目,朱某某并不知情,故其具有非法占有国家补助资金的主观目的。被告人李某某将在建单位某某运输公司,变更为某宇运输公司的行为,证明李某某具有非法占有的目的。因某宇公司是其直接控制的公司,而某某运输公司不是其控制的公司,李某某用某宇公司的名义申报国家补助资金,并最终获取国家补助资金。被告人李某某这一变更行为,具有非法占有国家补助资金的主观目的。某宇公司以江南客运站建设单位的名义,伪造一系列国家专项资金请拨手续,上报交通主管部门,其目的具有非法占有的故意。国家专项补助资金3000万元下拨至某宇公司后,被告人李某某将全部资金用于偿还债务。被告人李某某在汽车站建设上,一分钱都没有投入,也没有将国家专项补助资金用于客运站建设,而是将资金非法据为己有。被告人李某某将3000万元补助款全额退还国家并有自首情节,可以作为量刑情节予以综合考量。

认定上述事实的证据有:(1)书证;(2)证人证言;(3)鉴定意见;(4)情况说明;(5)被告人供述及辩解等。

公诉机关认为,被告人李某某以非法占有为目的,隐瞒江南客运站真实的建设单位和商业项目的真相,虚构江南客运站建设单位,以伪造、变造国家机关公文、印章的手段,骗取国家专项资金,数额特别巨大,其行为已触犯了《中华人民共和国刑法》第266条之规定,应当以诈骗罪追究其刑事责任。

被告人李某某辩称,(1)我没有非法占有国家专项补助款的主观故意。从2005年我就想在S区建自己的汽车站,当时S区政府已经同意我在原S区体育场建站,但后来某运输公司搬迁到S区建了汽车站,我就只好到H区选地方,2009年国家"十二五"规划,在C地区建5个汽车站,我选择了H区江南汽车站,也就是在H区物流园区建站,2010年,H区物流园区上报批回现在车站的土地,经H区政府2011年第三次会议决定,以每亩35万元,给我149亩地,园区让我作规划设计。我找了C市规划设计院作了初步设计。在我找施工队的过程中,经人介绍认识了朱某某、韩某某,他们对这个项目很感兴趣,他们同意投资,建好后把车站给我,车站占地以外的商业开发部分全部归他们。经测算,他们能赚2亿元。后来他俩跟我说,如果以某某运输公司的名义摘地,商厅和住宅无法予以销售,得成立个开发公司,我同意了,后经园区管委会同意,2011年7月,注册成立了某华置业有限公司,我当法人,并以这个公司的名义摘牌土地149亩。当时我和朱某某都不懂,不然要是以汽车站的规划土地建汽车站、以其他商业开发的土地建商业,把土地分开开发就好了。结果全部土地都是以某华置业有限公司的名义统一开发。土地摘牌后,朱某某他们就开始建商厅,直到2011年11月5日我们才正式签订了合作开发协议。2012年2月C市运管处告诉我,建汽车站必须经交通厅批准设计,否则不给验收,这样运管处给我推荐广安大学王某某教授,他来C市实地看了规划。我以C某某运输公司的名义让广安大学作了两次可研报告,第一次可研报告没有土地证和规划局文件。报告出来后,市发改委、交通局组织专家论证会,主要看图纸,没有人看土地证。第二次可研报告是我办公室主任张某某将土地建设批准书、规划局文件按照和朱某某签订的合同内容,将某华置业有限公司改为C某某运输公司,将土地面积9.9万平方米改为6万平方米,规划局文件上的公司名称也作了同样改动,连同C市交通局、发改委的上报材料传给了广安大学。广安大学将修改的文件附到第二次可研报告后面。我们又将可研报告上报至自治区发改委，经专家论证，2012 年 5 月，自治区发改委批复了该报告。我们又向交通厅申请初步设计批复，交通厅于 2012 年五六月进行了批复。我将批复的设计方案交给朱某某，他按照场站楼工程设计开始施工。我们按照这两个文件开工建设。2013 年年底车站建成了，市交通局通知我国家有 2000 多万元的补贴，让我支回来。我让办公室主任张某某做的手续，将总共 3000 万元补贴款领了回来。按照我和朱某某之间的协议，这 3000 万元应当归我所有，跟他没有关系。另外，我们的项目 C 市发改委先上报的，在自治区发改委的批复下发前，市发改委又以某华置业有限公司的名义对场站楼及周边商业立了项，我是 2018 年 4 月才知道。我们是用的交通厅的批复立项。这样某某汽车站工程两次立项，给两个公司立项，相当于一房二卖。我当时不懂，不然把车站的土地变更到我公司名下就不可能出现今天的情况了，要是当时过户的话，还能节省不少过户费。另外，张某某的行为不是伪造国家公文、印章，只是修改，只是按照和朱某某签订的合作协议的约定及某某汽车站的实际占地面积修改，是为了作可研报告用。另外，朱某某认为有利可图，才给我免费建汽车站，这和他直接送给我钱，我自己建没啥区别。(2)我没有将国家专项补助资金非法占为己有，实际已经投入到车站设施建设上。朱某某将车站交给我以后，我又投资建检测线及检测线办公用房、维修车间、安检仪、硬化地面、Lm)等等花费了 1250 万元。另外车站如果启用，还得增加设备和装修，3000 万元还不够。(3)江南汽车站建成后不能启用，导致剩余资金无法继续投入，但不是我的过错。长途客运几年间被高铁、飞机等取代，短途客车被私家车和黑车取代，从而造成建成的车站不能被启用的现状。(4)过去 Z 旗、A 旗汽车站都是建成以后再申请国家补贴，我根本没预见到江南汽车站没用申请就直接拨款，否则等车站建成后，过户到我名下，再申请补助款就不会这个样子。恳请法院查明事实，我的行为不是诈骗犯罪。

辩护人许兰亭的辩护意见是，起诉书指控被告人李某某犯诈骗罪事实不清，证据不足。(1)江南客运站项目所获得的两类总计 3000 万元国家补贴款，符合国家、自治区有关政策要求。(2)可行性研究报告中的建设用地批准书，有 4 处修改，即单位名称、项目名称、土地用途、土地面积。但修改的目的是以后办理汽车站的土地证名称和面积一致。对可研报告的结论、江南客运站能否立项、能否获得补贴及补贴多少没有实质影响。(3)江南客运站项目作为一级客运站是真实存在的，并非虚构项目，已经竣工并通过验收，直至现在该车站悬挂的牌子仍然是“江南汽车站”。所以被告人李某某并没有虚构项目，没有诈骗的故意。江南客运站虽然是朱某某建设，但朱某某只是按照合同约定和设计图纸施工。被告人李某某还要投入大量资金以达到客运功能，现已投入 1200 多万元用于公用设施。(4)被告人李某某并没有停止建设江南客运站，而是继续投入并准备持续投入大量资金。

经审理查明,2009年10月28日,N自治区交通厅、C市政府向交通部、自治区政府报送了《C国家公路运输枢纽总体规划的报告》,规划确定了2009年至2020年C国家公路运输枢纽客、货运输站场建设的发展目标,即到2020年C客运枢纽规划5个客运站:C新城区客运站(一级)、江南客运站(一级)、C小新地客运站(二级)、C旅游客运站(一级)、平庄客运站(一级),并取消C西客站(S区汽车站)。C市交通局通过全市客运网点规划,确定2011年将新建的江南客运站规划在H区江南物流园区。被告人李某某时任C某某运输公司副总经理、S区分公司经理。某某运输公司由A旗、Z旗、Y旗和S区运输分公司组成,成某某(A旗分公司经理)担任董事长,各分公司自主经营,自负盈亏,对外单独承担法律责任,共同享用公司资质。S区运输分公司所依托的C西客站面临取消,被告人李某某以某某运输公司的名义与H区江南物流园区管委会对接江南客运站项目,即由某某运输公司建设江南客运站。双方商定建成后,被告人李某某将C西客站的客运业务整体搬迁至江南客运站。在某某运输公司内部,被告人李某某最初提议以某某运输公司的名义,由公司股东共同出资建设江南客运站,但其他股东不同意,李某某提出自己建车站,董事长成某某表示李某某可以用某某公司的名义报项目,但其他股东不出资,新建的客运站与其他股东无关。2011年6月16日,《C市H区土地储备委员会2011年第三次会议纪要》确定对大型商贸项目土地出让价为每亩35万元。在该会议纪要的附件物流园区新征土地地块勘测图上标明有"某某运输公司客运站"字样的地块位置,面积为149.0875亩。被告人李某某经人介绍找到朱某某,以政府已同意出让150亩地给某某运输公司建设江南汽车站,将客运站周边土地让朱某某搞商业开发为条件,由朱某某投资无偿为其建设客运站场站楼及停车场地硬化等工程。朱某某经测算,为李某某无偿建成汽车站后,周边商业开发还能盈利1亿元,朱某某即同意了李某某提出的合作模式。由于某某运输公司是运输企业,以某某运输公司摘牌拿地,将来商业房产无法分割销售。商业项目,只能成立房地产开发公司进行开发,经双方商定,2011年7月,成立某华置业有限公司(以下简称某华公司),由李某某担任法人代表,但不持有公司股份。被告人李某某以某某运输公司和某华公司合作开发建设的名义向H区物流园区申请江南客运站项目的立项、办理前期开工手续。江南物流园区管委会按照企业入驻的流程指导企业进行立项、规划设计、土地招拍挂、工程手续办理等工作。2011年7月,某华公司对江南汽车站周边商业项目开始施工。

2011年11月5日,被告人李某某与朱某某签订了《C市H区物流园区某某汽车站商业广场项目合作开发协议书》。甲方:C某某汽车站(待注册),法定代表人李某某。乙方:C市某华公司,全体股东授权代理人朱某某。协议的目的,为完善H区物流园区基础设施建设,解决某某汽车站建设经费来源,增强物流园区服务设施整体功能,解决某某汽车站综合利用效益,经双方协商就H区物流园区某某汽车站商业广场项目合作开发达成如下协议。

(1)主要内容。①经H区物流园区管委会同意，以乙方的名义参与购买园区(023)号地块，地块位置(略)面积约149亩。甲方负责协调H区物流园区及国土部门，确保乙方以每亩35万元参与竞买成功。②竞买该用地涉及的土地税费、价款全部由乙方承担。③协议项目建设内容为，汽车站候车楼、汽车站办公楼、宾馆、综合商业楼、公寓楼等，全部由乙方以商业开发建设程序进行审批，并承担建设过程中所有的资金投入。④协议项目完成后，按拟建规划图及建设指标(最终以规划部门批准的建设指标为准)，乙方将汽车站候车楼、汽车站办公楼整体及门卫值班室、电动门等无偿移交给甲方。建筑面积约9551平方米，并办理该建筑物所有权转移登记手续，所需税费由乙方负责。⑤停车场29,613平方米的土地使用权无偿归甲方所有，办理费用由乙方负责。广场归甲方所有，硬化绿地由乙方负责。⑥站前路面硬化和公共停车场建设，由甲方向物流园区申请补贴，补贴归甲方所有。(2)合作期限为双方按协议约定办理完资产转移手续为止。(3)权利与责任。①乙方对其施工质量独立承担相应责任。②乙方建的汽车站候车楼于2012年12月31日前达到竣工验收使用条件，甲方确保汽车站搬迁至所建项目。③乙方按审批后的规划、建设要求，对整体项目进行开发建设，自行组织施工，进行预售、销售。开发房屋所得收入自行享有。(4)违约责任。①甲方不能及时协调H区物流园区及国土部门导致影响施工，交工日期可后延。②甲、乙双方共同注册某华置业有限公司，法人是甲方，实际是乙方聘用，没有股份。

2012年4月19日C市规划局H区分局文件《关于某某客运站商业广场项目建设用地选址的意见》，同意H区物流园区管委会某某客运站商业广场项目建设用地的请示，确定了所占土地的位置、总面积为9.9359公顷(149.0385亩，99,408.7平方米)，南北长351.6米，东西长282.5米，并划定了四至。其中商业设施占地面积3.8692公顷(38,711平方米)，江南客运站占地面积6.0667公顷(60,697平方米)。附有位置示意图、勘测定界图。2012年5月9日，C市发改委对H区发改委作出《关于某某汽车站商业广场一期建设工程立项的批复》，主要内容是根据《C国家公路运输枢纽总体布局规划纲要》，取消C客运西站，建设某某汽车站。本着高效利用土地、功能密集化、场所多样化、公共资源共享化等，同意建设某某汽车站商业广场一期工程。总占地面积99,359平方米，一期项目总建筑面积78,488平方米。其中，汽车站一幢，13,481平方米，商业9幢，65,007平方米。资金全部由建设单位解决。2011年12月5日，C市H区国土资源局作出(2011)C红准建字第26号《建设用地批准书》，用地单位为C市某华公司。建设项目名称为新建H物流园区商业广场项目。批准用地面积99,359.4平方米。土地取得方式为挂牌出让。土地用途为批发、零售用地。2012年12月19日，C市H区国土资源局为C市某华公司作出(011290629)号《国有土地使用证》,内容与建设用地批准书相同。2012年9月25日,C市某华公司取得某某汽车站商业广场场站楼《工程规划许可证》,2013年11月15日,取得了《建筑工程施工许可证》,建设单位是C市某华公司。工程名称为场站楼(中标通知书中载明的是C市某华公司某某汽车站商业广场场站楼工程)。建设地址为H区物流园区。建设规模为13,563.95平方米。施工单位为C鼎鑫建筑公司,沈阳某钢结构有限公司。监理单位为N金鹏建设监理有限公司。合同开工日期为2013年7月31日,合同竣工日期为2014年7月9日。2012年年初,被告人李某某以建设单位为某某运输公司的名义,到C市交通局副局长泥某某处咨询建设江南汽车站的相关程序,泥某某告知建设一级客运站需经自治区审批。首先得取得旗县发改委和交通局同意后报市发改委和交通局同意,再报自治区发改委和交通厅,对可行性研究报告进行批复。对初步设计也要层报自治区交通厅批复,才能建设江南客运站。自治区财政厅下达预算,将国家专项补助资金拨付给C市财政局,C市交通局出具相关手续,经财政审核后,财政局将资金拨付给建设单位。被告人李某某因与某华公司朱某某协议约定,江南汽车站建成后归李某某所有。为了江南客运站能够获得国家批准立项以及将来国家专项补助资金下拨后直接到其名下,被告人李某某隐瞒了真实的建设单位是某华公司,以某某运输公司的名义向C市交通主管部门申请承建江南客运站项目。按照N自治区交通厅2013年9月5日印发的《N自治区道路运输站场建设管理办法》(以下简称《站场管理办法》)规定,国家或自治区投资的旗县级以上道路运输站场项目的工程可行性研究报告由盟市交通运输局商盟市发改委初审并修改完善后,将初审意见和工程可研究报告联合上报自治区发改委和交通运输厅审查评估后,由交通厅提出行业审查意见,报自治区发改委批复。社会及交通企业全额自筹资金建设的旗县级以上道路运输站场建设项目的工程可行性报告由盟市交通运输局提出行业审查意见,报盟市发改委批复,并报自治区交通厅备案。按照2013年12月17日N自治区交通厅印发的《关于下放自治区部分投资的二级及以下客运站项目初步设计审批权限》的通知,根据自治区发改委的相关规定,由国家交通部车购税投资补助建设的国家公路运输枢纽项目以及由自治区成品油价税改革交通专项资金补助建设的一级客运站项目,审批权不下放(自治区审批)。二级站审批权下放至盟市发改委。按照上述审批程序,被告人李某某于2012年年初以建设单位某某运输公司的名义与广安大学签订了编制江南汽车站项目可行性研究报告的合同。2012年2月,广安大学完成了《国家公路运输枢纽江南客运站建设项目工程可行性研究报告(初稿)》。项目名称为国家公路运输枢纽江南客运站,建设单位为C某某运输公司,车站等级为一级汽车客运站,建设地址为C市H物流园区,用地面积为60,649平方米,建筑面积为16,285平方米,项目所需资金约12,000万元,其中设备及器具购置费估算约1380万元(基本设备、智能化系统、行包搬运、提升设备、车厢维修与检测设备等);资金筹措方案为建设单位自筹约6000万元，贷款3000万元，向交通部申请专项资金补助3000万元。2012年2月6日C市发改委、交通局召开了《国家公路运输枢纽江南客运站建设项目工程可行性研究报告》(以下简称《报告》)初审会议，认为C西客站(S区客运站)即将取消，有必要新建国家公路运输枢纽江南客运站。会议同意客运站的选址位置，按一级客运站标准建设，设计日发送旅客1.5万人次，占地面积60,649平方米，总建筑面积15,207平方米，认为《报告》对投资编制依据及定额总体适当，资金来源申请国家补贴，不足部分自筹解决，并要求《报告》编制单位进一步修改，完善补充。以上，被告人李某某对项目审批机关隐瞒了江南客运站实际建设单位是某华公司。2012年4月9日，H区发改局、交通局联合发文，即《关于上报国家公路运输枢纽江南客运站建设项目工程可行性研究报告的请示》，上报C市发改委。该请示报告的内容与《报告(初稿)》主要内容一致，建设单位为某某运输公司。广安大学为完成《报告》正式稿，按照规定，要求被告人李某某提交规划部门出具的项目《建设用地选址意见书》和国土部门出具的项目《建设用地批准书》。江南汽车站选址用地已包含在某某客运站商业广场用地规划内，规划部门仅明确了客运站的用地面积，没有另行规划，建设用地批准手续也同样如此。被告人李某某为了上述两份文件与《报告》的名称、面积、建设单位等内容相符，同某某运输公司办公室主任张某某(2018年因病去世)多次商议后，授意张某某将C市规划局H区分局文件×规红发(2012)24号《关于某某客运站商业广场项目建设用地选址的意见》名称变造为《关于江南客运站项目建设用地选址的意见》；将"同意你单位某某客运站商业广场项目建设用地的请示"变造为"同意你单位江南客运站项目建设用地的请示"；将"总面积为9.9359公顷(南北长351.6米，东西长282.5米)"变造为"总面积为60,649平方米(南北长303.245米，东西长200米)"；将"其中商业设施占地面积3.8692公顷，江南客运站占地面积6.0667公顷"删除；将附件(1)"某某客运站商业广场建设项目位置示意图"变造为"江南客运站建设项目位置示意图"；将附件(2)"某某客运站商业广场建设项目勘测定界图"变造为"江南客运站建设项目勘测定界图"。将C市H区国土资源局(2011)×红准建字第26号《建设用地批准书》用地单位名称"C市某华置业有限公司"变造为"C某某运输有限责任公司"；将建设项目名称"新建H物流园区商业广场项目"变造为"新建H物流园区江南客运站项目"。将批准用地面积"99,359.4平方米"变造为"60,649平方米"；将土地用途"批发零售"用地，变造为"客运站"用地。以上，被告人李某某在项目申报的基础材料中将《规划意见书》中已经规划确定的某某客运站商业广场这一整体项目中包含江南客运站项目和其他商业开发项目的事实变造成仅对某某客运站项目进行了规划。将《建设用地批准书》相应的变造成仅对某某客运站项目的用地批准建设。用地单位、项目名称等亦相应变造。被告人李某某将上述变造的两份文件复印件提交给广安大学负责编制可研报告的教师王某某，2012年5月，广安大学编制完成了《可行性研究报告》并将两份变造的文件(复印件)作为附件附在报告后。2012年4月11日,C市发改委、交通局联合印发《关于呈报国家公路枢纽江南客运站建设项目工程可行性研究报告的请示》,报自治区发改委和交通厅,主要内容为,总投资12,000万元,申请国家和自治区补助3000万元,银行贷款3000万元,建设单位自筹6000万元。其他内容与《初审会议》相同。2012年5月21日,自治区交通厅向自治区发改委出具了《关于对C国家公路运输枢纽江南客运站工程可行性研究报告的审查意见》(以下简称《审查意见》),同意建设C国家公路枢纽江南客运站,按一级站标准建设。设备配置:(1)基本设备,包括售票设备、候车设备、行包安全检查设备、广播通讯设备、采暖或空调设备、车辆清洗设备、安全排放检测设备、宣传告示设备和必要的办公设备。(2)智能系统,包括生产与管理系统设备、自动化办公系统设备、监控和电子显示系统设备。项目总投资估算11,740万元。除争取国家投资外,自治区成品油价税改革交通专项资金补助500万元(用于公交和出租枢纽站),其余投资由C市自筹解决。建设单位为C某某运输公司。管理单位为C市交通局。该站为公用型汽车站,向全社会开放。2012年5月31日,自治区发改委向C市发改委下发《关于C国家公路枢纽江南客运站工程可行性研究报告的批复》,同意该项目建设,批复内容与《审查意见》一致。2012年5月23日,被告人李某某以某某运输公司的名义,向H区交通局上报了《C国家公路枢纽江南客运站初步设计的请示》,主要内容是依照交通厅《审查意见》,委托北京科技建筑设计院编制了《初步设计》,总建筑面积为15,207平方米。2012年7月2日,H区交通局向C市交通局上报《关于呈送江南汽车客运站初步设计的报告》。2012年7月6日,C市交通局向交通厅上报《关于报审国家公路枢纽江南客运站的请示》,项目名称为C国家公路运输枢纽江南客运站,建设单位为C某某运输公司。2012年7月19日,交通厅下发《C国家公路枢纽江南客运站初步设计的批复》,核定总建筑面积15,944平方米。总投资11,622.3万元,资金来源除争取国家投资外,自治区成品油消费税补助500万元,其余资金自筹解决。要求将项目法人名单报交通厅备案。2012年4月17日,交通厅出台《关于对"十一五"期间新建汽车客运站配套建设公交和出租枢纽站投资补助的签报》,在新建汽车客运站的同时配套建设公交和出租车枢纽站,自治区投资补助不变,为500万元。国家公路运输枢纽新建一级客运站国家投资2500万元。所有新建、改扩建项目,国家和自治区投资不超过项目总投资的50%。N自治区交通运输厅《站场管理办法》规定,道路运输站场建设项目中全部或部分使用中央预算内资金、国债专项资金、自治区级财政预算资金投资建设的道路运输站场项目为政府投资建设项目。至此,江南客运站建设工程(包含在C某某汽车站商业广场项目内)从C市发改委批准的全部由建设单位自筹资金建设,转化为自治区发改委、交通厅批准的政府投资建设项目。2013年5月29日,交通部下发的《固定资产投资计划的通知》将C国家公路运输枢纽江南客运站项目纳入2013年度投资计划。2013年6月6日,被告人李某某以某某运输公司的名义,报请C市发改委、交通局《关于变更C国家公路枢纽江南客运站建设单位的请示》,以"建设单位C某某运输公司面临改制,为保证工程如期建成"为由,"经协商,C某某运输公司同意将江南客运站项目由C某宇公司负责建设,并负责项目资金的筹措",再次隐瞒了真实的建设单位。2013年7月8日,C市发改委、交通局联合向自治区发改委、交通厅上报《关于变更C国家公路枢纽江南客运站建设单位的报告》(以下简称《变更报告》),同意将建设单位变更为某宇公司。交通厅收到该《变更报告》后予以备案,自治区发改委则未收到该《变更报告》。至此,被告人李某某将江南客运站的建设单位由某某运输公司转为某宇公司,国家对江南客运站的专项补贴资金的拨付对象同时转为某宇公司。经查明,某宇公司于2009年11月30日注册成立,注册资本10万元,法定代表人李某某(李某某之子),公司住所为C市S区西客站对过。经营项目为道路旅客运输。股东为李某某1人。该公司成立后无实际经营业务。因李某某使用的S区客运站(西客站)面临取消,江南客运站即将启用,被告人李某某决定将原公司(某某运输公司S区分公司)运输业务转到某宇公司。2013年6月27日,某宇公司向工商部门申请公司变更登记,将公司住所地变更为H区物流园区,将经营范围变更为县际班车客运。按照交通部对运输资质(二级)的要求,企业净资产不低于5000万元。2013年8月26日,被告人李某某对某宇公司增加注册资本金5000万元,成为控股股东,2016年11月任法定代表人,李某某不再担任公司职务。2016年11月18日,某宇公司取得了道路运输经营许可证。被告人李某某将原S区客运站的县际班车转入某宇公司。2013年12月20日,C市财政局向C市交通局下发了《关于下达2013年车辆购置税用于交通运输重点项目(第三批)专项资金的通知》,根据自治区财政厅要求,下达2013年车辆购置税用于交通运输重点项目(第三批)专项资金2500万元,用于C国家公路运输枢纽江南客运站项目。2014年3月,C市财政局向C市交通局下发《关于下达2014年公路建设资金的通知》,根据自治区财政厅通知要求,下达成品油价税改革交通专项资金500万元用于C国家公路运输枢纽江南客运站项目建设。某宇公司以建设单位的名义制作了"工程进度表""工程合同执行情况汇总表""运输场站建设项目请拨单"等材料,由施工单位负责人、监理单位负责人、李某某签字后,报H区交通局、C市交通局、C市财政局审核批准后,C市财政局于2013年12月31日拨付2375万元,2014年6月3日拨付475万元,2015年12月7日拨付150万元,总计3000万元。上述补助资金全部直接拨付至某宇公司账户。2014年1月2日,被告人李某某让公司会计董某某将2400万元转至王某某的个人账户,归还欠款。475万元转至李某某的账户,2015年12月23日,150万元中转至李某某账户110万元,归还欠款,转至王某某账户25万元。另查明,2011年6月21日,自治区财政厅、交通厅印发的《N自治区车辆购置税用于交通运输重点项目专项资金管理实施细则》规定,该专项资金是指中央财政从车购税收入中安排的,用于地方交通运输重点项目支出的专项资金。项目单位按照竣工财务决算批复,办理资产移交及资产登记手续。专项资金的补助标准按照交通部会同财政部确定的补助标准执行。2009年6月9日,自治区财政厅、交通厅印发的《N自治区公路建设及养护资金预算管理暂行办法》规定,该资金是指中央和地方财政安排及实施成品油价、税改革形成的交通资金。中央财政通过转移支付和专项补助方式补助我区的交通专项资金,必须专款专用。由财政和交通部门共同管理,使用范围包括公路运输场站建设,纳入自治区本级财政预算。《站场管理办法》规定,政府投资的道路运输站场建设资金专项用于候车厅、售票厅、停车场、信息管理系统和安全设施设备等基本功能的建设,其他经营性设施的建设资金,由项目法人自筹解决,不得占用政府投资。道路运输站场建设中,交通运输部和交通运输厅投资形成的国有资产产权归盟市交通运输主管部门所有,盟市交通运输主管部门也可委托盟市道路运输管理机构监管,监管单位要加强财务管理,做到账款统一、账面清晰,确保国有资产安全和保值增值。江南客运站场站楼等主体工程竣工后,因属国家投资项目,按照相关规定,需要上报竣工报告及决算报告。2015年9月17日,被告人李某某以建设单位某宇公司的名义申请质量监督部门对江南客运站竣工验收,再次授意张某某变造了系列竣工验收资料,其中属于国家公文类的有国有土地使用证一份,将某华公司的国有土地使用证变造为某某公司,并将其中的土地面积及宗地图进行变造。建筑工程施工许可证一份、建筑工程消防意见书一份、建设工程竣工验收备案表一份(均将建设单位变造为某宇公司,均为复印件)。其他验收资料均以某宇公司的名义出具。伪造了C市城市建设档案馆公章一枚,加盖在全部验收资料上。2015年11月19日,C正翔工程造价咨询事务所出具了C国家公路运输枢纽江南客运站站房《工程决算书》,江南汽车站总建筑面积13,272平方米。站房工程、室外地面硬化工程、室外绿化、美化工程总计工程造价51,737,976元。附属用房《工程决算书》总计工程造价6,813,055元。2015年12月7日,C华恒联合会计师事务所为某宇公司出具了C国家公路运输枢纽江南客运站《基本建设项目竣工财务决算报告》,各项决算金额为11,644万元,其中基本建设支出68,048,008.23元(站房工程和附属用房工程),土地使用权42,399,661.2元。设备款5,996,042.93元,根据"交付使用的资产总表",包括已经投入使用的车站配套设备包括安检设备、电脑售票机、LED显示屏等共计5,996,042.93元,此部分设备为被告人李某某工程验收前的实际投入。某某汽车站工程验收后至案发前,被告人李某某又增添了车辆测线及检测线办公用房、维修车间等设备和设施。2015年12月21日,上海正弘建设工程顾问公司出具了《江南客运站工程审核(审计)报告》,结论为,该工程报审结算造价6440万元,经审定结算造价5855万元(核减额为585万元,总造价为11,059万元)。2016年5月9日,某华公司法人代表韩某某按照朱某某与李某某签订的开发合作协议约定,将位于C市H区物流园区某某汽车站商业广场场站楼,建筑面积13,527.99平方米的房屋所有权,转移登记在某宇公司名下,房产证号为C市房权证H区字第112021612546号。2016年5月20日,将场站楼及停车场在内的面积为56,001平方米的土地使用权转让给某宇公司,土地使用权证为C红(2016)046号。2016年6月12日,某宇公司向C市交通局报送《关于C国家运输枢纽江南客运站工程竣工验收的申请》,江南客运站按初步设计的要求已建设完工,经相关部门验收合格,并出具了相关报告,院内停车场已经硬化完毕具备初步验收条件。2016年8月8日,C市交通局向交通厅报送《关于对江南客运站进行竣工验收的申请》,内容为:江南汽车客运站已建设完成,已通过专项验收和竣工决算审计,我局已对其初步验收,认为该项目具备竣工验收条件,请组织验收。2016年6月12日,C某宇公司向H区政府报请《关于C某某汽车站启用的请示》,附C某某汽车站启用方案:因S区西客站不能满足发车条件,建议将发往北部方向的250辆客车调整至新建的某某汽车站发车,关闭C西客站。2016年7月12日H区政府上报C市政府《关于C某某汽车站启用运营相关问题的请示》,请求市政府关闭不具备运营条件的C西客站和C汽车总公司汽车站,将原有车辆分流至C汽车站和C某某汽车站这两个一级客运站。请求将发往北部方向的250辆客车调整至新建的某某汽车站发车,南部方向的约400辆客车调整至C汽车站发车。2016年11月28日,C市交通局向C市政府上报《关于江南客运站运营方案的报告》,其主要内容是,针对H区政府提出的江南客运站运营方案的意见,通过对客运班车属地管理部门、相关利害关系对象进行调研,并以调查问卷的形式对广大旅客开展民意调研,形成四种运营方案,经研判:(1)H区政府提出的运营方案相关单位反对意见比较大,旅客出行不方便,客运经营者反对。(2)如按车辆和车站所属企业进行发车,部分运营企业包括某公司(C汽车站)、客运经营者反对,线路重叠等问题。(3)如按原发车站整体调整,即将西客站整体调整到江南汽车站,旅客出行不便,车辆经营者反对。(4)推荐方案,车辆经营者自主选择车站的方案可行性较强,为此建议原客运西站的省际客车调整至江南客运站。客运经营者自主选择汽车站。在江南汽车站搭建旅游服务平台,吸引旅游服务车辆进站。原C客运西站终止运营,固定资产中属于交通厅投资部分,退给市交通局用于公交事业发展,原客运西站人员由S区政府安置。综上,由于上述原因,江南客运站无法启用,为此,2017年1月10日,被告人李某某在C市S区原客运西站又注册成立了C圣达运输有限责任公司(以下简称圣达运输公司),同年5月取得了道路运输经营许可证,并将已转入C市H区江南客运站的某宇公司运营车辆回迁至S区圣达运输公司。2017年7月17日,自治区交通厅下发《关于C市江南汽车客运站项目竣工验收的会议纪要》,主要内容为,2017年6月22日,自治区交通厅在C市H区主持召开了C市江南汽车客运站项目竣工验收会议,验收组认为江南客运站按照自治区发改委可行性研究报告的批复及自治区交通厅初步设计的批复要求,较好完成客运站的建设,相应设施设备基本符合交通部《汽车客运站级别划分和建设要求》的一级站标准,原则同意该客运站项目竣工验收。土地、消防、竣工决算及审计报告等材料较为齐全,符合汽车客运站项目竣工验收条件。2017年10月26日,C市运输管理处向自治区交通运输管理局报请《关于对江南汽车客运站和×××汽车站进行站级评定的请示》,至本案案发,自治区运输管理局未予答复,2018年8月17日,出具《情况说明》:"由于江南汽车客运站资料信息不完整,我厅未对其开展站级评定工作。"2018年6月29日,C市监察委员会对上述问题线索进行调查,2018年8月28日,被告人李某某以某宇公司的名义,主动向C市监察委员会上交了江南客运站项目国家拨付的专项补助资金3000万元。2018年12月26日,C市公安局决定对被告人李某某涉嫌诈骗犯罪线索立案侦查。2019年1月7日,被告人李某某主动到公安机关投案。

上述事实,有公诉机关提交,经庭审举证、质证,并经本院确认的证据予以证实:(略)

本院认为,被告人李某某在申报国家建设项目、获取国家专项补助资金的过程中,故意伪造、变造国家机关公文、印章,其行为已构成伪造、变造国家机关公文、印章罪。关于公诉机关指控被告人李某某以非法占有为目的,隐瞒真相、虚构事实,以伪造、变造国家机关公文、印章为手段,骗取国家专项补助款,数额特别巨大,其行为已构成诈骗罪。

本院认为,一、位于C市H区物流园区的江南客运站,是经国家"十二五"规划确定的国家公路运输枢纽一级站。被告人李某某身为C某某运输公司S区分公司经理,以C某某运输公司的名义与H区江南物流园区对接建设江南客运站,经园区同意,采取与朱某某合作建设,为此,双方共同成立了某华公司,并签订了合作协议。某华公司开发的整体项目名称、建设用地批准文件的项目名称虽然是商业项目,但是无论发改部门的立项批复还是规划部门的规划意见都明确了整体项目中包括江南客运站项目,鉴于国家已经确定了江南客运站项目的级别、性质,按照交通主管部门和发改部门的要求,建设该站应履行逐级上报立项程序,批准立项后,国家给予专项补助资金。被告人李某某在上报汽车站建设项目时,按照汽车站既定的名称、规划部门划定的面积上报江南客运站项目,虽然变造了申报文件,但没有虚构江南客运站的项目内容。

二、国家公路运输枢纽江南客运站的名称是《C国家公路运输枢纽总体规划的报告》确定的,被告人李某某在《可行性研究报告》的项目名称中将江南客运站以上述名称填报,符合国家已经确定的对江南客运站的项目名称要求。

三、被告人李某某确有伪造、变造国家机关公文、印章,从而隐瞒江南客运站真实的建设单位,虚构在建单位,违法违规申报国家项目并获取国家专项补助资金3000

万元的事实，但被告人李某某主观上没有借助某华公司建设江南汽车站之机，利用其特定身份欺骗物流园区政府，对某华公司、相关国家机关采取隐瞒真相，虚构事实等手段，骗取国家投资款并非法占为己有的动机。(1)在国家已经规划确定将C市S区客运站取消，建设江南客运站的政策下，被告人李某某决定自己建设江南客运站，在公司董事长程某某同意李某某可以用某某运输公司的名义投资建设，公司股东没有异议的前提下，李某某以某某运输公司的名义与H区物流园区江南客运站项目对接，并向园区政府说明了是以某某运输公司与朱某某合作并成立某华公司的方式建设江南客运站。园区政府给出的基本条件是车站建成后，原S区客运站的客运业务迁至江南客运站，李某某对此接受。朱某某在考察了汽车站周边商业开发利益的前提下，同意无偿为李某某建设场站楼主体、附属用房、地面硬化等工程，双方约定，建成后车站及土地过户给李某某，周边商业由朱某某开发获益。为了商品房建成后能够预售等原因，被告人李某某与朱某某等人又成立了某华公司，并由李某某担任法人。经规划部门规划，该汽车站作为某某汽车站商业广场项目的核心部分，某某汽车站商业广场项目又经C市发改委批准立项建设。因此，被告人李某某主观上确实存在为自己建设汽车站的真实目的，并积极筹划实施。(2)被告人李某某将某宇公司的注册地址变更为H区，并按照国家规定追加注册资本金，将原S区运输公司的主要运输业务过户至某宇公司，并取得了道路运输经营许可证。被告人李某某启用某宇公司的客观原因是S区客运站取消后，需要有新的运输公司经营新建的H区物流园区江南客运站业务。因此，被告人李某某主观上存在用真实的运输公司经营江南客运站运输业务的目的。(3)被告人李某某没有对朱某某隐瞒江南客运站项目能争取国家专项补助资金的事实。朱某某的证言称："李某某没有向我提过国家有3000万元的专项资金补贴。我知道广安大学给江南客运站作过可行性研究报告，在我和李某某签订合作协议之前我就看过这份可研报告，因为我们也要依据这份报告里面的数据来规划我们的商业设计，比如说我们为什么建设某华酒店就是依据这份可研报告的日滞留旅客人数等相关数据规划的。"广安大学2012年2月完成的《可行性研究报告(初稿)》中已经写明："资金筹措方案为建设单位自筹约6000万元，贷款3000万元，向交通部申请专项资金补助3000万元。"朱某某对江南客运站项目争取国家专项补助资金3000万元不知情的说法不能成立。

四、江南客运站按设计标准建成后归被告人李某某的某宇公司所有。朱某某按照协议约定，将建成后的场站楼及土地过户至某宇公司名下，某宇公司取得了江南客运站的所有权。被告人李某某按照H区江南物流园区政府规划要求，按照国家行业部门对江南客运站项目的建设要求，完成了可研报告、初步设计、合作建站、取得新站的所有权及运营资质，并将原公司的主要运营业务迁至新站、项目按国家标准验收通过的全部过程。

五、被告人李某某客观上没有将国家专项补助资金非法占为己有。(1)本案江南客运站项目工程进度申报真实,工程决算报告真实,即工程投入资金量真实,项目建设全部过程符合国家专项补助资金的发放标准和发放要求。国家专项补助资金虽然下拨至虚假的建设单位某宇公司,但某宇公司最终取得了江南客运站的所有权,按照国家对该项目管理的规定,车站达到运营条件,被告人李某某还应当对相关设备、设施进行资金投入,故不能仅以李某某将专项资金用于偿还债务而认定其将资金非法占有。(2)被告人李某某存在将资金投入江南客运站的事实。按照合作协议,朱某某只负责建设场站楼及地面硬化等硬件设施。江南客运站竣工验收的工程决算报告表明,某宇公司在竣工验收前已经购置安检等设备,投入约600万元。被告人李某某辩解称,如果车站真正符合运营条件,还需投入车辆维修保养设备、空调设备、候车厅及售票厅内部装修及装饰、北斗GPS设备、乘务员培训会议室、车站监控系统、售票系统、检票系统、办公室装修及设备、司乘人员公寓及设备、旅客座椅及门口热风幕、洗车设备、100台车的充电设备及厂房等投入。上述设备所需资金量现有证据无法查清。(3)被告人李某某没有全部完成江南客运站的设备投资,客观原因是车站无法启用。江南客运站建成后无法启用,政府及行业主管部门和运输经营户都知晓,李某某客观上不能继续对客运站设备进行投资。

六、被告人李某某无法对国家专项补助资金非法占有。本案国家专项补助资金来源是中央财政的车购税和中央财政转移支付给自治区财政的燃油税,是国家财政投资性质资金。根据国务院《关于投资体制改革的决定》(国发〔2004〕20号)规定:"政府投资资金可分别采取直接投资、资本金注入、投资补助、转贷和贷款贴息等方式。采取投资补助、转贷和贷款贴息方式的,只审批资金申请报告。"交通厅《关于对〈C国家公路运输枢纽江南客运站工程可行性研究报告〉的审查意见》及交通厅《关于对"十二五"期间新建汽车客运站配套建设公交和出租枢纽站投资补助的签报》等文件均明确了本案江南客运站的专项投资补助资金是属于国家投资性质。《中华人民共和国企业国有资产法》第2条规定:"本法所称企业国有资产,是指国家对企业各种形式出资所形成的权益。"交通厅《道路运输站场建设管理办法》第3条规定:"道路运输站场建设项目中全部或部分使用中央预算内资金、自治区级财政预算资金投资建设的道路运输站场项目为政府投资建设项目。"第26条规定:"道路运输站场建设中,交通运输部和交通运输厅投资形成的国有资产产权归盟市交通运输主管部门所有,也可委托盟市道路运输管理机构监管,监管单位要加强财务管理,做到账款统一,账面清晰,确保国有资产安全和保值增值。"第27条规定:"对政府投资建设的道路运输站场进行处置或转让时,盟市交通局应及时参与,对道路运输站场涉及的国有资产提出处置意见,报自治区交通运输厅批准,处置收入仍作为政府投资,专项用于当地的道路运输站场建设。"上述法律及文件规定了本案江南客运站建成后,国家专项补助资金将最终形成国有资产，由C市交通运输主管部门负责监管。因此国家没有对投入江南客运站的3000万元专项补助资金失去控制，资金所有权属于国家，被告人李某某的某宇公司虽然取得了江南客运站的国家专项补助资金，但其享有的只是国有资金的使用权和经营收益权，客观上无法对专项补助资金非法占有。综上，被告人李某某主观上没有非法占有国家专项补助资金的目的，在建的江南客运站项目真实存在且符合获取国家专项补助资金的条件，被告人李某某与他人签订的合作开发协议真实有效，客观上被告人李某某无法对国家专项补助资金非法占有，且国家专项补助资金已经部分投入江南客运站项目中，故公诉机关指控被告人李某某犯诈骗罪的罪名不能成立，本院不予支持。被告人李某某的辩解及辩护人提出的公诉机关指控被告人李某某犯诈骗罪事实不清，证据不足，被告人李某某主观上没有非法占有国家专项补助资金的目的，不构成诈骗罪的辩护意见，本院予以采纳。综上，被告人李某某在立项过程中，变造相关国家机关文件，进行项目申报，批准立项后获取国家专项补助资金。客运站建成后，在工程竣工验收资料上，被告人李某某同样变造了相关国家机关文件，并伪造了国家机关公章，盖在验收资料上。被告人李某某的上述行为符合伪造、变造国家机关公文、印章罪的犯罪特征。被告人李某某在侦查阶段辩称，对上述事实他当时不知情，是某某运输公司办公室主任张某某所为，他是后来才知道。其辩护人提出，被告人李某某主观上没有伪造、变造国家机关公文、印章的故意，客观上没有伪造、变造的行为。上述行为是某某运输公司办公室主任张某某所为，故被告人李某某不构成伪造、变造国家机关公文、印章罪。经查，被告人李某某在2018年8月21日向C市监察委员会所作的《情况说明》中，承认："在做可研报告时，由于土地无法过户，张某某给他想个办法，把复印件改了，他也同意了，将选址意见书、建设用地批准书伪造了。"被告人李某某的上述说法，符合本案的客观事实，对张某某伪造、变造国家机关公文、印章的行为应当认定经其授意后所为。故被告人李某某的上述辩解理由及辩护人的辩护观点不能成立。被告人李某某虽主动投案，但对上述事实没有如实供述，依法不能认定具有自首情节。公诉机关认定被告人李某某具有自首情节不能成立。被告人李某某在C市监察委员会对其调查期间，将3000万元国家专项补助资金全部上缴，根据其所犯罪行的性质、情节以及悔罪表现，依照《中华人民共和国刑事诉讼法》第200条第1款第1项、最高人民法院《关于适用〈中华人民共和国刑事诉讼法〉若干问题的解释》第241条第1款第2项和第2款、《中华人民共和国刑法》第280条、第47条、第61条之规定，判决如下：

被告人李某某犯伪造、变造国家机关公文、印章罪，判处有期徒刑2年。（刑期自判决执行之日起计算，判决执行以前先行羁押的，羁押1日折抵刑期1日，即自2019年1月9日起至2021年1月8日止。）

如不服本判决，可在接到判决书的第2日起10日内，通过本院或者直接向N自治区高级人民法院提出上诉。书面上诉的,应当提交上诉状正本1份,副本2份。

审判长:吴××
审判员:阿 ×
审判员:王 ×
2020年12月26日
书记员:刘××

C市人民检察院
刑事抗诉书
(二审程序适用)

C检X部诉刑抗(2021)Z1号

C市中级人民法院以(2019)××刑初29号判决书对被告人李某某以伪造、变造国家机关公文、印章罪判处有期徒刑2年。本院依法审查后认为,该判决定性错误,导致量刑明显不当。李某某的行为构成诈骗罪,伪造、变造国家机关公文、印章罪系手段行为,被诈骗罪吸收。李某某的行为具有非法占有目的,理由如下:

第一,从广安大学的可行性研究项目名称上说,被告人李某某具有非法占有目的。

2012年4月17日,N交通运输厅签报,关于对"十二五"期间新建汽车客运站配套建设公交和出租枢纽站投资补助,在国内的项目如一并建设公交和出租枢纽站,给予适当投资补助,补助标准如下:国家公路运输枢纽新建一级客运站国家投资2500万元,自治区投资公交和出租枢纽站500万元,合计3000万元。该文件证明,只有符合新建国家运输枢纽一级客运站项目才能获得3000万元的国家补贴。广安大学王某某证实,C公路运输枢纽的整个规划是广安大学做的,经过市交通局局长刘某某或运管处的于某某介绍,为李某某出具了C国家公路运输枢纽江南客运站建设项目可行性研究报告。分析该报告中之所以套用"国家公路运输枢纽"的名目,其目的是李某某为让项目符合2012年4月17日运输厅文件规定补贴标准的项目名称. 故从可行性研究报告的项目名称上说,李某某具有套取国家补贴的故意,因为只有靠上国家公路运输枢纽的名目才能获得补贴。

第二,从李某某伪造提供给广安大学作可行性研究报告两份附件内容上看,李某某具有非法占有目的。

C市档案局调取的真实文件证实,江南客运站真实的建设单位是C市某华公司,而非C市某运输公司和某宇公司。其真实的项目名称是某汽车站一期商业广场建设项目,建设用地许可证审批给的是某华公司,而非某公司,准建面积为99,359平方米。其审批立项批复文件是,2012年5月9日的C市发改委(2012)490号立项批复。另朱某某建成某汽车站项目后交付给某宇公司,房权证已经办理到某宇公司名下,房权证号为11202161××××号,其用途为商业。上述证据证实,江南客运站项目包括在某汽车站一期商业项目中,用途为商业。

广安大学出具的可行性研究报告是国家补贴项目的最基础性文件,也是最关键性文件,该文件的附件3、附件4均为变造,其中建设用地批准书(2011)C红建字第26号,将用地单位变造成某运输公司;将H区规划局H发(2012)24号建设用地选址意见的用地单位变造成某运输公司,并且删除了"商业"字眼。C市交通运输局副局长泥某某证实,商业项目不予补贴。所以,卷内证据证实,江南客运站项目为商业,被告人李某某之所以将建设用地删除商业字眼,其目的是掩盖在建系商业项目的目的,使之成为符合补贴的项目。另朱某某证实,其不知晓江南客运站有补贴的情况,因某华公司并非李某某的公司,且该公司名下在建的汽车站项目是商业性质,不符合国家补贴的原因,李某某将项目在建单位由某华公司变造成某运输公司,证明李某某一直隐瞒着朱某某,套取国家项目,其目的是将补贴款据为已有。

第三,变更在建单位为某宇公司的行为,证明李某某具有非法占有目的。

2013年6月6日,以某运输公司名义向C市发改委和C市运输局申请变更C市国家运输枢纽江南客运站建设单位的请示,将该项目建设单位变更为某宇公司。而后变造了一系列某宇公司在建项目工程进度资料,2013年12月开始分3笔某宇公司收到国家补贴款3000万元。某宇公司注册档案、李某某供述及李某某的儿子李某某证实,某宇公司为李某某经营,而某运输公司不是李某某的公司,并不由李某某控制,故变更建设单位为某宇公司的目的是希望补贴款能到达自己控制的公司,事实证明3000万元的补贴款进入到李某某控制的公司账户内。

第四,从变造某宇运输公司为在建单位的工程合同执行情况汇总表、工程施工进度表、运输场站项目拨款申请及拨款单等一系列材料看,李某某具有非法占有目的。

2013年9月5日,N自治区交通运输厅,以X发(2013)523号,N自治区交通运输厅《关于印发〈N自治区道路运输站场建设管理办法〉的通知》,规定道路运输站场建设项目施工许可申请经有关部门批准,项目有一定形象进度后,自治区交通运输厅按年度投资计划和同比例到位拨付资金,资金拨付按财政集中支付的有关规定,由自治区运管局提出拨付计划,经自治区交通运输厅核准,报自治区财政厅批复后,予以拨付。N自治区财政厅及交通厅联合发文,X财工(2009)565号,《关于印发〈N自治区公路建设及养护资金预算管理暂行规定〉的通知》规定,交通主管部门应定期向财政部门报送资金使用情况和项目建设进度等相关材料。财政部门对同级交通部门提交的拨款申请进行认真审核后,本着按计划、按预算、按程序、按进度的原则拨付资金。本案中,在真实的在建项目是某华公司并非某宇公司的前提下,变造某宇公司一系列工程进度表提供给运输局,用以证实在建项目工程形象进度,以达到获取补贴款的目的,从这个意义上说,李某某具有非法占有目的。

第五,从资金使用上看,李某某具有非法占有目的。

2013年9月5日,N自治区交通运输厅,以×发(2013)523号,N自治区交通运输厅《关于印发〈N自治区道路运输站场建设管理办法〉的通知》,规定政府投资的道路运输站场建设资金专项用于候车厅、售票厅、停车场、信息管理系统和安全设施设备等基本功能的建设;其他经营性设施的建设资金由项目法人自筹,不得占用政府投资。某华公司在建的江南客运站项目系某华公司投资建设,李某某一分钱都没有投资,某华公司建设的江南客运站项目资金来源明确是自筹。另3000万元补贴款到某宇公司账户后,均用于偿还李某某的债务,这一事实有某宇公司账户银行流水、董某某、尹某某、王某某、徐某某证言和李某某供述予以佐证。李某某没有投资建设江南客运站,又未将国家补贴款3000万元用于江南客运站建设,而是用于偿还债务,从这方面来说,李某某具有非法占有目的。

综上所述,李某某的行为构成诈骗罪,一审判决定性错误,导致量刑明显不当。为维护司法公正,准确惩治犯罪,依照《中华人民共和国刑事诉讼法》第228条的规定,特提出抗诉,请依法判处。

此致

C市中级人民法院

C市人民检察院

2021年2月8日

N自治区高级人民法院
刑事裁定书

(2021)××刑终154号

抗诉机关N自治区C市人民检察院。

原审被告人李某某,男,1957年3月15日出生于N自治区C市松山区,蒙古族,高中文化,系C市某宇公司法定代表人,捕前住C市某某公寓2号楼1901室。因犯伪造、变造国家机关公文、印章罪,于2019年1月9日被刑事拘留,同年1月22日被逮捕,2021年1月8日被C市中级人民法院取保候审。

辩护人许兰亭,北京市君永律师事务所律师。

N自治区C市中级人民法院审理C市人民检察院指控原审被告人李某某犯诈骗罪一案,于2020年12月26日作出(2019)××刑初29号刑事判决,认定被告人李某某犯伪造、变造国家机关公文、印章罪,判处有期徒刑2年。宣判、送达后,C市人民检察院提出抗诉。本院审理过程中,抗诉机关的上级机关N自治区人民检察院认为抗诉不当,向本院撤回抗诉。

本院认为,N自治区人民检察院撤回抗诉的要求,符合法律规定。依照《中华人民共和国刑事诉讼法》第232条第2款、第244条,《最高人民法院关于适用〈中华人民共和国刑事诉讼法〉的解释》第385条第2款和第3款、第386条的规定,裁定如下:

准许N自治区人民检察院撤回抗诉。

N自治区C市中级人民法院(2019)××刑初29号刑事判决自本裁定送达之日起发生法律效力。

本裁定为终审裁定。

(此页无正文)

审判长:宝××

审判员:邓××

审判员:白××

2021年11月10日

法官助理:吴××

书记员:周××

李某某被判伪造、变造国家机关公文、印章罪一案法律意见书

尊敬的检察官:

李某某被判伪造、变造国家机关公文、印章罪一案于2019年9月5日由C市中级人民法院进行开庭审理,我作为被告人李某某的辩护律师,参与了庭审,为李某某辩护。C市中级人民法院于2020年12月26日判决李某某犯伪造、变造国家机关公文、印章罪,判处有期徒刑2年,C市人民检察院于2021年2月8日提出抗诉。辩护人认真阅看了C市人民检察院的《刑事抗诉书》,辩护人认为,C市中级人民法院一审判决认定的事实正确,适用法律并无不当,量刑也无明显不当,C市人民检察院的抗诉不能成立,建议贵院对C市人民检察院《刑事抗诉书》的抗诉请求不予支持,并向某自治区高级人民法院撤回抗诉。具体理由如下:

一、在本案中,李某某没有非法占有目的。

最高人民法院刑事审判第一、二、三、四、五庭主办的《刑事审判参考》(总第114集第257—270页),《如何认定诈骗罪的非法占有目的》一文中,对诈骗罪非法占有目的进行了深入的探讨。

"7. 在从事农业经营开发中弄虚作假领取国家农业补贴能否认定为具有非法占有目的?

随着国家对'三农'支持力度的加大,不少地方出现了骗取国家农业补贴的案件。对这类案件的处理,应当准确把握政策精神,严格区分诈骗犯罪与农业补贴申报中不规范操作行为的界限,避免刑事打击扩大化。既要规范国家支持农业资金的管理和使用,又要保护农业经营开发企业的合法权益,真正把国家的支农、惠农政策落到实处。

笔者认为,司法实践中一般可按照以下标准掌握:(1)不从事农业经营开发,或者所从事的农业经营开发项目不属于享受国家农业补贴的项目,而采用伪造材料的方法骗取国家农业补贴,达到定罪数额标准的,可考虑认定诈骗罪。(2)从事可享受国家补贴的农业经营开发项目,但达不到政策规定的应享受补贴条件,而弄虚作假申领国家农业补贴,全部或主要用于农业经营开发的,属于农业补贴申报中的违规行为,不应当以诈骗罪定性。对违规获取的农业补贴,有关部门可予以收回,或责令经营者增加投入,达到享受补贴的条件。(3)具备享受国家农业补贴的条件,但申报的材料中部分内容不实,获得国家农业补贴的,不构成诈骗罪。

在这类案件中,农业经营开发企业是否符合有关政策规定的享受补贴条件,应由

执行政策的有关部门作出解释,不宜由司法机关自行解释。”

根据以上内容,辩护人认为在补贴型诈骗案件对是否具有非法占有目的要综合评判。因此,《刑事抗诉书》中所称从广安大学的可行性研究项目名称、提供广安大学作可行性研究报告的两份附件、变更在建单位为某宇公司的行为、变造在建单位工程合同执行情况的材料及资金使用上看,都不足以证明李某某具有非法占有目的。在本案中,李某某申报的江南客运站项目作为一级客运站是真实存在的,不是虚构的,江南客运站项目所获的两笔补贴符合获得国家、某自治区有关政策要求,李某某对《建设用地批准书》等材料部分内容的变造对江南客运站是否能够获得补贴及获得补贴金额多少无实质性影响,提供不实材料的行为只是不符合行政管理规定或者申报材料不实等违规行为,而不是诈骗罪的手段行为,伪造、变造国家机关公文、印章行为应当另行评价。

二、《刑事抗诉书》称:“从广安大学的可行性研究项目名称上说,被告人李某某具有非法占有目的。”辩护人认为该说法并不成立。

(一)项目名称仅仅是称谓而已,重要的是事实上江南客运站作为一级客运站项目是真实存在的,江南客运站并不是商业项目。

江南客运站属于国家规划的一级客运站,江南客运站的初步设计、施工建设也是按照一级客运站的标准进行的,经验收合格江南客运站达到了一级汽车客运站标准。因此,无论该项目的名称是什么,都改变不了江南客运站属于国家规划一级客运站的事实。

(二)江南汽车站属于国家公路运输枢纽,并不是《刑事抗诉书》中所谓的套用名目。

2009 年 10 月 28 日,C 市政府以 ×(2009)551 号文件,向自治区人民政府报送《C 国家公路运输枢纽总体规划》的报告,拟在 C 境内建设包括 C 江南客运站(一级站)在内的 5 个客运站。

2011 年 6 月 16 日,C 市 H 区人民政府办公室签发的《C 市 H 区土地储备委员会 2011 年第 3 次会议纪要》所附的图纸上明确了南方运输公司建设江南汽车站的事实。

2012 年 4 月 17 日,《某自治区交通运输厅签报》规定:“国家公路运输枢纽新建一级客运站获得补助标准为 3000 万元,其中国家投资 2500 万元,自治区投资 500 万元。”

根据以上时间线索,早在 2009 年江南客运站作为国家公路运输枢纽已经存在,早在 2011 年已经明确由某某运输公司建设江南汽车站,因此,是李某某建设江南客运站在前,不是抗诉书中所称的“李某某为让项目符合补贴标准的项目名称”,而是该项目本来就符合补贴标准。

《关于市公安局函询江南客运站有关情况的说明》(补充卷宗)也充分证明:“江

南客运站项目的申请、立项和设计等前期工作,是经李某某所在的某某运输有限公司请示和配合下完成。"

三、《刑事抗诉书》称:"从李某某伪造提供给广安大学作可行性研究报告两份附件内容上看,李某某具有非法占有目的。"辩护人认为该说法并不成立。

李某某提供给广安大学作可行性研究报告两份附件内容对《可行性研究报告》的结论没有造成影响,对江南客运站是否能够立项无实质影响,对江南客运站项目是否能够获得补贴及获得补贴金额多少无实质影响,李某某不存在所谓非法占有目的。

1. 附件中用地单位名称由"C 市某华置业有限公司"改为"C 市某某运输有限责任公司",但用地单位名称的更改并不涉及江南客运站项目的级别、真实性、施工质量等问题。

2. 附件中将批准用地面积由"99,359.4 平方米"改为"60,649 平方米",后者属于客运站实际用地面积,前者与后者的差额属于朱某某开发建设、自主享有收益的周边商业项目面积,因此该项涂改并未虚报客运站用地面积。《研究报告》在第 1 章的 1.1 部分第 6 点指出,"江南客运站项目实际用地面积为 60,649 平方米",是建筑面积、硬化场地面积、构筑物面积、绿化面积 4 部分的面积之和。

3. 李某某提供给广安大学作可行性研究报告两份附件内容对《可行性研究报告》的结论没有造成影响。

《可行性研究报告》是对江南客运站进行市场分析与需求预测、规模需求分析、站场位置及检车条件、总平面布置及配套工程,环境影响、节能、劳动安全与消防、实施方案、投资估算与资金筹措、财务评价与经济社会影响分析、风险分析、实施对策、保障措施与建议进行预测,给出专业意见与分析的专业性质报告,并作出专业结论。

根据以上研究内容,李某某提供给广安大学作可行性研究报告 2 份附件内容对研究报告的结论不会产生任何影响。

4. 李某某提供给广安大学作可行性研究报告两份附件内容对江南客运站是否能够立项无实质影响。

某自治区发改委和交通厅决定立项江南客运站,是根据广安大学出具的可行性研究报告,认为 C 市建设江南客运站是"必要的并且迫切的",因此"同意"建设江南客运站(证据卷 3 第 73 页)。而李某某提供给广安大学作可行性研究报告 2 份附件内容没有改变 C 市建设江南客运站是"必要的并且迫切的"这一实质性问题。

5. 李某某提供给广安大学作可行性研究报告两份附件内容对江南客运站项目是否能够获得补贴及获得补贴金额多少无实质性影响。

国家作出拨款 3000 万元预算的决定是国家政策的要求,江南客运站已按照《可行性研究报告》的要求设计、建造,经验收合格并达到了一级汽车客运站标准,故符合获得国家补贴的条件,并且江南客运站所获补贴金额是根据建站级别所决定的,与李某某提供给广安大学作可行性研究报告两份附件内容无关。

四、《刑事抗诉书》称："变更在建单位为某宇公司的行为，证明李某某具有非法占有目的。"辩护人认为该说法并不成立。

某某运输公司向C市发改委和C市运输局申请变更C市国家运输枢纽江南客运站建设单位，经过了正当的手续和正当的程序，属于正当的变更行为，不存在李某某所谓"非法占有目的"。

根据2013年6月6日某某运输公司文件《关于变更C国家公路运输枢纽江南客运站建设单位的请示》，某某运输公司同意将江南客运站建设项目交由某宇公司负责建设，并负责项目建设资金的筹措，为此申请将江南客运站的建设单位变更为某宇公司。（签发人：程某某，下印有某某运输公司和某宇公司的公章）（证据卷3第89—90页）

根据2013年7月8日C市发改委、C市运输局文件《关于变更C国家公路运输枢纽江南客运站建设单位报告》，C市发改委、C市运输局同意将建设单位变更为某宇公司，并负责项目建设资金的筹措。（证据卷3第92—93页）

因此，变更在建单位属于正常的公司改制和业务变动的需求，并不存在抗诉书中所称的非法占有目的。抗诉书中的非法占有目的没有事实基础和证据依据。

五、《刑事抗诉书》称："从变造某宇公司为在建单位的工程合同执行情况汇总表、工程施工进度表、运输场站项目拨款申请及拨款单等一系列材料方面看，李某某具有非法占有目的。"辩护人认为该说法并不成立。

某自治区道路运输站场建设管理办法第24条规定，自治区交通运输厅按工程进度和同比例到位的原则拨付资金到市财政局。也就是说，建设项目在有了一定形象进度后，需提交建设工程进度表到C市H区交通局财务科，并经交通局各个部门和领导的验证和同意，以及C市运管处验证和同意，层报自治区交通运输厅财务科才会将专项资金划拨到C市财政局。据此可知，国家拨款专项资金的唯一原因，是工程进度达标。也就是说，先不论在建单位是某宇公司还是某华公司，如果工程进度不达标，补贴款不会下达。

李某某共4次提交了工程进度表和建设工程拨款申请单，分4次领取了总共3000万元专项资金，明细如下：

（1）分两次领取了国家车购税补贴2500万元。

2013年12月20日，运输场站建设项目请拨款单（诉讼文书卷和口供，第41页）：计划数2500万元，请拨款数2375万元，"从2013年7月施工，现已完成项目的90%，工程计划投资11,740万元，现已完成约8547万元，工程已拨付7770万元，为保证该工程顺利竣工，申请给予项目拨付补贴资金"。——经过"C市H区交通局"同意，C市运管处同意，C市交通运输局规划科同意，C市交通运输局财审科同意，C市交通运输局领导"贺某某"同意。

2015年12月21日,运输场站建设项目请拨款单(诉讼文书卷和口供,第42页):计划数2500万元,已拨款1375万元,请拨款数125万元,"现项目已经全部完工";——经过"C市H区交通局"同意,C市运管处同意,C市交通运输局规划科同意,C市交通运输局财审科同意,C市交通运输局领导"贺某某"同意。

(2)分两次领取了自治区客运站燃油税补贴。

2014年5月14日,计划数拨款500万元,请拨款数475万元,"项目已经完工95%"。——经过"C市H区交通局"同意,C市运管处同意,C市交通运输局规划科同意,C市交通运输局财审科同意,C市交通运输局领导"贺某某"同意。(证据卷4第16页)

2015年12月2日,运输场站建设项目请拨款单(诉讼文书卷和口供,第43页):计划数500万元,已拨款475万元,请拨款数25万元(保证金),"现项目已经全部完工……请拨款交通专项资金保证金25万元";——经过"C市H区交通局"同意,C市运管处同意,C市交通运输局规划科同意,C市交通运输局财审科同意,C市交通运输局领导"贺某某"同意。

据此可知,若想提取出该笔国家专项资金,李某某需要向市交通局财务科提交工程进度表,并经过市交通局各个部门和领导对工程进度进行验收和同意才能层报自治区财政厅。也就是说,李某某想提取出该笔资金,就必须实打实地建设汽车站,并且按照工程进度领取相对应比例资金,因此,假如李某某没有建设汽车站或者汽车站工程进度不达标,该笔资金就无法被领取。C市交通运输局也明确答复,3000万元是补贴性质资金,实行项目先建后补,后期补贴款的发放以实际的工程进度进行安排。(补充卷宗)因此,能够让国家"处分财产"的唯一原因,就是工程的实际进度状况,因此,只要李某某没有在工程进度上作假,就不构成骗取国家处分财产的行为。

《关于市公安局函询江南客运站有关情况的说明》(补充卷宗)也充分证实了江南客运站项目的申请、立项和设计等前期工作,是在李某某所在的某某运输公司请示和配合下完成。后期按照江南客运站项目工程实际完成的形象进度和实体工程量,国家给予投资补助资金。投资补助资金补贴的是江南客运站项目。

因此,江南客运站项目所获两笔补贴符合国家、某自治区有关政策要求;江南客运站项目作为一级客运站真实存在,且符合发放补贴款所要求的工程进度和在建工程实际完成情况要求;李某某没有实施诈骗行为,李某某的伪造、变造行为并没有使国家审批项目及从事监督工作的相关人员产生处分财产的错误认识,即国家处分财产的行为与伪造行为之间没有因果联系。故抗诉书诉称李某某"套用名目"的说法不能成立。

抗诉书中一直纠结的问题是江南客运站的实际建设者是某华公司,因此不应当由李某某获得补贴款,李某某制造一些材料文件就是为了非法占有补贴款。这种抗诉理由是主观的、片面的。《关于市公安局函询江南客运站有关情况的说明》(补充卷宗)明确提到"投资补助资金补给的是江南客运站项目"。也就是说,江南客运站应当获得补贴款,无论是某华公司获得还是李某某获得,都不是一个刑事犯罪的问题。可以明确,某华公司同李某某是合作关系(证据卷2,民事判决书),某华公司在知道李某某领取该笔专项资金后,既没有向李某某索要过,也没有再次向国家申领,甚至没有就专项资金的问题同李某某发生过纠纷,因此,某华公司的行为可以推定为默认了这笔专项资金应当归属于李某某所有。国家本来就应当划拨3000万元,结果划拨了3000万元,没有多划拨一分钱,国家没有任何损失。因此,李某某不构成诈骗罪。

六、《刑事抗诉书》称:"从资金使用上看,李某某具有非法占有目的。"辩护人认为该说法并不成立。

(一)抗诉书称:"某华公司在建的江南客运站项目系某华公司投资建设,李某某一分钱都没有投资,某华公司建设的江南客运站项目资金来源明确是自筹。"这种说法并不客观。

1. 李某某与C市某华公司的合作方式是李某某负责客运站部分,C市某华公司负责客运站周边的商业部分。而C市某华公司在合作中负责对客运站的基建部分进出资和建设,李某某对客运站的功能性及投入使用部分进行出资和建设。因此,根据协议的具体内容可以理解为对客运站项目而言,C市某华公司是为李某某服务的,故C市某华公司对客运站的直接出资是李某某对客运站间接出资的证明,C市某华公司对客运站的建设即是李某某对客运站的建设行为的证明。换句话说,江南客运站不可能凭空产生,朱某某也不可能无理由地建设江南客运站后交由李某某所有,我们应当透过现象看本质,对李某某的江南客运站的建设行为和出资行为予以肯定。

总之,不能既承认C市某华公司对客运站的出资及建设行为、承认李某某与朱某某的《合作开发协议》的合同效力、承认李某某对江南客运站的所有权,又直接否认了李某某对江南客运站的建设行为和出资事实。

2. 虽然李某某和朱某某在协议中约定江南客运站由朱某某建设,但江南客运站在功能上最终是作为公路运输枢纽客运站建设的,朱某某并不了解客运站,所以朱某某按照合同的约定和设计图纸建设完毕后,李某某还要继续投入大量资金和精力完善江南客运站以达成其客运功能。李某某投入的也是真金白银。补充卷宗中C市交通运输局的答复还是客观的,其首先肯定了江南客运站项目的申请、立项和设计等前期工作,是经李某某所在的某某运输公司请示和配合下完成。即李某某并不是没有投入,反而是这个项目之所以存在,就是因为李某某前期投入了大量的资金和精力。

因此,C市交通运输局肯定了李某某的投入,退一万步讲即便没有投入,但江南客运站真实存在,国家就能立项,就应当发放专项补助资金。

(二)抗诉书称:“3000万元补贴到某宇公司账户后,均用于偿还李某某的债务。”辩护人认为这种说法并不客观。

C市发改委、C市交通局作出的《关于呈报国家公路枢纽C江南客运站建设项目工程可行性研究报告的请示》[C发改基础字(2012)339号]在第3项“投资估算及资金筹措方式”中指出:“总投资12,000万元。……申请国家和自治区补助3000万元,银行贷款3000万元,建设单位自筹6000万元”。

江南客运站项目获得的专项资金数额符合前述规定,尹某某、徐某某、王某某的证人证言表明,3000万元的补贴款均用于偿还建设江南客运站、购买装修材料过程中产生的借款。C市交通运输局明确答复:3000万元是补贴性质资金,实行项目先建后补,后期补贴款的发放以实际的工程进度进行安排,项目都是先建后补的,对于已经建好的江南客运站,李某某将补贴款用于偿还建设江南客运站、购买装修材料过程中产生的借款也就相当于3000万元用在了江南客运站项目中。李某某也当庭表示“如果没有江南客运站,怎么会有这些债务产生”。庭审中辩护人也提交了关于3000万元补贴款使用情况的说明,以证实3000万元补贴款已经用在了江南客运站项目上,符合“专款专用”的基本要求。

七、李某某不构成诈骗罪,建议贵院对C市人民检察院《刑事抗诉书》的抗诉请求不予支持,并向某省高级人民法院撤回抗诉。

本案李某某涉案行为是否构成诈骗罪应当严格遵循刑法的规定以及犯罪构成理论来评判行为的性质。犯罪构成理论认为,犯罪构成是认定犯罪是否成立的标准,是在犯罪概念基础上建立起来的检验行为是否构成犯罪的规格和标准。为了认定某人构成犯罪,就必须确定在其行为中具有某种犯罪构成。以刑法所规定的诈骗罪的犯罪构成为标准来分析李某某的涉案行为,我们可以清晰地得出李某某不构成诈骗罪的结论。

我国刑法对诈骗罪的描述采用的是简单罪状,仅表述为“诈骗公私财物,数额较大”。大陆法系国家的刑法理论与审判实践普遍认为,除了行为对象与行为人的故意与目的外,诈骗罪(既遂)在客观上必须表现为一个特定的行为发展过程:行为人实施欺骗行为——对方陷入或者继续维持认识错误——对方基于认识错误处分(或交付)财产——行为人取得或者使第三者取得财产——被害人遭受财产损失。根据诈骗罪在客观方面表现出的上述特征,成立诈骗罪在客观上并非存在欺骗行为即可,还要求诈骗行为与对方陷入或者维持认识错误之中,对方认识错误与处分财产之间,以及对方处分财产与行为人取得或者使第三人取得财产之间存在因果关系。基于以上要求分析本案,李某某不构成诈骗罪。

1.李某某没有实施诈骗行为。作为诈骗罪客观要件的欺骗行为,必须是一种在非法占有他人财物的目的和骗取他人财物的故意支配下,虚构事实、隐瞒真相的行为。本案中,张某某虽然客观上实施了不规范行为,但是,张某某这样做只是为了将来办证方便,并不是为了骗取补贴。且本案中项目真实,因此,张某某的不规范行为并非诈骗罪中的欺骗行为,李某某本人更没有实施任何欺骗行为。

另外,辩护人想强调,按照2011年11月5日李某某与朱某某所签署的《合作开发协议书》约定,“朱某某无偿给予李某某的汽车楼、运输公司办公楼整体,按建筑施工图纸进行施工,并于2012年12月31日前达到竣工验收使用条件”,“并办理建筑物所有权转移登记手续”(证据卷3第3页),后续朱某某发生了民事违约行为(证据卷2第8—41页)导致所有权转移登记延迟,直至2016年才办理建筑物所有权转移登记手续。朱某某若按协议约定于2012年12月31日之前将江南客运站竣工并过户至李某某处,按照合同中时间安排,补贴款下达时江南客运站应属于李某某所有,那么,客观上就不存在本案所涉及的问题。

2. 李某某没有骗取补贴款的主观故意。2011年4月李某某决定建设江南客运站时,并没有所谓3000万元补贴款的存在。因此,建设江南客运站不是为了骗取补贴款。2011年7月李某某和朱某某已经明确了合作方式,在2人都不知道有3000万元补贴款的情况下(合作协议可以证实),江南客运站所涉所有权益明确归李某某所有。后期虽朱某某知道有3000万元补贴款,也知道由李某某支配后,也并未提出任何异议。

3. 李某某的行为并没有使国家审批项目的工作人员产生处分财产的错误认识,即国家处分财产的行为与张某某及李某某行为没有因果联系。

(1)李某某对《建设用地批准书》部分内容的变造对《江南客运站可行性研究报告》的结论没有造成影响,对江南客运站是否能够立项无实质影响,对江南客运站项目是否能够获得补贴及获得补贴金额多少无实质影响。因此,变造行为与国家处分补贴财产之间不存在因果关系。

(2)李某某提取国家、自治区专项补贴,按照工程进度领取相对应比例的资金,如果李某某没有建设汽车站或者汽车站工程进度不达标,该笔资金就无法被领取。因此,只要江南客运站项目没有在工程进度上作假,就不构成骗取国家处分财产的原因行为。拨款单上所写的有关工程进度的事实都是真实的,并且也经过了市交通运输局各个部门的验收和同意(诉讼文书卷第41—43页)。

4. 本案中不存在“被害人损失”。

首先,国家对由“谁”建设江南客运站并没有硬性规定。唯一的硬性规定是建设者必须委托具有甲级资质的建设工程可行性报告制作者和具有相关资质的初步设计单位;建设者委托的设计、施工、勘查和监理单位必须具有相应资质,项目选址必须经过相关部门审批。只要满足上述规定,国家就应当划拨专项资金,至于到底是谁建设的,国家并没有强行规定。

本案中,《可行性研究报告》制作者广安大学具有甲级资质,初步设计工作委托的是具有相关资质的北京某建筑设计院(诉讼卷3第51页);勘查单位是N某工程勘察有限责任公司,具有相关资质;设计单位是大连某建筑设计有限公司,具有相关资质;施工单位中土方建设工程是C市某建筑工程有限公司负责,具有相关资质;钢结构工程是“沈阳某公司”负责,具有相关资质;监理单位是N某建设监理有限公司,具有相关资质。项目选址经过了C市规划局H分局同意(诉讼卷3第47页)。C市规划局H分局《关于江南客运站项目建设用地选址的意见》:“你单位申请的C红物管发(2012)72号已收悉,同意你单位江南客运站项目建设用地的请示,所占土地位于H物流园区内某某公路西侧……”并且最终江南客运站通过了竣工验收,达到了一级客运站的标准。因此,国家3000万元的专项资金补贴款,应当且必须划拨给江南客运站的建设者。

虽然本案中江南客运站的实际建设者是某华公司,但是,某华公司同李某某是合作关系,朱某某和李某某的协议中早已明确江南客运站的实际所有权益归李某某,且无论归某华公司所有,还是归李某某所有,都与“诈骗”无关。

本案和大多数发生的诈骗案件有着重大区别,诈骗案件一般是通过虚构事实或者隐瞒真相的方法骗取公私财物,而本案中透过现象看本质,李某某并没有虚构事实或者隐瞒真相,只是通过一些不太规范的行为和方式,保障自己和公司的财产安全。但无论如何本案中都不存在受害方,也不存在施害方,本案并不是刑事犯罪。

2018年11月1日,习近平总书记主持召开民营企业座谈会并发表重要讲话。讲话中习近平总书记充分肯定我国民营经济的重要地位和作用,也作出了大力支持民营企业发展壮大的重要部署。其中提到了保护企业家人身和财产安全。稳定预期,弘扬企业家精神,安全是基本保障。对一些民营企业历史上曾经有过的一些不规范行为,要以发展的眼光看问题,按照罪刑法定、疑罪从无的原则处理,让企业家卸下思想包袱,轻装前进。

最高法、最高检“两会”报告2018年宣布张文中案依法再审,2019年宣告全案无罪,最高人民法院审判监督庭负责人明确提到,依法妥善处理特定历史条件下各类企业特别是民营企业经营过程中存在的不规范问题,是加强产权司法保护的重要内容。对于这些不规范行为,要严格区分罪与非罪的界限,对一般的违法违规行为可以采取行政处罚、经济处罚、民事赔偿等方式来处理,不能把一般的违法、违规行为当作刑事犯罪。

刑法具有谦抑性和最后手段性特征,对于李某某及某某运输(某宇运输)民营企业经营过程中有一些不规范行为,能用其他法律调整的,就不应动用刑法这种最严厉的手段。辩护人认为,本案涉案3000万元,都可以通过民事、经济手段或者行政手段予以妥善解决,而且也应当通过这些手段予以解决。

司法是社会公正的最后一道防线,习近平总书记强调要“让民营企业家卸下思想包袱,轻装前进”“努力让人民群众在每一个司法案件中都感受到公平正义”。人民检察院是公诉机关同时也是法律监督机关,人民检察院有义务保证法律的正确实施。根据《刑事诉讼法》第 232 条规定,上级人民检察院如果认为抗诉不当,可以向同级人民法院撤回抗诉,并且通知下级人民检察院。因此,辩护人恳请贵院严格以犯罪事实清楚、证据确实充分的刑事证明标准准确认定案件事实,正确适用法律,坚持罪刑法定、疑罪从无、有利被告等原则,对本案作出经得起历史检验、法律检验、公众检验的公正处理,依法对 C 市人民检察院《刑事抗诉书》的抗诉请求不予支持,并向某自治区高级人民法院撤回抗诉。

以上法律意见,希望贵院予以充分考虑并采纳为盼!

此致

某自治区人民检察院

辩护人:北京市君永律师事务所律师

许兰亭　××××

2021 年 3 月 9 日

附件:1. 李某某案件一审辩护意见;(略)

2. 李某某案专家论证意见;(略)

3. 张文中涉嫌诈骗无罪案最高人民法院刑事判决书;(略)

4. 中华人民共和国最高人民法院刑事审判第一、二、三、四、五庭主办的《刑事审判参考》(总第 114 集),《如何认定诈骗罪的非法占有目的》(第 257—270 页)。

办案总结

本案辩护人于 2019 年 2 月接受委托,检察院以李某某构成诈骗罪向某中级人民法院提起公诉,量刑建议 10 年以上有期徒刑、无期徒刑。2020 年 12 月,一审法院作出判决,没有认定李某某构成诈骗罪,仅以伪造、变造国家机关公文、印章一罪判处李某某有期徒刑 2 年。宣判、送达后,李某某没有上诉,检察院提出抗诉。在二审法院审理过程中,一审检察院的上级机关认为抗诉不当向二审法院提出撤回抗诉,2021 年 12 月二审法院裁定准许检察院撤回抗诉,该案尘埃落定。本案件历时约 3 年时间,3 年中,辩护人付出很多,感悟很深,但收获很大。主要感悟如下:

一、我们应当“透过现象看本质”,抓住主要矛盾。

1. 案件之中的“透过现象看本质”

何为透过现象看本质,其实就是掌握其规律、探索其起因,了解其过程,透过事物的表象来发现其形成的原因。本案指控李某某构成诈骗罪,主要是因为控方认为李某某在申请立项、申请竣工、获得补贴款过程中存在变造文书的行为(李某某对此予以否认),而李某某通过变造的文书获得补贴款,因此,李某某构成诈骗罪。辩护人认为这只是表象,我们不应该沿着指控方向和控方思路向前走,这并不是有效的辩护思路。

我们应当透过现象看本质,即项目是否真实存在、客运站是否建成,国家是否应该发放补贴款,项目是否应当获得补贴款。当我们抓住本质后,应当着眼起点,锁定终点,根据案件本身的事实、证据与法律,根据律师的实务经验、办案技能与技巧,对案件事实进行细致解读,对证据和法律进行熟练运用,与承办法官进行及时和专业的沟通。这才是有效的辩护路径。

2. 刑事辩护业务中的"透过现象看本质"

辩护人认为,在司法实务中,很多人将技能与技巧混为一谈,但技能和技巧是完全不同的东西,技能是最基本的能力,而技巧是在技能的基础上更熟练、巧妙地运用技能的方式、方法。比如有的庭审很热闹,很激烈,但最终是否是有效辩护呢?是否抓住了辩护的本质呢?辩护人认为技能才是基础、是前提,所谓"基础不牢、地动山摇",如果只用技巧,不讲技能,甚至追求技巧,忽视技能,这是一个本末倒置的认识和做法。

二、辩护人根据本案经验总结,认为辩护律师应当抓住以下本质:

1. 扎实的专业知识是辩护工作的基本技能。

没有扎实的刑事实体、刑事程序、刑事证据等方面的专业知识基础,有效辩护便无从谈起。没有扎实的专业知识,刑事辩护就会成为无源之水、无本之木。所以,只有掌握了专业基础知识,而后才能通过实务操作、实务总结对理论知识进行更深层次、更具针对性的筛选与提升。

另外,我们要熟悉立法、司法改革和学术动态。随着社会和经济的高速发展,当今的刑事案件越发呈现出新颖化、多样化、复杂化的趋势,法律也是一直在发展在前进的,不少的罪名和刑罚都是变化中的。刑辩律师执业水平、辩护艺术再高超,但是不掌握立法、司法的改革与动态,那就会闹出大笑话。所以律师要一直学习,通过密切关注和学习研究,不断地加深对刑事辩护的深刻理解和感悟。

我们也可以参考专家论证的意见,特别是一些疑难案件、新型案件、争议比较大的案件,律师可以组织专家论证会,对案件的事实、证据、犯罪构成等组织论证,为法院审判提供一些参考,也为法官审判案件抵抗干扰提供一些帮助。李某某案中我们也组织了专家论证会,为法官提供了专家论证意见。

2. 细心开展辩护工作是有效辩护的基本要素。

细心、细致、耐心、踏实的辩护工作会让我们的辩护意见更扎实,在信息发达的今天,我们可以通过互联网学习提升,但是无论如何学习,我们只能借鉴,并没有完全相同的两个案件,如果我们只是"照葫芦画瓢",没有深入案件,也无法获得好的辩护效果。这就要求辩护律师需要深入细致地审阅全部案卷材料,不能大意,不能遗漏。有效的辩护依据就在细节中，要做到对案卷材料十分熟悉。但是有些案件少则二三十卷，多则五六百卷，那我们如何消化？辩护人认为我们也需要迎难而上，通过阅卷我们制作阅卷笔录，对全部案卷材料进行比较、归纳和思考。只有这样，我们才能在庭审中的发问、举证质证阶段和辩论阶段成竹在胸、游刃有余，承办法官也才能更加尊重我们的意见，当事人也才能更信任我们。比如在本案中控方认为立项建设的是商业广场而不是客运站，不应当获取相关客运站补贴。辩护人通过阅卷，在其中一页政府会议纪要中的图纸上非常不起眼的地方发现了“江南客运站”的字样，证实在初始阶段政府就同意建设江南客运站，也不是商业项目。法官还在沟通过程中肯定辩护人阅卷细致。因此，阅卷虽然是一个力气活，但是一个值得下力气的活。辩护人认为辩护律师应当予以重视。我们还去客运站现场走访调查，拍摄很多照片，以证明客运站已经建成且投入了大量资金。

另外，除了基本的法律法规、程序规程等，我们还需要查找权威案例、权威法理专著、教材、论文等。在本案中我们给法官提交了相关案例。法官在与辩护人沟通时，也提到其认真研读了案例，并会作相关参考。

总之，辩护人认为通过大量的辩护工作，我们的技巧会越来越纯熟，但我们更应当提升的是自己的技能，不然我们只是司法流水线，只是机械地走流程。我们应当透过现象看本质，寻找有效的辩护路径，毕竟我们刑事律师办的不仅仅是案子，也是别人的人生。这么数额巨大的诈骗罪成立了就是十几年甚至无期，而不成立当事人很快就可以重获自由。在2021年1月8日，李某某被法院取保候审，李某某可以在2021年农历新年与家人团聚，共度新春，李某某在之后与律师相聚时，多次提到非常感谢辩护人，辩护人的专业、努力和坚持，使本案获得非常好的结果，使李某某重获自由。这就是为什么刑事业务一直很难出效果、刑辩律师需要承受很大的来自各个方面的压力，但辩护人却一直喜欢做刑事律师，办理刑事案件。艾青的《我爱这土地》一诗中其中一句可以作为总结：“为什么我的眼里常含泪水？因为我对这土地爱得深沉……”

专家点评

一、A 市检察院起诉书概要

李某某涉嫌诈骗罪，其主旨是诈骗国家补贴 3000 万元。

二、一审法院判决

去掉了诈骗罪，判决李某某伪造、变造国家机关公文、印章罪，有期徒刑 2 年。

三、C 市人民检察院抗诉及上级检察院认为抗诉不当，撤回抗诉

C 市人民检察院依法审查后认为，该判决定性错误，导致量刑明显不当。李某某的行为构成诈骗罪，伪造、变造国家机关公文、印章罪系手段行为，被诈骗罪吸收。

二审审理中，上一级检察院认为 C 市人民检察院抗诉不当，向二审法院撤回抗诉。

四、法律风险提示及建议

本案主要是涉及国家及地方政府对建设一级客运站的3000万元的补贴款引起,诈骗犯罪嫌疑人李某某,包括在现实社会中的企业法定代表人、公司职业经理人等众多企业负责人,法律风险防范尤显重要,在此案中,前期与合伙人对诸如政府补贴等事项,如有明确约定,或者在公司运作中有更加规范、合法的模式,则不必承担如此巨大的刑事法律风险。

五、亮点、焦点、难点

本案并非典型的二审改判一审,或再审改判生效的法律判决的案件,经过一审及二审,C市检方抗诉和C市检方的上级机关认为抗诉不当,最终撤回抗诉,其不亚于改判案例的分量,它的亮点是判决对诈骗罪的指控没有认定,避免了一起错案的发生。

本案焦点围绕着是否构成诈骗罪的犯罪构成展开讨论,辩护人紧紧抓住"一真""二实""三无被害人"观点展开论述。"一真",即本案缘起的一级客运站,是由李某某与合作方真真正正地建设起来的,其总投资多达1.2亿元;"二实",即根据C市交通委及省级发改委以及国家部委等政府部门早已对建设客运站,本着先建后补的原则,按照形象进度,有专门的政策扶持,换言之,只要建设了合格的客运站,就会得到国家及地方政府的资金补贴;"三无被害人",即诈骗罪需要有虚构事实,隐瞒真相,将公私财物据为己有的目的,李某某与合作方通过"一真"的行为及"二实"的政府政策,没有骗取任何公私财物,其得到的补贴款项应是理所应当。

本案的难点在于,表象上李某某没有投资以及没有参与建设,而是由合作方进行实际施工,但双方既然能够合作,是因双方有不同的资源组合,这是纯民事上的问题,不应影响最终的政府补贴;至于主体上的问题以及印章、印证和申请广安大学的报告等,只是成就政府补贴的程序而已,不应影响实质问题,况且,李某某的合作方知悉补贴事宜,并未索要该补贴款。

本案,辩护律师能够透过现象,挖掘案件的实质,通过理论与实际以及相关政策,旁征博引,论述了不构成诈骗罪的事实和理由,最终使得上级检察院撤回了抗诉申请,本案得以在定性以及量刑上有极大的突破,是一个非常成功的辩护案例。

审核人、点评人:北京律师智库重大复杂案件研究专家组组长　王峥律师

复核人:北京律师智库重大复杂案件研究专家组成员　常铮律师

法律和法理之争时，逻辑为王

——江西郑千里挪用公款、诈骗改判案

争议焦点

罪与非罪；能否构成挪用公款罪？能否构成诈骗罪？非法证据排除；自首。

关键词

非法证据排除　挪用公款罪　诈骗罪　自首　滥用职权

案情简介

被告人郑千里（化名），案发前系某市盛放（化名）油脂有限公司（以下简称盛放公司）实际控制人，因涉嫌犯挪用公款罪、行贿罪，于2017年6月30日被某市某区人民检察院决定刑事拘留，同年7月1日由某市公安局某分局执行刑事拘留，2017年7月14日经某市人民检察院决定逮捕。

江西省某市某区人民检察院以××公诉刑诉（2017）389号起诉书和××刑变诉（2018）5号变更起诉决定书指控被告人郑千里犯挪用公款罪、诈骗罪。

关于挪用公款罪。2014年4月，某市盛放公司实际控制人即被告人郑千里欲向某市新合作农资连锁有限公司借款人民币300万元解决公司资金周转问题，至案发，仍有人民币190万元未归还。2015年4月，被告人郑千里因盛放公司资金周转问题找袁今（化名）帮忙，提出以区供销社下属的某市某区供销社投资管理有限责任公司在上海的房产抵押贷款520万元，2016年4月到期后，续贷借款金额增加到了人民币550万元。至案发，仍有人民币460万元未归还。

关于诈骗罪。2014年至2016年，被告人郑千里明知盛放公司不符合中华全国总社

农业综合开发供销合作总社新型合作示范项目的申报条件,仍然申报该项目,并伪造企业工商信息等申报材料通过验收,骗取国家补助资金人民币132万元。后用于盛放公司的生产经营。

江西省某市某区人民法院于2018年11月27日作出一审判决,判处被告人郑千里犯挪用公款罪,判处有期徒刑6年6个月;犯诈骗罪,判处有期徒刑10年,并处罚金人民币10万元。决定执行有期徒刑15年,并处罚金人民币10万元上缴国库。

被告人郑千里不服判决,提起上诉。江西省某市中级人民法院于2019年2月20日作出(2019)赣0×刑终21号刑事裁定,裁定撤销一审刑事判决,发回重审。

江西省某市某区人民法院于2019年3月25日,依法另行组成合议庭,公开开庭审理了本案。2019年6月27日某市某区人民检察院以××刑变诉(2019)9号变更起诉。2019年12月16日,经江西省某市某区人民法院作出同原一审同样的判决,判处被告人郑千里犯挪用公款罪、诈骗罪,决定执行有期徒刑15年,并处罚金人民币10万元上缴国库。

被告人郑千里2019年12月24日再次提起上诉,江西省某市中级人民法院2020年11月10日作出(2020)赣0×刑终50号刑事判决,对于辩护人提出郑千里不构成挪用公款罪的辩护意见全部采纳;对不构成诈骗罪的辩护意见全部采纳,但认为郑千里构成滥用职权罪,最终撤销某市某区人民法院(2019)赣050×刑初1×1号刑事判决,判决上诉人郑千里犯滥用职权罪,判处有期徒刑1年。

起诉书及变更起诉书

江西省某市某区人民检察院
起诉书

××公诉刑诉(2017)389号

被告单位某市盛放油脂有限公司(以下简称盛放公司),统一社会信用代码9136××××××××××148K,住所地江西省某市高新开发区水西镇(原水西扎花厂内),法定代表人严凤岚。

被告人郑千里,男,1963年12月15日出生,公民身份证号码略,汉族,大学文化程度,案发前系中国农业银行某分行城北支行客户经理、某市盛放公司实际控制人,户籍所在地略,住址略。因涉嫌挪用公款罪、行贿罪,于2017年6月30日被本院决定刑事拘留,同年7月1日由某市公安局某分局执行拘留,同年7月14日经某市人民检察院决定逮捕,同日由某市公安局某分局执行逮捕。

被告人郑千里涉嫌挪用公款罪、行贿罪、诈骗罪一案，由本院侦查终结，于2017年10月13日移送审查起诉。本院已告知被告人有权委托辩护人，依法讯问了被告人，听取了辩护人的意见，审查了全部案件材料。其间，因案情复杂，延长审查起诉期限一次（自2017年11月13日至28日）。

经依法审查查明：

（一）挪用公款犯罪事实

1.2014年4月，某市盛放公司实际控制人即被告人郑千里因该公司资金周转困难，其找到时任某市新合作农资连锁有限公司（以下简称农资公司）董事长彭××要求从农资公司借款人民币300万元解决盛放公司资金困难，彭××表示同意，但彭××提出必须以某区供销合作社下属全资公司的名义借款。郑千里便找某区供销合作社主任袁今（另案处理），要求袁今以某区供销合作社下属全资公司的名义帮盛放公司向农资公司借款人民币300万元，袁今表示同意。袁今遂个人决定由某区供销合作社下属全资公司某区再生资源公司向农资公司借款人民币300万元，然后转借给盛放公司使用，并指示某区供销合作社书记简××（另案处理）及某区再生资源公司经理雷××（另案处理）配合郑千里到农资公司办理相关借款手续。

2014年4月4日，盛放公司从农资公司获得人民币300万元借款。同年4月7日，郑千里将该300万元全部用于归还盛放公司到期的银行承兑汇票。2014年5月31日，盛放公司向农资公司归还人民币60万元，2015年5月31日归还人民币50万元。至案发，仍有人民币190万元本金未归还。

2.2015年4月，被告人郑千里因盛放公司资金周转困难，找某区供销合作社主任袁今帮忙，提出以某区供销合作社下属的某区供销社投资管理有限责任公司（以下简称区投资公司）在上海的房产抵押贷款，袁今表示同意。袁今遂个人决定由区投资公司作为借款人，以该公司在上海的房产为抵押向他人借款人民币520万元，然后转借给郑千里使用，并安排区投资公司法人代表李伟冬（化名，另案处理）和郑千里办理相关借款手续，最终通过舜尧（化名）投资（上海）有限公司办理了人民币520万元的借款手续。借款汇至李伟冬个人账户，在扣除相关费用后其余款项按照郑千里的要求转到其指定账户用于偿还盛放公司债务和支付公司货款。2016年4月到期后，借款金额增加到人民币550万元。至案发，仍有人民币460万元本金未归还。

认定上述事实的证据如下：(1)职务任免文件、企业工商登记信息、借条、房地产权证、咨询合同、银行流水账单等书证；(2)证人袁今、彭××、雷××、简××、廖××、肖××、丁××、刘×、周××、王××、李伟冬等人的证言；(3)被告人郑千里的供述和辩解。

（二）诈骗犯罪事实

2014年至2016年，被告人郑千里明知盛放公司不符合中华全国总社农业综合开发供销合作总社新型合作示范项目的立项条件,仍然申报该项目,采取伪造企业工商登记信息、购销合同等申报材料的方式通过验收,最终骗取国家财政补助资金人民币132万元用于盛放公司的生产经营。

案发后,被告人郑千里上缴了诈骗所得人民币132万元。

认定上述事实的证据如下:(1)《关于编制2015年江西省农业综合开发供销合作总社新型合作示范项目年度滚动计划工作的通知》、可行性研究报告、购销合同等书证;(2)证人袁今、邓××、傅××、陈×、蒋××、刘×、刘×雄等人的证言;(3)被告人郑千里的供述和辩解;(4)搜查笔录。

(三)单位行贿犯罪事实

为了盛放公司在仓库租赁、厂房搬迁、企业资金周转、项目扶持等方面得到某区供销合作社主任袁今的关照,以谋取不正当利益,郑千里先后两次送给袁今共计人民币11万元。

1. 2012年的一天,郑千里送给袁今人民币10万元,袁今予以收受。

2. 2014年的一天,郑千里在袁今的办公室楼下送给袁今人民币1万元,袁今予以收受。

认定上述事实的证据如下:(1)职务任免文件、银行流水账单等书证;(2)证人袁今、黄勇的证言;(3)被告人郑千里的供述和辩解。

本院认为,被告人郑千里与袁今、雷××、李伟冬等国家工作人员合谋,利用袁今等国家工作人员的职务便利,挪用公款人民币650万元归个人使用,进行营利活动,数额巨大不退还,其行为已触犯《中华人民共和国刑法》第384条第1款;被告人郑千里虚构事实、隐瞒真相,骗取国家财政补助资金人民币132万元,数额特别巨大,其行为已触犯《中华人民共和国刑法》第266条;被告单位盛放公司、被告人郑千里为谋取不正当利益,给予国家工作人员财物共计人民币11万元,其行为已触犯《中华人民共和国刑法》第393条,本案犯罪事实清楚,证据确实、充分,应当以挪用公款罪、诈骗罪、单位行贿罪追究被告人郑千里的刑事责任,以单位行贿罪追究被告单位盛放公司的刑事责任。根据《中华人民共和国刑事诉讼法》第172条的规定,提起公诉,请依法判处。

此致

某市某区人民法院

副检察长:×××

2017年11月22日

江西省某市某区人民检察院
变更起诉决定书

××刑变诉(2018)5号

被告单位某市盛放油脂有限公司涉嫌单位行贿罪，被告人郑千里涉嫌挪用公款罪、诈骗罪、单位行贿罪一案，本院以××公诉刑诉(2017)389号起诉书向你院提起公诉，在开庭审理过程中，发现案件事实与起诉书指控的事实不符。现根据查明的事实对××公诉刑诉(2017)389号起诉书作如下变更：

被告人的身份变更为：

同××公诉刑诉(2017)389号起诉书，略。

认定的事实变更为：

(一)挪用公款犯罪事实

同××公诉刑诉(2017)389号起诉书，略。

(二)诈骗犯罪事实

同××公诉刑诉(2017)389号起诉书，略。

适用的法律变更为：

本院认为，被告人郑千里与袁今、李伟冬等国家工作人员合谋，利用袁今等国家工作人员的职务便利，挪用公款人民币650万元归个人使用，进行营利活动，数额巨大不退还，其行为已触犯《中华人民共和国刑法》第384条第1款；被告人郑千里虚构事实、隐瞒真相，骗取国家财政补助资金人民币132万元，数额特别巨大，其行为已触犯《中华人民共和国刑法》第266条。本案犯罪事实清楚，证据确实、充分，应当以挪用公款罪、诈骗罪追究被告人郑千里的刑事责任。

根据《人民检察院刑事诉讼规则(试行)》第458条的规定，变更起诉，请依法判处。

××公诉刑诉(2017)389号起诉书未被变更部分仍然具有法律效力。

此致

某市某区人民法院

检察员：××

2018年8月27日

江西省某市某区人民检察院
变更起诉决定书

××刑变诉(2019)9号

被告人郑千里涉嫌挪用公款罪、诈骗罪一案,本院以××公诉刑诉(2017)389号起诉书、××刑变诉(2018)5号变更起诉决定书向你院提起公诉,在开庭审理过程中,发现部分案件事实指控不全面。现根据查明的事实对××公诉刑诉(2017)389号起诉书、××刑变诉(2018)5号变更起诉决定书作如下变更:

认定的事实变更为:

挪用公款犯罪事实

[同××公诉刑诉(2017)389号起诉书,略]郑千里个人制作了一张以某区再生资源公司名义向农资公司借款人民币300万元的《借条》,袁今个人在《借条》上签字同意。后郑千里持该《借条》,在简××、雷××等人的配合下成功向农资公司借款人民币300万元。

[同××公诉刑诉(2017)389号起诉书,略]2015年4月10日,李伟冬以个人名义与舜尧投资(上海)有限公司签订《咨询合同》,以及李伟冬代表区投资公司与程××、瞿××、范××、王×冬、王×签订《房地产借款抵押保证合同》,于2015年4月13日在上海市杨浦公证处对该合同进行公证,赋予该合同强制执行效力,办理了借款人民币520万元及公证手续,并将借款汇至李伟冬个人账户,在扣除相关费用后,李伟冬将剩余款项按照郑千里的要求转到其指定的郑×、廖××等人账户,用于偿还公司及个人债务。2016年4月20日,李伟冬代表区投资公司与舜尧投资(上海)有限公司签订《咨询合同》,以及与翁××、纪××、蔡××签订《房地产借款抵押保证合同》,于2016年4月21日在上海市杨浦公证处对该合同进行公证,赋予该合同强制执行效力,办理了借款人民币550万元及公证手续,郑千里个人向区投资公司出具借款人民币550万元的借条。至案发,仍有人民币460万元本金未归还。

袁今、李伟冬挪用公款给郑千里个人或其所控制的盛放公司使用,收受贿赂、逢年过节收受中华香烟,或通过亲属、本人借款给郑千里使用,收取高额利息等,谋取个人利益。

本院认为,被告人郑千里与袁今、李伟冬等国家工作人员合谋,利用袁今等国家工作人员的职务便利,挪用公款人民币300万元、550万元归个人使用,进行营利活动,袁今、李伟冬谋取个人利益,分别尚有人民币190万元、460万元不退还,数额巨大,被告人郑千里的行为触犯了《中华人民共和国刑法》第384条第1款,犯罪事实清楚,证据确实、充分,应当以挪用公款罪追究其刑事责任。根据《人民检察院刑事诉讼规则》(试行)第458条的规定,变更起诉,请依法判处。

××公诉刑诉(2017)389号起诉书、渝检刑变诉(2018)5号变更起诉决定书未被变更部分仍然具有法律效力。

此致

某市某区人民法院

检察员:××

2019年6月27日

一审判决书

江西省某市某区人民法院
刑事判决书

(2019)赣050×刑初1×1号

公诉机关江西省某市某区人民检察院。

被告人郑千里,男,1963年12月15日出生于江西省某市,公民身份证号码略,汉族,大学文化,案发前系中国农业银行某分行城北支行客户经理,某市盛放油脂有限公司实际控制人,户籍所在地略,现住址略。因涉嫌犯挪用公款罪、行贿罪,于2017年6月30日被某市某区人民检察院决定刑事拘留,同年7月1日由某市公安局某分局执行刑事拘留,2017年7月14日经某市人民检察院决定逮捕,同日由某市公安局某分局执行逮捕。现羁押于某市看守所。

辩护人李永伟,北京东舜律师事务所律师。

辩护人孙展业,江西××律师事务所律师。

江西省某市某区人民检察院以××公诉刑诉(2017)389号起诉书和××刑变诉(2018)5号变更起诉决定书指控被告人郑千里犯挪用公款罪、诈骗罪,于2018年8月28日向本院提起公诉。本院审理后,于2018年11月27日作出一审判决如下:一、被告人郑千里犯挪用公款罪,判处有期徒刑6年6个月;犯诈骗罪,判处有期徒刑10年,并处罚金人民币10万元。决定执行有期徒刑15年,并处罚金人民币10万元上缴国库。二、追缴被告人郑千里赃款人民币190万元返还给某市某区再生资源公司(与袁今承担连带还款责任),追缴被告人郑千里赃款人民币460万元返还给某市某区供销社投资管理有限责任公司(与袁今、李伟冬承担连带还款责任)。被告人郑千里不服判决,提起上诉。江西省某市中级人民法院于2019年2月20日作出(2019)赣0×刑终21号刑事裁定,裁定撤销本院(2017)赣050×刑初4××7号刑事判决,将本案发回本院重审。本院于2019年3月25日重新立案,依法另行组成合议庭,公开开庭审理了本案。2019年6月27日某市某区人民检察院以××刑变诉(2019)9号变更起诉。某市某区人民检察院指派检察员××出庭支持公诉,被告人郑千里及辩护人李永伟、孙展业到庭参加诉讼。期间延期审理二次。现已审理终结。

江西省某市某区人民检察院指控:

一、挪用公款犯罪事实

(一)2014年4月,某市盛放油脂有限公司(以下简称盛放公司)实际控制人即被告人郑千里欲向某市新合作农资连锁有限公司(以下简称市农资公司)借款人民币300万元解决公司资金周转问题,时任市农资公司董事长彭××表示同意,但提出需以某市某区供销合作社(以下简称区供销社)下属全资公司的名义借款。被告人郑千里便找到时任区供销社主任袁今(另案处理),要求袁今以区供销社下属全资公司的名义帮盛放公司向市农资公司借款人民币300万元,袁今表示同意,并个人决定由区供销社下属全资公司某市某区再生资源公司(以下简称再生公司)向市农资公司借款人民币300万元,然后转借给盛放公司使用,并指示区供销社书记简××(另案处理)及再生公司经理雷××(另案处理)配合郑千里到市农资公司办理相关借款手续。郑千里个人制作了一张以再生公司名义向市农资公司借款人民币300万元的借条,袁今个人在借条上签字同意。后郑千里持该借条在简××、雷××等人的配合下成功向市农资公司借款人民币300万元。2014年4月4日,盛放公司从市农资公司获得人民币300万元的借款。同年4月7日,郑千里将该300万元全部用于归还盛放公司到期的银行承兑汇票。至案发,仍有人民币190万元未归还。

(二)2015年4月,被告人郑千里因盛放公司资金周转问题找袁今帮忙,提出以区供销社下属的某市某区供销社投资管理有限责任公司(以下简称区投资公司)在上海的房产抵押贷款。袁今表示同意,个人决定由区投资公司作为借款人,以该公司在上海的房产为抵押向舜尧投资(上海)有限公司借款人民币520万元,后转借给被告人郑千里,并安排区投资公司法人代表李伟冬(化名,另案处理)与被告人郑千里至上海办理了相关借款手续。2016年4月到期后,续贷借款金额增加到了人民币550万元。至案发,仍有人民币460万元未归还。

袁今、李伟冬挪用公款给郑千里个人或其所控制的盛放公司使用,收受贿赂、逢年过节收受中华香烟,或通过亲属、本人借款给郑千里使用,收取高额利息等,谋取个人利益。

二、诈骗犯罪事实

2014 年至 2016 年，被告人郑千里明知盛放公司不符合中华全国总社农业综合开发供销合作总社新型合作示范项目的申报条件，仍然申报该项目，并伪造企业工商信息等申报材料通过验收，骗取国家补助资金人民币 132 万元。后用于盛放公司的生产经营。

公诉机关为证实所指控的案件事实，在法庭上宣读并出示了职务任免文件、企业工商登记信息、借条、房地产权证、咨询合同、银行流水账、《关于编制 2015 年江西省农业综合开发供销合作总社新型合作示范项目年度滚动计划工作的通知》、可行性研究报告、购销合同等书证，证人袁今、邓××、傅××等人的证言，被告人郑千里的供述和辩解等证据，认为被告人郑千里与袁今、李伟冬等国家工作人员合谋，利用袁今等国家工作人员的职务便利，挪用公款人民币 300 万元、550 万元归个人使用，进行营利活动，袁今、李伟冬谋取个人利益，分别尚有人民币 190 万元、460 万元未退还，数额巨大，其行为分别触犯了《中华人民共和国刑法》第 384 条第 1 款、第 266 条之规定，应以挪用公款罪、诈骗罪追究其刑事责任，同时还具有《中华人民共和国刑法》第 25 条第 1 款规定的情节。提请本院依法惩处。

被告人郑千里在法庭上辩解，(1)挪用公款的金额不属实，其实际没有收到这么多钱，且其与袁今不存在共谋，借款人及资金使用人均是盛放公司，认定其个人犯罪与事实不符；(2)申报项目是区供销社推荐，材料造假也不是其做的，两笔拨款是 240 万元，其个人并没有非法占有一分钱，其不构成诈骗罪。

辩护人提出如下辩护意见：(1)被告人郑千里不构成挪用公款罪：①区投资公司是盛放公司的股东，盛放公司是区供销社的股份制企业；②300 万元借款不是区供销社的钱，袁今无法利用职权进行挪用；③袁今虽个人觉得将钱转给了盛放公司使用，但其并未因指控的两笔借款而获得个人利益，反而区供销社收到了利息，相反，袁今借款的行为是为了区供销社的利益；④郑千里没有与袁今实施共谋的行为，且郑千里不是国家工作人员，也没有职权，无法利用职权去挪用市农资公司和区投资公司的钱款；⑤市农资公司和区投资公司可以通过民事诉讼的方式要回这两笔借款，这两笔借款不涉及刑事犯罪。(2)被告人郑千里不构成诈骗罪：①拨付资金到了盛放公司账户，专款专用，郑千里个人并未使用项目资金，其主观上不具有非法占有的目的和故意；②郑千里客观上未实施虚构或隐瞒区投资公司在盛放公司所占股权比例事实真相的行为，区供销社明知其在盛放公司的股权比例，其更未产生错误认识；③项目实施方案是项目建设和竣工验收的重要依据，与可行性报告无关，盛放公司申报的项目是真实的，省、市供销社在项目验收、拨付资金时并未产生错误认识。(3)量刑情节：①被告人郑千里主动投案，如实陈述了事实的经过，依法应当认定其具有自首情节；②被告人郑千里的家属已将全部项目资金 132 万元退还；③被告人郑千里系初犯、偶犯,无前科劣迹。

经审理查明:

一、挪用公款犯罪事实

(一)2014年4月,某市盛放油脂有限公司(以下简称盛放公司)实际控制人即被告人郑千里因该公司资金周转困难,便找到时任某市某区供销合作社(以下简称区供销社)主任袁今(另案处理)帮忙,以区供销社下属公司的名义向某市新合作农资连锁有限公司(以下简称市农资公司)借款人民币300万元解决资金问题。袁今表示同意,并个人决定由区供销社下属子公司某市某区再生资源公司(以下简称再生公司)向市农资公司借款人民币300万元,然后转借给盛放公司使用。后袁今指示区供销社书记简××(另案处理)及再生公司经理雷××(另案处理)配合被告人郑千里到市农资公司办理相关借款手续。后被告人郑千里个人制作了一张以再生公司名义向市农资公司借款人民币300万元的借款,袁今个人在借条上签字同意后,被告人郑千里持该借条在简××、雷××等人的配合下向市农资公司借款人民币300万元。2014年4月4日,盛放公司从市农资公司获得人民币300万元的借款,同年4月7日,被告人郑千里将该款用于归还盛放公司到期的银行承兑汇票。后盛放公司陆续归还了人民币110万元,至案发,仍有人民币190万元本金未归还。

上述事实,有下列经庭审举证、质证,本院予以确认的证据证实:

1. 证人廖××的证言,主要内容为2014年3月,市供销社主任和其说区供销社主任袁今提出向市农资公司借款300万元用于区供销社下属公司验资,其同意了。2014年4月4日,区供销社党委书记兼农资公司副董事长简××带着郑千里到市农资公司办借款手续,其指示公司出纳肖××办理了借款手续和银行转账。

2. 证人肖××(时任市农资公司出纳)的证言,主要内容为2014年4月4日,廖××带着简××和郑千里到财务室找其,要其办理相关借款手续,其看到借条上写明的是再生公司向市农资公司借款人民币300万元用于验资。接着,其按廖××的指示将这300万元转到了郑千里提供的盛放公司的账户上。截至2015年,郑千里分两次总共还了110万元,还有190万元本金未还。

3. 证人丁××的证言,主要内容为2014年4月,郑千里拿着一张再生公司向市农资公司借款300万元的借条找其盖再生公司的章,其在雷××同意后盖了章。过了几天后,再生公司并没有收到该借款,其便找郑千里写了个300万元的借条给再生公司。

4. 证人简××的证言,主要内容为2014年4月4日,袁今打电话要其带郑千里到市农资公司办理借款手续,其看到郑千里携带的借条上借款人是再生公司。后其带郑千里找到廖××在该借条上签了字,然后郑千里就拿着这张借条到市农资公司财务办理了借款转账手续。

5. 证人刘×、刘×雄、周××、陈×、张××的证言,主要内容均为区供销社以下属的再生公司的名义向市农资公司借款300万元一事未经班子开会研究和集体讨论。

6. 证人袁今的证言,主要内容为2014年4月左右,盛放公司的郑千里找其,说公司要进行资产改造和设备更新,银行贷款贷不了,资金出现困难,让其想办法帮忙,帮他问一下市农资公司是否有钱借,其跟他说区供销社没有富余资金,要他自己想办法。之后郑千里就找到市农资公司董事长彭××借款,郑千里和其说市农资公司愿意借款300万元给盛放公司,但是要以区供销社下属的全资子公司的名义去借,然后其就同意以区供销社下属的再生公司的名义去帮他办理了借款手续,这个事其也向彭××核实了。最后郑千里就通过再生公司的名义向市农资公司借了300万元,借条是再生公司打给市农资公司的,其在借条上面签了字。其跟再生公司的经理雷××打了招呼,让他安排人办理借款300万元的手续,在借条上盖再生公司的公章。

7. 证人雷××的证言,主要内容为再生公司是区供销社的下属企业,市农资公司的股东之一是区供销社。2014年4月的一天,袁今打电话跟其说,区供销社下属的油棉厂资产改造需要向市农资公司借款300万元,但是市农资公司不同意直接将钱转到区供销社,要求以区供销社下属的全资子公司的名义借款,袁今告诉其就以再生公司的名义打借条,办理借款手续。其便同意了。

8. 证人彭××的证言,主要内容为市农资公司在2007年1月以后,个人股东退出,实际股东只有市、区两级供销社。2014年再生公司向市农资公司借款300万元未经班子开会研究同意,后来才知晓该笔款项直接从市农资公司账上转给了盛放公司,且实际上是郑千里的盛放公司在使用。

9. 证人易××的证言,主要内容为市农资公司最初成立时有易××等4个自然人出资,但是其后4人全部将出资退回,且4人并非工商登记的股东,公司实际股东为市、区两级供销社。

10. 证人邹××的证言,主要内容为2010年6月7日盛放公司增资1400万元系借用××管委会的资金用于验资,并非盛放公司的钱。其中275万元转给区投资担保公司的钱不是区投资担保公司的钱。

11. 证人李×的证言,主要内容为江西××科贸有限公司大约2010年6月注册,所有手续都是由××管委会代办的。公司从成立到注销没有发生过任何业务,公司股东也没有使用公司账户走过任何一笔钱。

12. 证人李伟冬的证言,主要内容为区供销社下属区供销社投资担保有限公司2014年10月左右变更为区供销社投资管理有限公司,区供销社不是真实入股盛放公司,只是挂名股东,没有实际投资,也没有参与其经营管理,不承担亏损,不参与分红,目的就是挂名占股盛放公司,便于盛放公司争取供销社系统的项目资金,扶持盛放公司,之前也一直都是挂名,不是真实入股。

13. 证人刘×雄的证言,主要内容为区供销社在盛放公司没有入股。2008 年年初的时候,有人提出过以资产入股的事,但是没有召开主任办公会议讨论这件事,最后没有办理资产入股,所以区供销社实际上没有在盛放公司入股,二者是纯粹的租赁关系。区投资担保公司向盛放公司注资的 275 万元系郑千里转入的钱,并非该公司的投资款,该公司并未实际向盛放公司注资。

14. 某市某区人民政府某府字(2008)15 号关于袁今等同志职务任免的通知、区供销社主要职责、内设机构和人员编制规定,证明区供销社作为全区供销社的联合组织,正科级。经费形式为全额财政预算,参照执行国家公务员制度。经某市某区人民政府研究决定袁今任区供销社主任。

15. 区供销社×供销办字(2001)21 号文件,某市某区机构编制委员会×编发(1991)第 01 号文件,企业法人申请开业登记注册书、再生公司营业执照及企业信息,工商企业注册资金证明,企业法人申请变更登记注册书,证明再生公司是编制委员会决定成立,由区供销社所属并申请设立的商业公司,经济性质为集体所有制,主管部门为区供销社,企业申请开业资金由区供销社出资,雷××任再生公司经理。

16. 市农资公司相关企业信息,证明市农资公司是由某市新合作资产管理公司和区供销社发起设立的,发起设立时为国营性质,为国有企业。

17. 某市某区同欣资产管理有限公司企业信息、企业变更信息、注册资本实收情况明细表、股东出资清单,证明该公司是区供销社的全资公司。

18. 借条,证明再生公司于 2014 年 4 月 4 日向市农资公司借款人民币 300 万元,借条上盖有某市某区供销合作社联合社公章及袁今签字同意借款。盛放公司于 2014 年 4 月 4 日向再生公司借款 300 万元。

19. 银行流水账单及记账凭证,证实 2014 年 4 月 4 日,市农资公司向盛放公司转账人民币 300 万元;同年 4 月 7 日郑千里将该款用于归还了盛放公司到期的承兑汇票;截至 2015 年 5 月 31 日,盛放公司向市农资公司转账人民币 110 万元。

20. 盛放公司企业信息、企业变更信息、公司章程等证据材料,证明 2010 年 6 月增资后,盛放公司注册资本人民币 1500 万元,法定代表人为严凤岚,其中区供销社出资人民币 300 万元,占股比为 20%(但实际并未出资)。

21. 中国银行交易单、转账凭证、进账单、新办公司台账表、某市某区供销社投资管理有限责任公司相关证明,证明 2010 年 6 月盛放公司借用××管委会的资金增资人民币 1400 万元,某市某区供销社投资管理有限责任公司实际上从来并未向盛放公司投资。

22. 区供销社会议纪要及相关证明,证明区供销社从未向盛放公司投资入股。

23. 被告人郑千里在侦查阶段的供述,主要内容为其是盛放公司的实际控制人,公司一直由其在经营。2014 年 4 月其通过彭××、袁今以再生公司的名义从市农资公司借款300万元，但该款项实际直接从市农资公司转到盛放公司，其将300万元用于兑付到期的银行承兑汇票。至今为止还了110万元本金，还有190万元本金没有归还。

（二）2015年4月，被告人郑千里因盛放公司资金周转困难找袁今帮忙，提出以区供销社下属子公司某市某区供销社投资管理有限责任公司（以下简称区投资公司）在上海的房产抵押进行贷款。袁今表示同意，个人决定由区投资公司作为借款人，以该公司在上海的房产为抵押向第三方借款人民币520万元，并安排区投资公司法人代表李伟冬（另案处理）和被告人郑千里至上海办理相关借款手续。2015年4月10日，被告人李伟冬以个人名义与舜尧投资（上海）有限公司签订《咨询合同》，并代表区投资公司与程××、瞿××、范××、王××、王×签订《房地产借款抵押保证合同》，于2015年4月13日在上海市杨浦公证处对该合同进行公证，赋予该合同强制执行效力，办理了借款人民币520万元及公证手续，并将借款汇至被告人李伟冬个人账户。在扣除相关费用后，李伟冬按照被告人郑千里的要求将剩余款项转到了其指定账户，用于偿还盛放公司债务和支付公司贷款。2016年4月，借款到期后，被告人李伟冬代表区投资公司与舜尧投资（上海）有限公司签订《咨询合同》。与翁××、纪××、蔡××签订《房地产借款抵押保证合同》，于2016年4月21日在上海市杨浦公证处对该合同进行公证，赋予该合同强制执行效力，办理了借款人民币550万元及公证手续，郑千里向区投资公司出具借款人民币550万元的借条。至案发，仍有人民币460万元本金未归还。

袁今、李伟冬在挪用公款300万元、550万元给郑千里所控制的盛放公司使用时，收受贿赂、逢年过节收受中华香烟，或通过亲属、本人借款给郑千里使用，收取高额利息等，谋取个人利益。

上述事实，有下列经庭审举证、质证，本院予以确认的证据证实：

1. 证人袁今的证言，主要内容为2015年4月，郑千里找到其说盛放公司在城东油棉厂扩建厂房投入了大量资金，投入有800多万元，资金周转出现了困难，请其帮忙，要求用区供销社在上海××路的房产抵押帮其贷款。其考虑到盛放公司之前的借款还款还算及时，另外郑千里在油棉厂建了1万多平方米的厂房，风险不大，就答应了郑千里的要求。后面，其就安排区供销社下属的区投资公司的经理李伟冬和郑千里一起去办理抵押借款手续。

2. 证人李伟冬的证言，主要内容为2015年4月，其按袁今的指示用区投资公司在上海漕宝路的房产抵押贷款520万元给郑千里使用，2016年续借后金额增至550万元。至案发，仍有460万元本金未归还。

3. 证人刘某、刘某雄、王某某、周某某、陈某、张某某均证明其不知区供销社以上海××路的房产作为抵押借款500余万元给郑千里使用一事，区供销社对此事没有开过班子会讨论。

4. 证人廖××的证言,主要内容为2014年年底至2015年年初,郑千里陆续向其借款共230万元,2015年4月郑千里通过转账向其还款150万元。

5. 营业执照、企业信息、证明、企业变更信息、公司设立登记申请书、某市某区国有资产监督管理局证明、某区供销社证明、公司章程、某市某区政府抄告单,证明区投资公司法定代表人为李伟冬,股东为某市某区供销合作社联合社,注册资金人民币1000万元由某市某区国资委划拨,是区供销社的国有全资子公司。

6. 上海市××区房地产登记收件收据,证明区投资公司于2016年4月20日用其名下房产进行抵押登记。

7. 舜尧投资有限公司咨询合同,证明李伟冬于2015年4月通过上海舜尧投资有限公司,以某市某区供销社投资管理有限责任公司名下房产作为抵押向他人借款520万元,2016年4月,以同样的方式向他人借款550万元。

8. 李伟冬的银行流水账单,郑成程的银行流水凭证,证明2015年4月10日至21日,李伟冬工商银行账户入账5,100,020元,后共转出5,099,915元至郑×、严凤岚(郑千里妻女)等个人账户;2016年4月20日,收到3笔入账共计550万元。郑千里将该款用于归还欠廖××等人的借款及支付盛放公司的货款。至2017年,郑千里仅归还了该笔借款中的90万元。

9. 借条,证明2016年4月20日,郑千里向区投资公司借款550万元。

10. 被告人郑千里在侦查阶段的供述,主要内容为2015年4月,其因盛放公司和广东汕头一家油脂灌装公司合作以及个人投资房地产项目需要资金,其便找到袁今提出以区投资公司在上海××路的房产抵押贷款,袁今答应了并安排区投资公司的经理李伟冬和其一起办理抵押贷款事宜。后其通过舜尧投资公司顺利拿到了520万元贷款,钱是先打到李伟冬的账户,李伟冬再转到其指定的个人账户上。到2016年4月,贷款金额增加到了550万元。至今仍有400余万元本金未归还。

二、诈骗犯罪事实

2014年,江西省供销合作社、江西省财政厅、江西省农业综合开发办公室根据中华全国供销合作总社、国家农业综合开发办公室的要求联合发文,符合农业综合开发供销合作总社新型合作示范项目申报条件的龙头企业可以获得国家财政资金支持,文件要求申请扶持资金的企业必须满足供销合作社在该企业持股比例为34%以上,且是第一大股东。区供销社袁今在明知某市盛放油脂有限公司(以下简称盛放公司)不符合该条件的情况下,个人决定将盛放公司作为新型合作示范项目的申报单位,通知被告人郑千里盛放公司可以作为项目申报单位进行申报,被告人郑千里在明知盛放公司不符合该条件的情况下,仍然申报该项目,并且采取伪造企业工商登记信息、购销合同等申报材料的方式进行申报。区供销社在处理申报手续时,未按要求严格审核盛放公司提交的申报材料，使盛放公司以伪造的申报材料通过验收，盛放公司最终骗得中央和省级补助资金人民币132万元并用于公司的生产经营。案发后，被告人郑千里退缴了诈骗所得人民币132万元。

上述事实，有下列经庭审举证、质证，本院予以确认的证据证实：

1. 证人张××的证言，主要内容为2014年，其在获知江西省供销社关于申报示范项目的文件精神后向袁今请示汇报，袁今确认盛放公司为2015年江西省某市某区农业综合开发供销合作总社项目申报单位，其表示同意，随后便开始组织实施该项目的申报工作。由某区供销社牵头，联合某市某区财政局、某市某区农业开发办发文推荐盛放公司的有机山茶油初加工扩建项目为国家2015年农业综合开发供销合作社总社新型合作示范项目，同时通知盛放公司按照文件要求准备相关申报材料及时报送某区供销社。按照文件精神，区供销社承担直接监管责任，确保项目的真实性，对供销社入股比例、项目投资额的真实性负责。项目申报单位首先将申报材料交给蒋××审查，蒋××再交给其审核，其最后交给袁今审核。就区供销社在盛放公司实际占股比例和投资情况，区供销社曾多次召开主任办公室会议讨论过，领导班子成员都知道区供销社在盛放公司没有投资。郑千里提供的申报材料全部是由郑千里提供的。

2. 证人蒋××的证言，主要内容为2014年某区供销社主任和分管领导张××安排其指导、协助盛放公司有机山茶油初加工扩建项目申报财政补贴。材料都是由盛放公司准备的，其对盛放公司提供的材料仅进行形式审查，盛放公司的股份及申报材料的真实性其不知情。

3. 证人陈某、刘某、刘某雄、王某某、周某某的证言，主要内容为某区供销社在盛放公司只是挂名股东，未出资入股也未参与盛放公司的管理。2014年至2015年，盛放公司通过某区供销社争取到130余万元项目补贴一事未经集体研究讨论。

4. 证人袁今的证言，主要内容为区供销社在盛放公司只是挂名股东，未出资入股也不参与公司的经营管理。2014年至2015年，盛放公司通过区供销社争取中华全国总社龙头企业130余万元项目补贴一事未经班子集体研究同意，其在明知盛放公司不符合申报条件的情况下为了帮助争取到中央财政资金还是让盛放公司通过了审核。

5. 证人邓××的证言，主要内容为郑千里找其要求合作购大量茶籽，双方还签订了合同但后来郑千里的某市盛放公司未实际履行与某区欣林油茶专业合作社的茶籽购销合同。

6. 证人傅××的证言，主要内容为某市盛放公司与某市某区民星油茶专业合作社签订的茶籽购销合同系伪造的，民星油茶专业合作社未与盛放公司发生过交易。

7. 证人陈×的证言，主要内容为其当时在江西××投资咨询有限公司工作，某市盛放公司有机山茶油初加工扩建项目可行性研究报告是其和其他人一起编写的，报告中关于企业信息等盛放公司的相关材料均是由盛放公司提供的。附江西××投资咨询有限公司的证明，证明可行性研究报告的附件三第4—12条的有关材料全部为盛放公司提供。

8.《关于编制2015年江西省农业综合开发供销合作总社新型合作示范项目年度滚动计划工作的通知》，证明申请扶持资金的企业必须满足供销合作社在该企业持股比例为34%以上，且是第一大股东。

9. 区供销社、某市某区财政局、某市某区农业综合开发办公室"×供销办字（2014）9号文件"即《关于申报2015年农业综合开发供销合作总社新型合作示范项目的报告》，证明盛放公司有机山茶油项目被推荐为2015年农业综合开发供销合作总社新型合作示范项目。

10. 关于编报2015年农业综合开发供销合作总社项目实施计划的通知、某市财政局关于下达2015年农业综合开发新型合作示范项目中央财政补助资金的通知及拨款明细、拨款凭证、盛放公司银行账户流水账单，证明盛放公司有机山茶油初加工扩建项目获得中央和省级财政拨款人民币132万元。

11. 盛放公司有机山茶油初加工扩建项目可行性研究报告，其中企业信息中证实股东构成一栏中载明某区供销社投资担保有限公司认缴额780万元，出资比例为52%；在附件购销合同中也包括了盛放公司与某市某区欣林油茶专业合作社的茶籽购销合同和盛放公司与某市某区民星油茶专业合作社签订的茶籽购销合同。

12. 区供销社出具的关于区供销社与盛放公司股权情况说明，证明区供销社自2008年开始参股盛放公司，但并未实际注入资金，亦未实际入股。

13. 扣押财物、文件清单和江西省政府非税收入票据，证明郑千里已将132万元补助资金退回国家财政。

14. 被告人郑千里在侦查阶段的供述，主要内容为2014年上半年，区供销社袁今告诉其有一个中华全国总社的有机山茶油初加工扩建项目，盛放公司可以申报，区供销社已经把盛放公司作为申报对象报到上面去了，要求其组织申报材料。然后其就按照上级文件的要求准备好了申报材料上报到区供销社审核，区供销社审核通过后逐级上报到市供销社和省供销社审核，项目实施后通过了省、市、区三级验收，盛放公司获得了132万元的省级和中央财政资金。其实申报的有些条件不符合。必须是供销社占34%以上的股份而且是第一大股东，而盛放公司工商登记记录区供销社以下属公司区投资公司占20%的股份，严凤岚占80%的股份，不符合这个条件。况且，实际上区供销社不是真实的参股。其安排人伪造了企业信息，另外实施方案中的购销合同也是伪造的，盛放公司没有和这些企业签订采购合同。

另查明，2017年6月29日，被告人郑千里在接到电话通知后主动到检察机关接受调查询问，后陆续交代了其挪用公款850万元及诈骗132万元的犯罪事实。但被告人郑千里在后续的笔录及庭审过程中，对于其诈骗的犯罪事实不予供述，辩称材料不是其伪造的，其没有诈骗的故意。

本案事实，还有以下综合证据予以证实：

1. 常住人口信息查询，证明郑千里出生于1963年12月15日。

2. 到案经过，证明郑千里接电话通知后，主动到某市人民检察院办案中心询问室接受询问。

对于本案的争议焦点，本院综合评判如下：

第一，关于被告人郑千里在侦查阶段所作供述的合法性及效力问题。经查，被告人郑千里在接办案单位电话通知后，主动到案接受询问，后陆续交代了其挪用公款850万元及诈骗132万元的犯罪事实，所有笔录及自述材料均属于其自愿所作，是其真实意思表示；办案人员程序合法，没有使用暴力、威胁及非法限制人身自由等方法收集被告人郑千里的供述。故本院认为，被告人郑千里在侦查阶段所作的供述合法有效，可以作为定案的依据。

第二，关于再生公司、区投资公司出借人民币850万元给盛放公司的行为定性问题。经查，相关公司营业执照、企业信息、政府文件可证实区供销社为正科级单位，经费形式为全额财政预算，参照执行国家公务员制度。再生公司、区投资公司系区供销社申请设立并主管的下属公司，其资产为国有资产。关于盛放公司，虽然工商登记中显示区投资公司占有20%的股份，但根据相关证人证言及书证，可以证实区供销社没有真实入股盛放公司，没有实际投资，也没有参与其经营管理，不承担亏损，不参与分红，就是挂名占股盛放公司便于盛放公司争取供销社系统的项目资金，扶持盛放公司，故盛放公司属私有公司。被告人郑千里的供述，证人袁今、李伟冬、简××、雷××、郑千里、廖××、王××等人的证言，借条及银行流水等证据证实了袁今利用其作为区供销社主任的职务便利，个人决定由区供销社下属企业借款给盛放公司使用，盛放公司在收到相应款项后用于该公司经营活动。本院认为，根据相关法律及司法解释的规定，袁今作为国家工作人员，利用其职务便利，指令下级单位出借公款归私有公司使用，属挪用公款，挪用数额达850万元之巨，其行为构成挪用公款罪。故对被告人郑千里及辩护人关于盛放公司的借款不构成挪用公款罪的辩护意见，本院不予采纳。

第三，关于被告人郑千里是否构成挪用公款的共犯问题。经查，根据被告人郑千里的供述及证人袁今、李伟冬、彭××、雷××等人的证言能够证实，被告人郑千里因为盛放公司资金周转问题找袁今商量借款，并在如何取得借款的过程中出谋划策，第一笔是向袁今提出以区供销社下属全资公司再生公司向市农资公司借款后转借给被告人郑千里使用，第二笔是向袁今提出以区投资公司在上海的房产抵押贷款后，借给被告人郑千里使用。根据相关法律规定,挪用公款给他人使用,使用人与挪用人共谋或者参与策划取得挪用款的,以挪用公款罪的共犯定罪处罚。在本案中,被告人郑千里与袁今共谋并参与策划,从而取得了挪用款归自己使用,应构成挪用公款的共犯。故对被告人郑千里及辩护人关于被告人郑千里不构成挪用公款罪的辩护意见,本院不予采纳。

第四,关于被告人郑千里是否构成诈骗罪的问题。经查,被告人郑千里在侦查阶段的供述证实,其在明知盛放公司不符合申报条件的情况下,采取伪造企业工商登记信息和购销合同等申报材料的方式,使得盛放公司通过验收,最终获得国家财政补助资金人民币132万元,证人袁今、蒋××、陈×等人的证言证实,申报材料均是由盛放公司郑千里提供的,证人邓春红的证言证实,某市某区欣林油茶专业合作社虽然与盛放公司签订的购销合同,但未实际履行,证人傅××的证言证实某市某区民星油茶专业合作社(以下简称民星合作社)与盛放公司签订的购销合同系伪造的,民星合作社与盛放公司未发生过业务,上述证据与相关书面证据材料已形成完整的证据链,足以证实,被告人郑千里采取伪造材料的方式骗取国家补助资金人民币132万元,其行为已构成诈骗罪。被告人郑千里后来推翻自己的供述,没有充足的理由及相关证据支持,本院不予采信。故对被告人郑千里和辩护人关于被告人郑千里不构成诈骗罪的辩护意见,本院不予采纳。

第五,关于被告人郑千里是否构成自首的问题。本院认为被告人郑千里在接办案人员电话通知后,主动到案接受询问,并且如实供述了其与袁今共同商量挪用公款人民币850万元,至案发尚有人民币650万元未退还的事实,至于被告人郑千里提出其不构成挪用公款罪的辩解意见,是对其性质的辩解,不影响其自首的成立,对于被告人郑千里犯挪用公款罪,应认定其具有自首情节;对于被告人郑千里犯诈骗罪,被告人郑千里虽然能够主动到案接受询问,并且在侦查阶段的笔录供述了其伪造材料骗取国家补助资金的犯罪事实,但在后来的供述直至法庭审理中,被告人郑千里推翻了其在侦查阶段的供述,辩称其没有伪造材料,其不构成诈骗罪,本院认为,被告人郑千里虽能主动投案,但不能如实供述其诈骗的犯罪事实,依法不应认定其具有自首情节。

本院认为,被告人郑千里无视国法,与袁今共谋,利用袁今的职务便利,挪用公款人民币850万元归个人使用,进行营利活动,至案发尚有人民币650万元未退还,数额巨大,其行为已触犯刑律,构成挪用公款罪。被告人郑千里虚构事实,伪造材料,骗取国家补助资金人民币132万元,数额特别巨大,其行为已触犯刑律,构成诈骗罪。公诉机关指控被告人郑千里犯罪事实成立,指控罪名正确,应予以支持。被告人郑千里犯挪用公款罪,具有自首情节,依法可以减轻处罚。被告人郑千里在案发后,主动退缴了全部诈骗款项,可以从轻处罚。

综上，依照《中华人民共和国刑法》第384条第1款，第266条，第25条第1款，第69条第1款、第3款，第67条第1款，第64条之规定，判决如下：

一、被告人郑千里犯挪用公款罪，判处有期徒刑6年6个月；犯诈骗罪，判处有期徒刑10年，并处罚金人民币10万元。决定执行有期徒刑15年，并处罚金人民币10万元上缴国库。（刑期从判决执行之日起计算。判决执行以前先行羁押的，羁押1日折抵刑期1日。即从2017年6月30日起至2032年6月29日止。罚金限判决生效之日起10日内缴纳。）

二、追缴被告人郑千里赃款人民币190万元返还给某市某区再生资源公司（与袁今承担连带还款责任）；追缴被告人郑千里赃款人民币460万元返还给某市某区供销社投资管理有限责任公司（与袁今、李伟冬承担连带还款责任）。

如不服本判决，可在接到判决书的第二日起10日内，通过本院或者直接向江西省某市中级人民法院提出上诉。书面上诉的，应当提交上诉状正本1份，副本4份。

审 判 长：李××
人民陪审员：赖××
人民陪审员：黎××
2019年12月16日
书 记 员：胡 ×

一审辩护词

尊敬的审判长、人民陪审员：

北京东舜律师事务所接受被告人郑千里及其家属的委托，指派李永伟律师担任被告人郑千里涉嫌挪用公款、诈骗案的辩护人。接受委托后，辩护律师会见了被告人，查阅、复制了相关证据材料，并依法进行了调查取证，研究了有关案情与法律问题，出庭参加了整个庭审过程。

现根据本案的事实情况、相关证据以及相关法律法规和司法解释，辩护人认为被告人郑千里不构成挪用公款罪和诈骗罪，现发表以下辩护意见，望合议庭予以考虑。

一、关于区投资管理公司与盛放公司之间的关系

根据盛放公司的工商登记信息、公司章程、公司股东会/董事会会议及章程修正案记载，某区供销社下属的区供销社投资管理有限责任公司是盛放公司的股东，占股20%，并参加了盛放公司的股东会会议以及公司章程的修订，行使了股东权利。

在区供销社的主任会议2010年7月1日、2011年11月10日会议纪要中，区供销

社已经就入股盛放公司及将300万元作为优先股的事宜通过了主任会议,并实际履行,且每年从盛放公司中获得6万元的投资回报款,获得了收益。

公诉人用区供销社出具的说明、黄菊萍等人证人证言来否定工商登记等书面证据,属于用言词证据来否定实物证据,且并未作出合理解释,故该证据不能作为本案定案的根据。

严凤岚是盛放公司的股东,她同样没有参与公司经营,目前盛放公司属于到处借钱来经营,更谈不上分红;再者,《公司法》并未规定没有参与公司经营和分红的股东、抽逃出资的股东就不是公司股东,《公司法》规定在公司章程上签字备案的股东,就是公司股东。

综上,区投资管理公司是盛放公司的股东,盛放公司是区供销社的股份制企业。

二、关于挪用公款罪

(一)300万元借款不是区供销社的钱,袁今无法利用职权进行挪用。

1.300万元是农资公司的钱,农资公司属于市供销社控股的公司,由市供销社来管理经营,这300万元并不是区供销社的公款。

2.市供销社主任彭××之所以提出用区供销社的全资子公司来借款,也是为了规避借贷风险,并不是为了挪用。

300万元也是从农资公司转款到盛放公司,盛放公司还本金和利息时,也直接还到了农资公司,和区供销社及区供销社的控股公司再生资源公司,并没有发生资金的往来。

3.利用职务上便利既包括利用本人职务上主管、负责、承办某项公共事务的职权,也包括利用职务上有隶属、制约关系的其他国家工作人员的职权。袁今属于区供销社的主任,如果没有市供销社主任彭××的同意,他无法利用职权挪用市供销社控制管理的农资公司的公款,由此可见,袁今并没有利用职务之便。

(二)袁今虽然个人决定将钱转给了盛放公司使用,但其并未因指控的两笔借款而获得个人利益,由于区供销社收到了利息,相反,袁今借款的行为是为了区供销社的利益。

1.依据《全国人民代表大会常务委员会关于〈中华人民共和国刑法〉第三百八十四条第一款的解释》,国家工作人员利用职务上的便利,挪用公款"归个人使用"包括三个方面:(1)将公款供本人、亲友或者其他自然人使用的;(2)以个人名义将公款供其他单位使用的;(3)个人决定以单位名义将公款供其他单位使用,谋取个人利益的。

本案中,由于袁今的行为属于个人决定以单位名义将公款借给其他单位使用的情形,要认定构成挪用公款罪,必须是袁今主观上具有谋取个人利益的目的。

公诉机关指控借款300万元,发生在2014年4月,借款550万元发生在2015年4月,但转给郑×账户的14万元发生在2013年1月,给香烟的时间为2009—2013年过节的时候，与本案指控的挪用公款两笔没有必然的联系，两者之间也没有因果关系，无法认定之前的给予香烟和借钱的行为，是与2014年、2015年的借款具有关联性，袁今借款当时谋取个人利益的意图并不明显，在案证据也难以证实1年前收取香烟的行为就是为了1年后借款时谋取的个人利益。

2. 根据《全国法院审理经济犯罪案件工作座谈会纪要》（法发〔2003〕167号）第4条"关于挪用公款罪"第1款规定，"经单位领导集体研究决定将公款给个人使用，或者单位负责人为了单位的利益，决定将公款给个人使用的，不以挪用公款罪定罪处罚"。

袁今作为区供销社的主任，即使是其个人决定借款给盛放公司，但区供销社从中获取担保报酬及利息等收益，袁今本人也是为了单位的利益才决定将公款借给盛放公司适用的。

故，袁今并未因2笔借款谋取了个人利益，相反为区供销社谋取了利益，故袁今不构成挪用公款罪，郑千里也不构成挪用公款的共犯。

（三）退一步讲，即使袁今构成挪用公款罪，郑千里也不构成挪用公款罪。

1. 公诉人是依据《刑法》第384条的规定，认为郑千里的行为构成挪用公款罪，但从身份上讲，郑千里并不是国家工作人员；从职权上讲，郑千里既没有职权，也无法利用职权去挪用农资公司和区投资管理公司的钱款，故此郑千里不构成挪用公款罪。

2. 如认定郑千里与袁今共谋，但从客观上讲，被告人郑千里并没有与袁今实施共谋的行为。

根据最高人民法院《关于审理挪用公款案件具体应用法律若干问题的解释》（法释〔1998〕9号）第8条规定，挪用公款给他人使用，使用人与挪用人共谋，指使或者参与策划取得挪用款的，以挪用公款罪的共犯定罪处罚。

共谋是指数人就准备实施的犯罪进行谋议，是二人以上相互的意思联络，共谋者之间相互影响、相互促进、共同启发、共同策划。[1]

本案中，从袁今的讯问笔录（卷3第3—14页）中可以看出，借款300万元时袁今认为风险不大，故没有召开主任办公会议，其个人决定以区再生资源公司的名义从农资公司借款300万元给盛放公司使用。

从袁今的讯问笔录中可以看出（卷3第30—31页），借款500万元时，袁今认为郑千里之前的借款还款还都比较及时，有厂房资产，认为风险不大，就个人决定没有召开主任会议，将借款给盛放公司。

之所以认定袁今构成挪用公款，从客观行为上，是因为袁今实施了没有召开班子会议的行为，将钱款借给了盛放公司，如果认定郑千里与袁今共谋，也是指在客观行

〔1〕 参见高憬宏、杨万明主编：《基层人民法院法官培训教材（实务卷·刑事审判篇）》，人民法院出版社2005年版，第13—15页。

为上的共谋。

但郑千里并不清楚区供销社内部的议事规则,也没有要求、策划或指使袁今违反区供销社内部的议事规则,更没有要求袁今就此借款不召开主任办公会议,之所以没有召开主任办公会议,从袁今的讯问笔录中也可以看出是袁今个人决定的,并不是郑千里指使、策划的。

郑千里借款的意思表示并不能影响袁今,不能启发袁今,更无策划或指使袁今不开主任班子会议借款给盛放公司。袁今是在核实情况、考虑风险比较低的情况下个人决定,不开主任班子会议将钱给盛放公司进行借款,郑千里并未与其共谋。

再者,纵观全案证据,证人廖××、肖××、丁××、简××、李伟冬、雷××等证言,只能证明借款事实的发生,全案中,郑千里和袁今就犯罪的方式、时间、地点等等如何进行策划,如何进行意思联络,如何进行谋议等,并无证据证明郑千里与袁今是如何进行共谋的。

故,被告人郑千里与袁今之间在客观上并不存在共谋的行为,郑千里不构成挪用公款罪。

(四)农资公司和区投资管理公司完全可以通过民事诉讼的方式来要回这两笔借款,这两笔借款并不涉及刑事犯罪,公诉机关属于利用刑事手段插手经济纠纷。

农资公司将300万元借给盛放公司。区投资管理公司作为盛放公司的股东,将550万元借款给盛放公司使用,都履行了合法的借款手续,且550万元借款手续进行了公证,盛放公司依约定归还了利息和部分本金,双方有借贷协议及转账记录,属于民间借贷,农资公司和区投资管理公司完全可以通过民事诉讼要回该借款,借款行为并不属于刑事犯罪,公诉机关属于用刑事手段插手经济纠纷。

综上,盛放公司向区供销社借款,并支付了利息和其他费用,与区供销社之间属于民间借贷行为。被告人郑千里主观上不具有以非法占有为目的、挪用公款的故意。客观上,由于郑千里不清楚区供销社内部议事规则,郑千里也未实施要求、策划或指使袁今违背区供销社的内部议事规则,不开主任班子会议借款给盛放公司的行为。之所以不开主任班子会议,是袁今个人认为风险低,个人决定不开班子会议,郑千里与袁今并无共谋,故被告人郑千里不构成挪用公款罪。

三、关于诈骗罪

(一)拨付资金到了盛放公司的账户,且专款专用,郑千里个人并未使用项目资金,郑千里主观上不具有以非法占有为目的的故意。

1. 首先盛放公司没有主动要求申报此项目,是区供销社等联合发文推荐的盛放公司。

2014年5月13日,某区供销社、某市某区财政局、农业综合开发办公室联合向市发文推荐盛放公司的有机山茶油初加工扩建项目为国家2016年农业综合开发供销

合作社新型合作示范项目。（证据卷5第18页）

2. 拨付的项目资金，全部用于了盛放公司项目的生产经营，郑千里自己并未使用。且在案发后，郑千里第一时间全部退回了项目资金。

（二）郑千里客观上未实施虚构或隐瞒区供销社投资管理公司在盛放公司所占股权比例事实真相的行为，区供销社明知其在盛放公司的股权比例，其更未产生错误认识。

1. 江西省供销社发文明确各设区市供销社对申报项目中供销社入股比例、项目真实性、各项目材料负责。

《江西省供销合作社系统设区市农业综合开发项目管理工作责任书》第3条规定，设区市供销合作社对本设区市范围内农业综合开发供销总社新型合作示范项目供销社入股比例、项目投资额的真实性负责。

第4条规定，对在本设区市范围内实施的农业综合开发供销总社新型合作示范项目，设区市供销合作总社负责各阶段项目材料的审核、汇总和上报等工作。（证据卷5第83页）

江西省供销合作社、财政厅《关于2015年农业综合开发供销合作总社项目实施计划的批复》中要求各设区市供销合作、财政局、农业综合开发办："二、项目实施方案是项目建设和竣工验收的重要依据，要确保相关附件及证明材料规范、齐全、真实。"（证据卷5第86页）

2. 关于区供销社在盛放公司的出资比例，区供销社领导是明知的，郑千里并未虚构、隐瞒。

根据证人张××的证言，就区供销社在盛放公司实际占股比例和投资情况，区供销社曾多次想召开主任办公室会议讨论，领导班子成员都知道区供销社在盛放公司没有投资。

根据袁今的证言，袁今是明知区供销社在盛放公司的入股比例不符合申报要求，仍然先推荐盛放公司，然后再告知盛放公司符合申报条件，让其准备申报材料。

3.《有机山茶油初加工项目可行性研究报告》并不是郑千里制作。

《有机山茶油初加工项目可行性研究报告》并不是郑千里制作，而是由区供销社的指导、按照区供销社的要求、由区供销社指定的中介公司制作。

（三）项目实施方案是项目建设和竣工验收的重要依据，与《可行性研究报告》无关，盛放公司申报的项目是真实的，省、市供销社在项目验收、拨付资金时并未产生错误认识。

1.《可行性研究报告》是申报项目筛选的依据。

申报项目，首先提交可行性研究报告，区供销社根据可行性研究报告，对申报企业和项目进行考评、评估、筛选，考评评估合格后，才能将合格企业作为申报企业进行推荐，所以，《可行性研究报告》是考评、评估、筛选的依据，并不是项目验收和拨付资金的依据。

无论申报材料中的股权比例是否伪造,区供销社在明知自己在盛放公司的股权比例不符合申报要求的情况下,仍然先推荐盛放公司为申报企业,然后再告知盛放公司可以申报该项目。盛放公司也是根据区供销社的要求来准备可行性研究报告。

2. 项目实施方案是项目建设和竣工验收的重要依据,在项目验收时并未对《可行性研究报告》进行验收。

项目实施计划、项目实施方案、建设内容等文件审批后,就项目现场进行验收,并提交项目竣工验收材料,《项目实施计划的批复》中明确说明,项目实施方案是项目建设和竣工验收的重要依据。

在证据卷 5 第 95—98 页《竣工验收单》中,某区供销社对盛放公司的有机山茶油初加工项目的建设内容、项目资金计划及使用情况、项目完成情况、财政资金报账明细、项目效益情况及存在问题进行验收,由项目验收小组进行验收,验收结果为初步验收合格。

由此可见,验收是针对项目的建设情况、完成情况、收益情况、资金的计划及使用等进行验收,并不是对之前《可行性研究报告》进行验收。

既然不是对《可行性研究报告》进行验收,省供销社就未产生错误认识。

综上,郑千里主观上没有非法占有的目的,客观上未实施虚构事实隐瞒真相的行为,省、市、区供销社并未产生错误认识,故此,郑千里不构成诈骗罪。

四、关于量刑

如果认定被告人郑千里有罪,但郑千里有以下量刑情节,请合议庭予以考虑。

(一)被告人郑千里被电话传唤到案,到案后能够如实供述自己的事实,依据《刑法》第 67 条规定,犯罪以后自动投案,如实供述自己的罪行的,是自首,故,被告人郑千里构成自首。

根据最高人民法院《关于常见犯罪的量刑指导意见》(法发〔2017〕7 号)"第三常见量刑情节的适用"第 4 项之规定,对于自首情节,综合考虑自首的动机、时间、方式、罪行轻重、如实供述罪行的程度以及悔罪表现等情况,可以减少基准刑的 40% 以下;犯罪较轻的,可以减少基准刑的 40% 以上或者依法免除处罚。

建议对涉嫌挪用公款罪和诈骗罪减少基准刑的 40%。

(二)被告人郑千里家属已将全部项目资金 132 万元退还。

根据最高人民法院《关于常见犯罪的量刑指导意见》"第三常见量刑情节的适用"第 8 项之规定,对于退赃、退赔的,综合考虑犯罪性质,退赃、退赔行为对损害结果所能弥补的程度,退赃、退赔的数额及主动程度等情况,可以减少基准刑的 30% 以下。

建议对涉嫌诈骗罪减少基准刑的 30%。

（三）被告人郑千里系初犯偶犯，平时表现较好，无前科劣迹。

综上所述，根据《刑事诉讼法》第200条之规定，证据不足，不能认定被告人有罪的，应当作出证据不足、指控的犯罪不能成立的无罪判决。

根据最高人民法院《关于全面推进以审判为中心的刑事诉讼制度改革的实施意见》第30条规定，人民法院作出有罪判决，对于定罪事实应当综合全案证据排除合理怀疑。定罪证据不足的案件，不能认定被告人有罪，应当作出证据不足、指控的犯罪不能成立的无罪判决。

本案已被某市中级人民法院以事实不清、证据不足为由发回重审，但公诉机关并未补充新的事实与新的证据。再者，公诉人也说明2017年6月29日是以证人的身份让郑千里到检察院接受询问，在郑千里不说的情况下，对其进行了拘传，可见郑千里本身是无罪，不排除公诉人对证人的打击报复。

结合今天庭审，在案证据并未达到确实、充分的证明标准，根据疑罪从无原则，为切实防范冤假错案，实现司法公正，恳请贵院依法判处郑千里无罪。

辩护人：李永伟律师

2019年9月20日

二审辩护词

尊敬的审判长、审判员：

北京页岩律师事务所接受上诉人郑千里及其家属的委托，指派李永伟律师担任上诉人郑千里涉嫌挪用公款、诈骗案的辩护人。

现根据本案的事实情况、当庭查明的相关证据以及相关法律法规和司法解释，辩护人认为上诉人郑千里不构成挪用公款罪和诈骗罪，现发表以下辩护意见，望合议庭及审判委员会予以考虑。

第一部分　关于非法证据排除的问题

某市某区人民检察院反贪局于2017年6月30日、7月1日对被告郑千里所作自书材料、《讯问笔录》以及之后重复陈述均不具有合法性，不能作为本案判决的依据，应当依法予以排除。

一、某市某区人民检察院对上诉人采取“疲劳审讯”的方式进行取证。

本案中，在某市某区检察院反贪局出具的《到案经过》中记载，上诉人郑千里于2017年6月29日12时，经电话传话到案，在某市人民检察院办案中心询问室接受询问,然而至2017年7月1日22时上诉人郑千里没有离开过该办案地点,历时约57小时,并一直接受办案人员“车轮战”式的调查,且未让上诉人睡觉。

基于上述情况,辩护人认为在侦查期间对上诉人采取了“疲劳战术”进行取证,根据最高人民法院《关于建立健全防范刑事冤假错案工作机制的意见》(法发〔2013〕11号)之规定采用刑讯逼供或者冻、饿、晒、烤、疲劳审讯等非法方法收集的被告人供述,应当排除。

二、传唤及讯问过程违反法定程序。

根据《刑事诉讼法》第119条之规定,传唤、拘传持续的时间不得超过12小时;案情特别重大、复杂,需要采取拘留、逮捕措施的,传唤、拘传持续的时间不得超过24小时。

本案中,上诉人从6月29日至7月1日一直在某市某区人民检察院接受讯问,时间长达57小时,某市某区人民检察院对上诉人拘传、传唤的时间超过了24小时,明显违反了《刑事诉讼法》第119条规定。

三、讯问笔录制作不完整,同步录音录像未提供。

2017年6月29日至7月1日16时,某市某区人民检察院没有制作一份讯问笔录,也未移送6月29日至30日的同步录音录像资料,且公诉人也未给出合理的解释,公诉人称讯问过程没有法律规定必须制作笔录,其说法也违反了《人民检察院刑事诉讼规则》第188条讯问犯罪嫌疑人,应当制作讯问笔录。

从7月1日的录音录像来看,上诉人在经历57小时未睡觉的情况下,按照侦查人员的意思进行回答问题,并不是上诉人的真实意思表示,且侦查人员也出现对上诉人进行推搡及诱导式的讯问,在上诉人回答的问题不符合侦查人员的要求时,侦查人员不去记录,待上诉人回到符合侦查人员要求时再记录,讯问笔录制作未严格遵循实录原则,其并不是上诉人的真实意思表示。

第二部分　关于区投资管理公司与盛放公司之间的关系

一审法院认定区投资管理公司不是盛放公司的股东,系事实认定错误、证据不足,违背了《公司法》的相关规定。

一、认定公司的股东应当以工商登记为准,而不能用证人证言否认工商登记。

《公司法》第32条规定,公司应当将公司股东的姓名或者名称向公司登记机关登记;登记事项发生变更的,应当办理变更登记,盛放公司将公司股东依法向工商局进行了备案。

盛放公司章程中记载了公司的股东为区供销社投资公司和严凤岚;再者,区供销社投资管理公司参与了盛放公司的股东会及公司章程的重大决策,属于行使了股东权利。故能够证明区供销社投资管理公司是盛放公司的股东。

二、即便有抽逃出资的行为,即便不参与公司经营,也不能否定公司股东资格。

《公司法》禁止股东抽逃出资,但《公司法》中从未否定抽逃出资的股东就不是公司股东。

股东可以不参与经营,可以委托他人来经营,盛放公司的股东严凤岚就不参与公司经营,由于公司还在借款,严凤岚也未得到分红,但不能因没有参与经营和分红就否认股东主体资格。

第三部分　关于挪用公款罪

一、上诉人郑千里与袁今并无共同犯罪的意思联络和共谋的行为。

最高人民法院《关于审理挪用公款案件具体应用法律若干问题的解释》第8条规定,“挪用公款给他人使用,使用人与挪用人共谋,指使或者参与策划取得挪用款的,以挪用公款罪的共犯定罪处罚”。

共谋是指数人就准备实施的犯罪进行谋议,是二人以上相互的意思联络,共谋者之间相互影响、相互促进、共同启发、共同策划。[1]

本案中,郑千里只是向区供销社的袁今提出借款,至于袁今是否召开班子会议,是袁今个人决定的。从袁今的证言中,可以证明袁今在核实情况、考虑风险比较低的情况下决定给盛放公司进行借款。上诉人借款事前、事中都从未与袁今就准备实施的犯罪进行谋议,二人之间也没有互相的意义联络,上诉人与袁今并无共谋,并不构成挪用公款的“共犯”。

二、郑千里不清楚供销社的内部议事规则,更未指使或策划让袁今违背供销社的内部议事规则给其借款。

一审法院认定袁今挪用公款的客观行为是由于300万元与500万元没有经过班子会议讨论,那么认定郑千里共谋也是在客观行为上与袁今共谋,即郑千里要求袁今违背了区供销社的议事规则,指使袁今在这两次借款时不召开班子会议。

但是,(1)郑千里不是区供销社的内部成员,不知道也不清楚区供销社的议事规则,更谈不上指使袁今违背区供销社的议事规则,也谈不上指使和策划。

(2)从袁今、李伟冬及区供销社班子成员证言中,可以证实300万元是袁今在向彭志清核实后才决定借款,区供销社的班子成员都知道没有召开班子会议。

对于500万元借款,李伟冬认为也不妥,还特意打电话问袁今是否开了班子会议,袁今回复可以借款没有问题。班子成员也都知道此500万元借款也没有召开班子会议。由于袁今及区供销社班子成员都知道此两笔借款没有召开班子会议,也都

---

〔1〕参见高憬宏、杨万明主编:《基层人民法院法官培训教材(实务卷·刑事审判篇)》,人民法院出版社2005年版,第13—15页。

没有提出异议，但无法证实是郑千里指使或者策划让袁今不召开班子会议。

（3）综观全案证据，证人廖××、肖××、丁××、简××、李伟冬、雷××等证言，只能证明借款事实的发生，全案中，郑千里和袁今就犯罪的方式、时间、地点等等如何进行策划，如何进行意思联络，如何进行谋议等等，并无证据证明郑千里与袁今是如何进行共谋的。

三、一审认定的“不当利益”与本案没有因果关系。

本案中指控300万元借款，发生在2014年4月；550万元借款发生2015年4月。而认定袁今获得不正当利益即转给郑×账户的14万元发生在2013年1月、香烟发生在2009年至2013年。

从时间上看，难以证实袁今之前收受香烟及利息的行为是为之后的借款谋取个人利益；从因果关系上，该“不当利益”与本案指控的两笔挪用公款之间没有必然的联系和因果关系。[1]

四、这两笔借款属于民间借贷纠纷，并不涉及刑事犯罪，公诉机关属于利用刑事手段插手经济纠纷。

农资公司将300万元借给盛放公司。区投资管理公司作为盛放公司的股东，将550万元借款给盛放公司使用，都履行了合法的借款手续，且550万元借款手续进行了公证，盛放公司依约定归还了利息和部分本金，双方有借贷协议及转账记录，属于民间借贷纠纷，农资公司和区投资管理公司完全可以通过民事诉讼要回该借款，借款行为并不属于刑事犯罪，公诉机关属于用刑事手段插手经济纠纷。

第四部分　关于诈骗罪

一、区供销社违反项目推荐流程，明知盛放公司不符合要求、在盛放公司未提交《可行性研究报告》的情况下推荐盛放公司申报项目。

从江西省供销社发文中，可以看出项目申报和拨付资金的流程为：申报项目单位首先提交《可行性研究报告》，区供销社项目进行考评、评估、筛选，考评评估合格后，才能将合格企业作为申报企业进行推荐；被“推荐”申报企业，经省、市供销社批准推荐成功后，进行项目立项、实施、验收，项目验收通过后拨付资金。同时要求，各设区市供销社对申报项目中供销社入股比例、项目真实性、各项目材料负责。

本案中，根据袁今的证言可知袁今是明知区供销社在盛放公司的入股比例不符合申报要求，仍然先推荐盛放公司，然后再告知盛放公司符合申报条件，让其准备“可行性研究报告”，盛放公司也是根据区供销社的要求来准备可行性研究报告。

由此可见，区供销社明知其在盛放公司的股权比例不符合项目申报要求，在盛放

〔1〕 参见《最高人民法院司法观点集成（新编版）·刑事卷Ⅳ》2308页观点编号1137。

公司尚未提交《可行性研究报告》的情况下,区供销社已经推荐盛放公司为申报企业,属于滥用职权,其对盛放公司的股权比例并没有产生错误认识,省、市供销社之所以产生"错误认识",是由于区供销社的滥用职权导致。

再者,本案中并没有直接证据证明股权比例是郑千里伪造,可行性研究报告是在区供销社指导和参与下,并按照其要求制作的。股权比例的真实性与否,区供销社及工作人员是明知的。

二、由于盛放公司的项目及项目验收都是真实的,且拨付资金全部用在盛放公司项目上,郑千里本人并没有使用该资金,故郑千里客观上不存在虚构事实、隐瞒真相的行为,主观上也不具有以非法占有为目的。

根据证据卷5第95—98页《竣工验收单》,某区供销社对盛放公司的有机山茶油初加工项目的项目建设内容、项目资金计划及使用情况、项目完成情况、财政资金报账明细、项目效益情况及存在问题进行验收,且经项目验收小组进行验收,验收结果为初步验收合格。

《项目实施计划的批复》中明确说明,项目实施方案是项目建设和竣工验收的重要依据。项目实施计划、项目实施方案、建设内容等文件审批后,就项目现场进行验收,并提交项目竣工验收材料。

以上可以证实,验收是针对项目的建设情况、完成情况、收益情况、资金的计划及使用等进行验收,并不是对之前《可行性研究报告》进行验收,项目验收通过后才可以拨付资金,盛放公司项目建设和项目验收是真实存在的,且经过区供销社验收小组的签字确认,并不存在虚构、隐瞒的行为。

再者,拨付资金到位后进入了盛放公司的账户,盛放公司根据项目资金计划及使用情况使用了该资金,郑千里本人并没有使用该资金,且案发后,郑千里的家属将该资金全部退回,本案并没有证据证实郑千里对该笔资金主观上具有非法占有的目的。

三、在盛放公司获得中央财政资金的事实上,认定袁今为滥用职权所导致,而认定郑千里为诈骗所导致,属于对同一行为的不同法律评价,适用法律错误。

袁今明知盛放公司不符合龙头企业的要求仍然推荐,由于区供销社对项目公司的入股比例、材料真实性等负责,在推荐申报企业方面,袁今的行为构成滥用职权。但郑千里并没有参与盛放公司申报的推荐,是区供销社推荐后,找到了盛放公司,在推荐企业方面,郑千里和袁今并未共谋,郑千里不构成滥用职权的共犯。

盛放公司申报的项目和项目验收方面都是真实的,拨付项目资金也是由于项目真实和验收合格后拨付的,并不存在虚构事实和隐瞒真相的行为,也不存在滥用职权的行为。

假定袁今和郑千里都构成了犯罪,那么对同一案件中共同参与实施同一犯罪的涉案人员,作出两种不同的法律评价,有违法律规定。

第五部分 关于量刑

如果认定上诉人郑千里有罪,但郑千里有以下量刑情节,请合议庭和审判委员会予以考虑。

一、上诉人郑千里被电话传唤到案,到案后能够如实供述自己的事实,依据《刑法》第67条规定,犯罪以后自动投案,如实供述自己的罪行的系自首,故上诉人郑千里构成自首。

根据最高人民法院《关于常见犯罪的量刑指导意见》"第三常见量刑情节的适用"第4项之规定,对于自首情节,综合考虑自首的动机、时间、方式、罪行轻重、如实供述罪行的程度以及悔罪表现等情况,可以减少基准刑的40%以下;犯罪较轻的,可以减少基准刑的40%以上或者依法免除处罚。

建议对涉嫌挪用公款罪和诈骗罪减少基准刑的40%。

二、上诉人郑千里家属已将全部项目资金132万元退还。

根据最高人民法院《关于常见犯罪的量刑指导意见》"第三常见量刑情节的适用"第8项之规定,对于退赃、退赔的,综合考虑犯罪性质,退赃、退赔行为对损害结果所能弥补的程度,退赃、退赔的数额及主动程度等情况,可以减少基准刑的30%以下。

建议对涉嫌诈骗罪减少基准刑的30%。

三、上诉人郑千里系初犯偶犯,平时表现较好,无前科劣迹。

综上所述,本案已被某市中级人民法院以事实不清、证据不足为由发回重审,但公诉机关并未补充新的事实与新的证据,再者,公诉人也说明2017年6月29日是以证人的身份让郑千里到检察院接受询问,在郑千里不说的情况下,对其进行了拘传,可见郑千里本身是无罪,不排除公诉人对证人的打击报复。

一审法院在本案证据未达到确实、充分的证明标准的情况下,依然认定上诉人有罪,有违《刑事诉讼法》第200条之规定,即证据不足,不能认定被告人有罪的,应当作出证据不足、指控的犯罪不能成立的无罪判决。

根据最高人民法院《关于全面推进以审判为中心的刑事诉讼制度改革的实施意见》第30条规定,人民法院作出有罪判决,对于定罪事实应当综合全案证据排除合理怀疑。定罪证据不足的案件,不能认定被告人有罪,应当作出证据不足、指控的犯罪不能成立的无罪判决。

为切实防范冤假错案,实现司法公正,恳请贵院依法判处郑千里无罪。

辩护人:李永伟

2020年5月29日

二审判决书

江西省某市中级人民法院
刑事判决书

（2020）赣0×刑终50号

原公诉机关某市某区人民检察院。

上诉人（原审被告人）郑千里，男，1963年12月15日出生于江西省某市，公民身份证号码略，汉族，大学文化，案发前系中国农业银行某分行城北支行客户经理、某市盛放油脂有限公司实际控制人，户籍所在地略，住址略。因涉嫌犯挪用公款罪、行贿罪，于2017年7月1日被刑事拘留，2017年7月14日被逮捕。2020年11月3日被本院取保候审。

辩护人李永伟，北京页岩律师事务所律师。

辩护人孙展业，江西袁河律师事务所律师。

某市某区人民法院审理新余市某区人民检察院指控原审被告人郑千里犯挪用公款罪、诈骗罪一案，于2018年11月27日作出（2017）赣050×刑初4××7号刑事判决。宣判后，原审被告人郑千里不服，提出上诉。本院于2019年2月20日作出（2019）赣0×刑终21号刑事裁定，撤销原判，发回重审。某市某区人民法院依法另行组成合议庭进行审理，于2019年12月16日作出（2019）赣050×刑初1×1号刑事判决。宣判后，原审被告人郑千里仍不服，再次提出上诉。本院依法组成合议庭，通过阅卷，讯问上诉人，听取辩护人辩护意见和江西省某市人民检察院阅卷意见，认为案件事实清楚，决定不开庭进行审理。现已审理终结。

原审判决认定：

一、挪用公款犯罪事实

同一审判决事实认定部分，略。

二、诈骗犯罪事实

同一审判决事实认定部分，略。

原审法院认为，法院认为部分同一审判决，略。

上诉人郑千里上诉提出：(1)关于非法证据排除。其自2017年6月29日12时左右到某市人民检察院询问室接受询问，直至2017年7月1日22时，未离开该办案地点，持续57小时，期间办案人员未让其睡觉。6月30日其的自书材料是在无任何手续被羁押一天后按照侦查人员意思书写，并非其真实意思表示，且该自书材料以及当日的讯问过程无同步录音录像证实取证的合法性。办案机关无法律手续羁押被告人一天,之后传唤、拘传的时间超过24小时,违反法定程序。故对其2017年6月30日自书材料和7月1日的讯问笔录应予排除。一审法院未予排除,违反法律规定。(2)关于盛放公司与区供销社投资公司之间的关系。原审法院认定投资公司不是盛放公司股东,违背了公司法的有关规定,系事实认定错误。认定公司的股东应当以工商登记为准,而不能以证人证言否定工商登记的对外公示效力。股东即便有抽逃出资和不如实出资的行为,且不参与公司经营,亦不能据此否定其股东资格。(3)关于挪用公款罪。首先,郑千里只是向袁今提出借款,并未指使或策划让袁今违背区供销社的内部议事规则给其借款。是否召开班子会议讨论,是袁今的个人决定。现有证据不能证实郑千里有足以被评价为"共谋"的行为。其次,两笔借款中,一笔发生于2014年4月,另一笔发生于2015年4月,而原判认定袁今获得的不正当利益即转给郑×的14万元发生于2013年1月,香烟发生于2009年至2013年,与前述两笔借款无必然联系和因果关系,故根据现有证据难以认定袁今谋取了个人利益。最后,该两笔借款可以通过民事诉讼方式追回。公诉机关属于利用刑事手段插手经济纠纷。(4)关于诈骗罪。首先,补贴资金到盛放公司账户后专款专用,郑千里个人未使用项目资金,且事后已全部退回。因此郑千里不具有非法占有的主观目的。其次,区供销社明知盛放公司不符合要求而推荐,并非盛放公司明知不符合要求而申报。郑千里客观上未实施虚构或隐瞒投资公司占股比例的行为。江西省供销社发文明确各设区市供销社对申报项目中供销社入股比例、项目真实性等负责。区供销社明知投资公司的入股比例仍然推荐,未产生错误认识。即便省供销社产生错误认识,也是区供销社滥用职权的行为导致的,而非郑千里隐瞒导致。再次,《可行性研究报告》是在区供销社的指导下按照区供销社的要求制作的,该报告并非项目验收和资金拨付的依据。最后,在盛放公司获得中央财政资金补贴一事上,一方面认定系袁今滥用职权所致,另一方面又认定系郑千里诈骗所致,属于对同一事实的不同法律评价,适用法律错误。请求本院查明事实,改判其无罪。

上诉人郑千里的辩护人所提郑千里不构成犯罪的辩护意见与前述郑千里的上诉理由一致。辩护人另提出,即使认定郑千里有罪,考虑其具有自首情节,退出全部补贴资金,平时表现较好,无前科劣迹等情况,对其量刑亦应予以较大程度地从宽处罚。

江西省某市人民检察院提出如下阅卷意见:原审判决认定事实清楚,适用法律正确,量刑恰当,审判程序合法,建议本院驳回上诉,维持原判。

本院经审理查明:

一、盛放公司注册成立及股东情况的事实

2006年2月15日,盛放公司经工商登记注册成立,注册资本100万元(经会计审计出资到位),股东为郑千里、周××、胡××、邹××四人,每人出资25万元,占股均为25%,法定代表人为郑千里。其中,周××2006年2月10日通过某市某区城关农村信用合作社向盛放公司301××××88账户存入投资款25万元。郑千里等其他3名股东的出资方式与周××相同。2006年10月11日,法定代表人变更为邹××,郑千里的股份亦转邹××持有。2008年1月15日,邹××、胡××的股份转郑千里之妻严凤岚持有,周××25%的股份转由区供销社持有(有股权转让协议)。2010年6月28日,盛放公司向某区××办事处借款1400万元经江西××科技有限公司账户用于增资。其中1125万元经××公司账户的转入严凤岚账户,另275万元经××公司账户转入区供销社投资公司在中国银行×××路支行197707847820账户转入盛放公司中国银行×××路支行193207872241账户用于验资。2010年7月6日,盛放公司注册资本由100万元增加至1500万元,股东变更为严凤岚和区供销社投资公司,其中严凤岚占股80%,区供销社投资公司占股20%。盛放公司成立后,至案发前长期租赁区供销社下属企业厂区进行生产。

上述事实有工商登记资料及相应的有相关股东签字或盖章的章程修正案、股东会决议、股权转让协议、租赁协议等证据证实。

二、滥用职权事实

2014年4月10日,江西省供销合作社、江西省财政厅、江西省农业综合开发办公室下发《关于编制2015年江西省农业综合开发供销合作总社新型合作示范项目年度滚动计划工作的通知》[赣供合字(2014)17号],确定2015年农业综合开发供销合作总社新型合作示范项目包括:合作社和龙头企业实施的一般项目(扶持对象为供销社系统内合作社和龙头企业);联合社或龙头企业为主体实施的农产品产销对接项目(扶持对象为供销合作社系统内龙头企业及其领办的合作社、联合社及成员社)。其中的龙头企业均应具备七项条件,其中第七项为:供销合作社持股比例达到34%以上,且是第一大股东,必须拥有省级(含总社或省级农发机构认定)及以上农业产业化重点龙头企业资格。申报程序和要求是:合作社和龙头企业项目,由项目所在地的县级供销社会同同级财政部门、农发机构联合逐级向上申报;设区市供销合作社会同同级财政部门、农发机构在此前申报准备工作基础上,对上报的项目进行汇总、筛选和初步评估,形成联合上报文件。文件还要求,各级供销合作社对申报材料的真实性负责。随后,袁今在明知盛放公司不符合供销社持股比例的情况下,个人决定将盛放公司作为新型合作示范项目的申报单位,并安排下属处理具体的申报事宜。区供销社相关人员亦未提出异议并严格按照要求审核相关申报材料,使盛放公司的申报得以通过,最终获得中央和省级补助资金共计人民币132万元。案发后,盛放公司已向办案机关退出132万元。

上述事实,有下列证据证实:

(1)证人张××的证言,主要内容为2014年,其在获知江西省供销社关于申报示范项目的文件精神后向袁今请示汇报，袁今确认盛放公司为2015年江西省某市某区农业综合开发供销合作总社项目申报单位，其表示同意，随后便开始组织实施该项目的申报工作。由某区供销社牵头，联合某市某区财政局、某市某区农业开发办发文推荐盛放公司的有机山茶油初加工扩建项目为国家2015年农业综合开发供销合作社总社新型合作示范项目，同时通知盛放公司按照文件要求准备相关申报材料及时报送某区供销社。按照文件精神，区供销社承担直接监管责任，确保项目的真实性，对供销社入股比例、项目投资额的真实性负责。项目申报单位首先将申报材料交给蒋××审查，蒋××再交给其审核，其最后交给袁今审核。就区供销社在盛放公司实际占股比例和投资情况，区供销社曾多次召开主任办公室会议讨论过，领导班子成员都知道区供销社在盛放公司没有投资。郑千里提供的申报材料全部是由郑千里提供的。

（2）证人蒋××的证言，主要内容为2014年某区供销社主任和分管领导张××安排其指导、协助盛放公司有机山茶油初加工扩建项目申报财政补贴。材料都是由盛放公司准备的，其对盛放公司提供的材料仅进行形式审查，盛放公司的股份及申报材料的真实性其不知情。

（3）证人陈×、刘×、刘×雄、王××、周××的证言，主要内容为某区供销社在盛放公司只是挂名股东，未出资入股也未参与盛放公司的管理。2014年至2015年，盛放公司通过某区供销社争取到130余万元项目补贴一事未经集体研究讨论。

（4）证人邓××的证言，主要内容为郑千里找其要求合作，采购大量茶籽，双方还签订了合同，但后来郑千里的某市盛放油脂有限公司未实际履行与某市某区欣林油茶专业合作社的茶籽购销合同。

（5）证人傅××的证言，主要内容为某市盛放油脂有限公司与某市某区民星油茶专业合作社签订的茶籽购销合同系伪造的，民星油茶专业合作社未与盛放油脂有限公司发生过交易。

（6）证人陈×的证言，主要内容为其当时在江西××投资咨询有限公司工作，××市盛放油脂有限公司有机山茶油初加工扩建项目可行性研究报告是其和其他人一起编写的，报告中关于企业信息等盛放公司的相关材料均是由盛放公司提供的。附江西××投资咨询有限公司的证明，证明可行性研究报告的附件三第4—12条的有关材料全部为盛放公司提供。

（7）《关于编制2015年江西省农业综合开发供销合作总社新型合作示范项目年度滚动计划工作的通知》，证明申请扶持资金的企业必须满足供销合作社在该企业持股比例达到34%以上，且是第一大股东。

（8）区供销社、某市某区财政局、某市某区农业综合开发办公室印发的××销办字（2014）9号文件《关于申报2015年农业综合开发供销合作总社新型合作示范项目的报告》,证明盛放公司有机山茶油项目被推荐为2015年农业综合开发供销合作总社新型合作示范项目。

(9)关于编报2015年农业综合开发供销合作总社项目实施计划的通知、某市财政局关于下达2015年农业综合开发新型合作示范项目中央财政补助资金的通知及拨款明细、拨款凭证、盛放公司银行账户流水账单,证明盛放公司有机山茶油初加工扩建项目获得中央和省级财政拨款人民币132万元。

(10)盛放公司有机山茶油初加工扩建项目可行性研究报告,其中企业信息中证实股东构成一栏中载明某区供销社投资担保有限公司认缴额780万元,出资比例为52%;在附件购销合同中也包括了盛放公司与某市某区欣林油茶专业合作社的茶籽购销合同和盛放公司与某市某区民星油茶专业合作社签订的茶籽购销合同。

(11)区供销社出具的关于区供销社与盛放公司股权情况说明,证明区供销社自2008年开始参股盛放公司,但并未实际注入资金,亦未实际入股。

(12)扣押财物、文件清单和江西省政府非税收入票据,证明郑千里已将132万元补助资金退回国家财政。

(13)同案人郑千里在侦查阶段的供述,主要内容为2014年上半年,区供销社袁今告诉其有一个中华全国总社的有机山茶油初加工扩建项目,盛放公司可以申报,区供销社已经把盛放公司作为申报对象报到上面去了,要求其组织申报材料。然后其就按照上级文件的要求准备好了申报材料上报到区供销社审核,区供销社审核通过后逐级上报到市供销社和省供销社审核,项目实施后通过了省、市、区三级验收,盛放公司获得了132万元的省级和中央财政资金。其实申报的有些条件不符合。必须是供销社占34%以上的股份而且是第一大股东,而盛放公司工商登记记录区供销社以下属公司区供销社投资公司占20%的股份,严凤岚占80%的股份,不符合这个条件。况且,实际上区供销社不是真实的参股。其安排人伪造了企业信息,另外实施方案中的购销合同也是伪造的,盛放公司没有和这些企业签订采购合同。郑千里在庭审阶段均辩称其未伪造虚假的工商登记资料。

(14)同案犯袁今的供述,主要内容为区供销社在盛放公司只是挂名股东,未出资入股也不参与公司的经营管理。2014年至2015年,盛放油脂公司通过区供销社争取中华全国总社龙头企业130余万元项目补贴一事未经班子集体研究同意,其在明知盛放油脂公司不符合申报条件的情况下为了帮助争取到中央财政资金还是让盛放油脂公司通过了审核。2009年至2013年,郑千里每年春节会送其两条软中华烟。2010年时,其母亲借给郑千里25万元,月息2分。造假的材料应该是盛放公司的人,具体是谁其不知道。

另查明,2017年6月29日,被告人郑千里在接到电话通知后主动到检察机关接受调查询问,后陆续供述了盛放公司通过袁今向区供销社下属公司共计借款850万元及盛放公司获得国家和省级财政补贴132万元的事实。郑千里在后续的笔录及庭审过程中,对于其诈骗的犯罪事实不予供述,辩称材料不是其伪造的,其没有诈骗的故意。

对控辩双方所提控辩意见,本院综合评判如下:

第一,关于本案是否存在非法取证的问题。上诉人郑千里的辩护人在两次一审中均申请排除郑千里2017年6月30日的自书材料(《我的交代》《关于向袁今借款情况说明》《关于盛放油脂公司项目资金情况说明》)及其2017年7月1日16时13分至18时27分、19时22分至20时35分、21时整至21时55分的3份供述。其理由是:(1)根据某市某区检察院出具的郑千里归案经过,郑千里是2017年6月29日12时左右主动到某市人民检察院接受询问,直至2017年7月1日22时均未离开该办案地点,共计约57小时。而在6月29日13时至7月1日16时,办案机关未制作一份笔录,但传唤证显示讯问开始是6月30日11时33分至7月1日10时50分,时长约24小时,属疲劳审讯且无同步讯问录音录像。郑千里的自书材料的写作过程无录音录像证实取证合法性,真实性无法确定。(2)拘传、传唤的时间不得超过24小时,但郑千里在办案机关接受讯问长达57小时,明显违反《刑事诉讼法》第119条的规定。(3)郑千里自述在该57小时内未得到合理的休息。

本院认为,(1)郑千里于2017年6月29日12时左右经电话通知后主动到某市人民检察院办案中心,6月30日11时33分被宣布传唤,7月1日10时50分被宣布刑事拘留,7月1日22时被送某市看守所羁押。郑千里在6月30日有3份自书材料,7月1日16时后有3份讯问笔录。按原公诉机关意见,6月29日至30日郑千里是作为证人协助调查,据此按程序办案机关应告知其作为证人享有的诉讼权利义务,但案卷中无证人权利义务告知书。另外,从《刑事诉讼法》第118条至第123条关于讯问犯罪嫌疑人的规定来看,讯问犯罪嫌疑人应当同时制作讯问笔录中应属题中应有之义,否则无须犯罪嫌疑人核对笔录的规定。而关于询问证人,《刑事诉讼法》第126条规定,该法第122条适用于询问证人,即有关讯问笔录应交犯罪嫌疑人核对的规定。从以上规定来看,原公诉机关所提并非审讯就要制作笔录的观点难以成立,且办案机关以协助调查为名将郑千里限制人身自由近1天,却既未告知郑千里作为证人的权利义务,也未做一份询问笔录,确有不妥。(2)郑千里称办案机关未保障其休息,但其该说法没有其他证据佐证。郑千里送看守所羁押之后在侦查阶段的7月2日、6日、11日、14日,8月1日、11日,9月1日均有供述,在审查起诉阶段的11月1日和11月13日有2份供述。其在以上供述中均未提出侦查机关非法取证或刑讯逼供的问题,且郑千里确实对其笔录自行作了核对修改,因此,根据现有证据,原审法院不排除郑千里有关自书材料和供述笔录并无不当。

第二,关于上诉人郑千里在袁今个人决定将公款850万元借给盛放公司使用一事上是否与袁今构成共同犯罪的问题。首先,对于袁今个人决定将公款850万元借给盛放公司使用一事应如何定性,本院已在案号为(2020)赣0×刑终1号上诉人袁今、李伟冬滥用职权一案的刑事判决中作了分析认定(理由不再赘述),结论是袁今的行为不构成挪用公款罪,而是构成滥用职权罪。其次,关于郑千里是否与袁今在此事上构成共犯的问题。本院认为,郑千里在此事上不构成袁今的共犯。理由是:最高人民法院《关于审理挪用公款案件具体应用法律若干问题的解释》(法释〔1998〕9号)第8条规定,挪用公款给他人使用,使用人与挪用人共谋,指使或者参与策划取得挪用款的,以挪用公款罪的共犯定罪处罚。在司法实践中,使用人构成挪用公款的共犯主要有两种情况:一是使用人与挪用人共同策划挪用公款,然后使用;二是使用人指使挪用人挪用公款。前述司法解释所称的"指使""策划"所对应或包含的行为应与挪用公款罪的具体犯罪构成结合进行考察,以便将之与使用人提出的一般性的借款请求相区别,防止不当扩大打击范围。具体到本案,根据郑千里和袁今的供述以及在案其他书证,可以确定以下事实,即:1. 在涉案的两笔借款前,区供销社曾通过班子会集体讨论的方式决定为盛放公司借款提供抵押物或担保;2. 郑千里仅仅是向袁今提出借款请求,没有证据证明其指使或要求袁今个人决定出借款项。基于前述两项事实,不应苛求郑千里能否预见到袁今会违规决策,更不应据此即要求郑千里承担袁今违规决策的共同责任。袁今的行为之所以涉嫌构成挪用公款罪或其他犯罪,是因其"个人决定"出借公款给其他单位用于营利活动。换言之,如袁今并非个人决定,而是由区供销社集体决定,那么袁今的行为显然不构成挪用公款罪或其他渎职犯罪。从在案证据所呈现的事实来看,以区供销社下属全资公司名义向市农资公司借款再转借给盛放公司,并非郑千里为了掩盖借款事实而特意设计,而是市供销社有关领导为防范风险而提出的要求,另外区供销社以其上海房产为盛放公司融通资金也早已有之,因此,以上述两种借款方式并非袁今构成挪用公款罪的决定性因素,也非郑千里构成袁今共犯的决定性因素。根据郑千里、袁今的供述中,对郑千里向袁今提出借款的经过描述,都只是郑千里向袁今提出要区供销社帮忙融通资金,而缺乏进一步的证据证实郑千里在向袁今提出向区供销社借款的请求时,策划或指使袁今个人违反区供销社的议事程序作出决定。要认定某人对某一犯罪行为具有概括故意,也应当有充分事实基础,在无更进一步的证据证实郑千里有何种指使或策划行为的情况下,难以根据现有事实即认定郑千里具有与袁今共同犯罪的概括故意,进而认定其为袁今的共犯。故郑千里及其辩护人所提郑千里不构成挪用公款罪的意见成立,本院予以采纳。

第三,关于上诉人郑千里是否构成诈骗罪的问题。本院认为,区供销社主任袁今在听取区供销社分管领导张××的汇报后,在明知盛放公司不符合申报条件的情况下,未经班子会讨论即确定盛放公司为申报单位。之后张××作为区供销社分管领导亦未表示反对，而是根据袁今的决定安排人员组织实施申报。郑千里明知盛放公司不符合申报条件，仍按照区供销社的意见组织申报材料。在本起犯罪中，起决定性作用的是袁今等区供销社人员滥用职权和不认真履行审核职责的行为，而且区供销社及其下属公司确实先后在盛放公司登记持有股份，该股份比例虽未达到上级文件的要求，但也并非完全虚构，相关申报项目经上级部门审核也非虚构，公诉机关也未提供证据证明132万元补贴款被挪作他用或被郑千里个人非法占有或挥霍，因此，难以认定郑千里个人有非法占有的主观故意，但其与袁今有共同利用袁今的职务违规申报补贴的目的和行为，构成滥用职权罪共犯。原审判决将郑千里的行为认定为诈骗犯罪，缺乏事实和法律依据，应予纠正。郑千里及其辩护人所提郑千里不构成诈骗罪的意见予以采纳，但所提相关行为不构成犯罪的意见没有事实和法律依据，不予采纳。

第四，关于上诉人郑千里是否具有自首情节的问题。本院认为，郑千里对其根据区供销社的安排组织申报材料作了材料，对其取得的补助资金数额及用途也作了供述，仅对其是否制作了虚假的盛放公司工商登记资料作了否认。虽然郑千里在2017年7月1日的供述中称其制作了虚假材料，但其进入看守所以后未再作供述，更在庭审中予以否认，因根据现有证据难以认定就是郑千里伪造了工商登记资料，故不能认定其系翻供。鉴于其供述了该起犯罪的基本事实，可认定其如实供述了主要犯罪事实，其具有自首情节。

本院认为上诉人郑千里明知盛放公司不符合申请国家财政补贴的条件，根据袁今的决定和区供销社有关人员的安排组织申报材料，获得国家和省级财政补贴共计132万元，给国家造成重大损失，其行为构成滥用职权罪。在共同犯罪中，其与袁今作用相当，均系主犯。郑千里能自动投案并如实供述主要罪行，具有自首情节，依法可从轻或减轻处罚。案发后，郑千里已将盛放公司领取的132万元补贴资金全部退出，可依法酌情从轻处罚。检察机关建议本院驳回上诉，维持原判的意见缺乏事实和法律依据，本院不予采纳。原审判决认定事实及适用法律均有错误，导致量刑失当，应予纠正。依照《中华人民共和国刑法》第397条第1款，第25条第1款，第26条第1款，第67条第1款，最高人民法院、最高人民检察院《关于办理渎职刑事案件适用法律若干问题的解释（一）》第1条第1款以及《中华人民共和国刑事诉讼法》第236条第1款第3项之规定，判决如下：

一、撤销新余市某区人民法院（2019）赣050×刑初1×1号刑事判决。

二、上诉人郑千里犯滥用职权罪，判处有期徒刑1年。（刑期从判决执行之日起计算。判决执行以前先行羁押的，羁押1日折抵刑期1日，即自2017年7月1日起至2018年6月30日止。）

本判决为终审判决。

审判长：李 ×
审判员：潘××
审判员：朱 ×
2020年11月10日
书记员：黄 ×

办案总结

郑千里因涉嫌挪用公款罪、诈骗罪被某市某区人民检察院立案侦查并公诉，一审法院判处其有期徒刑15年，最终某市中级人民法院判决郑千里不构成挪用公款罪、诈骗罪，郑千里最终被以滥用职权罪判处有期徒刑1年。郑千里被释放时已在看守所关押了3年5个月。

回顾该案的工作历程，我是在该案进入了第一个二审程序时介入的（时间为2019年2月），经过同中院法官沟通，其将该案件发回重审。从案件进入重审一审、重审二审，经过多次会见被告人，对案件材料和法律规定进行了充分的研究、多次同法官的沟通以及搜集对被告人有利的证据等，直至2020年11月郑千里被释放，这1年9个月的时间，往返某市数十次。由于疫情原因，二审采用书面审理，虽提交了辩护词，但为了能更好地向法院说明辩护观点，冒着疫情风险，我去某市中院同法官当面沟通多次，直至当事人被释放。

对于本案挪用公款罪，由于郑千里不是国家工作人员，在认定其构成挪用公款罪主要依据是最高人民法院《关于审理挪用公款案件具体应用法律若干问题的解释》第8条的规定，即挪用公款给他人使用，使用人与挪用人共谋，指使或者参与策划取得挪用款的，以挪用公款罪的共犯定罪处罚。但郑千里只是向另案的一被告人袁今（供销社主任）提出借款，且之前也向供销社提出过借款，至于袁今是否召开班子会议研究借款事宜，或怎么将款项借款给郑千里，郑千里本人是不参与的，郑千里也不清楚供销社的议事规则，再者本案无证据证明郑千里指示、参与或策划了借款事宜。故认定郑千里构成挪用公款罪不成立。

对本案诈骗罪，供销社明知道盛放公司不符合申报国家补贴资金的条件仍然推荐，其未陷入错误认识；郑千里没有虚构股东股权比例；补贴的资金全部用于项目建设，个人未使用，不具有非法占有目的。辩护观点认为郑千里不构成诈骗罪，中院采纳了辩护观点，认为郑千里的行为虽不构成诈骗罪，但构成滥用职权的共犯，对于中院的观点辩护人不是很赞同，也许中院考虑了案件以外的因素。

从本案的办案思路来讲,不但要分析犯罪嫌疑人、被告人的行为是否符合犯罪构成要件,还要通过案件事实找到适用的法律,依据法律规定查找案件中的证据,再分析证据是否为法律规定所要求的证据,再研究证据所呈现的事实是否为犯罪事实。总之,从事实—法律—证据,再从证据—法律—事实,三者之间要来回穿梭,并从中找到对犯罪嫌疑人、被告人有利的辩护观点。

专家点评

此案历经一审、上诉、二审、发回重审、上诉,直至中院作出终审判决,历经3年时间。

一、一审阶段概要

一审法院以挪用公款罪、诈骗罪判处郑千里15年有期徒刑。二审法院发回重审后,原审法院另行组成合议庭。

审理过程中,公诉机关变更起诉,将"挪用公款人民币650万元归个人使用,进行营利活动"变更为"挪用公款人民币300万元、550万元归个人使用,进行营利活动"。法院作出与原一审判决相同的判决。当事人再次上诉。

二、二审阶段概要

二审法院书面审理,听取了辩护人意见,于2020年11月10日作出终审判决:撤销一审判决,以上诉人郑千里犯滥用职权罪,判处有期徒刑1年。

三、二审改判观点分析

本案涉及焦点问题主要有:诈骗罪,行为人是否存在虚构事实、骗取补贴的行为?挪用公款罪,主犯袁今是否符合挪用公款构成要件,与之无合谋的郑千里能否构成共犯?滥用职权罪,郑千里非国家机关工作人员,也不了解袁今有无利用职权推荐申报补贴,其能否构成滥用职权罪共犯?

二审法院根据法律规定,客观分析了各方意见,撤销了一审判决中的挪用公款罪和诈骗罪。不过,二审法院仍然以滥用职权罪对郑千里处以刑罚,二审法院认为"郑千里根据袁今的决定和区供销社有关人员的安排组织申报材料,获得国家和省级财政补贴,给国家造成重大损失,认定构成滥用职权罪,与袁今均系主犯"。这一理由,值得商榷。

四、本案亮点

本案难点在于"法律之争",司法人员、诉讼参与人对案件性质在认识上存在差异。

原审法院两次作出同样的有罪判决,当事人第二次上诉后,辩护人继续做无罪辩护,在实体方面论证郑千里不构成挪用公款罪和诈骗罪,在程序方面提出了非法证据排除申请,同时也提出了自首、初犯、偶犯等量刑意见。

辩护意见的亮点是逻辑性较强。挪用公款部分,辩护人先根据工商登记信息等客观证据,提出"某区供销社下属的区供销社投资管理有限责任公司是盛放公司的股东",厘清了区投资管理公司与盛放公司的关系。之后,辩护人直指焦点问题,论证盛放公司申报国家财政补贴不存在虚构事实,继而围绕构成要件分析郑千里不存在诈骗行为和诈骗故意,不构成诈骗罪。

在论证挪用公款罪时,辩护人先聚焦供销社主任袁今,论证袁今有无利用职务便利,有无获取个人利益,性质是挪用公款还是企业之间借款,得出袁今不构成挪用公款罪的结论,然后再论证郑千里非国家工作人员,且与袁今无通谋,郑千里不构成共犯。脉络清晰,逻辑严密。

审核人、点评人:北京律师智库重大复杂案件研究专家组成员　刘玲律师
复核人:北京律师智库重大复杂案件研究专家组　刑事小组组长　佘尘律师

厘清法律关系的边界，以交叉、融合的法律思维助力辩护

——某商业银行涉嫌合同诈骗罪不起诉案

争议焦点

银行以发放贷款（增加保证人）方式清偿信用证欠款是否构成虚假贷款？后对保证人主张权利是否构成合同诈骗？

关键词

刑民交叉　银行涉嫌单位合同诈骗罪　信用证转贷款　担保债权实现　不起诉

案情简介

2005 年，因甲集团公司实际控制的五家公司（以下简称甲系五公司）无法清偿在某国有商业银行（以下简称 A 银行）开立的到期信用证项下欠款，A 银行根据银发〔1997〕430 号文件要求，对甲系五公司到期无法清偿的信用证欠款陆续进行了转贷，补签贷款合同，并由甲集团公司找来的乙公司为该贷款提供了最高额 4 亿元的保证。

2006 年，因未能偿还到期贷款，A 银行将甲系五公司及担保人乙公司诉至某省高级人民法院。经过民事诉讼、调解、强制执行、执行和解等程序，案件于 2011 年 6 月执行终结，乙公司被强制执行 4.0796 亿元给 A 银行，案件终结。

2018 年，乙公司以“提供了能够证明 A 银行在上述贷款中存在诈骗行为的新证据”为由，就上述案件，向某省高级人民法院申请再审。

经合议庭合议，某省高级人民法院认为该案涉嫌经济犯罪，遂将案件移送某省公安厅。公安厅将案件批转省人民政府所在地某市公安局立案侦查。

经过近 3 年的反复侦查，某市公安局认定：犯罪嫌疑人 A 银行明知甲系五公司无实

际经营及还款能力，以非法占有为目的，在甲系五公司未发生实际贸易业务、信用证业务及贷款业务的情况下，利用签订最高额担保合同无须向保证人提供借款主合同及借款凭证的漏洞，以“解付信用证”等名义制造贷款手续，后向某省高级人民法院提起民事诉讼，故意隐瞒贷款收回手续，使乙公司同意某省高级人民法院的调解意见，被骗取资金4.0796亿元，其行为已触犯了《中华人民共和国刑法》第224条、第31条之规定，涉嫌合同诈骗罪。

同时，A银行时任负责人杨某被批准逮捕。案件于2020年11月9日移送某市人民检察院审查起诉。

审查起诉阶段，某市人民检察院采纳了辩护人的意见，于2021年5月8日对A银行及杨某作出不起诉决定，并于当日解除了对杨某的羁押措施。

某市公安局不服，依法向某市、某省两级人民检察院申请复议、复核，某市、某省两级人民检察院先后维持了不起诉的决定。

案件历程

某市公安局
起诉意见书

某公经诉字(2020)第2号

犯罪嫌疑人A银行，组织机构代码略，住所地略，负责人略。2005年5月至2006年12月A银行涉嫌合同诈骗犯罪时，主持工作的副行长(直接责任人)为杨某。

犯罪嫌疑人杨某，男，居民身份证号码略，汉族，大学本科，A银行宣传科科长，户籍所在地略，现住址略。

违法犯罪经历：犯罪嫌疑人A银行2005年5月至2006年12月的时任主持工作的副行长杨某，因是涉嫌单位合同诈骗罪的直接责任人，于2019年3月11日被某市公安局某分局刑事拘留；同年4月17日变更为取保候审的强制措施；2020年4月3日经某市某区人民检察院批准逮捕；2020年4月10日被某市公安局某分局执行逮捕；现羁押于某省某市某区看守所。

犯罪嫌疑人A银行、杨某涉嫌合同诈骗罪一案，2018年5月10日我局接到某省公安厅关于依法核查省高级人民法院移送案件线索的通知。经工作，我局于2018年7月24日立为合同诈骗案进行侦查。2019年3月11日，A银行副行长杨某经电话通知到公安机关接受询问。犯罪嫌疑人A银行、杨某涉嫌合同诈骗罪一案，现已侦查终结。

经依法侦查查明,犯罪嫌疑人A银行、杨某有下列犯罪事实:

2005年,A银行及分行信用证风险防范工作组在调查过程中发现,甲系五公司的经营已处于停止、停滞状态,无偿还能力,并将甲系五公司列为“信用证风险重点客户”。为化解甲系五公司信用证风险,A银行的上级分行,针对甲系五公司制定两套风险化解方案。

其中,方案一是由甲系五公司在某分行范围内贷款解决信用证问题,追加乙公司提供最高额保证担保,并起草对乙公司约束性协议文件;方案二是考虑甲系五公司在某分行融资存在障碍,而甲集团公司在各金融机构有良好的信誉和实力,可以通过甲集团公司作为融资主体,将融入资金用于解付A银行到期的信用证。

上述两套风险化解方案系A银行及风险化解工作组在调查清楚甲系五公司无还款能力的情况下,为化解本行风险,意图通过甲系五公司在其他行贷款或让乙公司提供最高额保证的方式,将他行资金或担保人资金通过合法形式据为己有,转嫁损失的不正当方案。

2005年8月,A银行及分行风险化解小组成员(略)等人与甲集团公司法定代表人携带起草完毕的《最高额保证合同》共同来到某省某市与乙公司法定代表人协商由乙公司为甲系五公司提供担保事宜。经共同劝说,乙公司法定代表人同意在《最高额保证合同》上签字盖章。《最高额保证合同》约定,乙公司为甲系五公司提供最高额4亿元的保证担保,保证期间自2005年6月1日至2007年8月1日。保证合同第8条第1款同时约定,本合同项下发生的各类业务的主合同、借款凭证和相关债权凭证不再送达保证人。

《最高额保证合同》签署后,A银行利用最高额担保合同无须提供借款合同及借款凭证的漏洞,要求甲集团公司法定代表人安排甲系五公司财务人员到A银行配合A银行行长杨某及其指派的员工共同制造了81笔贷款业务手续。贷款总额3.8152亿元。其中9笔系以“通关费”名义贷款4300万元,72笔系以“解付信用证”名义贷款3.3亿元。

经查,甲系五公司在2005年期间未实际经营,未开展任何对外贸易业务。杨某、陈某海、甲集团公司法定代表人均证实甲系五公司在2005年期间没有发生任何的真实业务,卷宗中的信用证档案及贷款档案所体现的业务均没有发生,只是为了配合A银行走内部流程。甲系五公司没有真实的对外贸易业务发生,所以没有产生向海关交纳通关费的需求及解付的信用证的需求。3.8152亿元贷款发放到甲系五公司账户后即转回A银行,A银行并向甲系五公司出具《收贷凭证》,由甲系五公司入账。A银行向某省高级人民法院提供的在2005年期间所制造的3.8152亿元贷款手续是甲集团公司法定代表人安排公司财务人员配合A银行制作的。

2006年10月，A银行以甲系五公司到期未还款为由，对甲系五公司及乙公司向某省高级人民法院起诉，要求乙公司履行保证义务，偿还银行借款本金3.8152亿元及利息，并向某省高级人民法院提供了81笔贷款合同及借款凭证，但未提供3.8152亿元的贷款收回凭证。

乙公司到庭参加诉讼，鉴于A银行已向某省高级人民法院提供了完整的3.8152亿元的借款合同及借款凭证，乙公司误认为在担保期间内甲系五公司与A银行发生了真实债务，所以同意了某省高级人民法院的调解意见，还款期限延长至2007年12月31日。

2007年9月19日，A银行向某省高级人民法院对乙公司申请强制执行，某省高级人民法院执行了乙公司4.0796亿元的资金，并划给A银行。

认定上述事实的证据如下：

1. 书证(略)。

2. 被害人(略)、犯罪嫌疑人(略)、证人(略)的笔录。

3. 审计报告(略)。

上述犯罪事实清楚，证据确实、充分，足以认定。

综上所述，犯罪嫌疑人A银行明知甲系五公司无实际经营及还款能力，以非法占有为目的，在甲系五公司未发生实际贸易业务、信用证业务及贷款业务的情况下，利用签订最高额担保合同无须向保证人提供借款主合同及借款凭证的漏洞，以"解付信用证""通关费"等名义，与甲系五公司制造出81笔贷款手续，后以债务人甲系五公司未还款为由，对甲系五公司及乙公司向某省高级人民法院提起民事诉讼，故意隐瞒收贷凭证等贷款收回手续，骗取乙公司资金4.0796亿元，其行为已触犯了《中华人民共和国刑法》第224条、第31条之规定，涉嫌合同诈骗罪。犯罪嫌疑人杨某系时任主持工作的副行长，属直接负责的主管人员及直接责任人员，依照《中华人民共和国刑事诉讼法》第162条之规定，现将此案移送审查起诉。

此致

某市人民检察院

某市公安局

2020年10月29日

法律意见书(A 银行)

提请对涉嫌合同诈骗罪的A银行作出不起诉决定的法律意见书

某市人民检察院:

受A银行委托,北京德恒律师事务所指派王刚、牛童律师,担任涉嫌合同诈骗罪的A银行的辩护人。通过详阅案卷材料、查阅相关判例和专家论证,辩护人依据事实和法律分析,认为A银行不构成合同诈骗罪,建议贵院依法对A银行作出不起诉决定,为配合贵院办理本案,现将法律意见详述如下:

一、本案被害人乙公司及法定代表人,与债务人甲系五公司等为关联紧密的利益共同体,其应知债务人真实的经营状况、贷款债务情况,不可能在这方面被A银行所骗。

本案中,某市乙公司是其法定代表人通过其实际控制的公司(以下简称丙公司)与甲集团公司及其实际控制人共同设立,用于运作某地产项目的公司,而《最高额保证合同》中的债务人甲系五公司,则均为甲集团公司直接或间接控制的公司。乙公司基于密切的关联关系,大量使用甲系五公司利用信用证筹集的资金,并为甲系五公司提供担保,进而形成分工合作、共享权益的利益共同体。

在第42卷中,出现了多份乙公司法定代表人控股公司、甲集团公司、甲系五公司、乙公司等主体间签署的合作协议书等文件,这些文件与企业信用信息公示系统所公开的信息清晰地描述了乙公司与甲集团公司、甲系五公司间的关联关系,以及与案件相关的信用证资金使用情况:

(1)2003年9月16日,乙公司法定代表人代表丙公司与甲集团公司签订的《合作协议书》中约定:①甲集团公司负责筹措不少于1.5亿元资金投资给丙公司用于某地产项目;②项目财务、工程管理、经营、销售等活动由甲集团公司及丙公司共同管理;③除项目利润外,丙公司按年利率10%向甲集团公司支付融资成本,并优先退还甲系投入的资金。

(2)2003年12月1日,某公司(甲集团公司的关联公司)又与丙公司签订借款协议,借款1400万元给丙公司,用于偿还到期贷款,乙公司法定代表人个人为其担保。

(3)2003年12月22日,丙公司和甲集团公司共同设立了乙公司,注册资本6000万元,其中丙公司占股60%,甲集团公司实际控制人的妻子占股12%,甲集团公司大股东妻子占股28%。此公司的成立即是作为双方共同运作某地产项目的平台。甲集团公司大股东在甲系五公司与A银行的多份借款合同封面及落款处签字并盖人名章。

(4)2004 年 10 月 11 日乙公司的大股东由丙公司变更为乙公司法定代表人。

(5)2005 年 9 月 6 日丙公司、甲集团公司和乙公司又签订了《协议书》，协议书中体现了以下内容：①乙公司就是丙公司与甲集团公司为合作开发某地产项目专门成立的运作平台；②甲集团公司为开发某地产项目而向丙公司投资所产生的债权由乙公司承担，且乙公司需按每年 10% 向甲集团公司支付资金占用费；③乙公司向甲集团公司一次性补偿 1 亿元特别融资成本；④甲集团公司认可乙公司当前股权结构(丙公司 60% 股权变更至乙公司法定代表人个人名下)。同时，乙公司还于 2005 年 9 月 8 日对此《协议书》出具了股东会决议，有企业公章和包含乙公司法定代表人在内的全体股东签字。

(6)同在 2005 年 9 月 8 日，甲集团公司和甲集团公司法定代表人之妻、大股东之妻分别向乙公司和乙公司法定代表人出具了两份《承诺书》(以下简称“9·8 承诺”)，承诺乙公司及乙公司法定代表人若因签订《最高额保证合同》而造成损失，则从甲集团公司的债权本息、特别融资补偿和甲集团公司法定代表人之妻、大股东之妻的股东利润中进行补偿和弥补。这充分说明：乙公司法定代表人对于将会因《最高额保证合同》而承担保证责任是有充分预期的，不存在“以为根本不会承担责任”的情况。虽然乙公司法定代表人谎称对前述两份《承诺书》不知情，但第 42 卷中国某管理公司致乙公司的《函》中，明确称收到了乙公司提供的前述两份《承诺书》并提出了审查意见，乙公司法定代表人不知情的陈述不攻自破。

(7)2005 年 12 月 30 日丙公司、甲集团公司和乙公司又签订了《协议书》，内容同样为甲集团公司为开发某地产项目而向丙公司投资所产生的债权由乙公司承担。

(8)2006 年 5 月 10 日，乙公司与甲系五公司签订《协议书》约定：乙公司在处置重大财产时必须书面通知甲系五公司，并听取对方意见，否则甲系五公司有权对该行为确认无效或进行限制。这同样能够充分说明乙公司与甲系五公司在经营上存在密切关联。

第 42 卷中还有一份《甲集团公司与乙公司借款对账明细表》，其中列举了自 2003 年 9 月 8 日至 2005 年 9 月甲集团公司及关联公司向丙公司、乙公司及乙公司法定代表人转账共计 20,659 万元，此《甲集团公司与乙公司借款对账明细表》经乙公司、丙公司及甲集团公司三方于 2005 年 9 月确认。且根据甲集团公司法定代表人在第 2 卷、第 3 卷中的笔录显示，这些钱大部分都来自涉案信用证所套取的资金，可见乙公司是甲系五公司涉案信用证资金的实际使用人，乙公司法定代表人有充分理由和动机签订《最高额保证合同》为甲系五公司提供担保。

此外，乙公司法定代表人在被起诉要求承担担保责任期间与之后的行为，也都显示其与债务人甲系五公司关联密切：一方面，在诉讼过程中，乙公司法定代表人未对其担保的甲系五公司债权提出任何的质疑、抗辩，而是迅速签订调解协议，承担保证责任;另一方面,在民事诉讼中,担保人承担责任后向债务人追偿,是一种最为普遍的维权模式,但乙公司法定代表人在乙公司承担担保责任后至今10余年期间从未向甲系五公司追偿,如果不是基于利益共同体,不是基于"9·8承诺",这实在有悖常理。

更何况早从2004年4月起,乙公司法定代表人就通过丙公司开始为甲系五公司就减免开立信用证保证金等事项提供多份最高额保证(有乙公司法定代表人亲笔签字),期限最长至2006年5月,金额不少于4亿元,说明乙公司法定代表人早在甲系五公司开立信用证套取资金时就已深度参与其中。

综合以上信息,不难得出结论:乙公司法定代表人、丙公司与甲系五公司、甲集团公司是关联紧密的利益共同体,而乙公司则是甲集团公司与丙公司为某地产项目专门成立的运作平台,即为各方利益的纽带,各方根据《合作协议书》系列合同对资金来源、责任承担、利益分配等共同经营事宜作出约定并履行。基于此,乙公司所运作的某地产项目大量使用了甲系五公司通过信用证方式套取的资金,而后甲系五公司资金链断裂,陷入了无法清偿信用证借款的困境,一旦被追究责任,无论从刑事或民事角度,乙公司用于某地产项目的资金都很可能被追回,导致项目无法运作。但签订《最高额保证合同》后,甲系五公司还可以利用流动资金贷款借新还旧支撑下去,而某地产项目也可以继续使用相关资金进行运作,万一最终还是承担了保证责任,乙公司法定代表人也可以从甲集团公司的债权本息、特别融资补偿和股东利润中得到补偿。故乙公司(及乙公司法定代表人)作为资金的实际使用方,才会为甲系五公司提供担保、在诉讼中未进行任何抗辩,且承担责任后也始终未向甲系五公司追偿。

因此,乙公司(及乙公司法定代表人)签订《最高额保证合同》不但合情合理,更是对其利益最大化的选择,而其所称的"以为不用承担保证责任""不知甲集团公司经营状况"一方面根本无法实现逻辑自洽,另一方面也与现有的诸多主客观证据相悖。基于利益共同体及上述诸多合作关系,乙公司法定代表人显然是应知债务人甲集团公司的经营状况、贷款债务情况等,在这方面,所谓的"被害人"不可能为A银行所骗。

二、A银行没有合同诈骗罪所必须具备的非法占有的主观目的和行为。

刑法中的非法占有目的和行为,是指行为人通过刑法所禁止的手段将他人所有的财物进行实际控制和掌握,使物主对物失去控制的目的和行为。认定非法占有,行为人需要满足:(1)取得财物行为违反刑法;(2)占有财物缺乏合法依据;(3)对财物实现实际控制;(4)对非法占有存在直接故意等条件。而本案中,A银行并不符合上述条件。

1. A银行将信用证项下欠款转为贷款的工作是公开、合法、合规且在行政监管部门批示下开展的。

《起诉意见书》中,某市公安局将A银行为甲系五公司发放的,用于偿付到期信用证欠款的81笔短期流动资金贷款评价为:"制造的""非真实的债务",并将此行为作为A银行具有非法占有目的,实施合同诈骗的依据。

但实际上,A银行将到期无法偿付的信用证欠款转为流动资金贷款是有法可依的——中国人民银行《关于商业银行国际结算远期信用证业务经营风险管理的通知》(银发〔1997〕430号,已失效)第6条第1款规定:凡开证申请人或保证人到期不能履约的款项,开证行应转入流动资金贷款科目核算,并补签贷款合同。A银行依据此规定,在上级部门的批准下,才制定了将信用证欠款转为贷款的方案。

为保证相关贷款的合法性,A银行还将相关情况报请至某省银监局,2005年7月22日,某省银监局下发《关于A银行远期信用证到期解付有关问题的批复》也表示:"一、原则上同意按《关于商业银行国际结算远期信用证业务风险管理的通知》(银发〔1997〕430号)中第六条第一款的规定执行(略)。二、要严格控制风险,在落实有效担保或抵押的前提下,对临时资金周转困难不能按期解付的远期信用证转为流动资金贷款,应办理相关合法手续。三、强化贷后管理,加强内部控制,密切关注开证企业的经营情况,及时排查风险隐患,采取有效措施,确保信贷资金的安全。"其中不但同意A银行将临时资金周转困难不能按期偿还的远期信用证欠款转为流动资金贷款,还进一步要求落实有效担保,这也是A银行与乙公司签订《最高额保证合同》的重要原因。

2005年9月,A银行又向某省银监分局报送《上报关于A银行信用证解付情况的报告》,汇报A银行发放贷款偿还信用证欠款的情况。其中包含了向甲系3家公司发放贷款的明细。

"非法占有"要求行为人的占有行为具备违法性。但A银行在"将信用证欠款转为贷款"工作的开展过程中,不但严格遵循法律法规,还多次上报相关行政监管部门得到批示指导,不具任何违法性。

2. A银行将全部回款划转至财政部账户,未实际占有款项,最终维护了国家利益。

2009年A银行母公司股改时,已将甲系五公司相关不良贷款债权剥离至财政部,并受财政部委托继续清收,公安机关在第二次补侦中调取的《被法院执行回的4.0796亿元去向的凭证》(详见附件1)和部分询问笔录中均可以显示,A银行在依法收回担保债权的本息后,就按照资产处置相关规定将全部回款划转至财政部账户,最终维护了国家权益。相反,若未向乙公司主张权益,则直接受到损害的将是国家利益而非A银行的利益。

"非法占有"要求行为人对财物实现实际控制,但本案中,A银行在受财政部委托依法收回本息后,就将全部回款划转至财政部账户,未对财物实现实际占有,也未因此获得对价,显然不能认定存在非法占有的目的与行为。且若认定A银行构成合同诈骗罪,最终岂非要到财政部去追赃?

3. A银行风险化解方案正当合法,且有利于乙公司。

《起诉意见书》评价本案中A银行的风险化解方案为:A银行及风险化解工作组在调查清楚甲系五公司无偿还信用证欠款的能力的情况下,意图通过让乙公司提供最高额保证的方式,将担保人资金通过合法形式据为己有,转嫁损失的不正当方案。

但从常识性角度而言,当债务人无力偿还债务时,债权人要求或允许债务人寻求第三人为其提供担保,从而换取对其债务时效的宽限,是在经济生活中极为常见的情形,也符合"担保"这一法律关系的应有之义。

《起诉意见书》将一个完全合法合规的方案评价为"不正当",其对于"正当"认定标准实在令人费解。《起诉意见书》中"将担保人资金通过合法形式据为己有"的说法也同样令人困惑,既然是合法形式,又如何能评价为"非法占有"之目的?

从乙公司利益角度来说,本案中若A银行直接采用法律手段强行追收相应款项,不但会立刻让资金链已产生问题的甲系五公司崩溃,也会进一步对乙公司及某地产项目产生极大影响,当时就会造成其资金链断裂,项目烂尾。且即便这样也很难完全收回欠款,将进一步造成国有资产的损失。而采用A银行的风险化解方案,至少能够给甲系五公司、乙公司及某地产项目一定运作的时间与机会。因此,此方案本质上有利于乙公司,不应认定其具有"非法占有"目的。

4. 乙公司的股权已全部质押给A银行,A银行占有、处置乙公司名下的资产何谈"非法占有"?

2005年8月,乙公司及全体股东向A银行出具的一份《承诺书》载明:自2005年6月1日以后,甲集团公司和甲系五公司在A银行办理的贷款业务包括借新还旧、还旧借新,我公司股东同意予以提供股权质押,经A银行同意贷款后办理相关手续。《承诺书》有乙公司盖章并经全体股东签字确认。在2005年9月5日,乙公司及全体股东向A银行出具了《股东会决议》,议题为3名股东之股权质押担保事宜,内容为:经我公司股东会决议,股东乙公司法定代表人持有乙公司总注册资本的60%股份,其他两名股东持有乙公司总注册资本的40%股份质押给A银行,具体见权利质押合同。

2005年9月7日,乙公司全体股东以出质人身份与A银行签订了《权利质押合同》,主要内容为:(1)为了确保甲集团公司和甲系五公司(下称债务人)与质权人(A银行)签订的2005年6月至2007年8月的各类贷款合同涉及的款项的切实履行(略);(2)被担保的主债权种类为2005年6月至2007年8月在债权人处办理的各类信贷业务,所实际形成的最高余额本金及利息(略);(3)出质人同意以某市乙公司出质人所有的股权作为出质权利等,并办理了3名股东所持有的,乙公司100%股权的质押登记手续(详见附件2)。

显然,即便没有《最高额保证合同》的签订和履行,A银行也完全可通过主张《权利质押合同》中约定的对乙公司100%股权的质权,使乙公司以全部资产为本案中81

笔债权承担担保责任。“非法占有”要求行为人对占有的财物缺乏合法依据，而A银行对乙公司有多项合法权利，不符合“非法占有”的构成。

三、乙公司因《最高额保证合同》而承担担保责任的81笔贷款债务，均是真实、有效的。

1. 公安机关基于对涉案事实的重大误解，才作出81笔债权为虚假的判断。

首先应明确，从法律角度而言，A银行向甲系五公司发放贷款偿还信用证欠款的完整流程为：

(1) A银行享有甲系五公司因解付信用证而产生的旧(信用证)债权；

(2) A银行向甲系五公司发放贷款，此时新(贷款)债权产生，旧(信用证)债权存续；

(3) 甲系五公司收到贷款后，将其用于偿还欠款，此时旧(信用证)债权消灭，新(贷款)债权存续。

基于此，辩护人对公安机关对本案事实存在的误解释明如下：

(1) 关于《起诉意见书》中“3.8152亿元贷款发放到甲系五公司账户后即转回A银行”“卷宗中贷款档案所体现的义务均没有发生”(指贷款未真实发放)的问题：为了防止专用于偿还信用证欠款的贷款被甲系五公司挪用，A银行在贷款发放时要求甲系五公司于当日就将款项用于偿还欠款。但如前文所述，“贷款发放到甲系五公司账户”和“甲系五公司向A银行还款”是不同法律关系下具有不同法律意义的行为，前者导致新(贷款)债权产生，而后者导致旧(信用证)债权消灭，两个行为间隔时间的长短不能影响对其行为性质的判断。但显然《起诉意见书》中混淆了“甲系五公司向A银行还款”与“A银行径行收回已发放的贷款”，认为A银行将款项发放后又收回，即并未真实发放贷款，是明显错误的。

在第二次补侦过程中，公安机关调取了《A银行81笔贷款核查情况表》，其中明确显示了每笔贷款所对应的偿还欠款情况(详见附件3)，可以证明贷款确已实际发放并被甲系五公司使用。《借款合同》中约定的借款用途即为“用于解付信用证”，而贷款发放给甲系五公司后，确实由甲系五公司交付给A银行用于偿还解付信用证欠款，由此可见，贷款款项的使用与合同约定是一致的，不存在“所体现的义务均没有发生”的情况。

(2) 关于“A银行向甲系五公司出具《收贷凭证》，由甲系五公司入账”和“起诉时未提交收贷凭证”(隐瞒贷款未真实发放真相)的问题：本案中，公安机关所指的“收贷凭证”，是A银行在收到甲系五公司还款款项后，开具的财务票据(详见附件4)，其作用是“证明甲系五公司已偿还因解付信用证而产生的欠款”——即旧(信用证)债权消灭的证明。A银行起诉所主张的，是基于对甲系五公司贷款而产生的新(贷款)债权，“收贷凭证”作为证明旧(信用证)债权消灭的证据，与该起诉讼并无关联，自然不应作为证据提交。

(3)关于公安机关《关于A银行隐瞒真相的证据(书证)的情况说明》中:“甲系五公司2004年10月以前在A银行开取的信用证到期时,A银行已经全部垫款解付完毕”和“(贷款)实际的用途是堵塞2004年以前甲系五公司开取信用证诈骗的窟窿”(贷款用途不真实)的问题:如前文所述,公安机关调取的《A银行81笔贷款核查情况表》中已明确显示了贷款的用途为偿还2005年5月以后解付信用证的相关欠款,与2004年10月以前到期的信用证是否解付完毕并无任何关系,“堵塞2004年以前甲系五公司开取信用证诈骗的窟窿”自然也无从谈起。

同时,信用证作为金融票证的一种,本身就具有融资的功能,甲系五公司将其用于融资并不被法律禁止,若使用信用证实际购买货物后,再将货物销售取得资金,则更是合法的,无论采用何种方式,都是甲系五公司对其已取得信用证权利的处分,A银行既不知情,也无权无理由干涉或禁止。故即便公安机关认为甲系五公司偿还2004年10月以前到期信用证资金的来源与2005年5月以后到期的信用证有关,也绝不会导致A银行对2005年5月以后到期的信用证相关债权的虚假或无效,更无法得出贷款用途不真实的结论。

2. 借新还旧是最为常见的贷款业务形态之一,所产生的债权是真实有效的。

如前文所述,A银行将解付信用证产生的欠款转为贷款是基于相关法律法规,在相关行政部门的批示指导下开展的。

即便暂不讨论相关业务是否合规的问题,最高人民法院在中国信达资产管理公司哈尔滨办事处、哈尔滨房屋土地综合开发公司借款合同纠纷案[(2010)民二终字第83号]中认为“借新还旧”的认定,除了审查当事人之间是否存在借款合同和担保合同外,还应重点审查银行与债务人之间是否有实际的账款往来,而本案81笔流动资金贷款中,双方不仅进行了账目处理,也有真实的资金往来,且资金被债务人真实地用于偿还解付信用证产生的相关欠款,用途与《借款合同》约定一致,不存在任何“虚假”的情形。

根据最高人民法院在中国农业银行股份有限公司博尔塔拉分社、新疆新诚基饮服培训商贸有限责任公司金融借款合同纠纷案[(2014)民提字第136号]判决中的观点,《借款合同》中的“解付信用证”与《最高额保证合同》中的“借新还旧、还旧借新”法律关系类型一致,因此,A银行要求乙公司对81笔流动资金贷款承担担保责任也与合同约定相符。合同诈骗罪的构成要件要求被告人必须实施了“虚构事实、隐瞒真相”的诈骗行为。

故退一万步说,即便A银行在信用证转贷的过程中有不合规之处,只要《最高额保证合同》和81笔流动资金贷款都是真实有效的,就不可能构成“合同诈骗罪”,其可能的瑕疵是民事问题、行政问题,而非刑事问题。

3. 贷款形成时间是否在保证期限内，不影响对贷款债权真实性的判断。乙公司在调解中自愿承担保证责任，是对自身权利的处分行为。

在乙公司因《最高额保证合同》而承担保证责任的81笔流动资金贷款中，确有8笔贷款形成于2005年6月1日之前。但首先，贷款形成时间是否在保证期限内，与贷款债权是否真实并无任何因果联系，如前文所述，这8笔形成于保证期限外的贷款，同样是真实的。其次，从相关民事诉讼案卷中可以看出，A银行始终对此8笔贷款形成的时间如实表述——在贷款合同、相关股东会决议、债权债务确认书等诸多文件中均能体现贷款形成的真实时间，没有对其中任何一笔进行虚构或隐瞒。故不符合合同诈骗罪犯罪构成要件对嫌疑人必须实施"虚构事实、隐瞒真相"行为的要求。而被告乙公司在诉讼程序的调解过程中，放弃了抗辩的权利，自愿承担上述8笔借款的保证责任，是对其自身民事法律权利的处分，符合我国民法、民事诉讼法等相关法律规定，更进一步说明乙公司及乙公司法定代表人在签订最高额保证合同时对"借新还旧、还旧借新"是完全明知且知道其确切含义的。

关于公安机关在补侦案卷中所述，A银行曾在18份借款合同中补填了《最高额保证合同》的号码(2005年第019号)一事，需明确：相关借款合同是A银行与甲系五公司双方签订的，乙公司并无参与，虽然A银行基于合同管理便利的原因，在《最高额保证合同》上补全了号码，但这并不会对各方的权利和义务造成影响，决定乙公司是否需要承担保证责任的依据，仍然是《最高额保证合同》中的约定和乙公司对自身民事权利的处分。而这种不会对权利和义务造成影响的行为，自然也不会影响债权的真实性。

四、乙公司法定代表人在控告材料、询问笔录中作出多项虚假、矛盾且对自己有利的陈述，目的是挽回其依法承担保证责任造成的财产损失。

通过详阅案卷，辩护人发现乙公司法定代表人在多份控告材料、询问笔录中作出了"其签订《最高额保证合同》时被欺诈"或"《最高额保证合同》中手写内容为伪造"的陈述，但这些陈述存在明显虚假、与其他客观证据不符，甚至自相矛盾的情形，这说明乙公司法定代表人在本案中绝非"被害人"，而是希望通过塑造自己"被害人"的身份，实现挽回其依法承担保证责任造成的财产损失的目的。

1. 乙公司法定代表人作出签订《最高额保证合同》时被欺诈的虚假陈述。

《最高额保证合同》及因此而产生的权利与义务是本案法律关系的核心，乙公司签订了《最高额保证合同》，就应依法承担合同中规定的相应义务。而乙公司法定代表人为逃避义务，谎称自己在签订《最高额保证合同》时，遭到A银行员工隐瞒误导，基于错误认识才签订了《最高额保证合同》。但纵观全卷，除乙公司法定代表人自己的陈述外，无任何客观证据能够证明这一点，甚至乙公司法定代表人自己在几次笔录中关于商谈、签订《最高额保证合同》过程的描述都存在明显差异，如：

2016 年 2 月 26 日的询问笔录中乙公司法定代表人称:"(略)";

2018 年 7 月 5 日的询问笔录中乙公司法定代表人称:"(略)";

2018 年 8 月 29 日的询问笔录中乙公司法定代表人称:"(略)";

2019 年 12 月 26 日的询问笔录中乙公司法定代表人称:"(略)";

2020 年 12 月 31 日的询问笔录中乙公司法定代表人称:"(略)";

2021 年 1 月 18 日的询问笔录中乙公司法定代表人称:"(略)"。

以上询问笔录出现在第 2 卷、第 3 卷、第 16 卷和第 60 卷当中,对比之下不难发现,其对于合同商谈、签订过程中几个关键事实的描述一直变化反复,始终不能稳定,前后存在诸多矛盾:

首先是关于 A 银行方面赴某市参与谈判者名单的问题。在乙公司法定代表人的陈述中,其能叫出名字的参与者反复变化,而谈判中发言说服其签订合同的人员也随之不断变化。对于如此关键的情节,乙公司法定代表人的陈述却始终不能保持一致,这已十分不合情理。更加蹊跷的是,乙公司法定代表人在 2018 年 8 月 29 日的询问笔录中明确称"我就认识 A 银行法务经理,别的银行的人和五家公司的人我不认识,记不清还有谁来参与这件事情了"仅指认出 A 银行法务经理一人,但在此之前 1 个月(2018 年 7 月 5 日)和 1 年后(2019 年 12 月 26 日)的询问笔录中,却又能明确称 A 银行其他人员赴某市参与了谈判,这些前后矛盾且极不合理的情况,充分说明其陈述必然有失实之处。

其次是关于谈判的过程,乙公司法定代表人在 2018 年 8 月 29 日的询问笔录中称,"我说我需要考虑一下……过了一两天时间……又过了一天……当天下午……"说明谈判进行了多日,但在其他询问笔录中,他都表示自己是在一番谈话后"痛快地盖了公章"或仅仅是"我合计一会儿",并未作出任何谈判多日的描述。一场谈判究竟是一次完成还是断断续续进行了多日,差别是明显的,作为当事人不可能记错,即便是一开始没想起来,其在 2018 年 8 月 29 日作出多日谈判的陈述后,却又放弃了这种说法,实在是令人费解。

事实上,根据诸多证据显示,杨某、A 银行某员工根本没有赴某市参与过签订《最高额保证合同》的谈判;《最高额保证合同》的谈判也确实进行了多日而非一次,乙公司法定代表人在谈判过程中作了充分的考虑和判断,可见乙公司法定代表人对于《最高额保证合同》签订过程的陈述不但存在前后矛盾,且与客观事实明显不符。其证言应不予采信。

2. 乙公司法定代表人作出《最高额保证合同》中手写部分为伪造的虚假证言。

《最高额保证合同》中明确标注了乙公司保证债权的债务人(甲集团公司及甲系五公司)、最高额度(肆亿元整)、债务产生期限(2005 年 6 月 1 日至 2007 年 8 月 1 日)、债务业务种类(包括借新还旧、还旧借新贷款),以及其他事项(如 2 年内不要求保证人承担保证责任等)。

对于如此清晰明确的约定内容，乙公司法定代表人在2021年1月18日的询问笔录中回答“签订最高额担保合同时，是否有手写的内容？”时，明确地说“只有担保金额4亿和甲集团公司公司“是手写的，没有其他手写的字”。而时任乙公司出纳员也于2021年1月11日的询问笔录中称：“我出于好奇的心理看了一眼，记得担保金额是4个亿，4个亿是手写的……好像甲集团公司的名字是手写的。其他没有手写的内容了。基本上都是空格，都没有填……”（问：你再回忆一下，你盖章的合同上在你盖章时是否有手写甲系五公司的名字？）答：“手写的就一个甲集团公司公司的名字，没有其他公司的名字。”

首先，现有证据足以显示这种说法明显是虚假的——在《最高额保证合同》的“债务人”处，“甲集团公司”字样和甲系五公司的名字是分三行整齐排列在一起的，从排版看来，必然是同一时间写上的，如果只写“甲集团公司”，是不可能写到空格上的左上角顶格位置的（详见附件5），若单独写在这个位置，是极不正常的，不可能不引起乙公司法定代表人的怀疑。这已能充分说明乙公司法定代表人及该出纳在询问笔录中所作陈述是虚假的，不应被采信，而二人对自己有利的其他涉案陈述，也不应在没有印证的情况下被采信。

其次，这种说法也不合逻辑，《最高额保证合同》手填内容的大部分都与乙公司的房地产项目运营情况密切相关，若非乙公司方面提出，根本不能出现在此合同上，其中如“八·2由于保证人项目需要2年内方可完成，2007年8月1日前，债权人不对保证人采取法律强制手段，让其承担保证责任”等是对乙公司有利的条款，如果是A银行事后填写，怎么会写上这些内容，给自己的诉讼维权工作制造阻碍？

更重要的是，第18卷中显示，(1)乙公司及全体股东于2005年8月向A银行出具了《股东会决议》，称：全体股东大会研究决定同意就甲集团公司和甲系五公司在2005年6月至2007年8月，在A银行形成的所有贷款包括借新还旧、还旧借新，承担连带的保证担保责任。并附《股东名册》《资产负债表》《（关于公司资产、股东情况的）证明》均有公司盖章和全体股东签字；(2)乙公司于2005年8月向A银行出具了《承诺书》（前文已详述）；(3)2005年9月7日乙公司全体股东以出质人身份与A银行签订了《权利质押合同》（前文已详述）并办理了对乙公司100%股权的质押手续。上述大量由乙公司及其全体股东出具、签订的文件中都体现了“包括借新还旧、换旧借新”“2005年6月至2007年8月（债务产生期间）”“2007年8月前不采取强制措施”等内容，均可与《最高额保证合同》的手写部分相印证。

乙公司法定代表人称《最高额保证合同》中相关手写内容是A银行后期自行添加的，那么由其单方出具的《股东会决议》《承诺书》为何也同样出现了这些内容？难道也是A银行后期自行添加的？一个月之后与A银行签订的《权利质押合同》也是被欺骗签订的？足见其为了逃避责任谎称签订了空白《最高额保证合同》的说法是极为荒谬的。而《最高额保证合同》中所体现的内容,尤其是担保的债务业务种类"包括借新还旧,还旧借新贷款"的条款是乙公司法定代表人的真实意思表示。

五、本案经过两次补充侦查,辩护人也提交了多项调查取证申请,但很多关键事实仍未查清,不符合起诉条件,检察机关应作出不起诉决定。

《中华人民共和国刑事诉讼法》第171条规定,"人民检察院审查案件的时候,必须查明:(一)犯罪事实、情节是否清楚,证据是否确实、充分,犯罪性质和罪名的认定是否正确";第175条规定,对于二次补充侦查的案件,人民检察院仍然认为证据不足,不符合起诉条件的,应当作出不起诉的决定。

本案已经过两次补充侦查,但公安机关仍未查清以下决定嫌疑人是否构成犯罪的关键事实,即使在辩护人提出调查取证申请的情况下,公安机关也未依法调取相关证据或对相关证据进行司法鉴定。更为关键的是,这些均是可能对嫌疑人有利而对被害人不利的证据与事实,公安机关的行为也违反了《中华人民共和国刑事诉讼法》中"忠实于事实真相""应当进行侦查,收集、调取犯罪嫌疑人无罪、罪轻的证据材料"的要求。因此,辩护人认为本案不满足法律规定的起诉条件:

(一)乙公司与其担保的甲系五公司和甲集团公司是否存在关联关系。

辩护人在案卷中发现了多份丙公司(乙公司法定代表人控股公司)、甲集团公司、甲系五公司、乙公司等主体间签署的《合作协议书》《借款协议》《协议书》等文件,这些文件与企业信用信息公示系统所公开的信息清晰显示了乙公司及乙公司法定代表人与甲系五公司具有高度关联与深度合作关系,乙公司法定代表人有充分理由和动机签订《最高额保证合同》为甲系五公司及甲集团公司提供担保。基于这种关联关系,其不可能对甲系的经营状况等相关情形产生错误认识,并基于错误认识处分财物。

而对于这些证据,乙公司法定代表人称,相关全部证据均是伪造的,自己对此毫不知情。如此荒唐的说法,公安机关只要对涉案文书进行司法鉴定即可揭穿,进而认定乙公司与甲系五公司的关联关系,但相关查证工作同样未得到开展,相关事实也始终未得到认定。

(二)甲系五公司通过A银行开立信用证套取的资金是否流向乙公司。

甲系五公司实际控制人在笔录中多次作出"其投资给乙公司用于某地产项目开发的款项大部分都来自涉案信用证所套取资金"的陈述,同时,案卷中一份经乙公司、丙公司及甲集团公司三方确认的《甲集团公司与乙公司借款对账明细表》中列举了甲集团公司及关联公司向丙公司、乙公司及乙公司法定代表人转账共计20,659万元,其中几乎全部都与甲系五公司从A银行开立信用证的时间重叠。

因此,甲系五公司通过A银行开立信用证套取的资金是否流向乙公司,也是决定A银行是否构成合同诈骗罪的关键事实,必须予以查明。

但对此,公安机关仅在第一次补侦阶段向A银行要求调取甲系五公司套取资金及后续流向的相关证据材料。试问A银行作为甲系五公司套取信用证行为的被害方,怎么可能了解相关情况甚至掌握相关证据呢?甲系五公司的控制人作为本案中唯一知道套取资金方式、资金集体流向并提供相关证明的一方,公安机关却从未对其就此事展开针对性的调查或要求其说明并提供证据,这是极为反常的。

(三)《最高额保证合同》的签订是否存在欺诈?其中手写内容是否存在伪造?乙公司法定代表人在相关合同、决议、承诺书上的签字到底是其本人所签还是他人伪造?

本案案由为"合同诈骗罪",而其中关键的"合同"即乙公司签订的《最高额保证合同》,此合同及因此而产生的权利与义务是本案法律关系的核心与基本事实,但至第二次补侦终结为止,公安机关仍未查明《最高额保证合同》的签订是否存在欺诈等相关事实。

乙公司法定代表人为逃避义务,在笔录中称自己在签订《最高额保证合同》时,遭到了A银行工作人员的欺骗,导致其对《最高额保证合同》的内容及含义、甲系五公司的经营状况产生了错误认识,才决定签订合同。但除乙公司法定代表人自己的陈述外,无任何客观证据甚至主观证据能够证明这一情况,且其在询问笔录中对合同签订涉及的几个关键事实的描述随着时间不断变化反复,始终不能稳定,前后存在诸多矛盾。

公安机关自然清楚不可能凭借乙公司法定代表人前后矛盾的陈述就认定相关事实,但与此同时,却也未就相关事实开展充分调查,导致本案基本事实不清,不能满足起诉条件。

同时《最高额保证合同》中明确标注了乙公司保证债权的债务人、最高额度、债务产生期限、债务业务种类,以及其他事项。对于如此清晰明确的约定内容,乙公司法定代表人却称"在合同盖章时,合同上除'甲集团公司'和'肆亿元整'四个字以外,无任何手写字体,全部都是A银行后填的"。但乙公司为签署《最高额保证合同》向A银行出具的《股东会决议》《承诺书》,与A银行签订的《权利质押合同》均有包含乙公司法定代表人在内的乙公司全体股东签字,其中也显示了《最高额保证合同》中的手写内容,这些与《最高额保证合同》手写内容相印证的材料,更能说明《最高额保证合同》是乙公司的真实意思表示。

而对此,乙公司法定代表人竟称上述全部合同、决议、承诺书均非其签署,而是伪造的。实际上《最高额保证合同》内容是否存在虚假,相关合同、决议、承诺书是否为伪造,通过对笔迹和印章进行司法鉴定就可查明,但直至二次补侦终结,在辩护人提出鉴定申请,贵院在补侦提纲中明确要求做司法鉴定的情况下,公安机关却既未开展这项并不复杂的工作,也未作任何说明。

综上所述,辩护人认为A银行不符合合同诈骗罪的犯罪构成要件,不构成合同诈骗罪。故本案不满足《刑事诉讼法》第176条中规定的“犯罪事实已经查清,证据确实、充分,依法应当追究刑事责任”的起诉标准。

A银行作为中国内地影响重大的金融机构,若被不当地指控为犯罪,极有可能引发资本市场的重大动荡,甚至会被国外政府监管部门作为打压中国国有金融企业的借口。而在我国司法实践中,认定银行及分支机构构成犯罪的案例已是寥寥可数,认定构成合同诈骗罪的更是前所未有。本案本就属于因担保合同产生的民事纠纷,完全可以通过民事途径解决,而不应利用刑事手段干预经济纠纷。

2019年4月17日,最高人民检察院党组书记、检察长张军在政法领导干部专题研讨班作报告时表示:“可捕可不捕的不捕、可诉可不诉的不诉、疑罪从无,这样的检察观念必须牢固树立。”望贵院能严格遵守我国《刑法》《刑事诉讼法》及相关司法解释的法律条文与精神,遵循控方证明有罪和疑罪从无的原则慎重办理本案,依据本案事实、相关法律及《刑事诉讼法》第177条第1款,“犯罪嫌疑人没有犯罪事实,或者有本法第十六条规定的情形之一的,人民检察院应当作出不起诉决定”,《人民检察院刑事诉讼规则》第365条,“人民检察院对于监察机关或者公安机关移送起诉的案件,发现犯罪嫌疑人没有犯罪事实,或者符合刑事诉讼法第十六条规定的情形之一的,经检察长批准,应当作出不起诉决定”作出不起诉决定。

以上法律意见,望贵院采纳!

此致

辩护人:王刚、牛童

2021年4月25日

法律意见书(A银行时任负责人杨某)

提请对涉嫌合同诈骗罪的犯罪嫌疑人杨某作出不起诉决定的法律意见书

某市人民检察院:

受涉嫌合同诈骗罪的犯罪嫌疑人杨某委托,北京德恒律师事务所指派张海鹰、徐进志律师,担任杨某的辩护人。通过详阅案卷材料、查阅相关判例和专家论证,辩护人依据事实和法律分析,认为A银行(以下简称A银行)不构成单位合同诈骗罪,杨某亦不构成合同诈骗罪，特发表以下法律意见，望贵院依《刑事诉讼法》第173条、《人民检察院刑事诉讼规则》第261条的规定听取辩护人的意见。

《刑法》第224条关于合同诈骗罪之规定，有下列情形之一，以非法占有为目的，在签订、履行合同过程中，骗取对方当事人财物，(1)以虚构的单位或者冒用他人名义签订合同的；(2)以伪造、变造、作废的票据或者其他虚假的产权证明作担保的；(3)没有实际履行能力，以先履行小额合同或者部分履行合同的方法，诱骗对方当事人继续签订和履行合同的；(4)收受对方当事人给付的货物、货款、预付款或者担保财产后逃匿的；(5)以其他方法骗取对方当事人财物的成立合同诈骗罪。根据如上法律规定，应当从如下几方面来分析A银行是否构成合同诈骗罪：首先，准确认定A银行是否具有非法占有的主观目的；其次，根据罪刑法定的基本原则，判断A银行的行为是否符合法条规定的情形；最后，还需要判断被害人是否是基于错误认识处分自己的财产。

详细论述如下：

一、A银行不具有非法占有的主观目的

刑法意义上的"非法占有"，不仅是指行为人意图使财物脱离相对人而非法实际控制和管领，而且意图非法所有或者不法所有相对人的财物，为使用、收益、处分之表示。认定是否具有非法占有目的，应当坚持主客观相一致的原则，既要避免单纯根据损失结果客观归罪，也不能仅凭被告人自己的供述，而应当根据案件具体情况具体分析。实践中案件情况复杂，对于"以非法占有为目的"的认定，应结合行为人的履约能力、履约行为、对取得财物的处置情况、事后态度等方面情况，加以综合判定。

1. A银行对于甲系五公司具有合法债权。

辩护律师认为，A银行对于甲系五公司是否具有合法债权，是本案争议的焦点，同时也是A银行是否涉嫌合同诈骗罪的前提和基础。是否具有合同债权，要看债权产生的合规性，同时也要结合时代背景去加以分析，而不能单纯地以刑事的眼光和视角去看待民商事问题。

A银行出现信用证欠款到期不能偿还的情况后，工作小组首先依据《中国人民银行关于商业银行国际结算远期信用证业务经营风险管理的通知》(银发〔1997〕430号)第6条第1款"凡开证申请人或保证人到期不能履约的款项，开证行应转入流动资金贷款科目核算，并补签贷款合同"之规定，经开会集体讨论并经上级部门批准，明确了将解付信用证欠款转为贷款的方式，对于该方式的合规性，A银行一直秉承谨慎之态度，又将相关情况请示至某银监局。某银监局《关于A银行远期信用证到期解付有关问题的批复》规定，"按照银发〔1997〕430号的规定逐条对照检查已开出信用证的合规性，在确认已办理信用证业务合法、合规的基础上，对出现的资金暂时困难，信用证到期不能及时解付的问题，可按照该通知中第六条第一款执行"。某银监局作为A银行的上级单位和监管机构，其批复准许的业务从A银行的视角来看应当属于合规业务，因此A银行根据该批复将甲系五公司到期偿还信用证欠款而导致的A银行垫资转为甲系五公司贷款，是符合文件要求的，故应当认定A银行对甲系五公司是具有合法债权的。

2. A银行没有任何违法所得。

以非法占有为目的的结果，是犯罪嫌疑人通过签订合同的方式，使被害人基于错误认识处分财产，从而犯罪嫌疑人违法获利，因此，合同诈骗罪还需要判断犯罪嫌疑人究竟是以何种心理态度支配违法所得，以何种行为处置违法所得。在本案中，A银行从根本上来讲并没有取得任何违法所得，81笔贷款所贷出资金全部用来偿付前期垫付信用证的资金，其通过对甲系五公司的合法债权，进而要求乙公司承担担保责任，最终执行回款全部上缴财政部。A银行无论是单位还是个人，均不存在挥霍、非法活动、非经营性支出等行为，因此不能认定A银行具有非法占有目的。

3. A银行要求乙公司承担担保责任是正常的民事行为。

合同诈骗犯罪的嫌疑人在签订合同时或在履行合同过程中没有履行或继续履行合同的诚意，其目的在于利用合同这一手段骗取对方财物，一般没有履行合同的实际履约行为或为履行合同作出努力。但本案中A银行、甲系五公司和乙公司所签订的81份贷款合同及《最高额保证合同》，从根本上就是金融贷款合同及担保合同，其合同内容就是A银行贷款给甲系五公司，A银行也履行了合同的全部义务，此后，在出现贷款逾期及偿贷风险后，A银行依据81份贷款合同、放贷凭证及乙公司签订的《最高额保证合同》主张乙公司承担保证责任，是再正常不过的民事行为，在实践中，之所以要求增加担保，就是因为债务人有较大可能不能偿还债务，因此保证人承担担保责任的案例比比皆是，这种再正常不过的民事行为又如何会被认定为刑事犯罪呢？

4. A银行、甲系五公司和乙公司签署的相关文件亦能证明A银行不具有非法占有的目的。

乙公司法定代表人，作为乙公司的法定代表人、大股东，丙公司的实际控制人，对甲系与丙公司、乙公司的关联关系非常清楚，对甲系开具信用证融出资金的去向也非常清楚，并非只签订过这一份《最高额保证合同》，在此前此后均签订过，均能充分证明乙公司法定代表人对甲系的经营状况、开具信用证的实际情况及实际用途、《最高额保证合同》实际担保的内容完全知晓，乙公司地产项目所用资金在乙公司未从××银行贷款下来之前，大部分是由甲系提供的，因此，乙公司中甲系所占有的权益是乙公司法定代表人能以乙公司的名义为甲系提供最高额保证的根本原因，结合现有客观证据材料，我们应当认定甲系五公司在签订合同时、在要求乙公司承担担保责任时，是从全盘考量，在乙无法偿还贷款的情况下，乙公司中其所享有的权益完全可以抵充乙公司承担的保证责任，乙公司及乙公司法定代表人也正基于此才签订的该《最高额保证合同》。

5. 涉案主体事后的行为也能够证明A银行没有非法占有的目的。

辩护律师认为,A银行、甲系五公司和乙公司三个合同主体的事后态度,也是区分A银行主观上有无非法占有目的的重要标志。本案中,在A银行发现甲系五公司丧失偿债能力,乙公司地产项目进展不顺利等可能会出现承担担保责任风险的情况下,A银行便起诉了甲系五公司和乙公司,并经法院调解,对乙公司进行执行,在诉讼调解过程中,乙公司和乙公司法定代表人均未对《最高额保证合同》提出异议,也完全接受了调解书内容,人民法院依法强制执行后的回款A银行全额上缴了财政部,整个过程完全是正常的民事诉讼程序,A银行只是依据与乙公司签订的《最高额保证合同》主张其承担应承担的保证责任,没有非法占有的目的。

二、A银行没有虚构事实、隐瞒真相的行为

若没有实施任何虚构事实、隐瞒真相的诈骗行为,就不应认定为合同诈骗罪。

1. A银行没有虚构事实的行为。

通过辩护律师详细查阅全部卷宗,从现有证据材料来看,公安机关认为,A银行伪造了甲系五公司虚假的81笔贷款,把钱放贷给甲系五公司后当天即收回A银行,然后再起诉甲系五公司并要求乙公司承担担保责任。辩护律师认为这样理解该81笔贷款属于事实认定错误。

实际情况是,基于甲系五公司到期无法偿还信用证欠款,A银行为了不影响国家的信用,迫不得已垫付了资金,A银行对甲系五公司拥有合法债权。

彼时因甲系五公司不具备贷款条件,无法由甲系五公司贷款解付已开具的信用证,所以A银行只能无奈之下先行垫付,后甲系五公司找来乙公司承担担保责任,具备了贷款条件,所以有了所谓"81笔虚假贷款"。辩护律师认为该"虚假贷款"并非虚假,而是在请示了某银监局后按照某银监局《关于A银行远期信用证到期解付有关问题的批复》的精神"凡开证申请人或保证人到期不能履约的款项,开证行应转入流动资金贷款科目核算,并补签贷款合同"而进行的必要操作。

虽然81笔贷款经由A银行贷给甲系五公司后,当天即收回,但此时甲系五公司转到A银行的款项实际是用于偿还前期A银行替甲系五公司垫付信用证的欠款,并非是公安机关所认为的"81笔贷款贷出的当日又被A银行收回,而实际贷款并未发放",A银行虚构了贷款的事实而最终要求乙公司承担担保责任,因为这是两个完全不同的法律关系。二次补充侦查中公安机关补充了证据"A银行81笔贷款核查情况表",足以说明81笔贷款贷出及当日转回并非同一法律关系,因此,虽然当日放款当日转回,但A银行对甲系五公司的该81笔贷款的债权仍然存在,其起诉甲系五公司并要求乙公司承担担保责任,是合理合法的。

2. A银行没有隐瞒真相的行为。

所谓A银行的隐瞒真相,也就是乙公司法定代表人所说的向其介绍甲系五公司很有实力,但这仅仅是乙公司法定代表人的一面之词,A银行工作人员和甲集团公司实际控制人对此的供述和乙公司法定代表人截然相反,且乙公司法定代表人无法提供其他证据证实其说法,按照有利于被害人的原则,应当认为A银行不具有隐瞒真相的行为。

例如:2018年8月16日的笔录中,甲集团公司实际控制人供述:"(略)"再如2019年3月11日的笔录中,甲集团公司实际控制人供述:"(略)"同时甲集团公司实际控制人还供述:"(略)"

关于这个问题,A银行到某市负责和乙公司法定代表人谈判的法务经理的笔录亦能证实。在2018年8月11日的笔录中,其表述:"(略)"

而2005年8月,乙公司法定代表人亲笔签名的同意为甲系提供股权质押的《承诺函》明确甲系"在你行办理的贷款业务包括借新还旧、还旧借新,我公司股东同意予以提供股权质押,经A银行同意贷款后办理相关手续。否则,视为违约,承担相应的违约责任,并不受2007年8月1日前债权人不得采取强制措施的限制",该承诺函显然非乙公司法定代表人所述是签订《最高额保证合同》当天所签。

2005年9月7日,乙公司股东乙公司法定代表人、另外两名股东为甲系五公司提供股权质押担保,并与A银行签订《股权质押合同》,担保的主债权种类为"2005年6月至2007年8月,在债权人处办理的各类信贷业务所实际形成的最高余额本金及利息",乙公司法定代表人、另外两名股东亲笔签名,在第11条第2款约定"2007年8月1日前,债权人不对质物采取法律强制措施承担担保责任",该约定与《最高额保证合同》的约定如出一辙。

2005年8月,乙公司法定代表人亲笔签名的《股东会决议》,明确乙公司同意就甲系"在2005年6月至2007年8月,在A银行形成的所有贷款包括借新还旧、还旧借新承担连带的保证担保责任。但在2007年8月前,不采取法律强制措施"。

将前述甲集团公司实际控制人的供述及乙公司法定代表人亲笔签名的承诺函、股权质押合同、股东会决议相比较,结合甲系、丙公司、乙公司之间密切的关联关系,甲集团公司实际控制人的供述更为合理,而乙公司法定代表人的陈述无法排除合理怀疑,甚至不合常理,不应采信。即乙公司法定代表人在为甲系提供4亿元《最高额保证合同》时,明知甲系五公司的经营状况,明知担保范围是贷款解付信用证,借新还旧、还旧借新,手写部分"2007年8月1日前,债权人不对保证人采取法律强制手段,让其承担保证责任(略)"是乙公司法定代表人明知的,并非后期A银行私自填写,而且该手写部分是关于某市项目细节的表述且是对乙公司有利的约定,A银行自行填写断无可能,乙公司法定代表人的陈述涉嫌重大虚假,而公安机关至今并未对此据以认定A银行虚构事实、隐瞒真相、乙公司法定代表人被骗的重要事实充分侦查。

三、被害人并非是基于错误认识处分自己的财产

1. 乙公司法定代表人在签订《最高额保证合同》时对于甲系五公司的经营状况是非常清楚的,并非如其所述被欺骗而基于错误认识才签订的《最高额保证合同》。

关于《最高额保证合同》的签订情况以及合同内容,乙公司法定代表人的供述存在明显的反复情况,且根本不符合常理。关于"借新还旧、还旧借新"的表述,在2019年4月4日的笔录中,乙公司法定代表人表示:"(略)"但在2019年10月6日的笔录中,当侦查员问及同样的问题,乙公司法定代表人却对该问题不再正面回答,而是表示:"(略)"虽然在材料中没有体现,但结合语境,乙公司法定代表人的潜台词就是明知《最高额保证合同》里面的借新还旧的内容,但乙公司法定代表人认为即便这个内容我知道,银行和甲集团公司实际控制人假贷款依然构成诈骗。

(1)关于《承诺书》的问题,乙公司法定代表人的多次供述反复无常,更说明其没有如实供述。例如,2019年4月4日的笔录中,乙公司法定代表人表示:"(略)"但2019年10月6日的笔录中,乙公司法定代表人却作出了截然不同的表述,而且相关细节说得很清楚:"(略)"在2019年12月19日的笔录中,乙公司法定代表人再次否认了《承诺书》一事:"(略)"在第一次补充侦查中的2021年1月18日,乙公司法定代表人又说:"(略)"

首先,涉及近4亿元的担保合同,相关材料乙公司法定代表人表示没有在意,根本无法自圆其说;其次,乙公司法定代表人以《承诺书》的签订时间在《最高额保证合同》签署时间之后为由解释甲集团公司实际控制人的诈骗故意,二者没有任何的因果关系,《承诺书》的签订时间并不影响内容意思表示,这也更加证明了乙公司法定代表人对《最高额保证合同》和《承诺书》的内容是知情且充分了解的。而且前后矛盾的陈述,更能充分说明其陈述的虚假,合理的解释是,乙公司法定代表人知道《承诺书》的存在,明知其承担担保责任的风险,也即证明乙公司法定代表人了解"借新还旧"的相关内容。

(2)乙公司法定代表人表示签订《最高额保证合同》时对担保内容不知情,这是不符合实际的。在多份笔录当中,乙公司法定代表人均表示《最高额保证合同》上的签字是其自己签的,在2020年6月24日的笔录中,乙公司法定代表人表示:"(略)"也就是说,乙公司法定代表人对《最高额保证合同》上面的手写内容全部予以否认,但现有客观证据能够证明乙公司法定代表人是知情且同意的。例如在乙公司向A银行出具的一份《承诺书》中明确记载:"自2005年6月1日以后,甲集团公司和甲系五公司在你行办理的贷款业务包括借新还旧、还旧借新,我公司股东同意予以提供股权质押,经A银行同意贷款后办理相关手续。否则,视为违约,承担相应的违约责任,并于2007年8月1日前债权人不得采取强制措施的限制。"《承诺书》有乙公司盖章并经全

体股东签字确认。再如乙公司2005年8月的《股东会决议》中明确记载:“同意就甲集团公司和甲系五公司在2005年6月至2007年8月,在A银行形成的所有贷款包括借新还旧、还旧借新,承担连带的保证担保责任。但在2007年8月前,不采取法律强制措施。”《股东会决议》有乙公司盖章并经全体股东签字确认。上述材料全部由乙公司法定代表人签字盖章,也充分说明了乙公司法定代表人对相关内容完全是知情且同意的,并非基于错误认识处分自己的财产。

2. 乙公司法定代表人从未基于担保责任向甲系五公司主张债权。

关于此问题,也是辩护律师认为乙公司法定代表人对甲系五公司的资金链断裂以及乙公司需要承担担保责任的情况是了解的,正常情况来讲,担保人承担担保责任后,对被担保人享有同等的合法债权,担保人可以基于担保责任对被担保人提起民事诉讼,但乙公司至今未向甲集团公司提起民事诉讼,这是完全不符合常理的。当然从乙公司法定代表人的角度来讲,其有可能是认为甲系五公司没有可供执行财产,即使民事诉讼胜诉也无法实现债权,但从刑事控告的角度来讲,乙公司法定代表人亦是在长达10余年后才对甲集团公司实际控制人等人涉嫌合同诈骗提起刑事控告,这也显然有悖常理。据此,根据乙公司法定代表人的陈述、甲集团公司实际控制人供述、A银行工作人员陈述等分析,乙公司法定代表人为甲系五公司提供最高额保证的前提及理由是:甲集团公司实际控制人和乙公司法定代表人系长期合作伙伴关系,其得知甲系五公司资金链断裂后,考虑到乙公司本来就有甲集团公司实际控制人的股份,同时乙公司欠甲巨额资金尚未偿还,再加上特别融资约定的1亿元,还有某地产项目的预期盈利,上述欠款综合远超乙公司给甲系五公司担保的3.8亿元,这才是乙公司为甲系提供最高额保证的根本原因,而并非乙公司法定代表人所述他完全是被A银行和甲集团公司实际控制人欺骗而为之。

四、杨某不应被认定为直接负责的主管人员

在发表该律师建议之前,辩护律师首先声明,该建议仅仅是在假设A银行构成合同诈骗罪的情况下,对杨某是否属于单位犯罪的直接负责的主管人员和其他直接责任人员的法律意见。

《中华人民共和国刑法》第231条规定:“单位犯本节第二百二十一条至第二百三十条规定之罪的,对单位判处罚金,并对其直接负责的主管人员和其他直接责任人员,依照本节各该条的规定处罚。”

关于直接负责的主管人员和其他直接责任人员的认定问题,最高人民法院《全国法院审理金融犯罪案件工作座谈会纪要》(法〔2001〕8号)指出:直接负责的主管人员,是在单位实施的犯罪中起决定、批准、授意、纵容、指挥等作用的人员,一般是单位的主管负责人,包括法定代表人。其他直接责任人员,是在单位犯罪中具体实施犯罪并起较大作用的人员,既可以是单位的经营管理人员,也可以是单位的职工,包括聘任、雇佣的人员。

辩护律师认为,杨某不应当被认定为直接负责的主管人员,虽然杨某在单位中承担一定的领导与管理职责,但杨某的正当履职行为并不应该对单位犯罪负有直接责任。

(一)杨某不是直接负责的主管人员或其他直接责任人员。

1. 风险化解小组成员中没有杨某,杨某对风险化解小组的决定无权干涉,只是被动地接受指令,没有决策权。

甲系等公司信用证解付风险发生后,由区分行成立风险化解小组,派驻到A银行,杨某是在信用证解付风险发生后被任命到A银行任副行长,其对于该等信用证开具过程中的任何尽调调查、信用证发放等情况完全不知情,且在整个信用证风险化解过程中,杨某也不是风险化解小组成员,没有参与风险化解方案的任何讨论、决策。81笔贷款中每一笔对应的需要解付的信用证,均为提报审批发文决定,杨某仅是按照内部流程要求在贷款合同中签字而已,没有任何决策及参与决策的权利。相关询问(讯问)笔录中皆可得知。例如:杨某在2018年8月7日供述:"(略)"在2016年8月3日供述:"(略)"在2019年3月11日供述:"(略)"在2020年4月10日供述:"(略)"在2020年9月29日笔录中:"(略)"

2. 无论在银行职级管理上还是在特殊事件处理上,杨某都不是直接负责人员及其他直接责任人员。

在A银行系统中,作为下级行,与上级银行有严格的隶属关系,要严格服从上级行的领导及安排,在特殊时期委任到A银行任副行长的杨某,必须执行上级银行的指示、命令,必须按照上级行的批复、决策执行,在此情形下,杨某的个人认识和个人意志完全被风险化解小组左右着,其本人没有任何权限和机会将自己的主观意识渗入到决策中,因此,其在81笔贷款解付信用证和《最高额保证合同》签署及诉讼过程中,只能机械地接受上级的指令或指导,被动地履行作为一个行长的签字权,其签名仅为内部的流程需要而已,杨某只是在有限的授权范围内履行其岗位应尽职责,并非真正意义上的直接负责的主管人员及其他直接责任人员。

例如:杨某在2018年8月7日的笔录:"(略)"在2016年8月3日供述:"(略)"

以上仅仅略举两例,对于上述观点,在笔录中有大量记载,暂不赘述。

(二)杨某仅是名义上的单位负责人。

杨某不是作为A银行的决策者,也并未积极组织、策划、决定、批准、授意、指挥实施信用证危机的相关工作,其仅仅是被上级单位派到A银行主持日常工作。彼时因信用证问题,上级单位工作组长期进驻A银行,因此杨某的管理权非常有限,其任何工作均要服从工作组的安排。在2016年8月3日杨某供述:"(略)"2018年8月7日的笔录中,杨某供述:"(略)"2019年3月11日的笔录中杨某供述:"(略)"在《最高额保证合同》的整个签订及诉讼过程中,杨某都未参与,其从未去过某市,对该《最高额保证合同》的形成完全不知情,仅因担保合同签署的流程需要进行了签名。

因此,虽然名义上杨某是A银行的单位领导,但实际上其完全是个挂名的行长,与单位实施的犯罪行为没有直接关联,既未参与策划组织实施单位犯罪或容许单位犯罪发生,也未在事后对单位犯罪予以追认,因此无须对单位犯罪行为负责。

直接负责的主管人员,应当是犯罪单位决策机构的成员,但不能将犯罪单位中决策机构的所有成员都认定为直接负责的主管人员。通过杨某的履历不难看出,其自参加工作以来,一直从事综合文秘岗位工作,从来没有接触过银行的具体业务,更不要说是复杂程度较高的信用证业务,因此也能够证明,杨某虽然在担保合同、贷款合同等文件上面签字,但是其对业务完全不懂,完全是听从工作组的安排,因此杨某不属于参加实施单位犯罪决策的成员,杨某也没有参加实施单位犯罪的决策会议,不应认定为直接负责的主管人员。2018年8月7日笔录中杨某供述:"(略)"

关于上述情况,上级行相关人员的笔录中也有所体现。2018年8月4日上级行某员工的笔录中提到:"(略)"2018年8月3日上级行某员工的笔录提到:"(略)"

(三)杨某没有犯罪的主观故意,无法意识到单位行为在法律层面上的否定评价。

杨某无论是在事前或事中乃至事后,都完全不可能明知A银行实施或正在实施单位犯罪行为,因此也绝对谈不上杨某具有容许或默许的态度。前边已经论述了,A银行的行为符合某银监会的文件要求,又是单位集体决策,杨某仅作为单位集体决策意志的执行者怎么可能意识到存在单位犯罪呢?2019年3月11日的笔录中杨某供述:"(略)"2020年4月10日的笔录中杨某供述:"(略)"

综上所述,杨某在整个信用证风险化解过程中,没有参与任何决策,没有参与《最高额保证合同》的签署及诉讼,其签名仅为内部流程需要,整个过程中没有杨某个人意志的因素,他只是个执行者,没有决定、批准、授意、纵容、指挥的权力和作用,其显然不具备直接负责的主管人员和其他直接责任人员的条件,因此,不需要承担刑事责任。

五、辩护人意见

综上,辩护律师认为,A银行涉嫌合同诈骗罪一案,案件事实不清,证据不足,现有证据无法证实A银行涉嫌合同诈骗罪。犯罪嫌疑人杨某不应被认定为犯罪单位中直接负责的主管人员和其他直接责任人员,根据《中华人民共和国刑事诉讼法》第177条"犯罪嫌疑人没有犯罪事实,或者有本法第十六条规定的情形之一的,人民检察院应当作出不起诉决定"之规定,建议贵院依法作出不起诉决定。

以上法律意见,望贵院采纳!

此致

辩护人:张海鹰、徐进志

2021年4月25日

不起诉决定书(A 银行)

某省某市人民检察院
不起诉决定书

某检刑不诉(2021)2 号

被不起诉单位 A 银行,统一社会信用代码略,住所地略,负责人略。诉讼代表人略。

辩护人王刚、牛童,系北京德恒律师事务所律师。

本案由某市公安局侦查终结,以被不起诉单位 A 银行、被不起诉人杨某涉嫌合同诈骗罪,于 2020 年 11 月 9 日移送本院审查起诉。其间,因本案部分事实不清、证据不足,本院依法退回侦查机关补充侦查两次、延长审查起诉期限三次。

某市公安局移送审查起诉认定:A 银行为化解甲系的信用证危机,以非法占有为目的,虚构事实、隐瞒真相,骗取乙公司签订最高额担保保证合同,又通过伪造 81 份借款合同和 81 份借款凭证对乙公司提起诉讼,使乙公司法定代表人陷入错误认识,误认为 81 份借款合同和 81 份借款凭证是真实的从而同意还款签字,造成乙公司被执行法院划走共计 4.08 亿元人民币支付给 A 银行,财产遭受损失,数额特别巨大,A 银行的行为符合《中华人民共和国刑法》第 224 条的规定,构成合同诈骗罪。杨某系案发时 A 银行主持工作的副行长,属直接负责的主管人员及其他直接责任人员,其行为构成合同诈骗罪。经本院审查并两次退回补充侦查,本院仍然认为某市公安局认定的犯罪事实不清、证据不足,不符合起诉条件。依照《中华人民共和国刑事诉讼法》第 175 条第 4 款的规定,决定对 A 银行不起诉。

被害人如不服本决定,可以自收到本决定书后 7 日以内向某省人民检察院申诉,请求提起公诉;也可以不经申诉,直接向某市中级人民法院起诉。

某省某市人民检察院

2021 年 5 月 8 日

不起诉决定书(A 银行时任负责人杨某)

某省某市人民检察院
不起诉决定书

某检刑不诉[2021]1 号

被不起诉人杨某,曾任 A 银行副行长。因涉嫌合同诈骗罪,于 2019 年 3 月 11 日被某市公安局某分局刑事拘留,同年 4 月 17 日因某市某区人民检察院不批准逮捕,同日经某市公安局某分局决定被取保候审,2020 年 4 月 3 日经某市某区人民检察院批准逮捕,同年 4 月 10 日由某市公安局某分局执行逮捕,现羁押于某市某区看守所。

辩护人张海鹰、徐进志,系北京德恒律师事务所律师。

本案由某市公安局侦查终结,以被不起诉单位 A 银行、被不起诉人杨某涉嫌合同诈骗罪,于 2020 年 11 月 9 日移送本院审查起诉。其间,因本案部分事实不清、证据不足,本院依法退回侦查机关补充侦查两次、延长审查起诉期限三次。

某市公安局移送审查起诉认定:A 银行为化解甲系的信用证危机,以非法占有为目的,虚构事实、隐瞒真相,骗取乙公司签订最高额担保保证合同,又通过伪造 81 份借款合同和 81 份借款凭证对乙公司提起诉讼,使乙公司法定代表陷入错误认识,误认为 81 份借款合同和 81 份借款凭证是真实的从而同意还款签字,造成乙公司被执行法院划走共计 4.08 亿元人民币支付给 A 银行,财产遭受损失,数额特别巨大,A 银行的行为符合《中华人民共和国刑法》第 224 条的规定,构成合同诈骗罪。杨某系案发时 A 银行主持工作的副行长,属直接负责的主管人员及其他直接责任人员,其行为构成合同诈骗罪。经本院审查并两次退回补充侦查,本院仍然认为某市公安局认定的犯罪事实不清、证据不足,不符合起诉条件。依照《中华人民共和国刑事诉讼法》第 175 条第 4 款的规定,决定对杨某不起诉。

被害人如不服本决定,可以自收到本决定书后 7 日以内向某省人民检察院申诉,请求提起公诉;也可以不经申诉,直接向某市中级人民法院起诉。

某省某市人民检察院

2021 年 5 月 8 日

办案总结

辩护团队于本案审查起诉阶段正式接受本案委托，通过对上万页卷宗材料和客户提供材料的初步梳理，辩护团队确定本案的重点工作为四项：第一，条分缕析，分析论证涉案主体之间真实的法律关系；第二，以合同诈骗罪的构成要件为框架重构本案案情；第三，厘清案件中民事、行政和刑事法律事实，明确区分不同部门法律事实所对应的法律责任；第四，严格以刑事犯罪证明标准来评价相关证据对待证事实的证明力，充分论证有罪指控的事实不清、概念不清、证据不足、逻辑不严，不符合起诉条件。

为了实现上述目标，辩护团队一方面反复研究、比对涉案材料，从海量笔录、书证中，发现了诸多相互矛盾、无法排除合理怀疑的关键案件事实，并对部分有利于委托方的证据提出了调查取证申请；另一方面全面梳理与案件相关的刑事、民事、行政法律、法规、规章及该银行内部的管理规范，结合现有证据，厘清案件中涉及的各类法律关系，区分民事、行政瑕疵法律行为的后果与刑事法律责任。

经过认真细致的工作，通过梳理案件事实，查找公安机关侦查漏洞及矛盾点，与主办检察官就案件事实、证据进行充分沟通，提出数十项应当补充侦查及调取的证据内容。最终，公诉机关退回补充侦查要求公安机关调取的证据清单几乎涵盖了全部辩护团队申请调取的证据内容。

其间，辩护团队三次向公诉机关提出羁押必要性审查意见，并与主办检察官多次沟通，使公诉机关向侦查机关提出了变更强制措施的检察建议，这在刑事诉讼程序中并不多见。

在整个审查起诉阶段，辩护团队向公诉机关递交了多份法律意见书，从事实和法律两个层面，对公安机关移送审查起诉的意见进行了拆解应对，全面阐述现有证据无法证明A银行及时任行长构成合同诈骗罪的理由。提交的不起诉法律意见书观点明确、论述清晰、论据充足、逻辑严密。为便于公诉机关引用借鉴方便，辩护团队还将案件中的相关证言来源及材料作了详细标注。辩护团队的工作得到了公诉机关的高度认可，并最终采纳了辩方的观点与意见，对本案作出了全案不起诉的决定。

通过办理本案，我们深刻地理解到，随着社会的发展，商业交易结构愈加复杂，法律关系也愈加复杂，一个标的巨大的交易背后，往往蕴含着多重法律关系。要解决此类纠纷，仅使用一种法律工具是远远不够的。本案既涉及刑事、民事、行政三大部门法，又涉及信用证、贷款等多种银行业务，本案辩护的成功，不但需要律师具备勤奋、认真、严谨、细致的作风，还需要有交叉、融合的法律思维及细分领域的行业知识。

专家评语

本案是一起因“涉嫌虚假诉讼”的民事再审案件而起，省高级人民法院移送公安机关立案侦查的、以"刑事手段介入金融合同纠纷"的复杂的刑民交叉案件。

一起省高级人民法院移送立案,省政府所在地公安机关立案侦查,并先后被市级、省级人民检察院支持的不予起诉的,一起罕见的国有商业银行涉嫌合同诈骗犯罪的单位犯罪的刑事案件。

一起在国家对房地产进行宏观调控,化解金融风险大背景下,横跨国有商业银行内部治理、信用证等专业融资工具管理、房地产开发背后复杂的利益主体和资金乱象等多专业、多领域的复杂的刑事案件。

同时,本案还是一起涉案标的4亿余元人民币,涉及上市公司、省政府所在地大型房地产项目,隐含涉众、涉访等诸多不稳定因素、在当地具有重大社会影响的刑事案件。

纵观全案,辩护律师展现了高度的专业水准和专注的职业素养。通过大量细致的工作,综合运用民事、行政、刑事、金融、公司、合同等专业的法律知识,反复研究数百万字的证据材料,抽丝剥茧,逐一梳理出了案件的基础事实、关键事实和争议焦点。

针对公安机关的起诉意见,辩护律师厘清全部事实脉络,及每一件事实背后对应的刑事、民事、行政法律关系边界,严谨分析、科学论证、精准定性,最终从合同诈骗犯罪构成入手,按照确定案件关键事实——综合分析法律定性——论证犯罪嫌疑人行为性质的逻辑,层层递进,通过充分、专业的论证,提出不构成犯罪的辩护意见和结论。

特别是针对公安机关对信用证转贷等问题合法性的疑问和判断错误,辩护律师制定的"(1)信用证转贷款行为合规;(2)贷款行为具有民事法律效力;(3)无论民事法律效力是否存在瑕疵,A银行都没有诈骗的行为和主观故意,乙公司也没有陷入错误认识,因此不符合合同诈骗犯罪构成要件"。三个层次的辩护策略,结合"被害人"的陈述和相关证据,相互印证,推进论述,直接攻破了"被害人"违反诚实信用原则,甚至恶意提起再审、涉嫌虚假诉讼的底线,继而进一步否定其证言真实性和证明力。从根本上动摇了起诉意见书的事实基础和底层逻辑。化被动为主动,为检察机关作出不予起诉的决定起到了决定性作用。

在案件审查起诉阶段,辩护律师充分行使辩护人的权利,先后多次提交不构成犯罪及变更强制措施的法律意见,最终促成检察机关向公安机关发出了对杨某变更强制措施的建议。

最终,两级检察机关确认的、对本案的犯罪嫌疑人单位和单位负责人均不起诉的结果,令人信服,也客观、充分地说明本案是一起辩护过程非常精彩、结果非常成功的刑辩案例!

审核人、点评人:北京律师智库重大复杂案件研究专家组成员　李向辉律师

复核人:北京律师智库重大复杂案件研究专家组　刑事小组组长　余尘律师

不忽略任何细节，既要面面俱到，更要打造重点辩点

——张某合同诈骗案

争议焦点

如何认定合同诈骗罪“非法占有目的”？“被害人陷入错误认识”；合同诈骗罪与民事欺诈纠纷如何准确划分？

关键词

合同诈骗　刑民交叉　虚构事实　非法占有的主观目的　错误认识

案情简介

2006年3月，程某等人向丁某借款900万元。2010年12月15日，被告人张某受丁某委托，代表丁某向程某讨要欠款。程某提出不方便个人还款，经与丁某协商一致，程某安排其实际控制的乔翔房地产开发有限公司（以下简称乔翔公司）以项目合作付款的名义代为还款150万元。丁某则联系金盛物资经销处（以下简称金盛经销处）帮忙，由金盛经销处与乔翔公司开展名义上的项目合作（约定虚构金盛经销处应名与乔翔公司项目合作，并签订一份名义上的合作协议，收到款项后再偿还丁某的欠款）。

2011年1月30日，乔翔公司与金盛经销处签订合作协议，约定乔翔公司出资300万元，用于购买生产资料。当日，乔翔公司将150万元汇给金盛经销处，金盛经销处随后将150万元转给丁某。金盛经销处在2010年至2011年处于吊销状态。

针对程某欠款，丁某于2011年6月22日提起民事诉讼。因考虑诉讼时效、举证责任等问题，在民事诉讼中，同时将程某和乔翔公司列为被告，请求给付的金额，包含乔翔公司已经代为还款的150万元。

乔翔公司认为，既然支付给金盛经销处的150万元不是偿还丁某的欠款，就应属于合作款，而合作项目并不存在，金盛经销处应当返还给乔翔公司150万元。随后，经多次讨要该150万元未果，乔翔公司认为张某虚构"合作项目"骗取150万元，构成合同诈骗罪。

经乔翔公司多次控告，甲市公安机关对此案立案侦查，甲市检察院于2014年5月26日提起公诉。检察院指控：2010年12月15日，被告人张某以与乔翔公司合作钢结构项目为由，以金盛经销处名义与乔翔公司签订合作协议。协议签订后乔翔公司于2011年1月30日，将150万元合作款汇给金盛经销处后，张某称该合作项目不能实施，并拒不返还合作款。经核实金盛经销处已于2010年1月注销。张某以金盛经销处名义与乔翔公司签订合作钢结构项目并不存在。张某在签订、履行合同过程中，骗取对方当事人财物，数额特别巨大，应当以合同诈骗罪追究其刑事责任。

北京市隆安律师事务所李长青律师接受张某委托后，调取并搜集多份证据，申请证人出庭质证，对被告人张某作无罪辩护。针对乔翔公司的控告内容逐一反驳，特别是张某主观上"不具有非法占有目的"、被害人主观上"没有陷入错误认识"，并且合理解答了"合作项目不存在""拒不返还150万元""重复提起民事诉讼"等焦点问题。

2015年12月2日，甲市乙区人民法院一审判决张某无罪，甲市人民检察院提出抗诉，二审法院发回重审。原审法院再次判决张某无罪，检察院再次提出抗诉后又申请撤回抗诉。2017年12月25日，二审法院裁定准许撤回抗诉，张某终获无罪。

案件历程

甲市乙区人民检察院
起诉书

××公诉刑诉(×××)××号

被告人张某，男，××××年××月××日出生，居民身份证号码略，汉族，系××公司职员，户籍地：××。

本案由甲市公安局乙区分局侦查终结，以被告人张某涉嫌合同诈骗罪于2013年1月18日向本院移送审查起诉，本院受理后，于同日告知被告人有权委托辩护人，告知被害单位代表人有权委托诉讼代理人，依法讯问了被告人，听取了被害单位代表人意见，审查了全部案件材料。其间，于2013年2月18日延长审查起诉期限半个月，

2013年3月5日退回公安机关补充侦查，2013年4月5日公安机关重新移送审查起诉，2013年5月5日延长审查起诉期限半个月，2013年5月20日第二次退回公安机关补充侦查，2013年6月20日公安机关再次重新移送审查起诉。

经依法审查查明：

2010年12月15日，被告人张某以与乔翔房地产开发有限公司合作钢结构项目为由，以金盛物资经销处名义与乔翔房地产开发有限公司签订合作协议，协议签订后乔翔房地产开发有限公司于2011年1月30日，将150万元合作款汇给金盛物资经销处，后张某称该合作项目不能实施，于2011年1月与乔翔房地产开发有限公司签订一份备忘录，在备忘录签订后拒不返还合作款。经核实金盛物资经销处已于2010年1月注销，张某以金盛物资经销处名义与乔翔房地产开发有限公司签订合作钢结构项目并不存在。

认定上述事实的证据如下：

1. 案件来源、抓获经过等书证；2. 被害单位代表人陈述；3. 证人证言；4. 被告人的供述和辩解。

本院认为，被告人张某在签订、履行合同过程中，骗取对方当事人财物，数额特别巨大，其行为触犯了《中华人民共和国刑法》第224条第5项，犯罪事实清楚，证据确实充分，应当以合同诈骗罪追究其刑事责任。根据《中华人民共和国刑事诉讼法》第172条的规定，提起公诉，请依法判处。

此致

乙区人民法院

检察员：××

检察员：××

2014年5月26日

一审判决书

乙区人民法院刑事判决书

(2017)××刑初××号

公诉机关甲市乙区检察院。

被告人张某,男,××××年××月××日出生,身份证号码略,汉族,系××公司职员,户籍地××。

辩护人李长青,系北京市隆安律师事务所律师。

甲市乙区检察院以××检公诉刑诉(××××)××号起诉书指控被告人张某涉嫌合同诈骗,于2014年5月29日向本院提起公诉,本院经审理后,于2015年12月2日作出判决,判决被告人张某无罪,甲市乙区检察院提出抗诉,甲市中级人民法院经审理后以事实不清、证据不足为由裁定将本案发回重审。本案本院受理后,依法另行组成合议庭,于2017年3月2日公开开庭审理了本案。甲市乙区检察院指派检察员××、书记员××出庭支持公诉。被告人张某及其辩护人李长青到庭参加了诉讼,本案现已审理终结。

甲市乙区检察院指控,2010年12月15日,被告人张某以与乔翔房地产开发有限公司合作钢结构项目为由,以金盛物资经销处名义与乔翔房地产开发有限公司签订合作协议,协议签订后乔翔房地产有限公司于2011年1月30日将150万元合作款汇给金盛物资经销处,后张某称该合作项目不能实施,于2011年1月与乔翔房地产开发有限公司签订一份备忘录,在备忘录签订后拒不返还合作款。经核实金盛物资经销处已于2010年1月注销,张某以金盛物资经销处名义与乔翔房地产开发有限公司签订合作钢结构项目并不存在。

公诉机关向本院提供了书证案件来源、抓获经过等;证人证言;被害单位代表人的陈述;被告人张某的供述与辩解等证据支持其指控。

公诉机关认为,被告人张某的行为触犯了《中华人民共和国刑法》第224条第5项之规定,已构成合同诈骗罪。提请本院依法惩处。

被告人张某辩称,本人是受丁某的委托,帮助丁某去找程某盖章,不知道合同是假的,丁某仅告诉本人其和程某商量好了这件事,让本人帮忙去沈阳。印章是姚某拿的,具体的事情本人不知道,程某的陈述是相互矛盾的,本人不构成合同诈骗罪。

辩护人李长青的辩护意见为,起诉书中指控事实认定有误,被告人张某没有非法占有主观心态,没有实施犯罪行为,没有虚构钢结构项目,程某及乔翔公司也没有陷入错误认识，乔翔公司汇出150万元是程某对丁某的还款，与乔翔公司签署协议的金盛公司也是丁某联系的，《合作协议》并非起诉书认定的2010年12月15日签署，而是与《备忘录》同一日签署。被告人行为情节显著轻微，社会危害性不大，被告人不构成合同诈骗罪。

经审理查明，被告人张某以与乔翔房地产开发有限公司（以下简称乔翔公司）合作钢结构项目为由，以金盛物资经销处（以下简称金盛经销处）名义与乔翔公司签订《合作协议》，协议签订后乔翔公司于2011年1月30日将150万元合作款汇给金盛经销处。乔翔公司与金盛经销处签订一份备忘录，约定：因多原因，执行困难，经双方协商一致同意上述合作协议取消，不再履行。双方互不承担任何法律责任。金盛经销处因未年检于2011年12月15日被吊销。双方签订的合作钢结构项目实际上并不存在，金盛公司将乔翔公司的150万元汇款于2011年1月31日转给案外人丁某。

上述事实，有业经庭审质证并经本院审查采信的证人龚××、程××、李××、姚××的证言、书证案件来源、抓获经过、乔翔公司提供的投资钢结构加工合作协议复印件、备忘录复印件、2011年12月3日举报丁某、张某诈骗的材料、甲市公安局刑事技术鉴定中心不受理委托鉴定告知书、乔翔公司机构代码证、营业执照、资料查询卡等材料复印件、授权龚某举报委托书原件、2004年7月18日乔翔公司任命程某为总经理的任命书、总经理岗位职责等材料复印件、2012年7月30日要求追讨损失声称要上访的情况证明原件、2012年5月2日要求乙区公安分局尽快破案的情况说明原件、2012年7月30日程某关于诈骗案件补充说明复印件、程某对邮件问题的说明原件、程某提供民事起诉状扫描件及乔翔公司关于起诉状的情况说明复印件、乔翔公司证明扫描件证实程某不是该公司股东、程某提供的还款经过证明扫描件、程某提供的汇款方式传真、程某提供的电汇凭证、金盛经销处注册内容查询卡、税务登记表复印件、公安机关从银行调取的金盛经销处2011年1月30日转账150万元支票、进账单、交易单、结算业务申请书、2011年1月31日支付票据、丁某银行荣盛支行账户明细等材料、情况说明、甲市中级人民法院（××××）××初字第××号民事判决书、扣押及发还物品清单，公安机关拍摄到的陈某某、张某某家取证留条的照片、程某提供的说明、部分邮件打印件、公安机关拍摄的程某邮件目录照片、乔翔公司的情况说明、证明、质疑，程某的补充说明等文件、被告人张某供述与辩解等证据在卷佐证，足以认定。

本院认为，指控被告人具有合同诈骗罪的主观故意和目的缺乏事实依据，无法达到主观定罪标准。客观方面，无法认定被告人的行为致使被害单位代表人程某陷入错误认识进而支付合同款。是谁亦或有无他人参与本案中尚未查明。本案存在无法排除的矛盾和疑点，不能得出被告人张某犯合同诈骗罪的唯一结论。因此，公诉机关指控被告人张某犯合同诈骗罪的罪名不能成立。被告人及辩护人无罪的辩解及辩护

意见本院予以采纳。综上所述,依照《中华人民共和国刑事诉讼法》第195条第3项之规定,判决如下:

被告人张某无罪。

如不服本判决,可在接到判决书的第二日起10日内,通过本院或者直接向某省甲市中级人民法院提出上诉。书面上诉的,应交上诉状正本1份,副本2份。

审　判　长:××
人民陪审员:××
人民陪审员:××
2017年7月19日
书　记　员:××

一审辩护词

张某合同诈骗案一审辩护词

尊敬的审判长、审判员:

北京市隆安律师事务所接受被告人张某委托,指派李长青律师担任合同诈骗案被告人张某一审辩护人。辩护人认为张某不构成合同诈骗罪,现依据本案证据和法律,发表以下辩护意见:

根据《刑法》第224条的规定,合同诈骗罪是指以非法占有为目的,在签订、履行合同过程中,采取虚构事实或者隐瞒真相等欺骗手段,骗取对方当事人的财物,数额较大的行为。辩护人认为张某行为不满足合同诈骗罪的构成要件,不构成合同诈骗罪。

一、张某没有非法占有主观心态

合同诈骗罪要求主观上具有非法占有的目的,即行为人企图通过实施某种犯罪行为,达到将不属于自己所有的公私财产转归自己所有的目的。是否有非法占有目的,需要结合行为的动机、背景、情节等因素加以综合判断,具体分析张某行为,可见其不具有非法占有主观心态。

(一)张某行为的动机和背景是基于为丁某索要欠款。张某与程某在本案前并无纠纷,张某与丁某为同一公司员工,张某基于丁某的安排与程某联系,其行为有法律依据。

（二）张某没有占有款项。乔翔房地产开发有限公司（以下简称乔翔公司）汇出的150万元款项由丁某所得，用于抵偿程某的欠款，并且告知了程某，张某没有占有其中款项，之后张某一直和程某联系，没有逃跑、隐匿等行为。

（三）张某与程某的联系过程具有公开性、合理性。张某与程某的协商过程，张某都告诉了丁某，并且有姚某、李某等人参与，张某没有刻意隐瞒销毁证据，也不同于通常诈骗行为具有的隐蔽性。

起诉书中认定张某明知"虚假合作协议"而要求对方汇款，因此具有非法占有目的，该起诉理由不成立。

（一）张某并不明知《合作协议》的真假性，张某仅是根据丁某安排将《合作协议》交由程某签署，《合作协议》由程某与丁某商定，张某并未参与商定过程，因此，张某不可能明知《合作协议》的真假性。

（二）《合作协议》不能简单认定为虚假协议，表面上《合作协议》内容与实际不符，但是符合签署方真实意思，签署方对《合作协议》的内容及作用明知并且接受，不能认定为刑法意义上的虚假合同。

（三）《合作协议》是否真实不等同于张某是否有主观故意，张某并未与丁某同谋，也没有获得非法利益，《合作协议》是否真实及如何使用不反映张某的主观心态。

二、张某没有虚构钢结构项目，150万元是程某对丁某还款

合同诈骗罪客观上要求行为人有"虚构事实或隐瞒真相"行为，并且使被害人陷入错误认识而自愿交付，本案中，仅有程某证言及《合作协议》《备忘录》证明张某虚构事实或隐瞒真相，缺乏乔翔公司账目上关于150万元的科目记载及乔翔公司决策文件等证据，不能形成证明150万元确属投资的完整的证据链条，而丁某、姚某等人的证言以及程某往来邮件等大量证据证明程某通过签署《合作协议》《备忘录》进行还款。

（一）张某没有虚构钢结构项目，程某及乔翔公司也没有陷入错误认识

张某是否虚构了钢结构项目，只有程某证言直接证明张某虚构了事实，乔某公司龚某证言为传来证据，龚某从程某处获得信息，龚某证言的证明效力取决于程某证言的真实性，龚某证言不能印证程某证言。

张某各次供述很稳定，均未承认向程某虚构过钢结构项目，而是与程某达成一致，通过签署《合作协议》和《备忘录》，实现程某对丁某的还款。[1] 事实实际经过可以印证张某供述内容属实。

1.《合作协议》与《备忘录》实为2011年1月30日同时签署。

一审起诉书认定《合作协议》为2010年12月15日签署，而《备忘录》为2011年1

---

[1] 张某2011年12月7日供述证明："她（程某）说以个人名义打不方便，签完合同，以公司的名义打款方便。"

月签署,依据的证据仅有程某证言和《合作协议》上注明的日期,[1]没有综合其他证据,导致认定有误。

(1)张某在与程某签署《合作协议》及《备忘录》过程中,司机姚某根据负责人李某要求,[2]陪同张某进行,姚某证明2011年1月30日张某前往沈阳与程某签署了《合作协议》及《备忘录》。[3]

(2)程某明确其邮箱为××@126.com,[4]并承认向××@163.com邮箱发过邮件,[5]根据××@163.com邮箱显示内容,2011年1月28日××@163.com邮箱向程某发送《合作协议》,当日,程某向××@163.com邮箱发送《备忘录》《协议书范本》,即2011年1月28日,程某才确定了《合作协议》内容,因此,《合作协议》只能在2011年1月28日之后签署,而不能早于2011年1月28日。

(3)张某本人合理解释了《合作协议》及《备忘录》上记载的签署日期与实际签署日期不一致的原因,因为《合作协议》及《备忘录》是用于实现还款,记载签署日期故意与实际签署日期不一致。[6]

(4)《备忘录》列明"甲乙双方于2011年　月　日,签署《合作协议》",《备忘录》经乔翔公司盖章确认,说明乔翔公司认同《合作协议》是2011年签署的,而非2010年12月15日签署的。

综上,张某供述与姚某证言关于《合作协议》的签署日期能够互相印证,而程某证明的签署时间与其邮件内容明显矛盾,不具有实际可能性。因此,应认定《合作协议》《备忘录》均为2011年1月30日签署。

2.2011年1月28日,程某向××@163.com邮箱发送《备忘录》《合作协议范本》,可见,程某在2011年1月28日就明确了钢结构项目不能开展,否则不会同日发送用于解除合作的《备忘录》。[7]

---

〔1〕 程某2012年2月16日证言证明:"协议上的日期是张某来我公司之前就已经填好的,我印象中就是这个时间。"

〔2〕 李某2011年12月7日证言证明:"……,并派我公司的姚某带着我公司的印章陪同丁某到沈阳签的合同。"

〔3〕 姚某2011年12月25日证言证明:"2011年1月份左右,我老板李某让我带着乙区金盛物资经销处的印章陪张某到沈阳签份合同……,我们到了程某的办公室,……,我也拿合同看了看,合同内容是投资钢结构的合作协议。"姚某2011年12月14日出具的《经过证明》:"2011年1月30日,我开车跟张某去沈阳程某办公室,到楼上见到程某后,张某问程某还于大哥的钱什么时间,程某说会计已经去办了。张某便拿出《投资钢结构加工合作协议》《备忘录》各两份,程某在《投资钢结构加工合作协议》《备忘录》甲方的位置上加盖了乔翔房地产开发公司公章。"

〔4〕 程某2013年3月15日证言证明:"(问:你使用电子邮箱的用户名是什么)是××@126.com。"

〔5〕 程某2013年3月15日证言证明:"我只和张某之间发过,fhx邮箱是张某向我提供的。"

〔6〕 张某2011年12月7日供述:"(问:签订合同和备忘录是什么时候)都是2011年1月30日签的,因为合同本身是假合同,备忘录与签订协议要有滞后,我和程某商量后,决定将备忘录的时间签在合同之后。"

〔7〕 程某2013年4月2日证言证明:"我记得投资钢结构加工协议、备忘录、收条等文件都是在我公司给乙区金盛物资经销处拨款150万元人民币之前我同张某办的事情。"

3. 程某及乔翔公司没有开展任何钢结构项目调查工作。

4.《合作协议》中约定乔翔公司出资300万元，[1]实际中乔翔公司仅出资了150万元，与《合作协议》约定金额不符，却无任何说明，程某亦没有提出任何异议。

5. 按照通常的合同行为，双方达成解除合作意向的，应退还已付款项或明确约定已支付款项的处置，而《备忘录》仅约定"同意合作协议取消，不再履行"，没有任何关于退还款项的约定。

6. 乔翔公司签署了用于解除合作的《备忘录》后，反而开始付款150万元，证明乔翔公司该150万元汇款的真实用途并非用于《合作协议》，不是基于项目汇款，而是另有他用。

7. 程某发送《备忘录》的邮件中，同时附有《收条》，并且没有对《收条》作出任何说明。显然，《收条》是与《合作协议》《备忘录》一同使用的，证明收到乔翔公司150万元汇款。

因此，张某的供述与程某证言矛盾，程某证言为孤证，不能认定张某虚构钢结构项目，再结合其他证据，可以认定张某供述属实，程某证言不具有真实性。

起诉书中认定张某行为使程某陷入错误认识，仅仅依据程某证言及来自程某的证据，没有核实程某证言的真实性，没有综合全部证据分析判断，该点起诉理由不成立。

(二)乔翔公司汇给金盛经销处150万元是程某对丁某还款

张某对于其和程某的联系过程的供述很稳定，说明是根据丁某的要求，办理程某向丁某的还款事宜。[2]

程某、张某、陈某等人与丁某存在借款纠纷，程某应向丁某还款。现有借款协议及承诺等材料充分可以证明程某与他人曾向丁某借款900万元，且尚未全部还清，需要偿还的金额远远高于150万元。

丁某本人也证明程某要还款，程某提出通过对公账户还款，丁某安排张某办理程某还款事宜，[3]张某与程某及乔翔公司办理的是还款事宜，而非合作事宜。

---

[1] 《合作协议》第1条："甲方(乔翔公司)以货币形式出资叁佰万元整。"

[2] 张某2011年12月7日供述证明："2010年12月末左右，我电话联系到程某经理催她还丁某的欠款，程某对我说直接还款不方便，得做一个合同，通过公司将钱打给我们，让我们草拟一份协议，然后我将这事跟丁某说了，丁某找到了乙区金盛物资经销处，说使用金盛物资经销处的印章及账户，2011年1月30日，我通过电子邮件与程某商量好协议内容，并打印出来，金盛公司派了一个叫大伟的人和我一起到某省乔翔房地产开发有限公司程某办公室，程某看了一下协议就在甲方乔翔房地产开发有限公司处盖了章……协议签订后，我又要求程某签订了一份备忘录，……就按照程某要求签了一份因执行困难、不再履行的备忘录。……当天程某就将150万元通过乔翔房地产开发有限公司的账户汇到了乙区金盛物资经销中心账户。"

[3] 丁某2011年12月7日证言证明："去年(2010年9月左右)，程某等人又答应还给我一些钱，我便让我单位的张某去办理这件事情，在办理过程中，程某告诉我找一家单位，签个合同，她便把钱付给我，我便找到和我有业务往来的乙区金盛物资经销处的法人李某，告诉他，别人欠我一些钱要还给我，需要签个合同，借用李某单位的公章，李某便同意了，张某便同李某单位的姚某带着公章到沈阳去与程某签的合同，程某便把150万元给我打过来了，事情经过就是这些。"

程某在2011年1月28日发送的《收条》中写明"收到程某个人还款150万元"，程某与丁某所有的资金交易中，只有本案所涉的150万元与程某个人相关，不可能指向其他款项，已经清楚证明程某本人认可150万元是对丁某的还款。

程某在2011年6月7日给张某的邮件中再次明确说明乔翔公司的150万元属于还款，并与之前的还款互相区分，[1]该份邮件内容清晰明确地证明程某认同乔翔公司150万元汇款是单独的一笔还款。

与程某同为还款人的张某、陈某证明曾与程某达成一致，通过乔翔公司对丁某还款，[2]可见，程某基于与丁某的债权债务关系，故意安排乔翔公司汇款，用于还款。

李某证明丁某曾经向其提出使用金盛印章及账户获得还款，[3]姚某也证明张某与程某见面时提到了还款事宜。[4]

需要说明的是，虽然丁某起诉程某借款纠纷时没有扣除程某通过乔翔公司汇出的150万元。但是，第一，根据丁某委托的律师所作说明，[5]这属于诉讼策略问题，并且丁某在民事案件审理过程中承认程某通过乔翔公司汇出的150万元属于还款。[6]第二，丁某如何起诉程某跟张某没有关系，张某并未参与丁某起诉程某过程，张某不需要为丁某的行为承担责任。第三，乔翔公司汇款在前，丁某起诉程某在后，两者间隔时间很长，只能评价丁某起诉程某是否能实现诉讼目的，而不能反推，因为丁某起诉程某，就证明之前是诈骗了乔翔公司。按照这种错误的倒推逻辑，则会出现民事借贷纠纷败诉一方都会涉嫌诈骗的荒谬情形。第四，众所周知，民事诉讼与刑事诉讼对于事实认定的证明标准是不一致的，刑事诉讼的证明标准更为严格，只有被告人供述，没有其他证据的，不能认定案件事实，民事起诉状需要与其他证据综合判断，达到对所认定事实已排除合理怀疑。

因此，张某关于还款的供述与丁某、李某证言、往来邮件等互相印证，形成了完整的证据链条，证明乔翔公司150万元汇款就是程某对丁某的还款。

起诉书认定涉案款项系乔翔公司款项自有资金，与程某个人还款无关。程某在乔翔公司负有管理职能，乔翔公司汇款是用于投资还是用于还款，由程某决定并实施，而不是由张某或丁某决定，并且程某对外告知通过乔翔公司还款，此外，程某通过乔

---

〔1〕我已个人一次性偿还150万元，之前还付的150万元中的60万元也是我借款还付的。

〔2〕张某、陈某2011年12月13日出具的《证明》："第二笔人民币壹佰伍拾万元是经过乔翔房地产开发有限公司汇出到金盛物资经销处的。上述两笔钱都是程某、张某、陈某、我3人的共有，是我们3人都同意汇出还款的。"

〔3〕李某2011年12月7日证言证明："因为丁某说有人欠他钱，他需要用我公司的印章及账户，我就将印章借给他了。"

〔4〕姚某2011年12月14日证言："张某问还于大哥的钱什么时间汇，程某说会计已经去办了。"

〔5〕李某2013年3月15日证言证明："我建议丁某在起诉状中，不提此笔款项，以便让程某拿出此笔款项的收条，证明丁某一直讨要程某等人所欠丁某款项。"

〔6〕参见(2011)沈中民三初字第54号民事判决书第22页"原告陈述……，随后通过乔翔房地产开发有限公司转款150万元，以偿还原告部分借款。"

翔公司还款有一定的合理性，[1]因此，即便乔翔公司的款项程某无权使用，因为程某已说明借公司名义还款，乔翔公司汇款符合协商内容，张某或丁某无须核实款项权属，由此引发的责任应由程某本人承担。

纵观本案，公诉机关以程某的证言为主要证据，并且没有审查程某证言真实性，所指控的犯罪事实远远没有达到确实充分的证明标准，导致基本事实认定错误，进而事实性质认定有误。

根据现有证据，可以充分明确丁某在与程某及乔翔公司的联系中，通过签订《合作协议》《备忘录》形式，实现了程某对丁某还款，而张某只是进行简单的文件传递，未获得任何利益。在这一事实中，虽然不存在钢结构项目，但是程某对此有充分的认识，程某与丁某之间存在真实的债权债务关系。因此，张某没有非法占有的目的，没有虚构事实或隐瞒真相，程某及乔翔公司并非陷入错误认识而支付财物，公诉机关指控理由不成立，张某无罪。

以上辩护意见，提请合议庭在合议时予以考虑。

此致

甲市乙区人民法院

辩护人：李长青律师

2017年3月2日

二审判决书

某省甲市中级人民法院
刑事裁定书

（××××）××刑终××号

抗诉机关（原公诉机关）某省甲市检察院。

原审被告人张某，男，××××年××月××日出生，汉族，大专文化，××公司

---

〔1〕 从程某、陈某、张某、乔翔房地产公司在2006年6月21日签订《合作经营协议书》看，程某等3人以乔翔房地产的名义经营××号房屋，经营收益归程某等3人所有；2007年5月30日，丁某与程某、陈某、张某签订《还款承诺书》，程某等3人承诺以××号房屋的经营收益作为还丁某借款的担保，丁某可直接从上述房屋经营收益中扣回贷款；2011年12月13日、2012年2月27日，张某、陈某两次证明：乔翔房地产公司汇出的150万元，是程某、张某、陈某3人研究同意给丁某的还款，钱是3人共有的；程某是当时乔翔房地产公司总经理，享有一定职权。

职员,住××。

辩护人李长青,北京市隆安律师事务所律师。

某省甲市乙区人民法院审理某省甲市乙区人民检察院指控原审被告人张某犯合同诈骗罪一案,于2017年7月19日作出(××××)××刑初××号刑事判决。宣判后,某省甲市人民检察院提出抗诉。本院审理过程中,某省甲市人民检察院认为抗诉不当,向本院撤回抗诉。

本院认为,某省甲市人民检察院撤回抗诉的要求,符合法律规定。依据最高人民法院《关于适用〈中华人民共和国刑事诉讼法〉的解释》第307条、第308条之规定,裁定如下:

准许甲市人民检察院撤回抗诉。

甲市乙区人民法院(××××)××刑初××号刑事判决自本裁定送达之日起发生法律效力。

本裁定为终审裁定。

审　判　长:××
审　判　员:××
代理审判员:××
2017年12月25日
书　记　员:××

办案总结

辩护律师对案件材料细致分析,多次会见被告人。考虑涉案金额达150万元,量刑起点在10年以上,现有证据达不到定罪标准,被告人的辩解合理等因素,决定作无罪辩护。

从理论和实务两个角度归纳,发现本案事实和法律适用上均有辩护空间,但需要通过调查取证、重点解读等方式还原真相,逐一阐明。

辩护人首先整理出对被告人不利情形:

(一)报案人不停向办案机关提交材料,通过各级机构反映情况,形成舆论压力。

(二)合作项目实际不存在,并且一直没有退回报案人150万元。

(三)将报案人归还的150万元款项再次民事起诉追要,极易被认为有谋取不当利益意图。

(四)现有证据充分证明被告人参与签署协议、指示付款等重要经过。

分析认为:“虚构项目”“拒不归还”的不利表象确实存在,从而将辩护突破点放在被告人主观上不具有非法占有目的，报案人没有陷入错误认识。并着手以下辩护工作：

（一）全面收集和梳理各方邮件、短信等信息，证明报案人明知项目合作款实为还款。

（二）申请关键证人出庭接受质证，由其当庭说明报案人明知款项用途，明确被告人行为性质——受托帮忙，而向程某讨要债务。

（三）进一步核实金盛经销处的经营状况，调取工商信息。

多次向法院申请证人出庭作证，提交新证据，辩护意见充分论述了主要证据存在疑点，完整还原了事件真相，最终实现“依法认定被告人无罪”的辩护目标。

（一）通过向被告人发问，由被告人本人细致说明经过，不仅是单纯地辩解，使其还原的真相更加令人信服。

（二）提交报案人所发邮件，详细分析了其中记录还款金额的构成，得出结论，报案人汇款属于还款。并指出报案人隐瞒重要证据，误导办案机关。

（三）提交工商登记信息，证明起诉书所列公司注销事实有误，公诉人随后变更了起诉书内容，减少了合同诈骗的指控情形。

（四）对于将已经归还的150万元再次民事起诉要求归还这一难点，提出被告人并未参与民事诉讼，并且说明诉讼技巧不能用于评判和改变之前的还款事实。

（五）提出被告人帮债权人追讨债权，150万元由债权人收取，债权人行为尚未查清和认定，不能只评判被告人的行为性质。

最终，经历数次开庭，历时5年，张某终获无罪。

办案心得：(1)不能忽略任何细节，一个信息就可能改变行为性质；(2)既要面面俱到，也要突出重点，打造有效辩点；(3)充分运用辩护权利，勇于和勤于自行合法收集证据，提交证人到庭接受质证等申请，才能有力改变案件走向；(4)做好和被告人的沟通疏导，合理分工，合力实现良好的庭审效果。

专家点评

原本是一起普通的民间借贷纠纷，却因债权人所谓的诉讼策略导致债务人产生误判，进而引发了受托人张某无辜躺枪、涉嫌合同诈骗犯罪的刑事案件。

本质上，本案是一起无论事实还是证据，都完全建立在民事案件基础之上的，民事案件和刑事案件存在因果关联的非典型的刑事案件。而在司法实践中，此类犯罪之所以频发，与当前合同诈骗犯罪和民事欺诈之间模糊的边界和法律规定及相关理论的缺位有直接关系。

所以，办理此类案件，辩护律师既需要精通刑事辩护，还需要具有深厚的民商事法律专业功底和丰富的民事诉讼经验，以及同时具备缜密的逻辑推理和准确的文字表达能力。

对本案而言，无罪辩护成功与否，既决定了能否洗去受托人张某不白之冤，又决定了债权人在民间借贷纠纷案件中最终实现的债权金额。

本案中，一份虚构的项目合作协议和没有书面证据支持的代为履行债务的客观事实，是公安机关认为张某涉嫌构成合同诈骗犯罪的主要依据。但犯罪嫌疑人、被害人主观方面的构成要件和意思表示,是准确界定本案到底是民事纠纷还是刑事犯罪的关键和焦点。

首先,辩护律师准确地把握了张某不构成犯罪和被害人没有错误认识的主观要件,进而通过细致的工作和调查取证,结合债权债务形成的事实、证据、证人证言,进行了充分的论证并提出了清晰的无罪辩护观点。

其次,一审法院认定完全采纳辩护律师的意见。认为被告人具有合同诈骗罪的主观故意和目的缺乏事实依据,无法达到主观定罪标准。无法认定被告人的行为致使被害单位代表人程某陷入错误认识进而支付合同款。本案存在无法排除的矛盾和疑点,不能得出被告人张某犯合同诈骗罪的唯一结论。因此,公诉机关指控被告人张某犯合同诈骗罪的罪名不能成立。

最后,本案经历一审、二审发回重审、再次一审、二审,两级法院均认可并采纳了辩护律师的无罪辩护意见。且判决理由论述清晰,结果令人信服。最终以检察机关撤诉而实现了张某无罪的辩护目标。

在人民法院大力整治虚假诉讼的大背景下,本案对意图通过民事诉讼维权的当事人有非常好的警示意义:即便为保护和实现合法权益,当事人也务必坚持实事求是的基本原则。切勿通过隐瞒真相、虚构事实等所谓的诉讼策略或者技巧等方式,违背客观事实,追求利益最大化,否则,极易触发刑事法律风险。

审核人、点评人:北京律师智库重大复杂案件研究专家组成员　李向辉律师

复核人:北京律师智库重大复杂案件研究专家组组长　王峥律师

疑罪从无，彰显法治精神

——谢某顺等人保险诈骗案

争议焦点

替换无证驾驶员进行理赔应否赔偿？所指控的犯罪事实是否存在？是否构成保险诈骗罪？

关键词

保险理赔　保险诈骗　疑罪从无　无罪推定

案情简介

山东省威海市某区人民检察院向某区人民法院提起公诉，指控如下：2013年9月17日11时许，被告人谢某明无证驾驶冀D18X6X号奔驰越野车，在威海某区昀卓酒店西侧路口左转弯时，与王某强驾驶的直行中的鲁K0XX8C号黑色帕萨特轿车相撞。事故发生后，被告人谢某明离开事故现场，其父被告人谢某顺接到消息后，一边安排其亲戚被告人马某锋赶至现场谎称系冀D18X6X号奔驰越野车的驾驶人，同时通过他人授意王某强在交警处警时默认马某锋系肇事车辆的驾驶人。最终，公安机关认定马某锋系冀D18X6X号奔驰越野车驾驶人，承担本次事故主要责任，王某强承担本次事故的次要责任。次日，被告人马某锋以冀D18X6X号奔驰越野车驾驶员的身份，又分别至威海市交通警察支队第六大队以及中国人民保险公司威海分公司处理事故，后该保险公司依据公安机关出具的事故责任认定书，赔偿谢某顺人民币334,359.3元。

一审法院经过审理查明上述事实，并认为：被告人谢某顺、谢某明、马某锋进行保险诈骗活动，数额较大，其行为构成保险诈骗罪，威海市某区人民检察院指控被告人谢某顺、谢某明、马某锋犯保险诈骗罪的事实清楚,证据确实、充分,本院予以支持,根据公诉机关提供并经庭审质证的证据,可以证实被告人谢某明驾驶涉案奔驰越野车在发生交通事故后,因其无证驾驶,在被告人谢某顺的指使下更换驾驶员为被告人马某锋,因被告人马某锋顶替谢某明处理交通事故,被告人谢某顺、谢某明、马某锋为非法获取保险金,违反国家保险法规,编造虚假事实,骗取保险金的行为均已构成保险诈骗罪,三名被告人及其辩护人无罪辩护意见不当,本院不予采纳。在共同犯罪中,被告人谢某顺起主要作用,系主犯;被告人谢某明、马某锋起次要作用,系从犯,依法应当从轻处罚。于2020年9月30日以保险诈骗罪分别判处谢某顺、谢某明、马某锋有期徒刑4年、3年和3年,分别并处罚金为5万元、3万元和3万元。

一审判决后,三名被告人均不服,提出上诉。

威海市中级人民法院经多次公开审理后认为一审认定事实不清、证据不足,裁定撤销原判、发回重审。

威海市某区人民法院接到发回重审的裁定书后,收到威海市某区人民检察院的撤诉申请,经审查后裁定准许威海市某区人民检察院的撤诉申请。

威海市某区人民检察院审查并退回补充侦查后,仍然认为本案犯罪事实不清、证据不足,不符合起诉条件,于2021年10月26日决定对谢某顺、谢某明、马某锋不起诉。

案件历程

山东省威海市某区人民检察院
起诉书

××检一部刑诉(2020)89号

被告人谢某顺,男,1969年2月14日出生,身份证号码(略),汉族,初中文化程度。户籍所在地(略),现居住地(略)。因涉嫌保险诈骗罪,于2019年7月13日被威海市公安局某区分局刑事拘留;于2019年8月19日,经本院批准,于当日被威海市公安局某区分局逮捕。

被告人谢某明,男,1994年4月22日出生,身份证号码(略),汉族,高中文化程度,无业。户籍所在地(略),现居住地(略)。因涉嫌保险诈骗罪,于2019年7月13日被威海市公安局某区分局刑事拘留;于2019年8月19日,经本院批准,于当日被威海市公安局某区分局逮捕。

被告人马某锋，男，1980年4月26日出生，身份证号码（略），汉族，小学文化程度，个体。户籍所在地（略），现居住地（略）。因涉嫌保险诈骗罪，于2019年6月11日被威海市公安局某区分局刑事拘留；于2019年7月15日，经本院批准，于当日被威海市公安局某区分局逮捕。

本案由山东省威海市公安局某区分局侦查终结，以被告人谢某顺、谢某明、马某锋涉嫌保险诈骗罪，于2019年9月13日向本院移送审查起诉。本院受理后，于次日已告知被告人有权委托辩护人，依法讯问了被告人，听取了辩护人的意见，审查了全部案件材料。本院于2019年10月28日第一次退回侦查机关补充侦查，侦查机关于2019年11月28日补查重报；本院于2020年1月12日第二次退回侦查机关补充侦查，侦查机关于2020年2月12日补查重报。本院于2019年10月14日、2019年12月29日、2020年3月13日延长审查起诉期限。

经依法审查查明：

2013年9月17日11时许，被告人谢某明无证驾驶冀D18X6X号奔驰吉普车，在威海某区昀卓酒店西侧路口左转弯时，与王某强驾驶的直行中的鲁K0XX8C号黑色帕萨特轿车相撞。事故发生后，被告人谢某明离开事故现场，其父被告人谢某顺接到消息后，一边安排其亲戚被告人马某锋赶至现场谎称系冀D18X6X号奔驰吉普车的驾驶人，同时通过他人授意王某强在交警处警时默认马某锋系肇事车辆的驾驶人。最终，公安机关认定马某锋系冀D18X6X号奔驰吉普车驾驶人，承担本次事故主要责任，王某强承担本次事故的次要责任。次日，被告人马某锋以冀D18X6X号奔驰吉普车驾驶员的身份，又分别至威海市交通警察支队第六大队以及中国人民保险公司威海分公司处理事故，后该保险公司依据公安机关出具的事故责任认定书，赔偿谢某顺人民币478,799元。

认定上述事实的证据如下：

道路交通事故认定书等书证；犯罪嫌疑人谢某顺等人的供述；证人王某强等人的证言；辨认笔录。

本院认为，被告人谢某顺、谢某明、马某锋对发生的保险事故编造虚假的原因，骗取保险金，其行为触犯了《中华人民共和国刑法》第198条第1款第2项，犯罪事实清楚，证据确实、充分，应当以保险诈骗罪追究其刑事责任。被告人谢某顺在共同犯罪中起主要作用，系主犯；被告人谢某明、马某锋在共同犯罪中起次要作用，是从犯，根据《中华人民共和国刑法》第27条的规定，应当从轻处罚。根据《中华人民共和国刑事诉讼法》第176条第1款的规定，提起公诉，请依法判处。

此致

威海市某区人民法院

检察员:张××

2020年3月27日

附:1. 被告人谢某明、谢某顺、马某锋现羁押于威海市看守所。(略)

2. 案卷材料和证据5册。(略)

一审判决书

山东省威海市某区人民法院
刑事判决书

(2020)鲁10××刑初98号

公诉机关山东省威海市某区人民检察院。

被告人谢某顺,男,1969年2月14日出生,身份证号码(略),汉族,初中文化,户籍所在地(略),捕前住址(略),工作单位(略)。因涉嫌犯保险诈骗罪于2019年7月13日被威海市公安局某区分局刑事拘留,同年8月19日被逮捕。现羁押于威海市看守所。

辩护人王某忠,山东××律师事务所律师。

辩护人李某,山东×××律师事务所律师。

被告人谢某明,男,1994年4月22日出生,身份证号码(略),汉族,高中文化,户籍所在地(略),捕前住址(略),无业。因涉嫌犯保险诈骗罪于2019年7月13日被威海市公安局某区分局刑事拘留,同年8月19日被逮捕。现羁押于威海市看守所。

辩护人李某明,山东××律师事务所律师。

被告人马某锋,男,1980年4月26日出生,身份证号码(略),汉族,小学文化,户籍所在地(略),捕前住址(略),个体。因涉嫌犯保险诈骗罪于2019年6月7日被北京铁路公安局石家庄站派出所抓获,临时羁押于石家庄市第一看守所,同年6月11日被威海市公安局某区分局刑事拘留,同年7月15日被逮捕。现羁押于威海市看守所。

辩护人赵某,河北××律师事务所律师。

辩护人李某某,山东×××律师事务所律师。

威海市某区人民检察院以××检一部刑诉(2020)89号起诉书指控被告人谢某顺、谢某明、马某锋犯保险诈骗罪,于2020年3月30日向本院提起公诉。本院依法适用普通程序，组成合议庭，公开开庭进行了审理。威海市某区人民检察院指派检察员李某燕、田某荷出庭支持公诉。被告人谢某顺、谢某明、马某锋及其辩护人均到庭参加诉讼。现已审理终结。

威海市某区人民检察院指控，2013 年 9 月 17 日 11 时许，被告人谢某明无证驾驶冀 D18X6X 号奔驰越野车，在威海某区昀卓酒店西侧路口左转弯时，与王某强驾驶的直行中的鲁 K0XX8C 号黑色帕萨特轿车相撞。事故发生后，被告人谢某明离开事故现场，其父被告人谢某顺接到消息后，一边安排其亲戚被告人马某锋赶至现场谎称系冀 D18X6X 号奔驰越野车的驾驶人，同时通过他人授意王某强在交警处警时默认马某锋系肇事车辆的驾驶人。最终，公安机关认定马某锋系冀 D18X6X 号奔驰越野车驾驶人，承担本次事故主要责任，王某强承担本次事故的次要责任。次日，被告人马某锋以冀 D18X6X 号奔驰越野车驾驶员的身份，又分别至威海市交通警察支队第六大队以及中国人民保险公司威海分公司处理事故，后该保险公司依据公安机关出具的事故责任认定书，赔偿谢某顺人民币 334，359.3 元。

为证实上述指控，公诉机关提供了交通事故认定书等书证；被告人谢某顺等人的供述；证人王某强等人的证言；辨认笔录等证据。公诉机关认为被告人谢某顺、谢某明、马某锋对发生的保险事故编造虚假的原因，骗取保险金，其行为触犯了《中华人民共和国刑法》第 198 条第 1 款第 2 项，应当以保险诈骗罪追究其刑事责任。被告人谢某顺在共同犯罪中起主要作用，系主犯；被告人谢某明、马某锋在共同犯罪中起次要作用，系从犯，依法应当从轻处罚。根据《中华人民共和国刑事诉讼法》第 176 条第 1 款的规定，提起公诉，请依法判处。

被告人谢某顺辩称案发当天其没有安排马某锋去开涉案车辆，不知道为何马某锋开车，当天马某锋给其打电话说发生事故了，其步行大概半个小时到了现场，因其是外地人，怕发生冲突，就电话联系了丛某祥，因为丛某祥和威海 ×× 建筑机械（集团）有限公司（以下简称威海 ×× 公司）的人认识，就找丛某祥给威海 ×× 公司的人打个招呼。奔驰越野车是其家庭用车，登记在其女儿名下，但具体谁开不一定。

被告人谢某明辩称案发当天其没有去过现场，不是其驾车发生的事故。

被告人马某锋辩称，案发当天是谢某顺给其打电话去正棋山小区的办公地点接的涉案奔驰越野车，在出南门左拐弯时出了事故，对方车辆撞在其驾驶室这一侧后侧的部位。谢某顺是其妻子的舅舅，其在谢某顺位于威海高区大屋建材隔壁的家具店上班，其不忙的时候给谢某顺开车，谢某顺在威海某区有公司，对该公司附近的路况其不熟悉，但办公地点、开发的楼盘其知道，10 时 30 分发生的事故，11 时 49 分报的警，事发时不知道谢某明在哪里，事故发生后其电话联系了谢某顺。

被告人谢某顺的辩护人认为，公诉人提交的证据中大都是道听途说或者故意编造的，起诉书载明的内容大部分是没有依据的推测，不足以证实被告人构成保险诈骗罪,谢某顺亦不符合保险诈骗罪的犯罪主体,也没有实施任何诈骗行为,不构成犯罪。没有直接证据证实谢某明是驾驶员,指控马某锋是替换驾驶员的事实不成立;现有证据证明事故驾驶人是马某锋,且马某锋自始至终在现场,指控谢某顺接到消息后安排马某锋赶到现场谎称是驾驶员无证据支持,该事实不成立;指控谢某顺同时通过他人授意王某强默认马某锋系肇事车辆驾驶人没有证据支持。保险公司赔偿33万余元是合法合理的赔偿,指控该款项是保险理赔款没有证据支持。证人证言之间互相矛盾且没有合理解释,3名被告人供述高度一致,供述的具体情节与现有书证相互印证,足以证明被告人无罪。定罪证据完全达不到证据确实充分、具有唯一性与排他性的认定标准,不能排除其他合理怀疑。本案除了王某强的内心怀疑外,没有其他直接证据,是孤证。

被告人谢某明的辩护人认为,本案在立案前、立案后程序违法;证人王某强、孟某军、高某、王某松的证言有严重不实之处,不能作为证据使用;辨认笔录存在程序违法;没有对谢某明进行立案、没有人向其宣布逮捕令,属于严重违法办案;公安机关在明知谢某明有一个双胞胎哥哥的情况下,没有让王某强进行辨认,也未能调查谢某明的运行轨迹,现有证据不能确认案发时的驾驶员就是谢某明,被告人谢某明不构成保险诈骗罪。

被告人马某锋的辩护人认为马某锋不构成犯罪,认定谢某明系案发时肇事驾驶员没有直接证据,均系听说,不能成立。王某强的辨认违反法律,辨认结果不能排除合理怀疑,谢某明的双胞胎哥哥应进行一起辨认,否则辨认结果不能排除合理怀疑。王某强的证言与事实不符。

经审理查明,2013年9月17日11时许,被告人谢某明无证驾驶冀D18X6X号奔驰越野车,沿威海某区江苏东路自西向东行驶至昀卓酒店西侧路口左转弯时,与王某强驾驶的沿江苏东路自东向西行驶的鲁K0XX8C号黑色帕萨特轿车相撞。事故发生后,被告人谢某明离开事故现场,其父被告人谢某顺接到消息后赶到现场,一边安排其亲戚被告人马某锋谎称系冀D18X6X号奔驰越野车的驾驶人,由被告人马某锋报保险公司,同时通过他人授意王某强在交警处警时默认马某锋系肇事车辆的驾驶人。最终,公安机关认定马某锋系冀D18X6X号奔驰越野车驾驶人,承担本次事故主要责任,王某强承担本次事故的次要责任。次日,被告人马某锋以冀D18X6X号奔驰越野车驾驶员的身份,又分别至威海市交通警察支队第六大队以及中国人民保险公司威海分公司处理事故,后该保险公司依据公安机关出具的事故责任认定书,赔偿谢某顺人民币334,359.3元。

上述事实由公诉机关提供并经庭审质证的下列证据予以证实:

1. 被告人供述与辩解

(1)被告人谢某顺的供述与辩解,摘录如下:冀D18X6X黑色奔驰越野车是在

2011 年或 2012 年花了大约 70 万元买的，登记在我女儿谢某莹的名下，实际上一直我在使用。我记得是当天中午发生的事，当时我在工地上，马某锋开着车应该是办什么事，他突然打电话给我，讲自己在工地附近从江苏东路昀卓酒店西路口与别人撞车了，我一听马上领着工地上几个工人去了昀卓酒店门口，看见马某锋和一辆威海本地牌照的帕萨特轿车撞了，撞得挺厉害，但人没有什么事，就问了对方司机，说是威海××公司的车，我一看对方是本地的车虽然都有保险也怕吃亏，于是就联系了我的朋友丛某祥，问他认不认识威海××公司领导，他说认识，我和他讲我的车和××公司的车撞了，驾驶员都没事，双方有保险，让他帮我协调一下，别闹得不愉快起争议。他答应了，具体怎么协调的我不知道。具体怎么报的警我忘了，一会交警来了看现场，第二天去工地附近的交警六大队把事故处理了，我们负主要责任，对方负次要责任，然后各自把车送到大修厂修车。

经从保险公司调取材料，根据事故认定人保河北邯郸公司赔付我方车辆 334,359.3 元，威海人保公司赔付对方车辆 144,439.7 元，合计赔付 478,799 元均支付给我女儿谢某莹，我把钱打给了烟台之星奔驰 4S 店，谢某莹对这件事不知道，只不过她是车主，必须以她名义找保险公司赔付及收款把修车款打给修理厂。

(8 月 6 日供述)我没有找过，具体时间我忘了，应该是去年的事，河北商会的常某生打电话给我，根本没提交通事故的事，让我退保险，我说退什么保险，根本没说其他的。过了一段时间我回了威海，常某生还带我去见了另外一个不知道姓什么的河北商会的人，说了几句话，我说不存在什么退保险的事，我接着走了。

庭审供述：2013 年在 YF 房地产负责的有 3 个股东，青岛方、河北的刘某龙，还有我，当时谢某明是公司法定代表人，我方主要管理人员是我，如果我不在的时候是我儿子说了算，有时候是谢某明，有时候是谢某明，不一定谁在，办公地点在正棋山小区的一个小院，当时公司有两辆车，使用不固定，有时候我家里用，有时候在工地用，马某锋有时候帮我开车，他不是房地产公司的司机。案发当天，我没有安排马某锋去开车，我不知道他为什么开这辆车。案发当天马某锋给我打电话说发生事故了，我步行了半个小时左右到了现场，我问对方是哪里的车，对方说是威海××公司的，我记不清是我打电话还是我叔叔打电话给丛某祥，让丛某祥给对方打个招呼，因为我们是外地人，怕发生冲突，怕受气。从案发至归案我记不清有没有再和丛某祥联系了。孟某军当时是干工程，挖土方的，他是想敲诈我，工程款欠他 109 万元，他想加上利息一共 200 多万元，后来孟某军说不要利息了，就按 109 万元来算，后来我按照测绘的 109 万元给他了。在和李某河见面后的第二天在孟某军的办公室，我说孟某军你诬告我，他说没有，就是为了通过高某找到我，和他发生了争吵后离开。我不认识李某河，也没有让他帮着打听情况。常某生曾经给我打电话说，交通事故有没有问题，我说没有，也没有让常某生转告其他人。常某生给我打完电话半个月后，有一次我和常某生见面提起之前打电话说交通事故的事,常某生说是听一个老乡叫李某河的人说的,我让常某生叫出来一起见个面,我们一起到李某河的五金店见的面,李某河说是听交警队的高队长说的,问我是不是有问题,是不是酒驾,我说不是。

(2)被告人谢某明的供述与辩解,证实其没有到过事故现场,不知道这个事故。2014年,在老家河北邯郸学的驾驶证。

庭审供述:2013年其是YF房地产的法定代表人,公司地点在正棋山一号小区内,去过公司几次,案发当天其没有去过案发现场。2013年9月之前其在河北邯郸,其和妻子在邯郸2013年8月28日认识,和妻子认识之后一周去了广州,案发当时其不在威海,2013年9月之后去过郑州,之后回了邯郸。谢某明当时没有在YF房地产公司上班。谢某明出庭后更改供述为2013年9月之前其去了郑州,之后不清楚。

(3)被告人马某锋的供述与辩解,摘录如下:当时其除了在大屋建材卖建材,还兼职给谢某顺干司机,案发当天自己在正棋山一号YF房地产公司办公室(在小区里面),接到谢某顺的电话让其开他的奔驰越野车去昀卓酒店西工地,其从小区出来从西向东左转弯和对方的车撞了。后庭审供述其从正棋山小区往外出,在那个路口王某强驾驶的轿车由东向西走,在正棋山南门发生事故,碰撞的时候其车朝外,撞完后奔驰车头朝向正棋山小区方向,碰撞的是驾驶室这一侧。

2. 证人证言

(1)证人王某强的证言,原系威海××公司经理,证实事发当天公司安排其到威海市区办事,大约到中午时间其驾车沿威海经区青岛路由北向南行驶经过江家寨立交桥后继续向南行驶返回公司,当时其驾驶车辆在临港区管委会红绿灯右拐沿江苏东路由东向西正常行驶,车经过昀卓酒店西侧的一个工地大门口时,发现有一辆奔驰越野车由西向北左转弯准备进入工地内,按照其自己开车的速度和两车相距距离及其估算,其点了一下刹车如果对方正常行驶完全可以拐进去,但是没想到对方车辆看见其的车辆后突然停在了路中间,弄得其措手不及再急刹车来不及了,最后两车直接相撞,其驾驶的帕萨特轿车撞得很严重,气囊都弹了出来,等其醒过神来发现对方奔驰越野车上驾驶位下来一个20多岁的小伙子,年龄不大,朝其的车辆走过来问有没有受伤,其说没什么大事。这时事故刚发生,现场就其和小伙子两人,后从北边工地出来一帮人,看来和开车的小伙子挺熟悉的,隔得比较远他们说什么其也听不见。其从车上下来时刚才开车的小伙子就不见了,于是其就打电话给单位董事长马某泉,马总当时还说都有保险,保险处理就行,这时从工地出来的人里面有个领导模样的人,穿着白衣服,年龄四五十岁,这个白衣服男子主动过来跟其说让其不用管,他们全权处理这件事,其当时还和他说都有保险,保险处理就行,这名男子还问其是哪个单位的,其告诉他其是威海××公司的,过了一会儿,马总打电话说让其不要报保险,配合对方就行,马总都这么说了,其想开的是公司的车,还跟着马总干,得听领导的,当天其没去交警队处理，后来一个叫马某锋的人给其打电话约着去交警队处理事故，交警队处理事故时其是第一次见到马某锋，马某锋以驾驶员的身份和其一起在交警队处理的事故，其当时发现了当时真正开车的司机没来处理事故，但是因为马总和其说过了，其就没想那么多，配合对方在交警队处理了事故。马某锋和当时的驾驶员年龄有差距，驾驶员看起来岁数很小，马某锋在其印象中是个比较方的国字脸。事故发生后其认识了谢某顺，在马某泉的办公室见过他，马某泉跟其介绍这是谢总，谢某顺好像和马某泉很熟悉，应该还和马某泉谈过生意合作，不过发生事故的时候他俩应该不认识，事故发生后其还记得，谢某顺还给其打过电话，因为当时发生事故时快过中秋了，车上有朋友送的酒，发生事故了酒都碎了，谢某顺给其打电话想再给其送箱酒，其当时还拒绝了，但其记得后来他应该找人给其送了酒。其其实对对方驾驶员的情况不了解，但是其后来听马某泉说过当时那个真正开车的年轻小伙没有驾驶证，马某泉怎么知道的其不清楚，有可能听谢某顺说的。

(2)证人马某泉的证言，其为威海××公司董事长，证实事故发生后王某强打电话给自己，后来自己接到了丛某祥的电话，要求在处理事故时不要为难对方，马某泉遂嘱咐王某强在处理事故时不要难为对方，另证实了自己与谢某顺、丛某祥的交往情况，以及在事故发生后一段时间就从丛某祥处知道了当时的事故存在调换驾驶员的情况。

(3)证人丛某祥的证言，证实2013年9月17日当天的具体什么时间其忘了，突然接到谢某顺的电话，说他的车和威海××公司马总公司的车在某区相撞发生了交通事故，问其是否认识马总，其说认识，他的意思是让其和马总打个招呼，都有保险，别因为车祸争执，意思是怕马总为难他。其答应了他，接着其打电话给马某泉董事长，说河北邯郸谢总的车和他公司的车发生了交通事故，找他协调一下，别因为车祸争执，都有保险别为难人家，马总答应了，其电话告诉了谢某顺帮他说了让他自己协调处理，另证实其后来听马某泉说起过谢某顺调换驾驶员的事。

(4)证人孟某军的证言，证实其承包谢某顺挖土方的工程，因为谢某顺没有结算要工程款找不到人，在2018年3月其联系威海公安局交警六大队的高某，告诉了其之前听别人说起谢某顺的奔驰越野车发生事故，谢某顺的儿子谢某明没有驾驶证的事情，2018年年底至2019年谢某顺陆续给清了工程款，在给其工程款的时候，谢某顺说其举报他奔驰越野车无证驾驶的事，其把听说的经过和他学着说了，说没有举报他，只是怀疑，他听说了以后答应给其剩下的工程款。

(5)证人高某的证言，证实2018年时接到了孟某军的举报称2013年有个奔驰车事故有顶包的可能，开车的驾驶员是谢某顺的小儿子谢某明，后来其对该案进行了复核，之后将该案移交临港分局。

(6)证人李某河的证言，其为威海市TW机电设备有限公司法定代表人，证实

2018年三四月,其在威海突然接到一个自称邯郸××县姓谢的老乡电话,说起前几年有起交通事故为了赔付保险金,存在换驾驶员的情况,现在被交警队知道了。让其帮忙打听一下,后来其联系了高某,因其没有保留姓谢老乡的电话,所以把其了解的情况告诉了常某生,后来常某生领着谢某顺到其店内,对其说时间过去这么多年了,交警找不到证据,他不准备退保险金,让其不要再管这件事了。

(7)证人常某生的证言,证实2018年三四月其接到李某河的电话,问河北成安县有没有个姓谢的,前几年在某区管委会附近买了一块地搞开发,后来出了交通事故,当时为了保险全赔付,换了其他人处理的,保险公司赔了三四十万元,现在被交警队知道了,让其打听一下,其一听他说的这个人是谢某顺,谢某顺当时在威海某区管委会附近买了一块地搞开发,其就给谢某顺联系,谢某顺矢口否认,称没有这个事,其马上回复李某河说谢某顺说没有这个事。后来谢某顺到威海后,其和谢某顺一起到李某河店里,说了会话就离开了。

(8)证人王冬(化名)的证言,系中国人保财产股份有限公司威海分公司理赔中心工作人员,证实2018年3月份左右交警队联系其告知2013年的一起理赔保险事故可能有问题,其拨打事故方马某锋的电话,被马某锋挂断了电话。

(9)证人毕伟(化名)的证言,其为人民保险公司荣成支公司经理,2018年任威海市人保理赔中心主任,2018年交警队高大队来找其说有个2013年其出险的案子怀疑有保险诈骗的可能,其当时知道这件事后把这件事交给了王冬处理,王冬当时就是担任理赔中心的反欺诈岗,其就没再管,其就是正常的协助警察办理,其记得这个案子应该是外地赔偿,其是代赔,属于河北保险公司的赔款,其的工作人员跟进案件是正常的履职,其没有说过让王冬不再插手这个案件。

(10)证人谢某莹的证言,证实交通肇事损害赔偿协议书上的签字应该是其签的,但其没去过保险公司,可能是其父亲谢某顺把协议书拿回来让其签的字,身份证和农业银行账户是其的,应该是其提供给其父亲的,但赔偿的钱其没用,按其父亲的要求和提供的金额和账号打给了汽车修理厂,具体怎么转的忘了。

(11)证人王某松的证言,证实其河北邯郸同村一个叫谢某顺的老乡,他在威海和别人合伙成立了YF房地产(办公室地址昀卓酒店西边一住宅楼),在威海临港开发区江苏东路之信电商南面搞开发,大约在2013年4月其介绍孟某军给YF房地产公司挖土方工程,事故发生当天其看到谢某顺的黑色奔驰越野车和一辆大众轿车撞了,现场不少人在看,其和孟某军下去看,发现YF房地产开发公司聘请了青岛严工程师和另一个老头在现场,还有昀卓酒店西工地工人,谢某顺工地工人,等待公交车的老百姓20多人在围观,其过去问严工程师怎么回事,严工程师说,没啥事,其和孟某军就去了工地。

(12)证人马某强的证言,证实发生事故当天其赶往现场帮助处理事故,没有看到和王某强相撞的奔驰车辆驾驶员是谁。

(13)证人原某华的证言，证实其在2014年年初其在YF房地产做会计工作，工作到2014年10月，他们的工程停了，其就离职了，当时YF房地产的老板叫谢某明，是个十七八岁左右的小伙，最多20岁，办公地点在管委西边正棋山1号小区里面的一个民房内办公，当时谢某明在这办公，青岛一个卢总，卢总在2014年春节之后就不在这里办公，还有青岛的闫总，青岛的一个小姑娘贾阳阳负责行政，还有个叫王某军的人。谢某明有个双胞胎哥哥，但可以看出差别，他来过公司可能一两回，谢某明的父亲不经常去。

(14)证人王某华的证言，系YF房地产公司的项目经理，证实2014年春天其跟着刘总来到威海某区，接收YF房地产的工作，在此之前YF房地产的法定代表人是谢某明，谢某明的父亲是谢某顺，应该是监事，刚来威海时见过谢某明，一起吃过饭，之前没见过谢某明，听说谢某明在海南，谢某明和谢某明是亲兄弟，当时YF房地产应该在正棋山1号办公。

(15)证人卢某弟的证言，原系青岛SWSY发展集团有限公司员工，2013年被公司派到山东威海参与威海YF房地产公司的合作项目。其公司的老板说YF房地产是由谢某顺出资，其公司出人，可以占10%的干股，其老板为了表现其公司的重视，就把其和闫某成一起派到威海负责YF房地产的项目，其负责办公室的一些管理和行政事宜，河北这方谢某顺安排他儿子谢某明以及他姐姐的孩子王某军去项目公司上负责，平时其和谢某明、王某军在一个办公室办公，谢某明是YF房地产公司的法定代表人，他比较松散，也不是每天都来单位，来后也是玩手机，不问他话他一天都不会说话，还有另外一个小伙，年龄大些，负责一些幕后的工作，其不认识马某锋。当时公司给办公人员买了一辆尼桑轿车，谢家有自己的车。2013年发生事故的那辆车很少有人会开，就是开也是谢某明自己开，王某军偶尔开，但大多数时间王某军开另外一辆越野车。发生事故后其不是最先知道的，谢某明另外这俩兄弟先知道的，他俩中其不记得是谁告诉其和闫总出事故了，其和闫总就去了现场，现场由谢某明和平时老找谢某明的一些小弟兄在现场，其到了之后谢某顺也到了，也就前后脚，谢某顺到了之后问东问西，具体问了什么其记不清了，后来现场又来了一个40岁左右的男子，这个男子来了之后谢某顺就单独和这名男子交流，然后谢某顺对其和闫总说好了好了，没事了，之后其就走了，其到现场的时候警察还没到，过了一会儿警察就到现场，记不清他和谢某顺谁先到的，当时两辆车撞在一起，对方司机在现场，其去的时候谢某明在现场，现场还有常和谢某明来往的一两个小兄弟。王某军和前面提到的40岁左右的男子是和其、老闫一起去的现场。当天出事这辆奔驰车是谁开的其没看见，其判断谢某明当时没有驾驶证，因为那辆奔驰车发生事故时是在转弯，是对方车辆撞的奔驰车，虽然谢某明这方有责任，但毕竟是对方车撞的他，所以完全可以按照正常程序处理。

(16)证人谢某明的证言,证实其为谢某明的双胞胎哥哥,案发时其在威海高区红木楼,谢某明在什么地方其不知道,听其父亲谢某顺说起交通事故的事,当时其全家人都居住在威海富豪城,其和谢某明不经常去临港的工地或办公室,涉案的车辆平时由其父亲或母亲开。

(17)证人王某清的证言,其是被告人的老乡,其当年介绍孟某军去干挖土方的工程,给孟某军干过活,开过车。2018 年三四月孟某军给其打电话,其去了孟某军家中,孟某军问其被撞的奔驰车车牌号,其说不知道,后来孟某军给高某打电话,说在高某的管辖区挖土方,谢某顺欠了 100 多万元工程款一直不给,让高某收拾收拾谢某顺,高某问怎么收拾,孟某军说当时是酒驾了还是撞车了,收拾收拾谢某顺,把 100 多万元要回来,到时候少不了高某的好处,后来再没说什么,其就走了,有时候其给孟某军开车的时候,孟某军也给高某打电话,他们还见过面,后来孟某军是否向谢某顺要工程款其不清楚,是否给高某好处其不知道。

(18)证人柳某清的证言,证实其当年在谢某顺的公司上班,案发当日看到马某锋驾驶奥迪 A8 发生了事故,对方司机的车辆撞在奥迪车右侧前门位置,对方司机的车撞的转了一圈,马某锋抱着头蹲在马路边,其去看对方司机,对方司机说没事,后来一些人过来看,其都不认识,记得看见了谢某顺。

后证言证实事故发生时马某锋开的是什么车其记不清了,发生事故时马某锋开的车被撞的转了半圈,头朝东南,撞击部位是马某锋驾驶车辆的右侧后门,围观的人其都不认识。

3. 书证

(1)卷宗移送材料,证实 2018 年 4 月 24 日交警六大队将该案移送威海某区分局。

(2)交通事故认定书、事故现场图,证实 2013 年 9 月 17 日 10 时 30 分,王某强与马某锋在交警六大队处理事故的情况。马某锋承担主要责任,王某强承担次要责任,经协商马某锋的车辆维修费、施救费凭据由王某强在交强险范围内承担,超出部分由马某锋承担70%,王某强承担30%。王某强的车辆维修费、施救费凭据由马某锋在交强险范围内承担,超出部分由马某锋承担70%,王某强承担30%。现场图显示越野车由西向北左转,轿车由东向西直行。

(3)现场照片,证实事故现场大门的情况,现事故现场正棋山小区南大门位置发生改变,向西移动了两个路灯的距离,当年正棋山小区南大门正对隔离带。

(4)案发时的自述材料,王某强自述 2013 年 9 月 17 日上午大约 11 时我自江苏东路由东向西回单位,常规正常行驶,行至管委会西约 150 米,有一河北牌冀 D18X6X 从隔离带中间开口处突然穿道,由于隔离带有较高植物阻挡视线,发现时刹车已不能完全控制住，另外对方车拐弯可能发现来车慌乱中停顿了一下，车撞在了对方靠尾部车门处，双方车都损失较重，然后双方下车报警、报保验；马某锋自述2013年9月17日10时30分左右，我驾驶冀D18X6X车沿江苏路由西向东行驶至正棋山小区南路口，与对方由东向西行驶的鲁K0XX8C轿车相撞，无人员受伤，车辆损坏的交通事故，我向左转弯与鲁K0XX8C轿车相撞。

(5)2013年9月17日的报警记录，报警电话187××××2291，报警人卢某。

(6)保险赔付材料，证实车辆受损、中国人民财产保险股份有限公司赔偿两车的损失及赔款的支付等情况。

(7)户籍证明，证实三名被告人已达到刑事责任年龄，应承担相应刑事责任。

(8)谢某明驾驶证复印件，证实谢某明取得驾驶证日期为2014年2月13日。

(9)威海市公安局某区分局经侦大队出具的关于马某锋保险诈骗案卷装订顺序错误的说明，证实证据材料卷第66页、第73页2张辨认笔录照片因工作人员工作失误造成顺序装订错误，第66页、第73页辨认照片对调后为正确顺序。

(10)威海市公安局某区分局经侦大队出具的关于马某锋等人保险诈骗案立案情况的办案说明，载明2018年5月23日威海市公安局临港分局立案侦查马某锋保险诈骗案，该案是以保险诈骗的犯罪事实为依据立案，并非针对马某锋立案。在侦查过程中发现，谢某顺和谢某明也有作案嫌疑，遂对其二人采取强制措施，按照相关办案规程，无须针对同一案件中的不同犯罪嫌疑人进行重复立案。

(11)威海市公安局某区分局经侦大队出具的关于马某锋保险诈骗案提讯情况说明，载明2019年8月20日，威海市公安局临港分局经侦大队民警对马某锋保险诈骗案的犯罪嫌疑人谢某明、谢某顺进行提讯。提讯证中填写的民警杜××、连××提讯嫌疑人谢某顺，民警王×、崔××提讯嫌疑人谢某明。而在实际提讯过程中，民警杜××、连××提讯嫌疑人谢某明，民警王×、崔××提讯嫌疑人谢某顺。所以，提讯证的填写内容与实际情况不对应系笔误。

(12)抓获经过，证实3名被告人均系被抓获归案，无自首情节。

(13)私营企业查询结果，证实2013年YF房地产的法人代表系谢某明。

(14)于某出具的2013年9月17日江苏路交通事故处理说明，载明其为威海市公安局交通警察支队六大队事故处理民警。2013年9月17日其大队勤务民警刘某林将其在当日中午12时所现场勘查的发生在江苏东路的昀卓商务大厦西50米处的两辆轿车挂碰事故移交给其。2013年9月18日，事故双方当事人来到其大队处理事故，其按照程序规定让双方当事人自行书写案件经过并在道路交通事故当事人陈述材料纸上签字捺印。双方当事人对驾驶车辆发生事故情况陈述一致，当时双方当事人都没有对对方的驾驶员情况提出异议，双方当事人均对事故发生的经过、车辆情况、现场情况没有提出异议。事故认定书给双方驾驶人下达时，他们均对事故的责任没有争议。

(15)刘某林出具的关于2013年9月17日江苏路交通事故处警说明,载明2013年9月17日11时52分,其接到六大队值班室传达的“110”报警电话称,在辖区江苏路的昀卓商务大厦西面50米两辆轿车刮擦,没有人员受伤,然后其就带领一名辅警前往事故现场勘查。12时12分到达事故现场,现场有一辆轿车与一辆越野车相撞,两车受损,当时其问是谁开的车,双方驾驶员均承认是自己驾驶的车辆,双方相互之间也没有提出异议,当时其就问双方司机有没有人员受伤,双方司机都说没有人员受伤,然后让双方司机各自陈述一下事故的经过,双方司机对事故发生的经过描述得一致,其在现场也没有发现有监控设施,因为是中午也没有找到现场证人,其就对现场勘查,画现场图,双方驾驶人在现场图上面签了字,其告诉双方驾驶员一起到交通六大队接受处理。

4. 辨认笔录,证实王某强辨认出了事故中真实的驾驶员为谢某明,第二天处理事故的人员为马某锋。

本院认为,被告人谢某顺、谢某明、马某锋进行保险诈骗活动,数额较大,其行为均构成保险诈骗罪。威海市某区人民检察院指控被告人谢某顺、谢某明、马某锋犯保险诈骗罪的事实清楚,证据确实、充分,本院予以支持。根据公诉机关提供并经庭审质证的证据,可以证实被告人谢某明驾驶涉案奔驰越野车在发生交通事故后,因其无驾驶证,在被告人谢某顺的指使下更换驾驶员为被告人马某锋,由被告人马某锋顶替谢某明处理交通事故,被告人谢某顺、谢某明、马某锋为非法获取保险金,违反国家保险法规,编造虚假事实,骗取保险金的行为均已构成保险诈骗罪,被告人及各辩护人关于本案被告人不构成犯罪的辩护意见,与查明的事实不符,辩解理由不当,本院不予采纳。在共同犯罪中,被告人谢某顺起主要作用,系主犯;被告人谢某明、马某锋起次要作用,系从犯,依法应当从轻处罚。证人柳某清称事故发生时其在现场,但其证言证实的内容自相矛盾,且证人王某强证实在事故发生时没有第三人在场,被告人马某锋虽仍辩称其为事故车辆的驾驶人,但其亦证实事故发生时没有第三人在场,故对柳某清的证言不予采信。责令被告人谢某顺、谢某明、马某锋共同退赔中国人民财产保险股份有限公司人民币334,359.3元。本案经本院审委会讨论决定,依照《中华人民共和国刑法》第198条第1款第2项、第25条第1款、第26条、第27条、第52条、第53条、第64条之规定,判决如下:

一、被告人谢某顺犯保险诈骗罪,判处有期徒刑4年,并处罚金人民币5万元。

(刑期从判决执行之日起计算。判决执行以前先行羁押的,羁押1日折抵刑期1日,即自2019年7月13日起至2023年7月12日止。罚金于本判决发生法律效力之日起10日内向本院缴纳。)

被告人谢某明犯保险诈骗罪,判处有期徒刑3年,并处罚金人民币3万元。

（刑期从判决之日起计算。判决执行以前先行羁押的，羁押1日折抵刑期1日，即自2019年7月13日起至2022年7月12日止。罚金于本判决发生法律效力之日起10日内向本院缴纳。）

被告人马某锋犯保险诈骗罪，判处有期徒刑3年，并处罚人民币3万元。

（刑期从判决执行之日起计算。判决执行以前先行羁押的，羁押1日折抵刑期1日，即自2019年6月7日起至2022年6月6日止。罚金于本判决发生法律效力之日起10日内向本院缴纳。）

二、被告人谢某顺、谢某明、马某锋共同退赔中国人民财产保险股份有限公司人民币334,359.3元。

如不服本判决，可在接到判决书的第二日起10日内，通过本院或者直接向山东省威海市中级人民法院提出上诉。书面上诉的应当提交上诉状正本1份，副本6份。

审　判　长：赵　×
人民陪审员：王××
人民陪审员：姜××
2020年9月30日
书　记　员：×××

二审辩护词

谢某顺涉嫌保险诈骗罪一案
二审辩护词

尊敬的审判长、审判员：

北京乾成律师事务所接受谢某顺的女儿谢某莹委托，并经其本人同意，指派崔继勇律师担任保险诈骗一案上诉人谢某顺的辩护人，依法为其提供二审刑事辩护。通过认真阅卷、会见及研究现有法律规定和判例，辩护人应贵院要求，先初步提交辩护词如下，如有补充再行提交，请贵院酌情采纳：

一、辩护人查阅本案所有证据材料后认为一审法院认定事实错误，适用法律错误。

理由简述如下：

1. 一审法院认定谢某顺“指使马某锋替换谢某明进行保险诈骗”“通过他人授意

王某强在交警处警时默认马某锋系肇事车辆的驾驶人”,构成保险诈骗罪,并且属于共同犯罪的主犯,属于认定事实错误,请求贵院依法查明事实后直接改判一审认定的事实不能成立,并改判谢某顺无罪。

通过梳理一审判决书内容以及一审证据,辩护人绘制如下两个图(见图1、图2),以便于贵院快速清晰了解本案事实和证据情况:

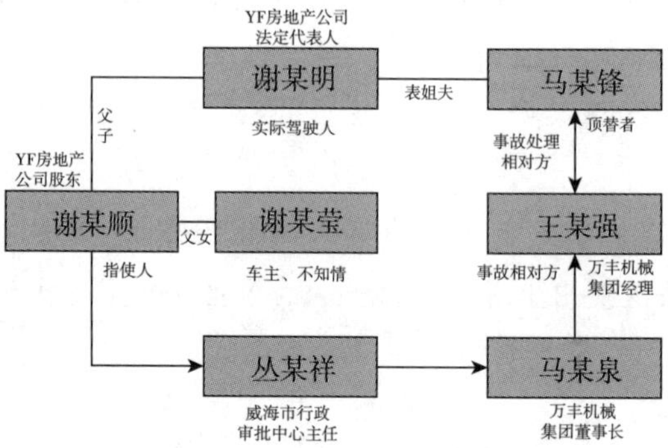

图1　一审认定更换驾驶员骗保案情示意

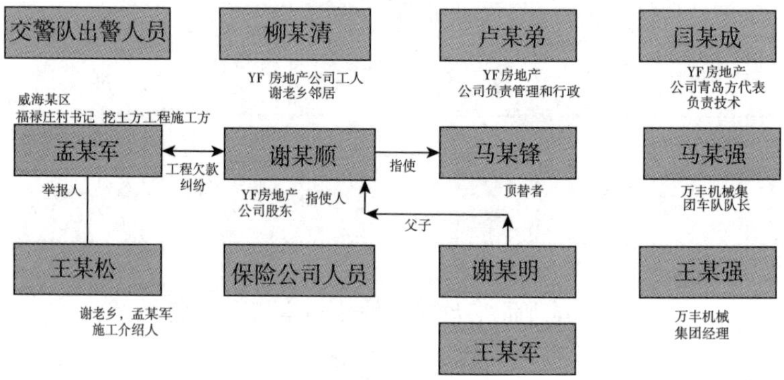

图2　事故现场知情人士示意

由图1、图2可知,本案看起来有很多证据,诸多证人都能作证,但很多并不是交通事故的目击证人。本案本来就是一起很简单的保险诈骗案件,由于三名被告人全部不认罪,侦查机关和检察机关为了指控成功,不断增加证据,导致出现乱象。但是由于犯罪事实客观上根本不存在,这些外围证据除了增加虚假的外表之外,并不能根本上证明谢某顺构成保险诈骗罪。

事实上真正证明谢某顺是否有罪的证据就那么关键几份,就是三被告人的供述和辩解以及丛某祥和马某泉的证言,另外还有被告人的辩解之间是否一致、该二人证言内容与谢某顺的辩解是否相一致及其他人的证言与该二人的证言是否一致。一审把简单的案件复杂化了,在一审认定存在错误的情况下,二审需要贵院把复杂化的简单问题再予简单化。

二审多次开庭后，辩护人根据本案所有证据及相关庭审资料及文书等信息绘制了《本案案情示意图和定罪逻辑错误图》（见图3），供贵院参考：

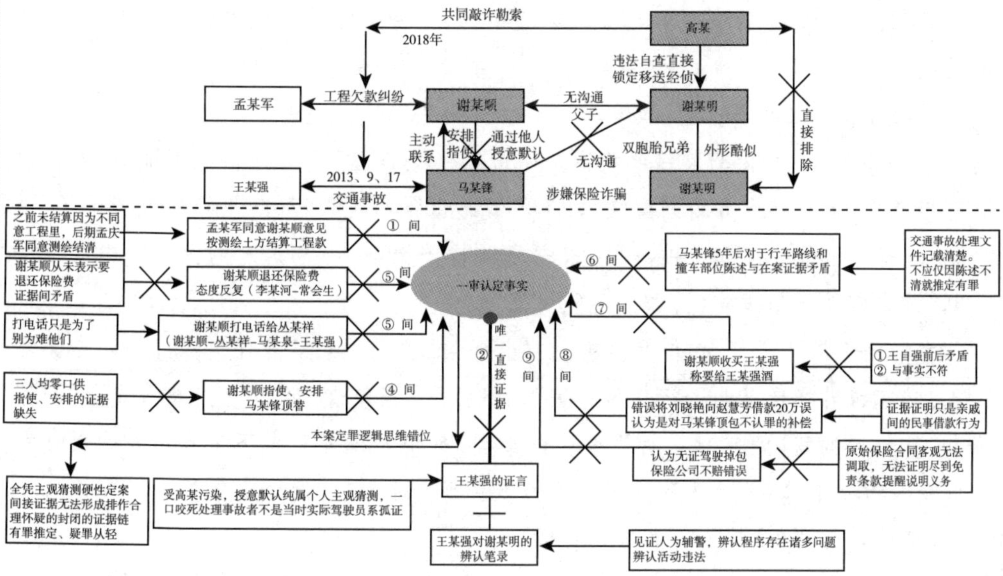

图3　本案案情示意图和定罪逻辑错误

2. 一审对谢某顺定罪但是减轻量刑缺乏现有法律依据，属于适用法律错误，但辩护人认为这并不是一审法官法律知识不完善，而是疑罪从轻处罚的妥协做法，恳请贵院坚持疑罪从无和无罪推定原则，坚决依法改判无罪。

根据一审认定的保险诈骗犯罪数额为334,359.3元对应的量刑档次问题，虽然目前并没有明确的法律规定，该数额对应的量刑档次是多少。由于1996年最高人民法院《关于审理诈骗案件具体应用法律的若干问题的解释》已被废止，目前虽然没有保险诈骗罪关于数额标准的单独解释，但是根据2001年1月21日最高人民法院《全国法院审理金融犯罪案件工作座谈会纪要》（法〔2001〕8号）的规定，可以参照诈骗罪的最新司法解释，即应当依照2011年3月1日最高人民法院、最高人民检察院《关于办理诈骗刑事案件具体应用法律若干问题的解释》（法释〔2011〕7号），根据该解释第1条的规定，“334,359.3元”属于数额巨大，根据我国《刑法》第198条的规定，数额巨大，处5年以上10年以下有期徒刑。

本案一审中，谢某顺作为第一被告人，一审法院认定其为共同犯罪的主犯，在无减轻处罚情节的情况下，有罪推定应当在5—10年间进行量刑，但是一审却对其判处4年有期徒刑，于法无据，显然这是一审法官已经意识到证据不足之后疑罪从轻的妥协做法，应当依法改判无罪。

3.一审法官没有坚持证据裁判原则,没有充分考虑辩护人的辩护意见中的合理内核,没有依法排除非法证据,先入为主,靠“传来”和“推不出”的证据主观臆测,造成认定事实错误,致使无辜者定罪处罚。

二、谢某顺没有实施一审判决认定的事实,不符合保险诈骗罪的构成要件,谢某顺无罪。

详细理由阐述如下:

(一)谢某顺“指使马某锋替换谢某明进行保险诈骗”没有任何证据证明,不仅缺乏直接证据,也缺乏有力的间接证据,不仅缺乏口供和证人证言,更缺乏录音录像、通话记录、聊天记录等证据予以证明,根据无罪推定原则,一审认定的该事实应当依法改判“该事实缺乏证据支撑、依法不能成立”。

本案的证据还不算少,但是纵观所有证据,辩护人并未发现任何能够证明谢某顺“指使马某锋替换谢某明进行保险诈骗”的证据。“指使者”谢某顺、“被指使者”马某锋和“被替换的驾驶员”谢某明均否认该事实,辩护人梳理了一下三上诉人的供述和辩解及一审庭审笔录,对涉及该部分的内容简要梳理如下,供贵院参考:

(此处篇幅所限,梳理表格内容省略)

从三人的辩解来看,马某锋就是实际驾车人,谢某明并未驾驶车祸车辆,交通事故发生后,马某锋第一时间打给了谢某顺,谢某顺赶往现场,如果按照一审法院认定的事实,应该是谢某明打电话给谢某顺,谢某顺紧急致电马某锋并告知有关事项,不应该是马某锋先打电话给谢某顺,谢某顺才知道发生了交通事故,并且没有证据证明在谢某顺知道交通事故以后指使马某锋替换谢某明,事故发生时和事后三人对本案并无交流、无合谋、无串供无共同诈骗行为。

关于该犯罪事实,没有任何通话记录、聊天记录、录音录像、人证、物证等直接证据予以证明,也没有任何间接证据,而是从多人的证言中间接推测出来的,就算推测也没有任何证据证明谢某顺指使马某锋替换驾驶员实施保险诈骗行为,更何况推测有罪有违我国的罪刑法定原则和无罪推定原则。

综上,谢某顺“指使马某锋替换谢某明进行保险诈骗”没有任何证据证明,无论马某锋是否替换谢某明,本案并没有证据证明谢某顺存在指使行为,根据无罪推定原则,一审认定的该事实应当依法改判“事实不能成立”。

(二)谢某顺“通过他人授意王某强在交警处警时默认马某锋系肇事车辆的驾驶人”与实际情况不符,并且指控该事实的证据不足。

一审法院之所以认定三名被告人成立共同犯罪,无外乎从四条线去考虑定罪:一是,谢某顺通过熟人给王某强打招呼;二是,孟某军为索债找到好友高某举报谢某顺可能存在保险诈骗,王某强在高某找到其以后承认处理事故的人与其认为的驾驶员不是同一个人;三是,李某河陈述谢某顺在被举报后曾打电话给他打听消息;四是,保险公司的王冬给马某锋打电话，马某锋一听问到当年交通事故立马挂断电话，但是本案证据足以证明这四条线无论哪条线都存在证据不足的问题，无法证明待证事实。具体分析如下：

1. 从谢某顺的辩解和丛某祥、马某泉和王某强的证言可以看出，谢某顺、丛某祥、马某泉三人的陈述能够相互印证谢某顺打电话的意思是别为难河北事故方，而王某强自己理解为"对方就是换驾驶员的事找了人找马某泉说情，不要追究了，但马某泉没有说的那么直白"，但这个说辞与谢某顺、丛某祥、马某泉三人的证言相互矛盾，系其个人猜测之意，王某强的这个证言系孤证，不应据此认定谢某顺"通过他人授意王某强在交警处警时默认马某锋系肇事车辆的驾驶人"。

（篇幅所限，此处梳理表格内容和具体理由阐述予以省略）

2. 高某、王某强、孟某军、王某清的证言证明，本案案发不是正常的纠察或者保险公司举报的，而是利益关系人为了达到自己的索债目的，通过高某违反回避制度启动调查程序引发的一个冤假错案。王某强的陈述为孤证，并且系高某违反回避制度的情况下启动调查程序导致后面一系列取证工作存在证据合法性和真实性的巨大争议，不应采信王某强和高某的陈述，无法证明"谢某顺通过他人授意王某强在交警处警时默认马某锋系肇事车辆的驾驶人"以及"谢某顺担心其指使马某锋替换谢某明保险诈骗的事败露被追究刑事责任不得已突然转变态度还款给孟某军"这两个事实。

（篇幅所限，此处梳理表格内容和具体理由阐述予以省略）

3. 通过梳理高某、李某河、谢某顺、常某生这几人的陈述发现，李某河大部分关键陈述，比如谢某顺主动给他打电话和协商退保险费等情节为其虚假陈述，李某河的证词不具有可采性，无法证明"谢某顺得知被举报后找李某河打听情况并先同意退赔后又拒绝的事实"。

（篇幅所限，此处梳理表格内容和具体理由阐述予以省略）

4. 保险公司的王某给马某锋打电话，提到当年的保险事故，马某锋立马挂断符合常人做法，没有什么反常，不应据此认定当年的交通事故驾驶员掉包及马某锋不是实际驾驶员。

综上，控方和一审法院定罪逻辑所依据的这四条线的思路均不能成立。由于缺乏强有力的直接证据，本案之所以对三名被告人定罪，恰恰就是依靠王某强陈述"处理事故的人与实际驾驶员不是同一个人"的孤证，同时依据这些所谓庞杂的间接证据，而这些间接证据不能形成完整的证据链条，无法排除涉案交通事故就是一起正常的交通事故的合理怀疑，一审认定的事实缺乏证据支撑，不应有罪推定草率定罪。

（三）谢某顺不是教唆犯，也不符合保险诈骗罪的犯罪主体，以保险诈骗罪对谢某顺定罪处罚于法无据。

根据我国《刑法》第 198 条第 2 项规定和《保险法》第 10 条第 2 款、第 12 条第 5

款及第18条第3款的规定,保险诈骗罪的主体指的是投保人、被保险人或者受益人。很显然,本案谢某顺、谢某明和马某锋三人均不是事故车辆的车险的“投保人、被保险人或者受益人”,不符合犯罪的主体构成要件。

事故车辆的车主谢某莹对事故情况完全不知情,其本人缺乏诈骗故意,不符合保险诈骗罪的构成要件,谢某顺指使马某锋替换谢某明编造虚假的原因骗取保险金的事实缺乏事实依据和证据支撑,依法不能成立,因此,谢某顺也不属于教唆犯,所以,无论从哪个角度去分析,谢某顺都不符合保险诈骗罪的主体构成要件,依法不应以保险诈骗罪对其定罪处罚。

(四)本案指控马某锋调换谢某明的证据不足,相反本案大量的证据证明马某锋就是真实的冀D18X6X号奔驰吉普车的驾驶员。

这些证据包括三名上诉人的辩解以及柳某清的证言、事发时交警大队的处理事故方面的所有证据以及当时处警的于洋、刘长林两位警官在本案诉讼过程中出具的说明等这些证据都足以证明马某锋就是冀D18X6X号奔驰吉普车的驾驶员。

(五)更换驾驶员并不必然导致保险公司不赔,本案保险公司如果没有尽到免责条款的提醒、通知义务,根据辩护人之前提交的判例,保险公司仍应承担赔偿责任,根本不存在保险诈骗的基础。

三、通过二审多次开庭对贵院自查、二次补充侦查完善的证据的质证、辩论等庭审情况,进一步证明本案一审认定的事实依然不清,证据依然严重不足,一审认定谢某顺保险诈骗罪缺乏事实依据和证据支撑,证据之间的矛盾无法回避,应当依法改判无罪。

二审新补充的证据存在如下问题:

1.新证据并不能完美解决本案证据存在的根本性问题,反而进一步证明了一审认定谢某顺的“犯罪事实”并无任何直接证据证明,间接证据之间无法形成排除合理怀疑的完整的证据链条。

2.新证据只是在原来证据的基础上,貌似对控辩双方的争议焦点进行了核实,实则证人的陈述漏洞百出,只是对证人原来的部分观点作一强化,并有意规避第一次庭审中辩护人提出的证据存在的重大问题,甚至有极强的修复证据的味道,无法解释的矛盾之处或证据不足之处并未根本解决,但是这样的变化更加让人怀疑其陈述的稳定性和真实性、客观性,言辞证据本身就具有天然的劣势,即不稳定性,新补充的证据仍然无法合理释疑,所以不能仅仅依赖这些变化不定的言词证据定案。

3.仅凭公安机关简单的三份《办案说明》并不能合理解释辩护人提出的辨认活动存在的合法性和可采性等诸多问题,也当然不能根据办案人员自己的说明来证明自己没有违法办案,对辩护人提出的证据存在的问题不予以任何解释和说明及补充证据就说辨认活动是合法的是无法令人信服的。法官需要兼听则明,对王某强的三次辨认笔录全部不予采信。

4. 仅凭补充的孟某军、王某强的这两份证言，无法据此对三名被告人进行硬性定罪处罚。王某强与马某锋的陈述为一对一的证据，相互矛盾无法判断真伪，但是谢某明的辩解也能与马某锋的辩解相互印证，王某强对于谢某明就是实际驾驶员的陈述为虚假陈述，那么在此情况下不应摈弃三名被告人的最直接的无罪辩解而采信王某强的一人指控。

5. 无论实际驾驶员到底是马某锋还是谢某明、马某锋是否替换了谢某明，无论他们犯罪的证据是否充分、是否构成犯罪，那么他们二人的这一切与谢某顺毫无关系。在无任何直接证据，被告人又作无罪辩解的情况下，不应忽视最基本的证据审查规则而对谢某顺以主犯的身份直接定罪处罚。

6. 关于报险时间，马某锋并未超过投保约定的最长报险时间，交通事故发生后，有很多事情需要处理，并不一定要立即报险。延迟报险并不能证明马某锋就不是实际的驾驶员，这是毫无逻辑的无理推定行为。时隔这么多年，就报险时间问题纠缠不清对本案的定性毫无意义。

7. 从调取的证据来看，原始保险合同无法调取，免责条款的具体内容无从得知，从目前的保险单内容来看，强制险和商业险的特别约定和重要提示中均未列明无证驾驶更换驾驶员不赔，无法证明保险公司就“无证驾驶更换驾驶员不赔”尽到了签约前的免责条款的充分提示和说明义务，即使存在这种情况，也不一定导致必然不赔，从贵院审结的(2019)鲁10民终1918号《民事判决书》内容也可以看出，在保险合同中如果未载明免责条款的具体内容，保险公司据此主张其就涉案免责条款履行了提示义务，无事实及法律依据，法院不予以支持，[1]那么如何在“是否更换驾驶员”尚无法证实的前提下直接认定就是保险诈骗行为？如果按照民事审判的逻辑，在无新的证据之前，无法证明保险公司存在任何经济损失，没有所谓的受害人，保险公司不存在被骗情形，认定本案构成保险诈骗便缺乏了事实认定基础和法律依据。

8. 关于马某锋的妻子刘某艳向谢某顺的妻子借款行为，现有证据证明该行为就是正常的亲戚间的民事借款行为，与本案无关，不应当把这样亲戚间的周济行为视为反常的无证驾驶更换驾驶员后拒不承认予以补偿的行为。

9. 谢某明的住宿和交通记录无法证明谢某明在案发时不在威海，依然无法就此直接在侦查阶段就排除“谢某明”从而直接锁定“谢某明”的嫌疑。

---

〔1〕 详见贵院审结的(2019)鲁10民终1918号《民事判决书》，本院认为，“……一审法院认定涉案保险合同的免责条款不产生效力，认定平安保险公司应在商业第三者保险责任限额内履行赔付义务，并无不当。平安保险公司主张……刘淑祥知道或应当知道醉酒无证以及逃逸属于商业险拒赔项目，但根据本院调取的证据，晋城银行股份有限公司所留存的保险单并未载明免责条款的具体内容，平安保险公司据此主张其就涉案免责条款履行了提示义务，无事实及法律依据，本院不予以支持”。

10.关于马某锋所述驾驶车辆行驶路线的问题,马某锋庭审陈述出入较大,根据实地察看了解的结果,他陈述的行车路线根本就不可能,另在其陈述反复的时候,应当依据道路交通事故认定书及当事人陈述材料及交通事故现场图都能相互印证事故双方车辆行驶方向问题,这些书面材料是能够相互印证的,书证更为客观,当事人事发之后随即自书内容也应该是准确的。本案没有任何证据证明当时的处警人员受到任何非正当因素的干扰,当时交警处理文件记载内容、过程和结果相对客观。

时隔这么多年,记忆出现偏差完全有可能,不应当因为马某锋当庭对细节的陈述不一致就推定其不是实际的驾驶员,如果马某锋是顶替的驾驶员,为了防止事情败露,他肯定会故意铭记在心。

整体而言,辩护人认为通过这么多次的补充证据,可以越来越清晰地印证一件事:这是一起冤假错案,没有经得起历史检验的证据,甚至没有经得起这两三年办案期间考验的证据,全部靠言词证据。本案新证据进一步佐证原来据以定罪的很多事实无法得到印证,不能证明一审认定的犯罪事实,反而进一步暴露出本案证据不足的情况更为严重,辩护人认为,本案越补充材料,有罪的证据越不足、无罪的证据越充足。

综上,一审法院不顾本案证据存在的重大问题,规避这些主要的争议焦点,只采信有重大争议的对当事人不利的证据,对三被告人有利的证据不进行分析,对辩护人的意见合理未采纳部分不进行说理,无法令人信服,这种疑罪从轻的折中处理做法严重侵犯了当事人的合法权益。二审通过多次核实有关事实,多次补充证据,依法发现缺乏一审认定的犯罪事实的有力证据,证据中存在的根本性问题依法无法解决。

即使这个案件真的有问题,也是从处理交通事故时就疏忽了最初证据的全面搜集,导致如今在交通事故双方陈述相互矛盾的情况下,无据可查,丧失了搜集证据的最佳时机,这才导致浪费了很多的时间和人力物力,后续移交程序的违法、侦查的违法等程序违法导致貌似可以形成闭合的证据链,实则漏洞百出,经不起仔细推敲和严格审查,有罪推定的思想推波助澜,导致这个案件难以轻易决断到底是否有罪,然而,辩护人认为,证据不足时就应当作出罪名不能成立的判决,证据不足导致无法定罪的这个过错不应该由本案受冤的当事人来埋单。

如果贵院经过多次开庭审理,全面审查所有证据后认为证据不足、依法改判无罪,那么这对日后交警处理其他交通事故案件时更为规范执法、全面搜集证据和依法处理更为有利,从而能够保证一旦发现存在保险诈骗行为时依法及时移送案件,保障公检法把有限的时间和精力放在真正涉嫌犯罪的案件上来。

谢某顺作为一个民营企业家,创业过程也非常不易,就因为王某强的一份猜测的证据被蒙冤入狱,其投资产业和家庭也已经受到了严重影响。

二审是维护社会公平正义的最后一道防线,是纠正、防范冤假错案的合法程序,恳请贵院确保这道防线最后的堡垒,根据目前国家对民营企业家的合法保护政策,结合本案证据情况客观、公正、全面审查本案证据,严格执行证据审判标准,以事实为原则,以法律为准绳,秉持无罪推定、疑罪从无理念,及时纠正谢某顺这起冤假错案。

国家现在正在进行政法系统专项整顿活动,我们相信一审法院不是故意枉法裁判,而是对证据呈现出来的凌乱现象予以了错误的判断或者是一时受到了一些不正当因素的干扰,但是我们更相信贵院作为更高一级的法院、合议庭成员作为更有正义感、专业水平更高、对个人要求更高的法官会对本案的证据的“三性”以及整体证据情况有个更加客观、公正、全面的分析和判断,会还谢某顺清白,让谢某顺及其家属在这个案件中真正体会到中级人民法院刑事法官的专业素养、正直、廉洁、奉公和担当。

总之,在查无可查的情况下,恳请贵院采纳辩护人辩护意见中的合理部分,依法改判谢某顺无罪,只有这样才经得起历史的检验和任何人的推敲。

此致

威海市中级人民法院

谢某顺的二审辩护人:崔继勇

年　月　日

二审裁定书

山东省威海市中级人民法院
刑事裁定书

(2020)鲁10刑终×××号

原公诉机关山东省威海市某区人民检察院。

上诉人(原审被告人)谢某顺,男,1969年2月14日出生于河北省成安县,身份证号码(略),汉族,初中文化,户籍所在地(略),住址(略)。2019年7月13日因涉嫌犯保险诈骗罪被刑事拘留,同年8月19日被逮捕。现羁押于威海市看守所。

辩护人崔继勇,北京乾成律师事务所律师。

辩护人王某忠,山东××律师事务所律师。

上诉人(原审被告人)谢某明,男,1994年4月22日出生于河北省成安县,身份证号码（略），汉族，高中文化，户籍所在地（略），住址（略），无业。2019年7月13日因涉嫌犯保险诈骗罪被刑事拘留，同年8月19日被逮捕。现羁押于威海市看守所。

辩护人徐珊珊、陈建，北京乾成律师事务所律师。

上诉人（原审被告人）马某锋，男，1980年4月26日出生于河北省成安县，身份证号码（略），汉族，小学文化，户籍所在地（略），住址（略），个体。2019年6月7日因涉嫌犯保险诈骗罪被抓获，临时羁押于石家庄市第一看守所，同年6月11日被刑事拘留，同年7月15日被逮捕。现羁押于威海市看守所。

辩护人贾晓慧，北京乾成律师事务所律师。

山东省威海市某区人民法院审理威海市某区人民检察院指控原审被告人谢某顺、谢某明、马某锋犯保险诈骗罪一案，于2020年9月30日作出（2020）鲁10××刑初98号刑事判决，认定被告人谢某顺犯保险诈骗罪，判处有期徒刑4年，并处罚金人民币5万元；被告人谢某明犯保险诈骗罪，判处有期徒刑3年，并处罚金人民币3万元；被告人马某锋犯保险诈骗罪判处有期徒刑3年，并处罚金人民币3万元；判令被告人谢某顺、谢某明、马某锋共同退赔中国人民财产保险股份有限公司人民币334,359.3元。被告人谢某顺、谢某明、马某锋不服，均以不构成犯罪为由提出上诉。本院依法组成合议庭公开开庭审理了本案。威海市人民检察院指派检察员宋×、检察官助理孙××出庭履行职务，三上诉人及其辩护人均到庭参加诉讼。审理过程中，经延期审理两次、延长审理期限二个月，现已审理终结。

本院认为，原判认定事实不清，证据不足，依照《中华人民共和国刑事诉讼法》第236条第1款第3项之规定，裁定如下：

一、撤销威海市某区人民法院（2020）鲁10××刑初98号刑事判决；

二、发回威海市某区人民法院重新审判。

本裁定为终审裁定。

审 判 长：方××

审 判 员：王××

审 判 员：许××

2021年9月9日

法院助理：×××

书 记 员：王××

一审法院重审裁定

山东省威海市某区人民法院
刑事裁定书

（2021）鲁10××刑初×××号

公诉机关山东省威海市某区人民检察院。

被告人谢某顺，男，1969年2月14日出生，身份证号码（略），汉族，初中文化，户籍所在地（略），捕前住址（略）。因涉嫌犯保险诈骗罪于2019年7月13日被威海市公安局某区分局刑事拘留，同年8月19日被逮捕。现羁押于威海市看守所。

辩护人崔继勇，北京乾成律师事务所律师。

辩护人王某忠，山东××律师事务所律师。

被告人谢某明，男，1994年4月22日出生，身份证号码（略），汉族，高中文化，户籍所在地（略），捕前住址（略），无业。因涉嫌犯保险诈骗罪于2019年7月13日被威海市公安局某区分局刑事拘留，同年8月19日被逮捕。现羁押于威海市看守所。

辩护人徐珊珊、陈建，北京乾成律师事务所律师。

被告人马某锋，男，1980年4月26日出生，身份证号码（略），汉族，小学文化，户籍所在地（略），捕前住址（略），个体。因涉嫌犯保险诈骗罪于2019年6月7日被北京铁路公安局石家庄站派出所抓获，同年6月11日被威海市公安局某区分局刑事拘留，同年7月15日被逮捕。现羁押于威海市看守所。

辩护人贾晓慧，北京乾成律师事务所律师。

威海市某区人民检察院以××检一部刑诉（2020）××号起诉书指控被告人谢某顺、谢某明、马某锋犯保险诈骗罪，于2020年3月30日向本院提起公诉，本院于2020年9月30日作出（2020）鲁10××刑初98号刑事判决书，后三被告人提出上诉，威海市中级人民法院于2021年9月9日作出（2020）鲁10刑终×××号刑事裁定书，裁定撤销本院一审判决，发回重审。在本案重审过程中，威海市某区人民检察院于2021年9月26日以××检一部撤诉（2021）Z2、Z3、Z4号撤回起诉决定书，向本院申请撤回对被告人谢某顺、谢某明、马某锋的起诉。

本院认为，威海市某区人民检察院的申请符合法律规定，本院予以准许。依照最高人民法院《关于适用〈中华人民共和国刑事诉讼法〉的解释》第296条之规定，裁定如下：

准许威海市某区人民检察院撤回对被告人谢某顺、谢某明、马某锋的起诉。

如不服本裁定,可在接到裁定书的第二日起5日内,通过本院或者直接向山东省威海市中级人民法院提出上诉。书面上诉的,应当提交上诉状正本1份,副本6份。

审判长:孙××

审判员:李××

审判员:王××

2021年9月29日

书记员:刘××

检察院不起诉决定

山东省威海市某区人民检察院
不起诉决定书

××检一部刑不诉(2021)Z120号

被不起诉人谢某顺,男,1969年2月14日出生,公民身份证号码(略),汉族,初中文化,户籍所在地河北省邯郸市成安县,住址(略)。该因涉嫌保险诈骗罪,于2019年7月13日被威海市公安局某区分局刑事拘留,经本院批准,于2019年8月19日被威海市公安局某区分局执行逮捕。

辩护人崔继勇,北京乾成律师事务所律师。

辩护人王某忠,山东××律师事务所律师。

本案由山东省威海市公安局某区分局侦查终结,以被不起诉人谢某顺涉嫌保险诈骗罪,于2021年9月16日向本院移送审查起诉。本院于2019年10月28日第一次退回侦查机关补充侦查,侦查机关于2019年11月28日补查重报;本院于2020年1月12日第二次退回侦查机关补充侦查,侦查机关于2020年2月12日补查重报。本院于2019年10月14日、2019年12月29日、2020年3月13日延长审查起诉期限。

山东省威海市公安局某区分局移送审查起诉认定:2013年9月17日11时许,谢某明无证驾驶冀D18X6X号奔驰吉普车,在威海某区昀卓酒店西侧路口左转弯时,与万丰机械公司原总经理王某强驾驶的直行中的鲁K0XX8C号黑色帕萨特轿车相撞。事故发生后,谢某明离开事故现场。后王某强接到万丰机械公司董事长马某泉的电话,要求王某强配合对方处理事故。11时49分57秒马某锋在现场用自己的187××

××2291 号码拨打“110”报警，自称驾驶车辆发生交通事故。12 时 12 分交警到达事故现场进行勘察。2013 年 9 月 18 日王某强、马某锋到交警六大队处理事故，在当事人陈述材料和事故认定书上签字，谢某明未到场。根据事故认定，中国人民保险公司赔偿两车损失共计人民币 478,799 元。2018 年 3 月谢某顺在得知交警部门对该起事故进行调查后，通过他人找交警部门打听事故调查情况，并表示准备来威海退还保险赔偿金，后谢某顺认为时间过去多年，交警部门找不到证据，拒绝退钱给保险公司。

经本院审查并退回补充侦查，本院仍然认为山东省威海市公安局某区分局认定的犯罪事实不清、证据不足，不符合起诉条件。依照《中华人民共和国刑事诉讼法》第 175 条第 4 款的规定，决定对谢某顺不起诉。

扣押的谢某顺的手机返还被不起诉人谢某顺。

被害人如不服本决定，可以自收到本决定书后 7 日以内向威海市人民检察院申诉，请求提起公诉；也可以不经申诉，直接向威海市某区人民法院提起自诉。

威海市某区人民检察院

2021 年 10 月 26 日

办案总结

2020 年 10 月 20 日律所接受几位被告人家属的委托，分别指派崔继勇、陈建、徐珊珊、贾晓慧四位律师担任被告人二审及后续程序相应阶段的辩护人。接受委托后，几位承办律师通过初步阅卷和会见后认为一审认定的犯罪事实缺乏事实基础和足够的证据支撑，进行了无罪辩护，最终检察院撤回了起诉。

承办的律师梳理以下七点心得，供参考：

1. 争取二审开庭是前提。对于零口供且多名被告人的案件，辩护人认真研究后认为一审判决有误，能够成功争取到二审开庭审理本案，是本案成功无罪辩护的第一步。

2. 本案属于刑民交叉案件，首先从民事的角度去考虑有没有“破”的法定空间是刑辩律师应始终保持的基本敏感性。本案证据无法证明本案不是民事纠纷这一根本性问题。

3. 本案直接证据严重缺失，间接证据之间无法形成完整的证据链，无法排除合理怀疑，一审定罪严重依赖大量言词证据，而这些言词证据之间相互矛盾。

4. 逆向思维，分析并打破一审定罪逻辑，同一逻辑项下直面问题，是本案成功辩护的关键一环。律师逆向思维梳理出一审法官定罪的依据和思路，并制作成图表，结合全案证据，逐条思路分析，发现均不能成立，并且把证据与证据之间的矛盾、定罪的逻辑掰开了揉碎了，从点到面、从面到点，完整地进行了论证，证据之间的矛盾和案件的关键疑点依然无法排除。

5. 发现硬伤、穷追不舍。辨认笔录是本案认定有罪的关键证据之一,本案的辨认笔录合法性存在很多问题,后来通过细查见证人是辅警,不适格,辅警的身份可谓本案辨认的硬伤,法庭上律师有理有据地提出不应采信辨认笔录的主张,这又完成一项“破”的工作。

6. 台下十年功,台上一分钟,三次庭审,辩护律师出色的庭审表现及书面意见,是本案获得无罪的关键要素。庭前准备充分,庭上将辩护意见有层次、有技巧地展现获得了很好的法庭辩护效果。

7. 本案最终无罪,主要是案件证据不足以证明三人涉嫌保险诈骗犯罪,同时在司法领域进行教育整顿的大背景下,司法人员坚持了疑罪从无的理念,还有律师掌握良好的沟通技巧有效说服法官。

总之,律师通过认真阅卷,发现问题,整理问题,提出问题,有技巧性地说服法官,改变有罪推定思路,解决问题,才能有效辩护。通过辩护工作,本人深刻认识到律师不要被冤假错案改判难为由有畏惧心理或者产生惰性,应通过自己的努力和专业能力积极协助法官条分缕析、排除种种干扰和拨开层层迷雾,最终还当事人以公正。

专家点评

谢某顺等人保险诈骗案,一审判决有罪。二审阶段,几位辩护律师接受三名上诉人委托担任辩护人,提出了无罪辩护意见,法院裁定发回重审。原审法院重审期间,检察机关撤回了起诉,之后作出不起诉决定。[1]

一、法院审判概要

一审法院认定谢某明驾驶涉案车辆在发生交通事故,谢某顺指使马某锋顶替谢某明去处理交通事故,之后获得保险公司赔付的犯罪事实,以保险诈骗罪分别判处谢某顺、谢某明、马某锋不同刑期的有期徒刑。三名被告人上诉。

二审法院开庭审理,三名上诉人及其辩护律师均作无罪辩护。辩护律师就证据、事实、法律适用提出的辩护意见,被二审法院采纳,法院裁定发回重审。

二、律师辩护思路清晰,逻辑论证有力

本案能够峰回路转,被二审法院发回重审,与辩护人作用分不开。崔继勇律师辩护思路清晰,以“打证据”为重心,详细分析在案证据,环环相扣,全面论证本案“事实不清,证据不足”,继而援引《刑事诉讼法》第 200 条第 3 项提出“法院应当作出无罪判决”。

本案争议焦点是“是否存在顶包行为”,根据证据裁判原则,认定事实只能通过在案证据进行判断。如何对证据进行分析? 辩护律师对在案证据进行类型化梳理,首先,聚焦客观证据,提出“在案

---

〔1〕 鉴于每个案例篇幅的限制,考虑到几名被告人辩护意见中也有较多雷同的部分,本次仅选取了其中一名被告人辩护律师的相关文件收录在本案例集中。

证据中没有通话记录、聊天记录、录音录像、物证等客观证据”，对于这一点，控辩审三方没有异议；其次，辩护律师分析被告人供述与辩解，三名当事人均否认存在顶包行为，供述稳定，彼此能够印证；最后，辩护律师针对在案数份证人证言逐一分析，明确指出这些证人均非交通事故的目击证人，他们关于顶包行为的证言是猜测，不具真实性。

辩护律师所作的证据分析，抽丝剥茧，层层递进，娴熟运用了经验法则、印证规则、逻辑推理等方法。

证据辩护，相比程序辩护、法律辩护，它要求辩护律师将更多精力用于对证据的分析和研究，熟谙每一份证据，知晓证据间的矛盾，还要将证据间的矛盾准确表达出来。在这一方面，本案辩护律师做得非常好。

三、借助图表表达辩护意见，这是本案辩护的亮点

二审程序是纠错程序，作为辩护律师，需要在二审中指出一审判决之错误所在，说服法院及法官纠正错误。这不仅考验律师的法律素养，还考验律师的说服能力。

本案中，辩护人绘制了案情示意图和逻辑错位图、现场知情人士示意图等图表，并把这些图表呈现在法庭。通过图表，律师将一审法院认定事实的错误逻辑予以呈现，将证人与案件的连接点和关联度予以呈现。这些图表，能够让人对案件一目了然。

辩护律师在二审庭审中发表辩护意见的同时，将上述图表交于合议庭，辅助自己表达辩护意见，大大提升了信息传递的有效性。辩护律师庭后提交的书面辩护意见，将图表镶嵌在文字中，采用“文字 + 图表”，起到事半功倍的作用。

本案中辩护律师借助示意图来发表辩护意见，这种可视化表达方式，增强了说服力，值得我们律师学习。

审核人、点评人：北京律师智库重大复杂案件研究专家组成员　刘玲律师

复核人：北京律师智库重大复杂案件研究专家组　刑事小组组长　佘尘律师

事出有因，终获自由

——陈虹敲诈勒索案

争议焦点

现有证据能否证明被告人收到两笔敲诈勒索款（各5万元）？能否证明被告人未实际付款而收到购房款收据？

关键词

敲诈勒索罪

案情简介

2014年5月5日，陈虹（化名）因到乡政府反映问题，被河北省C县公安局以聚众扰乱社会秩序罪刑事拘留。2014年6月12日，陈虹因涉嫌犯敲诈勒索罪被河北省C县人民检察院批准逮捕。后C县人民检察院向C县人民法院提起公诉：河北QZR房地产开发有限公司在C县花乡某村开发了水苑小区，陈虹以该公司开发楼盘手续不全在网上发帖等给该公司造成负面影响为由对该公司进行敲诈，分别于2010年12月敲诈现金5万元，2012年1月18日敲诈现金5万元，2013年3月14日敲诈该公司水苑小区5万元购房款预付款收据。

一审中，被告人对起诉书的指控全部否认，认为自己没有实施敲诈勒索行为，不构成犯罪。辩护人为被告人作无罪辩护。一审判决认为：公诉机关指控被告人陈虹于2010年底敲诈开发商5万元及2013年3月14日敲诈开发商5万元购房款收据，事实不清、证据不足。以陈虹敲诈开发商5万元成立，判决陈虹犯敲诈勒索罪，判处有期徒刑2年，并处罚金人民币5000元，违法所得5万元责令退赔。

宣判后，陈虹不服，向邯郸市中级人民法院提起上诉，经二审公开开庭审理，以一审判决部分事实不清、证据不足为由发回重审。发回重审后，一审法院经开庭审理，认定事实与原一审一致，仍然认为被告人的行为构成敲诈勒索罪，只是将刑期由原 2 年有期徒刑变更为 1 年 4 个月。

陈虹再次向邯郸市中级人民法院提起上诉，经二审审理，依法作出了撤销一审判决，改判陈虹无罪的终审判决。

起诉书

C 县人民检察院

起诉书

C 检公诉刑诉(2014)1××号

被告人陈虹，女，1972 年 12 月 29 日出生，居民身份证号码 13××××××××××××××××，汉族，小学，户籍所在地河北省邯郸市 C 县，住河北省邯郸市 C 县南村。2001 年 1 月 12 日因犯故意毁坏财物罪被 C 县人民法院判处有期徒刑 1 年 8 个月。因涉嫌敲诈勒索罪，于 2014 年 5 月 5 日被 C 县公安局刑事拘留；经本院批准，2014 年 6 月 12 日被 C 县公安局逮捕。

本案由 C 县公安局侦查终结，以被告人陈虹涉嫌敲诈勒索罪，2014 年 8 月 12 日向本院移送审查起诉。本院受理后，已告知被告人有权委托辩护人，并依法讯问了被告人，听取了辩护人的意见，审查了全部案件材料。本院于 2014 年 9 月 11 日第一次退回侦查机关补充侦查，侦查机关于 2014 年 10 月 11 日补查重报，后本院又于 2014 年 10 月 24 日第二次退回侦查机关补充侦查，侦查机关于 2014 年 11 月 24 日补查重报。

经依法审查查明：

邯郸市 QZR 房地产开发有限公司在 C 县花乡南村开发水苑小区，被告人陈虹以该公司开发楼盘手续不全在网上发帖等给该公司造成负面影响为由对该公司进行敲诈，分别于 2010 年 12 月敲诈现金 5 万元，2012 年 1 月 18 日敲诈现金 5 万元，2013 年 3 月 14 日敲诈该公司水苑小区 5 万元购房预付款收据。

认定上述事实的证据如下：

1. 互联网上的帖子；

2. 邯郸市 QZR 房地产开发有限公司李富生的陈述；

3. 王英林、闫理文、付国庆、高玉娟、李小锴、吴靖、马明理、王富贵、王文芹、徐玉堂(以上均为化名)的证言;

4. 辨认笔录及照片;

5. 邯郸市 QZR 房地产开发有限公司支款证明、公司资质;

6. 现场勘查检查笔录;

7. 情况说明;

8. 到案证明;

9. 户籍证明和社会调查、前科材料;

10. 被告人陈虹的供述和辩解。

本院认为,被告人陈虹借用互联网发帖的方式相威胁,多次索取他人钱款,其行为已触犯《中华人民共和国刑法》第 274 条之规定,犯罪事实清楚,证据确实充分,应以敲诈勒索罪追究其刑事责任。根据《中华人民共和国刑事诉讼法》第 172 条之规定,提起公诉,请依法判处。

此致

C 县人民法院

代理检察员:李××

2015 年 1 日 18 日

附:1. 被告人陈虹现羁押于邯郸市第一看守所;

2. 案卷材料和证据 3 册。

一审判决书

河北省 C 县人民法院
刑事判决书

(2015)C 刑初字第 5×号

公诉机关 C 县人民检察院。

受害单位:河北 QZR 房地产开发有限公司。

公司住址:河北省邯郸市。

法定代表人王富贵,该公司负责人。

诉讼代理人李×军:河北××××律师事务所律师。

被告人陈虹,女,1972年12月29日出生,身份证号码略,出生于河北省C县,汉族,小学文化,农民,住河北省C县花乡南村,2001年1月12日因犯故意毁坏财物罪被本院判处有期徒刑1年8个月。2014年5月5日因涉嫌犯聚众扰乱社会秩序罪被C县公安局刑事拘留,2014年6月12日因涉嫌犯敲诈勒索罪被依法执行逮捕。现羁押于邯郸市第一看守所。

辩护人王献锋,河北××律师事务所律师。

C县人民检察院以C检公诉刑诉(2014)1××号起诉书,指控被告人陈虹犯敲诈勒索罪,于2015年1月21日向本院提起公诉。本院于即日立案,依法组成合议庭,公开开庭审理了本案。C县人民检察院指派代理检察员李××出庭支持公诉,受害单位的诉讼代理人李×军、被告人陈虹及其辩护人王献锋到庭参加诉讼。本案经本院审判委员会研究决定。现已审理终结。

C县人民检察院指控,河北QZR房地产开发有限公司在C县花乡南村开发水苑小区,被告人陈虹以该公司开发楼盘手续不全在网上发帖等给该公司造成负面影响为由对该公司进行敲诈,分别于2010年12月敲诈现金5万元,2012年1月18日敲诈现金5万元,2013年3月14日敲诈该公司水苑小区5万元购房预付款收据。

公诉机关向本院提供了相关证据,提请本院依照《中华人民共和国刑法》第274条之规定,以敲诈勒索罪对被告人陈虹进行处罚。

被告人陈虹辩称对公诉机关的指控持有异议,辩称没有敲诈河北QZR房地产开发有限公司,其在网上发的帖均是反映村支书王英林(化名)的问题,没有反映河北QZR房地产开发有限公司。没有收到起诉书指控的两笔5万元,对于5万元预付款收据,其将5万元给了王美林(化名)后王英林给的收据。

辩护人王献锋提出的辩护意见是,公诉机关指控被告人陈虹犯敲诈勒索罪,事实不清,证据不足,应宣告被告人陈虹无罪。其中,指控2010年12月敲诈开发商现金5万元,只有证人高玉娟的证言;指控2012年1月18日敲诈开发商现金5万元,直接见证人只有李富生(化名)一人,在场人王英林、闫理文均没有看到现金;上述两起事实均不能证实被告人陈虹对开发商实施了威胁或要挟行为,只有证人王英林的证言相证实,而王英林和被告人陈虹有仇恨,是陈虹的长期控告对象,证言不可信。公诉机关指控被告人陈虹敲诈开发商5万元收据,就现有证据不足以证实被告人陈虹没有缴纳现金5万元,且开发商将第三联记账联予以下账,足以认定开发商收到了被告人陈虹5万元现金的事实。当庭提交了被告人陈虹父亲陈广良的重伤鉴定书复印件及陈广良被打后和南村委会的调解书复印件。

经审理查明,河北QZR房地产开发有限公司成立于2008年8月14日,经营范围为房地产开发经营,公司法定代表人为王富贵。该公司2008年以新民居建设开始在南村搞拆迁,和南村共同建设。从2011年开始,南村水苑小区的手续陆续办理。其中,2011年4月8日办理了《建设用地规划许可证》,2011年4月22日办理了《施工许可证》,2011年1月27日办理了《土地证》,2011年11月24日办理了《规划证》,2012年4月8日办理了《商品房预售证》。

2010年1月、4月、11月,被告人陈虹在网上发帖反映村支书王英林的相关问题。其中有以扩建教师公寓楼为名,强占该村中小学操场,并以不等价格收购耕地,在学校建商品楼(水苑),影响学校正常教学,以及村支书王英林的其他违法违纪问题。

2011年7月18日,地产中国网以《C县"水苑"手续不全违法占地销售政府监管遭质疑》为题在网上对河北QZR房地产开发有限公司在建"水苑"项目进行了网上报道。

2012年年初,南村村支书王英林给河北QZR房地产开发有限公司股东李富生反映,被告人陈虹索要5万元,否则,被告人陈虹就在网上发帖、找小报记者,或者上访反映河北QZR房地产开发有限公司的房产开发问题。2012年1月18日,河北QZR房地产开发有限公司股东李富生和南村村支书王英林由闫理文驾驶汽车在中华南大街邯济铁路桥南侧的邯郸南城混凝土公司大门口由李富生给被告人陈虹现金5万元。

上述事实,由公诉机关提交,并经法庭质证的下列证据予以证实:

1. 证人李富生证明,2011年,陈虹多次到乡及上级政府上访,以往网站发帖、找小报记者反映我公司在南村开发水苑小区手续不全为由,要我们公司给她钱。陈虹给南村村支书王英林说每年给她5万元就不告我们公司。2012年1月的一天,我让我们公司会计李小锴给我取了5万元钱,当时有会计李小锴、南村王英林书记、司机闫理文和我4个人在场,都知道这5万元钱是给陈虹的,这5万元现金都是面值100元的人民币,一共有5沓,每沓1万元,还是用 个蓝色的布兜装着,由司机闫理文开车到了C县花乡南村口中华路上的南城混凝土公司门口,我把装有现金5万元的蓝色布兜交到陈虹手中,陈虹就拿着装有5万元现金的蓝色布兜就走了。

我公司2008年是以新民居建设开始在南村搞拆迁,当时我们公司和南村共同建设的,到了2011年经土地部门批准,南村新民居建设可以挂牌出让土地,转为大产权商品房,从2011年的时候南村水苑小区的手续开始陆续办理的。陈虹告我们公司的时候,我们公司的土地证和相关证件都还在办理期间,陈虹通过南村村支书王英林传话要钱,说我们公司要给了她钱,她就不告我们公司了。由于我们公司害怕陈虹一直告我们,对我们公司售房有影响,我们公司才同意给陈虹钱的。我和公司股东王建国两个人在公司王建国的办公室商量的。我们公司在南村开发水苑小区需要建设用地规划许可证、施工许可证、土地证、规划证、商品房预售证这5种证件。其中,《建设用地规划许可证》是2011年4月8日办好的,《施工许可证》是2011年4月22日办好的,《土地证》是2011年1月27日办好的,《规划证》是2011年11月24日办好的,《商品房预售证》是2012年4月8日办好的。

2. 证人王英林证明,河北QZR房地产开发有限公司2012年年初给了陈虹5万元现金。当时是我和李富生、司机闫理文在QZR房地产有限公司财务室找李小锴拿的,当时是5万元现金,都是面值100元的人民币,总共5沓,每沓1万元,放在了一个蓝色的布兜内,我们都知道这钱是给陈虹,当时我和司机闫理文开车到了花乡南村口的南城混凝土公司门口,由李富生把装有5万元现金的蓝色布兜交给陈虹,当时我和司机闫理文都在场,我们都看见了,陈虹接过蓝色的布兜后,打开看了看里面的钱,然后陈虹就拿着装有5万元现金的蓝色布兜走了。陈虹一直以上访反映、在网上发帖、找小报记者告QZR房地产有限公司在南村开发新农村建设手续不全,陈虹说每年给她5万元钱就不告了,开发商也是害怕造成负面影响才给陈虹钱的。

当时陈虹一直告,乡领导一直给我说让我给陈虹做做工作别让陈虹告了。后来我就给陈虹联系,陈虹给我说让开发商给她5万元钱就不告了,我和陈虹做工作时,大部分都是给陈虹打电话说的,有时在南村水苑小区广场和陈虹说。当时说的时候就我和陈虹两个人在场的。我给公司的两个老总说了,是公司的李富生和王建国,经过公司两个老总商量后,才同意给陈虹钱的。当时南村的水苑小区在2008年的时候是以新民居建设开始搞拆迁的,当时我们南村和QZR房地产公司共同建设,到2011年的时候经土地部门批准,我们村新民居建设可以挂牌出让土地转为大产权房,之后从2011年的时候南村水苑小区的手续才开始陆续办理。因为陈虹告QZR房地产公司开发水苑小区的手续不全的时候,QZR房地产公司正在陆续办理相关手续,QZR房地产公司怕对公司售房有影响才答应给陈虹钱的。

3. 证人闫理文证明,2012年年初陈虹敲诈南村新民居小区开发商李富生现金5万元。当时是在河北QZR房地产开发有限公司财务室会计那儿拿的5万元现金,都是面值100元的,总共5沓钱,每沓是1万元,是装在一个蓝色布袋里的,当时我和王英林、李富生都在场,当时说这钱是给南村陈虹的。拿了钱我就开车带着王英林、李富生到了中华路南村口的南城混凝土搅拌站门口,李富生把装有5万元现金的蓝色布兜给了陈虹的,陈虹接过蓝色的布兜内看了看布兜里面的钱,然后陈虹就走了。

4. 证人王建国证明,我是河北QZR房地产开发有限公司的股东之一。陈虹以我们开发商在南左良开发水苑小区开发手续不全,以找小报记者、到网站上发表文章,给我们公司造成负面影响为由,敲诈我们公司钱。陈虹通过C县南村村支书王英林传话向我们公司要钱,说要5万元现金就不告了,经过我和公司股东李富生商量后,怕公司售房受影响,就同意给陈虹钱了。当时王英林给我和股东李富生说陈虹要了钱就不再告我们公司后,我就在公司我的办公室和李富生商量。

在2008年的时候,我们公司和南村是以新民居建设开始在南村搞拆迁,到2011年的时候经土地部门批准,南村新民居建设可以挂牌出让土地转为大产权商品房,后来我们在南村开发水苑小区的相关手续开始陆续办理的。其中,《建设用地规划许可证》是2011年4月8日办的,《施工许可证》是2011年4月22日办的,《土地证》是2011年1月27日办的,《规划证》是2011年11月24日办的,《商品房预售证》是2012年4月8日办的。

5. 证人李小锴(河北QZR房地产开发有限公司会计)证明,C县花乡南村的水苑小区是我们公司从2008年开始开发的。

关于公司提供的落款为2012年1月18日的证明信内容为:"2012年广场垫土开支伍万元整(实际给陈虹)。"是公司李总从我这拿5万元现金说给陈虹,因为没法下账,所以我才以给广场垫土开支的名义开的证明,然后让公司李总、王总签字后下账。给陈虹的5万元现金和广场垫土没有任何关系。是先把钱给了李总后,我开的证明。

6. 证人王富贵(河北QZR房地产开发有限公司法人代表)证明,关于公司提供的落款为2012年1月18日的证明信是公司会计李小锴写的。内容为:"2012年广场垫土开支伍万元整(实际给陈虹)。"是专为下账用的,是公司让会计写成垫土开支用的。我们下账用的证明和小区垫土开支没有任何关系。证明写着实际给陈虹5万元,是公司李富生给的。陈虹一直以我们公司在南村开发小区手续不全为由告我们公司,因为当时我们公司正在办理相关土地手续,还没有办理齐全,为了不给我们公司造成负面影响,所以我们公司才给陈虹钱。

7. 证人李富生、王英林、闫理文对被告人陈虹的辨认,有辨认笔录及辨认照片在卷。

8. 复制于河北QZR房地产开发有限公司的证明条载明,2012年广场垫土开支5万元整,给陈虹。时间为2012年1月18日。证明条上有李富生的签名。

9. C县花乡南村村民委员会、C县花乡人民政府证明,C县花乡南村2009年实施"新民居建设"与"河北QZR房地产开发有限公司"合作实行村企共建,在建设过程中,旧村改造拆迁占地、修建文化广场占地、修路占地等一切占地,都不占南村村民陈虹地,包括陈虹家属、亲属都不占他们的地,与他们也没有任何关系。

10. C县公安局花乡派出所干警证明,2014年5月4日13时许,涉嫌聚众扰乱社会秩序的犯罪嫌疑人陈虹被传唤至派出所接受讯问。

11. 户籍证明、社会调查载明了被告人陈虹的基本情况。

12. 本院(2001)磁刑初×第2×号刑事判决书载明,被告人陈虹因犯故意毁坏财物罪于2001年1月12日被判处有期徒刑1年8个月。

13. 现场勘验检查笔录、现场图及现场照片载明了南城商砼搅拌站的方位,及周边基本情况。

14. 复制于河北 QZR 房地产开发有限公司,该公司的企业法人营业执照、组织机构代码证载明了该公司的注册情况。

15. 复制于互联网的相关资料显示,2010 年 1 月、4 月、11 月,被告人陈虹在网上发帖反映村支书王英林的相关问题。其中有以扩建教师公寓楼为名,强占该村中小学操场,并以不等价格收购耕地,在学校建商品楼(水苑),影响学校正常教学,以及村支书王英林的其他违法违纪问题。

16. 复制于互联网的相关资料显示,2011 年 7 月 18 日,地产中国网以"C 县'水苑'手续不全违法占地销售政府监管遭质疑"为题在网上对河北 QZR 房地产开发有限公司在建"水苑"项目进行了网上报道。

17. 复制于河北 QZR 房地产开发有限公司的该公司开发"水苑"住宅小区建设用地规划许可证取得时间为 2011 年 4 月 8 日,建设用地使用证取得时间为 2011 年 1 月 27 日,建设工程规划许可证取得时间为 2011 年 11 月 24 日;建筑工程施工许可证取得时间为 2011 年 4 月 22 日;商品房预售许可证取得时间为 2012 年 4 月 8 日。

18. 辩护人提交的协议书及鉴定书复印件载明,1994 年 5 月 20 日,邯郸市法医医院(94)年市法医鉴字第(025×××)号法医学鉴定书载明,陈广良损伤程度属重伤。1995 年 5 月 7 日,陈广良和南村村委会关于陈广良被打重伤一事达成调解书。

19. 被告人陈虹的相关供述。

上述证据,本院予以确认。

关于公诉机关指控被告人陈虹于 2010 年 12 月敲诈河北 QZR 房地产开发有限公司现金 5 万元,于 2013 年 3 月 14 日敲诈该公司水苑小区 5 万元购房预付款收据的事实,公诉机关向本院提交了下列证据:

1. 证人李富生证明,2010 年年底,陈虹多次到乡及上级政府上访、在网上发帖、找小报记者反映我公司在 C 县花乡南村开发的新农村建设(指水苑小区)手续不全,后经过乡政府领导付国庆协调给陈虹 5 万元,陈虹就不再上访告我们公司了。当时是我们公司会计李小锴从银行取的钱,李小锴是在我们公司的财务室给我的钱,当时有会计李小锴、南村王英林书记、司机闫理文和我 4 个人在场,当时这 5 万元钱是用报纸包着放在一个蓝色的布兜内,然后我就拿上钱和王英林、闫理文一块开车到了花乡乡政府,我和王英林到乡政府领导付国庆的办公室,当时是王英林从蓝色的布兜内把用报纸包着的 5 万元现金交给了付国庆,然后王英林拿上蓝色的布兜和我一块走了,当时我们没有见到陈虹,我们就开车走了。后来付国庆给我打电话说让乡政府高玉娟把钱给了陈虹了。

给了陈虹钱后,陈虹还是到乡及上级政府上访,还一直说要在网上发帖、找小报记者告我们公司,到了 2013 年年初,陈虹说要在我们公司南村开发的水苑小区买房子,当时我们要陈虹先交5万元房款,陈虹说让我们公司先给她开一张5万元的收据,说第二天给我们公司钱,为了怕陈虹一直告我们公司,我就让公司会计李小锴先开了一张5万元的预付款收据,当时还是我和王英林、闫理文到公司财务室找李小锴拿的这张5万元预付款收据,还是闫理文开车到了中华路南村口的南城混凝土公司门口,我把预付款收据交到陈虹手中的,陈虹看了看5万元预付款收据,然后说第二天给公司交钱的,之后陈虹就没有来公司交过钱。直到今年3月,陈虹来到我们公司说不想要房子了,要我们公司给她退5万元钱,因为陈虹就没有给公司交过这5万元钱,所以我们公司就没有给陈虹退钱。5万元预付款收据就是在买房子的时候,这张预付款收据可以抵5万元现金。我们催了陈虹几次,陈虹也没有来交钱。

2. 证人王英林证明,陈虹敲诈河北QZR房地产开发有限公司一共3次,第1次是给了陈虹5万元现金,第2次是2012年年初给了陈虹5万元现金,第3次是给了陈虹一张5万元的购房预付款收据。第一次是2010年年底我和李富生、司机闫理文在QZR房地产有限公司财务室找李小锴拿的,当时是用报纸包着的5万元现金,总共是5沓面值100元的人民币,每沓是1万元,放在了一个蓝色的布兜内,我们拿到钱后就到花乡乡政府,我和李富生到了乡政府领导付国庆的办公室内,我从蓝色的布兜内把用报纸包着的5万元现金给了付国庆,然后我就拿着那个蓝色布兜和李富生就走了,由付国庆把钱交给陈虹。后来付国庆给我打电话说由乡政府工作人员高玉娟把钱交给陈虹了。因为陈虹多次到政府上访、以在网上发帖、找小报记者告QZR房地产有限公司在南村开发新农村建设(水苑小区)手续不全,后经过乡政府领导付国庆和陈虹协商后,给陈虹5万元钱就不再上访告了,付国庆给我说了后我就让QZR房地产有限公司拿了这5万元钱。第三次也是我和李富生、司机闫理文在QZR房地产有限公司财务室找李小锴拿的一张5万元预付款收据,还是由司机闫理文开车到花乡南村口的南城混凝土公司门口,由李富生把预付款收据给的陈虹,陈虹当时看了看这张5万元的预付款收据,然后就走了。当时我和司机闫理文都在场看见了。因为陈虹说要在南村QZR房地产有限公司开发的水苑小区买房了,开发商QZR房地产有限公司要陈虹先交5万元预付款,陈虹要先开票后给交钱,开发商为了不让陈虹乱告,就先给陈虹开了预付款收据,陈虹说第二天给钱,后来陈虹也没有给钱,中间给陈虹要了几次没有给钱,开发商怕陈虹告公司手续不全,就不再给陈虹要了,直到今年3月陈虹拿着这5万元收据去开发商公司说不要房子要退钱,由于陈虹当初就没有交钱,开发商公司没有给陈虹退钱。

3. 证人闫理文证明,陈虹敲诈南村新民居小区开发商李富生总共3次:第1次是2010年年底敲诈了现金5万元;第2次是2012年年初敲诈了现金5万元;第3次是2013年年初敲诈了一张5万元的预付款收据。第1次是在河北QZR房地产开发有限公司财务室会计那儿拿的5万元现金,是用报纸包着装在一个蓝色布袋里的。当时我和王英林、都在场,当时说这钱是给南村陈虹的,拿了钱我就开车带着王美林(化名)、李富生到了,王英林和李富生就下车去给陈虹钱了,当时我是在车上等着,具体是在哪儿给的我不清楚,都谁在场看见了我不知道。

第3次在河北QZR房地产开发有限公司财务室会计那儿拿的5万元预付款收据,当时我和王英林、李富生都在场,当时说这预付款收据是给南村陈虹的,拿了预付款收据后,我就开车带着王英林、李富生到了中华路南村口的南城混凝土搅拌站门口,李富生把预付款收据给了陈虹了。

4. 证人王建国证明,我是河北QZR房地产开发有限公司的股东之一。陈虹说我们开发商在南左良开发水苑小区以开发手续不全,以找小报记者、到网站上发表文章,给我们公司造成负面影响为由,敲诈我们公司钱。陈虹通过C县南村支书王英林传话向我们公司要钱,第一次说要5万元现金就不告了,经过我和公司股东李富生商量后,怕公司售房受影响,就同意给陈虹钱了。后来陈虹又通过王英林传话向我们公司要钱,要不就一直告我们公司手续不全,我们就又通过王英林给了陈虹现金5万元。后来陈虹又通过王英林传话想在水苑小区买房子,当时陈虹要了一张5万元购房预付款收据,后来陈虹来我们公司拿着预付款收据要求我们公司退钱,因为陈虹就没有给我们交钱,我们公司实在没法了,才向公安机关报了案。

5. 证人付国庆证明,我是2010年7月至2011年7月在花乡任乡党委书记。因为王英林跟陈虹以前有过矛盾,后来王英林在村里搞开发,陈虹就说王英林村里搞开发占地不合法一直到北京、省市县上访反映南村占地问题,当时,我给王英林说为了不让陈虹乱告、乱反映,让王英林拿5万元钱由我出面给了陈虹,这样,大概2010年年底我安排花乡工作人员高玉娟把这5万元钱给了陈虹。当时是王英林来到我的办公室提着一个蓝色布兜过来,从布兜里面拿了一个用报纸包着的5万元现金给了我,然后我就让高玉娟过来拿走这用报纸包着的5万元现金给陈虹了。当时王英林来给钱时陈虹没在场,陈虹在乡政府大院,王英林走后,我就安排让高玉娟给陈虹钱。高玉娟从办公室出去后叫上陈虹走了,过了一会儿高玉娟给我说把钱给了陈虹了,陈虹没有打收条,我说没打没打吧。给陈虹这个钱:一是给陈虹的抚慰金;二是想让陈虹给乡镇府提供村里有价值的信息;三是村里的新农村建设开发(指水苑小区),不让陈虹因为这事乱向上面反映。

6. 证人高玉娟证明,2010年冬天的一天上午,我在花乡乡政府上班的时候,乡党委书记付国庆让我去他办公室,在付国庆门口看到陈虹在门口,在付国庆办公室内,付国庆给我一个用报纸包着的钱,说是南村村支书给陈虹的钱,后我叫上陈虹到我办公室,我打开报纸见是5万元钱,我就给了陈虹,我让陈虹打条,陈虹不打条。陈虹拿着钱走了,我给付国庆说陈虹不打条,付国庆说不打就不打吧。付国庆没有给我说给陈虹的是什么钱,因为陈虹是老上访户,我想是不想让陈虹再上访了。

7. 证人李小锴(河北QZR房地产开发有限公司会计)证明,C县花乡南村的水苑小区是我们公司从2008年开始开发的。2013年3月14日,我给花乡南村陈虹开过一张5万元预付款收据,因为陈虹没有给我交钱,那张预付款收据上我没有写房号。公司现在还有给陈虹开的预付款的存根联。当时南村村支书王英林说本村村民陈虹想在水苑买房,想享受优惠政策,经过公司老总的同意,我就给陈虹开了一张5万元的预付款收据,当时王英林书记说陈虹第二天交钱,到了第二天我给王英林要陈虹的预付的5万元房款,王英林当时说陈虹没有给,直到现在陈虹也没有来交钱。当时开预付款收据在公司我的办公室开的,开完收据后我就给了王英林了,当时公司李总(李富生)也在场。

在今年二三月的时候项目部销售经理吴靖问我有没有给陈虹开过预付款收据,我当时说开过一张5万元的预付款收据,但是没有给我交钱。当时吴靖给我说陈虹来过,说陈虹不想要房子了,陈虹拿着这5万元收据来我们公司要求退钱。因为她没有给我们交钱,所以我们就没有退钱。

关于公司提供的两张证明都是我写的。其中,第一张落款日期为2012年1月18日的证明信内容为:水苑小区垫路开支8.1万元(其中5万元给陈虹)。此事的来由为,我们公司的李总说要从我这拿5万元现金给陈虹,因为给陈虹钱没有任何票据没法在公司下账,所以给公司的李总、王总商量好后,以给我们公司在C县花乡南村水苑小区垫路的名义,开了一张证明下账,实际上这钱跟水苑小区垫路开支没有任何关系,只是为了公司下账方便开的,正好这次下账的时候,公司别处有3.1万元也没法下账,所以我就开了一张8.1万元的证明,注明了其中有5万元给了陈虹。当时我是把钱先给了李总,然后再开证明让李总、王总签字的。

8. 证人吴靖(河北QZR房地产开发有限公司销售经理)证明,2014年二三月的一天上午,陈虹跟着一个男的来我们公司,到了我的办公室找我说“我想退房”,当时陈虹拿着一张5万元的预付款收据复印件给了我,我看了看那张收据复印件上面写着陈虹的名字,收据上也没有写房号。当时我就跟陈虹说我跟领导说说,让她留个电话,当时陈虹给我说:“我今天就在邯郸不走,你赶快给我回话”,后来陈虹就和那个男的就走了。陈虹走后我就问了公司会计李小锴有没有这事,当时李小锴说给陈虹开过一张5万元的收据,但是陈虹没有给我们公司交钱。到了第二天,陈虹跟着那个男的又过来到我的办公室。陈虹当时问我怎么回事了,我就跟陈虹说:“我查了,你就没有交钱。”陈虹当时说:“我交了钱了。”我就问陈虹:“你怎么交的? 刷卡啦?”陈虹说:“我交的是现金。”我说:“你交给谁了?”陈虹就说:“我就交给你了。”说着陈虹就和我吵吵起来了,陈虹还说:“别管我交给谁了,这上面有你们公司的章,就是我交了。”后来和陈虹一块的男的就拖着陈虹说:“走吧,咱去告他吧。”然后陈虹就和那个男的走了。

9. 证人马明理(河北 QZR 房地产开发有限公司工作人员)证明,2014 年 2 月 17 日上午,我在公司办公室的时候,过来一男一女来到我的办公室,当时那个女的说来找公司财务退 5 万元定金的事情,当时我就跟他们说让他们去西边销售屋找,后来那一男一女就走了。过了一会儿听销售经理吴靖说刚才来的那个女的就是南村的陈虹,来我们公司就是因为 5 万元定金的事情来我们公司要钱了。因为我每天上班的时候都写每日记录,我是翻看我写的每日记录知道陈虹是 2014 年 2 月 17 日来的。

10. 证人王富贵(河北 QZR 房地产开发有限公司法人代表)证明,关于公司提供的两张证明都是公司会计李小锴写的。其中,落款日期为 2011 年 1 月 18 日的证明信内容为:水苑小区垫路开支 8.1 万元(其中 5 万元给陈虹)。其中的意思为,因为给陈虹钱没有任何票据没法在公司下账,所以我和公司的李富生商量后,让公司会计以给小区垫路的名义开证明下账,当时公司别处有 3.1 万元也没法下账,所以我就开了一张 8.1 万元的证明,注明了其中有 5 万元给了陈虹,我和李富生签字后让会计李小锴下账用。

11. 证人吴靖、马明理、李富生、王英林、闫理文、高玉娟、付国庆对被告人陈虹的辨认,有辨认笔录及辨认照片在卷。

12. 证人马明理每日的日记笔录复印件在卷。

13. 复制于河北 QZR 房地产开发有限公司的收款收据第三联计账载明,2013 年 3 月 14 日,陈虹以现金的方式缴纳房款 5 万元,出纳为李。

14. 复制于河北 QZR 房地产开发有限公司的两张证明条其中一张载明,水苑小区垫路开支 8.1 万元整,其中 5 万元给陈虹。时间为 2011 年 1 月 18 日。证明条上均有李富生的签名。

15. 被告人陈虹的相关供述,我到乡政府反映村支书王英林违法违纪的问题,从来没有反映过关于 QZR 房地产公司的事情。我不认识李富生。没有收过 QZR 房地产公司给的现金。没有收过 QZR 房地产公司给的 5 万元预付款收据。没有通过乡政府收过 QZR 房地产公司给的现金。没有在网络上发表过关于 QZR 房地产公司的负面言论,我只发表过关于南村村支书王英林的事情。村支书王英林因为我上访反映非法占地的事情,没有给我做过工作。

上述证据,指控被告人陈虹于 2010 年年底敲诈现金 5 万元的主要证据有李富生、王英林、闫理文、付国庆、高玉娟、王建国、王富贵、李小锴等证人,以及公司的相关账务记载,而直接交付款项时只有高玉娟一人在场,其他人均为间接证据,被告人陈虹否认收到该款项,又无其他证据相佐证,公诉机关指控的该项犯罪事实不清,证据不足。指控被告人陈虹于 2013 年 3 月 14 日敲诈该公司水苑小区 5 万元购房预付款收据的主要证据有李富生、王英林、闫理文、王建国、李小锴、马明理、吴靖等证人,以及购房预付款收据等,被告人陈虹当庭承认收到了该预付款收据并到该公司要求退房退款,但辩称将购房款给了王英林,王英林否认收到此款项,虽然房地产公司没有收到该款项,但现有证据不足以证实被告人陈虹未出资5万元,公诉机关的此项指控事实不清、证据不足。

本院认为,被告人陈虹以非法占有为目的,利用房地产开发商手续不齐怕影响销售的心理,采用上网发帖、找小报记者、上访等形式相要挟,向开发商索要钱财5万元,数额较大,其行为已构成敲诈勒索罪。公诉机关指控被告人陈虹于2012年1月18日敲诈房地产开发商5万元的事实清楚、证据确实充分。被告人陈虹辩称没有收到此款,经查,被告人陈虹收到此款时有在场的王英林、李富生、闫理文三人证实,足以认定,辩护人辩称当时王英林、闫理文并未见到现金,与查明的事实不符,故对被告人及辩护人的辩称,本院不予采信。辩护人辩称被告人陈虹没有对房地产开发商要挟,经查,被告人陈虹在网上发帖的内容有关于房地产开发的相关内容,证人王英林也证实被告人陈虹说过不给钱就继续上网发帖、找小报记者或上访反映违法占地的事实,虽然被告人陈虹与证人王英林有过节,但王英林当时是为被告人陈虹争取利益,王英林向李富生反映的情况有李富生的证言证实,且有证据证明被告人陈虹收到了房地陈开发商李富生的现金5万元,故王英林的证言真实可信,综上,辩护人的此项辩称,本院不予采信。公诉机关指控被告人陈虹于2010年年底敲诈房地产开发商5万元及于2013年3月4日敲诈房地产开发商5万元购房预付款收据,事实不清,证据不足,本院不予支持。被告人的辩称及辩护人的辩护意见有理,本院予以采信。被告人陈虹有犯罪前科,本院酌情予以从重处罚。依照《中华人民共和国刑法》第274条、第64条之规定,判决如下:

被告人陈虹犯敲诈勒索罪,判处有期徒刑2年,并处罚金人民币5000元,违法所得5万元责令退赔。

(刑期从判决执行之日起计算。判决执行以前先行羁押的,羁押1日,折抵刑期1日,即被告人陈虹的刑期自2014年5月5日起至2016年5月4日止。罚金和违法所得限判决生效后15日内足额支付。)

如不服本判决,可在接到判决书的第二日起10日内,通过本院或者直接向河北省邯郸市中级人民法院提出上诉,书面上诉的,应当提交上诉状正本1份,副本2份。

二审裁定

河北省邯郸市中级人民法院刑事裁定书

(2015)邯市刑终字第2××号

原公诉机关河北省C县人民检察院。

上诉人(原审被告人)陈虹,女,1972年12月29日出生于河北省C县,汉族,小学文化,农民,住河北省C县花乡南村。2001年1月12日因犯故意毁坏财物罪被C县人民法院判处有期徒刑1年8个月。2014年5月5日因涉嫌犯聚众扰乱社会秩序罪被刑事拘留,2014年6月12日因涉嫌犯敲诈勒索罪被逮捕。现羁押于邯郸市第一看守所。

辩护人王献锋,河北××律师事务所律师。

河北省C县人民法院审理河北省C县人民检察院指控原审被告人陈虹犯敲诈勒索罪一案,于2015年4月15日作出(2015)C刑初字第5×号刑事判决。原审被告人陈虹不服,以其未敲诈被害单位为由,提出上诉。本院依法组成合议庭,公开开庭审理了本案。邯郸市人民检察院指派检察员郭×、侯××出庭履行职务,上诉人(原审被告人)陈虹及其辩护人王献锋到庭参加诉讼。现已审理终结。

本院认为,原判决认定上诉人(原审被告人)陈虹犯敲诈勒索罪的部分事实不清。依照《中华人民共和国刑事诉讼法》第225条第1款第3项、第233条之规定,裁定如下:

一、撤销河北省C县人民法院(2015)C刑初字第5×号刑事判决;

二、发回河北省C县人民法院重新审判。

本裁定为终审裁定。

一审辩护词

辩　护　词

审判长、审判员:

河北××律师事务所依法接受陈虹父亲陈广良的委托,指派我作为陈虹涉嫌敲诈勒索罪一案的辩护人出席本案庭审,辩护人认为,公诉机关指控被告人陈虹涉嫌敲诈勒索罪一案,事实不清、证据不足,指控犯罪依法不能成立,现发表如下辩护意见:

一、公诉机关指控陈虹收开发商10万元现金证据不足。

公诉机关指控陈虹于2012年1月18日收受开发商现金5万元,只有报案人李富生一个人的陈述,在场人王英林、闫理文作证只是说看到李富生给了陈虹一个蓝布包,并未确定看到包里面装的是5万元钱。该起指控只有报案人的报案,而没有相应有效证据。

公诉机关指控2010年12月陈虹收受开发商现金5万元,证据显示,与陈虹交接现金的地点在高玉娟办公室,当时人只有高玉娟一人,该事实也只有高玉娟一个人的证言,其他人均为道听途说,且李富生、付国庆、王英林3人对该5万元来源和用途等主要事实陈述相互矛盾,不足认定。

对于证据的真实性、合法性与关联性在质证阶段已经阐述,在此不再重复,上述证据不能证实被告人陈虹收到了10万元现金。

二、公诉机关指控被告人陈虹实施敲诈勒索行为不足认定。

根据公安机关的侦查卷宗显示,办案人员在绞尽脑汁、不遗余力地收集证据,意图证实被告人陈虹收了开发商的现金,遗憾的是上述证据并不能证实这一点。但是,我国《刑法》规定,并非收钱就是敲诈勒索,敲诈勒索罪的客观方面应表现为行为人实施了威胁或者要挟的方法,逼迫他人交出财物。公安机关的侦查卷宗中,除了说陈虹上网发帖、上访反映问题之外,没有任何证据确凿地证实陈虹在什么时间、什么地点以什么方式逼迫谁交出了财物!

根据公诉机关调取的对证人王英林、报案人李富生和王建国的询问笔录显示,三人均陈述陈虹是通过王英林实施要钱的,陈虹是否以敲诈勒索的方式通过王英林向开发商要钱,只有王英林一人知道,陈虹所谓实施敲诈的证据,也只有王英林一人的证言。而王英林是陈虹长期以来投诉控告的对象,也有家族仇恨,王英林一人的证言,显然不足证实陈虹是否实施敲诈勒索行为这个罪与非罪的重大问题。

三、公诉机关指控陈虹敲诈5万元收据不能成立。

根据公诉机关出示的收据显示,交款单位为陈虹,收款方式为现金,并有会计和出纳两人的签字,且这一联为收据的第三联"记账联",试想一下,如果开发商没有收到陈虹缴纳的现金,而只是被敲诈了一张收据,则没必要在收据上注明收款方式为现金,也没必要由公司会计和出纳共同在收据上签字,根本没必要一式三联,且进入"记账联"。没有收到钱,只是被敲诈了一张空头收据怎么会记账呢?该收据的记账联恰恰证实,开发商收到了陈虹现金5万元。该指控同样不能成立。

四、以上访或者其他一定的方式反映问题,是法律赋予公民的权利,也是政府机关及时发现并解决问题、净化社会的有效途径,应当受到保护而不是打压。

《中华人民共和国宪法》第41条规定,中华人民共和国公民对于任何国家机关和国家工作人员,有提出批评和建议的权利,对于任何国家机关和国家工作人员的违法和失职行为,有向国家机关提出申诉、控告和检举的权利,但是不得捏造或者歪曲事实进行诬告陷害,对于公民的申诉、控告、检举,有关国家机关必须查清事实,负责处理，任何人不得压制和打击报复。《信访条例》第3条规定，各级人民政府、县级以上人民政府工作部门应当做好信访工作，认真处理来信，接待来访，倾听人民群众的意见、建议和要求，接受人民群众监督，努力为人民群众服务，为信访人依法反映情况提出便利条件。根据上述规定，陈虹向有关部门反映问题的行为，依法应当保护而不是打击报复。

本案中，陈虹依法到C县花乡人民政府反映问题，被C县公安局以涉嫌聚众扰乱社会秩序罪刑事拘留，被拘留的第三天，也就是刑事诉讼法规定的应当提请批准逮捕的最后一天，C县公安局在没有证据以聚众扰乱社会秩序罪报捕的情况下，突击收集证据，在5月8日当天，从上午9时到15时的6小时内，组织警力连续讯问，以一组漏洞百出的证据将陈虹以敲诈勒索罪提请逮捕。上述证据显然不符合《刑事诉讼法》规定的案件事实清楚，证据确实充分的证明标准。指控陈虹犯敲诈勒索罪，当然不能成立。辩护人建议法庭依法立即释放陈虹，宣告陈虹无罪。同时建议法庭，对陈虹反映的本案证人王英林的违法问题向有关部门发出司法建议，对其立案调查；另外，对C县花乡乡政府出具的证据进行鉴定，如鉴定属于伪证，依法追究作伪证者的刑事责任。

辩护人：王献锋

河北××律师事务所律师

2015年2月10日

重审判决书

河北省C县人民法院
刑事判决书

(2016)冀04××刑初5×号

公诉机关C县人民检察院。

被告人陈虹，女，1972年12月29日出生，居民身份证号码略，出生于河北省C县，汉族，小学文化，农民，住河北省C县花乡南村。2001年1月12日因犯故意毁坏财物罪被本院判处有期徒刑1年8个月。2014年5月5日因涉嫌犯聚众扰乱社会秩序罪被C县公安局刑事拘留，2014年6月12日因涉嫌犯敲诈勒索罪被依法执行逮捕。经本院决定,于2015年8月13日被取保候审,2016年2月10日被取保候审。

辩护人王献锋,河北××律师事务所律师。

C县人民检察院以C检公诉刑诉(2014)1××号起诉书,指控被告人陈虹犯敲诈勒索罪,于2015年1月21日向本院提起公诉。本院于2015年4月16日作出(2015)C刑初字第5×号刑事判决,以被告人陈虹犯敲诈勒索罪,判处有期徒刑2年,并处罚金人民币5000元,违法所得5万元责令退赔。邯郸市中级人民法院,于2015年6月17日作出(2015)邯市刑初字第×××号刑事裁定,以原判决认定部分事实不清为由,发回本院重新审判。本院依法另行组成合议庭,公开开庭审理了本案。C县人民检察院指派检察员李××出庭支持公诉,被告人陈虹及其辩护人王献锋到庭参加诉讼,本案经本院审判委员会讨论决定。现已审理终结。

C县人民检察院指控,河北QZR房地产开发有限公司在C县花乡南村开发水苑小区,被告人陈虹以该公司开发楼盘手续不全在网上发帖等给该公司造成负面影响为由对该公司进行敲诈,分别于2010年12月敲诈现金5万元,2012年1月18日敲诈现金5万元,2013年3月14日敲诈该公司水苑小区5万元购房预付款收据。

公诉机关向本院提供了相关证据,提请本院依照《中华人民共和国刑法》第274条之规定,以敲诈勒索罪对被告人陈虹进行处罚。

被告人陈虹对公诉机关指控其犯罪事实持有异议,辩称:(1)她没有敲诈邯郸市QZR房地产开发有限公司,她没有从高玉娟手里拿钱,她没有见过李富生;(2)她和邯郸市QZR房地产开发有限公司没有任何关系,她没有举报该公司,她是举报村支书王英林,也举报过花乡建四层豪华办公楼,所以乡里和村里共同陷害她;(3)她给了王英林5万元预付款;(4)证人之间有串供的嫌疑。

辩护人王献锋提出的辩护意见是,公诉机关指控被告人陈虹犯敲诈勒索罪,事实不清,证据不足,应宣告被告人陈虹无罪。(1)公诉机关指控2010年12月敲诈开发商现金5万元,只有证人高玉娟的证言,没有其他任何证据佐证。(2)公诉机关指控2012年1月18日敲诈开发商现金5万元,直接证据只有李富生一人,在场人王英林、闫理文均没有看到现金;李富生作为开发商和村支书王英林均是陈虹投诉的对象,这两个人与陈虹之间必然存在个人恩怨,证言不可信。上述两起事实均不能证实被告人陈虹对开发商实施了威胁行为,迫使开发商产生恐惧心理交出财物。(3)公诉机关指控2013年3月14日,陈虹敲诈开发商5万元收据。陈虹收受5万元预收款票据不是以胁迫的方式,并且在收到收据后承诺随后向公司交款,双方之间属于民事上的买卖关系,事后没有付款属于违约行为,而不是敲诈。陈虹事后持有5万元收据向公司要求退款,没有使用暴力或者胁迫方式,显然不属于敲诈勒索。当庭提交了被告人陈虹父亲陈广良的重伤鉴定书复印件及陈广良被打后和南村委会的调解书复印件。

经审理查明,河北QZR房地产开发有限公司成立于2008年8月14日,经营范围为房地产开发经营,公司法定代表人为王富贵。该公司2008年以新民居建设开始在南村搞拆迁,和南村共同建设。从2011年开始,南村水苑小区的手续陆续办理。其中,2011年4月8日办理了《建设用地规划许可证》,2011年4月22日办理了《施工许可证》,2011年1月27日办理了《土地证》,2011年11月24日办理了《规划证》,2012年4月8日办理了《商品房预售证》。

2010年1月、4月、11月,被告人陈虹在网上发帖反映村支书王英林的相关问题。其中有以扩建教师公寓楼为名,强占该村中小学操场,并以不等价格收购耕地,在学校建商品楼(水苑),影响学校正常教学,以及村支书王英林的其他违法违纪问题。

2011年7月18日,地产中国网以"C县'水苑'手续不全违法占地销售政府监管遭质疑"为题在网上对河北QZR房地产开发有限公司在建"水苑"项目进行了网上报道。

2012年年初,南村村支书王英林给河北QZR房地产开发有限公司股东李富生反映,被告人陈虹索要5万元,否则,被告人陈虹就在网上发帖、找小报记者、或者上访反映河北QZR房地产开发有限公司的房产开发问题。2012年1月18日,河北QZR房地产开发有限公司股东李富生和南村村支书王英林由闫理文驾驶汽车在中华南大街邯济铁路桥南侧的邯郸南城混凝土公司大门口由李富生给被告人陈虹现金5万元。

上述事实,由公诉机关提交,并经法庭质证的下列证据予以证实:

1. 证人李富生证明,2011年,陈虹多次到乡及上级府上访,以往网站发帖、找小报记者反映我公司在南村开发水苑小区手续不全为由,要我们公司给她钱。陈虹给南村村支书王英林说每年给她5万元就不告我们公司。2012年1月的一天,我让我们公司会计李小锴给我取了5万元钱,当时有会计李小锴、南村王英林书记、司机闫理文和我4个人在场,都知道这5万元钱是给陈虹的,这5万元现金都是面值100元的人民币,一共有5沓,每沓1万元,还是用一个蓝色的布兜装着,由司机闫理文开车到了C县花乡南村口中华路上的南城混凝土公司门口,我把装有现金5万元的蓝色布兜交到陈虹手中,陈虹就拿着装有5万元现金的蓝色布兜就走了。

我公司2008年是以新民居建设开始在南村搞拆迁,当时我们公司和南村共同建设的,到了2011年经土地部门批准,南村新民居建设可以挂牌出让土地,转为大产权商品房,从2011年的时候南村水苑小区的手续开始陆续办理的。陈虹告我们公司的时候,我们公司的土地证和相关证件都还在办理期间,陈虹通过南村支书王英林传话要钱,说我们公司要给了她钱,她就不告我们公司了。由于我们公司害怕陈虹一直告我们,对我们公司售房有影响,我们公司才同意给陈虹钱的。我和公司股东王建国两个人在公司王建国的办公室商量的。我们公司在南村开发水苑小区需要建设用地规划许可证、施工许可证、土地证、规划证、商品房预售证这五种证件。其中,《建设用地规划许可证》是2011年4月8日办好的,《施工许可证》是2011年4月22日办好的,

《土地证》是2011年1月27日办好的,《规划证》是2011年11月24日办好的,《商品房预售证》是2012年4月8日办好的。

2. 证人王英林证明,河北QZR房地产开发有限公司2012年年初给了陈虹5万元现金。当时是我和李富生、司机闫理文在QZR房地产有限公司财务室找李小锴拿的,当时是5万元现金,都是面值100元的人民币,总共5沓,每沓1万元,放在了一个蓝色的布兜内,我们都知道这钱是给陈虹的,后来由司机闫理文开车到了花乡南村口的南城混凝土公司门口,由李富生把装有5万元现金的蓝色布兜交给陈虹,当时我和司机闫理文都在场,我们都看见了,陈虹接过蓝色的布兜后,打开看了看里面的钱,然后陈虹就拿着装有5万元现金的蓝色布兜走了。陈虹一直以上访反映、在网上发帖、找小报记者告QZR房地产有限公司在南村开发新农村建设手续不全,陈虹说每年给她5万元钱就不告了,开发商也是害怕造成负面影响才给陈虹钱的。

当时陈虹一直告,乡领导一直给我说让我给陈虹做做工作,别让陈虹告了。后来我就给陈虹联系,陈虹给我说让开发商给她5万元就不告了,我和陈虹做工作时,大部分都是给陈虹打电话说的,有时在南村水苑小区广场和陈虹说。当时说的时候就我和陈虹两个人在场的。我给公司的两个老总说了,是公司的李富生和王建国,经过公司两个老总商量后,才同意给陈虹钱的。当时南村的水苑小区在2008年的时候是以新民居建设开始搞拆迁的,当时我们南村和QZR房地产公司共同建设,到2011年的时候经土地部门批准,我们村新民居建设可以挂牌出让土地转为大产权房,之后从2011年的时候南村水苑小区的手续才开始陆续办理。因为陈虹告QZR房地产公司开发水苑小区的手续不全的时候,QZR房地产公司正在陆续办理相关手续,QZR房地产公司怕对公司售房有影响才答应给陈虹钱的。

3. 证人闫理文证明,2012年年初陈虹敲诈南村新民居小区开发商李富生现金5万元。当时是在河北QZR房地产开发有限公司财务室会计那儿拿的5万元现金,都是面值100元的,总共是5沓钱,每沓是1万元,是装在一个蓝色布袋里的,当时我和王英林、李富生都在场,当时说这钱是给南村陈虹的,拿了钱后我就开车带着王英林、李富生到了中华路南村口的南城混凝土搅拌站门口,李富生把装有5万元现金的蓝色布兜给了陈虹的,陈虹接过蓝色的布兜内看了看布兜里面的钱,然后陈虹就走了。

4. 证人王建国证明,我是河北QZR房地产开发有限公司的股东之一。陈虹以我们开发商在南左良开发水苑小区开发手续不全,以找小报记者、到网站上发表文章,给我们公司造成负面影响为由,敲诈我们公司钱。陈虹通过C县南村支书王英林传话向我们公司要钱,说要5万元现金就不告了,经过我和公司股东李富生商量后,怕公司售房受影响,就同意给陈虹钱了。当时王英林给我和股东李富生说陈虹要了钱就不再告我们公司后,我就在公司我的办公室和李富生商量。

在2008年的时候,我们公司和南村是以新民居建设开始在南村搞拆迁,到2011

年的时候经土地部门批准,南村新民居建设可以挂牌出让土地转为大产权商品房,后来我们在南村开发水苑小区的相关手续开始陆续办理的。其中,《建设用地规划许可证》是2011年4月8日办的,《施工许可证》是2011年4月22日办的,《土地证》是2011年1月27日办的,《规划证》是2011年11月24日办的,《商品房预售证》是2012年4月8日办的。

5. 证人李小锴(河北QZR房地产开发有限公司会计)证明,C县花乡南村的水苑小区是我们公司从2008年开始开发的。

关于公司提供的落款为2012年1月18日的证明信内容为:“2012年广场垫土开支伍万元整(实际给陈虹)。”是公司李总从我这拿5万元现金说给陈虹,因为没法下账,所以我才以给广场垫土开支的名义开的证明,然后让公司李总、王总签字后下账。给陈虹的5万元现金和广场垫土没有任何关系。是先把钱给了李总后,我开的证明。

6. 证人王富贵(河北QZR房地产开发有限公司法人代表)证明,关于公司提供的落款为2012年1月18日的证明信是公司会计李小锴写的。内容为:“2012年广场垫土开支伍万元整(实际给陈虹)。”是专为下账用的,是公司让会计写成垫土开支用的。我们下账用的证明和小区垫土开支没有任何关系。证明写着实际给陈虹5万元,是公司李富生给的。陈虹一直以我们公司在南左良开发小区手续不全为由告我们公司,因为当时我们公司正在办理相关土地手续,还没有办理齐全,为了不给我们公司造成负面影响,所以我们公司才给陈虹钱。

7. 证人李富生、王英林、闫理文对被告人陈虹的辨认,有辨认笔录及辨认照片在卷。

8. 复制于河北QZR房地产开发有限公司的证明条载明,2012年广场垫土开支5万元整,给陈虹。时间为2012年1月18日。证明条上有李富生的签名。

9. C县花乡南村村民委员会、C县花乡人民政府证明,C县花乡南村2009年实施“新民居建设”与“河北QZR房地产开发有限公司”合作实行村企共建,在建设过程中,旧村改造拆迁占地、修建文化广场占地、修路占地等一切占地,都不占南村村民陈虹地,包括陈虹家属、亲属都不占他们的地,与他们也没有任何关系。

10. C县公安局花乡派出所干警证明,2014年5月4日13时许,涉嫌聚众扰乱社会秩序的犯罪嫌疑人陈虹被传唤至派出所接受讯问。

11. 户籍证明、社会调查载明了被告人陈虹的基本情况。

12. 本院(2001)磁刑初×第2×号刑事判决书载明,被告人陈虹因犯故意毁坏财物罪于2001年1月12日被判处有期徒刑1年8个月。

13. 现场勘验检查笔录、现场图及现场照片载明了南城商砼搅拌站的方位及周边基本情况。

14. 复制于河北QZR房地产开发有限公司的该公司的企业法人营业执照、组织机构代码证载明了该公司的注册情况。

15. 复制于互联网的相关资料显示，2010 年 1 月、4 月、11 月，被告人陈虹在网上发帖反映村支书王英林的相关问题。其中有以扩建教师公寓楼为名，强占该村中小学操场，并以不等价格收购耕地，在学校建商品楼（水苑），影响学校正常教学，以及村支书王英林的其他违法违纪问题。

16. 复制于互联网的相关资料显示，2011 年 7 月 18 日，地产中国网以《C 县“水苑”手续不全违法占地销售政府监管遭质疑》为题在网上对河北 QZR 房地产开发有限公司在建“水苑”项目进行了网上报道。

17. 复制于河北 QZR 房地产开发有限公司的该公司开发“水苑”住宅小区建设用地规划许可证取得时间为 2011 年 4 月 8 日，建设用地使用证取得时间为 2011 年 1 月 27 日，建设工程规划许可证取得时间为 2011 年 11 月 24 日；建筑工程施工许可证取得时间为 2011 年 4 月 22 日；商品房预售许可证取得时间为 2012 年 4 月 8 日。

18. 辩护人提交的协议书及鉴定书复印件载明，1994 年 5 月 20 日，邯郸市法医医院（94）年市法医鉴字第（025×××）号法医学鉴定书载明，陈广良损伤程度属重伤。1995 年 5 月 7 日，陈广良和南村委会关于陈广良被打重伤一事达成调解书。

19. 被告人陈虹的相关供述。

上列证据，本院予以确认。

关于公诉机关指控被告人陈虹于 2010 年 12 月敲诈河北 QZR 房地产开发有限公司现金 5 万元，于 2013 年 3 月 14 日敲诈该公司水苑小区 5 万元购房预付款收据的事实，公诉机关向法庭提交了下列证据：

1. 证人李富生证明，2010 年年底，陈虹多次到乡及上级政府上访、在网上发帖、找小报记者反映我公司在 C 县花乡南村开发的新农村建设（指水苑小区）手续不全，后经过乡政府领导付国庆协调给陈虹 5 万元，陈虹就不再上访告我们公司了。当时是我们公司会计李小锴从银行取的钱，李小锴是在我们公司的财务室给我的钱，当时有会计李小锴、南村王英林书记、司机闫理文和我 4 个人在场，当时这 5 万元钱是用报纸包着放在一个蓝色的布兜内，然后我就拿上钱和王英林、闫理文一块开车到了花乡乡政府，我和王英林到乡政府领导付国庆的办公室，当时是王英林从蓝色的布兜内把用报纸包着的 5 万元现金交给了付国庆，然后王英林拿上蓝色的布兜和我一块走了，当时我们没有见到陈虹，我们就开车走了。后来付国庆给我打电话说让乡政府高玉娟把钱给了陈虹了。

给了陈虹钱后，陈虹还是到乡及上级政府上访，还一直说要在网上发帖、找小报记者告我们公司，到了 2013 年年初，陈虹说要在我们公司南村开发的水苑小区买房子，当时我们要陈虹先交 5 万元房款，陈虹说让我们公司先给她开一张 5 万元的收据，说第二天给我们公司钱，为了怕陈虹一直告我们公司，我就让公司会计李小锴先开了一张5万元的预付款收据，当时还是我和王英林、闫理文到公司财务室找李小锴拿的这张5万元预付款收据，还是闫理文开车到了中华路南村口的南城混凝土公司门口，我把预付款收据交到陈虹手中的，陈虹看了看这5万元预付款收据，然后说第二天给公司交钱的，之后陈虹就没有来公司交过钱。直到今年3月，陈虹来到我们公司说不想要房子了，要我们公司给她退这5万元钱，因为陈虹就没有给公司交过这5万元钱，所以我们公司就没有给陈虹退钱。5万元预付款收据就是在买房子的时候，这张预付款收据可以抵5万元现金。我们催了陈虹几次，陈虹也没有来交钱。

2. 证人王英林证明，陈虹敲诈河北QZR房地产开发有限公司一共3次，第1次是给了陈虹5万元现金，第2次是2012年年初给了陈虹5万元现金，第3次是给了陈虹一张5万元的购房预付款收据。第1次是2010年年底我和李富生、司机闫理文在QZR房地产有限公司财务室找李小锴拿的，当时是用报纸包着的5万元现金，总共是5沓面值100元的人民币，每沓是1万元，放在了一个蓝色的布兜内，我们拿到钱后就到花乡乡政府，我和李富生到了乡政府领导付国庆的办公室内，我从蓝色的布兜内把用报纸包着的5万元现金给了付国庆，然后我就拿着那个蓝色布兜和李富生就走了，由付国庆把钱交给陈虹。后来付国庆给我打电话说由乡政府工作人员高玉娟把钱交给陈虹了。因为陈虹多次到政府上访、以在网上发帖、找小报记者告QZR房地产有限公司在南村开发新农村建设（水苑小区）手续不全，后经过乡政府领导付国庆和陈虹协商后，给陈虹5万元钱就不再上访告了，付国庆给我说了后我就让QZR房地产有限公司拿了这5万元钱。

第3次也是我和李富生、司机闫理文在QZR房地产有限公司财务室找李小锴拿的一张5万元预付款收据，还是由司机闫理文开车到花乡南村口的南城混凝土公司门口，由李富生把预付款收据给的陈虹，陈虹当时看了看这张5万元的预付款收据，然后就走了。当时我和司机闫理文都在场看见了。因为陈虹说要在南村QZR房地产有限公司开发的水苑小区买房子，开发商QZR房地产有限公司要陈虹先交5万元预付款，陈虹要先开票后给交钱，开发商为了不让陈虹乱告，就先给陈虹开了预付款收据，陈虹说第二天给钱，后来陈虹也没有给钱，中间给陈虹要了几次没有给钱，开发商怕陈虹告公司手续不全，就不再给陈虹要了，直到今年3月陈虹拿着这5万元收据去开发商公司说不要房子要退钱，由于陈虹当初就没有交钱，开发商公司没有给陈虹退钱。

3. 证人闫理文证明，陈虹敲诈南村新民居小区开发商李富生总共3次：第1次是2010年年底敲诈了现金5万元；第2次是2012年年初敲诈了现金5万元；第3次是2013年年初敲诈了一张5万元的预付款收据。第1次是在河北QZR房地产开发有限公司财务室会计那儿拿的5万元现金，是用报纸包着装在一个蓝色布袋里的，当时我和王英林、李富生都在场，当时说这钱是给南村陈虹的，拿了钱后我就开车带着王英林、李富生到了花乡乡政府,王英林和李富生就下车去给陈虹钱了,当时我是在车上等着,具体是在哪儿给的我不清楚,都谁在场看见了我不知道。

第3次在河北QZR房地产开发有限公司财务室会计那儿拿的5万元预付款收据,当时我和王英林、李富生都在场,当时说这预付款收据是给南村陈虹的,拿了预付款收据后,我就开车带着王英林、李富生到了中华路南村口的南城混凝土搅拌站门口,李富生把预付款收据给了陈虹了。

4.证人王建国证明,我是河北QZR房地产开发有限公司的股东之一。陈虹说我们开发商在南左良开发水苑小区以开发手续不全,以找小报记者、到网站上发表文章,给我们公司造成负面影响为由,敲诈我们公司钱。陈虹通过C县南村支书王英林传话向我们公司要钱,第1次说要5万元现金就不告了,经过我和公司股东李富生商量后,怕公司售房受影响,就同意给陈虹钱了。后来陈虹又通过王英林传话向我们公司要钱,要不就一直告我们公司手续不全,我们就又通过王英林给了陈虹现金5万元。后来陈虹又通过王英林传话想在水苑小区买房子,当时陈虹要了一张5万元购房预付款收据,后来陈虹来我们公司拿着预付款收据要求我们公司退钱,因为陈虹就没有给我们交钱,我们公司实在没法了,才向公安机关报了案。

5.证人付国庆证明,我是2010年7月至2011年7月在花官营乡任乡党委书记。因为王英林跟陈虹以前有过矛盾,后来王英林在村里搞开发,陈虹就说王英林村里搞开发占地不合法一直到北京、省市县上访反映南村占地问题,当时,我给王英林说为了不让陈虹乱告、乱反映,让王英林拿5万元钱由我出面给了陈虹,这样,大概2010年年底我安排花官营乡工作人员高玉娟把这5万元钱给了陈虹。当时是王英林来到我的办公室提着一个蓝色布兜过来,从布兜里面拿了一个用报纸包着的5万元现金给了我,然后我就让高玉娟过来拿走这用报纸包着的5万元现金给陈虹了。当时王英林来给钱时陈虹没在场,陈虹在乡政府大院,王英林走后,我就安排让高玉娟给陈虹钱。高玉娟从办公室出去后叫上陈虹走了,过了一会儿高玉娟给我说把钱给了陈虹了,陈虹没有打收到条,我说没打没打吧。给陈虹这个钱,一是给陈虹的抚慰金,二是想让陈虹给乡镇府提供村里有价值的信息;三是村里的新农村建设开发(指水苑小区),不让陈虹因为这事乱向上面反映。

6.证人高玉娟证明,2010年冬天的一天上午,我在花乡乡政府上班的时候,乡党委书记付国庆让我去他办公室,在付国庆门口看到陈虹在门口,在付国庆办公室内,付国庆给我一个用报纸包着的钱,说是南村支书给陈虹的钱,后我叫上陈虹到我办公室,我打开报纸见是5万元钱,我就给了陈虹,我让陈虹打条,陈虹不打条。陈虹拿着钱走了,我给付国庆说陈虹不打条,付国庆说不打就不打吧。付国庆没有给我说给陈虹的是什么钱,因为陈虹是老上访户,我想是不想让陈虹再上访了。

7.证人李小锴(河北QZR房地产开发有限公司会计)证明,C县花乡南村的水苑小区是我们公司从2008年开始开发的。2013年3月14日,我给花乡南村陈虹开过一张5万元预付款收据,因为陈虹没有给我交钱,那张预付款收据上我没有写房号。公司现在还有给陈虹开的预付款的存根联。当时南村村支书王英林说本村村民陈虹想在水苑买房,想享受优惠政策,经过公司老总的同意,我就给陈虹开了一张5万元的预付款收据,当时王英林书记说陈虹第二天交钱,到了第二天我给王英林要陈虹的预付的5万元房款,王英林当时说陈虹没有给,直到现在陈虹也没有来交钱。当时开预付款收据在公司我的办公室开的,开完收据后我就给了王英林了,当时公司李总(李富生)也在场。

在今年二三月的时候项目部销售经理吴靖问我有没有给陈虹开过预付款收据,我当时说开过一张5万元的预付款收据,但是没有给我交钱。当时吴靖给我说陈虹来过,说陈虹不想要房子了,陈虹拿着这5万元收据来我们公司要求退钱。因为她没有给我们交钱,所以我们就没有退钱。

关于公司提供的两张证明都是我写的。其中,第一张落款日期为2011年1月18日的证明信内容为:水苑小区垫路开支8.1万元(其中5万元给陈虹)。此事的来由为,我们公司的李总说要从我这拿5万元现金给陈虹,因为给陈虹钱没有任何票据没法在公司下账,所以给公司的李总、王总商量好后,以给我们公司在C县花乡南村水苑小区垫路的名义,开了一张证明下账,实际上这钱跟水苑小区垫路开支没有任何关系,只是为了公司下账方便开的,正好这次下账的时候,公司别处有3.1万元也没法下账,所以我就开了一张8.1万元的证明,注明了其中有5万元给了陈虹。当时我是把钱先给了李总,然后再开证明让李总、王总签字的。

8. 证人吴靖(河北QZR房地产开发有限公司销售经理)证明,2014年二三月的一天上午,陈虹跟着一个男的来我们公司,到了我的办公室找我说"我想退房",当时陈虹拿着一张5万元的预付款收据复印件给了我,我看了看那张收据复印件上面写着陈虹的名字,收据上也没有写房号。当时我就跟陈虹说我跟领导说说,让她留个电话,当时陈虹给我说:"我今天就在邯郸不走,你赶快给我回话",后来陈虹就和那个男的就走了。陈虹走后我就问了公司会计李小锴有没有这事,当时李小锴说给陈虹开过一张5万元的收据,但是陈虹没有给我们公司交钱。到了第二天,陈虹跟着那个男的又过来到我的办公室,陈虹当时问我怎么回事了,我就跟陈虹说:"我查了,你就没有交钱。"陈虹当时说:"我交了钱了。"我就问陈虹:"你怎么交的? 刷卡啦?"陈虹说:"我交的是现金。"我说:"你交给谁了?"陈虹就说:"我就交给你了。"说着陈虹就和我吵吵起来了,陈虹还说:"别管我交给谁了,这上面有你们公司的章,就是我交了。"后来和陈虹一块的男的就拖着陈虹说:"走吧,咱去告他吧",然后陈虹就和那个男的走了。

9. 证人马明理(河北QZR房地产开发有限公司工作人员)证明,2014年2月17

日上午,我在公司办公室的时候,过来一男一女来到我的办公室,当时那个女的说来找公司财务退5万元定金的事情,当时我就跟他们说让他们去西边销售屋找,后来那一男一女就走了。过了一会儿我听销售经理吴靖说刚才来的那个女的就是南村的陈虹,来我们公司就是因为5万元定金的事情来我们公司要钱了。因为我每天上班的时候都写每日记录,我是翻看我写的每日记录知道陈虹是2014年2月17日来的。

10. 证人王富贵(河北QZR房地产开发有限公司法人代表)证明,关于公司提供的两张证明都是公司会计李小锴写的。其中,落款日期为2011年1月18日的证明信内容为:水苑小区垫路开支8.1万元(其中5万元给陈虹)。其中的意思为,因为给陈虹钱没有任何票据没法在公司下账,所以我和公司的李富生商量后,让公司会计以给小区垫路的名义开证明下账,当时公司别处有3.1万元也没法下账,所以我就开了一张8.1万元的证明,注明了其中有5万元给了陈虹,我和李富生签字后让会计李小锴下账用。

11. 证人吴靖、马明理、李富生、王英林、闫理文、高玉娟、付国庆对被告人陈虹的辨认,有辨认笔录及辨认照片在卷。

12. 证人马明理每日的日记笔录复印件在卷。

13. 复制于河北QZR房地产开发有限公司的收款收据第三联计账载明,2013年3月14日,陈虹以现金的方式缴纳房款5万元,出纳为李。

14. 复制于河北QZR房地产开发有限公司的两张证明条其中一张载明,水苑小区垫路开支81,000元整,其中5万元给陈虹。时间为2011年1月18日。证明条上均有李富生的签名。

15. 被告人陈虹的相关供述,我到乡政府反映村支书王英林违法违纪的问题,从来没有反映过关于QZR房地产公司的事情。我不认识李富生。没有收过QZR房地产公司给的现金。没有收过QZR房地产公司给的5万元预付款收据。没有通过乡政府收过QZR房地产公司给的现金。没有在网络上发表过关于QZR房地产公司的负面言论,我只发表过关于南村村支书王英林的事情。村支书王英林因为我上访反映非法占地的事情,没有给我做过工作。

公诉机关指控被告人陈虹于2010年年底敲诈QZR房地产公司现金5万元的主要证据有李富生、王英林、闫理文、付国庆、高玉娟、王建国、王富贵、李小锴等证人,以及公司的相关账务记载,而直接交付款项时只有高玉娟一人在场,其他人均为间接证据,被告人陈虹否认收到该款项,又无其他证据相佐证,公诉机关指控的该项犯罪事实,事实不清,证据不足。指控被告人陈虹于2013年3月14日敲诈该公司水苑小区5万元购房预付款收据的主要证据有李富生、王英林、闫理文、王建国、李小锴、马明理、吴靖等证人,以及购房预付款收据等,被告人陈虹当庭承认收到了该预付款收据,并到该公司要求退房退款,但辩称将购房款给了王英林,王英林否认收到此款项,虽然房地产公司没有收到该款项，但现有证据不足以证实被告人陈虹未出资5万元，公诉机关的此项指控事实不清，证据不足。

本院认为，被告人陈虹以非法占有为目的，利用房地产开发商手续不齐怕影响销售的心理，采用上网发帖、找小报记者、上访等形式相要挟，向开发商索要钱财5万元，数额较大，其行为已构成敲诈勒索罪。公诉机关指控被告人陈虹于2012年1月18日敲诈房地产开发商5万元的事实清楚，证据确实充分。

关于被告人陈虹辩称，其没有见过李富生，是李富生诬陷她，以及辩护人提出该起事实直接证据只有李富生一人，在场人王英林、闫理文均没有看到现金；李富生作为开发商和村支书王英林均是陈虹投诉的对象，这两个人与陈虹之间必然存在个人恩怨，证言不可信的辩解和辩护意见。经查，被告人陈虹收到此款5万元时有在场的王英林、李富生、闫理文三人证实，且刑事诉讼法规定凡是知道案件情况的人都有作证的义务，其也没有相应证据证明，这三名证人所证是虚假证据，故对被告人及辩护人的辩称，本院不予采信。

关于辩护人提出被告人陈虹没有威胁房地产开发商，迫使开发商产生恐惧心理交出财物的辩护意见，经查，被告人陈虹在网上发帖的内容有关于房地产开发的相关内容，证人王英林也证实被告人陈虹说过不给钱就继续上网发帖、找小报记者或上访反映违法占地的事实，虽然被告人陈虹与证人王英林有过节，但王英林向李富生反映的情况有李富生的证言证实，且有证据证明被告人陈虹收到了房地产开发商李富生的现金5万元，故王英林的证言真实可信，综上，对辩护人的此项辩称，本院不予采信。公诉机关指控被告人陈虹于2010年年底敲诈房地产开发商5万元及于2013年3月14日敲诈房地产开发商5万元购房预付款收据，事实不清，证据不足，本院不予支持。被告人的辩解及辩护人的辩护意见有理，本院予以采信。依照《中华人民共和国刑法》第274条、第64条之规定，判决如下：被告人陈虹犯敲诈勒索罪，判处有期徒刑1年4个月，并处罚金人民币5000元，违法所得人民币5万元责令退赔。

（刑期从判决执行之日起计算。判决执行以前先行羁押的，羁押1日，折抵刑期1日。罚金和违法所得限判决生效后15日内足额缴纳、退赔。）

如不服本判决，可在接到判决书的第二日起10日内，通过本院或者直接向河北省邯郸市中级人民法院提出上诉，书面上诉的，应当提交上诉状正本1份，副本2份。

二审辩护词

陈虹涉嫌敲诈勒索案
二审辩护词

审判长、审判员:

河北××律师事务所依法接受陈虹的委托,指派我作为其涉嫌敲诈勒索案二审辩护人,现发表如下辩护意见:

一、本案从对陈虹的刑事侦查程序严重违法。

1. 2014年5月5日,C县公安局以涉嫌聚众扰乱社会秩序罪将陈虹刑事拘留,根据《刑事诉讼法》第84条规定,公安机关对于被拘留的人,应当在24小时内进行讯问。发现不应当拘留的时候,必须立即释放,发给释放证。陈虹被刑事拘留后,C县公安局在24小时内没有收集到一份可以刑事拘留陈虹的证据,该局向C县检察院移送的证据中,没有一份是在陈虹被拘留后24小时内形成(李富生是3天后5月8日9时44分由村支书王英林陪同向C县公安局"报案"的)。根据上述事实,C县公安局应当在陈虹被拘留24小时后予以释放,并发给释放证。遗憾的是,C县公安局公然无视刑事诉讼法的规定,违法对陈虹予以持续羁押。

陈虹被C县公安局侦查终结后,移送C县人民检察院审查起诉,C县人民检察院以证据不足两次退回C县公安局补充侦查。C县公安局经"侦查",在没有补充到任何证据的情况下,第三次将陈虹移送至C县人民检察院,C县人民检察院对原本认为证据不足的案件,持两次认为"证据不足"的材料将C县公安局移送的3起犯罪全盘提起公诉。C县人民检察院对本案的审查完全丧失了一个法律监督机关的基本职能。

C县人民检察院向法院起诉了陈虹3起犯罪,C县人民法院经审理只认定了一起,认为两起事实不清,陈虹第一次上诉后,仅有的一起又被邯郸市中级人民法院和邯郸市人民检察院两家司法机关认为事实不清,证据不足。C县公安局和C县人民检察院历经两年时间,耗费纳税人血汗钱侦办的案件,经不起司法程序的检验不说,还让公民陈虹丧失了一年人身自由!

2. C县人民法院(2016)冀0427刑初××号刑事判决书是根据中院的发回重审裁定进行审理的,发回重审裁定作出的时间是2015年6月17日,而C县人民法院的宣判时间为2016年10月31日,审限历时16个月之久。《刑事诉讼法》第202条规定,人民法院审理公诉案件应当在受理后2个月内宣判,至迟不得超过3个月。符合本法第156条规定情形的,经上级人民法院批准可以延长3个月。因特殊情况还需要延长的，报请最高人民法院批准。本案显然不符合《刑事诉讼法》第156条规定的情形，C县人民法院一审程序严重违法。

二、一审判决认定陈虹2012年1月18日敲诈开发商5万元，毫无事实根据。

1. 根据陈虹供述，其不认识李富生，与李富生没有任何形式的接触，更没有对其实施敲诈。村支书王英林雇凶将其父亲殴打致重伤，王英林是其控告的对象，而不是李富生。本案所有关于敲诈开发商的直接证据，只是村支书王英林的单个证言，证人李富生、闫理文对"敲诈勒索"的表述，均传自村支书王英林，故一审认定敲诈开发商无从谈起。

2. 一审仅有的几份证据中，李富生、王英林、闫理文3人的证言均称李富生将一个蓝布包交给陈虹，3人均不能证明蓝布包内是5万元钱。且王英林是陈虹长期控告的被控告人，与本案具有直接利害关系；闫理文是王英林的司机，李富生是陈虹控告王英林违法占地行为中牵涉到所谓的开发商，上述两人均与被控告人王英林具有利害关系，其证言不能认定陈虹实施了敲诈勒索行为，无论其证言怎样变换，也不能排除作为刑事证据的合理怀疑。以上证言不足认定陈虹有罪。

以上意见请合议庭在合议时充分考虑。

辩护人：王献锋

河北××律师事务所律师

2017年2月21日

二审判决书

河北省邯郸市中级人民法院
刑事判决书

(2017)冀04刑终8×号

原公诉机关河北省C县人民检察院。

上诉人(原审被告人)陈虹，女，1972年12月29日出生，居民身份证号码：13××××××××××××××××，出生于河北省C县，汉族，小学文化，农民，住河北省C县花乡南村。2001年1月12日因犯故意毁坏财物罪被本院判处有期徒刑1年8个月。2014年5月5日因涉嫌犯聚众扰乱社会秩序罪被C县公安局刑事拘留，2014年

6月12日因涉嫌犯敲诈勒索罪被依法执行逮捕。经本院决定,于2015年8月13日被取保候审,2016年2月10日被取保候审。

辩护人王献锋,河北××律师事务所律师。

河北省C县人民法院审理河北省C县人民检察院指控原审被告人陈虹犯敲诈勒索罪一案,于2015年4月16日作出(2015)C刑初字第5×号刑事判决,以被告人陈虹犯敲诈勒索罪,判处有期徒刑2年,并处罚金人民币5000元,违法所得5万元责令退赔。被告人陈虹不服,提出上诉。本院于2015年6月17日作出(2015)邯市刑初字第2××号刑事裁定,撤销原判,发回重审。C县人民法院依法另行组成合议庭,于2016年10月27日作出(2016)冀0×××刑初5××号刑事判决。被告人陈虹不服,提出上诉。本院依法组成合议庭审理了本案,现已审理终结。

原判决认定,河北QZR房地产开发有限公司成立于2008年8月14日,经营范围为房地产开发经营,公司法定代表人为王富贵。该公司2008年以新民居建设开始在南村搞拆迁,和南村共同建设。从2011年开始,南村水苑小区的手续陆续办理。其中,2011年4月8日办理了《建设用地规划许可证》,2011年4月22日办理了《施工许可证》,2011年1月27日办理了《土地证》,2011年11月24日办理了《规划证》,2012年4月8日办理了《商品房预售证》。

2010年1月、4月、11月,被告人陈虹在网上发帖反映村支书王英林的相关问题。其中有以扩建教师公寓楼为名,强占该村中小学操场,并以不等价格收购耕地,在学校建商品楼(水苑),影响学校正常教学,以及村支书王英林的其他违法违纪问题。

2011年7月18日,地产中国网以《C县"水苑"手续不全违法占地销售政府监管遭质疑》为题在网上对河北QZR房地产开发有限公司在建"水苑"项目进行了网上报道。

2012年年初,南村村支书王英林给河北QZR房地产开发有限公司股东李富生反映,被告人陈虹索要5万元,否则,被告人陈虹就在网上发帖、找小报记者,或者上访反映河北QZR房地产开发有限公司的房产开发问题。2012年1月18日,河北QZR房地产开发有限公司股东李富生和南村村支书王英林由闫理文驾驶汽车在中华南大街邯济铁路桥南侧的邯郸南城混凝土公司大门口,由李富生给被告人陈虹现金5万元。

认定上述事实的证据有:

1. 证人李富生证明,2011年,陈虹多次到乡及上级政府上访,以往网站发帖、找小报记者反映我公司在南村开发水苑小区手续不全为由,要我们公司给她钱。陈虹给南村村支书王英林说每年给她5万元就不告我们公司。2012年1月的一天,我让我们公司会计李小锴给我取了5万元钱,当时有会计李小锴、南村王英林书记、司机闫理文和我4个人在场,都知道这5万元钱是给陈虹的,这5万元现金都是面值100元的人民币,一共有5沓,每沓1万元,还是用一个蓝色的布兜装着,由司机闫理文开车到了C县花乡南村口中华路上的南城混凝土公司门口。我把装有现金5万元的蓝色布兜交到陈虹手中,陈虹拿着装有5万元现金的蓝色布兜就走了。

我公司2008年是以新民居建设开始在南村搞拆迁,当时我们公司和南村共同建设的,到了2011年经土地部门批准,南村新民居建设可以挂牌出让土地,转为大产权商品房。从2011年的时候南村水苑小区的手续开始陆续办理的。陈虹告我们公司的时候,我们公司的土地证和相关证件都还在办理期间,陈虹通过南村村支书王英林传话要钱,说我们公司要给了她钱,她就不告我们公司了。由于我们公司害怕陈虹一直告我们,对我们公司售房有影响,我们公司才同意给陈虹钱的。我和公司股东王建国两个人在公司王建国的办公室商量的。我们公司在南村开发水苑小区需要建设用地规划许可证、施工许可证、土地证、规划证、商品房预售证这五种证件。其中,《建设用地规划许可证》是2011年4月8日办好的,《施工许可证》是2011年4月22日办好的,《土地证》是2011年1月27日办好的,《规划证》是2011年11月24日办好的,《商品房预售证》是2012年4月8日办好的。

2. 证人王英林证明,河北QZR房地产开发有限公司2012年年初给了陈虹5万元现金。当时是我和李富生、司机闫理文在QZR房地产有限公司财务室找李小锴拿的,当时是5万元现金,都是面值100元的人民币,总共5沓,每沓1万元,放在了一个蓝色的布兜内。我们都知道这钱是给陈虹的,后来由司机闫理文开车到了花乡南村口的南城混凝土公司门口,由李富生把装有5万元现金的蓝色布兜交给陈虹。当时我和司机闫理文都在场,我们都看见了。陈虹接过蓝色的布兜后,打开看了看里面的钱,然后就拿着装有5万元现金的蓝色布兜走了。陈虹一直以上访反映、在网上发帖、找小报记者告QZR房地产有限公司在南村开发新农村建设手续不全,陈虹说每年给她5万元钱就不告了,开发商也是害怕造成负面影响才给陈虹钱的。

当时陈虹一直告,乡领导一直给我说让我给陈虹做做工作,别让陈虹告了。后来我就给陈虹联系,陈虹给我说让开发商给她5万元钱就不告了,我和陈虹做工作时,大部分都是给陈虹打电话说的,有时在南村水苑小区广场和陈虹说。当时说的时候就我和陈虹两个人在场。我给公司的两个老总说了,是公司的李富生和王建国,经过公司两个老总商量后,才同意给陈虹钱的。南村的水苑小区在2008年的时候是以新民居建设开始搞拆迁的,当时我们南村和QZR房地产公司共同建设。到2011年的时候经土地部门批准,我们村新民居建设可以挂牌出让土地转为大产权房,之后从2011年的时候南村水苑小区的手续才开始陆续办理。因为陈虹告QZR房地产公司开发水苑小区的手续不全的时候,QZR房地产公司正在陆续办理相关手续,QZR房地产公司怕对公司售房有影响才答应给陈虹钱的。

3. 证人闫理文证明,2012年年初陈虹敲诈南村新民居小区开发商李富生现金5

万元。当时是在河北QZR房地产开发有限公司财务室会计那儿拿的5万元现金,都是面值100元的,总共是5沓钱,每沓是1万元,是装在一个蓝色布袋里的。当时我和王英林、李富生都在场,当时说这钱是给南村陈虹的。拿了钱后我就开车带着王英林、李富生到了中华路南村口的南城混凝土搅拌站门口,李富生把装有5万元现金的蓝色布兜给了陈虹的,陈虹接过蓝色的布兜内看了看布兜里面的钱,然后就走了。

4. 证人王建国证明,我是河北QZR房地产开发有限公司的股东之一。陈虹以我们开发商在南左良开发水苑小区开发手续不全,以找小报记者、到网站上发表文章,给我们公司造成负面影响为由,敲诈我们公司钱。陈虹通过C县南村村支书王英林传话向我们公司要钱,说要5万元现金就不告了,经过我和公司股东李富生商量后,怕公司售房受影响,就同意给陈虹钱了。当时王英林给我和股东李富生说陈虹要了钱就不再告我们公司后,我就在公司我的办公室和李富生商量的。

在2008年的时候,我们公司和南村是以新民居建设开始在南村搞拆迁,到2011年的时候经土地部门批准,南村新民居建设可以挂牌出让土地转为大产权商品房,后来我们在南村开发水苑小区的相关手续开始陆续办理。其中,《建设用地规划许可证》是2011年4月8日办的,《施工许可证》是2011年4月22日办的,《土地证》是2011年1月27日办的,《规划证》是2011年11月24日办的,《商品房预售证》是2012年4月8日办的。

5. 证人李小锴(河北QZR房地产开发有限公司会计)证明,C县花乡南村的水苑小区是我们公司从2008年开始开发的。

关于公司提供的落款为2012年1月18日的证明信内容为:"2012年广场垫土开支伍万元整(实际给陈虹)。"是公司李总从我这拿5万元现金说给陈虹,因为没法下账,所以我才以给广场垫土开支的名义开的证明,然后让公司李总、王总签字后下账。给陈虹的5万元现金和广场垫土没有任何关系。是先把钱给了李总后,我开的证明。

6. 证人王富贵(河北QZR房地产开发有限公司法人代表)证明,关于公司提供的落款为2012年1月18日的证明信是公司会计李小锴写的。内容为:"2012年广场垫土开支伍万元整(实际给陈虹)。"是专为下账用的,是公司让会计写成垫土开支用的。我们下账用的证明和小区垫土开支没有任何关系。证明写着实际给陈虹5万元,是公司李富生给的。陈虹一直以我们公司在南左良开发小区手续不全为由告我们公司,因为当时我们公司正在办理相关土地手续,还没有办理齐全,为了不给我们公司造成负面影响,所以我们公司才给陈虹钱。

7. 证人李富生、王英林、闫理文对被告人陈虹进行了辨认,有辨认笔录及辨认照片在卷。

8. 复制于河北QZR房地产开发有限公司的证明条载明,2012年广场垫土开支5万元整,给陈虹。时间为2012年1月18日。证明条上有李富生的签名。

9. C县花乡南村村民委员会、C县花官营乡人民政府证明，C县花乡南村2009年实施“新民居建设”与“河北QZR房地产开发有限公司”合作实行村企共建，在建设过程中，旧村改造拆迁占地、修建文化广场占地、修路占地等一切占地，都不占南村村民陈虹地，包括陈虹家属、亲属都不占他们的地，与他们也没有任何关系。

10. C县公安局花官营派出所干警证明，2014年5月4日13时许，涉嫌聚众扰乱社会秩序的犯罪嫌疑人陈虹被传唤至派出所接受讯问。

11. 户籍证明、社会调查载明了被告人陈虹的基本情况。

12. C县法院(2001)磁刑初×第2×号刑事判决书载明，被告人陈虹曾因犯故意毁坏财物罪于2001年1月12日被判处有期徒刑1年8个月。

13. 现场勘验检查笔录、现场图及现场照片载明了南城商砼搅拌站的方位及周边基本情况。

14. 复制于河北QZR房地产开发有限公司的该公司的企业法人营业执照、组织机构代码证载明了该公司的注册情况。

15. 复制于互联网的相关资料显示，2010年1月、4月、11月，被告人陈虹在网上发帖反映村支书王英林的相关问题。其中有以扩建教师公寓楼为名，强占该村中小学操场，并以不等价格收购耕地，在学校建商品楼(水苑)，影响学校正常教学，以及村支书王英林的其他违法违纪问题。

16. 复制于互联网的相关资料显示，2011年7月18日，地产中国网以《C县“水苑”手续不全违法占地销售政府监管遭质疑》为题在网上对河北QZR房地产开发有限公司在建“水城别苑”项目进行了网上报道。

17. 复制于河北QZR房地产开发有限公司的该公司开发“水城别苑”住宅小区建设用地规划许可证取得时间为2011年4月8日，建设用地使用证取得时间为2011年1月27日，建设工程规划许可证取得时间为2011年11月24日；建筑工程施工许可证取得时间为2011年4月22日；商品房预售许可证取得时间为2012年4月8日。

18. 辩护人提交的协议书及鉴定书复印件载明，1994年5月20日，邯郸市法医医院(94)年市法医鉴字第(025×××)号法医学鉴定书载明，陈广良损伤程度属重伤。1995年5月7日，陈广良和南村委会关于陈广良被打重伤一事达成调解书。

19. 被告人陈虹的相关供述，我到乡政府反映村支书王英林违法违纪的问题，从来没有反映过关于QZR房地产公司的事情。我不认识李富生。没有收过QZR房地产公司给的现金。没有收过QZR房地产公司给的5万元预付款收据。没有通过乡政府收过QZR房地产公司给的现金。没有在网络上发表过关于QZR房地产公司的负面言论，我只发表过关于南村村支书王英林的事情。村支书王英林因为我上访反映非法占地的事情，没有给我做过工作。

原审法院认为，被告人陈虹以非法占有为目的，利用房地产开发商手续不齐怕影响销售的心理，采用上网发帖、找小报记者、上访等形式相要挟，向开发商索要钱财5万元，数额较大，其行为已构成敲诈勒索罪。公诉机关指控被告人陈虹于2012年1月18日敲诈房地产开发商5万元的事实清楚，证据确实充分。

公诉机关指控被告人陈虹于2010年年底敲诈房地产开发商5万元及于2013年3月14日敲诈房地产开发商5万元购房预付款收据，事实不清，证据不足，不予支持。

依照《中华人民共和国刑法》第274条、第64条之规定，认定被告人陈虹犯敲诈勒索罪，判处有期徒刑1年4个月，并处罚金人民币5000元，违法所得人民币5万元责令退赔。

上诉人(原审被告人)陈虹上诉提出其没有对开发商实施任何威胁，也没有索取并取得50,000元。其辩护人辩护提出认定陈虹敲诈开发商50,000元的事实不清、证据不足。

经审理认为，原判决认定上诉人(原审被告人)陈虹以不给钱就上网发帖、找记者、上访反映河北QZR房地产开发有限公司房产开发问题为手段，敲诈该公司5万元的事实不清，证据不足。理由如下：

1. 认定陈虹以上网发帖、找记者、上访作为敲诈勒索手段的事实不清。首先，一审公诉机关提供的陈虹发布在网上的帖子显示，其发帖的主要针对对象是本村村支书王英林，且反映的问题较多，并非针对水苑手续不全问题而发帖。也没有证据证明陈虹发帖子的根本目的是日后借此要钱。其次，没有证据证明地产中国网2011年7月18日关于水苑手续不全的报道是陈虹运作的或与陈虹有关，陈虹对此也予以否认。最后，没有证据证明陈虹以往多次上访所反映内容与水苑有关，公诉机关未提供相应上访书面材料，陈虹本人未予供述。

2. 认定陈虹通过村支书王英林向QZR公司转达敲诈要求的事实情节不清。首先，一审据以认定该情节的证据仅为王英林的证言，且证言对其如何给陈虹做工作、陈虹是在什么情况下提出要钱的、不给钱会采取什么行为等细节均没有详细阐述。被告人陈虹对该情节自始至终不供。此外别无其他证据印证。其次，本案关键证人王英林与陈虹确有利害关系，陈虹长期控告王英林，二人关系明显不睦，王英林是否有足够的影响力单独给陈虹做化解工作存疑。在此情况下，认定陈虹在王英林给其做工作时提出要钱不符合常理。

综上，全案证据尚不能形成闭合的证据链条，不能完全排除合理怀疑，认定陈虹犯敲诈勒索罪在敲诈手段、非法占有目的以及被害人付款的被动性等方面均属事实不清、证据不足，一审公诉机关指控犯罪不能成立。依照《中华人民共和国刑事诉讼法》第225条第1款第3项、第195条第3项、第233条的规定，判决如下：

一、撤销河北省C县人民法院(2016)冀0×××刑初5××号刑事判决；
二、上诉人(原审被告人)陈虹无罪。
本判决为终审判决。

办案总结

本案是一起以涉嫌聚众扰乱社会秩序转变为敲诈勒索的刑事案件，由信访案件所引发。被告人因聚众扰乱社会秩序被刑事拘留，在该罪名明显不成立的情况下，侦查机关火速补充证据，以涉嫌敲诈勒索罪向检察机关提请逮捕，检察机关也是根据变更后的敲诈勒索罪决定对被告人予以逮捕，对于罪名的变更，辩护人提出了刑事立案违法的质疑。

在审判阶段，除了对程序的质疑外，对指控犯罪的证据分别提出了较为有力的质证意见。第1起，2010年敲诈现金5万元，公诉机关出示的直接证据仅有花乡乡政府会计高某一人的证言，高某证实其将上述现金用报纸包着交给了被告人，至于报纸中是否有现金以及数额是否5万元，没有其他证据相印证；第2起，指控2013年3月18日敲诈现金5万元，证据显示是李某用一个蓝布包将5万元交给了被告人，蓝布包当中放的是不是现金或者是不是5万元，没有其他证据印证；第3起，指控敲诈勒索开发商5万元预售款收据，在案的收据上分别有公司出纳和会计的签字，该收据信息完整，收据本身证实公司收到了陈虹的5万元购房款，由此来指控敲诈了一张5万元购房款收据，显然在案证人证言效力远远低于该书证的效力，不足以证实被告人实施了敲诈。

同时，起诉书指控被告人敲诈的是开发商，是一个法人组织，不具有心理活动，被告人的行为不足以使一个公司产生心理畏惧而交出财物，不符合敲诈勒索罪的构成要件。

本案全案指控三个罪名，一审去掉两个罪名，二审去掉一个罪名，最终，起诉书指控的三个罪名均被法院判决不成立，全案无罪。邯郸市中级人民法院最终作出了被告人无罪的终审判决。

专家点评

王献锋律师承办的陈虹涉嫌敲诈勒索一案，取得了非常好的辩护效果。陈虹被一审法院以敲诈勒索罪判处有期徒刑2年，并处罚金人民币5000元，违法所得5万元责令退赔。上诉以后，经过辩护律师的据理力争，二审法院以一审判决部分事实不清、证据不足发回重审，重审中认定事实与原审一致，仅将刑期缩短，又经上诉，二审改判陈虹无罪，此案办理过程曲折复杂，判决结果更可用翻天覆地来形容，这其中必然离不开辩护律师的坚持与努力，也离不开辩护律师专业的法律功底。

律师拟做好刑事辩护工作,应熟悉程序法与实体法,以及罪与非罪、此罪与彼罪、罪轻与罪重的问题,本案实际上是罪与非罪的问题。王献锋律师在本案的具体辩护策略上,紧紧扣住一审判决认定事实不清、证据不足等事关陈虹是否构成犯罪的重要问题,对于公诉机关指控犯罪的证据一一进行反驳,特别突出的是,王律师抓住了公诉机关提交的几组证据无其他证据与之相印证,无法构成完整证据链,得出陈虹不构成敲诈勒索罪的结论,此辩护意见在本案的辩护工作中发挥了极其重要的作用,该成功经验值得借鉴和学习。

辩护律师在承办本案过程中,充分体现出了王律师深厚的法律功底、独到的辩护技巧,既维护了当事人合法权益,也推动了法治社会的进步。通过此案,可见辩护律师的专业法律功底与执着坚韧的服务精神,对于刑事辩护案件工作的结局尤为重要,这点值得我们学习与称赞。

审核人、点评人:北京律师智库重大复杂案件研究专家组成员　林小建律师

复核人:北京律师智库重大复杂案件研究专家组秘书长　马建律师

两审认定数额差距巨大，电话通知到案及辩解不应影响自首

——杨某受贿案

争议焦点

经济往来是否必然属于受贿？经电话通知后到案是否属于主动到案？对行为性质的辩解是否影响自首的成立？

关键词

经济往来　受贿　自首　从轻处罚

案情简介

杨某，男，1965年9月出生。原系A自治区B市D旗政协副主席、国土资源局局长。因涉嫌受贿罪，于2019年1月被B市监委采取留置措施，同年7月2日被刑事拘留，同月15日被C旗人民检察院决定逮捕。

2019年8月29日，C旗人民检察院向C旗人民法院提起公诉，指控被告人杨某自2008年至2019年利用担任D旗政协副主席、国土资源局局长的职务便利，索取或收受他人财物共计6,368,259.33元，要求以受贿罪追究其刑事责任。

2019年11月6日，C旗人民法院依法组成合议庭，适用普通程序公开开庭审理本案。经过审理，C旗人民法院未完全支持C旗人民检察院的指控，认定其中1,647,877元不属于受贿。2020年8月26日，C旗人民法院一审判决认定杨某利用职务便利，为他人谋取利益，收受他人财物共计人民币4,720,382.33元，数额特别巨大，构成受贿罪，判处有期徒刑10年，并处罚金50万元。

杨某不服一审判决,以一审认定事实不清、证据不足为由,提出上诉。B市中级人民法院经审理裁定撤销原判、发回重审。后C旗人民法院另行组成7人合议庭公开开庭审理本案,多名关键证人出庭作证,帮助法院查明本案的事实真相。经依法重新审理,C旗人民法院虽然判决认定杨某构成受贿罪,但是对6,368,259.33元的指控金额性质进行了重新认定,最终认定杨某受贿金额仅为1,629,421.14元,同时将杨某电话传唤到案后,如实供述自己主要犯罪事实的行为认定为自首,并对杨某从轻处罚,因杨某家属主动退赔部分受贿款项,酌情从轻处罚。基于上述事实和情节,最终C旗人民法院判处杨某有期徒刑5年1个月,并处罚金50万元。

本案系典型改变起诉书重大内容案件,法院最终认定的金额仅为起诉金额的1/4,刑期从原来的10年降到5年1个月,减少近半,是一起典型的有效辩护案件。

案件历程

C旗人民检察院
起诉书

C检一部刑诉(2019)×××号

被告人杨某,男,1965年9月9日出生,居民身份证号码15××××××××××××××16,汉族,专科文化程度,D旗政协原副主席、国土资源局局长,户籍所在地A自治区B市D旗F镇,住A自治区B市D旗F镇某户。因涉嫌受贿罪,2019年1月26日至2019年7月1日被B市纪委监委采取留置措施;经B市人民检察院决定,2019年7月2日被C旗公安局执行刑事拘留;2019年7月15日,由我院决定逮捕。

本案由D市监察委员会调查终结,以被告人杨某涉嫌受贿罪,于2019年7月1日向B市人民检察院移送审查起诉。2019年7月4日由B市人民检察院交由本院办理。本院受理后,2019年7月4日已告知被告人有权委托辩护人,依法讯问了被告人,审查了全部案件材料。本院于2019年8月16日延长审查起诉期限15日至2019年8月30日。

经依法审查查明:

2008年至2019年,被告人杨某利用担任B市D旗政协原副主席、国土资源局局长的职务便利,索取或收受他人财物共计6,368,259.33元,并为他人谋取利益,具体事实如下:

1.2011年，太阳集团长江煤炭有限责任公司长江煤矿纳入D旗G镇2011年至2015年移民搬迁计划。为煤矿能早日投产，太阳能源集团有限责任公司（以下简称太阳集团公司）法定代表人、董事长刘某祥找时任D旗国土资源局（以下简称国土局）局长杨某帮忙，希望优先派遣工作组对长江煤矿井田范围内的土地进行征用。后长江煤矿顺利开展土地征用工作，并办理了临时使用土地审批手续。2013年4月，杨某提任D旗政协副主席（兼任D旗国土局局长）。杨某以工作用车为由，向刘某祥提出购买一辆丰田V8越野车。后刘某祥按照杨某的要求购买了一辆黑色丰田V8越野车并落户到太阳集团商贸有限责任公司名下，一直由杨某使用。为规避检查，2016年杨某要求刘某祥将车辆过户到武某峰名下。该车辆购买、落户、装饰等费用共计1,268,043.14元。2019年2月2日，杨某的妻子王某五将上述车辆交给了武某峰。

2.E旗月亮房地产开发有限责任公司实际控制人马某和D旗水星房地产开发有限责任公司法定代表人武某慧在D旗承揽工程期间，为获得施工项目、办理土地审批等事宜多次找杨某帮忙。杨某借此于2010年向马某、武某慧提出购买一辆越野车，二人同意。2011年11月，马某和杨某在北京以2,498,000元的价格购买了一辆黑色路虎揽胜越野车，加落户等费用共计2,762,186.19元，车款先由王某厚支付，后从王某厚欠马某、武某慧欠款中扣除。该车落户到了王某厚女儿王某二名下。2018年，杨某以1,500,000元的价格将车辆抵顶给了张某军。

3.2010年夏天、2013年12月、2015年12月，马某为感谢杨某对其公司业务的照顾，三次送给杨某1万美元，2万澳元，折合人民币170,030元。

4.2011年6月，马某去澳门旅游期间，以10万港元购买一块劳力士手表送给杨某，折合人民币87,810元。

5.2017年11月，马某给王某三一辆黑色路虎揽胜越野车以抵顶其欠王某三（杨某妹夫）的工程款。杨某向王某三提出想使用上述车辆，王某三同意。后杨某让司机郝某峰对该车辆进行了整修，并让马某支付车辆整修费用180,000元。

6.2011年至2019年1月期间，马某、武某慧支付杨某及其家人旅游机票及住宿费合计203,504元。

7.2008年3月，杨某向D旗黄河煤矿实际控制人何某裕提出购买一辆越野车，何某裕同意。后何某裕购买了一辆白色丰田400陆地巡洋舰霸道越野车，落户到何某裕妻子贾某英名下。车辆购置、落户及保险等费用合计716,410元。2010年，杨某以800,000元价格将该车辆抵顶给武某慧；2011年10月，杨某以单位公车使用不方便为由，向何某裕提出购买一辆越野车。何某裕将自己使用的黑色丰田陆地巡洋舰越野车送给杨某。经鉴定，该车辆价值820,000元。2014年12月，杨某以600,000元的价格将该车辆抵顶给了马某。

8.2004年，时任D旗工商局副局长尤某与时任该局局长刘某程计划共同出资在

D旗境内办矿,后尤某找到其同学杨某帮忙。在杨某的帮助下,尤某和刘某程完成了高岭土矿的选址、外业调查、采矿权申请等工作,并办理了采矿许可证。2005年,尤某与刘某程协商将该高岭土矿转让,尤某再次找到杨某帮忙。通过杨某介绍,该高岭土矿以8,000,000元的价格转让给D旗珠江煤炭有限责任公司。为感谢杨某的帮助,尤某以其妻子杨某芳、杨某妻子王某五的名义购买了位于D旗F镇3间商铺,并约定每人一间半。3间商铺购房款、契税、两供基金合计886,992元,其中尤某交纳现金600,000元,余款286,992元由杨某用材料款予以抵顶。2017年,杨某提出将上述商铺中的两间所有权办理在杨某一(杨某之子)名下,并支付尤某现金14万元,尤某同意。杨某分得两间商铺购买价款及费用合计587,268元,剩余160,276元未向尤某支付。

认定上述事实的证据如下:

(1)物证:丰田V8车一辆;(2)书证:常住人口详细信息表、任职文件、车辆销售统一发票、航空运输电子客票行程单、携程网关联机票、酒店订单、土地征用文件、B市价格认定局价格认定结论书等;(3)证人马某、武某慧、刘某祥、何某裕、尤某、郝某峰等人的证言;(4)被告人杨某的供述与辩解等。

本院认为,被告人杨某利用国家工作人员的职务便利,索取或收受他人财物6,368,259.33元,为他人谋取利益,数额特别巨大,其行为触犯了《中华人民共和国刑法》第385条、第386条之规定,犯罪事实清楚,证据确实、充分,应当以受贿罪追究其刑事责任。根据《中华人民共和国刑事诉讼法》第176条第1款的规定,提起公诉,请依法判处。

此致

C旗人民法院

检察员:××

2019年8月29日

一审判决书

A 自治区 C 旗人民法院
刑事判决书

(2019)N0625 刑初×××号

公诉机关:A 自治区 B 市 C 旗人民检察院。

被告人:杨某,男,1965 年 9 月 9 日出生,居民身份证号码略,汉族,专科文化,原 D 旗政协副主席、国土资源局局长,户籍所在地 A 自治区 B 市 D 旗 F 镇,捕前住 A 自治区 B 市 D 旗 F 镇。因涉嫌受贿罪,于 2019 年 1 月 26 日至 2019 年 7 月 1 日被 B 市纪委监委采取留置措施;经 B 市人民检察院决定,2019 年 7 月 2 日被 C 旗公安局执行刑事拘留;2019 年 7 月 15 日,由 C 旗人民检察院决定逮捕。现羁押于 C 旗看守所。

辩护人:姜志强,北京市东卫律师事务所律师。

C 旗人民检察院以 C 检一部刑诉(2019)104 号起诉书指控被告人杨某犯受贿罪,于 2019 年 8 月 29 日向本院提起公诉,本院依法适用普通程序组成合议庭,公开开庭审理了本案。C 旗人民检察院指派检察员越某琨、左某,助理检察员郭某海出庭支持公诉。被告人杨某及其辩护人姜志强到庭参加诉讼。由于公诉机关决定进行补充侦查,经公诉机关建议,本院于 2019 年 11 月 20 日决定延期审理,于 2019 年 12 月 20 日决定恢复审理。后受新冠肺炎疫情影响,于 2020 年 3 月 12 日向市中院申请延长审限 3 个月,经公诉机关建议,于 2020 年 6 月 17 日决定延期审理,于 2020 年 7 月 16 日决定恢复审理。现已审理终结。

公诉机关指控,2008 年至 2019 年,被告人杨某利用担任 B 市 D 旗政协副主席、国土资源局局长的职务便利,索取或收受他人财物共计 6,368,259.33 元,并为他人谋取利益,具体事实如下:

1. 2011 年,A 自治区太阳集团长江煤炭有限责任公司长江煤矿纳入 D 旗 G 镇 2011 年至 2015 年移民搬迁计划。为煤矿能早日投产,太阳能源集团有限责任公司(以下简称太阳集团公司)法定代表人、董事长刘某祥找时任 D 旗国土资源局(以下简称 D 旗国土局)局长杨某帮忙,希望优先派遣工作组对长江煤矿井田范围内的土地进行征用。后长江煤矿顺利开展土地征用工作,并办理了临时使用土地审批手续。2013 年 4 月,杨某提任 D 旗政协副主席(兼任 D 旗国土局局长)。杨某以工作用车为由,向刘某祥提出购买一辆丰田 V8 越野车。后刘某祥按照杨某的要求购买了一辆黑色丰田 V8 越野车并落户到太阳集团商贸有限责任公司名下,一直由杨某使用。为规避检查,2016年杨某要求刘某祥将车辆过户到武某峰名下。该车辆购买、落户、装饰等费用共计1,268,043.14元。2019年2月2日,杨某的妻子王某五将上述车辆交给了武某峰。

2. E旗月亮房地产开发有限责任公司实际控制人马某和D旗水星房地产开发有限责任公司法定代表人武某慧在D旗承揽工程期间,为获得施工项目、办理土地审批等事宜多次找杨某帮忙。杨某借此于2010年向马某、武某慧提出购买一辆越野车,二人同意。2011年11月,马某和杨某在北京以2,498,000元的价格购买了一辆黑色路虎揽胜越野车,加落户等费用共计2,762,186.19元,车款先由王某厚支付,后从王某厚欠马某、武某慧欠款中扣除。该车落户到了王某厚女儿王某二名下。2018年,杨某以1,500,000元的价格将车辆抵顶给了张某军。

3. 2010年夏天、2013年12月、2015年12月,马某为感谢杨某对其公司业务的照顾,3次送给杨某1万美元,2万澳元,折合人民币170,030元。

4. 2011年6月,马某去澳门旅游期间,以10万港元购买一块劳力士手表送给杨某,折合人民币87,810元。

5. 2017年11月,马某给王某三一辆黑色路虎揽胜越野车以抵顶其欠王某三(杨某妹夫)的工程款。杨某向王某三提出想使用上述车辆,王某三同意。后杨某让司机郝某峰对该车辆进行了整修,并让马某支付车辆整修费用180,000元。

6. 2011年至2019年1月,马某、武某慧支付杨某及其家人旅游机票及住宿费合计203,504元。

7. 2008年3月,杨某向D旗黄河煤矿实际控制人何某裕提出购买一辆越野车,何某裕同意。后何某裕购买了一辆白色丰田400陆地巡洋舰霸道越野车,落户到何某裕妻子贾某英名下。车辆购置、落户及保险等费用合计716,410元。2010年,杨某以800,000元价格将该车辆抵顶给武某慧;2011年10月,杨某以单位公车使用不方便为由,向何某裕提出购买一辆越野车。何某裕将自己使用的黑色丰田陆地巡洋舰越野车送给杨某。经鉴定,该车辆价值820,000元。2014年12月,杨某以600,000元的价格将该车辆抵顶给了马某。

8. 2004年,时任D旗工商局副局长尤某与时任该局局长刘某程计划共同出资在D旗境内办矿,后尤某找到其同学杨某帮忙。在杨某的帮助下,尤某和刘某程完成了高岭土矿的选址、外业调查、采矿权申请等工作,并办理了采矿许可证。2005年,尤某与刘某程协商将该高岭土矿转让,尤某再次找到杨某帮忙。通过杨某介绍,该高岭土矿以8,000,000元的价格转让给D旗珠江煤炭有限责任公司。为感谢杨某的帮助,尤某以其妻子杨某芳、杨某妻子王某五的名义购买了位于D旗F镇3间商铺,并约定每人一间半。3间商铺购房款、契税、两供基金合计886,992元,其中尤某交纳现金600,000元,余款286,992元由杨某用材料款予以抵顶。2017年,杨某提出将上述商铺中的两间所有权办理在杨某一(杨某之子)名下，并支付尤某现金140,000元，尤某同意。杨某分得两间商铺购买价款及费用合计587,268元，剩余160,276元未向尤某支付。

被告人杨某利用国家工作人员的职务便利，索取或收受他人财物6,368,259.33元，为他人谋取利益，数额特别巨大，其行为触犯了《中华人民共和国刑法》第385条、第386条之规定，犯罪事实清楚，证据确实、充分，应当以受贿罪追究其刑事责任。

公诉机关为支持上述犯罪事实，当庭出示了丰田V8车一辆；常住人口详细信息表、任职文件、车辆销售统一发票、航空运输电子客票行程单、携程网关联机票、酒店订单、土地征用文件、B市价格认定局价格认定结论书等；证人马某、武某慧、刘某祥、何某裕、尤某、郝某峰等人的证言；被告人杨某的供述与辩解等证据。

被告人杨某对公诉机关指控的罪名无异议，对指控的部分犯罪事实有异议。辩称案涉丰田V8越野车系其向刘某祥借用，实际用于工作中，并非受贿；对马某、武某慧送其路虎揽胜的事实有异议，该车是其让王某厚支付的购车款，马某提供了购买的渠道，购买人系王某厚，并非马某、武某慧；对收受马某劳力士手表事实无异议，但价格应该是3万港元而不是10万港元；对修车事实无异议，但费用没有核对过，不清楚；对旅游机票、住宿费的产生无异议，但是正常的经济往来，其让王某四于2011年向马某支付过旅游及机票款50多万元；对何某裕送车的事实无异议，但送车因为其与何某裕合办过泰山石料厂，双方未结算过账目，后来口头约定将他乘坐的两台车及100万元现金(转账)抵顶出资及股份分红；对尤某给其底商的事实无异议，但其与尤某合伙做过生意，存在其他经济往来，尤某也欠其钱未归还，是正常经济往来，不存在受贿行为。

被告人杨某辩护人的辩护意见是对指控的罪名认可，对指控的部分犯罪事实有异议。具体为：指控的第1起事实，现有证据并不能证明杨某作为D旗国土局局长利用职务便利为太阳集团长江煤炭有限责任公司在征地过程中提供帮助。刘某祥为杨某提供车辆使用的行为起因于当时当地的借车风气，杨某的行为不符合受贿罪的构成要件，不构成受贿罪。指控的第2起事实中，是杨某要求王某厚购买路虎车，与马某、武某慧无关。起诉书指控杨某利用职权帮助马某、武某慧取得施工项目、办理土地审批并以此为由向二人索取车辆与事实完全不符。起诉书指控的事实根据现有证据不能排除合理怀疑，杨某与王某厚之间属于正常的债权债务往来，不符合受贿罪的构成要件，不构成受贿罪。指控的第4起事实，涉案手表未经价格鉴定，公诉机关直接认定未到案的手表价值10万港元并折算为87,810元人民币的行为缺乏依据。现有证据并不能证明杨某收受的手表价值多少，本着疑罪从无的原则，不应将该事实认定为杨某的受贿行为。指控的第5起犯罪事实，该路虎车系马某抵顶给王某三，车辆所有权人是王某三而不是杨某，杨某只是车辆的使用权人。车辆维修是马某在抵顶车辆过程中应当履行的义务,实际的获益人是王某三,而不是杨某,因此不能认定为杨某受贿。指控的第6起事实不清,笔录的计算结果与指控的结果不一致,不知指控金额如何得出。另,王某四曾向马某打款53万元,足以涵盖了指控金额,故不构成犯罪。指控的第7起事实,杨某并未利用任何职务便利为何某裕提供帮助,而是出于朋友关系利用自己对涉矿工作流程熟悉的便利提供的帮助,不符合受贿罪的犯罪构成。且涉案的两辆车均不是何某裕送给杨某,而是因为杨某与何某裕之间存在合作关系,双方并未结算,何某裕买车、借车的行为属于对双方未结账务的处置,与杨某的职权无关,该两辆车最终抵顶给杨某作为股权转让款,因此不应认定为受贿犯罪。指控的第8起犯罪事实中,尤某与杨某之间一直存在合作关系,现双方债权债务已清,尤某与杨某共同购买商铺也是合作的一种表现形式,属于债权债务关系,与行贿受贿无关。

另,被告人杨某构成自首,可以从轻或者减轻处罚;积极退赃可以从轻处罚;认罪、悔罪态度好,可以从轻处罚;本案社会危害性小,希望法庭对杨某最大程度减轻处罚。

经审理查明,2008年至2019年,被告人杨某利用担任B市D旗政协原副主席、国土资源局局长的职务便利,为他人谋取利益,并收受他人财物共计4,720,382.33元,具体事实如下:

(一)收受丰田V8越野车的事实。

1.2013年4月,杨某提任D旗政协副主席(兼任D旗国土局局长)。杨某以工作用车为由,向刘某祥提出购买一辆丰田V8越野车。后刘某祥按照杨某的要求购买了一辆黑色丰田V8越野车并落户到太阳集团商贸有限责任公司名下,一直由杨某使用。为规避检查,2016年杨某要求刘某祥将车辆过户到武某峰名下。该车辆购买、落户、装饰等费用共计1,268,043.14元。2017年11月30日,杨某退休。2019年2月2日,杨某的妻子王某五将上述车辆交给了武某峰,后B市纪检委将该车扣押,现该车扣押在C旗人民检察院。

(二)利用职务之便,为马某、武某慧提供帮助,并收取马某、武某慧贿赂的事实。

2.E旗月亮房地产开发有限责任公司实际控制人马某和D旗水星房地产开发有限责任公司法定代表人武某慧在D旗承揽工程期间,为获得施工项目、办理土地审批等事宜多次找杨某帮忙。2011年,马某、武某慧提出给杨某购买一辆越野车,杨某同意。2011年11月,马某和杨某在北京以2,498,000元的价格购买了一辆黑色路虎揽胜越野车,加落户等费用共计2,712,186.19元,经马某与王某厚协商,车款先由王某厚支付,该车落户到了王某厚女儿王某二名下。由于马某、武某慧无法向王某厚偿还该笔车款,2014年,王某厚将车辆从杨某手中扣回,后经王某厚与杨某口头协商,约定该车车款从王某厚欠杨某的借款中予以扣除,杨某将该车开回。2018年,杨某以

1,500,000 元的价格将车辆抵顶给了张某军。

3.2010 年夏天、2013 年 12 月、2015 年 12 月,马某为感谢杨某对其公司业务的照顾,3 次送给杨某 1 万美元,2 万澳元,折合人民币 170,030 元。

4.2011 年 6 月,马某去澳门旅游期间,以 3 万港元购买 1 块劳力士手表送给杨某,折合人民币 26,343 元。

5.2017 年 11 月,马某给王某三一辆黑色路虎揽胜越野车以抵顶其欠王某三(杨某妹夫)的工程款。杨某向王某三提出想使用上述车辆,王某三同意。后杨某与马某联系,以自己要使用为由,让马某修理该车,马某同意,后马某支付车辆修理等费用 180,000 元,其中实际产生修理费 158,000 元,另外 22,000 元由杨某的司机郝某峰用于个人花销。

6.2011 年至 2019 年 1 月,马某、武某慧支付杨某及其家人旅游机票及住宿费合计 203,504 元。

(三)收取尤某贿赂的犯罪事实。

7.2004 年,时任 D 旗工商局副局长尤某与该局局长刘某程计划共同出资在 D 旗境内办矿,在杨某的帮助下,尤某和刘某程完成了高岭土矿的选址、外业调查、采矿权申请等工作,并办理了采矿许可证。2005 年,通过杨某介绍,尤某与刘某程将高岭土矿以 8,000,000 元的价格转让给 D 旗珠江煤炭有限责任公司。为感谢杨某的帮助,尤某以其妻子杨某芳、杨某妻子王某五的名义购买了位于 D 旗 F 镇 3 间商铺,并约定每人一间半。3 间商铺购房款、契税、两供基金合计 886,992 元,其中尤某交纳现金 600,000 元,余款 286,992 元由杨某用材料款予以抵顶。2017 年,杨某提出将上述商铺中的两间所有权办理在杨某一(杨某之子)名下,并支付尤某现金 140,000 元,尤某同意。杨某分得两间商铺购买价款及费用合计 587,268 元,剩余 160,276 元未向尤某支付。

(四)关于公诉机关指控的收受何某裕两辆车的事实。

2004 年泰山石料厂成立,被告人杨某以其子杨某一的名义占股 20%。被告人杨某在 D 旗黄河煤矿以其前期投入和实际付出占股 5%。在 2008 年 3 月,杨某向 D 旗黄河煤矿实际控制人何某裕提出购买一辆越野车供其使用,何某裕同意。后何某裕购买了一辆白色丰田 400 陆地巡洋舰霸道越野车,落户到何某裕妻子贾某英名下。车辆购置、落户及保险等费用合计 716,410 元。2010 年,杨某以 800,000 元价格将该车辆抵顶给武某慧;2011 年 10 月,杨某要求何某裕提供一辆越野车供其使用,何某裕将自己使用的黑色丰田陆地巡洋舰越野车提供给杨某使用。经鉴定,该车辆价值 820,000 元。2014 年 12 月,杨某以 600,000 元的价格将该车辆抵顶给了马某。泰山石料厂和黄河煤矿在运营期间未分红亦未结算过账。2011 年黄河煤矿整合到神州煤炭公司,2012 年泰山石料厂转让给金星集团有限责任公司;整合、转让完成后何某裕与杨某未对账务进行结算。2012 年 7 月 23 日何某裕妻子贾某英向云某霞账户转账 100 万元,作为 20%股权转让协议的部分应得款项。

另查明,被告人杨某家属于 2020 年 8 月 17 日向 C 旗人民法院退缴受贿款 740,153 元,郝某峰于 2020 年 8 月 17 日向 C 旗人民法院退还赃款 22,000 元。

以上事实,有经本院当庭质证,认证的下列证据予以证明:

一、犯罪主体及到案经过方面的证据

(一)常住人口详细信息表。证明杨某出生于 1965 年 9 月 9 日,户籍地 D 旗 F 镇。

(二)任职文件。证明 1990 年至 2002 年 D 旗地矿局工作;2002 年至 2015 年 D 旗国土局工作先后任地环股股长、分产股股长(其中 2007 年 2 月至 2015 年 11 月任国土资源局局长);2013 年 4 月至 2017 年 11 月 D 旗政协副主席。2017 年 11 月退休。

(三)到案经过。证明 2018 年 10 月 30 日纪委立案调查,2019 年 1 月 26 日纪委留置被告人杨某。

二、犯罪事实方面的证据

(一)2016 年杨某向刘某祥提出购买一辆丰田 V8 越野车的证据。

1. 蒙 K11111 丰田 V8 一辆,现由 C 旗人民检察院扣押。证明该车为太阳煤矿为杨某购买的车辆。

2. 蒙 K11111 费用明细表。证明车辆下户及购置税 96,953 元,车款 1,166,690.14 元,装饰费 4400 元,共计 1,268,043.14 元。

3. 二手车销售统一发票。证明 2016 年 9 月 19 日蒙 K22222 车辆由太阳集团过户到了陈某名下。2016 年 9 月 23 日过户到了武某峰名下。

4. D 旗太阳商贸有限责任公司记账凭证、报销单。证明 2013 年 6 月 8 日冯某栋向太阳集团报销 96,953 元、4400 元,6 月 9 日报销购车款 1,166,690.14 元,共计 1,268,043.14元。2013 年 6 月 30 日太阳公司将 1,268,043.14 元购车款登记入账。

5. 代理机动车业务授权委托书。证明 2013 年 5 月 29 日太阳公司委托赵某办理的新车落户手续。

6. 证人刘某祥的证言。证明 2013 年 4 月杨某提出让刘某祥给自己买一辆越野车,后刘某祥安排武某峰购买了一辆丰田 V8 越野车,花费 126 万元多,车辆先落户到了 D 旗太阳商贸有限责任公司的名下,后按杨某要求落户到了个人名下,2019 年 2 月 2 日杨某妻子王某五将车辆归还。被告人杨某给刘某祥提供了相关的帮助。

7. 证人武某峰的证言。证明 2013 年 4 月刘某祥送给杨某一辆黑色丰田 V8 越野车,相关购买手续、过户手续是由武某峰负责办理的。

8. 证人赵某的证言。证明蒙 K22222 丰田越野车落户手续是由赵某、冯某栋办理的。

9. 证人王某涛、陈某的证言。证明2016年9月王某涛办理了蒙K22222丰田V8越野车过户手续,变更到了陈某名下,车牌号变更为了蒙K11111。

10. 证人郝某峰的证言。证明丰田V8越野车在2013年至2018年5月一直由杨某本人使用和支配。

11. 证人李某成的证言。证明杨某在2013年任D旗政协副主席时没有公务用车;2015年任国土局局长时用的丰田400越野车;2016年租用了一辆帕萨特轿车作为公务用车。

12. 被告人杨某的供述与辩解。证明该丰田V8车一直由杨某占有使用。

(二)杨某收受路虎揽胜、美元、澳元、劳力士手表的证据。

1. 月亮公司F镇旧城改造及廉租房项目征收土地协议书。证明旧城改造项目征收自然草地面积161.05亩,征收总费用6,205,712元,甲方D旗国土资源局局长杨某签字,乙方月亮公司法定代表人马某签字。

2. D旗水星房地产开发有限责任公司投标档案。证明2007年6月25日D旗人民政府批复了D旗国土局关于公开出让F镇地块国有土地使用权的请示;2007年8月9日D旗国土局对该地国有土地使用权出让发出公告。2007年8月29日D旗水星房地产开发有限责任公司中标,当日水星房地产公司法定代表人与D旗国土局杨某签订了国有土地使用权出让合同。2007年8月3日经委托评估地块价值1156.9万元。

3. D旗水星房地产开发有限责任公司竞购片区档案。证明水星公司通过挂牌竞买的方式竞得片区某号土地,成交价格3744万元,法定代表人武某慧于2013年4月22日与D旗国土资源局杨某签订了国有土地使用权出让合同。水星公司于2013年5月27日获得D旗政府的批准。2012年8月15日该地块估价3740.5287万元。

4. D旗水星房地产开发有限责任公司竞购片区档案。证明2012年7月24日,李某忠经武某慧授权,与杨某签订成交确认书,以1600万元的价格竞得某片区地块,2012年8月2日与杨某签订合同,同日水星公司获得D旗政府有关于该地块土地使用权的批准。2012年6月18日该地块评估价为1490.58万元。

5. 证人马某的证言及自述材料。证明2011年,马某为感谢杨某对其的帮助,提出给杨某购买一辆路虎揽胜,杨某同意,后二人赴北京购买了该车,购车款及下户费均由王某厚支付;2010年6月,杨某说他要去美国学习,让马某给他兑换1万美元,后马某在昆明世纪金源酒店给了杨某1万美元;2013年春节,杨某的女儿从澳大利亚回来,马某给杨某1万美元,让其女儿念书用;2015年杨某的女儿从澳大利亚回来,马某给杨某1万澳元,让其女儿念书用;2011年6月,马某向杨某赠送劳力士手表一块。

6. 北京宇宙汽车销售有限公司账户明细。证明王某厚向北京宇宙汽车销售有限公司账户打入250万元。

7. 王某二尾号为2710的D旗农村信用合作联社账户流水。证明2011年12月

19日至2012年1月19日,共产生下户等费用214,186.19元。

8.机动车注册登记表。证明2011年12月20日,蒙A33333路虎越野车登记到了王某二名下。

9.证人武某慧的证言。证明马某和武某慧送杨某了一辆路虎车,购车款是由王某厚支付,至今未付王某厚车款。

10.证人王某厚的证言。证实:路虎车是马某、武某慧给杨某买的,购车款先由王某厚垫付,王某厚催要,马某、武某慧均未还款。王某二名下尾号为2710的D旗农村信用合作社的银行卡为郭某军办理,王某厚打入35万元用于下户等相关费用的支付。

11.证人郭某军的证言。证明杨某让郭某军给路虎车下户,下户款20多万元由王某厚支付,王某二名下尾号为2710的D旗农村信用合作社的银行卡由郭某军办理,并用于支付下户等费用。

12.证人王某二的证言。证明2017年四五月的时候王某二才知道自己名下有一辆路虎车。

13.证人张某军的证言。证明2017年杨某以150万元的价格将路虎车转让给了张某军。

14.被告人杨某自书材料及供述。证明杨某在供述中认可收受马某送的1万美元、2万澳元及一块劳力士手表。

15.汇率证明。证明2010年6月,港元兑换人民币的汇率为1:0.87;2010年1月,美元兑换人民币的汇率为1:6.8278;2013年12月,澳元兑换人民币的汇率为1:5.45;2013年12月,澳元兑换人民币的汇率为1:4.67。

(三)杨某让马某支付18万元修理费的事实的证据。

1.注册登记摘要信息。证明蒙A44444路虎揽胜车于2017年11月8日转移登记至王某三名下。

2.E旗月亮房地产开发有限公司借款单。证明月亮公司用路虎车抵顶王某三的工程款70万元。

3.大地汽车销售服务有限公司结算单、增值税电子普通发票。证明路虎车是由大地汽车销售服务有限公司修理,修理路虎车实际花费158,078元。

4.证人王某三的证言。证明马某将路虎车抵顶给王某三后,杨某提出要使用该路虎车,王某三将车交给了杨某使用。

5.马某的证言。证明马某将路虎车抵顶给王某三后,王某三将车交给了杨某使用,杨某让马某支付了18万元的修理费。

6.刘某东的证言。证明2017年郝某峰在大地汽车销售服务有限公司修理了蒙A44444路虎车,花费了15万元多,后开了20万元左右的发票。

7. 被告人杨某的供述与辩解。证明杨某在供述中承认自己让马某修理路虎车的事实。

8. 证人郝某峰的证言。证明修车实际花费158,000元，剩余22,000元由其用于个人花销。

（四）支付旅游期间费用203,504元事实的证据。

1. 证人马某、武某慧的证言。证明马某、武某慧支付杨某、杨某一、王某五等人旅游费用的事实。

2. 被告人杨某的供述与辩解。证明杨某在供述中承认马某、武某慧为自己及家人支付旅游相关费用的事实。

3. 航空运输电子客票行程单，马某、武某慧关联机票订单、关联酒店订单及关联订单支付记录。证明马某、武某慧支付杨某、杨某一、王某五等人机票、酒店的详细信息，费用共计203,504元。

4. 事实二、三中，马某、武某慧公司在D旗中标的相关证据。

（五）收受尤某160,276元事实的证据。

1. 采矿权申请登记书、采矿权协议出让合同、采矿许可证。证明2005年7月4日，木星化工有限责任公司向D旗国土局申请了高岭土矿的采矿权。B市国土资源局向木星化工有限责任公司转让了高岭土矿的采矿权，转让价格8.6万元。木星化工有限责任公司于2005年7月19日获得了采矿许可证。

2. 采矿权变更申请登记书、D旗国土资源局证明、企业法人营业执照。证明木星化工有限责任公司变更为了D旗珠汇煤炭有限责任公司，法定代表人王某厚。

3. D旗水星房地产公司收据。证明三间商铺共886,992元，包括购房款、契税、智能水表等费用。

4. 商品房买卖合同。证明2007年4月24日王某五、杨某芳向水星房地产公司（法定代表人武某慧）购买了3间商铺，每间277,167元。

5. 收料单、D旗水星房地产公司收据、情况说明。证明D旗水星房地产公司收到杨某材料款共286,992元。

6. D旗水星房地产公司收据。证明D旗水星房地产公司于2005年10月24日收到尤某支付购房款10万元、2005年11月21日收到30万元、2007年3月26日收到20万元，共60万元。

7. 证人尤某的证言及交代材料。证明杨某为尤某、刘某程合办的高岭土矿的审批及转让过程中提供了帮助，后尤某买了3间商铺与杨某共同所有，在分割商铺时，尤某为感谢杨某的帮助，替杨某支付了160,276元的房款。

8. 证人刘某程（B市市场监督管理局副局长）的证言。证明刘某程和尤某合办了高岭土矿，是通过杨某办理的相关申批手续。

9.证人王某五、杨某芳的证言。证明2005年杨某一家与尤某一家共同买了3间商铺,2017年进行了分割。

10.证人王某厚的证言。证明通过杨某的从中协调,王某厚以800万元的价格整合了尤某、刘某程合办的高岭土矿。

11.被告人杨某的供述与辩解。证明2005年杨某和尤某共同购买了3间商铺,2017年进行了分割,杨某用材料款抵顶了40万元,支付10万元现金,共支付了50万元。

(六)收受何某裕车辆的事实。

1.车辆档案信息。证明2008年3月,车辆落户到了贾某英(何某裕妻子)名下。车辆购买价格66万元。

2.顶车协议。证明2016年8月25日D旗水星房地产开发有限公司将车辆以45万元的价格转让给了山西火星门业安装工程有限公司的俞某。

3.D旗黄河煤矿办理及延期采矿许可相关资料。证明2009年3月20日黄河煤矿申请由每年生产15万吨变更为每年生产30万吨,2009年4月7日市国土资源局审核完毕报自治区国土资源厅审核。采矿权延续申请登记书中有"填表人杨某"字样。2005年6月25日黄河煤矿申请采矿权延续,2005年2月20日黄河煤矿申请采矿权延续。

4.A自治区探矿权采矿权使用费和价款专用收据。证明2006年4月17日D旗黄河煤矿向A自治区国土资源厅缴纳探矿权采矿权使用费和价款217.09万元,交款人杨某。

5.D旗不动产登记中心土地证书签收簿。证明2006年10月27日杨某领取D旗黄河煤矿集体土地使用权证。

6.机动车转移登记申请表。证明2013年6月26日转移登记到了郭某军名下,2014年12月2日转移登记到了姜某名下。

7.B市价格认定局价格认定结论书。证明陆地巡洋舰小型越野客车,在基准日2011年10月10日的认定价格为82万元。

8.B市国家税务局购置税票据。证明车辆价格为935,905元,已缴纳车辆购置税为79,992元。

9.证人何某裕的证言。证明2008年杨某向何某裕提出购买一辆越野车,何某裕以716,410元的价格购买了一辆丰田陆地巡洋舰400越野车送给了杨某。2011年何某裕将自己正在使用的黑色丰田陆地巡洋舰越野车送给了杨某。

10.证人郭某军的证言。证明何某裕送杨某的两辆车是由刘某忠负责购买,郭某军具体办理下户手续的。

11.证人贾某英(何某裕妻子)的证言。证明2008年何某裕送杨某的丰田陆地巡洋舰越野车落户到了贾某英名下。

12. 证人武某慧的证言。证明2010年杨某将越野车抵顶给了武某慧。

13. 证人俞某的证言。证明D旗水星房地产开发有限责任公司(法定代表人武某慧)将丰田霸道越野车抵顶给了俞某。

14. 证人何某水、何某亮的证言。证明何某裕送杨某两辆越野车的事实。

15. 证人马某、熊某的证言。证明杨某将越野车通过马某抵顶给了熊某。

16. 被告人杨某的供述与辩解。证明杨某在供述中承认何某裕给自己送两辆车的事实。

(七)财产扣押、查封决定书。证明扣押武某峰名下丰田V8一辆、查封杨某名下位于北京的房屋两套。

(八)退赃相关证据。王某三打款凭证2张、C旗人民法院工行尾号为930的进账单3张。证明被告人杨某家属王某三退缴赃款740,153元,郝某峰退缴赃款22,000元。

上述证据来源合法,具有客观性和关联性,经本院庭审举证、质证,能够相互印证,证明案件事实,其证明效力本院予以确认。

本院认为,对被告人杨某及其辩护人提出的辩护意见,根据本案的事实和证据,本院评判如下:

1. 对于杨某未利用职务便利为太阳集团长江煤炭有限责任公司在征地过程中提供帮助,该车系向刘某祥借用,实际用于工作中,杨某的行为不符合受贿罪的犯罪构成,不构成受贿罪的辩护意见。经查,被告人杨某从2013年起开始使用车辆,至2019年被留置以后归还,期间虽然于2016年归还过,但是为了规避检查,并非归还车辆,且杨某已于2017年退休,但其仍然继续占有使用该车辆直至自己被留置,期间未退还过车辆,其本身没有退还的意思表示和行为,双方也没有借用的意思表示,结合杨某要求将车过户到武某峰名下方便自己使用等行为均不符合《最高人民法院、最高人民检察院关于办理受贿刑事案件适用法律若干问题的意见》第8条中关于借用的特点,属于受贿,故对其辩护意见不予采纳。

2. 对于受贿路虎揽胜车的事实,根据现有证据不能排除合理怀疑,属于杨某与王某厚之间的正常债权债务往来,不符合受贿罪的犯罪构成,不构成受贿罪的辩护意见。经查,证人马某、武某慧、王某厚的证言均可以证实涉案车辆系由马某、武某慧为杨某购买,王某厚出钱系应马某、武某慧的要求,即马某、武某慧向王某厚借钱为杨某购买路虎车,并非被告人及辩护人所述的王某厚应杨某要求给杨某买车,并不属于二人的正常经济往来,故对其辩护意见不予采纳,但该车金额为2,712,186.19元,并非指控的2,762,186.19元,对数额依法予以纠正。

3. 对于180,000元车辆维修是马某在抵顶车辆过程中应当履行的义务,实际的获益人是王某三,而不是杨某,因此不能认定为杨某受贿的辩护意见。经查,车辆系杨某要求马某修理,目的是自己在使用该车辆时更加便利,马某的行贿对象就是杨某,杨某自己也是受益人。另,辩护人提出的22,000元由郝某峰用于个人花销的部分不应当算作杨某受贿款项的辩护意见。经查,郝某峰认可该22,000元系其个人使用,但本案中马某行贿的对象并非郝某峰,换言之,马某按照杨某要求维修车辆行贿的对象是杨某,而维修款作为行贿的手段应当作为整体进行评价,郝某峰在维修车辆过程中虚报维修款归自己使用的行为应在赃款追缴时予以考虑,但行为本身不属于本案的评价对象,故对其辩护意见不予采纳。

4. 对于20万余元旅游费事实不清,王某四曾向马某打款53万元,足以涵盖了指控金额,故不构成犯罪的辩护意见。经查,本案证人证言及被告人供述均可以证实杨某与马某存在其他经济往来,故无法证明该笔款项为杨某支付的旅游款,且辩护人提供的转账记录转账时间为2011年12月13日,该笔款项存在于杨某等人2012年之后的实际旅游行为发生之前,马某、武某慧邀请杨某旅游,由杨某提前支付一笔巨额款项不符合常理,故对辩护人的辩护意见不予采纳。

5. 对于尤某与杨某共同购买商铺是合作的一种表现形式,属于债权债务关系,且2010年尤某妻子杨某芳曾向杨某借款22万元,双方存在正常经济往来,购买商铺与行贿受贿无关的辩护意见。经查,证人尤某、刘某程、杨某芳的证言可以证实购买商铺系尤某为感谢杨某在高岭土矿中的帮忙,并非普通经济往来,而杨某芳向杨某的借款不能对受贿中的款项进行抵顶,故对其辩护意见不予采纳。

6. 对于涉案手表未到案也未经价格鉴定,认定其价值10万港元的行为缺乏依据,不应将该事实认定为受贿行为的辩护意见。经查,该起事实中被告人杨某及证人马某对赠送手表的行为均认可,杨某、马某陈述的手表的价值分别为3万港元、10万港元,由于手表未到案,无法鉴定其价值,根据存疑有利于被告人的原则,认定该表价值为3万港元,故对该辩护意见不予采纳。

7. 对于何某裕送给杨某两辆车是因为杨某与何某裕之间存在合作关系,双方并未结算,该两辆车最终抵顶给杨某作为股权转让款的辩护意见。经查,辩护人向本庭提交的泰山石料厂相关的注册资料及转让手续与本院依法调取的出资证明证据等可以证实杨某以其儿子杨某一的名义于2004年在泰山石料厂实际出资并持有20%的股份,直至泰山石料厂于2012年6月转让,杨某未从泰山石料厂获得过股权分红。2012年6月,泰山石料厂以1000万元转让给金星集团,杨某所占股份应得转让金为200万元;2012年7月23日,贾某英(何某裕妻子)向杨某指定的云某霞账户转账100万元,之后双方未进行结算。结合在案的杨某的辩解与何某裕的当庭陈述,可以证明何某裕与杨某在合伙经商方面存在紧密的合作关系,何某裕给付杨某100万元现金及两辆越野车作为泰山石料厂所获的历年分红及股份转让收益符合常情常理,可以与本案在案的其他证据相互印证,该行为并非行贿行为,故对被告人及辩护人提出的何某裕行贿的两辆车不构成行贿事实的意见予以采纳。

8. 对于辩护人提出的被告人属于自首的辩护意见。经查，被告人杨某系经电话传唤到案，但杨某在到案后，并未如实陈述事实，不属于自首。故对该辩护意见不予采纳。

本院认为，被告人杨某身为国家工作人员，利用在担任D旗国土局股长、局长的职务便利，为他人谋取利益，收受他人财物共计人民币4,720,382.33元，数额特别巨大，其行为已构成受贿罪，公诉机关指控罪名成立，本院予以支持。公诉机关指控的第七起犯罪事实中受贿的两辆丰田陆地巡洋舰，因证据不足，本院不予认定，犯罪数额依法予以核减。对公诉机关指控的受贿劳力士手表金额、路虎揽胜车数额依法予以纠正。被告人杨某家属主动退赔受贿款项，量刑时酌情从轻处罚，被告人杨某在监委的留置期间依法折抵刑期。

根据《中华人民共和国刑法》第52条、第53条、第64条、第385条、第386条、第383条第1款第3项，《最高人民法院、最高人民检察院关于办理贪污贿赂刑事案件适用法律若干问题的解释》第3条、第12条、第19条，《最高人民法院关于办理受贿刑事案件适用法律若干问题的意见》第1条、第8条，《最高人民法院关于适用〈中华人民共和国刑事诉讼法〉的解释》第365条，《中华人民共和国监察法》第44条第3款之规定，判决如下：

一、被告人杨某犯受贿罪，判处有期徒刑10年，并处罚金500,000元。罚金自判决生效后5日内一次性缴纳；

（刑期从判决执行之日起计算。判决执行以前先行羁押的，羁押1日折抵刑期1日，即自2019年1月26日起至2029年1月25日止。）

二、本案中扣押未随案移送的丰田V8越野车予以没收，由扣押机关负责上缴国库；

三、被告人杨某家属退缴的赃款718,153元，郝某峰退缴的赃款22,000元依法上缴国库。

如不服本判决，可在接到判决书的第二日起10日内，通过本院或者直接向B市中级人民法院提出上诉。书面上诉的，应当提交上诉状正本1份，副本2份。

审　判　长：××
审　判　员：××
审　判　员：××
人民陪审员：×××
人民陪审员：××
人民陪审员：××
人民陪审员：××
2020年8月26日
书　记　员：×××

一审辩护词

辩 护 词

尊敬的审判长、审判员,尊敬的公诉人:

受本案被告人杨某及其家属的委托,北京市东卫律师事务所指派姜志强律师作为辩护人出庭为杨某提供辩护。庭前,辩护人查阅了本案的全部卷宗,多次会见了杨某,并与杨某就本案指控的事实进行了沟通。辩护人对公诉机关指控杨某构成受贿罪没有异议,但是指控中有部分事实与真实情况不符,不应认定为受贿罪。辩护人将从定罪和量刑两个方面逐一进行分析阐述:

第一部分 定罪方面

一、关于本罪认定的法律依据

《刑法》第385条:国家工作人员利用职务上的便利,索取他人财物的,或者非法收受他人财物,为他人谋取利益的,是受贿罪。

《全国法院审理经济犯罪案件工作座谈会纪要》(法发〔2003〕167号)规定:刑法第385条第1款规定的"利用职务上的便利",既包括利用本人职务上主管、负责、承办某项公共事务的职权,也包括利用职务上有隶属、制约关系的其他国家工作人员的职权。担任单位领导职务的国家工作人员通过不属自己主管的下级部门的国家工作人员的职务为他人谋取利益的,应当认定为"利用职务上的便利"为他人谋取利益。

《关于办理贪污贿赂刑事案件适用法律若干问题的解释》第13条规定:具有下列情形之一的,应当认定为"为他人谋取利益",构成犯罪的,应当依照刑法关于受贿犯罪的规定定罪处罚:(一)实际或者承诺为他人谋取利益的;(二)明知他人有具体请托事项的;(三)履职时未被请托,但事后基于该履职事由收受他人财物的。

国家工作人员索取、收受具有上下级关系的下属或者具有行政管理关系的被管理人员的财物价值3万元以上,可能影响职权行使的,视为承诺为他人谋取利益。

二、关于本案指控的事实

指控1:刘某祥丰田V8越野车

辩护意见:不构成受贿罪。

具体意见:辩护人认为该项指控中无证据证明杨某在担任国土资源局局长期间利用职务便利为刘某祥的太阳集团长江煤炭有限责任公司长江煤矿谋取利益,该项指控不符合受贿罪的构成要件,依法不构成受贿罪。

(一)无证据证明国土资源局有派遣工作组进行征地的权利

本案中并未附有D旗国土资源局部门职能、领导分工及主要工作等方面的证据。

根据辩护人在网络查询到的内容,D旗国土资源局是根据《中共B市委、B市人民政府关于D旗党政机构改革方案的通知》[B党字(2002)4号]精神,由原D旗城建土地管理局和D旗地质矿产管理局合并于2002年7月组建而成,隶属B市国土资源局和旗委、旗人民政府双重领导主管的土地资源、矿产资源等自然资源的规划、管理、保护与合理利用。其主要职责是:(1)贯彻执行国家、自治区、市政府关于国土资源、测绘管理的方针、政策和法律、法规,研究拟定旗土地资源、矿产资源等自然资源管理的有关法规、条例、规章;负责有关行政复议;拟定管理保护与合理利用土地资源、矿产资源等政策和措施;制定土地资源、矿产资源、测绘管理的办法。(2)组织编制和实施国土规划、基础测绘规划、土地利用总体规划及年度计划和其他专项规划;参与报自治区政府审批的城市总体规划的审核,指导、审核地方土地利用规划;组织矿产资源的调查评价,编制矿产资源保护与合理利用规划、地质勘查规划、地质灾害防治和地质遗迹保护规划。(3)监督检查全旗国土资源行政执法和土地利用、矿产规划执行情况;依法保护土地、矿产资源所有者的合法权益,承办并组织调处重大权属纠纷,查处重大违法案件。(4)实施耕地特殊保护和土地开发政策,规划和指导生态退耕,实施农地用途管制,组织基本农田保护,指导未利用土地开发、土地整理、土地复垦和开发耕地的监督工作。(5)组织实施地籍管理办法,组织土地资源调查、地籍调查、土地统计和动态检测;指导土地确权、城乡地籍、土地定级和登记等工作。(6)按规定组织实施土地使用权出让、租赁、作价出资、转让、交易和政府收购管理及临时用地管理,贯彻执行国有土地划拨使用目录指南和乡镇苏木、村嘎查用地管理办法,指导农牧区集体非农土地使用权的流转管理。(7)指导基准地价、标定地价评测,审定评估机构从事土地评估的资格,确认土地使用权价格。承担须经国务院、自治区人民政府审批的各类用地的审查、报批工作。(8)依法管理矿产资源探矿权、采矿权的审批登记发证和转让审批登记;负责矿产资源开发利用、保护的监督管理;依法审核对外合作区块;承担矿产资源储量管理工作,管理地质资料汇交;依法实施地质勘查行业管理,审查确定地质勘查单位的资格,管理地勘成果;负责矿泉水、地热水的开采管理;依法管理矿产资源补偿费等费用的征收和使用;按规定审定评估机构从事探矿权、采矿权评估的资格,确认探矿权、采矿权评估结果。(9)组织编制自治区基础测绘和重大测绘项目规划,实施测绘行业管理,进行测绘资格审查。(10)组织监测、防治地质灾害和保护地质遗迹;依法管理水文地质、工程地质、环境地质勘查和评价工作,监测、监督防止地下水的过量开采与污染,保护地质环境;认定具有重要价值的古生物化石产地、标准地质剖面等地质遗迹保护区。(11)安排并监督检查财政拨给的地勘费和其他资金。(12)组织开展土地资源、矿产资源和测绘技术的对外合作交流;推进科技进步,推广科技新成果。(13)承办旗人民政府和市国土资源局和上级测绘部门交办的其他事项。

以上公开资料显示,D旗国土资源局有权对土地进行管理,但是并未提及其有权参与土地的征用。国土资源局作为行政服务部门,其作用在于接受用地单位申请、审核用地单位资料,并上报用地需求,用地最终需要经政府同意并进行批复。

就本案而言,卷中所载明的证据材料显示,杨某所在的D旗国土资源局分别在2013年9月2日向D旗人民政府作出《D旗国土资源局关于太阳集团长江煤炭有限责任公司煤矿露天开采建设项目一期临时使用集体土地的请示》、2014年5月12日作出《D旗国土资源局关于太阳集团长江煤炭有限责任公司煤矿露天开采建设项目二期临时使用集体土地的请示》。针对以上两次请示,D旗人民政府分别在2013年11月5日作出《D旗人民政府关于太阳集团长江煤炭有限责任公司露天开采建设项目一期临时使用集体土地的批复》(证据卷2第6页)、2014年8月19日作出《D旗人民政府关于太阳集团长江煤炭有限责任公司露天开采建设项目二期临时使用土地的批复》(证据卷2第69页)。

上述批复对国土资源局的工作要求为:(1)要严格依法履行临时用地批后实施程序,认真落实被使用土地农村集体经济组织农牧民的各项补偿,坚决杜绝补偿费用未到位而强行使用土地行为;(2)跟踪监督检查土地复垦工作,督促企业按照经专家组审查通过的《土地复垦方案》做好相关工作,确保土地复垦工作保质保量完成;(3)要切实加强实地巡查工作,严禁采矿权人超越批准的矿区范围采矿,未经依法批准,不得擅自以买卖、承包、出租或者其他形式转让采区。

以上文件内容均未提及国土资源局具有参与征地的职能,因此起诉书指控"刘某祥找时任D旗国土资源局局长杨某帮忙,希望优先派遣工作组对长江煤矿井田范围内土地进行征用"缺乏客观可行性。是否征地、何时征地、工作组何时进入均不在国土资源局的职责范围内。

(二)无证据证明杨某利用职权为煤矿优先派遣工作组

通过梳理在案证据,辩护人认为国土资源局并无派遣工作组进行征地的权利,搬迁小组既不是国土资源局发起成立,也不归国土资源局管理,因此,杨某不可能为长江煤矿优先派遣工作组。具体如下:

1.2011年4月25日,太阳集团长江煤炭有限责任公司向G镇人民政府递交《关于露天开采移民搬迁纳入年度计划并实施的请示》,计划2012年开始对纳G镇某社实施整体搬迁。(证据卷2第4页)

2.2011年5月11日,G镇人民政府向D旗矿区移民补偿办公室递送《关于呈送2011年至2015年矿区移民搬迁计划的函》,将长江煤矿纳入搬迁计划。(证据卷2第10页)

3.2012年3月8日,中共纳G镇委员会《关于成立矿区居民征地搬迁工作领导小组的通知》。(证据卷2第14页)

4.2019年5月16日，D旗矿区发展协调服务中心向中共B市纪律检查委员会作出《关于太阳集团长江煤矿搬迁G镇某社工作人员组成情况的说明》(证据卷2第54页)，其中搬迁工作组成人员包括纳G镇人大主席、搬迁办主任、包村干部、搬迁办干事，旗矿区发展协调服务中心副主任、服务中心干事，松树塥村党支部书记、村主任、村副主任，长江煤矿矿长、常务副矿长以及两名搬迁干事。

另，2019年9月23日，D旗自然资源局出具《情况说明》，记载："经核实，在2010年至2012年，我局未派征迁工作组，参与太阳集团长江煤炭有限责任公司征地拆迁工作，也未支付过征地补偿款。"由此可见，该指控所称请托及谋利均不存在。

从以上内容可知，搬迁工作系企业向政府申请，搬迁工作组也是由镇干部、村干部、煤矿人员、旗矿区发展协调服务中心人员组成，其中并没有国土资源局相关人员参与，因此，在搬迁工作组的成立、派遣、工作等各方面，均与国土资源局没有关系，无证据证明杨某利用职权与上述各方人员进行协调，并优先让工作组进行征地。因此，公诉机关指控杨某利用职权优先派遣工作组不能成立，不能认定杨某利用职权为他人谋取利益。

(三)临时使用集体土地的请示和批复均是正常履职

如上所述，杨某在担任D旗国土资源局局长期间根据太阳集团的申请，两次向D旗人民政府就临时用地问题进行申请，D旗政府也进行了批复，这属于正常履行国土资源局局长职责。杨某离任后，2018年2月22日，D旗国土资源局局长李某林向D旗人民政府作出《D旗国土资源局关于太阳集团长江煤炭有限责任公司露天开采项目第三期临时使用土地的请示》(证据卷2第79页)，2018年3月15日，D旗人民政府作出《D旗人民政府关于太阳集团长江煤炭有限责任公司露天开采建设项目二期临时使用土地的批复》。上述3次请示和批复内容基本一致，足以说明杨某在任期间为太阳集团长江煤炭有限责任公司申请临时用地属于正常履行工作职责。

(四)借用企业车辆属于违规行为

起诉书指控杨某为规避检查，2016年要求刘某祥将车辆过户至武学峰名下。辩护人认为该部分描述不实。根据在案杨某2019年4月3日10:10—12:35的供述(证据卷1第12—18页)："直到2015年或2016年，旗政府通知让把借来的车全部还回去，我和郝某峰说让他先把这辆车还给太阳公司。"由此可见，政府部门向企业借用车辆属于内蒙古当地的一种社会风气，而在政府通知将车辆还回后，杨某是按照政府要求将车辆归还给太阳集团，而不是为了规避检查才将车辆归还。另外，据杨某本人所述，该车辆系用于单位使用，并非仅仅供其个人使用。

2019年8月6日，中共B市纪律检查委员会作出"B纪案(2019)111号"《关于给予杨某开除党籍处分的决定》，该决定内容中违反廉洁纪律的第四项为"违规向管理服务对象借用车辆"，其具体内容为"2012年至2019年3月，杨某违规向D旗某企业长期借用一辆丰田 V8 越野车提供给他人使用”。该决定中对车辆的描述与本起事实的指控描述基本一致,因此太阳集团的该辆丰田 V8 越野车应被认定为违规行为,不应被认定为受贿犯罪行为。

综合以上 4 点,辩护人认为现有证据并不能证明杨某作为 D 旗国土资源局局长利用职务便利为太阳集团长江煤炭有限责任公司在征地过程中提供帮助。刘某祥为杨某提供车辆使用的行为起因于当时当地的借车风气,杨某的行为不符合受贿罪的犯罪构成,依法不构成受贿罪。

指控 2:马某、武某慧路虎揽胜越野车

辩护意见:不构成受贿罪。

具体意见:该指控的事实最大的问题在于所谓的行贿人不出资、出资人不行贿,与客观事实严重不符,与重证据、轻口供的法律规定不符,现从证据角度对该起事实进行分析。

(一)仅凭口供不能证明是马某和武某慧给杨某买车

本案杨某供述称其是让王某厚买车,用王某厚欠杨某的钱抵账,从未说过是让马某或武某慧买车,买车一事与马某、武某慧没有直接关联。起诉书指控“马某、武某慧在承揽工程期间,为获得施工项目、办理土地审批手续等事宜多次找杨某帮忙。杨某借此于 2010 年向马某、武某慧提出购买一辆越野车,二人同意”缺乏证据支撑。

首先,杨某在 2019 年 5 月 12 日讯问笔录(证据卷 4 第 1—7 页)中称:“2011 年我和王某厚说我想买一辆路虎车,钱从你的账户出,最后咱俩算账,因为王某厚是北京户口,我想用王某厚的名字下一个北京的牌照,王某厚说,行了。我又联系马某,因为马某有买路虎车的途径,我和马某说王某厚要给我一辆路虎车,马某说,好的,我给你联系。”杨某的供述表明让王某厚买车的主要原因是王某厚有北京户口,有机会上北京车牌,基于该出发点才让王某厚买车,这是马某、武某慧二人均不具有的身份资格。马某在买车一事中只是负责联系购买路虎车的渠道,并不能理解成杨某让马某买车。

其次,马某和武某慧的在案证言曾存在矛盾。马某 2019 年 5 月 9 日证言(证据卷 4 第 36—42 页)称:“我和杨某还有武某慧在一起吃饭的时候,杨某说他马上要离开 D 旗国土资源局局长的职位退居二线了,当时我和武某慧都坐的一辆路虎车,我们从杨某的话里听出来他喜欢路虎车,就打算给杨某买一辆路虎车。过了一个多月的时间,杨某给我说关于买路虎车的细节让我直接和王某厚对接,说我和武某慧因为在 D 旗办企业,由我俩直接给杨某买车不方便,王某厚的企业不在 D 旗,由王某厚的名义买车把车户落在王某厚名下。当时是王某厚支付的,后来王某厚从欠我和武某慧的借款中扣除了购车款和落户费用。购车包括落户等开销共花费 275 万元人民币。”武某慧在 2019 年 3 月 30 日证言(证据卷 4 第 73—80 页)中称:“我和马某、杨某在一次吃饭的过程中,杨某对我和马某说他很喜欢路虎车,言语中透露出想让我和马某给他买车的意思，当时我和马某就同意了。过了一段时间，马某陪杨某去北京4S店看上了一台黑色的路虎车揽胜越野车，车价是220万元人民币，当时提车需要另加价20万元人民币，总共240万元。马某和我商量了一下同意出该购车款后，上述购车款打到王某厚或王某厚女儿（名字我不知道）的卡里，按照当时的车价和加价我们项目财务一共给王某厚或王某厚女儿的卡里打了240万元人民币。”

通过分析对比该二人的证言，可以得出如下结论：(1)杨某并未向马某、武某慧提出要求购买路虎车；(2)马某、武某慧所说的杨某要求买车的意思纯属二人猜测；(3)车辆费用支付方式马某和武某慧证言不符。

最后，王某厚在2019年4月22日证言（证据卷4第104—112页）称："2011年8月的时候（具体时间我不记得了），杨某和我说马某和武某慧打算给我买辆路虎车，马某和武某慧人和公司都在D旗F镇如果用他俩的名字或者公司下户我用车不方便，你的户口在北京，人在H旗，公司也在H旗，将来买了车后顺便把车的户也下在你名下，这样就没人怀疑我了。"王某厚的该份证言与杨某的供述不符，虽表面上与马某和武某慧的证言一致，却存在非常多的漏洞。

结合在案三人的言词证据，辩护人认为：第一，杨某否认自己让马某和武某慧买车，确认让王某厚买车。被告人供述与证人证言之间存在矛盾，不能仅依据证人证言就认定是马某和武某慧给杨某买车。第二，如果马某和武某慧给杨某买车，在明知该行为违法的情况下，为何要让王某厚知情，即使马某和武某慧想要避嫌，可以选择将车辆落户在其他人名下，为何偏偏要找王某厚，这明显是增加了自己违法行为暴露的可能，这明显不符合常理。第三，王某厚称马某和武某慧跟其讲最近缺乏资金所以让王某厚准备点钱，但是他们口中的这点钱不是三万元或五万元也不是八万元或十万元，而是将近三百万。对于马某和武某慧来讲，如果公司缺钱，根本不可能为杨某购买如此贵重的车辆，对于王某厚来讲，如果是欠马某和武某慧的钱，既然钱已经有了，可以将钱给到马某和武某慧手中由他们自己处理，为了避免纠纷发生，并不需要让王某厚直接付款并将车辆落在王某厚女儿王某二名下。第四，既然是马某、武某慧买车，马某陪同杨某看车、选车，其为何不直接支付购车款或者购车定金，而是要王某厚从内蒙古向北京4S店转账汇款，这与行贿人积极表现贿赂意思的行受贿关系不符。从以上来看，既然杨某称自己是让王某厚买车，且车款实际是王某厚个人账户支付，车也落在了王某厚女儿名下，足以认定这辆车是发生在杨某与王某厚之间，并不能因王某厚和马某都说是杨某让马某和武某慧买车就能直接认定为案件事实。在没有其他证据证明马某、武某慧、王某厚所述真实的情况下，就不能认定是马某和武某慧给杨某买车。

（二）马某、武某慧和王某厚之间债权债务关系不明

针对车辆付款一事，马某和武某慧曾就款项支付方式作出过不同的证言，其二人

证言的证明效力较低。虽然王某厚在2019年4月22日证言(证据卷4第104—112页)称:“这275万元是马某和武某慧给杨某买的车,和我借杨某的钱没关系。杨某没有说过要从我借他的钱中扣除上述买车的钱和下户的钱。”但是,辩护人在全案证据中均未发现任何客观证据证明马某、武某慧和王某厚之间存在债权债务关系,即本案中除了三人证言证明存在债权债务关系之外,并没有任何客观证据证明王某厚欠马某和武某慧多少钱、什么时候欠的钱、欠的什么钱、所欠款项是否能够覆盖这辆路虎车的购买支出、双方有没有对买车后欠款抵顶情况进行核算。如果上述疑问均没有证据证明,则仅依据证人证言不能认定王某厚与马某、武某慧之间存在债权债务关系,也不能认定王某厚所支出的购车款系用对马某、武某慧的欠款抵顶。辩护人认为:上述三人的证言不能采信,不能认定王某厚系替马某、武某慧支付购车款。

(三)杨某与王某厚之间存在债权债务关系

王某厚在2019年5月10日证言(证据卷4第113—122页)称:“从2007年至2013年,我和杨某陆续借款900万元左右,借款是杨某妻子王某五的测绘公司和杨某的小舅子王某四给我打的款。”王某厚本人承认与杨某之间有借款关系。

在转让煤矿后,王某厚自认曾经许诺给杨某3000万元分红,这一点也得到了杨某的确认。通过王某厚签署的借条及转账记录显示,王某厚欠款金额大,多年未向杨某还款,杨某作为债权人通过要求王某厚买车的方式来实现债权是一种十分正当的方式。

本案中王某厚与杨某之间存在借贷关系,且欠款金额远远大于所支出的购车成本,而在案却没有证据证明马某、武某慧与王某厚之间存在债权债务关系,因此应当认定该车系杨某要求王某厚使用王某厚对杨某的欠款购买,并非是使用对马某和武某慧的欠款购买。

综合以上三点所述,辩护人认为:本起事实系杨某要求王某厚购买路虎车,与马某、武某慧无关。起诉书指控杨某利用职权帮助马某、武某慧取得施工项目、办理土地审批并以此为由向二人索取车辆与事实完全不符。起诉书指控的事实根据现有证据不能排除合理怀疑,杨某与王某厚之间属于正常的债权债务往来,不符合受贿罪的犯罪构成,不构成受贿罪。

指控3:马某1万美元、2万澳元

辩护意见:基本事实无异议。

具体意见:1万美元用于单位支出,量刑上予以考虑。

指控4:马某劳力士手表一块

辩护意见:不构成受贿罪。

具体意见:由于本案被告人杨某自认收到了马某的手表,辩护人尊重杨某本人的意见。仅从证据角度发表如下意见:

(一)本案中劳力士手表未到案

本起事实特殊之处在于劳力士手表并未到案,该手表的基本特征、价值等与案件相关的证据均处于缺失状态。杨某本人虽然承认收到过马某的手表,但是杨某并未明确收到的是什么品牌的手表、手表的特征、价值等关键信息均未在案卷中体现,且本案卷宗中均未体现杨某、马某对涉案手表进行辨认,因此仅凭马某一人证言称送给杨某的是一块价值10万港元的劳力士手表,明显属于证据不足,依法不能认定杨某收到的手表与马某送给的手表具有同一性。

(二)手表价格未进行价格认定

由于本案手表未到案,也未提取到能够证明手表价值的发票、银行流水等证据,因此直接以马某证言认定手表价值10万港币不妥。国家发展和改革委员会、最高人民法院、最高人民检察院等《关于扣押追缴没收及收缴财物价格鉴定管理的补充通知》(发改厅〔2008〕1392号)第2条规定:"各司法、行政执法机关在办理各自管辖刑事案件中,涉及价格不明或者价格有争议、需要对涉案财物或标的进行价格鉴定的,办案机关应委托同级政府价格部门设立的价格鉴定机构进行价格鉴定。"本案没有直接证明涉案物品价值的证据,对于该劳力士手表,应定义为价格不明或价格有争议的涉案财物,因此应当委托有资质的价格鉴定机构进行鉴定。

起诉书中指控的涉案手表未经价格鉴定,公诉机关直接认定未到案的手表价值10万港元并折算为87,810元人民币的行为缺乏依据。辩护人认为现有证据并不能证明杨某收受的手表价值多少,本着疑罪从无的原则,希望法院不将该事实认定为杨某的受贿行为。

指控5:马某支付路虎揽胜车修理费

辩护意见:不构成受贿罪。

具体意见:辩护人认为该路虎车系马某抵顶给王某三,车辆所有权人是王某三而不是杨某,杨某只是车辆的使用权人。车辆维修是马某在抵顶车辆过程中应当履行的义务,实际的获益人是王某三,而不是杨某,因此不能认定为杨某受贿。具体如下:

(一)杨某未利用职务便利也未给马某谋取利益

1. 王某三在2019年4月9日证言(证据卷3第1—9页)称:"马某说想给我抵顶在D旗的房屋了,我和杨某商量后,杨某说抵顶的房子都未完工,顶回来也用不上。杨某说马某近期顶回来一辆路虎车,我让马某把路虎车抵顶给你吧。我当时也同意了。2017年10月马某就把这辆路虎车抵顶给我了,抵顶后不久就将这辆车过户到了我的名下,当时抵顶的价格为70万元。"

辩护人认为:抵顶车辆一事是因为马某和杨某关系较好,能够得到马某要抵顶路虎车的信息并撮合马某和王某三完成抵顶交易,这本身与杨某的职权没有任何关系,也不属于杨某的"工作便利"。2017年11月杨某系D旗政协副主席,并在2017年11

月13日正式退休,而修车发生在2017年11月12日,该交易发生时马某既没有任何的请托,且D旗政协与其房地产公司也不存在任何业务往来,不能认定杨某利用职务便利为马某谋取利益。

2. 马某在2019年5月7日证言(证据卷3第10—18页)称:"我给王某三抵顶完这辆车后,王某三将这辆车过户手续办完后,过了段时间杨某找到我说他想坐这辆车了,但是车况不太好,需要修理了,让我给修理一下,当时碍于他是D旗的领导,以前对我公司和个人也挺关照,我就同意给修理。"杨某在2019年4月9日供述(证据卷3第19—24页)称:"我想坐这辆车了,王某三要是和马某说让给修这辆车马某肯定不给修,我说了马某才给修了。车已经过户到王某三名下,我和马某关系一直不错,我是D旗的领导,以前关照过他,他应该会给我面子。"

辩护人认为:虽然马某和杨某都将修车原因归结到杨某的领导职务上,但是车辆是否需要修理、费用如何承担的最终原因要考虑车辆是如何抵顶的,当时是否在确认车况后才商定的车辆抵顶价格,否则仅凭杨某和马某的言词证据不能认定车辆修理是基于杨某曾经对马某的帮助。从杨某的任职来看,2015年11月杨某不再担任D旗国土资源局局长,2017年11月其已经是D旗政协副主席,与马某不再发生直接的业务关系,也不存在任何行政管理关系,如今认定马某系基于杨某当年对其帮助而支付修理费,显然在"为他人谋取利益"这一构成要件上过于模糊,也无法确认杨某到底曾经利用了何种职权为马某谋取了何种利益,在以上指控均无明确证据证明的情况下,只因杨某曾任D旗国土资源局局长并且与马某存在部分经济往来就认定修理费一事必然与杨某曾经对马某的帮助有关,显然违反了《刑事诉讼法》对刑事案件"事实清楚、证据确实充分,排除一切合理怀疑"的证明标准。

3. 从常理来讲,企业间车辆抵顶是一种常见的解决债权债务问题的方式,本质上也是一种交易,既然是交易,就应当遵循等价有偿公平的原则,该路虎车抵顶价格为70万元,如果车辆在抵顶后发现存在重大问题,那么马某作为交易相对方就应当承担修理、更换或者退款的责任,不能车辆抵顶过户后就对车不再负任何责任。双方抵顶车辆应当对车辆的车况有详细的约定,如果问题出现在约定之外,那么马某就应当承担相应的责任。辩护人认为马某为王某三修车是应当承担的义务,如果其拒绝修车,则从根本上违反了交易原则,是不诚信的表现。

从以上三点来看,辩护人认为杨某并未利用职权为马某谋取利益,马某支付修车费系其履行义务的体现。

(二)杨某未收受财物

根据在案证据,本车是马某抵顶给王某三,并落户在王某三名下。王某三作为杨某的妹夫,在杨某提出用车的请求下将车辆交给杨某使用,杨某对本车只有使用权,没有所有权。虽然马某给了杨某司机郝某峰18万元修理费,但是这笔修理费是用于王某三的车辆，属于王某三车辆本身的增值，杨某作为使用权人，只是在使用过程中更加便利，并不存在任何获益，真正的获益人是王某三。

最高人民法院、最高人民检察院《关于办理受贿刑事案件适用法律若干问题的意见》（法发〔2007〕22号）第7条规定：国家工作人员利用职务上的便利为请托人谋取利益，授意请托人以本意见所列形式[本意见所称“特定关系人”，是指与国家工作人员有近亲属、情妇（夫）以及其他共同利益关系的人]，将有关财物给予特定关系人的，以受贿论处。即使参考此规定，王某三也并非该司法解释规定的特定关系人，王某三受益是基于其与马某之间存在的车辆抵顶关系产生，与杨某本人无关。

（三）涉案车辆的车况与实际修理费用不合常理

关于涉案车辆车况问题，在案王某三、马某证言均称车辆没有什么大毛病，但是为何交给杨某使用后就出现了这么多的问题，而且修车费用超过了车辆抵顶费用的1/4？这一结果只有两个解释，要么是车辆本身确实存在重大问题，要么就是修车费用虚假。如果车辆存在重大问题，那么马某给王某三修车就是正常履行义务，如果修车费用虚假，那也是修车行和郝某峰的责任，不应由杨某承担。

（四）郝某峰的行为不应由杨某承担责任

辩护人认为本案中郝某峰的证言足以动摇车辆修理费的真实性，因此不能认定18万元为杨某的受贿金额。

郝某峰在2019年3月27日证言（证据卷3第25—32页）称：“修理费大概花费了15.8万元左右（以修理结算单为准）修理费用由我垫付，车修好后我给杨某说这辆车修车费开支18.2万元，杨某就让马某给了我18万元钱现金，这18万元现金就是这辆车的修理费，剩余的2.2万元钱由我个人支出了……垫付15.8万元的修理费我开了20多万元的税票，单位是E旗月亮房地产开发有限责任公司，当时我个人想在E旗月亮房地产开发有限公司报销这20多万元的修理费了，想从中个人赚一部分修理费”，该证言证明了郝某峰在修车过程中存在多开税票问题，这一点也得到了刘某东证言的印证。郝某峰自认18万元中有2.2万元被自己使用，目前可以得出的结论是郝某峰自己虚报了修理费的金额，虚开了修理费发票，其目的在于自己获得利益，因此本起事实无论是否认定受贿，郝某峰自己使用的2.2万元都不应由杨某承担责任。

另外，郝某峰的证言内容自相矛盾，如果是杨某告诉马某支付给郝某峰18万元，那么郝某峰就不应该将20多万元的票据交给马某。如果是杨某要求马某支付全部修理费，那么马某在收到20多万元的票据后也不可能仅支付给郝某峰18万元。因此郝某峰的证言不能自圆其说。

（五）关于修理费的真实性问题

辩护人认为本起事实中车辆的修理费金额是重要问题，虽然有郝某峰向刘某东汽修行的转款记录，但是并不意味这实际花费的金额就是汽修行出具的修理单。由于刘某东与郝某峰之间很熟,且郝某峰也是为了获取一些利益而多开发票,多向马某报销费用,因此不能排除刘某东与郝某峰之间串通虚构部分车辆修理费的可能,对于该车的修理费用,应当由专业的鉴定机构进行鉴定,并比对同期市场价格,最终作出认定。

基于郝某峰和刘某东的证言,辩护人认为已经不能排除车辆修理费清单属于虚假的可能性,不能只依据该份证据认定车辆修理费用。

结合以上五点所述,辩护人认为杨某并非本项指控的受益人,即使郝某峰垫付费用并由马某报销,最终受益人也是王某三而不是杨某。因此该18万元不能认定为受贿罪。

指控6:马某、武某慧支付机票、住宿费203,504元

辩护意见:不构成受贿罪。

具体意见:该起指控事实不清。笔录的计算结果与指控的结果不一致,不知指控金额如何得出。另,王某四曾向马某打款53万元,足以涵盖了指控金额。

马某在2019年6月5日证言(证据卷15第19—23页)称:"我通过携程网自己账户的订单中计算,从2012年到2018年12月,我共给杨某、王某五、杨某一支付机票费共63,149元;支付过住宿费共计15,495元,从调取携程网数据中,对机票和住宿的金额核算,一共支付过78,644元。……上述行程单总费用为74,920元……这两部分总花费150,884元。"武某慧在2019年6月5日证言(证据卷15第32—36页)称:"通过携程网自己账户的订单中计算,从2012年到2019年1月,我共给杨某、王某五支付机票(14次)费共22,110元,支付过住宿费31,170元,从调取携程网数据中,对机票和住宿费的金额核算,一共支付过53,280元。"根据该二人的证言,其二人支付金额合计204,164元,而起诉书金额为203,504元,差额为660元。

由于办案机关仅调取了携程公司出具的马某、武某慧携程账号对应的机票、酒店记录及相应的支付信息,并未对与杨某有关的订单单独进行梳理,指控依据不明。在案书证显示,武某慧的酒店订单中有的是单独为杨某订房,有的是为包含杨某在内的多人订房,有的订单是一天,有的订单是多天,具体如何计算为杨某订房支出的金额,案卷及起诉书中并未进行说明。在马某处提取的41张电子行程单中,有两张王某六的行程单,分别是2011年6月3日呼和浩特至大连的行程单,价格1340元、2011年6月10日大连至呼和浩特的行程单,价格1340元。马某笔录中所称行程单总费用为74,920元已经包括这两张行程单,但是并未说明王某六与杨某有何关系,也没有王某六的证言予以证明。

王某四曾在2011年12月13日向马某的账户内转款53万元,用于预交旅游差旅费用,该金额远远大于指控的金额。

因此,希望法院在查明事实后,将与杨某无关的费用剔除,正确认定马某、武某慧

为杨某支付的机票、住宿费用，并进行核减后得出结论。

指控7：何某裕白色丰田400陆地巡洋舰新车及黑色丰田陆地巡洋舰旧车

辩护意见：不构成受贿罪。

具体意见：辩护人认为本起指控的事实中，杨某并未利用任何职务便利为何某裕提供帮助，而是出于朋友关系利用自己工作中对涉矿工作流程熟悉的便利提供的帮助，不符合受贿罪的犯罪构成。且涉案的两辆车均不是何某裕送给杨某，而是因为杨某与何某裕之间存在合作关系，双方并未结算，何某裕买车、借车的行为属于对双方未结账务的处置，与杨某的职权无关，该两辆车最终抵顶给杨某作为股权转让款，因此不应认定为受贿犯罪。

（一）证人谈到的杨某具体帮忙事项均与杨某职权无关

通过梳理在案何某裕的证言，其买车、借车的原因可以总结为以下几点：(1)看重杨某是国土资源局局长，为了以后企业经营得到杨某关照所以送车；(2)黄河煤矿从1997年至2008年在办理证件、煤矿的测量、安全检查、煤矿整合等方面杨某都给予了照顾，为了感谢杨某，所以给买台丰田霸道越野车；(3)在煤矿生产销售不景气亏损的情况下，杨某的眼光又看的比较远，给我们出谋划策，看好煤炭资源今后会生意扭转，给我们建议用心经营煤矿，在坚持经营下，2004年以后煤矿生意开始经济好转，利润可观，所以为了感谢杨某多年来的帮忙与出谋划策，我们煤矿经营也赚钱了，就给杨某购买了一辆新越野车；(4)2006年D旗黄河煤矿缴纳资源价款，通过杨某和市国土资源局、自治区国土资源局部门协调，按照煤矿的储量一共需缴纳资源价款490万元左右，为给我们煤矿缓减资金压力，通过杨某协调，我们煤矿分两批次缴纳；(5)通过杨某帮助，一个多月的时间顺利办理了年产30万吨的煤矿采矿许可证；(6)在杨某的帮助下，顺利办理集体土地使用证，办理集体土地使用证等申请、审批都是杨某填报办理的，集体土地使用证的工本费、登记费还是杨某代替我们煤矿缴纳的。

以上六个方面的送车理由辩护人认为均与杨某本人职权无关。第一，杨某是2007年2月9日担任D旗国土资源局局长，之前曾经在地矿局工作，后在国土资源局担任地质资源与环境管理股股长，在其担任领导职务之前，杨某受何某裕之托帮助其企业办理一些煤矿的年检、延续等手续都是一些程序性事项，与杨某的工作职权没有关系。且杨某只是填写表格、递送材料，与其本职工作没有任何关联，不存在利用职务便利的情况。第二，杨某建议何某裕坚持办好煤矿属于杨某基于自身的知识储备对煤炭市场作出的预判，其给何某裕的建议只是一种参考，属于智力帮助，与其本身职权无关。第三，关于分期缴纳资源价款一事，杨某供述称资源价款不由国土资源局收取，因此国土资源局也不能决定是否分批缴纳。《矿产资源开采登记管理办法》（国务院令第241号）第10条规定："申请国家出资勘查并已经探明矿产地的采矿权的，采矿权申请人除依照本办法第九条的规定缴纳采矿权使用费外，还应当缴纳经评估确认的国家出资勘查形成的采矿权价款；采矿权价款按照国家有关规定，可以一次缴纳，也可以分期缴纳。”按照上述规定，采矿权价款可以分期缴纳，杨某在帮助何某裕办理手续时只是充分利用了有关规定，与杨某职权无关，并没有证据证明资源价款分期缴纳是杨某协调后的结果。第四，关于变更产能的问题，2009年5月20日D旗黄河煤矿采矿许可证（证据卷19第44页）显示其生产规模为30万吨/年，2005年12月12日B市煤炭局同意D旗黄河煤矿进行改扩建，2008年8月25日，D旗煤炭工业局同意黄河煤矿办理煤炭生产许可证（证据卷22第82—83页）。2009年在黄河煤矿办理采矿权许可证变更前，黄河煤矿已经被D旗某煤炭有限责任公司整合，与何某裕不再发生关联。且何某裕在2019年5月22日询问笔录（证据卷17第86—93页）中称：“当时杨某只是一个股长，没那么大权力，也没有给我们帮过忙”，由此可见杨某并未利用职权给何某裕等人的黄河煤矿提供帮助。第五，关于集体土地使用权证问题，杨某并未帮助办理用地手续，其只是帮助何某裕办理缴纳工本费等费用后将证件取回，并不参与办证工作。

因此辩护人认为何某裕所说的送车、借车理由均与杨某的职权无关，从根本上不符合受贿罪“利用职务便利为他人谋利”的特征。

（二）杨某与何某裕之间确实存在合作关系

杨某在供述中一直称其与何某裕共同经营泰山石料厂，并且何某裕将泰山石料厂转让，转让款未给杨某，但是在案何某裕的证言中从未提到过自己与杨某合办泰山石料厂的事情，也未说明石料厂转让后其是否给杨某股权转让款的问题。

辩护人通过查询“D旗泰山矿业有限责任公司”的档案，查明该公司成立于2004年9月16日，法定代表人为王某燕，股东为王某燕（60%）、贾某英（20%）、杨某一（20%）。其中贾某英是何某裕爱人，杨某一是杨某儿子。由此可以确定，杨某与何某裕之间的合作关系确实存在。根据辩护人提交的证据，2012年10月31日，股东王某燕、贾某英、杨某一分别与金星资源（集团）有限责任公司签订了《股权转让协议》，其中杨某一占股20%，股权转让价格200万元。可以确认合作关系存在。

（三）购买、借用车辆不代表受贿

杨某在2019年5月7日供述（证据卷23第1—6页）称：“因为当时我已经知道我参股泰山石料厂马上要转让，转让价格是1200万元，我觉得何某裕给我付钱的可能性没有，他当时给我说石料厂在赔钱经营，我和何某裕说要这台越野车，他就让我把车开走，我和他也说过，等石料厂转让后算账时一并结算，当时我和何某裕没有谈这辆车的价格。”

辩护人认为：杨某的供述和辩解具有合理性，由于D旗泰山矿业有限责任公司成立在2004年，在何某裕购买白色丰田400陆地巡洋舰新车及交给杨某黑色丰田陆地巡洋舰旧车之前，此时双方一直没有结算过账务，杨某以车辆形式从何某裕处要回财物也是对自己合法权益的一种保护，得到一辆车总比一分钱不给强。根据辩护人提交的证据，D旗泰山矿业有限责任公司在2012年10月31日转让给金星资源（集团）有限责任公司，转让价格1000万元[2012年6月21日，金星资源（集团）有限责任公司转给贾某英1000万元并备注“退股”]，根据杨某一占股的比例，杨某应分得200万元。其中100万元由何某裕妻子贾某英转至杨某指定的云某霞账户，剩余100万元双方约定由2008年、2011年的两台越野车抵顶。至此双方合作关系结束，互不负债权债务。

辩护人认为现有证据证明这两辆车属于何某裕支付给杨某的股权转让款，因此不应认定为受贿。

指控8：尤某商铺差价款160,276元

辩护意见：不构成受贿罪。

具体意见：辩护人认为尤某与杨某之间一直存在合作关系，现双方债权债务已清，尤某与杨某共同购买商铺也是合作的一种表现形式，与行贿受贿无关。具体如下：

（一）杨某和尤某之间是合作关系，而不是请托关系

根据在案证据，杨某与尤某之间存在合作关系：

1.2001年至2005年，杨某和尤某在D旗原工商局门口合伙开了一家饭馆，开饭馆投资时是杨某和尤某共同投资，在开办期间一直由尤某经营，到2005年关闭时，一直没有算账，杨某一直没有分红。该合作也得到了杨某妻子王某五、尤某妻子杨某芳的确认。因此可以确定该项合作真实存在，且合作双方未进行结算，也未进行分红，尤某是否欠杨某分红款属于待查事实。

2.2005年尤某与刘某程开办了一个高岭土矿，虽然杨某没有以现金出资，但是杨某2019年5月17日供述（证据卷25第1—6页）称：“2004年至2005年，尤某办了一个高岭土矿，办矿前，尤某找我商量和他共同入股，我和尤某商量把我的股权让给尤某，挂在尤某名下，但是当时没有约定股份比例，随后开始办理高岭土矿的手续。当时这个矿是尤某和其他人一起（具体还有谁投资我不清楚）投资的，先由尤某等人注册成立了一家公司（具体成立什么公司我不清楚），然后以公司名义通过D旗国土资源局申请采矿权，由D旗国土资源局初审后上报市国土资源局，高岭土矿储量和价款报告等是我找中介机构给他办的，地质资料数据直接使用我开办的高岭土矿的数据，环评、水保等其他手续是尤某办的”，杨某为尤某提供了地质资料数据，而这部分地质资料数据也是需要付费找专业机构采集才能得到，因此杨某是以非现金形式出资，不能认定杨某没有出资。

起诉书认为尤某办矿前找杨某帮忙，在杨某帮助下办理了采矿许可证，后来又找杨某帮忙将该高岭土矿以800万元价格转给珠江公司的王某厚的行为属于杨某利用

职务便利为尤某谋取利益,辩护人不能认可。

所谓利用职务便利,主要是指利用本人职务上主管、负责、承办某项公共事务的职权。而尤某2019年3月21日证言(证据卷25第7—17页)称:"我咨询了D旗国土资源局担任股长的杨某,他说他回局里查一查看能办什么矿了,后他查询后说在D旗有高岭土矿了,建议我办理高岭土矿,经我和刘某程商量我俩一致同意开办高岭土矿。"杨某供述称:"高岭土矿储量和价款报告等是我找中介机构给他办的,地质资料数据直接使用我开办的高岭土矿的数据,环评、水保等其他手续是尤某办的。"从以上笔录内容可以看出,杨某只是建议尤某办高岭土矿,并为尤某找了中介机构办理相关报告。辩护人认为建议办理何种矿属于杨某基于自身知识储备而作出的判断,而推荐中介机构也是杨某的个人关系,以上两种行为均与杨某本人职权无关。辩护人在指控1中已经说明了国土资源局的职责,对于办矿的申请,国土资源局只有审核的职权,而没有决定的权利,尤某也不可能因为找到杨某就一定能将该高岭土矿手续办成。况且在本案中大部分办矿手续都是尤某个人办理,杨某并未参与,因此不能认定杨某是利用职务便利帮助尤某办矿,这种便利最多能够认定为一种"工作便利",与杨某职权无关。

尤某申办的高岭土矿属于与杨某之间的合作关系,而不是对杨某请托后在杨某的帮助下才申请成功,不能将二人之间的咨询、协商、合作,认定为受贿罪概念中的"请托"。

结合以上两点内容,辩护人认为尤某与杨某之间存在的是真实的合作关系,并没有受贿罪意义上的请托与受托的关系。

(二)通过客观行为无法推断杨某有受贿故意

在合作饭馆一事上,杨某与尤某并未结算,杨某的投资是否有回报不确定。但是在合作高岭土矿一事上,可以确定的是尤某和刘某程赚到了很多钱。根据尤某和刘某程的证言,800万元转让款中,该笔转让款被分成三份,其中有一份要给杨某作为分红。刘某程分得了230万元,占1/3。杨某在供述称自己并未参与协商,也不知道转让价款多少,也没有进行分红。目前杨某供述与尤某的证言不能对应,尤某的证言与刘某程的证言也不能对应,但最终的结果是杨某并未参与分红。假设尤某和刘某程所述真实,那么杨某就是放弃了230万元的巨额收益,很显然放弃2005年的230万元收益,转而追求16万余元的商铺款差价的做法不符合常理。

由于杨某与尤某之间存在合作关系,且双方没有结算。办矿一事杨某只是作为朋友、同学提供一些智力支持,并未参与分红。合买商铺一事也是双方共同经营的体现,双方多付一点少付一点并不影响之间的合作。如果当年买商铺也是为了给杨某好处,那么尤某就不会只出60万元购房款,不会将商铺产权落在自己妻子和杨某妻子名下作为共有财产,也不会按照一家一半的标准收取租金,更不会在2017年分割产权时收取杨某给予的14万元。因此购买商铺本身就不是出于弥补杨某、感谢杨某的目的。

通过尤某和杨某之间的客观行为,无法推断并认定杨某具有收受尤某贿赂的故意。

(三)尤某多付商铺价款属于二人之间的债权债务

2017年在商铺产权转让时,杨某再次支付给尤某14万元,也得到了尤某的认可,应该视为二人对之前合作过程中形成的债权债务的一种处理,该行为不应认定为受贿。

另外,杨某妻子王某五的弟弟王某四在2010年8月6日给尤某妻子杨某芳转款22万元,关于该商铺,杨某实际支付的费用为284,602+220,000+140,000=644,602元,而尤某实际支出的是600,000-220,000-140,000=240,000元。按照这种算法,买商铺的花费杨某根本不欠尤某的钱。关于该商铺的费用,二人已经完全结清。

从以上三点来看,辩护人认为该项指控不应认定受贿。

针对以上所述,辩护人认为公诉机关指控的6,368,259.33元中有6,198,229.33元不应认定为受贿,应当在总金额中予以扣减。

第二部分　量刑方面

一、杨某构成自首,可以从轻或减轻处罚

根据在案《中共B市纪律检查委员会问题线索登记分办呈批表》(程序卷第1页),2018年2月5日B市纪委收到的是反映杨某向温某华行贿的线索,2018年10月30日,B市监察委员会《立案决定书》(程序卷第12页)也是对杨某职务违法问题进行调查,2019年1月26日B市监察委员会《留置决定书》(程序卷第14页)以杨某涉嫌滥用职权对其采取留置措施,而非因受贿对其采取留置措施,2019年6月3日,B市纪委监委第五纪检监察室出具的《杨某到案经过》(程序卷第13页)也证明是对杨某涉嫌行贿问题进行立案调查,自留置措施以后查明杨某涉嫌受贿及滥用职权情况。根据辩护人提交的证据,2019年1月25日14:36,手机号为182××××××××的B市监察委员会工作人员给杨某打电话,当时杨某人在深圳,在接到监察委电话之后,杨某立即订机票从北京中转回B市,并将订票信息发送给监察委工作人员,监察委工作人员回复信息说“收到”,在2019年1月26日杨某乘坐中国联航KN5306航班回到B市,从机场直接到监察委接受调查。从该过程来看,杨某接到监察委电话通知后自愿到监察委接受调查,足以证明杨某在主观上有自动投案的主动性和自愿性,系自动投案。

根据上述文件以及辩护人提交的证据,辩护人认为:杨某系因行贿被调查,因滥用职权被留置,其主动到案后如实交代办案机关未掌握的自己受贿问题,应当构成自首,可以从轻或减轻处罚。

《刑法》第67条规定:“犯罪以后自动投案,如实供述自己的罪行的,是自首。对于自首的犯罪分子,可以从轻或者减轻处罚。其中,犯罪较轻的,可以免除处罚。”最高人民法院、最高人民检察院《关于办理职务犯罪案件认定自首、立功等量刑情节若干问题的意见》(法发〔2009〕13号)规定:犯罪事实或者犯罪分子未被办案机关掌握,或者虽被掌握,但犯罪分子尚未受到调查谈话、讯问,或者未被宣布采取调查措施或者强制措施时,向办案机关投案的,是自动投案。在此期间如实交代自己的主要犯罪事实的,应当认定为自首。

根据该规定,辩护人认为:杨某的行为符合自首认定中“自动投案”及“如实供述”的要件,依法应当认定自首。杨某涉嫌受贿犯罪的事实并未被办案机关掌握,杨某是2019年1月26日14:48—15:1在B市廉政教育管理中心接受讯问,该时间在杨某乘坐飞机到达B市之后,应当认定杨某在被采取留置措施之前经电话通知自动投案,符合自动投案的条件。

另外,最高人民法院、最高人民检察院《关于办理职务犯罪案件认定自首、立功等量刑情节若干问题的意见》(法发〔2009〕13号)规定:没有自动投案,但具有以下情形之一的,以自首论:(1)犯罪分子如实交代办案机关未掌握的罪行,与办案机关已掌握的罪行属不同种罪行的;(2)办案机关所掌握线索针对的犯罪事实不成立,在此范围外犯罪分子交代同种罪行的。

本案系以行贿受理、以滥用职权留置调查,说明调查机关没有掌握杨某受贿的线索,杨某自动投案后主动交代自己受贿的问题应当认定为自首。另外,即使调查机关掌握了部分受贿犯罪线索,但是如果掌握的线索被证明不构成犯罪,那么杨某在此之外交代的受贿事实也一样构成自首,具体不构成犯罪的部分辩护人在定罪部分已经充分阐述,在此不作进一步说明。

希望法院依法认定杨某构成自首,对其减轻处罚。

二、杨某积极退赃,可以从轻处罚

最高人民法院《关于常见犯罪的量刑指导意见》规定:对于退赃、退赔的,综合考虑犯罪性质,退赃、退赔行为对损害结果所能弥补的程度,退赃、退赔的数额及主动程度等情况,可以减少基准刑的30%以下。

本案案发后,杨某及其家属积极退赃,510万元违纪款已经全部缴纳,希望法院对其从轻处罚。

三、杨某认罪、悔罪,态度好,可以从轻处罚

认罪态度好坏不能只看被告人是否配合办案机关的意见,法律赋予被告人辩解的权利,不能因为被告人辩解就认定其认罪态度不好。最高人民法院《关于被告人对行为性质的辩解是否影响自首成立问题的批复》(法释〔2004〕2号)规定:被告人对行为性质的辩解不影响自首的成立。辩护人认为:既然对行为性质的辩解不影响自首

的成立，那么更不能成为认罪态度的影响因素。杨某到案后主动交代了自己与他人之间的经济往来，并对部分事实的定性进行辩解，我们需要肯定杨某主动承认客观事实存在的行为，是否属于犯罪应当由法院进行裁判。辩护人认为杨某对于指控罪名自始至终没有异议，对于事实供述稳定，其认罪态度良好，悔罪态度真诚，可以从轻处罚。

四、本案社会危害性较小

本案指控共有8起事实，而这8起事实中除了美元、澳元、手表、机票住宿费等3起事实外，剩余5起事实中杨某与涉案证人之间均存在合作关系或者债权债务关系，他们之间的经济往来都有基础，并非权钱交易，也不会严重侵犯国家工作人员的职务廉洁性。杨某与本案的王某厚、马某、武某慧、何某裕共同经营D旗农牧业开发有限责任公司，由于当年当地特殊的经济形势，公务员经商办企业现象十分常见，杨某并非特例。辩护人并不认为公务员经商办企业是合法的，但属于违纪范畴，并应当结合当时的形式以及当地的环境来认定案件的社会危害性，于本案而言，杨某的行为社会危害性不大，未给当地造成恶劣影响。希望法院对其从轻处罚。

五、希望法院在罚金刑上予以考虑

最高人民法院、最高人民检察院《关于办理贪污贿赂刑事案件适用法律若干问题的解释》第19条规定："对贪污罪、受贿罪判处三年以下有期徒刑或者拘役的，应当并处十万元以上五十万元以下的罚金；判处三年以上十年以下有期徒刑的，应当并处二十万元以上犯罪数额二倍以下的罚金或者没收财产；判处十年以上有期徒刑或者无期徒刑的，应当并处五十万元以上犯罪数额二倍以下的罚金或者没收财产。"

杨某及其家属愿意配合法院缴纳罚金，但由于杨某部分财产被作为违纪款没收，部分资产被查封冻结，部分对外债权无法变现。希望法院能够充分考虑杨某本人及其家庭现实的生活状况，对其判处最低幅度的罚金刑，这样既能保障杨某及其家人的生活，也能保证财产刑顺利执行。

从以上定罪、量刑两方面，辩护人均发表了充分意见。辩护人认为杨某虽然接收了他人的财物，但是对于不应定性为受贿犯罪的部分应当严格依据证据进行裁判，做到不漏判，不错判。在量刑方面给予杨某最大幅度的减轻处罚。上述意见希望法院予以采纳，作出公平、公正的判决。

此致

C旗人民法院

辩护人：姜志强

北京市东卫律师事务所

2019年11月6日

一审补充辩护词(一)

补充辩护词(一)

尊敬的审判长、审判员、人民陪审员:

2020年3月20日,中共B市纪律检查委员会第五纪检监察室"1·26"专案组出具《关于杨某涉嫌受贿案中需要补充调查内容的情况说明》。其中对以下四项内容经过补充调查未发现新的证据:(1)指控的第二起事实中的路虎揽胜是否为王某厚与杨某之间的债权债务关系;(2)指控的第四起事实中的劳力士手表相关的照片或实物、辨认笔录、价格认定的相关事实;(3)被告人杨某在某煤矿转让过程中起到的作用及获利情况;(4)被告人杨某在泰山石料厂占股20%,在D旗黄河煤矿占股5%的出资情况,是否属于干股及与本案涉案车辆有无关联。

由于经过补充调查未有新证据到案,故贵院应当依据现有证据依法作出裁判,现根据本案庭审情况、证人出庭情况以及补充调查情况提出以下几点补充辩护意见,希望贵院采纳:

一、指控2:马某、武某慧路虎揽胜越野车

关于本案的第二起事实,经过补充调查并未取得王某厚与杨某之间的债权债务关系相关证据也未取得杨某在煤矿转让过程中杨某的作用及获利情况的证据。从现有证据来看,王某厚与杨某之间存在的借贷关系有王某厚本人的证言确认,而在煤矿转让之后王某厚也自认承诺给杨某3000万元,另王某厚本人在出庭作证时也承认与杨某之间的借贷关系,同时认可该辆路虎车系其用与杨某之间的往来款购买,其通过为杨某购买路虎车的形式抵顶其所欠杨某的部分借款。虽然在庭审中马某、武某慧也称与王某厚之间存在债权债务关系,但是经过补充调查仍然未取得相关的凭证予以佐证,其二人也未直接向法庭提供相应的凭证。

根据《刑事诉讼法》第55条之规定,证据确实、充分应当符合三个条件,即(1)定罪量刑的事实都有证据证明;(2)据以定案的证据均经法定程序查证属实;(3)综合全案证据,对所认定事实已排除合理怀疑。辩护人认为:现有证据足以否定该辆车系马某和武某慧送给杨某,该辆车系王某厚和杨某之间的正常往来,不存在行、受贿关系。结合证人的当庭证言以及辩护人向法庭提交的证据,足以排除本起事实所涉车辆系马某、武某慧向杨某行贿的可能性,因此本起事实不应认定为杨某受贿。

二、指控4:马某劳力士手表一块

关于本案的第四起事实,经过补充调查,起诉书指控所指向的劳力士手表依然未到案,因而无法进行辨认及价格鉴定,无法确定成色、型号以及价值,仅根据行贿人的证言就确认手表的品牌、价格并以此认定为杨某受贿款金额是不严谨的。

根据马某当庭的证言，其本人否认了送给杨某的手表系本案所指控的这块劳力士手表，其陈述的手表价格也与其本人之前证言和杨某供述存在巨大差异，即便如此也没有其他证据证明其送给杨某的是什么手表以及价值多少，在证人当庭否认其在监委调查阶段的证言且没有其他证据证明手表价值的情况下，希望贵院在证据存疑时作出有利于被告人的认定，依法不将本起事实认定为受贿。

三、指控7：何某裕白色丰田400陆地巡洋舰新车及黑色丰田陆地巡洋舰旧车

关于本案的第七起事实，经过补充调查，无证据证明杨某在泰山石料厂占股20%、在D旗黄河煤矿占股5%是干股，也不能排除杨某占股与取得涉案车辆之间存在关系的可能。

针对本起事实，在案证据以及何某裕当庭证言对该两辆车有三种不同的说法：第一种是这两辆车系向杨某行贿；第二种是杨某在黄河煤矿5%股权对应的股权收益补偿；第三种是泰山石料厂20%股权转让对应转让款的结算。辩护人认为：何某裕当庭否认了这两辆车系向杨某行贿，无论是黄河煤矿的股权补偿还是泰山石料厂的股权转让收益，都能排除这两辆车是杨某受贿所得的可能，具体理由如下：

1. 何某亮、何某水的证言不能证明系使用车辆向杨某行贿，其证言不能作为定案的依据

首先，何某亮、何某水的在案证言高度一致，其真实性存疑；其次，无论是何某亮还是何某水，其所说给杨某买车一事均是听父亲何某荣说的，而何某荣已经离世，该二人的证言缺乏其他证据佐证；最后，二人都没有主动提起要给杨某买车，且车辆也是何某裕去送的，具体情节和过程二人并不知情。从这三点来看，何某水、何某亮与送车一事并无直接关联，其证言不能证明系出于对杨某的感谢而送车。

在今天的庭审之前，辩护人向法院申请证人何某亮、何某水出庭作证，但是二人经过法院通知后并未到庭作证。最高人民法院《关于适用〈中华人民共和国刑事诉讼法〉的解释》第78条第3款规定："经人民法院通知，证人没有正当理由拒绝出庭或者出庭后拒绝作证，法庭对其证言的真实性无法确认的，该证人证言不得作为定案的根据。"就本案而言，在2019年11月6日的庭审中，何某裕出庭作证称一直没给杨某分过钱，所以想给买辆车，后来拿了一辆黄河煤矿的旧车给杨某，也就是说本案涉案车辆系用于与杨某之间的经济往来结算而非向杨某行贿，何某裕的当庭证言与其庭前证言不一致，也与何某亮、何某水的庭前证言不一致，但是从庭审中查明的情况以及本案补充调查后的结果来看，杨某与何某裕就杨某持有黄河煤矿5%股权一事是能够相互印证的，且经退回补充调查后并未查明该5%股份系干股，因此可以认定何某裕当庭的证言具有一定的合理性，可以采信何某裕的当庭证言。而何某亮、何某水在接到法院通知之后无正当理由拒绝出庭作证，该二人证言与何某裕的当庭证言又存在

矛盾且无法作出合理解释,因此其庭前证言不具有真实性,该二人的庭前证言不应被采信,不应以其作为定案依据。

2. 以车辆作为黄河煤矿5%股权收益的补偿具有合理性

在庭审过程中,何某裕以及杨某都承认杨某占有黄河煤矿5%的股份,结合何某裕、何某水在笔录中所说的"因为当时煤矿不景气,经济萧条,到了2006年左右,煤矿生意好转,利润可观,煤矿也利润分红多,所以资金充足就给杨某购买的车辆"。从二人所说的煤矿经营背景来看,杨某所持有的5%股权在前期并没有任何分红,后期以车辆形式对杨某进行补偿也具有合理性,且本次经过补充调查,也未确定该5%属于干股,因此杨某基于持有黄河煤矿5%股权而获得车辆的行为并不属于受贿。

3. 泰山石料厂股权转让对价也具有合理性

虽然何某裕在庭上否认该两辆车与泰山石料厂的股权转让有关,但是根据辩护人提交的泰山石料厂股权构成、股权转让的证据以及云某的证言、100万元转账记录都能印证杨某的在案供述,同时又可以否定何某裕当庭所说两辆车与泰山石料厂转让无关的说法,能够证明泰山石料厂转让之后杨某20%股权对应的转让款为200万元,其中100万元由何某裕妻子贾某英转至杨某指定的云某霞账户中,剩余100万元未转款。杨某与何某裕之间就该100万元存在债权债务关系,以车辆进行抵顶具有合理性。

从以上三方面来看,虽然何某裕与杨某对这两辆车抵顶的是哪一部分钱没有达成一致,但是二人的说法其实并不矛盾,主要原因在于何某裕与杨某之间一直没有进行结算,到底欠多少钱,以车辆抵顶多少钱并没有一个结论性的意见,因此何某裕主张是黄河煤矿5%的股权收益补偿与杨某主张是泰山石料厂20%股权转让款抵顶都有道理和依据,二者从根本上不矛盾,都能够证明该两辆车并不是为了感谢杨某而送给杨某,只是何某裕与杨某之间债权债务的正常往来。因此不应认定为受贿。

四、指控8:尤某商铺差价款160,276元

关于本起指控,辩护人在2019年11月6日的庭审过程中已经发表了综合的辩护意见,鉴于本次庭审辩护人申请了尤某的妻子杨某芳出庭作证,现就尤某与杨某之间分割商铺过程中尤某是否多支付了购房款一事需要进一步明确双方的经济往来情况。

根据尤某的在案证言,其称自己多支付了购房款的具体计算方式为:

(1)16号商铺293,634元+17号商铺293,634元+18号商铺299,724元=886,992元(多算了2390元税费,实际价款应该为884,602元);

(2)尤某分三次支付现金购房款60万元;

(3)杨某以水星公司钱款抵顶284,602元;

(4)2017年分割,16号、17号商铺归杨某,一套作价28万元,杨某支付尤某14万元现金。

尤某实际多支出:60 万元 - 18 号商铺 299,724 元 - 14 万元 = 160,276 元。

但是,尤某从 2005 年买房到 2017 年分房的 12 年间,其支出 60 万元后,又收到了 22 万元和 14 万元,其实际支出仅为 24 万元,而其分得的 18 号商铺价值是 299,724 元,尤某实际上少支付了 59,724 元。

而根据杨某的供述,其与尤某之间存在很多经济往来,其中包括:

(1)2001—2005 年,合伙开饭馆,至今未结算;

(2)2004—2005 年,尤某开办高岭土矿,杨某未分红;

(3)2005 年尤某与杨某共同购买 3 间商铺,约定双方一家一半,杨某以水星公司钱款抵顶房款 284,602 元,2010 年 8 月 6 日杨某通过王某四转给尤某妻子杨某芳 22 万元,2017 年双方分割商铺,杨某分得 16 号、17 号商铺,并给尤某 14 万元现金。就购买商铺一事,杨某的收支情况为:收入两套商铺合计 293,634 元 × 2 = 587,268 元,支出为 284,602 元 + 22 万元 + 14 万元 = 644,602 元,杨某为此多支出 57,334 元(与尤某少支付的 59,724 元差值 2390 元系多交的税款)。很明显,杨某的支出大于所得,在购买商铺一事上,杨某并不欠尤某钱。

通过以上账目的计算,辩护人认为尤某的在案证言尚不足以采信更不能作为定案依据。尤某的证言与本案的在案书证存在矛盾且无法进行合理解释,尤某在高岭土矿分红一事上称送给了杨某 70 万元或 57 万元,这一点同样没有被办案机关采信,也没有其他的证据予以佐证,恰恰证明了杨某所说的其在尤某转让高岭土矿的过程中并未获得分红的供述和辩解意见。根据最高人民法院《关于适用〈中华人民共和国刑事诉讼法〉的解释》第 78 条的规定,尤某作为本案的证人,其经法庭通知后拒不出庭作证,且其在案证言与客观书证之间存在矛盾,因此其庭前证言不能采信,不能成为认定杨某受贿的依据。

而证人杨某芳今天出庭作证时向法庭说明了两家在本案案发前并没有详细结算,做笔录时是调查机关给算的账,算账过程中没有将杨某支付的 22 万元算进来,到 2017 年两家分房时杨某已经不再亏欠尤某购房款。根据最高人民法院《关于适用〈中华人民共和国刑事诉讼法〉的解释》第 78 条第 2 款规定,证人当庭作出的证言与其庭前证言矛盾,证人能够作出合理解释,并有相关证据印证的,应当采信其庭审证言;不能作出合理解释,而其庭前证言有相关证据印证的,可以采信其庭前证言。杨某芳出庭作证时能够作出合理解释,并且有 2010 年 8 月 6 日杨某转款 22 万元的证据印证,法庭应当采信杨某芳庭审证言。

最高人民法院《关于全面推进以审判为中心的刑事诉讼制度改革的实施意见》要求坚持证据裁判原则,认定案件事实,必须以证据为根据。重证据,重调查研究,不轻信口供,没有证据不得认定案件事实。要求坚持疑罪从无原则,认定被告人有罪,必须达到犯罪事实清楚,证据确实、充分的证明标准。不得因舆论炒作、上访闹访等压力作出违反法律的裁判。

本案案情复杂、证据繁多,证据之间矛盾重重,希望贵院能够严格证据的认定标准,作出公平公正的判决。

以上为辩护人补充发表的几点意见,希望法院予以采纳,对不属于受贿的部分作出准确认定,对受贿部分结合杨某的到案经过、认罪态度、退赃退赔情况对杨某进行减轻处罚。

此致

C 旗人民法院

辩护人:姜志强

北京市东卫律师事务所

2020 年 4 月 24 日

一审补充辩护词(二)

补充辩护词(二)

尊敬的审判长、审判员、人民陪审员:

今天在法庭的主持下,辩护人对法院依职权调取的证据以及检察院补充调取的证据进行了充分质证,根据该部分证据,辩护人认为:指控 2 以及指控 7 从根本上不能成立,该两起事实杨某不构成受贿罪。具体意见如下:

一、指控 2:马某、武某慧路虎揽胜越野车

第一,武某慧证言证明未向王某厚支付 240 万元购车款。武某慧在 2020 年 7 月 7 日 9:30—12:00 的询问笔录称:“这 240 万元也没给王某厚打过,我记错了,监委工作人员调取了银行流水,也和我核对过,也没找见这 240 万元的转账记录”,根据武某慧证言及银行流水可以认定其未支付车款的事实。

第二,马某的证言证明其没有能力支付 240 万元购车款。马某在 2020 年 7 月 13 日 10:00—12:00 的询问笔录称:“2011 年房地产行业已经不行了,银行、个人、小额贷款公司已经开始起诉我们了,我们公司的资金链已经断了,没有现金流了。我所有的银行卡里单次流通的现金额最多超不过 5 万元,我和武某慧根本没有能力支付 200 多万元的路虎车车款”,根据马某证言,说明马某和武某慧根本就没有购买路虎车的能

力,因此才会出现无法支付车款的结果,明知自己没有支付能力,却选择行贿如此贵重的车辆,既不符合二人的实际情况,也不符合常理。

第三,马某、武某慧之前所说购车款从王某厚对其欠款中进行抵顶是虚假的,本次得到二人的确认。武某慧在笔录中称"在监委调查之前,我和王某厚没有相互欠款",马某在笔录中称:"2010 年之前我给王某厚还过一部分,现在我欠王某厚的钱了",该二人的笔录证明并不存在王某厚欠马某、武某慧钱的事实,而马某、武某慧作为债务人,在根本还不上王某厚钱的情况下要求王某厚再次为其购买豪车垫付 240 余万元明显不符合常理。

第四,王某厚的证言证明该车系王某厚用于抵顶其对杨某的欠款。在上次庭审中,中共 B 市纪律检查委员会第五纪检监察室"1·26"专案组出具《关于杨某涉嫌受贿案中需要补充调查内容的情况说明》未就路虎揽胜车是否为王某厚与杨某之间的债权债务关系取得新的证据,而本次王某厚在 2020 年 7 月 7 日 15:30—17:30 询问笔录中明确称:"杨某当时把车要回去了,要在我欠他的欠款中抵顶,但是我们也没有写过抵顶协议,只是口头说过。……当时我就和监委工作人员说过,我在 2014 年杨某就让我用路虎车抵顶欠款了,但是监委工作人员说我没有协议,不能证明,就没有记录",王某厚的证言已经证明了其与杨某之间存在债权债务关系,并且该路虎车就是用于抵顶对杨某的欠款。

综合以上四点所述,辩护人认为:马某、武某慧并未支付购车款,也无能力支付购车款,二人所称王某厚欠其二人款项的事实虚假,不存在其二人通过王某厚为杨某购车的可能。而王某厚尚欠杨某不少款项,且二人明确说明了用这辆路虎车抵顶,因此该车属于王某厚与杨某之间的正常经济往来,不属于马某、武某慧二人对杨某的行贿。

二、指控 7:何某裕白色丰田 400 陆地巡洋舰新车及黑色丰田陆地巡洋舰旧车

综合本次庭审以及上次庭审的内容,杨某在黄河煤矿占股 5%、在 D 旗泰山矿业有限责任公司占股 20% 的事实已经由法院调取的书证以及检察院调取的证言予以证明,且黄河煤矿 5% 的股份并非干股,这也在上次庭审中予以说明。

何某裕在 2020 年 7 月 6 日 15:00—17:20 询问笔录中确认:"(在监委阶段的证言)有些是不属实的,当时我害怕,我在监委调查阶段陈述给杨某买车是为了感谢帮助,不属实,其实是抵顶杨某在黄河煤矿占股和在泰山石料厂占股和分红。"相应的何某亮、贾某英等人的证言均证明了杨某占股的事实。因此该起指控所涉及的车辆是何某裕给杨某的分红,并非向杨某行贿。该起指控不能成立。

三、指控 6:马某、武某慧支付机票、住宿费 203,504 元

本次庭审证据显示,马某在笔录中称:"(替杨某支付机票费、旅游费、住宿费)携程网上都有记录,以记录为准。杨某给过我钱,给的是现金,我现在也是大概有个印象,具体记不清了。"马某本人认可杨某曾给过其一些钱,在之前的庭审中,辩护人曾

举证证明王某四在2011年12月13日向马某的账户（该账户信息在马某出庭时已经被确认）内转款53万元，用于预交旅游差旅费用，希望法庭对此项指控同样予以关注，正确认定马某的付款金额以及杨某的预付款金额，不能将订单显示的内容视为马某对杨某的行贿。

以上意见，希望法庭予以采纳。

此致

C旗人民法院

辩护人：姜志强律师

北京市东卫律师事务所

2020年8月6日

上诉状

刑事上诉状

上诉人（原审被告人）：杨某，男，汉族，1965年9月9日出生，居民身份证号码略，原D旗政协副主席、国土资源局局长。因涉嫌受贿罪，于2019年1月26日被B市监察委员会采取留置措施，于2019年7月2日被C旗公安局执行刑事拘留，于2019年7月15日由C旗人民检察院决定逮捕。现羁押于C旗看守所。

上诉人因被指控受贿罪一案，不服A自治区C旗人民法院2020年8月26日作出的（2019）N0625刑初×××号刑事判决书，认为本案一审认定事实不清、证据不足，现提出上诉。

上诉请求：

请求二审法院依法撤销A自治区C旗人民法院（2019）N0625刑初×××号刑事判决书，将本案发回重审或开庭审理后依法改判。

事实与理由：

《刑事诉讼法》第236条规定："第二审人民法院对不服第一审判决的上诉、抗诉案件，经过审理后，应当按照下列情形分别处理：……（三）原判决事实不清楚或者证据不足的，可以在查清事实后改判；也可以裁定撤销原判，发回原审人民法院重新审判。"上诉人认为原审法院认定事实不清、证据不足，具体理由如下：

一、关于收受太阳集团丰田 V8 越野车

一审法院在未调查谋利事项这一受贿罪构成要件的情况下认定上诉人借用太阳集团车辆的行为属于受贿，缺乏依据，本起事实未查清，上诉人一方提交的证据也未在判决书中予以体现。

最高人民法院、最高人民检察院《关于办理受贿刑事案件适用法律若干问题的意见》(法发〔2007〕22 号)中规定了借用型受贿，但是其具体表述为“国家工作人员利用职务上的便利为请托人谋取利益，收受请托人房屋、汽车等物品，未变更权属登记或者借用他人名义办理权属变更登记的，不影响受贿的认定。”从上述内容的表述来看，认定受贿罪不能脱离“利用职务便利为他人谋取利益”这一基本构成要件。

(一)关于谋利事项问题

在一审开庭过程中，上诉人的辩护人向一审法庭提交了 2019 年 9 月 23 日 D 旗自然资源局出具的《情况说明》，该书证记载：“经核实，在 2010 年至 2012 年，我局未派征迁工作组参与太阳集团长江煤炭有限责任公司征地拆迁工作，也未支付过征地补偿款。”证人刘某祥在证言中称是因为感谢上诉人为其企业优先派遣工作组才会给提供车辆使用，但是《情况说明》已经完全否定了刘某祥的不实说法，证明上诉人根本从未给刘某祥的公司谋取过利益，本起指控中，“利用职务便利为他人谋取利益”的构成要件不存在，因此当然不构成受贿罪。

(二)关于借用车辆不归还的定性问题

一审开庭过程中，太阳集团原总经理张某忠出庭证实其是还车、借车经手人，该车辆系杨某向太阳集团借用。一审法院认为上诉人借用车辆并没有归还的意思表示，因此认定上诉人的行为属于受贿，系对借用行为的不正确判断。上诉人所在的地区，国家机关单位向企业借用车辆属于常态，向太阳集团借用车辆也不止是本案的一台。2016 年上诉人将车辆归还给刘某祥是政策要求，即使之后上诉人又将车辆借回，依然不能改变借用的性质。

2019 年 8 月 6 日，中共 B 市纪律检查委员会作出 B 纪案[2019]111 号《关于给予杨某开除党籍处分的决定》，其中第四项“违规向管理服务对象借用车辆。2012 年至 2019 年 3 月，杨某违规向 D 旗某企业长期借用一辆丰田 V8 越野车提供给他人使用。”决定中对车辆的描述与本起事实的指控描述基本一致，不能因为使用者不同，一台车认定违规，一台车认定违法，太阳集团的该辆丰田 V8 越野车也应被认定为违规。尤其是在使用车辆期间，刘某祥未向上诉人提出过任何请托事项，上诉人也没有给其谋取过任何利益，上诉人离开 D 旗国土资源局后，更没有可能利用职权为刘某祥提供帮助。上诉人认为刘某祥提供的这辆越野车属于借用，本人可以接受纪检部门的违纪违规处罚，但是并不认为该行为构成犯罪。希望二审法院能够查清事实、全面审查证据并作出准确定性。

二、关于收受马某、武某慧路虎揽胜越野车

一审法院认定路虎揽胜车系王某厚基于马某、武某慧的借款请求而出资购买并由马某、武某慧向上诉人行贿,是错误的,本起事实未查清,上诉人一方提交的证据也未在判决书中予以体现。

对于该起事实,上诉人自始至终供述的都是真实情况,该车辆系王某厚出资购买,使用的款项为王某厚欠上诉人的钱。马某只是提供了购买渠道,购车款项与马某、武某慧没有任何关联。但是一审法院只采信了证人证言,而忽略王某厚与马某、武某慧以及与上诉人之间债务情况的事实,造成法院认定事实错误。一审法院的认定结论是上诉人用自己的钱给自己行贿,这种认定是荒谬的。

(一)证人王某厚欠上诉人的钱属实,这一点通过上诉人的供述、王某厚的证言足以认定,上诉人在一审开庭过程中提交了王某厚给上诉人打的借条,现在王某厚欠上诉人的借款仍未还清,也就是说王某厚对上诉人的欠款金额远超过一辆路虎揽胜车的价格,正因为王某厚一直未能还款,所以上诉人才要求王某厚为上诉人购买车辆,顶账还款。关于用涉案路虎揽胜越野车顶账的事实,上诉人的供述与王某厚一审开庭出庭时所作的证言均予以认定。上诉人与王某厚已用该辆车抵顶了相互之间的欠款,王某厚一审开庭时证言也明确虽然是其出钱给上诉人买车,但实际上是用其欠上诉人的钱买的。既然是用上诉人的钱购买的车辆,那根本不可能是上诉人用自己的钱给自己行贿。

(二)涉案车辆在北京购买,上诉人是想将车辆落北京车牌,王某厚的女儿本身就是北京户口,有将车辆落成北京车牌的可能,通过王某厚买车不仅仅是追回欠款,更是为了通过王某厚为车辆落北京车牌,但因北京车辆号牌要通过摇号取得,王某厚的女儿短时间内无法摇上号,最终车辆落户北京失败才在本地落户。

(三)关于购车行贿的理由,马某、武某慧证言称为了上诉人退休后使用路虎车而行贿,而2010年的时候上诉人才45岁,退休至少是15年之后的事,这种行贿理由与事实完全不符。

(四)关于谋利事项问题,证人马某所讲的修BOT公路上诉人给其提供帮助一事,公路的修建时间是2005年前后,上诉人是2007年2月任局长,公路的征地及批复国土资源局都可查到。所列举的D旗旧城改造项目是人民政府领导,拆迁办和城投公司负责,马某只是一个出资人,况且,国土资源局只是配合拆迁办。以上两件事都是假证,都可到国土资源局查询。

(五)根据马某在一审检察院期间所做的笔录,其资金链早已断裂,账上资金连5万元都没有,根本没有能力购买价值270多万元的路虎揽胜车,而且马某与武某慧证言中所说王某厚欠他们俩钱的事实也已经被证明是虚假的,更是从未给王某厚支付过购买车款240万元,在根本没有购买能力的情况下举债行贿根本不合常理。王某厚明知马某、武某慧没有还款能力，更不可能将270多万元的巨款借给该二人。

（六）马某称自己在北京有熟人可以联系购买渠道并对车辆熟悉，所以通过马某介绍陪着上诉人一起买车。既然马某陪着上诉人一起在北京选车，同时要向上诉人行贿，那么其完全可以在选车的当场直接给4S店打款，而非要让远在B市的王某厚通过银行转账方式汇款，其出发点是什么呢？如果按马某所述，其更可以提前通过王某厚将购车款转出来到自己的银行账户上，实现当着上诉人的面儿直接刷卡购车，表达对上诉人的感谢和示好。如果按马某所述，其已经提前给王某厚打过购车款240万，明明马某陪着上诉人一起购车可以直接付账，那费这一遍事的目的又是什么呢？而事实上，马某、武某慧不仅在王某厚处没有欠款，更没有提前给王某厚打过购车款。现在却认定是马某、武某慧行贿，完全不符合事实。

行贿人为了行贿而出资是最起码的常识，对于该辆车被认定为受贿，却出现了行贿人不出资、出资人不行贿、受贿人用自己的钱给自己行贿的怪事。

一审法院对证据的采信不全面，明知马某、武某慧以及王某厚各自的证言前后存在矛盾，证言之间存在矛盾、漏洞百出，三人在监委、检察院作的证言与出庭时的证言仍然存在矛盾且真假难辨的情况下，直接认定是马某、武某为上诉人买车行贿。这明显违背了刑事案件“案件事实清楚、证据确实充分”的证明标准和原则，也违背了“重证据、轻口供”的认定标准。

三、关于收受马某劳力士手表一块

一审法院在劳力士手表未到案的情况下根据存疑有利于被告人原则认定上诉人受贿3万港元是错误的。

上诉人一直承认收到过劳力士手表一块，马某也证实其向上诉人送过该手表，但在监委调查阶段，监委曾在上诉人家中搜查走4块手表，后又全部发还给上诉人家属，上诉人确认其中有1块手表系马某相送，但马某却否定是这4块手表中的一块，造成关键物证无法确认。

另，上诉人与马某对该手表的价格说法不一且差距过大，在物证不能到案无法鉴定价格的情况下，无法认定该块手表是否真实存在及其价格，鉴于证据存疑，该项受贿不能认定。

四、关于收受马某修车款18万元

一审法院认定18万元修车款系马某向上诉人行贿属于认定事实错误。

（一）关于是否属于行贿

上诉人认为一审法院目前是将马某与上诉人之间所有的经济往来不加区分全部都认定为受贿，这种认定是错误的。关于修理路虎车一事，该车辆是马某抵顶给王某三，上诉人只是使用人，修车是抵顶车辆过程中的一个附随义务，马某是给王某三修车，而不是给上诉人修车。上诉人认为这种行为不能认定为是行贿。

(二)关于如何评价18万元

一审法院认定该18万元应该进行整体评价,原因在于郝某峰并不是行贿的对象。如果法院认定郝某峰不是行贿的对象,那么上诉人认为郝某峰跟上诉人是同样的地位,都不应该成为行贿的对象,因为这18万元根本不是行贿,而且18万元也不是上诉人跟马某确定的而是郝某峰跟马某确定的,案件证据已经证明郝某峰跟修车行的负责人认识,直到现在上诉人依然怀疑车到底修理了哪些地方,为什么会花费十几万元,如果像马某说的车没什么毛病,根本不可能花这么多钱,如果车有问题,那70万元的价格明显是高价抵顶,所以马某才会同意出钱修车。这些问题上诉人认为一审法院都可以查清,但是事实上并未查清楚。最后只是根据马某的证言就认定上诉人受贿是错误的。

五、关于收受马某、武某慧旅游机票及住宿费

一审法院未将王某四给马某的打款抵顶马某支付的机票、住宿款属于案件事实认定不清,本起事实未查清,上诉人一方提交的证据也未在判决书中予以体现。

(一)马某、武某慧的携程网相关订单除了给上诉人订机票和住宿外,也有给别人订住宿的订单,这部分钱不应计算在本人名下,另外一审法院认定的金额也没有计算方式说明,更没有携程网出具的相关证据证明该数字如何得出。

(二)当年购买机票并不如现在这样简单可以通过手机操作,之所以让马某订购机票和住宿,主要是马某知晓订票的流程,且马某开了一个代订机票的网点,比较方便。

(三)一审开庭期间,上诉人向法庭提交了其曾通过王某四向马某支付53万元的客观书证,证实并不欠马某旅游费用。从2008年开始马某订票,至2011年费用大约是20万元,当时给其转款53万元,约定以后结算。关于上诉人通过王某四给马某支付53万元是否合理的问题,目前一审法院对上诉人和马某之间的经济往来完全是两种认定标准,只要是马某给上诉人的钱全部都是行贿,而上诉人给马某的钱却只定义为经济往来。这种判断是不合理的,向马某预付钱款,目的就是对双方之间账目往来的一种结算,这种行为并没有什么不合理。而且上诉人给马某的钱要远远覆盖马某和武某慧为上诉人花费的钱,上诉人并不欠马某钱。

上诉人认为一审法院对这起事实的认定脱离了证据,只是靠常理推断付款的不合理性进而认定构成犯罪,这种裁判缺乏事实和法律依据。

六、关于收取尤某商铺差价款

一审法院认定上诉人通过王某四给尤某打款22万元不能抵顶购买商铺分割过程中的差价款属于认定事实错误,本起事实未查清,上诉人一方提交的证据也未在判决书中予以体现。

(一)从合理性来讲,如果尤某要向受贿人行贿,其完全可以送给行贿人一套或两套商铺,而不是选择与上诉人共同购买三套商铺,等待以后再进行分割,这种费时费力的手段显然不是行贿的好方法,明显不合常理。

（二）在一审开庭期间，上诉人向法院提交了曾在购买商铺之后和分配商铺产权之前向尤某打款22万元的事实。上诉人与尤某曾经共同经营饭店，饭店的营利没有进行分配。在购买3套商铺过程中，上诉人也有出资，在一审开庭时尤某的妻子杨某芬出庭作证证明两家之间债权债务早已结清。从时间上来看，在商铺所有权分割之前，上诉人与尤某之间的债权债务关系并未清算，3套商铺系2005年购买，上诉人给杨某芬22万元发生在2010年，而商铺分割是在2017年，双方目前并不存在债权债务关系，意味着22万元款项也已经算清，同样说明杨某芬认可用该款抵顶双方债权债务，而一审法院却认定不能抵顶，明显错误。

七、一审法院以上诉人未如实供述为由认定不构成自首是错误的

最高人民法院《关于被告人对行为性质的辩解是否影响自首成立问题的批复》（法释〔2004〕2号）已经明确规定“被告人对行为性质的辩解不影响自首的成立”。

上诉人在被留置期间，从未否认借用他人车辆和与他人财物往来的事实，只是在供述过程中对借用车辆原因、用于抵顶分红款等影响案件性质认定等方面表达了自己的意见和想法，正如一审法院认定何某裕给上诉人的两辆车以及支付给云某霞的100万元并不是行贿而是抵顶的分红款一样，不能认为证人与上诉人说法不一样就认定上诉人不是如实供述。上诉人自始至终如实供述事实，对涉案行为及款项性质的辩解并不影响自首的成立。

上诉人虽然是被电话通知到案，但是接到电话时尚未受到调查谈话、讯问，也未被宣布采取留置措施。上诉人的行为符合最高人民法院、最高人民检察院《关于办理职务犯罪案件认定自首、立功等量刑情节若干问题的意见》（法发〔2009〕13号）的规定，即：“犯罪事实或者犯罪分子未被办案机关掌握，或者虽被掌握，但犯罪分子尚未受到调查谈话、讯问，或者未被宣布采取调查措施或者强制措施时，向办案机关投案的，是自动投案。在此期间如实交代自己的主要犯罪事实的，应当认定为自首”。希望二审法院依法认定上诉人接到电话通知后主动到案并如实供述的行为构成自首。

最后，希望二审法院能够充分考虑上诉人的上诉请求和理由，在审查监委调查的证据时也充分考虑和评价上诉人在一审法院提交的证据，尤其是对一审开庭审理过程中王某厚、马某、武某慧、张某忠、杨某芬等人的出庭证言进行重点审查，将本案事实调查清楚后依法作出改判，或者将本案发回重审以保证将案件真实情况调查清楚。

此致

B市中级人民法院

上诉人：杨某

2020年9月12日

二审裁定书

A自治区B市中级人民法院
刑事裁定书

(2020)N06刑终×××号

原公诉机关A自治区C旗人民检察院。

上诉人(原审被告人)杨某,男,1965年9月9日出生,汉族,专科文化,原D旗政协副主席、国土资源局局长,户籍所在地B市D旗F镇,捕前住B市D旗F镇。因涉嫌犯受贿罪,于2019年1月26日被B市纪委监委采取留置措施,同年7月2日被刑事拘留,同月15日被依法逮捕。现羁押于C旗看守所。

辩护人姜志强,北京市东卫律师事务所律师。

A自治区C旗人民法院审理C旗人民检察院指控被告人杨某受贿一案,于2020年8月26日作出(2019)N0625刑初×××号刑事判决,认定被告人杨某犯受贿罪,判处有期徒刑10年,并处罚金50万元。被告人杨某不服一审判决,以一审认定事实不清、证据不足为由,提出上诉。本院依法组成合议庭,公开开庭审理了本案。B市人民检察院指派检察官郭某、裴某出庭履行职务。上诉人杨某及辩护人姜志强参加诉讼。现已审理终结。

本院认为,一审未告知原审被告人公诉人员的变更情况,限制了原审被告人申请回避的权利,可能影响公正审判。依照《中华人民共和国刑事诉讼法》第238条第3项之规定,裁定如下:

一、撤销A自治区C旗人民法院(2019)N0625刑初×××号刑事判决;

二、发回A自治区C旗人民法院重新审判。

本裁定为终审裁定。

审判长:××

审判员:××

审判员:××

2021年3月1日

书记员:××

重审一审辩护词

辩 护 词

尊敬的审判长、审判员、人民陪审员：

受被告人杨某及其家属的委托，北京市东卫律师事务所指派姜志强律师作为辩护人出庭为杨某辩护。庭前，辩护人查阅了本案的全部卷宗，多次会见了杨某，并与杨某就本案指控的事实进行了沟通。辩护人对公诉机关指控杨某构成受贿罪没有异议，但是指控中有部分事实与真实情况不符，不应认定为受贿罪。因本案系发回重审案件，辩护人将结合全部在案证据材料，从定罪和量刑两个方面进行分析阐述：

第一部分　定罪事实方面

一、指控1：刘某祥丰田V8越野车

本起事实定性的关键问题在于杨某是否为刘某祥的公司谋取了利益，根据在案证据以及庭审内容，不能认定杨某利用职务便利为他人谋取了利益，因此不能认定为受贿罪。借用车辆系当地的习惯，可以认定为违规违纪行为。理由如下：

（一）本起事实中的谋利事项并不存在

2019年9月23日，D旗自然资源局出具《情况说明》，记载："经核实，在2010年至2012年，我局未派征迁工作组，参与太阳集团长江煤炭有限责任公司征地拆迁工作，也未支付过征地补偿款。"该份情况说明足以证明原D旗国土资源局并未参与长江煤矿的征地拆迁工作，杨某更不可能为刘某祥的太阳集团长江煤矿征地拆迁优先派遣工作组。这份情况说明同时与在案书证相互印证，证明征地拆迁工作与国土资源局无关、与杨某无关。具体表现为：

1.2011年4月25日，太阳集团长江煤炭有限责任公司向G镇人民政府递交《关于露天开采移民搬迁纳入年度计划并实施的请示》，计划2012年开始对G镇某社实施整体搬迁。（证据卷2第4页）

2.2011年5月11日，G镇人民政府向D旗矿区移民补偿办公室递送《关于呈送2011年至2015年矿区移民搬迁计划的函》（证据卷2第10页），将长江煤矿纳入搬迁计划。

3.2012年3月8日，中共G镇委员会《关于成立矿区居民征地搬迁工作领导小组的通知》（证据卷2第14页）。

4.2019年5月16日，D旗矿区发展协调服务中心向中共B市纪律检查委员会作出《关于太阳集团长江煤矿搬迁G镇某社工作人员组成情况的说明》（证据卷2第54页），其中搬迁工作组成人员包括G镇人大主席、搬迁办主任、包村干部、搬迁办干事，旗矿区发展协调服务中心副主任、服务中心干事,村党支部书记、村主任、村副主任,长江煤矿矿长、常务副矿长以及两名搬迁干事。

上述书证内容能够说明:搬迁工作系企业向政府申请,搬迁工作组也是由镇干部、村干部、煤矿人员、旗矿区发展协调服务中心人员组成,其中并没有国土资源局相关人员参与,因此,在搬迁工作组的成立、派遣、工作等各方面,均与国土资源局没有关系,没有证据证明杨某利用职权与上述各方人员进行过协调,并优先派遣工作组进行征地。因此,公诉机关指控杨某利用职权优先派遣工作组不能成立,不能认定杨某利用职权为他人谋取利益。

从受贿罪的犯罪构成来看,利用职务便利为他人谋取利益是受贿罪的必要构成要件,而本起事实中的谋利要件并不存在,因此从根本上不构成受贿罪。

(二)借用车辆属于违规行为

2019 年 8 月 6 日,中共 B 市纪律检查委员会作出 B 纪案(2019)111 号《关于给予杨某开除党籍处分的决定》,该《决定》内容中违反廉洁纪律的第四项为“违规向管理服务对象借用车辆”,其具体内容为“2012 年至 2019 年 3 月,杨某违规向 D 旗某企业长期借用一辆丰田 V8 越野车提供给他人使用。”该决定中对车辆的描述与本起事实的指控描述基本一致。在原一审开庭过程中,太阳集团原总经理张某忠出庭证实其是借车、还车经手人,该车辆系杨某向太阳集团借用。结合 D 旗地区的实际情况,政府部门向企业借用车辆属于当地的一种工作惯例,借用车辆应被认定为违规。

从以上两方面来看,除刘某祥的证言之外,并没有其他证据证明杨某作为原 D 旗国土资源局局长利用职务便利为太阳集团长江煤炭有限责任公司在征地过程中提供帮助。刘某祥为杨某提供车辆使用的行为起因于当时当地的借车惯例,杨某的行为不符合受贿罪的犯罪构成,该指控依法不构成受贿罪。

二、指控 2:马某、武某慧路虎揽胜越野车

该事实涉及金额大且定性争议大,到底是谁给杨某买车、实质上用的是谁的钱,是否涉及行贿受贿问题,都是本事实定性之争的关键。从证据角度来看,杨某一直否认这辆车是武某慧和马某为其购买,而是其本人让王某厚购买,而马某、武某慧、王某厚作为证人,其证言反复、矛盾,因此在事实存疑、证据矛盾、不能排除合理怀疑得出唯一结论时,要做出有利于被告人的认定,依法认定本事实不属于杨某收受马某、武某慧的贿赂,而是杨某与王某厚之间的正常经济往来。具体理由如下:

(一)王某厚与杨某有借贷关系,车款系用于抵顶借款,车辆系王某厚为杨某购买,与马某、武某慧无关

杨某在 2019 年 5 月 12 日讯问笔录(证据卷 4 第 1—7 页)中称:“2011 年我和王某厚说我想买一辆路虎车,钱从你的账户出,最后咱俩算账,因为王某厚是北京户口,我想用王某厚的名字下一个北京的牌照,王某厚说,行了。我又联系马某,因为马某

有买路虎车的途径，我和马某说王某厚要给我买一辆路虎车，马某说，好的，我给你联系。”杨某的供述与本案原一审庭审中王某厚的证言相互印证，庭审中王某厚作证称：“2012 年杨某说想买路虎车下北京的牌照，因为北京牌照需要摇号，后来没有摇上，下在女儿的户口上了”，这说明了杨某买路虎车的初衷是落北京牌照，而马某、武某慧二人均不具有资格。马某在买车一事中只是负责联系购买路虎车的渠道，并不能理解成杨某让马某买车。

在原一审开庭审理过程中，辩护人曾向证人王某厚发问：“你给 4S 店付款、车落在你女儿名下并且车给杨某开，这是不是你给杨某买的车？”王某厚回答：“不是，是我欠杨某的钱。”这直接说明了王某厚虽然是付款人，但是并不是用自己的钱去付款，而是用的欠杨某的钱付款，所以才说并不是自己给杨某买车。

王某厚在 2019 年 5 月 10 日证言（证据卷 4 第 113—122 页）称：“从 2007 年至 2013 年，我和杨某陆续借款 900 万元左右，借款是杨某妻子王某五的测绘公司和杨某的小舅子王某四给我打的款。”王某厚本人承认与杨某之间有借款关系。王某厚在 2020 年 7 月 7 日 15:30—17:30 询问笔录中明确称：“杨某当时把车要回去了，要在我欠他的欠款中抵顶，但是我们也没有写过抵顶协议，只是口头说过。……当时我就和监委工作人员说过，在 2014 年杨某就让我用路虎车抵顶欠款了，但是监委工作人员说我没有协议，不能证明，就没有记录”，王某厚的证言已经证明了其与杨某之间存在债权债务关系，并且该路虎车就是用于抵顶对杨某的欠款。根据以上王某厚的证言，其已经否定了其在 2019 年 4 月 22 日证言（证据卷 4 第 104—112 页）所称“2011 年 8 月的时候（具体时间我不记得了），杨某和我说马某和武某慧打算给我买辆路虎车，马某和武某慧人和公司都在 D 旗如果用他俩的名字或者公司下户我用车不方便，你的户口在北京，人在 H 旗，公司也在 H 旗，将来买了车后顺便把车的户也下在你名下，这样就没人怀疑我了”的说法。

王某厚是实际付款人，他最清楚自己所付款项的性质。而仅凭马某、武某慧的证言并不能作出认定车辆系马某、武某慧为杨某购买的结论。理由包括：第一，杨某否认马某和武某慧给自己买车，确认让王某厚买车。被告人供述与证人证言之间存在矛盾，不能仅依据证人证言就认定是马某和武某慧给杨某买车。第二，如果马某和武某慧给杨某买车，在明知该行为违法的情况下，为何要让王某厚知情，即使马某和武某慧想要避嫌，可以选择将车辆落户在其他人名下，为何偏偏要找王某厚，这明显是增加了自己违法行为暴露的可能，明显不符合常理。第三，王某厚称马某和武某慧跟其讲最近缺乏资金所以让王某厚准备点钱，但是他们口中的这点钱不是三万元或五万元也不是八万元或十万元，而是将近三百万元。对于马某和武某慧来讲，如果公司缺钱，根本不可能为杨某购买如此贵重的车辆，对于王某厚来讲，如果是欠马某和武某慧的钱，既然钱已经有了，为了避免纠纷发生，可以把钱直接给到马某和武某慧手中由他们自己处理,而不是付购车款并将车辆落在自己女儿王某二名下。第四,既然是马某、武某慧买车,马某陪同杨某看车、选车,其为何不直接支付购车款或者购车定金,而是要王某厚从A自治区向北京4S店转账汇款,这与行贿人积极表现贿赂意思的行受贿关系不符。从以上来看,既然杨某称自己是让王某厚买车,且车款实际是王某厚个人账户支付,车也落在了王某厚女儿名下,足以认定这辆车是发生在杨某与王某厚之间,而不能认定是马某和武某慧给杨某买车。

(二)在案指向杨某犯罪的证据存在矛盾,马某、武某慧没有能力支付购车款

关于该辆路虎车车款如何支付,马某、武某慧的证言前后矛盾且相互矛盾,如果是二人为杨某买车,根本不会出现这样的矛盾证据。

马某2019年5月9日证言(证据卷4第36—42页)称:"当时是王某厚支付的,后来王某厚从欠我和武某慧的借款中扣除了购车款和落户费用。购车包括落户等开销共花费275万人民币。"武某慧在2019年3月30日证言(证据卷4第73—80页)中称:"车价是220万元人民币,当时提车需要另加价20万元人民币,总共240万元。马某和我商量了一下同意出该购车款后,上述购车款打到王某厚或王某厚女儿(名字我不知道)的卡里,按照当时的车价和加价我们项目财务一共给王某厚或王某厚女儿的卡里打了240万元人民币。"

而本案审理过程中经过两次补充调查和二审开庭,并未调取到马某、武某慧和王某厚之间存在债权债务关系的证据,足以印证马某、武某慧证言虚假。

马某在2020年7月13日10:00—12:00的询问笔录称:"2011年房地产行业已经不行了,银行、个人、小额贷款公司已经开始起诉我们了,我们公司的资金链已经断了,没有现金流了。我所有的银行卡里单次流通的现金额最多超不过5万元,我和武某慧根本没有能力支付200多万元的路虎车车款",根据马某证言,说明马某和武某慧根本就没有购买路虎车的能力,因此才会出现无法支付车款的结果,明知自己没有支付能力,却选择行贿如此贵重的车辆,既不符合二人的实际情况,也不符合常理。

武某慧在2020年7月7日9:30—12:00的询问笔录称:"这240万元也没给王某厚打过,我记错了,监委工作人员调取了银行流水,也和我核对过,也没找见这240万元的转账记录",根据武某慧证言及银行流水可以认定其未支付车款的事实。同时,武某慧在笔录中称"在监委调查之前,我和王某厚没有相互欠款",马某在笔录中称"2010年之前我给王某厚还过一部分,现在我欠王某厚的钱",该二人的笔录证明并不存在王某厚欠马某、武某慧钱的事实,而马某、武某慧作为债务人,在根本还不上王某厚钱的情况下要求王某厚再次为其购买豪车垫付270余万元明显不符合常理。

从以上引用的证据可知,马某、武某慧根本没有能力为杨某购买车辆,而且二人所说是让王某厚垫付车款的说法也已经被证明王某厚并不欠马某、武某慧的钱而是马某、武某慧欠王某厚的钱。这些都说明马某、武某慧为杨某购车的说法不能成立。

马某、武某慧并未支付购车款，也无能力支付购车款，二人所称王某厚欠其二人款项的事实虚假，不存在其二人通过王某厚为杨某购车的可能。

（三）马某、武某慧所称的谋利事项均不存在

本起事实被指控为受贿犯罪，认定杨某为马某、武某慧谋取利益是认定犯罪的基本原因。但是，现在有证据证明马某、武某慧二人所说的谋利事项并不存在。具体如下：

马某、武某慧在笔录中所提到杨某帮助其谋利的事项主要有：(1)AA线、BB线、CC线的后期项目土地报批过程中，杨某到D旗政府、市国土局、自治区国土资源厅帮我协调办理了上述项目的土地审批手续；(2)杨某在土地申报过程中亲自多次到市国土资源局和自治区国土资源厅帮助我和武某慧的公司协调办理审批手续；(3)2014年的时候国家审计署审计D旗土地出让金的时候，D旗政府让我们补交土地出让金，由于年底资金紧张加上我公司又要支付工人工资，企业面临很大困难，通过杨某从中协调帮助，从政府欠我们的移民小区工程项目款中给我们拨付了3000万元的工程款。

为印证马某、武某慧所述谋利事项是否属实，辩护人去D旗自然资源局调查取证，D旗自然资源局出具了《情况说明》对上述问题进行了答复，该《情况说明》足以印证马某所述虚假，谋利事项不存在。主要体现在：

1. 杨某系2007年2月9日任D旗国土资源局局长，而AA线是2005年5月开工、10月完工；BB线是2004年8月25日开工建设、2005年9月29日完工；CC线是2005年4月开工建设、2005年11月4日完工。三条公路建设时杨某尚未就任国土资源局局长，且该三条公路均未向国土资源局申请办理过用地手续。

2. 移民工程系由D旗矿区移民办和G镇人民政府负责组织实施，工程款项的拨付与国土资源局无关，与杨某无关。本案更没有杨某帮助马某索要款项的直接且足够的证据。

3. 旧城改造项目是由D旗城市基础设施建设投资有限公司具体组织实施，该项目未办理土地报批及出让手续；旧城改造是由旗拆迁办负责实施，使用的是存量建设用地，不需要土地报批，最后通过挂牌形式进行了土地出让。两个项目与国土资源局均没有直接关系，更与杨某没有关系。

综合以上所述，王某厚本人承认其为杨某付款购买路虎车是抵顶其本人对杨某的欠款，而马某、武某慧并没有能力去支付购车款，不能仅凭马某、武某慧的证言就认定显然不合常理的事实。这辆车既不是马某、武某慧给杨某买的，也不是王某厚给杨某买的，而是马某帮助杨某联系购车渠道，王某厚用欠杨某的钱付款，最后杨某和王某厚进行结算，实质是杨某用自己的钱给自己买车，并不存在受贿问题。本起事实不符合受贿罪的构成要件，不应认定为受贿。

三、指控3:马某1万美元、2万澳元

辩护意见:基本事实无异议。

四、指控4:马某劳力士手表一块

辩护意见:不构成受贿罪。

具体意见:由于本案被告人杨某自认收到了马某的手表,辩护人尊重杨某本人的意见。仅从证据角度发表如下意见:

(一)本案中劳力士手表未到案

原一审开庭时,公诉人称:"再特别说明一下,在被告人处扣押的手表,被告人说是马某送给他的,马某辨认后说不是这块手表。"这说明了马某所说的手表并未到案,本起事实特殊之处在于劳力士手表并未到案,该手表的基本特征、价值等与案件相关的证据均处于缺失状态。杨某本人虽然承认收到过马某的手表,但是手表的特征、价值等关键信息均未在案卷中体现,且本案卷宗中均未体现杨某、马某对涉案手表进行辨认,因此仅凭马某一人证言称送给杨某的是一块价值10万港元的劳力士手表,属于证据不足,依法不能认定杨某收到的手表与马某送给的手表具有同一性。

(二)手表价格未进行价格认定

由于本案手表未到案,也未提取到能够证明手表价值的发票、银行流水等证据,因此直接以马某证言认定手表价值10万港元不妥。国家发展和改革委员会、最高人民法院、最高人民检察院等《关于扣押追缴没收及收缴财物价格鉴定管理的补充通知》(发改厅〔2008〕1392号)第2条规定:"各司法、行政执法机关在办理各自管辖刑事案件中,涉及价格不明或者价格有争议、需要对涉案财物或标的进行价格鉴定的,办案机关应委托同级政府价格部门设立的价格鉴定机构进行价格鉴定。"本案没有直接证明涉案物品价值的证据,对于该劳力士手表,应定义为价格不明或价格有争议的涉案财物,因此应当委托有资质的价格鉴定机构进行鉴定。

现有证据并不能证明杨某收受的手表价值多少,本着疑罪从无的原则,希望法院不将该事实认定为杨某的受贿行为。

五、指控5:马某支付路虎揽胜车修理费18万元

该路虎车系马某抵顶给王某三,车辆所有权人是王某三而不是杨某,杨某只是车辆的使用权人。车辆维修是马某在抵顶车辆过程中应当履行的义务,实际的获益人是王某三,而不是杨某,因此不能认定为杨某受贿。具体如下:

(一)杨某未利用职务便利也未给马某谋取利益

1.王某三在2019年4月9日证言(证据卷3第1—9页)称:"马某说想给我抵顶在D旗的房屋了,我和杨某商量后,杨某说抵顶的房子都未完工,顶回来也用不上。杨某说马某近期顶回来一辆路虎车,我让马某把路虎车抵顶给你吧。我当时也同意了。2017年10月马某就把这辆路虎车抵顶给我了,抵顶后不久就将这辆车过户到了

我的名下，当时抵顶的价格为70万元。”

抵顶车辆一事本身与杨某的职权没有任何关系，也不属于杨某的“工作便利”。2017年11月杨某系D旗政协副主席，并在2017年11月13日正式退休，而修车发生在2017年11月12日，该交易发生时马某既没有任何的请托，且D旗政协与其房地产公司也不存在任何业务往来，不能认定杨某利用职务便利为马某谋取利益。

2. 马某在2019年5月7日证言（证据卷3第10—18页）称：“我给王某三抵顶完这辆车后，王某三将这辆车过户手续办完后，过了段时间杨某找到我说他想坐这辆车了，但是车况不太好，需要修理了，让我给修理一下，当时碍于他是D旗的领导，以前对我公司和个人也挺关照，我就同意给修理。”杨某在2019年4月9日供述（证据卷3第19—24页）称：“我想坐这辆车了，王某三要是和马某说让给修这辆车马某肯定不给修，我说了马某才给修了。车已经过户到王某三名下，我和马某关系一直不错，我是D旗的领导，以前关照过他，他应该会给我面子。”

虽然马某和杨某都将修车原因归结到杨某的领导职务上，但是车辆是否需要修理、费用如何承担的最终原因要考虑车辆是如何抵顶的，当时是否在确认车况后才商定的车辆抵顶价格，否则仅凭杨某和马某的言词证据不能认定车辆修理是基于杨某曾经对马某的帮助。从杨某的任职来看，2015年11月杨某不再担任D旗国土资源局局长，2017年11月其职务是D旗政协副主席，与马某不再发生直接的业务关系，也不存在任何行政管理关系，如今认定马某系基于杨某当年对其帮助而支付修理费，显然在“为他人谋取利益”这一构成要件上过于模糊，也无法确认杨某到底曾经利用了何种职权为马某谋取了何种利益，在以上指控均无明确证据证明的情况下，只因杨某曾任D旗国土资源局局长并且与马某存在部分经济往来就认定修理费一事必然与杨某曾经对马某的帮助有关，显然违反了《刑事诉讼法》对刑事案件“事实清楚、证据确实、充分，排除一切合理怀疑”的证明标准。

3. 从常理来讲，企业间、个人间车辆抵顶是一种常见的解决债权债务问题的方式，本质上也是一种交易，既然是交易，就应当遵循等价有偿公平的原则，该路虎车抵顶价格为70万元，如果车辆在抵顶后发现存在重大问题，那么马某作为交易相对方就应当承担修理、更换或者退款的责任，不能在车辆抵顶过户后就不再对车负任何责任。双方抵顶车辆应当对车辆的车况有详细的约定，如果问题出现在约定之外，那么马某就应当承担相应的责任。马某为王某三修车是应当承担的义务，如果其拒绝修车，则从根本上违反了交易原则，是不诚信的表现。

从以上三点来看，杨某并未利用职权为马某谋取利益，马某支付修车费系其履行义务的体现。

（二）杨某未收受财物

根据在案证据，本车是马某抵顶给王某三，并落户在王某三名下。王某三作为杨某的妹夫,在杨某提出用车的请求下将车辆交给杨某使用,杨某对本车只有使用权,没有所有权。虽然马某给了杨某司机郝某峰18万元修理费,但是这笔修理费是用于王某三的车辆,属于王某三车辆本身的增值,杨某作为使用权人,只是在使用过程中更加便利,并不存在任何获益,真正的获益人是王某三。

最高人民法院、最高人民检察院《关于办理受贿刑事案件适用法律若干问题的意见》第7条规定:国家工作人员利用职务上的便利为请托人谋取利益,授意请托人以本意见所列形式[本意见所称"特定关系人",是指与国家工作人员有近亲属、情妇(夫)以及其他共同利益关系的人],将有关财物给予特定关系人的,以受贿论处。即使参考此规定,王某三也并非该司法解释规定的特定关系人,王某三受益是基于其与马某之间存在的车辆抵顶关系产生,与杨某本人无关。

(三)涉案车辆的车况与实际修理费用不合常理

关于涉案车辆车况问题,在案王某三、马某证言均称车辆没有什么大毛病,但是为何使用中就出现了这么多的问题,而且修车费用超过了车辆抵顶费用的1/4?这一结果只有两个解释,要么是车辆本身确实存在重大问题,要么就是修车费用虚假。如果车辆存在重大问题,那么马某给王某三修车就是正常履行义务,如果修车费用虚假,那也是修车行和郝某峰的责任,不应由杨某承担。

(四)郝某峰的行为不应由杨某承担责任

本案中郝某峰的证言足以动摇车辆修理费的真实性。郝某峰在2019年3月27日证言(证据卷3第25—32页)称:"修理费大概花费了15.8万元左右(以修理结算单为准)修理费用由我垫付,车修好后我给杨某说这辆车修车费开支18.2万元,杨某就让马某给了我18万元钱现金,这18万元钱现金就是这辆车的修理费,剩余的2.2万元钱由我个人支出了……垫付15.8万元的修理费我开了20多万元的税票,单位是E旗月亮房地产开发有限责任公司,当时我个人想在E旗月亮房地产开发有限公司报销这20多万元的修理费了,想从中个人赚一部分修理费",该证言证明了郝某峰在修车过程中存在多开税票问题,这一点也得到了刘某东证言的印证。郝某峰自认18万元中有2.2万元被自己使用,目前可以得出的结论是郝某峰自己虚报了修理费的金额,虚开了修理费发票,其目的在于自己获得利益。

另外,郝某峰的证言内容自相矛盾,如果是杨某告诉马某支付给郝某峰18万元,那么郝某峰就不应该将20多万元的票据交给马某。如果是杨某要求马某支付全部修理费,那么马某在收到20多万元的票据后也不可能仅支付给郝某峰18万元。因此郝某峰的证言不能自圆其说。

(五)关于修理费的真实性问题

根据在案证人郝某峰、刘某东的证言,郝某峰分两笔分别支付了58,000元和98,000元,但在案证据显示:2017年12月23日,郝某峰建设银行转账58,000元,对方户名为大地汽车销售服务有限公司。2017年12月31日，郝某峰浦发信用卡自动转账还款98,000元，但是没有对方户名和账号。2017年11—12月郝某峰银行账户没有支付98,000元的记录。而刘某东中国银行账号2017年12月31日也没有该笔款项收入，2017年11—12月也没有98,000元的收入。2000元定金票据亦未到案。

结合以上五点所述，杨某并非本项指控的受益人，即使郝某峰垫付费用并由马某报销，最终受益人也是王某三而不是杨某。因此该18万元不能认定为受贿罪。

六、指控6：马某、武某慧支付机票、住宿费203,504元

该起指控事实不清。笔录的计算结果与指控的结果不一致。另，王某四曾向马某打款53万元，足以涵盖指控金额。杨某并未从马某、武某慧处获取不当的财产性利益，本事实不属于受贿。

马某在2019年6月5日证言（证据卷15第19—23页）称："我通过携程网自己账户的订单中计算，从2012年到2018年12月，我共给杨某、王某五、杨某支付机票费共63,149元；支付过住宿费共计15,495元，从调取携程网数据中，对机票和住宿的金额核算，一共支付过78,644元。……上述行程单总费用为74,920元……这两部分总花费150,884元。"武某慧在2019年6月5日证言（证据卷15第32—36页）称："通过携程网自己账户的订单中计算，从2012年到2019年1月，我共给杨某、王某五支付机票（14次）费共22,110元，支付过住宿费31,170元，从调取携程网数据中，对机票和住宿费的金额核算，一共支付过53,280元。"根据该二人的证言，其二人支付金额合计204,164元，而起诉书金额为203,504元，差额为660元。

由于办案机关仅调取了携程公司出具的马某、武某慧携程账号对应的机票、酒店记录及相应的支付信息，并未对与杨某有关的订单单独进行梳理，指控依据不明。在案书证显示，武某慧的酒店订单中有的是单独为杨某订房，有的是为包含杨某在内的多人订房，有的订单是一天，有的订单是多天，具体如何计算为杨某订房支出的金额，案卷及起诉书中并未进行说明。在马某处提取的41张电子行程单中，有两张王某六的行程单，分别是2011年6月3日呼和浩特至大连的行程单，价格1340元；2011年6月10日大连至呼和浩特的行程单，价格1340元。马某笔录中所称行程单总费用为74,920元已经包括这两张行程单，但是并未说明王某六与涉案人员有何关系，也没有王某六的证言予以证明。

根据马某的证言，发生旅游费用的期间是2007年至2018年，根据武某慧的证言，其和杨某外出旅游的时间大概是从2009年开始，而王某四曾在2011年12月13日向马某的账户内转款53万元用于结算旅游差旅费用，转款时间在发生旅游费用期间之内，并且该金额远远大于指控的金额。在原一审审理过程中，马某出庭作证，当时杨某的辩护人向马某发问：杨某给你结算过机票钱吗？证人马某称：他的小舅子王某四给过我，具体金额不记得了。辩护人问到：王某四是否给你转过账？旅游、机票款等。

马某回答：给过。同样，武某慧作为证人出席本案一审庭审时，对杨某给其结算机票款的事实同样给予了肯定的回答：“辩护人：关于杨某出差你为其订酒店的事情，杨某有没有跟你结算过？证人武某慧：给过我，记不清多少了，杨某的爱人每次过来也给钱，有时候没要，因为没有多少钱。辩护人：杨某给过你多少钱？证人武某慧：不知道是几万了，大概是三万多，记不清了。”

因此，希望法院在查明事实后，将与杨某无关的费用剔除，正确认定马某、武某慧为杨某支付的机票、住宿费用以及杨某向马某预付的53万元，并进行核减后得出结论。

七、指控7：何某裕白色丰田400陆地巡洋舰新车及黑色丰田陆地巡洋舰旧车

本起指控的事实中，杨某并未利用任何职务便利为何某裕提供帮助，而是出于朋友关系利用自己工作中对涉矿工作流程熟悉的便利提供的帮助，不符合受贿罪的犯罪构成。且涉案的两辆车均不是何某裕送给杨某，而是因为杨某与何某裕之间存在合作关系，双方并未结算，何某裕买车、借车的行为属于对双方未结账务的处置，与杨某的职权无关，该两辆车最终抵顶给杨某作为股权转让款，因此不应认定为受贿犯罪。

（一）杨某与何某裕之间有未结算账目，该两辆车系用于双方结算账目

杨某在2019年5月7日供述（证据卷23第1—6页）称：“因为当时我已经知道我参股的泰山石料厂马上要转让，转让价格是1200万元，我觉得何某裕给我付钱的可能性没有，他当时给我说石料厂在赔钱经营，我和何某裕说要这台越野车，他就让我把车开走，我和他也说过，等石料厂转让后算账时一并结算，当时我和何某裕没有谈这辆车的价格”。

杨某的供述和辩解具有合理性，由于D旗泰山矿业有限责任公司成立在2004年，在何某裕购买白色丰田400陆地巡洋舰新车及交给杨某黑色丰田陆地巡洋舰旧车之前，此时双方一直没有结算过账务，杨某以车辆形式从何某裕处要回财物也是对自己合法权益的一种保护，得到一辆车总比一分钱不给强。根据辩护人提交的证据，D旗泰山矿业有限责任公司在2012年10月31日转让给金星资源（集团）有限责任公司，转让价格1000万元［2012年6月21日，金星资源（集团）有限责任公司转给贾某英1000万元并备注“退股”］，根据杨某占股的比例，杨某应分得200万元。其中100万元由何某裕妻子贾某英转至杨某指定的云某霞账户，剩余100万元双方约定由2008年、2011年的两台越野车抵顶。至此双方合作关系结束，互不负债权债务。

何某裕在2020年7月6日15：00—17：20询问笔录中确认：“（在监委阶段的证言）有些是不属实的，当时我害怕，我在监委调查阶段陈述给杨某买车是为了感谢帮助，不属实，其实是抵顶杨某在黄河煤矿占股和在泰山石料厂占股和分红。”何某裕的证言与在案书证相互印证，证明了杨某在黄河煤矿、在D旗泰山矿业有限责任公司占

股的事实，且黄河煤矿未向杨某分红，泰山石料厂转让也未完全给杨某支付股权转让款，由于何某裕仍欠杨某钱，且何某裕本人承认车辆是抵顶给杨某的分红，并非向杨某行贿。因此，本事实不能认定为杨某的受贿。

（二）谋利事项不存在

通过梳理在案何某裕的证言，其买车、借车的原因可以总结为以下几点：(1)看重杨某是国土资源局局长，为了以后企业经营得到杨某关照所以送车；(2)黄河煤矿从1997年至2008年在办理证件、煤矿的测量、安全检查、煤矿整合等方面杨某都给予了照顾，为了感谢杨某，所以给买台丰田霸道越野车；(3)在煤矿生产销售不景气亏损的情况下，杨某的眼光又看得比较远，给我们出谋划策，看好煤炭资源今后会生意扭转，给我们建议用心经营煤矿，在坚持经营下，2004年以后煤矿生意开始经济好转，利润可观，所以为了感谢杨某多年来的帮忙与出谋划策，我们煤矿经营也赚钱了，就给杨某购买了一辆新越野车；(4)2006年D旗黄河煤矿缴纳资源价款，通过杨某和市国土资源局、自治区国土资源局部门协调，按照煤矿的储量一共需缴纳资源价款490万元左右，为给我们煤矿缓减资金压力，通过杨某协调，我们煤矿分两批次缴纳；(5)通过杨某帮助，一个多月的时间顺利办理了年产30万吨的煤矿采矿许可证；(6)在杨某的帮助下，顺利办理集体土地使用证，办理集体土地使用证等申请、审批都是杨某填报办理的，集体土地使用证的工本费、登记费还是杨某代替我们煤矿缴纳的。

以上六个方面的送车理由辩护人认为均与杨某本人职权无关。第一，杨某是2007年2月9日担任D旗国土资源局局长，之前曾经在地矿局工作，后在国土资源局担任地质资源与环境管理股股长，在其担任领导职务之前，杨某受何某裕之托帮助其企业办理一些煤矿的年检、延续等手续都是一些程序性事项，与杨某的工作职权没有关系。且杨某只是填写表格、递送材料，与其本职工作没有任何关联，不存在利用职务便利的情况。第二，杨某建议何某裕坚持办好煤矿属于杨某基于自身的知识储备对煤炭市场作出的预判，其给何某裕的建议只是一种参考，属于智力帮助，与其本身职权无关。第三，关于分期缴纳资源价款一事，杨某供述称资源价款不由国土资源局收取，因此国土资源局也不能决定是否分批缴纳。《矿产资源开采登记管理办法》（国务院令第241号）第10条规定："申请国家出资勘查并已经探明矿产地的采矿权的，采矿权申请人除依照本办法第九条的规定缴纳采矿权使用费外，还应当缴纳经评估确认的国家出资勘查形成的采矿权价款；采矿权价款按照国家有关规定，可以一次缴纳，也可以分期缴纳。"按照上述规定，采矿权价款可以分期缴纳，杨某在帮助何某裕办理手续时只是充分利用了有关规定，与杨某职权无关，并没有证据证明资源价款分期缴纳是杨某协调后的结果。第四，关于变更产能的问题，2009年5月20日D旗黄河煤矿采矿许可证（证据卷19第44页）显示其生产规模为30万吨/年，2005年12月12日B市煤炭局同意D旗黄河煤矿进行改扩建，2008年8月25日，D旗煤炭工业局同意黄河煤矿办理煤炭生产许可证(证据卷22第82—83页)。2009年在黄河煤矿办理采矿权许可证变更前,黄河煤矿已经被D旗某煤炭有限责任公司整合,与何某裕不再发生关联。且何某裕在2019年5月22日询问笔录(证据卷17第86—93页)中称:"当时杨某只是一个股长,没那么大权力,也没有给我们帮过忙。"由此可见杨某并未利用职权给何某裕等人的黄河煤矿提供帮助。第五,关于集体土地使用权证问题,杨某并未帮助办理用地手续,其只是帮助何某裕办理缴纳工本费等费用后将证件取回,并不参与办证工作。

因此何某裕所说的送车、借车理由均与杨某的职权无关,从根本上不符合受贿罪"利用职务便利为他人谋利"的特征。

在原一审开庭审理过程中,证人何某裕出庭否认了这两辆车系向杨某行贿,无论是黄河煤矿的股权补偿还是泰山石料厂的股权转让收益,都能排除这两辆车是杨某受贿所得的可能。

结合以上内容,涉案两辆车是何某裕给杨某用于抵顶其对杨某的欠款,并非行贿款,且杨某并未给何某裕谋取任何利益,不符合受贿罪的犯罪构成,不应认定为受贿罪。

八、指控8:尤某商铺差价款160,276元

尤某与杨某之间一直存在合作关系,现双方债权债务已清,尤某与杨某共同购买商铺也是合作的一种表现形式,与行贿受贿无关。具体如下:

(一)杨某和尤某之间是合作关系,而不是请托关系

根据在案证据,杨某与尤某之间存在合作关系:

1.2001年至2005年,杨某和尤某在D旗原工商局门口合伙开了一家饭馆,开饭馆投资时是杨某和尤某共同投资,在开办期间一直由尤某经营,到2005年关闭时,一直没有算账,杨某一直没有分红。该合作也得到了杨某妻子王某五、尤某妻子杨某芳的确认。因此可以确定该项合作真实存在,且合作双方未进行结算,也未进行分红,尤某是否欠杨某分红款属于待查事实。

2.2005年尤某与刘某程开办了一个高岭土矿,虽然杨某没有以现金出资,但是杨某2019年5月17日供述(证据卷25第1—6页)称:"2004年至2005年,尤某办了一个高岭土矿,办矿前,尤某找我商量和他共同入股,我和尤某商量把我的股权让给尤某,挂在尤某名下,但是当时没有约定股份比例,随后开始办理高岭土矿的手续。当时这个矿是尤某和其他人一起(具体还有谁投资我不清楚)投资的,先由尤某等人注册成立了一家公司(具体成立什么公司我不清楚),然后以公司名义通过D旗国土资源局申请采矿权,由D旗国土资源局初审后上报市国土资源局,高岭土矿储量和价款报告等是我找中介机构给他办的,地质资料数据直接使用我开办的高岭土矿的数据,环评、水保等其他手续是尤某办的"杨某为尤某提供了地质资料数据,而这部分地质

资料数据也是需要付费找专业机构采集才能得到,因此杨某是以非现金形式出资,不能认定杨某没有出资。

起诉书认为尤某办矿前找杨某帮忙,在杨某帮助下办理了采矿许可证,后来又找杨某帮忙将该高岭土矿以800万元价格转给珠江公司的王某厚的行为属于杨某利用职务便利为尤某谋取利益,辩护人不能认可。

所谓利用职务便利,主要是指利用本人职务上主管、负责、承办某项公共事务的职权。而尤某2019年3月21日证言(证据卷25第7—17页)称:“我咨询了D旗国土资源局担任股长的杨某,他说他回局里查一查看能办什么矿了,后他查询后说在D旗某乡有高岭土矿了,建议我办理高岭土矿,经我和刘某程商量我俩一致同意开办高岭土矿”,杨某供述称:“高岭土矿储量和价款报告等是我找中介机构给他办的,地质资料数据直接使用我开办的高岭土矿的数据,环评、水保等其他手续是尤某办的。”从以上笔录内容可以看出,杨某只是建议尤某办高岭土矿,并为尤某找了中介机构办理相关报告。建议办理何种矿属于杨某基于自身知识储备而作出的判断,而推荐中介机构也是杨某的个人关系,以上两种行为均与杨某本人职权无关。根据国土资源局的职责,对于办矿的申请,国土资源局只有审核的职权,而没有决定的权利,尤某也不可能因为找到杨某就一定能将该高岭土矿手续办成。况且在本案中大部分办矿手续都是尤某个人办理,杨某并未参与,因此不能认定杨某是利用职务便利帮助尤某办矿,这种便利最多能够认定为一种“工作便利”,与杨某职权无关。

尤某申办的高岭土矿属于与杨某之间的合作关系,而不是对杨某请托后在杨某的帮助下才申请成功,不能将二人之间的咨询、协商、合作,认定为受贿罪概念中的“请托”。

结合以上两点内容,尤某与杨某之间存在的是真实的合作关系,并没有受贿罪意义上的请托与受托的关系。

(二)通过客观行为无法推断杨某有受贿故意

在合作饭馆一事上,杨某与尤某并未结算,杨某的投资是否有回报不确定。但是在合作高岭土矿一事上,可以确定的是尤某和刘某程赚到了很多钱。根据尤某和刘某程的证言,800万元转让款中,该笔转让款被分成三份,其中有一份要给杨某作为分红。刘某程分得了230万元,占1/3。杨某在供述称自己并未参与协商,也不知道转让价款多少,也没有进行分红。目前杨某供述与尤某的证言不能对应,尤某的证言与刘某程的证言也不能对应,但最终的结果是杨某并未参与分红。假设尤某和刘某程所述真实,那么杨某就是放弃了230万元的巨额收益,很显然放弃2005年的230万元收益,转而追求16万余元的商铺款差价的做法不符合常理。

由于杨某与尤某之间存在合作关系,且双方没有结算。办矿一事杨某只是作为朋友、同学提供一些智力支持,并未参与分红。合买商铺一事也是双方共同经营的体现,双方多付一点少付一点并不影响之间的合作。如果当年买商铺也是为了给杨某好处,那么尤某就不会只出60万元购房款,不会将商铺产权落在自己妻子和杨某妻子名下作为共有财产,也不会按照一家一半的标准收取租金,更不会在2017年分割产权时收取杨某给予的14万元。因此购买商铺本身就不是出于弥补杨某、感谢杨某的目的。

通过尤某和杨某之间的客观行为,无法推断并认定杨某具有收受尤某贿赂的故意。

(三)关于二人之间就购买、分割商铺的经济往来

根据尤某的在案证言,其称自己多支付了购房款的具体计算方式为:

(1)16号商铺293,634元+17号商铺293,634元+18号商铺299,724元=886,992元(多算了2390元税费,实际价款应该为884,602元);

(2)尤某分三次支付现金购房款60万元;

(3)杨某以水星公司钱款抵顶284,602元;

(4)2017年分割,16号、17号商铺归杨某,一套作价28万元,杨某支付尤某14万元现金。

按照起诉指控的计算,尤某实际多支出:60万元-18号商铺299,724元-14万元=160,276元

但是,尤某从2005年买房到2017年分房的12年间,其支出60万元后,又收到了22万元和14万元,尤某实际支出的是600,000元-220,000元-140,000元=240,000元,而其分得的18号商铺价值是299,724元,尤某实际上少支付了59,724元。

而根据杨某的供述,其与尤某之间存在很多经济往来,其中包括:

(1)2001—2005年,合伙开饭馆,至今未结算;

(2)2004—2005年,尤某开办高岭土矿,杨某未分红;

(3)2005年尤某与杨某共同购买3间商铺,约定双方一家一半,杨某以水星公司钱款抵顶房款284,602元,2010年8月6日杨某通过王某四转给尤某妻子杨某芳22万元,2017年双方分割商铺,杨某分得16号、17号商铺,并给尤某14万元现金。就购买商铺一事,杨某的收支情况为:收入两套商铺合计293,634元×2=587,268元,支出为284,602元+220,000元+140,000元=644,602元,杨某为此多支出57,334元(与尤某少支付的59,724元差值2390元系多交的税款)。很明显,杨某的支出大于所得,在购买商铺一事上,杨某并不欠尤某钱。这一点,在原一审开庭时尤某的妻子杨某芬出庭作证证实两家之间债权债务早已结清。

从以上三点来看,辩护人认为该项指控不应认定受贿。

第二部分 量刑情节方面

一、杨某构成自首

《刑法》第67条规定:“犯罪以后自动投案,如实供述自己的罪行的,是自首。对于自首的犯罪分子,可以从轻或者减轻处罚。其中,犯罪较轻的,可以免除处罚。”最高人民法院、最高人民检察院《关于办理职务犯罪案件认定自首、立功等量刑情节若干问题的意见》(法发〔2009〕13号)规定:犯罪事实或者犯罪分子未被办案机关掌握,或者虽被掌握,但犯罪分子尚未受到调查谈话、讯问,或者未被宣布采取调查措施或者强制措施时,向办案机关投案的,是自动投案。在此期间如实交代自己的主要犯罪事实的,应当认定为自首。没有自动投案,但具有以下情形之一的,以自首论:(1)犯罪分子如实交代办案机关未掌握的罪行,与办案机关已掌握的罪行属不同种罪行的;(2)办案机关所掌握线索针对的犯罪事实不成立,在此范围外犯罪分子交代同种罪行的。

杨某在本案中具备“主动到案”“如实供述”等构成自首的必备条件,即使不认定杨某具备普通自首的完备要件,杨某依然符合“以自首论”的条件,具体理由如下:

(一)杨某系主动到案

为证明杨某的到案过程,辩护人在庭审过程中提交了杨某的行程记录以及通话记录,该部分证据证明2019年1月25日14:36,手机号为182××××××××的B市监察委员会工作人员给杨某打电话,当时杨某人在深圳,在接到B市监察委电话之后,杨某立即订机票从深圳到北京中转回B市,并将订票信息发送给监察委工作人员,监察委工作人员回复信息说“收到”,在2019年1月26日杨某乘坐中国联航KN5306航班回到B市后,从机场直接到监察委接受调查。杨某涉嫌受贿犯罪的事实并未被办案机关掌握,杨某是2019年1月26日14:48—15:01在B市廉政教育管理中心接受讯问,该时间在杨某乘坐飞机到达B市之后,应当认定杨某在被采取留置措施之前经电话通知自动投案,杨某接到监察委电话通知后自愿到监察委接受调查的行为足以证明杨某在主观上有自动投案的主动性和自愿性,系主动到案。

(二)杨某对受贿犯罪事实系如实供述

最高人民法院《关于被告人对行为性质的辩解是否影响自首成立问题的批复》规定:被告人对行为性质的辩解不影响自首的成立。本案中杨某从未否认过案件指控的事实存在,只是对每一起指控提出了自己的辩解理由,杨某并未从根本上否认客观事实,该行为并不能影响认定其如实供述。另外,本案调查的线索、留置的罪名与起诉的罪名均不一致。在案《中共B市纪律检查委员会问题线索登记分办呈批表》(程序卷第1页)显示:2018年2月5日B市纪委收到的是反映杨某向温某华行贿的线索;2018年10月30日,B市监察委员会《立案决定书》(程序卷第12页)也是对杨某职务违法问题进行调查;2019年1月26日B市监察委员会《留置决定书》(程序卷第

14页)以杨某涉嫌滥用职权对其采取留置措施,而非因受贿对其采取留置措施;2019年6月3日,B市纪委监委第五纪检监察室出具的《杨某到案经过》(程序卷第13页)也证明是对杨某涉嫌行贿问题进行立案调查,自留置措施以后查明杨某涉嫌受贿及滥用职权情况。上述证据并不能说明调查机关曾掌握了杨某受贿罪的线索。即杨某系因行贿被调查,因滥用职权被留置,但其主动到案后如实交代了办案机关未掌握的自己受贿问题,应当认定为如实供述。

(三)杨某符合"以自首论"的条件

本案系以行贿受理、以滥用职权留置,说明调查机关没有掌握杨某受贿的线索,杨某投案后主动交代调查机关不掌握的自己受贿的问题应当以自首论。退一步讲,即使调查机关掌握了部分受贿犯罪线索,比如何某裕向杨某行贿两辆车,但是案件办理过程中有证据证明掌握的受贿线索不构成犯罪,那么杨某在此之外交代的受贿事实也一样构成自首。因此,杨某符合以自首论的条件。

从以上三点内容来看,辩护人认为:杨某的行为符合自首认定中"自动投案"及"如实供述"的要件,依法应当认定自首。希望依法认定杨某构成自首,对其减轻处罚。

二、杨某积极退赃,可以从轻处罚

最高人民法院《关于常见犯罪的量刑指导意见》规定:对于退赃、退赔的,综合考虑犯罪性质,退赃、退赔行为对损害结果所能弥补的程度,退赃、退赔的数额及主动程度等情况,可以减少基准刑的30%以下。

本案案发后,杨某及其家属积极退赃,违纪款已经全部缴纳,在原一审审理过程中,家属又积极向法院交款,希望法院对其从轻处罚。

三、杨某认罪、悔罪态度好,可以从轻处罚

认罪态度好坏不能只看被告人是否认同办案机关的意见,法律赋予被告人辩解的权利,不能因为被告人辩解就认定其认罪态度不好。我们需要肯定杨某主动承认客观事实存在的行为,是否属于犯罪应当由法院进行裁判。杨某对于指控罪名自始至终没有异议,对于涉案事实供述稳定,其认罪态度良好,悔罪态度真诚,可以从轻处罚。

四、杨某主观恶性小,社会危害性小

本案指控8起事实,杨某与涉案证人之间多存在合作关系或者债权债务关系,他们之间的经济往来都有基础,并非权钱交易,也不会严重侵犯国家工作人员的职务廉洁性。杨某与本案的王某厚、马某、武某慧、何某裕共同经营D旗某牧业开发有限责任公司,由于当年当地特殊的经济形势,公务员经商办企业现象十分常见,杨某并非特例。辩护人并不认为公务员经商办企业是合法的,但属于违纪范畴,并应当结合当时的形式以及当地的环境来认定案件的社会危害性,于本案而言,杨某的行为社会危害性不大，未给当地造成恶劣影响。本案也未有杨某索贿及故意刁难、卡要等情形，主观恶性小，均是经济往来，希望法院对其从轻处罚。

五、希望法院在罚金刑上予以考虑

杨某及其家属愿意配合法院缴纳罚金，但由于杨某部分财产被作为违纪款没收，部分资产被查封冻结，部分对外债权无法变现。希望法院能够充分考虑杨某本人及其家庭现实的生活状况，对其判处最低幅度的罚金刑，这样既能保障杨某及其家人的生活，也能保证财产刑顺利执行。

从以上定罪、量刑两方面，辩护人认为杨某虽然接受了他人的财物，但是对于不应定性为受贿犯罪的部分应当严格依据证据进行裁判，做到不错判。在量刑方面给予杨某减轻处罚。上述意见希望法院予以采纳，作出公平、公正的判决。

此致

C旗人民法院

辩护人：北京市东卫律师事务所

姜志强

2021年6月7日

重审一审判决

A自治区C旗人民法院
刑事判决书

(2021)N0625刑初××号

公诉机关A自治区C旗人民检察院。

被告人杨某，男，1965年9月9日出生，居民身份证号码略，汉族，专科文化程度，原D旗政协副主席、国土资源局局长，户籍所在地A自治区B市D旗F镇，住A自治区B市D旗F镇欣园B区18号楼东户。因涉嫌受贿罪，2019年1月26日至2019年7月1日被B市纪委监委采取留置措施；经B市人民检察院决定，2019年7月2日被C旗公安局执行刑事拘留；2019年7月15日，由C旗人民检察院决定逮捕，同日由C旗公安局执行逮捕。现羁押于C旗看守所。

辩护人姜志强,北京市东卫律师事务所律师。

C 旗人民检察院以 C 检一部刑诉(2019)104 号起诉书指控被告人杨某犯受贿罪,向本院提起公诉。2020 年 8 月 26 日 C 旗人民法院作出(2019)N0625 刑初×××号刑事判决书,被告人杨某不服上诉到 B 市中级人民法院。B 市中级人民法院作出的(2020)N06 刑终×××号刑事裁定书,撤销 C 旗人民法院作出的(2019)N0625 刑初×××号刑事判决书,发回 C 旗人民法院重新审理。本院于 2021 年 3 月 15 日受理后,依法组成七人合议庭公开开庭审理了本案。C 旗人民检察院指派检察员越某琨、助理检察员郭某海出庭支持公诉,被告人杨某及其辩护人姜志强到庭参加诉讼。现已审理终结。

C 旗人民检察院指控,2008 年至 2019 年,被告人杨某利用担任 B 市 D 旗政协原副主席、国土资源局局长的职务便利,索取或收受他人财物共计 6,368,259.33 元,并为他人谋取利益,具体事实如下:

1. 2011 年,太阳集团长江煤炭有限责任公司长江煤矿纳入 D 旗 G 镇 2011 年至 2015 年移民搬迁计划。为煤矿能早日投产,太阳能源集团有限责任公司(以下简称太阳集团公司)法定代表人、董事长刘某祥找时任 D 旗国土资源局(以下简称 D 旗国土局)局长杨某帮忙,希望优先派遣工作组对长江煤矿井田范围内的土地进行征用。后长江煤矿顺利开展土地征用工作,并办理了临时使用土地审批手续。2013 年 4 月份,杨某提任 D 旗政协副主席(兼任 D 旗国土局局长)。杨某以工作用车为由,向刘某祥提出购买一辆丰田 V8 越野车。后刘某祥按照杨某的要求购买了一辆黑色丰田 V8 越野车并落户到太阳集团商贸有限责任公司名下,一直由杨某使用。为规避检查,2016 年杨某要求刘某祥将车辆过户到武某峰名下。该车辆购买、落户、装饰等费用共计 1,268,043.14 元。2019 年 2 月 2 日,杨某的妻子王某五将上述车辆交给了武某峰。

2. E 旗月亮房地产开发有限责任公司实际控制人马某和 D 旗水星房地产开发有限责任公司法定代表人武某慧在 D 旗承揽工程期间,为获得施工项目、办理土地审批等事宜多次找杨某帮忙。杨某借此于 2010 年向马某、武某慧提出购买一辆越野车,二人同意。2011 年 11 月,马某和杨某在北京以 2,498,000 元的价格购买了一辆黑色路虎揽胜越野车,加落户等费用共计 2,762,186.19 元,车款先由王某厚支付,后从王某厚欠马某、武某慧欠款中扣除。该车落户到了王某厚女儿王某二名下。2018 年,杨某以 1,500,000 元的价格将车辆抵顶给了张某军。

3. 2010 年夏天、2013 年 12 月、2015 年 12 月,马某为感谢杨某对其公司业务的照顾,三次送给杨某 1 万美元、2 万澳元,折合人民币 170,030 元。

4. 2011 年 6 月,马某去澳门旅游期间,以 10 万港元购买一块劳力士手表送给杨某,折合人民币 87,810 元。

5.2017 年 11 月，马某给王某三一辆黑色路虎揽胜越野车以抵顶其欠王某三(杨某妹夫)的工程款。杨某向王某三提出想使用上述车辆，王某三同意。后杨某让司机郝某峰对该车辆进行了整修，并让马某支付车辆整修费用 180,000 元。

6.2011 年至 2019 年 1 月，马某、武某慧支付杨某及其家人旅游机票及住宿费合计 203,504 元。

7.2008 年 3 月，杨某向 D 旗黄河煤矿实际控制人何某裕提出购买一辆越野车，何某裕同意。后何某裕购买了一辆白色丰田 400 陆地巡洋舰霸道越野车，落户到何某裕妻子贾某英名下。车辆购置、落户及保险等费用合计 716,410 元。2010 年，杨某以 800,000 元价格将该车辆抵顶给武某慧；2011 年 10 月，杨某以单位公车使用不方便为由，向何某裕提出购买一辆越野车。何某裕将自己使用的黑色丰田陆地巡洋舰越野车送给杨某。经鉴定，该车辆价值 820,000 元。2014 年 12 月，杨某以 600,000 元的价格将该车辆抵顶给了马某。

8.2004 年，时任 D 旗工商局副局长尤某与时任该局局长刘某程计划共同出资在 D 旗境内办矿，后尤某找到其同学杨某帮忙。在杨某的帮助下，尤某和刘某程完成了高岭土矿的选址、外业调查、采矿权申请等工作，并办理了采矿许可证。2005 年，尤某与刘某程协商将该高岭土矿转让，尤某再次找到杨某帮忙。通过杨某介绍，该高岭土矿以 8,000,000 元的价格转让给 D 旗珠江煤炭有限责任公司。为感谢杨某的帮助，尤某以其妻子杨某芳、杨某妻子王某五的名义购买了位于 D 旗 3 间商铺，并约定每人一间半。3 间商铺购房款、契税、两供基金合计 886,992 元，其中尤某交纳现金 600,000元，余款 286,992 元由杨某用材料款予以抵顶。2017 年，杨某提出将上述商铺中的两间所有权办理在杨某一(杨某之子)名下，并支付尤某现金 14 万元，尤某同意。杨某分得两间商铺购买价款及费用合计 587,268 元，剩余 160,276 元未向尤某支付。

公诉机关认为，被告人杨某利用国家工作人员的职务便利，索取或收受他人财物 6,368,259.33 元，为他人谋取利益，数额特别巨大，其行为触犯了《中华人民共和国刑法》第 385 条、第 386 条之规定，应当以受贿罪追究其刑事责任。

为证实上述指控，公诉机关出示了丰田 V8 车一辆、常住人口详细信息表、任职文件、车辆销售统一发票、航空运输电子客票行程单、携程网关联机票、酒店订单、土地征用文件、B 市价格认定局价格认定结论书等；证人马某、武某慧、刘某祥、何某裕、尤某、郝某峰等人的证言；被告人杨某的供述与辩解等证据。

被告人杨某对公诉机关指控的罪名无异议，且自愿认罪认罚，对指控的部分犯罪事实有异议。对指控收受刘某祥丰田 V8 越野车有异议，认为其与刘某祥借的车辆是在公务中使用，途中将车辆归还，后又借用，是违纪行为，不存在受贿。理由是当时单位向社会借用车辆 30 多辆，其中 2012 年给市国土资源局借用一辆丰田 V8 汽车，后期纪委以违规借用车辆处理。对指控马某、武某慧送路虎揽胜有异议，路虎揽胜车是其让王某厚购买的,使用的是王某厚欠其的钱,与马某、武某慧没有关系。对指控劳力士手表事实无异议,价格是3万港元并非10万港元。对指控修车的事实无异议,但对费用没有核对过。对指控的旅游机票、住宿费有异议,2007年至2018年,其让内弟王某四向马某支付过旅游及机票款50万元。其与何某裕有合作项目,在何某裕的黄河煤矿杨某持有5%的股份。其与何某裕合作石料厂,持有20%的股份,石料厂后转让,转让价款1000万元。现在合作的项目是某农牧业有限责任公司,其占有18%的股份。对于这两个车辆购买过程交付没有异议,何某裕向杨某送车是因为杨某与何某裕办过泰山石料厂,双方未结算过账目,后来口头约定将何某裕乘坐的两台车及100万元现金(转账)抵顶其的出资及股份分红。对和尤某合伙买房的事实无异议,对事实定性有异议,对16万元的计算方式有异议。在买房后,尤某向其拿了22万元,至此其与尤某房款结清。其用22万元现金和28万元的工程款购买了一间半商铺,这是正常的经济往来,不存在受贿。对指控1万美元、2万澳元不存在异议,钱在单位办理公务中使用了。

辩护人辩护意见是对罪名和部分事实无异议,对部分事实及量刑提出如下辩护意见:对公诉机关指控的第一起犯罪事实的辩护意见是根据在案证据及庭审内容不能证明杨某利用职务便利为太阳集团长江煤炭有限责任公司在征地拆迁工作中谋取了利益,刘某祥为杨某提供车辆使用的行为属于违规行为,杨某的行为不符合受贿罪的构成要件,不构成受贿罪。对公诉机关指控的第二起犯罪事实的辩护意见是从证据角度来看,杨某一直否认这辆车是马某和武某慧为其购买,而是其本人让王某厚购买,而马某、武某慧、王某厚作为证人,证言反复且前后矛盾,因此在事实存疑,证据矛盾不能排除合理怀疑得出唯一结论时,要作出有利于被告人的认定,依法认定本事实不属于杨某收受马某、武某慧的贿赂,而是杨某与王某厚之间的正常经济往来。对公诉机关指控的第三起收受美元、澳元犯罪事实无异议。对公诉机关指控的第四起犯罪事实的辩护意见是不构成受贿罪,但被告人杨某自认收受了马某的手表。本案中劳力士手表未到案,不能仅凭马某一人证言认定杨某收到的手表与马某送的手表具有同一性,手表价格未进行价格认定,不能证明杨某收受手表的价值。对公诉机关指控的第五起犯罪事实的辩护意见是该路虎揽胜车系马某抵顶给王某三,车辆所有人是王某三而不是杨某,杨某只是车辆的使用权人,车辆维修是马某在抵顶车辆过程中应当履行的义务,实际的受益人是王某三而不是杨某,因此不能认定为杨某受贿。郝某峰用于个人花销的22,000元不应当计算为杨某受贿款项。对公诉机关指控的第六起犯罪事实的辩护意见是指控事实不清,笔录的计算结果与指控的结果不一致,另,王某四曾向马某打款53万元,足以涵盖指控金额,杨某并未从马某、武某慧处获取不当的财产利益,本事实不属于受贿。对公诉机关指控的第七起犯罪事实的辩护意见是被告人杨某并未利用任何职务便利,为何某裕提供帮助,而是出于朋友关系,利用自己工作中对涉矿工作流程熟悉的便利提供的帮助,不符合受贿罪的犯罪构成,且涉案的两辆车均不是何某裕送给被告人杨某,而是因为杨某与何某裕之间存在合作关系,双方并未结算,何某裕买车、借车的行为属于对双方未结算账务的处置,与杨某的职权无关,该两辆车最终抵顶给杨某作为股权转让款,因此不能认定为受贿犯罪。对公诉机关指控的第八起犯罪事实的辩护意见是尤某与杨某之间一直存在合作关系,现双方债权债务已清,尤某与杨某共同购买商铺也是合作的一种表现形式,与行、受贿无关。对被告人杨某的量刑情节的辩护意见是被告人杨某在本案中具备主动到案且如实供述等构成自首的必备条件,即使不认定杨某具备普通自首的完备要件,杨某依然符合以自首论的条件;被告人杨某积极退赃,可以从轻处罚;被告人杨某认罪、悔罪态度好,可以从轻处罚;被告人杨某主观恶性小,社会危害性小;希望法院在罚金刑上予以考虑。

经审理查明,2008 年至 2019 年,被告人杨某利用担任 B 市 D 旗政协原副主席、国土资源局局长的职务便利,为他人谋取利益,并收受他人财物共计 1,629,421.14 元,具体犯罪事实如下:

一、2011 年,太阳集团长江煤炭有限责任公司长江煤矿纳入 D 旗 G 镇 2011 年至 2015 年移民搬迁计划。为煤矿能早日投产,太阳能源集团有限责任公司(以下简称太阳集团公司)法定代表人、董事长刘某祥找时任 D 旗国土资源局(以下简称 D 旗国土局)局长杨某帮忙,希望优先派遣工作组对长江煤矿井田范围内的土地进行征用。后长江煤矿顺利开展土地征用工作,并办理了临时使用土地审批手续。2013 年 4 月,杨某提任 D 旗政协副主席(兼任 D 旗国土局局长)。杨某以工作用车为由,向刘某祥提出购买一辆丰田 V8 越野车。后刘某祥按照杨某的要求购买了一辆黑色丰田 V8 越野车并落户到太阳集团商贸有限责任公司名下,一直由杨某使用。为规避检查,2016 年杨某要求刘某祥将车辆过户到武某峰名下。该车辆购买、落户、装饰等费用共计 1,268,043.14元。2019 年 2 月 2 日,杨某的妻子王某五将上述车辆交给了武某峰。

以上事实,有经当庭举证、质证的下列证据予以证实:

1. 常住人口详细信息表,证实杨某出生于 1965 年 9 月 9 日,户籍地 D 旗 F 镇。

2. 任职文件,证实 1990 年至 2002 年 D 旗地矿局工作;2002 年至 2015 年 D 旗国土局工作先后任地环股股长、分产股股长(其中 2007 年 2 月至 2015 年 11 月任国土资源局局长);2013 年 4 月至 2017 年 11 月 D 旗政协副主席。2017 年 11 月退休。

3. 费用明细表,证实车辆下户及购置税 96,953 元,车款 1,166,690.14 元,装饰费 4400 元,共计 1,268,043.14 元。

4. 二手车销售统一发票,证实 2016 年 9 月 19 日车辆由太阳集团过户到了陈某名下,2016 年 9 月 23 日过户到了武某峰名下。

5. D 旗太阳商贸有限责任公司记账凭证、报销单,证实 2013 年 6 月 8 日冯某栋向太阳集团报销96,953元、4400元,6月9日报销购车款1,166,690.14元,共计1,268,043.14元。2013年6月30日太阳公司将1,268,043.14元购车款登记入账。

6. 代理机动车业务授权委托书,证实2013年5月29日太阳公司委托赵某办理的新车落户手续。

7. 丰田V8车一辆,已经由纪委上缴国库。

8. 证人刘某祥证言,证实2013年4月杨某提出让刘某祥给自己买一辆越野车,后刘某祥安排武某峰购买了一辆丰田V8越野车,花费126万元多,车辆先落户到了D旗太阳商贸有限责任公司的名下,后按杨某要求落户到了个人名下,2019年2月2日杨某妻子王某五将车辆归还。

9. 证人武某峰证言,证实2013年4月刘某祥送给杨某一辆黑色丰田V8越野车,相关购买手续、过户手续是由武某峰负责办理的;2016年9月,杨某为用车方便,让武某峰将车辆过户到了武某峰名下;2019年2月2日,王某五将车辆归还。

10. 证人赵某证言,证实丰田越野车落户手续是由赵某、冯某栋办理的。

11. 证人冯某栋证言,证实丰田越野车落户手续是由赵某、冯某栋办理的。

12. 证人王某涛证言,证实2016年9月王某涛办理了丰田V8越野车过户手续,变更到了陈某名下。

13. 证人陈某证言,证实2016年9月王某涛办理了丰田V8越野车过户手续,变更到了陈某名下。

14. 证人郝某峰证言,证实丰田V8越野车在2013年至2018年5月一直由杨某本人使用和支配。

15. 证人李某成证言,证实杨某在2013年任D旗政协副主席后用的是国土局配备的公务用车;2015年卸任国土局长后将在国土局时使用的丰田400越野车的车编和车辆转到政协继续使用;2016年政协租用了一辆帕萨特轿车配备给杨某作为公务用车使用。

16. 证人王某五证言,证实杨某被采取留置措施后,王某五将丰田V8越野车给了太阳公司。

17. 被告人的供述与辩解,证实杨某在供述中称丰田V8车是自己和刘某祥借的,车辆一直由其个人使用。借车的原因是杨某看到其他的领导都坐的丰田V8越野车,杨某也想坐丰田V8越野车了。太阳能源集团公司的煤矿都在D旗了,是D旗国土局的服务对象,好多手续都需要国土局单位把关上报了,杨某和董事长刘某祥关系也挺好。

二、2017年11月,马某用一辆黑色路虎车抵顶其欠王某三(杨某妹夫)的工程款。杨某向王某三提出想使用上述车辆,王某三同意。杨某为自己用车方便,提出要求马某维修车辆,马某表示同意。后杨某让司机郝某峰对该车辆进行了整修,马某支付车辆整修费用180,000元，修理路虎揽胜越野车实际花费158,000元，剩余22,000元由郝某峰用于个人支出。

以上事实，有经当庭举证、质证的下列证据予以证实：

1. 注册登记摘要信息，证实路虎揽胜车于2017年11月8日转移登记至王某三名下。

2. E旗月亮房地产开发有限公司借款单，证实月亮公司用路虎车抵顶王某三的工程款70万元。

3. 大地汽车销售服务有限公司结算单、增值税电子普通发票，证实路虎车是由内蒙古大地汽车销售服务有限公司修理，修理路虎车实际花费158,078元。

4. 证人王某三证言，证实马某将路虎车抵顶给王某三后，杨某提出要使用该路虎车，王某三将车交给了杨某使用。

5. 证人马某证言，证实马某因杨某是D旗领导，担任国土局局长期间对马某的公司也挺关照，所以马某按杨某的要求支付了18万元的修理费。

6. 证人郝某峰证言，证实2018年1月，在D旗F镇杨某车库里，马某给了郝某峰18万元现金，当时杨某在现场。

7. 证人刘某东证言，证实2017年郝某峰在大地汽车销售服务有限公司修理了路虎车，花费了15万元多，后开了20万元左右的发票。

8. 被告人杨某的供述与辩解，证实杨某在供述中承认自己让马某修理路虎车的事实。

三、2011年11月，马某和杨某在北京以2,498,000元的价格购买了一辆黑色路虎揽胜越野车，落户花费214,186.19元，上述费用共计2,712,186.19元均由王某厚支付。该车落户到了王某厚女儿王某二名下，车辆实际由被告人杨某使用。2018年，杨某以1,500,000元的价格将车辆抵顶给了张某军。

2010年夏天、2013年12月、2015年12月，马某为感谢杨某对其公司业务的照顾，3次送给杨某1万美元、2万澳元，折合人民币177,278元。

2011年6月，马某去澳门旅游期间，以3万港元购买一块劳力士手表送给杨某，折合人民币26,100元。

以上事实，有经当庭举证、质证的下列证据予以证实：

1. 北京宇宙汽车销售有限公司账户明细，证实王某厚向北京宇宙汽车销售有限公司账户打入250万元。

2. 机动车注册登记表，证实2011年12月20日路虎越野车登记到了王某二名下。

3. 证人马某证言，证实路虎车的钱是王某厚出的，马某和武某慧没有给王某厚支付购买路虎车的钱，没有让王某厚出钱给杨某购买路虎车。2010年6月，马某在昆明世纪金源酒店给了杨某1万美元。2015年马某给杨某2万澳元，让其女儿念书用。

2012 年,马某送杨某一块劳力士金表。

4. 证人武某慧证言,证实路虎车是王某厚给杨某买的。

5. 证人王某厚证言,证实王某厚欠杨某的钱,杨某让王某厚用欠款利息给其买一辆路虎车。

6. 证人郭某军证言,证实杨某让郭某军给路虎车下了户,下户款 20 多万元是王某厚支付的。

7. 证人王某二证言,证实 2017 年 4—5 月的时候王某二知道自己名下有一辆路虎车。

8. 证人张某军证言,证实 2017 年杨某以 150 万元的价格将路虎车转让给了张某军。

9. 被告人杨某的供述与辩解,证实杨某在供述中承认收受马某送的 1 万美元、2 万澳元及 1 块劳力士手表的事实;杨某在供述中称路虎车是王某厚给自己买的,并在王某厚欠自己的欠款中扣除车款。

四、2011 年至 2019 年 1 月,马某、武某慧支付杨某及其家人旅游机票及住宿费合计 203,504 元。被告人杨某与武某慧、马某之间的旅游账务已结清。

以上事实,有经当庭举证、质证的下列证据予以证实:

1. 航空运输电子客票行程单(马某提供)、携程网关联机票、酒店订单,证实 2011 年至 2019 年 1 月,马某、武某慧支付杨某、王某五、杨某一机票费、住宿费共计 203,504 元。

2. 证人马某证言,证实杨某与马某之间的旅游账务已结清。

3. 证人武某慧证言,证实王某五将旅游花费给了武某慧。

4. 被告人杨某的供述与辩解,证实杨某在供述中承认马某、武某慧为自己及家人支付旅游相关费用的事实。

五、2004 年泰山石料厂成立,被告人杨某以其子杨某一的名义占股 20%。被告人杨某在 D 旗黄河煤矿以其前期投入和实际付出占股 5%。在 2008 年 3 月,杨某向 D 旗黄河煤矿实际控制人何某裕提出购买一辆越野车供其使用,何某裕同意。后何某裕购买了一辆白色丰田 400 陆地巡洋舰霸道越野车,落户到何某裕妻子贾某英名下。车辆购置、落户及保险等费用合计 716,410 元。2010 年,杨某以 800,000 元价格将该车辆抵顶给武某慧。2011 年 10 月,杨某要求何某裕提供一辆越野车供其使用,何某裕将自己使用的黑色丰田陆地巡洋舰越野车提供给杨某使用。经鉴定,该车辆价值 820,000 元。2014 年 12 月,杨某以 600,000 元的价格将该车辆抵顶给了马某。泰山石料厂和黄河煤矿在运营期间未分红亦未结算过账。2011 年黄河煤矿整合到神州煤炭公司,2012 年 6 月,泰山石料厂以 1000 万元转让给金星集团,杨某所占股份应得转让金为 200 万元,整合、转让完成后何某裕与杨某未对账务进行结算。2012 年 7

月23日，何某裕妻子贾某英向杨某指定的云某霞账户转账100万元，之后双方未进行结算。

以上事实，有经当庭举证、质证的下列证据予以证实：

1. 车辆档案信息，证实2008年3月车辆落户到了贾某英名下，车辆购买价格66万元。

2. 顶车协议，证实2016年8月25日D旗水星房地产开发有限公司将车辆以45万元的价格转让给了山西火星门业安装工程有限公司的俞某。

3. D旗黄河煤矿办理及延期采矿许可相关资料，证实2009年3月20日黄河煤矿申请由每年生产15万吨变更为每年生产30万吨，2009年4月7日市国土资源局审核完毕报自治区国土资源厅审核。采矿权延续申请登记书中有"填表人杨某"。2005年6月25日黄河煤矿申请采矿权延续，2005年12月20日黄河煤矿申请采矿权延续。

4. B市煤炭局关于D旗黄河煤矿改扩建初步设计的批复，证实2006年4月17日D旗黄河煤矿向A自治区国土资源厅缴纳探矿权采矿权使用费和价款217.09万元，交款人杨某。

5. A自治区探矿权采矿权使用费和价款专用收据，证实2006年4月17日D旗黄河煤矿向A自治区国土资源厅缴纳探矿权采矿权使用费和价款217.09万元，交款人杨某。

6. D旗不动产登记中心土地证书签收簿，证实2006年10月27日杨某领取D旗黄河煤矿集体土地使用权证。

7. 机动车转移登记申请表，证实2013年6月26日车辆转移登记到了郭某军名下，2014年12月2日转移登记到了姜某名下。

8. B市价格认定局价格认定结论书，证实陆地巡洋舰小型越野客车，在基准日2011年10月10日的认定价格为82万元。

9. B市国家税务局购置税票据，证实车辆价格为935,905元，已缴纳车辆购置税为79,992元。

10. 证人何某裕证言，证实2008年杨某向何某裕提出购买一辆越野车，何某裕以716,410元的价格购买了一辆丰田陆地巡洋舰400越野车给了杨某。2011年何某裕将自己正在使用的黑色丰田陆地巡洋舰越野车给了杨某。

11. 证人郭某军证言，证实何某裕送杨某的两辆车是由刘某忠负责购买，郭某军具体办理下户手续的。

12. 证人刘某忠证言，证实何某裕送杨某的两辆车是由刘某忠负责购买，郭某军具体办理下户手续的。

13. 证人贾某英证言，证实2008年何某裕给杨某的丰田陆地巡洋舰越野车落户到了贾某英名下。

14. 证人武某慧证言,证实2010年杨某将越野车抵顶给了武某慧。

15. 证人俞某证言,证实D旗水星房地产开发有限责任公司将丰田霸道越野车抵顶给了俞某。

16. 证人何某水、何某亮、马某、熊某证言,证实杨某将越野车通过马某抵顶给了熊某。

17. 被告人杨某的供述与辩解,证实杨某在供述中承认何某裕给自己两辆车的事实。

六、2005年尤某以其妻子杨某芳、杨某妻子王某五的名义购买了位于D旗F镇3间商铺,约定每人一间半。3间商铺购房款、契税、两供基金合计886,992元,其中尤某交纳现金600,000元,余款286,992元由杨某用材料款予以抵顶。2017年,杨某提出将上述商铺中的两间所有权办理在杨某一(杨某之子)名下,并支付尤某现金14万元,尤某同意。

以上事实,有经当庭举证、质证的下列证据予以证实:

1. D旗水星房地产公司收据,证实三间商铺共886,992元,包括购房款、契税、智能水表等费用。

2. 商品房买卖合同,证实2007年4月24日王某五、杨某芳向水星房地产公司(法定代表人武某慧)购买了3间商铺,每间277,167元。

3. 收料单、D旗水星房地产公司收据、情况说明,证实D旗水星房地产公司收到杨某材料款共286,992元。

4. D旗水星房地产公司收据,证实D旗水星房地产公司于2005年10月24日收到尤某支付购房款10万元、2005年11月21日收到30万元、2007年3月26日收到20万元,共60万元。

5. 证人王某五证言,证实杨某和尤某以王某五和杨某芳的名义共同买了3间商铺,分割时王某五给了杨某芳14万元。

6. 证人杨某芳证言,证实2005年杨某一家与尤某一家共同买了3间商铺。

7. 被告人杨某的供述与辩解,证实2005年杨某和尤某共同购买了3间商铺,2009年分割时,杨某分得两间商铺,尤某分得1间商铺,杨某让王某五给了尤某十几万元现金。

另查明,被告人杨某家属于2020年8月17日向C旗人民法院退缴受贿款740,153元,郝某峰于2020年8月17日向C旗人民法院退还违法所得22,000元。2021年8月18日,C旗人民检察院将扣押的丰田V8车依法评估拍卖成交价为477,423.3元。上述公诉机关出示的证据来源合法,具有客观性、关联性,能够证实本案事实,对其证明效力本院予以确认。

本院认为,被告人杨某身为国家工作人员,利用其在担任D旗国土局股长、局长的职务便利，为他人谋取利益，收受他人财物共计人民币1,629,421.14元，数额巨大，其行为已构成受贿罪，公诉机关指控罪名成立，本院予以支持。公诉机关指控的第一起犯罪事实，经查被告人杨某从2013年起开始使用车辆，至2019年被留置以后归还，期间虽然于2016年归还过，但是为了规避检查，并非归还车辆，且杨某已于2017年退休，但其仍然继续占有使用该车辆直至自己被留置，期间未退还过车辆，其本身没有退还的意思表示和行为，双方也没有借用的意思表示，结合杨某要求将车过户到武某峰名下方便自己使用等行为不符合借用的特点，属于受贿，对辩护人的辩护意见不予采纳。公诉机关指控的第二起犯罪事实，经查路虎揽胜越野车购车和落户费用均由王某厚支付，结合证人马某、武某慧、王某厚的当庭陈述，路虎揽胜越野车不属于杨某收受马某、武某慧的贿赂，而是杨某与王某厚之间的正常经济往来，对辩护人的辩护意见予以采纳。公诉机关指控的第四起犯罪事实，经查被告人杨某及证人马某对赠送手表的行为均认可，杨某、马某陈述的手表的价值分别为3万港元、10万港元，由于手表未到案，无法鉴定其价值，根据存疑有利于被告人的原则，认定该表价值为3万港元，折合人民币26,100元，对辩护人的辩护意见不予采纳。公诉机关指控的第五起犯罪事实，经查路虎揽胜车系杨某要求马某修理，目的是为自己使用时更加便利，马某的行贿对象就是杨某，杨某是受益人，杨某构成受贿。马某支付车辆整修费用180,000元，在杨某不知情的情况下，郝某峰将22,000元用于个人支出，杨某受贿款应认定为158,000元，对辩护人22,000元不应认定为杨某受贿款项的辩护意见予以采纳。公诉机关指控的第六起犯罪事实，经查根据证人马某、武某慧的当庭陈述，被告人杨某已将旅游款全部结清，该起事实不属于受贿，对辩护人的辩护意见予以采纳。公诉机关指控的第七起犯罪事实，经查被告人杨某以其儿子杨某一的名义于2004年在泰山石料厂实际出资并持有20%的股份，直至泰山石料厂于2012年6月转让，杨某未从泰山石料厂获得过股权分红。2012年6月，泰山石料厂以1000万元转让给金星集团，杨某所占股份应得转让金为200万元，2012年7月23日，贾某英向杨某指定的云某霞账户转账100万元，之后双方未进行结算。何某裕给付杨某100万现金及两辆越野车作为泰山石料厂所获的历年分红及股份转让收益符合常情常理，与本案在案的其他证据相互印证，对辩护人的辩护意见予以采纳。公诉机关指控的第八起犯罪事实，经查尤某与杨某之间一直存在合作关系，属双方正常经济往来，对辩护人的辩护意见予以采纳。公诉机关指控的第二起、第六起、第七起、第八起犯罪事实，不能排除合理怀疑，且证据不能证明受贿行为成立，本院不予认定，犯罪数额依法予以核减。对公诉机关指控的受贿美元、澳元金额、劳力士手表金额、车辆维修费用数额依法予以纠正；被告人杨某经电话传唤到案，如实供述自己的主要犯罪事实，视为自首，可以从轻处罚。被告人杨某家属主动退赔部分受贿款项，量刑时酌情从轻处罚；被告人杨某在监委的留置期间依法折抵刑期。

根据《中华人民共和国刑法》第52条、第53条、第64条、第67条第1款、第385条、第386条、第383条第1款第3项,《最高人民法院、最高人民检察院关于办理贪污贿赂刑事案件适用法律若干问题的解释》第2条、第12条、第19条,《最高人民法院、最高人民检察院关于办理受贿刑事案件适用法律若干问题的意见》第8条,《最高人民法院关于适用〈中华人民共和国刑事诉讼法〉的解释》第444条,《中华人民共和国监察法》第44条第3款之规定,判决如下:

一、被告人杨某犯受贿罪,判处有期徒刑5年1个月,并处罚金500,000元。罚金自判决生效后5日内一次性缴纳;

(刑期从判决执行之日起计算。判决执行以前先行羁押的,羁押1日折抵刑期1日,即自2019年1月26日起至2024年2月25日止。)

二、追缴被告人杨某违法所得411,844.84元(违法所得1,629,421.14元核减被告人杨某家属主动上缴的赃款740,153元,丰田V8车拍卖所得477,423.3元)及没收郝某峰退缴的违法所得22,000元,上缴国库;

三、未随案移送的财产,由查封、扣押机关负责处理。

如不服本判决,可在接到判决书的第二日起10日内,通过本院或者直接向B市中级人民法院提出上诉。书面上诉的,应当提交上诉状正本1份,副本2份。

审　判　长:×××
审　判　员:×××
审　判　员:××××
人民陪审员:××
人民陪审员:××
人民陪审员:×××
人民陪审员:×××
2021年9月13日
书　记　员:××
书　记　员:××

办案总结

自2019年1月至今,本人办理杨某受贿案已经将近3年时间,经过两级法院的3次审理,杨某的受贿金额从指控的6,368,259.33元减少到一审法院认定的4,720,382.33元,案件发回重审后受贿金额减少到1,629,421.14元。刑期由最开始的有期徒刑10年变为有期徒刑5年1个月。无论是金额还是刑期都发生了巨大变化,充分实现了有效辩护。

本案的判决结果具有一定的指导意义和参考作用，现就办案过程中的感受、经验总结如下：

一、准确区分正常经济往来与受贿

实践中，受贿与正常经济往来并不冲突，即便行贿人和受贿人之间有经济往来，也不一定影响受贿人收受他人财物，需要具体问题具体分析。杨某受贿案中，在受贿人和行贿人之间存在债权债务纠纷的情况下，如何正确区分正常经济往来和行贿受贿一直是本案辩护的关键点。杨某本人坚称多数指控的事实是将正常的经济往来错误认定为受贿，辩护人结合在案证据也认为杨某本人的说法合情合理。行贿人行贿却让第三人出资，第三人又欠杨某大额资金，行贿人不出钱、出钱人不行贿，这合理吗？行贿人与受贿人共同出资经营企业，受贿人占股未分红的情况下收取行贿人的款项到底是分红款还是行贿款？一系列有争议的事项随着案件审理的不断深入，真相逐渐浮出水面，最终证明被告人杨某和辩护人的坚持是对的。

二、充分利用律师执业权利，申请证人出庭作证、调查取证

本案之所以取得重大突破，与证人出庭作证有很大关系。为了查明案件真相，辩护人向法院申请了多位关键证人出庭作证，虽然不知道证人是否会出庭以及出庭如何表述，但只要证人出庭就会给当事人和证人一次对质的机会。幸运的是，本案出庭作证的证人推翻了自己之前的证言，并陈述了案件的事实真相。在案件办理中，辩护人根据指控的事实，在和被告人本人了解情况后，向有关部门调取了大量客观证据，而且调取的这部分客观证据完全与证人庭上证言相互印证。最终，法院经过全面审理，认为相关犯罪事实不能排除合理怀疑，故采信了辩护人的辩护意见。

2021 年 9 月，中央纪委国家监委与中央组织部、中央统战部、中央政法委、最高人民法院、最高人民检察院联合印发了《关于进一步推进受贿行贿一起查的意见》，这对办理受贿类案件也有重要的指导意义。加大对行贿人的惩处力度，一定程度上有助于"行贿人"在被调查时如实陈述。行贿人如实陈述将很大程度上减少受贿罪中的错误指控、不实指控，更加公平公正。本案给了我们一个方向：搜集证据、还原事实、立足法律、有效辩护才是刑事律师工作的应有之义。

专家点评

一、一审阶段概要

公诉机关共指控杨某受贿事实 8 起，受贿数额 636 万余元，律师于本案一审阶段介入案件，提出多起事实不构成受贿罪，且杨某系自首的辩护意见。一审判决认定受贿事实 7 起，受贿数额 472 万余元，未认定自首，判处杨某有期徒刑 10 年，并处罚金 50 万元。

二、二审阶段概要

二审法院开庭审理后,认为一审未告知杨某公诉人员变更情况,限制了杨某申请回避的权利,可能影响公正审判,将本案发回重审。

三、重审一审阶段概要

法院重新审理后认定受贿事实 4 起,受贿数额 162 万余元,并认定自首,判处杨某有期徒刑 5 年 1 个月,并处罚金 50 万元。

四、案件评析

相较于起诉书、原一审判决书,本案最终认定的受贿数额及判处刑期均大幅降低,案件取得了较为显著的辩护效果。

在本案的办理过程中,律师凭借认真踏实的工作作风、扎实专业的法律功底和多年的刑事辩护经验,敏锐、准确地抓住了本案的辩护焦点,即厘清正常经济往来和受贿的关系。辩护分为定罪事实部分和量刑情节部分。前一部分针对所指控犯罪事实逐一展开,立足在案证据,梳理指控事实,明辨是非曲直。通过在事实——证据——法律适用间循环往复,充分阐明了起诉书所指控的部分事实,即杨某与他人合作经商,应系正常经济往来而非受贿犯罪,借此求取准确认定的实效,终于得偿所愿。所作辩护逻辑清晰、层次分明、有理有据,令人信服。后一部分则不仅为杨某争取了有利的量刑空间,而且充分论述了自首的成立条件,亦为合议庭所采信。应当说,律师稳健缜密的辩护风格为合议庭准确把握辩护思路从而采纳辩护意见奠定了坚实基础。

准确区分正常经济往来和受贿行为是很多受贿案件办理的重点和难点。我国的公务员法明确规定,公务员不得“违反有关规定从事或者参与营利性活动,在企业或者其他营利性组织中兼任职务”。所以实践中经常出现国家工作人员参与营利性活动获取收益,却无法使用本人及近亲属姓名的情形。一旦进入司法程序,由于收集其经商的证据较为困难,有可能会导致司法机关直接将经营所得数额认定为职务犯罪数额。《全国法院审理经济犯罪案件工作座谈会纪要》关于受贿罪部分就明确规定了在认定以借款为名索取或者非法收受财物行为时,应当根据“双方平时关系如何,有无经济往来”等因素综合判定。本案辩护过程中,律师在张弛有度、统揽全案的前提下,成功申请关键证人出庭作证,还原了案件事实真相,为合议庭法官辨法析理,将正常经济往来款项从受贿数额中减除平添助力,最大限度维护了当事人的合法权益。

审核人、点评人:北京律师智库重大复杂案件研究专家组成员　孙明经律师

复核人:北京律师智库重大复杂案件研究专家组副组长　许兰亭律师

细致剖析，主体改变

——朱某某非国家工作人员受贿案

争议焦点

受贿罪与非国家工作人员受贿罪的区别？“国家工作人员”的认定。

关键词

受贿罪　非国家工作人员受贿罪　国家工作人员

案情简介

A海化煤业公司（以下简称A海化）因生产需要，从D煤业股份公司（以下简称D煤业）购买煤炭，由于某铁路局车皮计划难批，导致其购买的煤炭无法运输，严重影响了公司的生产经营。在车皮难求的情况下，A海化委托社会人员袁×波从中协调车皮，并签订了委托代理协议，A海化根据煤炭发运量向袁×波支付代理费。袁×波随后与本案朱某某（时任请车计划员）联系协调车皮，然后，朱某某找某铁路局人员从中协调车皮。袁×波按煤炭发运量送给朱某某现金和承兑汇票，2013年5月案发。本案因管辖问题，A省人民检察院指定B市C区人民检察院侦查。C区人民检察院指控：2009年至2012年期间，朱某某在担任×矿煤业公司煤质运销部调度员、计划员期间，利用职务便利，收受袁×波贿送的现金和承兑汇票132万元，并在煤炭运输过程中为请托人谋取利益，应当以受贿罪追究刑事责任。我接受委托担任其一审辩护人，及时到朱某某所在单位了解情况，分析发现，起诉书指控朱某某犯受贿罪的主体错误，并调取了其与D煤业签订的劳动合同提交法院，以证明朱某某不是国家工作人员；同时，×矿集团、×矿煤业也为公诉机关出具了证明，证明朱某某是国家工作人员。因此，朱某某的主体身份问题就成了本案的主要争议焦点。一审判决没有支持我的观点,被告人不服向B市中级人民法院提起上诉,家属委托了其他律师担任二审辩护人,二审维持原判。家属仍不服,委托我逐级申请再审,2018年10月,A省高级人民法院决定再审,指定E市中级人民法院再审。2019年11月本案在B市监狱开庭审理,E市中级人民法院最终判决撤销二审裁定和一审判决,朱某某犯非国家工作人员受贿罪判处有期徒刑6年7个月。

一审判决书

A省B市C区人民法院
刑事判决书

(2014)×刑初字第16号

公诉机关B市C区人民检察院。

被告人朱某某,男,1972年7月11日出生,汉族,大学文化,原D煤业股份有限公司煤质运销部调度员、计划员,住A省××。因涉嫌受贿罪于2013年5月10日被刑事拘留,同月27日被监视居住,同年6月4日被刑事拘留,同月21日被逮捕。现羁押于B市C区看守所。

辩护人刘岩、于晶珠,北京市紫光达律师事务所律师。

B市C区人民检察院以××公诉二刑诉(2013)99号起诉书指控被告人朱某某犯受贿罪,于2014年1月2日向本院提起公诉。本院依法组成合议庭,公开开庭审理了本案。B市C区人民检察院指派检察员王某、韩某出庭支持公诉,被告人朱某某及其辩护人刘岩、于晶珠到庭参加诉讼。现已审理终结。

B市C区人民检察院指控,2009年2月至2012年6月,被告人朱某某在担任D煤业股份有限公司(以下简称为D煤业公司)煤质运销部调度员、计划员期间,利用职务便利,5次收受袁×波贿送现金52万元,承兑汇票80万元,并在煤炭运输过程中为请托人谋取利益。

针对指控的犯罪事实,公诉机关提供了被告人朱某某的供述和辩解,证人袁×波、王×源、费×文、张×民4人证言,D矿业(集团)有限公司(以下简称为×矿集团)文件、发运精煤表、银行业务凭证等书证。公诉机关认为被告人朱某某身为国家工作人员,利用职务便利,非法收受他人财物,并为他人谋取利益,其行为触犯了《中华人民共和国刑法》第385条、第386条,犯罪事实清楚,证据确实、充分,应以受贿罪追究其刑事责任。

被告人朱某某辩解：(1)其本人并没有利用自己的职务便利为袁×波谋取利益；(2)其是通过专门从事协调车皮计划的代理人王×源到某铁路局协调车皮计划，总共向王×源支付了441,800元，还支付给其领导顾某28万元，余款自己留下；(3)在此期间没有损害D煤业公司的利益。

辩护人提出的辩护意见是，(1)被告人朱某某不属于国家工作人员。被告人朱某某所在公司D煤业公司不是国有企业，朱某某也不是×矿集团委派至D煤业公司从事监督、管理国有资产的人员。(2)被告人朱某某并没有利用自己的职务便利为袁×波谋取利益。袁×波的请托事项主要是铁路计划和承认车，这些都是某铁路局的审批范围，不是朱某某职务范围内的事项。朱某某是通过王×源协调铁路运输计划，不是直接利用其调度员、计划员的便利；在为A海化煤业化工有限公司(以下简称为海化煤业公司)发运煤炭环节，朱某某严格履行职责，装运过程不是朱某某个人能够决定的，所以没有利用职务便利。(3)王×源收取朱某某的44万元，去向如何？怎样定性处理？本案没有下文。王×源收取的44万元如果不构成犯罪，是否就可以证明王×源收取朱某某的44万元是合法的。(4)指控送现金52万元、承兑汇票80万元，只有袁×波和朱某某二人的供述，且是根据2009年2月至2012年6月煤炭发运量计算出来的，但2012年1月之后的发运量与袁×波无关。因此，计算出的结果不具有客观性。

经审理查明，2009年2月至2012年6月，被告人朱某某在担任D煤业公司煤质运销部调度员、计划员期间，利用职务便利，五次收受袁×波送的“计划费”和“点装费”共计折合人民币1,320,000元，包括现金520,000元和承兑汇票800,000元。被告人朱某某将其中441,800元支付给王×源用于协调铁路运输计划，余款878,200元归自己占有，并在煤炭发运过程中为袁×波谋取利益。

上述事实，有如下证据予以证实：

1. 被告人朱某某的供述和辩解。证明：袁×波是海化煤业公司煤炭运输的代理人，为了在协调铁路运输计划和煤炭发运方面获得朱某某的帮助，共计5次送给朱某某“计划费”和“点装费”折合人民币1,320,000元，包括520,000元现金和800,000元承兑汇票。其中441,800元朱某某交给王×源用于协调铁路运输计划，280,000余元交给煤质运销部副主任顾某，余款590,000余元自己留下。朱某某找王×源协调铁路运输计划，为袁×波提供“请车”及“承认车”信息，并尽量装载适合海化煤业公司炼焦的“济二矿”“济三矿”的D二号精煤等方面为袁×波提供帮助。

2. 证人袁×波的证言。证明：被告人朱某某是D煤业公司煤质运销部的调度员和计划员，袁×波为了能够顺利发运煤炭，向朱某某送了520,000元现金和800,000元承兑汇票作为“点装费”和“计划费”。朱某某帮忙找人协调铁路运输计划并支付“点装费”，同时在提供“请车”“承认车”信息以及装载煤炭等环节上提供帮助。

3. 证人王×源的证言。证明:朱某某找王×源为袁×波帮助协调铁路运输计划,按每车100元付给王×源费用,总计支付441,800元,王×源将其中一部分用来协调铁路运输计划和“承认车”,余款自己留下。

4. 证人费×文的证言。证明:朱某某是×矿集团煤质运销部调运科计划员和调度员,负责煤炭运输工作,主要包括参加日常调运工作,制订请车计划、下达日班运输作业计划等。朱某某能够及时掌握“请车”、“承认车”、空重车装卸作业情况信息,在“补请”、补发车皮、去哪个煤矿装车、压缩列车的矿停时间等环节上可以根据情况自己把握。

5. 证人张×民的证言。证明:2009年以来张×民共5次和朱某某一起到×矿集团俱乐部门口附近等同一个人拿钱,其中前三次是现金,后两次都是牛皮纸的信封。

6. 海化煤业公司记账凭证、付款通知单、JM工贸有限公司收据、承兑汇票3张及袁×波银行账户明细。证明:袁×波送给朱某某的现金和承兑汇票的来源,与袁×波证言、朱某某供述相互印证。

7. 被告人朱某某的户籍证明、岗位说明书、介绍信、工资转移证存根、干部介绍信、干部调配登记表、管理人员履历表、专业技术职称评审简表、专业技术职务聘任呈报表、×矿集团企业信息、D煤业公司外商投资企业登记信息、×矿集团董事局文件[×矿集团董发(2002)26号]及附件、×矿集团人事管理部证明。证明:×矿集团系国有独资公司,D煤业公司系×矿集团控股的股份有限公司。被告人朱某某原系×矿集团的工作人员,1997年10月经×矿集团决定朱某某所在的煤质运销部划归D煤业公司,煤质运销部原工作人员保留原有身份到D煤业公司继续工作。2002年×矿集团对下属单位进行重组,成立五大专业公司,经×矿集团决定,原D煤业公司煤质运销部在编工作人员,在D煤业公司煤质运销部继续工作。

8. D煤业公司调运科业务职责、调运调度员岗位说明书、销售科业务职责、火车直达业务流程图、朱某某的职务范围。证明:朱某某的工作职责主要是根据销售科月度计划及客户交款情况排定请车方案,经调运科科长审阅后,上报铁路请车,并根据承认车内容打印出装车计划表,按照装车计划下达运输班及货运员作业计划等。

9. 2009年1月—2012年4月D煤业公司向海化煤业公司发运煤炭汇总表、D煤业公司2009年2月、2010年9月运输方案、商品煤价格目录表、煤炭买卖合同、请车计划、朱某某制订的部分日班作业计划等。证明:向海化煤业公司发运的煤炭是×矿二号精煤,多数是J二矿、J三矿的煤炭。2009年1月—2010年5月的日班作业计划后面均标有“J二矿”、“J三矿”或“销售科、J二矿、J三矿”字样。

综合证据:

(1)办案说明两份及立案决定书、拘留决定书、逮捕决定书各两份。证明该案的发破案经过,被告人朱某某具有立功表现。(2)扣押通知书及扣押清单。证明C区人民检察院扣押被告人朱某某现金100万元。

上述事实及证据,经控辩双方当庭举证、质证,能够相互印证,足以认定。

本院认为,被告人朱某某身为国家工作人员,利用职务便利,非法收受他人财物,并为他人谋取利益,其行为构成受贿罪。公诉机关指控的罪名成立。根据×矿集团人事部的证明及×矿集团有限公司董事局文件[×矿集团董发(2002)26号],被告人朱某某系经×矿集团决定,在D煤业公司煤质运销部从事管理工作。而×矿集团系国有独资公司,D煤业公司是非国有公司,但属于国家出资企业,被告人朱某某系国有公司委派至国家出资企业中从事公务的人员,以国家工作人员论。辩护人关于被告人朱某某不属于"国家工作人员"的意见,本院不予采纳;证人费×文的证言证实被告人朱某某在"补请""补发"车辆、装车的时间及装载哪个煤矿的煤炭等方面均能根据情况把握,结合被告人朱某某供述、证人袁×波的证言能够证实朱某某利用职务便利,为袁×波谋取利益的事实。对辩护人关于朱某某没有利用职务便利为袁×波谋取利益的意见,本院不予采纳。被告人朱某某和行贿人袁×波二人均明知1,320,000元中包含"点装费"和"计划费",也明知朱某某需要支付"计划费"为袁×波协调铁路运输计划。因此,对于朱某某支付给王×源的441,800元"计划费",应从受贿数额中扣除,受贿数额为878,200元。被告人朱某某具有立功表现,依法减轻处罚;积极退赃,酌情从轻处罚。依照《中华人民共和国刑法》第385条、第386条、第383条、第68条、第63条第1款、第64条之规定,判决如下:

一、被告人朱某某犯受贿罪,判处有期徒刑7年,并处没收财产人民币5万元。

(刑期从判决执行之日起计算。判决执行前先行羁押的,羁押1日折抵刑期1日,指定居所监视居住2日折抵刑期1日,即自2013年5月10日起至2020年5月12日止。)

二、追缴赃款878,200元,由C区人民检察院上缴国库。

如不服本判决,可在接到本判决书的第2日起10日内,通过本院或直接向A省B市中级人民法院提出上诉。书面上诉的,应当提交上诉状正本1份,副本20份。

审　判　长:×××
审　判　员:×××
人民陪审员:×××
2014年5月27日
书　记　员:×××

二审裁定书

A省B市中级人民法院
刑事裁定书

(2014)×刑二终字第22号

原公诉机关B市C区人民检察院。

上诉人(原审被告人)朱某某,男,1972年7月11日出生于××,汉族,大学文化,原D煤业股份有限公司煤质运销部调度员、计划员,住A省××。因涉嫌犯受贿罪于2013年5月10日被刑事拘留,同年5月27日被监视居住,同年6月4日被刑事拘留,同年6月21日被逮捕。现羁押于B市C区看守所。

辩护人张某,江苏某某律师事务所律师。

辩护人郭某某,A律师事务所律师。

B市C区人民法院审理B市C区人民检察院指控原审被告人朱某某犯受贿罪一案,于2014年5月27日作出(2014)×刑初字第16号刑事判决。原审被告人朱某某不服,提出上诉。本院依法组成合议庭,经过阅卷,讯问被告人,听取辩护人意见,认为事实清楚,决定不开庭审理。现已审理终结。

原审法院判决认定,2009年2月至2012年6月,被告人朱某某在担任D煤业公司煤质运销部调度员、计划员期间,利用职务便利,5次收受袁×波送的"计划费"和"点装费"共计折合人民币1,320,000元,包括现金520,000元和承兑汇票800,000元。被告人朱某某将其中441,800元支付给王×源用于协调铁路运输计划,余款878,200元归自己占有,并在煤炭发运过程中为袁×波谋取利益。

上述事实,有经一审庭审质证的下列证据予以证实:

1. 被告人朱某某的供述和辩解。证明:袁×波是海化煤业公司煤炭运输的代理人,为了在协调铁路运输计划和煤炭发运方面获得朱某某的帮助,共计5次送给朱某某"计划费"和"点装费"折合人民币1,320,000元,包括520,000元现金和800,000元承兑汇票。其中441,800元朱某某交给王×源用于协调铁路运输计划,280,000余元交给煤质运销部副主任顾某,余款590,000余元自己留下。朱某某找王×源协调铁路运输计划,为袁×波提供"请车"及"承认车"信息,并尽量装载适合海化煤业公司炼焦的"J二矿""J三矿"的D二号精煤等方面为袁×波提供帮助。

2. 证人袁×波的证言。证明:被告人朱某某是D煤业公司煤质运销部的调度员和计划员,袁×波为了能够顺利发运煤炭,向朱某某送了520,000元现金和800,000元承兑汇票作为“点装费”和“计划费”。朱某某帮忙找人协调铁路运输计划并支付“点装费”，同时在提供“请车”“承认车”信息以及装载煤炭等环节上提供帮助。

3. 证人王×源的证言。证明：朱某某找王×源为袁×波帮助协调铁路运输计划，按每车100元付给王×源费用，总计支付441,800元，王×源将其中一部分用来协调铁路运输计划和“承认车”，余款自己留下。

4. 证人费×文的证言。证明：朱某某是×矿集团煤质运销部调运科计划员和调度员，负责煤炭运输工作，主要包括参加日常调运工作，制订请车计划、下达日班运输作业计划等。朱某某能够及时掌握“请车”、“承认车”、空重车装卸作业情况信息，在“补请”、补发车皮、去哪个煤矿装车、压缩列车的矿停时间等环节上可以根据情况自己把握。

5. 证人张×民的证言。证明：2009年以来张×民共5次和朱某某一起到×矿集团俱乐部门口附近等同一个人拿钱，其中前三次是现金，后两次都是牛皮纸的信封。

6. 海化煤业公司记账凭证、付款通知单、JM贸有限公司收据、承兑汇票3张及袁×波银行账户明细。证明：袁×波送给朱某某的现金和承兑汇票的来源，与袁×波证言、朱某某供述相互印证。

被告人朱某某的户籍证明、岗位说明书、介绍信、工资转移证存根、干部介绍信、干部调配登记表、管理人员履历表、专业技术职称评审简表、专业技术职务聘任呈报表、×矿集团企业信息、D煤业公司外商投资企业登记信息、×矿集团董事局文件[×矿集团董发(2002)26号]及附件、×矿集团人事管理部证明。证明：×矿集团系国有独资公司，D煤业公司系×矿集团控股的股份有限公司。被告人朱某某原系×矿集团的工作人员，1997年10月经×矿集团决定朱某某所在的煤质运销部划归D煤业公司，煤质运销部原工作人员保留原有身份到D煤业公司继续工作。2002年×矿集团对下属单位进行重组，成立五大专业公司，经×矿集团决定，原D煤业公司煤质运销部在编工作人员，在D煤业公司煤质运销部继续工作。

7. D煤业公司调运科业务职责、调运调度员岗位说明书、销售科业务职责、火车直达业务流程图、朱某某的职务范围。证明：朱某某的工作职责主要是根据销售科月度计划及客户交款情况排定请车方案，经调运科科长审阅后，上报铁路请车，并根据承认车内容打印出装车计划表，按照装车计划下达运输班及货运员作业计划等。

8. 2009年1月—2012年4月D煤业公司向海化煤业公司发运煤炭汇总表、D煤业公司2009年2月、2010年9月运输方案、商品煤价格目录表、煤炭买卖合同、请车计划、朱某某制订的部分日班作业计划等。证明：向海化煤业公司发运的煤炭是×矿二号精煤，多数是J二矿、J三矿的煤炭。2009年1月—2010年5月的日班作业计划后面均标有“J二矿”、“J三矿”或“销售科、J二矿、J三矿”字样。

另有经一审庭审质证且确认的下列综合证据：

1. 办案说明两份及立案决定书、拘留决定书、逮捕决定书各两份。证明该案的发破案经过,被告人朱某某具有立功表现。

2. 扣押通知书及扣押清单。证明C区人民检察院扣押被告人朱某某现金100万元。

原审法院认为,被告人朱某某身为国家工作人员,利用职务便利,非法收受他人财物,并为他人谋取利益,其行为构成受贿罪。被告人朱某某具有立功表现,依法减轻处罚;积极退赃,酌情从轻处罚。依照《中华人民共和国刑法》第385条、第386条、第383条、第68条、第63条第1款、第64条之规定,以受贿罪判处被告人朱某某有期徒刑7年,并处没收财产人民币5万元。追缴赃款878,200元,由C区人民检察院上缴国库。

上诉人朱某某提出以下上诉理由:(1)原审法院认定其身为国家工作人员没有事实依据;(2)原审法院认定其利用职务便利非法收受他人财物,并为他人谋取利益证据不足,其行为不构成受贿罪。

其辩护人提出的辩护意见与其上诉理由一致。

经二审审理查明的事实和证据与原审法院判决相同。

针对上诉人朱某某所提上诉理由及其辩护人所提辩护意见,根据本案的事实、证据及相关法律规定,本院评判如下:

对于上诉人朱某某及其辩护人所提原审法院认定其身为国家工作人员没有事实依据,其不是国家工作人员的上诉理由及辩护意见。

经查,在案证据证明×矿集团系国有独资公司,D煤业公司系国有控股公司。上诉人朱某某原在×矿集团煤质运销部从事管理岗位工作,系在编干部身份。1997年10月,×矿集团作为唯一发起人成立D煤业公司,经×矿集团决定,将×矿集团原煤质运销部统一划归D煤业公司,×矿集团原煤质运销部全部在编人员保留原有身份到D煤业公司继续工作。2002年,×矿集团对下属单位进行重组,成立五大专业化公司,经×矿集团决定,原D煤业公司煤质运销部在编工作人员保留原有岗位、编制、身份,在D煤业公司煤质运销部继续工作。综上,上诉人朱某某系×矿集团决定并代表×矿集团在D煤业公司从事监督、管理职权,系国有公司委派到非国有公司从事公务的人员,应当认定为国家工作人员。朱某某及其辩护人的前述上诉理由和辩护意见不能成立,本院不予采纳。

对于上诉人朱某某及其辩护人所提原审法院认定其利用职务便利非法收受他人财物,并为他人谋取利益证据不足,其行为不构成受贿罪的上诉理由和辩护意见。

经查,在案证据证明上诉人朱某某所担任的D煤业公司煤质运销部调运科调度员、计划员的工作岗位职责是组织协调D集团煤炭铁路运输及日常调运工作,根据生产动态等情况制定下达日班运输作业计划并督促执行,制订提交请求车计划,随时掌握空重车装卸作业情况,压缩列车的旷停时间等。朱某某利用担任上述职务上的便利,在向装车站下达作业计划、调度空重车装卸作业情况、优先及时装车、发车以及在补请、补发车皮等方面,为袁×波谋取利益并收取财物,其行为符合受贿罪的犯罪构成。朱某某及其辩护人的前述上诉理由和辩护意见不能成立,本院不予采纳。

本院认为,上诉人朱某某身为国家工作人员,利用职务便利,非法收受他人财物,为他人谋取利益,其行为构成受贿罪。上诉人朱某某具有立功表现且积极退赃,依法对其减轻处罚。原审法院判决认定事实清楚,证据确实、充分,定罪正确,量刑适当,审判程序合法。依照《中华人民共和国刑事诉讼法》第225条第1款第1项之规定,裁定如下:

驳回上诉,维持原判。

本裁定为终审裁定。

审判长:×××

审判员:×××

陪审员:×××

2014年8月15日

书记员:×××

申诉书

刑事申诉书

申诉人:胜某(化名),女,汉族,大学文化,住A省××。系朱某某之妻。

朱某某因受贿一案不服B市C区人民法院(2014)×刑初字第16号判决,提起上诉,B市中级人民法院作出(2014)×刑二终字第22号刑事裁定,维持原判。申诉人不服提出申诉,B市中级人民法院驳回申诉。申诉人仍不服,现根据《中华人民共和国刑事诉讼法》第242条第1、2、3项,特向贵院申诉。

申诉请求:请求贵院立案再审,撤销一审判决、撤销二审裁定,改判朱某某不构成受贿罪。

事实与理由:

一审、二审法院均认为朱某某收受袁×波的钱款是利用其国家工作人员的身份,构成受贿罪。申诉人认为朱某某主体身份不应定为国家工作人员;朱某某通过某铁路局王×源的关系为A海化煤业化工有限公司(以下简称海化公司)申请车皮计划未利用职务便利,请车和装车是履行工作职责,也未利用职务便利,不符合受贿罪构成要件。关于朱某某的主体身份问题,在一审、二审审理过程中,一直是控辩双方的争议焦点。然而遗憾的是一、二审法院始终与检察机关相互配合,忽视与检察机关相互制约,对控方提供的所谓证据,包括《证明》不加分析地予以采信,不负责任地作为评判朱某某主体身份的依据,错误地认定朱某某为国家工作人员。一审、二审法院认定事实错误,具体理由如下:

一、认定"朱某某系国有公司委派到国家出资企业中从事公务的人员,以国家工作人员论",主体认定错误。

(一)认定朱某某为国家工作人员的主要证据是2013年6月3日公司《证明》,该《证明》不能作为定案根据。理由:

1.该《证明》系侦查人员制作,打印成文后由煤质运销部盖章,然后由运销部工作人员带着侦查人员分别到D煤矿股份有限公司和×矿集团有限公司人事部盖章,并非盖章单位制作,该《证明》来源不合法,不能作为定案根据。为此,请求贵院到煤质运销部核查《证明》内容的制作者。

2.该《证明》不属《刑事诉讼法》规定的证据种类,既不是书证,也不是证人证言,至多可算作证据线索,不能作定案根据。如将证据线索当作证据来使用,必将严重影响案件的定性。

(二)在案证据证明,朱某某系非国家工作人员,而非受委派从事公务的人员。

1.朱某某与D矿务局于1995年签订《劳动合同》,1997年×矿集团公司改制后,朱某某分别于2000年、2005年、2009年连续与D煤业股份有限公司签订《劳动合同》,直至2014年朱某某被判刑,D煤业股份公司与朱某某解除劳动合同。该组证据证明随着国企改制,用工单位已由D矿务局转换为D煤业股份有限公司,检察机关指控朱某某的犯罪行为发生在2009年之后,故,朱某某为D煤业股份有限公司的一般工作人员,而非国家工作人员。

2.经代理律师到A省工商局查阅×矿集团有限公司工商登记档案,没有发现在公司改制后曾委派朱某某到煤业股份公司从事公务的相关手续资料,工商档案中只有董事、董事长、经理的委派书及登记表,检察机关始终也未提供委派朱某某从事公务的相关手续;一、二审法院对朱某某是否受委派也未进行核实;律师对此到×矿集团公司调查,答复是从没有委派朱某某,无法出具证明。为此,请求贵院对朱某某是否为×矿集团有限公司委派以及是否有相关委派手续进行核查。

二、认定"朱某某利用职务之便为袁×波谋取利益"错误。

(一)朱某某无受贿的主观故意。王×源2013年6月1日询问笔录:"我在工作之余做点生意,就是给别人协调铁路运输计划和承认车的审批,我把协调铁路计划这项工作介绍给朱某某,并告诉他如有客户可介绍给我。”王×源、袁×波的证词与朱某某供述一致,朱某某认为他们是在合伙做生意,依约分得中间费,无受贿的主观故意。将民事权利作为受贿对象没有法律依据,不符合受贿罪规定。

(二)朱某某无职务便利的可能。D煤业公司《调运科业务职责》等证据能够证明,朱某某在海化公司发运煤炭环节中,严格履行工作职责,装运过程中不是朱某某个人所能决定的,无决定权,不可能利用职务之便,二审法院一再强调朱某某利用职务便利为海化公司装载J二、J三矿,在案证据能够证明:海化公司在签订煤炭购销合同时全部按照J二、J三矿价格交付煤款,先付款后发运,安排装载济二、济三矿属于实际履行合同,如何变成利用职务之便?

纵观全案,朱某某在主体和客观方面不符合受贿罪的构成要件。一审、二审认定事实错误,证据不足,从而导致适用法律错误,恳请贵院本着实事求是、有错必究的原则立案再审,依法公正判决。

此致

A省高级人民法院

申诉人:胜某

2015年4月17日

再审决定书

A省高级人民法院

再审决定书

(2018)×刑申××号

原审被告人朱某某犯受贿罪一案,A省B市C区人民法院于2014年5月27日作出(2014)×刑初字第16号刑事判决。朱某某不服,提出上诉。A省B市中级人民法院于2014年8月15日作出(2014)×刑二终字第22号刑事裁定,驳回上诉,维持原判。原判决已发生法律效力。朱某某之妻胜某不服,向B市中级人民法院提出申诉。B市中级人民法院于2015年8月19日作出(2015)×刑监字第14号驳回通知书,驳回了其申诉。胜某仍不服,向本院提出申诉。

本院经审查认为,原审裁判认定原审被告人朱某某犯受贿罪的证据不确实充分。申诉人提出的申诉理由符合《中华人民共和国刑事诉讼法》第242条第2项规定的重新审判条件。据此,依照《中华人民共和国刑事诉讼法》第243条第2款、第244条之规定,决定如下:

一、指令E市中级人民法院对本案进行再审。

二、本案在再审期间不停止原判决的执行。

A省高级人民法院

2018年10月15日

再审辩护意见

朱某某受贿再审一案
再审辩护词

尊敬的审判长、审判员:

北京志识恒律师事务所接受朱某某(原审上诉人、被告人)之委托,指派我担任其再审辩护人。接受委托之后,我会见了朱某某听取了其再审意见,结合本案事实和证据,对原一审法院作出的刑事判决和原二审法院作出的刑事裁定,发表以下辩护意见:

一、关于朱某某的主体身份问题

原一审、二审法院依据煤质运销部2013年6月3日出具的《证明》及×矿集团(2002)26号文件(以下简称26号文件)认定"朱某某系×矿集团决定并代表×矿集团在D煤业公司从事监督、管理职权,朱某某系国有公司委派到非国有公司从事公务的人员,应当认定为国家工作人员"。该认定是错误的。

(一)在案证据《劳动合同书》证明朱某某是D煤业股份有限公司(以下简称D煤业公司)的员工,不是国家工作人员。

1995年朱某某毕业后与D矿务局(×矿集团公司)签订《劳动合同书》,1997年×矿集团公司改制后,朱某某分别于2000年、2005年、2009年与D煤业公司连续签订劳务合同,直至2014年朱某某被判刑,D煤业公司与朱某某解除劳动合同。该组证据证明随着国企改制,用工单位已由D矿务局(×矿集团公司)转换为D煤业公司。朱某某与D煤业公司2009年签订的无固定期限的《劳动合同书》第2条明确约定"甲方D煤业公司有权根据生产需要，调整乙方朱某某的工作岗位和工作地点”。从该劳动合同可以看出，×矿集团公司无权调整朱某某的工作岗位和工作地点。所以，朱某某系D煤业股份公司的工作人员，而非国家工作人员。

检察机关指控朱某某的行为发生在2009年至2012年，辩方在原一审提交了上述2009年的《劳动合同书》，但原一审、二审法院在查明事实部分均没有列明辩方该证据，严重影响了本案主体身份的认定，导致实体认定错误。

（二）根据相关法律规定、在案证据证明，朱某某不是受国有单位委派从事公务的“准国家工作人员”。

最高人民法院《关于在国有资本控制、参股的股份有限公司中从事管理工作人员利用职务便利非法占有本公司财务如何定罪问题的批复》（法释〔2001〕17号）（以下简称《批复》），该《批复》规定：在国有资本控股、参股的股份有限公司从事管理工作的人员，除受国家机关、国有公司、企业、事业单位委派从事公务的以外，不属于国家工作人员。下面就朱某某非“委派”、非“从事公务”进行论述：

1. 朱某某在D煤业公司煤质运销部从事的是劳务，不是公务。

我国《刑法》第93条规定的四类属于国家工作人员具有一个共同特征，即都属于“从事公务”的人员。《刑法》第93条中的“从事公务”应当是指代表国家对公共事务所进行的监督、管理、组织、领导等活动。朱某某在×矿集团公司控股的D煤业公司的下属单位煤质运销部的调运科工作，根据公诉机关提供的证据《岗位说明书》记载，朱某某的岗位是“调运调度员”，岗位级别为“一般”，直接上级为“调运科副科长”，无直接下级，岗位类别为“管理技术”，工作职责为“执行平衡好煤炭运输计划，按时与邹城站、凫村站核对承认车，根据承认车的流向，按照计划要求制订并下达运输班作业计划。根据生产和存煤情况，依据合同计划及临时追加计划，按时向邹城站、凫村站提交请求车计划，完成领导交办的其他工作”。该《岗位说明书》能够证明朱某某不具有管理国家资产的职权，从事的岗位工作也不是组织、领导、监督、管理国有资产的职务活动，其工作性质不具备职权内容不是从事公务。朱某某是在调运科副科长的领导管理下直接从事生产、劳务或其他技术性事务，有直接上级无直接下级，是被管理者，完成的工作都是领导交办的任务，在单位没有决策、管理权，不具有公共管理性，也不反映国家对社会的管理职能。

2. 朱某某在D煤业公司煤质运销部工作，不是受×矿集团公司委派。

（1）委派的含义及特征。2003年11月最高人民法院关于《全国法院审理经济犯罪案件工作座谈会纪要》（法发〔2003〕167号）对所谓委派作了解释。委派主要指在中外合资企业、合作企业和股份制企业中，国有公司为行使对所参与的国有资产的管理权，而派驻管理人员从事的公务活动。体现为决定权的委派应该是组织的命令或指令，并据此产生了职权。委派的目的是从事领导、管理、经营、监督方面的事务，而非直接从事生产、劳务或其他技术性事务;委派方式合法有效,违反法律规定的委派无效;委派一般采用书面的形式确认,并明确委派人员的职权范围;受委派从事公务的权利来源于委派单位;委派具有强制性、命令性。

(2)按照法律规定,受委派人员的范围仅限于董事、监事,朱某某不是董事、监事,不属于受委派对象。国有单位与被委托单位是股东与公司的关系。根据《公司法》第4条规定"公司股东依法享有资产收益、参与重大决策和选择管理者等权利",作为股东之一的国有公司对非国有单位有权委派人员,来行使选择管理者的权利。

但是,股东行使选择管理者的权利是有限制的。案发时,无论1993年《公司法》还是修订后的2005年《公司法》都规定,股东行使"选择管理者"的权利只能通过股东大会,而股东大会只选举、更换董事、监事。公司经理由董事会聘任,对董事会负责,公司副经理、财务负责人由经理提名,由董事会聘任。这是公司组织机构的基本规定。2001年3月15日《中外合资经营企业法》第6条规定:公司最高权力机关为董事会,合营企业设董事会,其人数组成由合营各方协商,在合同、章程中确定,并由合营各方委派和撤换。2005年12月《公司登记管理条例》第21条规定:申请设立股份公司,应当向公司登记机关提交"载明公司董事、监事、经理姓名、住所的文件以及有关委派、选举或聘用的证明"。由此可见,作为股东的国有企业委派到合资、股份制企业代表国家行使管理权的人员,仅限于董事、监事,除此之外的人员如经理或经理以下的人员是股东无权委派的,否则是无效委派,侵犯公司董事会的法定职权。再者,只有董事、监事的权利来源才可能从国有投资主体的控股权中延伸而来,委派人员与委派单位之间是一种行政委派关系,经理及经理以下人员的产生方式及其职责性质决定了其职权不具有国家权利的派生性,对经理及经理以下人员的委派不符合委派的法律特征。

本案控方证据《外商投资企业登记信息》及辩方证据D煤业公司《企业法人营业执照》《董事委派书及登记表》证明:D煤业公司企业类型于2002年1月4日变更为中外合资股份有限公司,×矿集团公司根据《中外合资经营企业法》之规定,×矿集团作为中方经营者于2002年委派了董事,外方经营者也委派了董事,并报A省工商局备案。备案的《董事委派书及登记表》明确登记了董事的委派单位为×矿集团公司、委派时间为2002年4月至2005年4月、在委派单位的职务均为行政职务。这些委派的董事中没有朱某某。查阅×矿集团公司所有的工商登记档案,没有发现在国有公司改制为股份公司或在D煤业公司变更为中外合资企业时委派朱某某到D煤业公司从事公务的相关委派手续资料,检察机关始终也未提供委派朱某某从事公务的相关手续,原一、二审法院对朱某某是否受委派未进行核实即认定朱某某系委派,显然错误。申诉期间,代理律师就朱某某是否系委派,到×矿集团公司调查,答复是从没有委派过朱某某,无法出具证明。×矿集团公司不认可"委派朱某某到D煤业公司从事公务”，那么原一审、二审法院认定朱某某为×矿集团委派的依据何在？

申诉人在申诉期间曾请求A省高院对朱某某是否为×矿集团公司委派及是否有相关委派手续进行核查。

因此，在国有×矿集团公司控股的D煤业公司中，属于国有单位委派的人员范围只有董事、监事人员，其他人员都不能成为合法委派的从事公务人员，朱某某只是普通工作人员，不属于受委派对象，自然不能以国家工作人员论。

(3)《刑法》第93条将“准国家工作人员”视为国家工作人员的立法意图，主要在于从严惩处侵吞国有资产的腐败分子，从而有效保护国有资产。“准国家工作人员”等同于“国家工作人员”来认定，是一种法律拟制，其法理依据是法律的特别规定，是基于国有企业转型期对国有资产保护的需要，在市场经济体制逐步健全的背景下，对委派而成立的“准国家工作人员”作一种限制解释。中外合资经营企业、股份制企业是法人单位，具有独立的组织机构、独立的财产权益和独立的责任形式。作为设立合资、股份制企业的股东，要实现投资者的权益，只能通过股东意志表达来行使股东权力。股东意志在股东会、董事会上充分表达，并通过股东大会、董事会的决议形成全体股东的意志，而后作为法人意志，由执行机构执行。经理及经理以下管理人员，是执行公司意志的机构，执行的是法人意志，对董事会直接负责，而不是听命于哪个股东，哪怕是国有控股股东。公司法人的人格独立性，决定了股东只参与法人意志的形成过程。综上，结合公司法等相关法律的规定，对国有单位委派到合资、股份制企业从事公务的人员是否属于国家工作人员，应作适当的限制解释，不能一概认定国家工作人员。

(三)原一、二审法院依据2013年6月3日《证明》及26号文件认定“朱某某系受×矿集团公司委派从事公务”没有事实根据。

2013年6月3日，D煤业股份有限公司所属煤质运销部出具了朱某某主体身份的《证明》，并加盖×矿集团有限公司人事管理部和D煤业股份有限公司的公章，一审法院以该《证明》认定朱某某为国家工作人员，二审法院裁定书在评判朱某某主体身份时，故意避开《证明》，改为“在案证据证明，上诉人朱某某原在×矿集团煤质运销部从事管理岗位工作，系在编干部身份。1997年10月，×矿集团作为唯一发起人成立D煤业公司，经×矿集团决定，将×矿集团原煤质运销部统一划归D煤业公司，×矿集团原煤质运销部全部在编人员保留原有身份，到D煤业公司继续工作。2002年，×矿集团对下属单位进行重组，成立五大专业化公司，经×矿集团决定，原D煤业公司煤质运销部在编工作人员保留原有岗位、编制、身份。在D煤业公司煤质运销部继续工作。综上，上诉人朱某某系×矿集团决定并代表×矿集团在D煤业公司从事监督、管理职权，系国有公司委派到非国有公司从事公务的人员，应当认定为国家工作人员”，这段长达300余字评判，仔细对照一下《证明》的内容，就会发现除文字有些调整外,完全抄搬《证明》,因此有必要对《证明》和二审《裁定书》简要剖析。

1.《证明》来源不合法。

这份《证明》是由检察院侦查人员制作,打印成文后到煤质运销部盖章,然后再由煤质运销部工作人员带着侦查人员分别到D煤矿股份有限公司和×矿集团有限公司人事部盖章。律师对此事调查时,运销部工作人员有顾虑,不愿出证明,为此,请求省高级人民法院到煤质运销部核查《证明》内容的制作者。应当指出的是从《证明》行文内容看,制作者应是具有一定法律知识的人。

2. 本案《起诉意见书》将《证明》列入书证一宗中;《起诉书》将《证明》列入×矿集团有限公司文件、发运精煤表、银行业务凭证等书证中。那么《证明》是否属于书证?所谓书证是指能够以其内容证明案件事实的文字、图案等资料,如《劳动合同》。而《证明》是单位在事发后制作,不是证人证言,所以根据证据规则,《证明》既不是书证,也不是证人证言,不属《刑事诉讼法》规定的证据范围。《证明》至多可算作证据线索,如果将证据线索当作证据来使用,必将严重影响案件的定性。

3.《证明》的内容明显表现出制作者有罪推定的倾向性,多处提法错误,有违法律规定。例如,将具有独立法人资格的D煤业股份有限公司称为下属单位;又如,"经×矿集团有限公司决定,煤质运销部在编人员保留原有身份",在案卷材料未有显示。按26号文件附件3,×矿集团有限公司只对D煤业股份公司煤质运销部的正职人员任免,朱某某仅仅是煤质运销部调度科的一名调度计划员,不属任免或委派范围。特别指出的是,二审裁定书将"保留在编人员身份的决定",推定为委派,依据这种逻辑,煤质运销部全部在编保留身份人员都会向朱某某那样成为委派到非国有公司从事公务的人员,明显违反了委派系个体性而非整体性,二审裁定曲解了委派的含义。

4. 基于现代企业制度的要求,很多国有公司实现全员合同制,打破干部、工人身份界限,管理岗位实行竞争上岗。因此,以"干部身份"作为认定国家工作人员的标准在当前显然不合时宜。这一观点已得到法律支持。

二、关于朱某某职务行为问题

原一审法院认定朱某某利用职务便利收取袁×波1,320,000元,其中计划费441,800元付给某铁路局王×源协调铁路计划,从中扣除。最终认定朱某某利用职务便利,在补请、补发车辆、装车时间及装载哪个煤矿的煤炭等方面,为袁×波谋取便利,收受878,200元。原二审法院认定朱某某担任调度员、计划员的工作岗位职责是组织协调煤炭铁路运输,是错误的。

(一)《刑法》第385条的利用职务上的便利是对行为人职务范围内的权力的直接利用,行为人对请托事项的决定权是其职务范围内的权力,要实现请托事项只需实行其本身的职务行为,无须通过他人的职务行为来实现。

回到本案,1. 本案协调铁路运输计划,不是朱某某的职务范围,而是某铁路局王×

源协调解决,一审法院对此已作出认定,并从朱某某收取的132万元中扣除了给付王×源的441,800元。

2. 控方和辩方提交的《岗位说明书》《销售科业务职责》《调运科业务职责》《火车直达业务流程图》等证据证明,朱某某作为计划员承担请车计划,是根据销售科制定的运输方案制表,不能改动,并且请车计划需经调运科科长同意后方可执行,朱某某在请车(包括补请)环节没有决定权。

3. 承认车下来后,何时装车由火车站货运室根据空车流向决定装车顺序,然后通知调运科值班调度员装车,朱某某及其他调度员均无权决定先装哪个车,后装哪个车。朱某某在装车时间环节无决定权。

(二)请车被承认后,某铁路局下来的空车,有的车皮有安全隐患,朱某某按原承认车皮数量要求补车,是履行职责,并非为袁×波谋取利益,控方证据也能证明这点,朱某某除了给袁×波代理的A海化申请补车,也给其他客户申请补车。

装哪个煤矿的煤,是6名值班调度员根据客户签订的合同、各矿存煤量情况在各矿之间运调,有些是销售科根据客户要求直接指令的具体矿区,交调度员执行。原审法院认为朱某某利用职务便利给A海化装J二矿、J三矿。实际上,A海化因炼焦生产需要J二矿、J三矿,在签订购销合同时已经按J二矿、J三矿精煤价格预付了货款,给A海化装运J二矿、J三矿也是履行合同,都是正常履职。有些中间商因为J二矿、J三矿价格高利润小都排斥J二矿、J三矿,并非供不应求。从控方证据看,朱某某及其他调度员在安排A海化装运J二矿、J三矿的同时,也安排其他客户装运,没有证据证明因A海化装运而排挤了其他客户装车。作为调度员,依据客户要求和市场盈利规则,优先发运价格高的J二矿、J三矿,是合法合规、符合公司利益的行为,不存在利用职务便利为袁×波谋取利益。

综上所述,朱某某不是受×矿集团委派从事公务的人员,也没有利用计划员、调度员的职务便利为袁×波谋取利益,其不构成受贿罪,也难以构成非国家工作人员受贿罪。

以上意见,请法庭考虑。

辩护人:于晶珠

2019年11月12日

再审判决书

A省E市中级人民法院
刑事判决书

(2018)×17刑再12号

原公诉机关B市C区人民检察院。

原审上诉人(原审被告人)朱某某,男,1972年7月11日出生,汉族,大学文化,原D煤业股份有限公司煤质运销部调度员、计划员,原住A省××。现在A省B监狱服刑。

辩护人于晶珠,北京志识恒律师事务所律师。

辩护人刘岩,北京紫光达律师事务所律师。

B市C区人民检察院指控原审被告人朱某某犯受贿罪一案,B市C区人民法院于2014年5月27日作出(2014)×刑初字第16号刑事判决。B市中级人民法院于2014年8月15日作出(2014)×刑二终字第22号刑事裁定。上述裁判发生法律效力后,朱某某之妻胜某不服向A省高级人民法院申诉,A省高级人民法院于2018年10月15日作出(2018)鲁刑申×××号再审决定,指令本院对本案进行再审。本院依法另行组成合议庭,公开开庭审理了本案。A省E市人民检察院检察员高××、李××出庭履行职务。原审被告人朱某某及其辩护人于晶珠、刘岩出庭参加诉讼。现已审理终结。

C区人民法院一审认定事实:2009年2月至2012年6月,被告人朱某某在担任D煤业公司煤质运销部调度员、计划员期间,利用职务便利,5次收受袁×波送的"计划费"和"点装费"共计折合人民币1,320,000元,包括现金520,000元和承兑汇票800,000元。被告人朱某某将其中441,800元支付给王×源用于协调铁路运输计划,余款878,200元归自己占有,并在煤炭发运过程中为袁×波谋取利益。

C区人民法院一审认为,被告人朱某某身为国家工作人员,利用职务便利,非法收受他人财物,并为他人谋取利益,其行为构成受贿罪。被告人朱某某具有立功表现,依法减轻处罚;积极退赃,酌情从轻处罚。依照《中华人民共和国刑法》第385条、第386条、第383条、第68条、第63条第1款、第64条之规定,以受贿罪判处被告人朱某某有期徒刑7年,并处没收财产人民币5万元。追缴赃款878,200元,由C区人民检察院上缴国库。

B市中级人民法院二审审理查明的事实和证据与原审法院判决相同。

B市中级人民法院二审认为,对于上诉人朱某某及其辩护人所提原审法院认定其身为国家工作人员没有事实依据,其不是国家工作人员的上诉理由及辩护意见。经查,在案证据证明×矿集团系国有独资公司,D煤业公司系国有控股公司。上诉人朱某某原在×矿集团煤质运销部从事管理岗位工作,系在编干部身份。1997年10月,×矿集团作为唯一发起人成立D煤业公司,经×矿集团决定,将×矿集团原煤质运销部统一划归D煤业公司,×矿集团原煤质运销部全部在编人员保留原有身份到D煤业公司继续工作。2002年,×矿集团对下属单位进行重组,成立五大专业化公司,经×矿集团决定,原D煤业公司煤质运销部在编工作人员保留原有岗位、编制、身份,在D煤业公司煤质运销部继续工作。综上,上诉人朱某某系×矿集团决定并代表×矿集团在D煤业公司从事监督、管理职权,系国有公司委派到非国有公司从事公务的人员,应当认定为国家工作人员。朱某某及其辩护人的前述上诉理由和辩护意见不能成立,本院不予采纳。对于上诉人朱某某及其辩护人所提原审法院认定其利用职务便利非法收受他人财物,并为他人谋取利益证据不足,其行为不构成受贿罪的上诉理由和辩护意见。经查,在案证据证明上诉人朱某某所担任的D煤业公司煤质运销部调运科调度员、计划员的工作岗位职责是组织协调D集团煤炭铁路运输及日常调运工作,根据生产动态等情况制订下达日班运输作业计划并督促执行,制订提交请求车计划,随时掌握空重车装卸作业情况,压缩列车的矿停时间等。朱某某利用担任上述职务上的便利,在向装车站下达作业计划、调度空重车装卸作业情况、优先及时装车、发车以及在补请、补发车皮等方面,为袁×波谋取利益并收取财物,其行为符合受贿罪的犯罪构成。朱某某及其辩护人的前述上诉理由和辩护意见不能成立,不予采纳。B市中级人民法院认为,上诉人朱某某身为国家工作人员,利用职务便利,非法收受他人财物,为他人谋取利益,其行为构成受贿罪。上诉人朱某某具有立功表现且积极退赃,依法对其减轻处罚。原审法院判决认定事实清楚,证据确实、充分,定罪正确,量刑适当,审判程序合法。裁定:驳回上诉,维持原判。

朱某某之妻胜某申诉称,(1)侦查机关违反程序,违规取证、非法取证。本案关于朱某某主体身份的关键证据是2013年6月3日的"证明",是侦查人员打印成文,交由煤质运销部盖章,再由运销部工作人员带着侦查人员逐级盖章。朱某某的"交代材料"显示受贿数额132万元是由侦查人员根据煤炭运输量计算出来的,此132万元并非朱某某实际收的钱款,该"交代材料"也不能作为定案根据。(2)朱某某不是国家工作人员。朱某某是D煤业股份公司的雇员,不是国有公司委派到国家出资企业中从事公务的人员。(3)原审适用法律错误,审判程序违法。

朱某某辩解称,同意其辩护人的辩护意见。

朱某某的辩护人辩护意见:(1)朱某某不是国家工作人员。(2)朱某某并未利用职务便利谋取利益不构成受贿罪,朱某某属于正常履职行为并未为袁×波谋取利益。

(3)朱某某有立功的法定情节,依法应减轻处罚。

E市人民检察院出庭检察员意见:(1)朱某某的行为构成非国家工作人员受贿罪。朱某某系国有公司委派到非国有公司的工作人员,但不属于从事公务的人员。(2)朱某某利用职务便利为他人谋取了利益。即使朱某某是正确履职为他人谋取正当利益,也不影响非国家工作人员受贿罪的成立。朱某某收取他人财物878,200元,属于数额巨大情形。(3)本案侦查活动、审判程序符合法律规定,朱某某辩解与他人合伙做生意不成立,该行为属于权钱交易,与合法做生意有本质区别。(4)朱某某从开始积极认罪到否认犯罪,态度反复无常,应酌情从中处罚。虽有立功表现,但系一般立功且认罪态度较差,故不应减轻处罚,可从轻处罚。

本院再审查明的事实与原审查明的事实一致。

关于朱某某及其辩护人所提朱某某不属于国家工作人员辩解及辩护意见。经查,朱某某虽是国有公司委派到非国有公司的工作人员,但并未从事监督、管理国有财产等公务行为,不属于国家工作人员。

关于朱某某及其辩护人所提未利用职务便利谋取不正当利益的辩解和辩护意见。经查,(1)根据D煤业股份有限公司煤质运销部出具的岗位说明,综合朱某某的多次供述内容、袁×波的证言,能够证实朱某某具有帮助袁×波办理煤炭运输事项的相关职权,并利用该职权为袁×波谋取了利益,故被告人朱某某具有职务上的便利。(2)刑法上规定的谋取利益既包括不正当利益也包括正当利益,故朱某某的行为即使是为他人谋取正当利益,也构成为他人谋取利益。

关于朱某某有立功的法定情节能否减轻处罚的问题。《中华人民共和国刑法》第68条规定,犯罪分子有揭发他人犯罪行为,查证属实的,或者提供重要线索,从而得以侦破其他案件等立功表现的,可以从轻或者减轻处罚;有重大立功表现的,可以减轻或者免除处罚。本案中,朱某某具有一般立功表现,可以从轻或减轻处罚。鉴于被告人认罪态度反复无常,从积极认罪到拒不供认犯罪,不能真诚悔罪,可对其从轻处罚。

关于申诉中提到的侦查活动和审判程序是否违法问题。通过查阅侦查及审判卷宗,侦查及审判过程中均充分保障了朱某某的相关权利,并无违法情形。

本院认为,被告人朱某某身为D煤业股份有限公司的工作人员,利用职务上的便利,非法收受他人878,200元,为他人谋取利益,数额巨大,其行为构成非国家工作人员受贿罪。被告人朱某某具有立功表现,依法从轻处罚;积极退赃,酌情从轻处罚。依照《中华人民共和国刑法》第163条第1款,《中华人民共和国刑事诉讼法》第256条,《最高人民法院关于适用〈中华人民共和国刑事诉讼法〉的解释》第389条第1款第3项的规定,判决如下:

一、撤销A省B市人民法院(2014)×刑二终字第22号刑事裁定和B市C区人民法院(2014)×刑初字第16号刑事判决。

二、被告人朱某某犯非国家工作人员受贿罪，判处有期徒刑6年7个月，并处没收财产人民币5万元。

（刑期从判决执行之日起计算。判决执行前先行羁押的，羁押1日折抵刑期1日，指定居所监视居住2日折抵刑期1日，即自2013年5月10日起至2019年12月10日止。）

三、追缴赃款878,200元，由B市C区人民检察院上缴国库。

本判决为终审判决。

审判长：×××

审判员：×××

陪审员：×××

2019年11月19日

书记员：×××

办案总结

本人接受委托后，及时到原审被告人的单位了解其岗位、职务等工作情况，调取相关证据提交法庭。按当时的量刑规定，受贿金额132万元，应判处10年以上有期徒刑，但经过我积极有效的辩护，一审判决被告人犯受贿罪，判处有期徒刑7年。二审生效后，家属坚持申诉。在当时，当地各级人民法院对×矿煤业公司类似本案被告人的情况均认定为国家工作人员，要改变主体身份太难，为此我去A省工商局等部门调查取证。从2014年代理申诉至A省高级人民法院决定再审，历时5年多，最终申诉成功，再审撤销了原二审裁定和一审判决。遗憾的是本案等到再审开庭时，原审被告人服刑期限将满，最终判决只比原判提前了几个月。

专家评语

一、一审阶段概要

在本案一审过程中，公诉机关指控被告人利用其担任D煤业股份有限公司煤质运销部调度员、计划员的职务便利，收受请托人财物，为请托人谋取利益，其行为构成受贿罪。辩护律师指出，因被告人所在公司并非国有企业，他也不是受国有公司委派从事监督、管理国有资产的人员，因此被告人不属于国家工作人员，不构成受贿罪。一审法院未采纳该辩护意见，判决指出被告人所在公司虽非国有公司，但属于国家出资企业，被告人系国有公司委派至国家出资企业中从事公务的人员，以国家工作人员论。一审判决以受贿罪判处被告人有期徒刑7年。

二、二审阶段概要

二审裁定指出,上诉人原在×矿集团煤质运销部从事管理岗位工作,具有在编干部身份,随后×矿集团成立D煤业公司并将集团煤质运销部统一划归D煤业公司,员工保留原有岗位、编制和身份。因此,上诉人系×矿集团决定并代表×矿集团在D煤业公司从事监督、管理职权的国家工作人员。对于上诉人不是国家工作人员的上诉理由及辩护意见不予采纳,维持原判。

三、申诉阶段概要

二审判决生效后,原审上诉人之妻向省高级人民法院提起申诉,省高级人民法院指令E市中级人民法院再审。在再审审理过程中,辩护律师指出了一审及二审判决的错误所在,即原审上诉人虽系国有公司委派到非国有公司的工作人员,但并未从事监督、管理国有资产等公务行为,不属于国家工作人员。最终,再审判决撤销了原二审裁定及一审判决,以非国家工作人员受贿罪判处其有期徒刑6年7个月。

四、案件亮点、焦点及难点

案件亮点:辩护人准确理解了"国家工作人员"的含义,并对一审判决及二审裁定以在编人员身份认定其系国家工作人员的错误观点进行了反驳,促使本案再审成功改判。

焦点与难点:本案当事人原本系国有公司工作人员,之后才被调入国家出资企业工作,同时又保留了在编身份。在这种情况下,当事人系非国家工作人员还是受委派型国家工作人员就出现了争议。根据刑法条文,对于受委派型国家工作人员的认定,要把握两个要件:一是受国有公司、企业、事业单位委派;二是从事监督、管理国有资产等公务活动。委派的形式多种多样,是否从事公务就成了本案的争议焦点。在本案再审过程中,辩护人敏锐地指出,二审裁定错误地"将保留在编人员身份的决定推定为委派",仅以在编身份来判断曲解了委派的含义。对于担任普通调度计划员的当事人来讲,其显然不属于受委派从事公务的国家工作人员。

审核人、点评人:北京律师智库重大复杂案件研究专家组成员　王兆峰律师

复核人:北京市律师协会重大复杂案件专家组副组长　许兰亭律师

生活中的主从关系未必成为定罪量刑中的主从，终审改变立即执行

——贩卖、运输毒品罪死刑二审改判案

争议焦点

梁乾坤(化名)是否为该贩卖、运输毒品团伙主犯？买卖同宗毒品中，上家、下家谁罪责更大？

关键词

贩卖、运输毒品　主犯　买卖同宗毒品　上下家

案情简介

2012年11月，湖北省某市公安机关破获朱朗朗(化名)、梁乾坤(化名)等12人重大团伙贩卖、运输毒品案。某市人民检察院指控，朱朗朗与梁乾坤联系购买毒品并要求送至宜昌市进行交易。梁乾坤与梁朗坤、梁继业、梁永波商定向他人购买毒品后再贩卖给朱朗朗，总计5次向朱朗朗贩运海洛因共计2850.06克。朱朗朗把购得的海洛因再转卖给冉金宝(化名)、杨青青(化名)，冉、杨二人然后通过陶微微(化名)等人的介绍将海洛因再贩卖给陈玉(化名)等人。朱朗朗贩卖海洛因1450.06克，冉金宝、杨青青、陶微微、李海涛(化名)、王淋淋(化名)参与贩卖海洛因750克，周洪涛(化名)参与贩卖海洛因400克，单独贩卖甲基苯丙胺片剂135.71克及甲基苯丙胺3.81克。

湖北省某市中级人民法院认为，上家梁乾坤团伙贩运毒品时，梁朗坤(化名)与其他3人商量并经梁乾坤同意后确定运送毒品的人选，梁朗坤负责联系买卖海洛因和管账，运送海洛因主要由梁永波(化名)、梁继业(化名)完成。梁乾坤、梁朗坤、梁继业、梁永波具

有共同犯意并客观上实施了贩卖、运输毒品的行为，系共同犯罪，均应对全部贩卖、运输的毒品数量承担责任。依据被告人供述、银行交易记录、最终查获毒品及鉴定意见足以认定上述共同犯罪的毒品数量。在梁乾坤、梁朗坤、梁继业及梁永波4人中，梁乾坤认识人较多且有话语权，其他人都听从于他。在共同犯罪中，梁乾坤处于支配地位，系主犯；梁朗坤作用其次，梁继业与梁永波的作用小于梁朗坤，梁朗坤、梁继业、梁永波系从犯。下家朱朗朗贩卖毒品海洛因数量大，系毒品所有者，在与冉金宝、杨青青构成的共同犯罪中居主要地位，系主犯。冉金宝、杨青青、陶微微、李海涛、周洪涛及王淋淋构成贩卖毒品罪的共犯，但在共同犯罪中作用较轻，系从犯。周洪涛向他人贩卖毒品，其行为已构成贩卖毒品罪。

梁乾坤以贩卖、运输毒品罪一审被判处死刑，剥夺政治权利终身；朱朗朗以贩卖毒品罪被判处死刑，剥夺政治权利终身；梁朗坤、梁继业及冉金宝等人分别被判处死缓、无期徒刑、有期徒刑等刑罚。被告人朱朗朗、梁乾坤等人不服一审判决向湖北省高级人民法院提起上诉。

李红钊律师接受梁乾坤父亲及其本人的委托，担任梁乾坤的二审辩护人，认为本案大量证据证明他们4人贩卖、运输毒品是共同商量决定，生活中有话语权不能证明在共同犯罪中起主要作用，相关证据不足以证明梁乾坤为团伙主犯；买卖同宗毒品的上下家要慎重稳妥地决定死刑适用，原判决量刑过重。湖北省高级人民法院部分采纳李红钊律师的辩护意见，撤销湖北省某市中级人民法院对梁乾坤的死刑判决，被告人梁乾坤实现了由死到生的巨大转变。

案件历程

湖北省某市人民检察院
起诉书

×市检刑诉（2013）3×号

被告人梁乾坤，外号“十二”，男，汉族，1991年4月18日出生于广西壮族自治区灵山县，小学文化，无业，住广东省东莞市，户籍地广西壮族自治区灵山县。因涉嫌贩卖毒品罪于2013年3月12日被刑事拘留，同年4月17日被逮捕。

被告人梁朗坤，曾用名梁六弟，外号“六哥”，男，汉族，1986年11月13日出生于广西壮族自治区灵山县，小学文化，无业，住在广东省东莞市，户籍地广西壮族自治区灵山县。因涉嫌贩卖毒品罪于2013年3月12日被刑事拘留，同年4月17日被逮捕。

被告人朱朗朗，曾用名朱××，外号“捞佬”“阿顺”，男，汉族，1974年3月15日出生于重庆市云阳县，小学文化，无业，住重庆市云阳县。2002年2月1日，因犯抢劫罪被珠海市××区人民法院判处有期徒刑3年，2004年10月11日释放。2008年2月27日，因犯贩卖毒品罪被珠海市某区人民法院判处有期徒刑10个月，2008年9月28日释放。又因涉嫌贩卖毒品罪于2012年11月29日被刑事拘留，2013年1月4日被逮捕。

被告人梁继业，外号“十三”，男，汉族，1990年10月10日出生于广西壮族自治区灵山县，初中文化，务工人员，住广西壮族自治区灵山县。因涉嫌贩卖毒品罪于2012年11月29日被刑事拘留，2013年1月4日被逮捕。

被告人梁永波，外号“阿弟”“阿三”，男，汉族，1990年7月10日出生于广西壮族自治区灵山县，初中文化，无业，住广西壮族自治区灵山县。因涉嫌贩卖毒品罪于2013年2月18日被刑事拘留，同年3月15日被逮捕。

被告人冉金宝，外号“见清”，男，汉族，1972年3月18日出生于重庆市云阳县，小学文化，司机，住宜昌市东山开发区，户籍地重庆市云阳县。因涉嫌贩卖毒品罪于2012年11月29日被刑事拘留，2013年1月4日被逮捕。

被告人杨青青，别名杨孟清，外号“杨灾星”“狐狸”，男，汉族，1975年9月8日出生于重庆市云阳县，小学文化，无业，住宜昌市，户籍地重庆市云阳县。因涉嫌贩卖毒品罪于2012年12月4日被刑事拘留，2013年1月5日被逮捕。

被告人李海涛，外号“光光”，男，土家族，1975年4月13日出生于湖北省巴东县，高中文化，无业，住宜昌市，户籍地湖北省巴东县。2011年8月26日，因吸食毒品被湖北省某市公安局西陵区分局行政拘留15日。2012年10月20日，因吸食毒品被湖北省某市公安局西陵区分局行政拘留15日。因涉嫌贩卖毒品罪于2012年12月12日被刑事拘留，2013年1月5日被逮捕。

被告人王淋淋，外号“小猫子”，男，1963年9月10日出生，身份证号码42×××19630910××××，土家族，初中文化程度，个体经营户，住宜昌市伍家岗区，1983年10月12日，因犯流氓罪被湖北省某市中级人民法院判处有期徒刑5年。2001年5月15日，因吸食毒品被湖北省某市公安局伍家岗区分局强制戒毒6个月。2012年10月20日，因吸食毒品被湖北省某市公安局西陵区分局行政拘留15日。2012年12月10日，因涉嫌贩卖毒品罪被湖北省某市公安局点军区分局刑事拘留，2013年1月4日经该区人民检察院批准逮捕，次日由该区公安分局执行。

被告人周洪涛，外号“老五”，男，汉族，1977年9月17日出生于湖北省安陆市，初中文化，无业，住宜昌市西陵区，户籍地湖北省安陆市。因涉嫌贩卖毒品罪于2013年1月25日被刑事拘留，同年2月28日被逮捕。

被告人陈玉，外号“三毛子”，汉族，男，1959年12月24日出生于四川省三台县，初中文化,个体经营,住宜昌市,户籍地宜昌市。2009年2月10日,因犯非法拘禁罪被湖北省某市伍家岗区人民法院判处有期徒刑2年,缓刑3年。因涉嫌非法持有毒品罪于2012年12月13日被刑事拘留,2013年1月5日被逮捕。

被告人陶微微,外号"天棒",男,汉族,1974年8月29日出生于重庆市云阳县,小学文化,个体经营,住宜昌市,户籍地重庆市云阳县。1993年10月12日,因犯抢夺罪被湖北省某市伍家岗区人民法院判处有期徒刑3年6个月。2004年2月6日,因犯盗窃罪被湖北省某市伍家岗区人民法院判处有期徒刑6年,2009年3月8日刑满释放。2012年10月16日,因吸食毒品被湖北省某市公安局伍家岗区分局行政拘留10日,并处罚款1900元。因涉嫌贩卖毒品罪于2012年12月20日被刑事拘留,2013年1月18日被取保候审。

本案由湖北省某市公安局点军区分局侦查终结,以被告人梁乾坤、梁朗坤、朱朗朗、梁继业、梁永波、冉金宝、杨青青、李海涛、王淋淋、陶微微涉嫌贩卖毒品罪,被告人周洪涛涉嫌贩卖毒品罪、非法持有毒品罪,被告人陈玉涉嫌非法持有毒品罪,于2013年4月3日向该区人民检察院移送审查起诉。该院已依法告知被告人有权委托辩护人。因案情重大、复杂,同年5月2日延长审查起诉期限半个月;同年5月17日退回该区公安分局补充侦查,该区公安分局补充侦查完毕后于同年6月16日再次移送审查起诉;并于同年7月16日将该案转至本院审查起诉。本院受理后,依法讯问了被告人,听取了辩护人的意见,审查了全部案件材料。因案情重大、复杂,同年8月16日延长审查起诉期限半个月;同年9月1日本院决定退回公安机关补充侦查,公安机关补充侦查完毕后于同年10月1日再次移送审查起诉;因案情重大、复杂,同年11月1日本院决定延长审查起诉期限半个月。

经依法审查查明:

2012年9月,被告人朱朗朗联系被告人梁乾坤欲购买海洛因。梁乾坤经与被告人梁朗坤、梁继业、梁永波商量,4人决定向他人购买毒品海洛因后贩卖给朱朗朗。2012年9月至11月,梁乾坤、梁朗坤、梁继业、梁永波先后5次将2850.06克毒品海洛因运送至湖北省宜昌市贩卖给朱朗朗,具体犯罪事实如下:

一、贩卖、运输毒品罪

1.2012年10月的一天,梁朗坤从"阿四"手中购买1板海路因,由梁永波从东莞市运送至某市贩卖给朱朗朗。交易完成后,朱朗朗通过网上银行转账9万元至户名为梁煌坤的中国农业银行卡上。

2.2012年9—10月,朱朗朗给梁朗坤打电话欲购买1板海洛因,梁朗坤随即从"阿四"手中购买1板海洛因,派梁继业送毒品到宜昌与朱朗朗交易,交易完成后,朱朗朗通过网银转账9万元到梁朗坤持有的户名为梁煌坤的中国农业银行银行卡上,给梁继业现金1000元,梁继业将现金带回后交给梁朗坤。

3.2012年11月20日左右,朱朗朗给梁朗坤打电话要求购买3板海洛因。梁朗坤经与梁乾坤、梁继业、梁永波商量,决定由梁永波带毒品到宜昌与朱朗朗交易。梁永波带三板毒品到宜昌与朱朗朗交易完成后,朱朗朗给其现金7万元,后朱通过网银转账20.3万元到户名为梁煌坤的中国农业银行银行卡上。

4.2012年11月,朱朗朗给梁朗坤打电话要求购买400克海洛因。梁朗坤从"阿四"手中购买400克海洛因,并派梁继业送毒品到宜昌与朱朗朗交易。梁继业到宜昌与朱朗朗交易完成后,朱朗朗给梁继业现金10.4万元,梁继业将现金带回后交给梁朗坤。

5.2012年11月26日,朱朗朗给梁乾坤打电话要求购买两板海洛因。梁乾坤、梁朗坤、梁继业、梁永波4人商量后,决定由梁继业送毒品到宜昌与朱朗朗交易。11月28日,梁继业到达宜昌市后入住金帝宾馆8××6房间。并将毒品藏于该房间靠厕所的床头柜下,然后给朱朗朗打电话告知对方房间号。随后,朱朗朗到达该房间。梁继业将毒品给朱查看,朱欲用指甲抠样品验货未果,因房间内无工具撬样品,二人到朱朗朗驾驶的车上拿工具。梁继业拿着朱朗朗给其的水果刀上楼切了3个样品,随后下楼上了朱朗朗驾驶的车,并将样品放于车上。警察随即实施抓捕,二人驾车逃离。警察在宜昌市夷陵区鸦雀岭镇某某米业院内将朱朗朗抓获,在枝江市董市镇将梁继业抓获。根据梁继业的交代,警察在金帝宾馆查获两板疑似海洛因的物品。经湖北省某市公安局司法鉴定中心检验,该两板物品均检出海洛因成分,称净重分别为350.17克和349.89克。含量分别为65.75%、69.56%,共计重700.06克。

朱朗朗将所购买的毒品海洛因,通过被告人冉金宝、杨青青再次向他人贩卖,冉金宝通过被告人陶微微介绍认识被告人李海涛后,冉金宝、杨青青先后两次经被告人李海涛、王淋淋及被告人周洪涛介绍向陈玉、张某香(另案处理)及张老五(另案处理)贩卖毒品海洛因。朱朗朗贩卖毒品海洛因共计1450.06克(含上述查获的700.06克);冉金宝、杨青青、李海涛、王淋淋贩卖毒品海洛因共计750克;周洪涛贩实毒品海洛因400克。具体犯罪事实如下:

1.2012年11月初,冉金宝请陶微微帮忙介绍几个买海洛因的买家,陶微微介绍冉金宝认识李海涛,李海涛介绍冉金宝认识王淋淋,冉金宝介绍杨青青认识李海涛和王淋淋。同月的一天上午,冉金宝给李海涛和王淋淋送海洛因样品,二人拿着样品到某市东山大道4××9号葛洲坝中海宾馆附近周洪涛的租住屋找周联系买家,周拿着样品联系张某香,并谈好价格为每克420元。随后,周洪涛通知李海涛送海洛因到周的租住屋交易,李海涛遂即通知冉金宝携带海洛因前来交易。当天下午,朱朗朗交给冉金宝、杨青青约400克海洛因进行交易,冉、杨二人与李海涛、王淋淋携带该宗毒品一起到周洪涛的租住屋,4人经周洪涛介绍将该宗毒品贩卖给张某香及和张某香同行的"张老五"。

2.2012年11月26日上午,朱朗朗交给冉金宝、杨青青350克海洛因,经王淋淋、李海涛介绍,4人以每克420元的价格贩卖给陈玉。

同时查明:2013年1月,周洪涛贩卖给陈某麻古5颗、冰毒2克。2013年1月24日,周洪涛再次贩卖给陈某麻古15颗、冰毒2克;同日,公安机关将周洪涛抓获,从周洪涛的身上缴获麻古53颗、冰毒1袋,从周洪涛驾驶的鄂EXXSX0别克牌轿车上查获麻古7包共1377颗。经湖北省某市公安司法鉴定中心检验,从周洪涛的身上缴获麻古53颗均检出甲基苯丙胺和咖啡因成分,其中甲基苯丙胺的含量为11.33%,称净重5.13克;从周洪涛身上搜缴的冰毒1袋检出甲基苯丙胺成分,其中甲基苯两胺的含量为68.34%,称净重0.81克;从周洪涛驾驶的鄂EXXSX0号别克牌轿车上查获麻古7包共1377颗,均检出甲基苯丙胺和咖啡因成分,其中甲基苯丙胺的含量为13.58%,称净重128.78克。

二、非法持有毒品罪

2012年12月13日,警察在宜昌市伍家岗区将陈玉抓获,从其身上查获一包重约1.5克白色粉末状物品,在该处住所卧室床上的棉絮内查获两小包约0.9克白色粉末状物品,在卧室电脑桌上查获一小包约0.5克白色晶体状物品,当晚,在陈玉的指引下,在其位于宜昌市伍家岗区某村的屋后狗棚内查获一包用塑料袋包裹重约156.7克的一包白色块状物品。从陈玉的身上和两处住所起获疑似海洛因物品约159.6克(均含包装)。经湖北省某市公安司法鉴定中心检验,从陈玉身上搜缴的白色粉末状物品检出海洛因成分,称净重0.87克;从陈玉位于宜昌市的房间卧室床上棉絮内搜缴的白色粉末2包均检出海洛因成分,称净重0.84克;从陈玉位于宜昌市某村屋后狗棚内的地下起获一包白色块状物检出海洛因成分,称净重107.81克;从陈玉位于的房间卧室电脑桌上起获一小包白色晶体检出香草醛成分,称净重0.25克。上述海洛因共计净重109.52克。

认定上述事实的主要证据如下:

1.湖北省某市公安局点军区分局《接受刑事案件登记表》《立案决定书》《抓获经过》证实了案件的来源、立案情况及各被告人的归案情况;《户籍证明》证实了各被告人的身份情况;《搜查证》《搜查笔录》《扣押物品、文件清单》证实搜查和扣押相关物品情况;《涉案人员电话号码情况说明》《调取证据通知书》《通话记录情况说明》《话单明细》证实各被告人案发前的通话情况;《关于涉案人员银行开户信息及交易明细的情况说明》《查询存款、汇款通知书回执》《银行存款、汇款信息》证实相关被告人银行账户开户信息及交易明细;《刑事判决书》《公安行政处罚决定书》《劳动教养决定书》《刑满释放证明书》《证明》证实相关被告人曾受刑事处罚以及行政处罚的情况。

2. 物证照片证实被查获毒品的实物特征。

3. 证人张某洲的证言及辨认笔录证实，其辨认出梁继业是搭乘其出租车到枝江并被警察抓获的人；证人全某琼的证言及辨认笔录证实，其辨认出朱朗朗是在其经营的宜昌市某某米业停车并被警察抓获的人；证人陈某的证言证实，其从周洪涛手中购买毒品的事实；证人董林芝的证言证实，其丈夫陈玉平时吸食毒品。

4. 各被告人的供述和辩解及同步录音录像证实，各被告人对其所涉嫌犯罪的事实进行供述的过程及内容。

5. 湖北省某市公安局《物证检验报告》证实，本案被查获并扣押的毒品的数量及含量。《人体尿样毒品检测报告》证实，李海涛吸食毒品。

6. 现场勘查笔录、现场图、现场照片证实，案发现场的地理概况等情况。

7.《辨认笔录》证实，各被告人相互之间进行辨认的情况。

8. 视听资料证实，梁继业于2012年11月28日到某后由YG车站出站，后入住金帝宾馆，梁被抓获后指认其入住房间藏匿毒品的情况；2012年11月21日，梁永波入住虹桥宾馆的情况；对陈玉的家进行搜查的情况；梁继业、冉金宝、杨青青、陈玉、李海涛、王淋淋、陶微微指认犯罪现场的情况。

上述证据中，各被告人供述的贩卖毒品及非法持有毒品的事实基本一致，与《物证检验报告》、视听资料相吻合，与证人证言及物证照片、书证相印证，能形成证据锁链，证据来源程序合法，足以认定各被告人的犯罪事实。本院认为，被告人梁乾坤、梁朗坤、梁继业、梁永波贩卖、运输毒品，数量大，其行为均触犯了《中华人民共和国刑法》第347条第1款、第2款第1项，犯罪事实清楚，证据确实充分，应当以贩卖、运输毒品罪追究其刑事责任；被告人朱朗朗、冉金宝、杨青青、李海涛、王淋淋、周洪涛贩卖毒品，数量大，其行为均触犯了《中华人民共和国刑法》第347条第1款、第2款第1项，犯罪事实清楚，证据确实充分，应当以贩卖毒品罪追究其刑事责任；被告人陶微微贩卖毒品，其行为触犯了《中华人民共和国刑法》第347条第1款，犯罪事实清楚，证据确实充分，应当以贩卖毒品罪追究其刑事责任；被告人陈玉非法持有毒品，数量大，其行为触犯了《中华人民共和国刑法》第348条，犯罪事实清楚，证据确实充分，应当以非法持有毒品罪追究其刑事责任。被告人朱朗朗因故意犯罪被判处有期徒刑，刑罚执行完毕后5年以内再犯，应当判处有期徒刑以上刑罚之罪，系累犯，且其因贩卖毒品被判过刑，又犯《中华人民共和国刑法》刑法分则第六章第七节规定的犯罪，系毒品再犯，根据《中华人民共和国刑法》第65条第1款、第356条，应当从重处罚。根据《中华人民共和国刑事诉讼法》第172条的规定，提起公诉，请依法查处。

此致

湖北省某市中级人民法院

代理检察员　孙××

2013 年 11 月 13 日

附:

1. 被告人陶微微现取保候审在家(电话:略);其余被告人现羁押于湖北省某市第一看守所。

2. 卷宗 15 册。

3. 涉案物品(具体见随案移送清单)。

一审判决书

湖北省某市中级人民法院
刑事判决书

(2013)鄂××中刑初字第 00040 号

公诉机关湖北省某市人民检察院。

被告人朱朗朗,曾用名朱××,外号"捞佬""阿顺",男,汉族,1974 年 3 月 15 日出生于重庆市云阳县,小学文化,无业,住重庆市云阳县。2002 年 2 月 1 日,因犯抢劫罪被珠海市××区人民法院判处有期徒刑 3 年,2004 年 10 月 11 日释放。2008 年 2 月 27 日,因犯贩卖毒品罪被珠海市××区人民法院判处有期徒刑 10 个月,2008 年 9 月 28 日释放。又因涉嫌贩卖毒品罪于 2012 年 11 月 29 日被刑事拘留,2013 年 1 月 4 日被逮捕。

辩护人耿×,湖北××律师事务所律师。

被告人梁乾坤,外号"十二",男,汉族,1991 年 4 月 18 日出生于广西壮族自治区灵山县,小学文化,无业,住广东省东莞市,户籍地广西壮族自治区灵山县。因涉嫌贩卖毒品罪于 2013 年 3 月 12 日被刑事拘留,同年 4 月 17 日被逮捕。

指定辩护人杜××,湖北××律师事务所律师。

被告人梁朗坤,曾用名梁六弟,外号"六哥",男,汉族,1986 年 11 月 13 日出生于广西壮族自治区灵山县,小学文化,无业,住在广东省东莞市,户籍地广西壮族自治区灵山县。因涉嫌贩卖毒品罪于2013年3月12日被刑事拘留,同年4月17日被逮捕。

辩护人柯×,湖北××律师事务所律师。

被告人梁继业,外号“十三”,男,汉族,1990年10月10日出生于广西壮族自治区灵山县,初中文化,务工人员,住广西壮族自治区灵山县。因涉嫌贩卖毒品罪于2012年11月29日被刑事拘留,2013年1月4日被逮捕。

指定辩护人王××,湖北×××律师事务所律师。

被告人梁永波,外号“阿弟”“阿三”,男,汉族,1990年7月10日出生于广西壮族自治区灵山县,初中文化,无业,住广西壮族自治区。因涉嫌贩卖毒品罪于2013年2月18日被刑事拘留,同年3月15日被逮捕。

指定辩护人刘××,湖北××律师事务所律师。

被告人冉金宝,外号“见清”,男,汉族,1972年3月18日出生于重庆市云阳县,小学文化,司机,住宜昌市东山开发区,户籍地重庆市。因涉嫌贩卖毒品罪于2012年11月29日被刑事拘留,2013年1月4日被逮捕。

辩护人高××,湖北××律师事务所律师。

被告人杨青青,别名杨孟清,外号“杨灾星”“狐狸”,男,汉族,1975年9月8日出生于重庆市云阳县,小学文化,无业,住宜昌市伍家岗区,户籍地重庆市云阳县江口镇。因涉嫌贩卖毒品罪于2012年12月4日被刑事拘留,2013年1月5日被逮捕。

辩护人熊××,湖北××律师事务所律师。

被告人陶微微,外号“天棒”,男,汉族,1974年8月29日出生于重庆市云阳县,小学文化,个体经营,住宜昌市长阳土家族自治县榔坪镇,户籍地重庆市云阳县沙市镇。1993年10月12日,因犯抢夺罪被湖北省某市伍家岗区人民法院判处有期徒刑3年6个月。2004年2月6日,因犯盗窃罪被湖北省某市伍家岗区人民法院判处有期徒刑6年,2009年3月8日刑满释放。2012年10月16日,因吸食毒品被湖北省某市公安局伍家岗区分局行政拘留10日,并处罚款1900元。因涉嫌贩卖毒品罪于2012年12月20日被刑事拘留,2013年1月18日被取保候审。2014年12月11日经本院决定被逮捕。

被告人李海涛,外号“光光”,男,土家族,1975年4月13日出生于湖北省巴东县,高中文化,无业,住宜昌市伍家岗区,户籍地湖北省巴东县野三关镇。2011年8月26日,因吸食毒品被湖北省某市公安局西陵区分局行政拘留15日。2012年10月20日,因吸食毒品被湖北省某市公安局西陵区分局行政拘留15日。因涉嫌贩卖毒品罪于2012年12月12日被刑事拘留,2013年1月5日被逮捕。

指定辩护人潘金龙,湖北××律师事务所律师。

被告人周洪涛,外号“老五”,男,汉族,1977年9月17日出生于湖北省安陆市,初中文化,无业,住宜昌市西陵区,户籍地湖北省安陆市辛榨乡。因涉嫌贩卖毒品罪于2013年1月25日被刑事拘留,同年2月28日被逮捕。

辩护人徐××,湖北××律师事务所律师。

被告人陈玉,外号"三毛子",汉族,男,1959年12月24日出生于四川省三台县,初中文化,个体经营,住宜昌市伍家岗区伍家乡,户籍地宜昌市伍家岗区。2009年2月10日,因犯非法拘禁罪被湖北省某市伍家岗区人民法院判处有期徒刑2年,缓刑3年。因涉嫌非法持有毒品罪于2012年12月13日被刑事拘留,2013年1月5日被逮捕。

辩护人高×、熊×,湖北××律师事务所律师。

上列被告人现均羁押于湖北省某市第一看守所。

湖北省某市人民检察院以X市检刑诉(2013)3X号起诉书指控被告人梁乾坤、梁朗坤、梁继业、梁永波犯贩卖、运输毒品罪,指控被告人朱朗朗、冉金宝、杨青青、李海涛、王淋淋、周洪涛、陶微微犯贩卖毒品罪,指控被告人陈玉犯非法持有毒品罪,于2013年11月16日向本院提起公诉,本院于同月22日立案,依法组成合议庭,于2014年7月8日、9日公开开庭进行了审理。湖北省某市人民检察院指派检察员孙××、朱××出庭支持公诉,被告人梁乾坤及其辩护人杜××,被告人梁朗坤及其辩护人柯×,被告人朱朗朗及其辩护人耿×,被告人梁继业及其辩护人王××,被告人梁永波及其辩护人刘××,被告人冉金宝及其辩护人高××,被告人杨青青及其辩护人熊××,被告人李海涛及其辩护人潘××,被告人王淋淋及其辩护人朱××,被告人周洪涛及其辩护人徐××,被告人陈玉及其辩护人高×以及被告人陶微微到庭参加诉讼。在本案审理过程中,被告人王淋淋因患病而死亡,本院已裁定对其终止审理。本案经湖北省高级人民法院批准,延长审理期限3个月。经合议庭评议,并报经本院审判委员会讨论决定,本案现已审理终结。

湖北省某市人民检察院指控:

2012年9月,被告人朱朗朗联系被告人梁乾坤欲购买海洛因。梁乾坤经与被告人梁朗坤、梁继业、梁永波商量,4人决定向他人购买毒品海洛因后贩卖给朱朗朗。2012年9月至11月,梁乾坤、梁朗坤、梁继业、梁永波先后5次将2850.06克毒品海洛因运送至湖北省宜昌市贩卖给朱朗朗,其中,2012年11月28日,公安人员在朱朗朗与梁继业交易毒品时将二人抓获并缴获毒品海洛因700.06克。朱朗朗将从梁乾坤、梁朗坤、梁继业、梁永波处购买的毒品海洛因,通过被告人冉金宝、杨青青向他人贩卖。冉金宝通过被告人陶微微介绍认识被告人李海涛后,冉金宝、杨青青经李海涛、王淋淋及被告人周洪涛介绍向张某香(另案处理)、"张老五"(另案处理)及被告人陈玉贩卖毒品海洛因。朱朗朗贩卖毒品海洛因1450.06克(含上述查获的700.06克);冉金宝、杨青青、李海涛、王淋淋贩卖毒品海洛因750克;周洪涛贩卖毒品海洛因

400克。2012年12月13日，公安人员在陈玉位于宜昌市伍家岗区的住处将其抓获。从陈玉的身上及其两处住所内查获海洛因共计净重109.52克。2013年1月，周洪涛贩卖给陈某麻古20颗、冰毒4克。2013年1月24日，公安人员将周洪涛抓获并从其身上缴获麻古和冰毒，称净重分别为5.13克、0.81克，另从周洪涛驾驶的鄂EXXSX0号别克牌轿车上查获麻古，称净重128.78克。

公诉机关就起诉指控的上述事实向法庭出示了书证、物证照片、鉴定意见、被告人供述等证据。公诉机关认为，被告人梁乾坤、梁朗坤、梁继业、梁永波贩卖、运输毒品，数量大，应当以贩卖、运输毒品罪追究其刑事责任；被告人朱朗朗、冉金宝、杨青青、李海涛、王淋淋、周洪涛贩卖毒品，数量大，应当以贩卖毒品罪追究其刑事责任；被告人陶微微介绍贩卖毒品，应当以贩卖毒品罪追究其刑事责任；被告人陈玉非法持有毒品，数量大，应当以非法持有毒品罪追究其刑事责任。朱朗朗系累犯、毒品再犯，依法应当从重处罚。

被告人梁乾坤辩称指控不属实，不构成贩卖、运输毒品罪。梁乾坤的辩护人提出，起诉指控梁乾坤贩卖毒品海洛因2850.06克的证据不足，其只参与了最后一次毒品交易；没有与梁朗坤、梁继业、梁永波进行商议；在共同犯罪中系从犯，可以对其从轻处罚。

被告人梁朗坤对指控其犯贩卖毒品罪不持异议，辩称没有与梁乾坤、梁继业、梁永波进行商议；没有派人运送毒品，不构成运输毒品罪。梁朗坤的辩护人提出，起诉指控梁朗坤伙同梁乾坤、梁继业、梁永波贩卖毒品海洛因2850.06克的事实不清、证据不足，其毒品上线未到案，下线朱朗朗没有供认购买毒品，没有证据证明梁朗坤参与了最后一次毒品交易；梁朗坤归案后如实供述犯罪事实，认罪、悔罪态度好；在共同犯罪中系从犯，且系初犯，请求对其从轻处罚。

被告人朱朗朗辩称指控不属实，其不构成贩卖毒品罪。朱朗朗的辩护人提出，起诉指控朱朗朗贩卖海洛因700.06克不能成立，指控贩卖海洛因400克的证据不足，指控贩卖海洛因350克的数量无法认定。

被告人梁继业对指控其运输毒品的犯罪事实及罪名不持异议，辩称没有贩卖毒品，系受梁乾坤、梁朗坤安排送毒品，未与梁乾坤、梁朗坤进行商量，不构成贩卖毒品罪。梁继业的辩护人提出，梁继业在共同犯罪中系从犯，应当从轻或者减轻处罚；归案后如实供述犯罪事实，交代同案犯并配合公安机关抓获同案犯；最后一次交易时被抓获，应当认定为贩卖毒品未遂，量刑时应比照既遂犯从轻或者减轻处罚；不构成运输毒品罪，只构成贩卖毒品罪。

被告人梁永波辩称其运输海洛因的数量是400克。梁永波的辩护人提出，梁永波不构成贩卖毒品罪；依据现有证据不能认定梁永波运输毒品的数量；在共同犯罪中系从犯，应当从轻或者减轻处罚。

被告人冉金宝对指控的罪名及犯罪事实有异议,辩称杨青青授意其与陶微微联系,杨青青作用较大。冉金宝的辩护人提出,起诉指控冉金宝通过李海涛、周洪涛贩卖海洛因400克的事实不清,证据不足,无法认定毒品数量;冉金宝系从犯,应当从轻或减轻处罚;冉金宝属初犯、偶犯,归案后主动交代犯罪事实,有悔罪表现,请求对其从轻处罚。

被告人杨青青对指控的罪名及犯罪事实有异议,辩称在周洪涛的租住屋进行交易时其不在现场,与陈玉交易时不明知是交易毒品。杨青青的辩护人提出,认定杨青青通过李海涛、王淋淋、周洪涛贩卖海洛因400克的证据不足,杨青青不具有主观故意且没有实施贩卖毒品的行为;杨青青在与朱朗朗、冉金宝实施的共同犯罪中系从犯,应当从轻或减轻处罚;杨青青系初犯、偶犯,社会危害性较小,归案后如实供述犯罪事实,有悔罪表现,请求对其从轻处罚。

被告人李海涛就起诉指控的犯罪事实作了供述,其辩护人提出,李海涛介绍毒品交易,构成贩卖毒品罪的共犯,但系从犯,归案后如实供述犯罪事实,请求对其从轻处罚。

被告人周洪涛辩称没有向陈某贩卖毒品,从车上查获的毒品不归其所有。周洪涛的辩护人提出,周洪涛在贩卖毒品的共同犯罪中起介绍作用,系从犯;起诉指控其介绍毒品数量的证据不足;起诉指控周洪涛向陈某贩卖毒品麻果的行为系赠与。

被告人陈玉就起诉指控的犯罪事实作了供述,其辩护人提出,陈玉认罪、悔罪态度好,具有坦白情节,系初犯,持有毒品用于自己吸食,社会危害性较小,请求对其从轻处罚。

被告人陶微微辩称没有参与贩毒,只是将冉金宝的联系方式提供给李海涛。

经审理查明:

(一)贩卖、运输毒品罪

2012年9月,被告人朱朗朗与被告人梁乾坤联系,欲购买毒品海洛因并要求将毒品送至湖北省宜昌市。梁乾坤与被告人梁朗坤、梁继业、梁永波商量后,4人决定向他人购买毒品海洛因后贩运给朱朗朗。2012年9月至11月,梁乾坤、梁朗坤、梁继业、梁永波先后5次向朱朗朗贩运海洛因共计2850.06克,并利用户名为梁煌坤的中国农业银行卡收取毒资。朱朗朗将其从梁乾坤、梁朗坤、梁继业、梁永波处购买的毒品海洛因通过被告人冉金宝、杨青青再次向他人贩卖。冉金宝、杨青青经被告人陶微微、李海涛、王淋淋、周洪涛介绍,将朱朗朗所购买的毒品海洛因贩卖给他人。具体事实如下:

1.2012年9月的一天,朱朗朗联系梁乾坤欲购买1板(约350克,下同)海洛因,梁乾坤让其与梁朗坤联系。梁朗坤从“阿四”手中购买1板海洛因后交给梁继业,梁继业从广东省东莞市将毒品送至宜昌市卖给朱朗朗。交易完成后,朱朗朗通过网上银行转账9万元(人民币，下同)至户名为梁煌坤的中国农业银行卡上，另交给梁继业现金1000元，梁继业将该钱款带回交给梁朗坤。

2.2012年10月的一天，梁朗坤从“阿四”手中购买1板海路因，由梁永波从东莞市运送至宜昌市贩卖给朱朗朗。交易完成后，朱朗朗通过网上银行转账9万元至户名为梁煌坤的中国农业银行卡。

3.2012年11月的一天，朱朗朗联系梁朗坤欲购买3板海洛因并要求送至宜昌市。梁朗坤请示梁乾坤后，二人与梁继业、梁永波商量由谁运送毒品。经梁乾坤同意，4人决定由梁永波运送毒品到宜昌市与朱朗朗交易。梁朗坤向“阿四”购买3板海洛因后交由梁永波从东莞市送至宜昌市。交易完成后，朱朗朗付给梁永波现金7万元，另通过网上银行转账20.3万元至户名为梁煌坤的中国农业银行卡。同月的另一天，朱朗朗联系梁朗坤欲购买400克海洛因，梁朗坤从“阿四”手中购买后安排梁继业将毒品从东莞市送至宜昌市与朱朗朗交易。交易完成后，朱朗朗交给梁继业现金10.4万元，梁继业将该钱款交给了梁朗坤。

4.2012年11月初，冉金宝交给陶微微一小块海洛因样品要其帮忙介绍海洛因买家，陶微微介绍冉金宝认识李海涛，李海涛介绍冉金宝认识王淋淋，冉金宝又介绍杨青青与李海涛、王淋淋相识。同月的一天，冉金宝交给李海涛和王淋淋一个海洛因样品，李海涛、王淋淋将样品交给周洪涛让其帮忙联系买家并告知其价格为每克420元。随后，周洪涛联系张某香，张某香验过样品后表示愿意购买。周洪涛便通知李海涛到周的租住屋进行交易，李海涛随即通知了冉金宝。当日下午，朱朗朗交给冉金宝、杨青青400克海洛因。冉金宝、李海涛、王淋淋与携带毒品的杨青青前往周洪涛位于宜昌市东山大道的租住屋进行毒品交易。冉金宝在周洪涛的租住屋内将400克海洛因贩卖给张某香及“张老五”。交易完成后，冉金宝与在租住屋外等候的杨青青一起离开并将毒资交给朱朗朗。事后，李海涛、王淋淋、周洪涛分得了毒品介绍费。

5.2012年11月26日，朱朗朗交给冉金宝、杨青青350克海洛因。经王淋淋、李海涛介绍，冉金宝、王淋淋与携带海洛因的杨青青搭乘陈玉驾驶的轿车来到陈位于宜昌市伍家岗区伍家乡灵宝村的住所内，以每克420元的价格将350克海洛因贩卖给陈玉。交易后，朱朗朗驾车接应冉金宝、杨青青，冉、杨二人将毒资交给了朱朗朗。同日，朱朗朗给梁乾坤打电话要求购买二板海洛因，梁乾坤让其与梁朗坤联系。后梁朗坤从“阿四”手中购买二板海洛因。梁乾坤、梁朗坤、梁继业、梁永波商量决定由梁继业送毒品。同月28日，梁继业到达某市后入住王家河加油站附近的金帝商务宾馆8216房间，将海洛因藏匿于该房间靠卫生间一侧的床头柜下，随后将房间号告知朱朗朗。朱朗朗来房间查看海洛因时，发现没有取海洛因样品的工具，遂与梁继业下楼到其驾驶的车牌号为粤CXXX18的黑色丰田牌轿车上取工具。梁继业带工具回8216房间切下样品后拿到车上交给朱朗朗。此时，民警向该车靠拢准备实施抓捕，2人遂驾车冲卡逃离。经追捕,公安人员在宜昌市夷陵区鸦雀岭镇某某米业有限责任公司院内将朱朗朗抓获,在湖北省枝江市董市镇将梁继业抓获,并根据梁继业的交代,在金帝商务宾馆8216房间内查获2板海洛因,称净重分别为350.17克和349.89克,共计700.06克,海洛因的含量分别为65.75%、69.56%。

综上,朱朗朗贩卖毒品海洛因共计1450.06克;冉金宝、杨青青贩卖毒品海洛因750克;陶微微、李海涛、王淋淋介绍他人贩卖毒品海洛因750克;周洪涛介绍他人贩卖毒品海洛因400克。2013年1月,周洪涛贩卖给陈某甲基苯丙胺片剂(俗称"麻古")20颗,甲基苯丙胺(冰毒)3克。2013年1月24日,公安人员抓获周洪涛时,从其身上查获甲基苯丙胺片剂5.13克、甲基苯丙胺0.81克,甲基苯丙胺的含量分别为11.33%、68.34%;从其驾驶的鄂EXXSX0号别克牌轿车上查获甲基苯丙安片剂128.78克,甲基苯丙胺的含量为13.58%。

(二)非法持有毒品罪

2012年12月13日,公安人员在陈玉位于宜昌市伍家岗住所内将其抓获,并从其身上及该住所内查获海洛因共计净重1.71克,海洛因的含量分别为39.30%、8.15%。陈玉还主动指引公安人员查获了其藏匿于宜昌市伍家乡12号住所内的海洛因,称净重107.81克,海洛因含量为37.21%。

上述事实,有经庭审举证、质证的下列证据证明:

1.湖北省某市公安局点军区分局抓获经过证明:2012年11月28日,湖北省某市公安局点军区分局接上级部门指令称,朱朗朗在宜昌市城区多次从他人手中购买毒品后贩卖给他人,2012年11月28日又准备在宜昌市进行毒品交易。侦查人员通过工作获悉,朱朗朗、梁继业约定2012年11月28日上午在位于宜昌市夷陵大道王家河加油站附近的金帝宾馆交易海洛因,即在市局禁毒支队的配合下赶往金帝宾馆实施抓捕。当日上午8时许,侦查人员发现朱朗朗和梁继业在朱驾驶的粤CXXX18丰田轿车内交易毒品,在亮明身份并出示警官证欲对其2人实施抓捕时,朱朗朗负隅顽抗,驾车撞击侦查人员,撞坏围堵的车辆后驾车逃窜,侦查人员立即追捕。在宜昌市伍家岗区车管所门口,朱朗朗驾驶丰田轿车向当阳方向逃窜,梁继业乘坐出租车向枝江方向逃窜。侦查人员兵分两路追击,在夷陵区鸦鹊岭镇某某米业公司院内将朱朗朗抓获,在行至鸦鹊岭镇红绿灯处将前来接应朱朗朗的冉金宝抓获。梁继业在枝江市董市镇被抓获。经审讯,梁继业交待其贩卖的海洛因还存放在金帝宾馆8216号房间,后带领侦查人员到该房间起获了毒品海洛因疑似物。根据梁继业、朱朗朗、冉金宝的交待,侦查人员于2012年12月4日15时将杨青青抓获,于2012年12月10日12时将王淋淋抓获,于2012年12月12日19时将李海涛抓获,于2012年12月13日14时在陈玉位于宜昌市的宿舍楼入口处将其抓获。在陈玉的指引下,侦查人员对其位于艾家嘴的住处和伍家乡灵宝村的住处进行了搜查。在搜查其位于灵宝村的住处时,陈玉主动交代了藏匿于屋后狗棚内的海洛因,并带办案人员进行提取。2012年12月18日,侦查人员经工作获悉陶微微在宜昌市长阳土家族自治县榔坪镇,立即前往进行抓捕,但当天陶微微已离开,抓捕未果。陶微微得知公安机关找其调查情况,于次日13时来到湖北省某市公安局东山派出所。本案侦查人员得知该情况后即通知东山派出所将陶微微控制,并前往将陶微微传唤至点军分局刑警大队。2013年1月24日,侦查人员在侦办案件过程中调查得知周洪涛涉嫌介绍他人贩卖毒品,于当日12时许将周洪涛抓获,当场从其身上收缴疑似毒品麻古,并在其指引下对其停放在葛洲坝宾馆楼下的鄂EXXSX0黑色别克轿车进行搜查,从该车内搜出疑似毒品麻古7包。2013年2月7日9时许,广西钦州市灵山县三海派出所接县局"110"指挥中心指令称,网上追逃人员梁永波刚登记入住灵山县灵城镇新光路新正久宾馆1208号房间。接报后,三海派出所民警前往宾馆房间将梁永波抓获。2013年3月,侦查人员在侦办案件过程中得知梁乾坤、梁朗坤经常在广东省东莞市石碣镇一带活动,于同月12日13时许在东莞市石碣镇富盈花园二栋二单元505号房间内将梁乾坤、梁朗坤抓获,当场搜出现金39万元及疑似毒品海洛因的包装纸。

2. 湖北省某市公安局点军区分局现场勘查笔录证明:公安人员对位于夷陵大道387号金帝商务宾馆8216房间进行勘验时,在房间内北侧床头柜下部发现用塑料和蜡纸包裹的疑似海洛因二块。有经被告人梁继业辨认的物证照片印证。

3. 湖北省某市公安局点军区分局搜查笔录、提取笔录及扣押物品、文件清单、情况说明材料证明:从夷陵大道387号金帝商务宾馆8216房间提取海洛因二块并予以扣押;从梁继业处扣押手机一部、中国农行卡一张、男式黄金戒指一枚("發"字样);在杨青青处扣押手机一部;从陈玉的住所扣押海洛因3包,从陈玉另一住所房后的狗棚内扣押海洛因1包,扣押陈玉现金468元以及用蓝色黄鹤楼烟盒包装的少许海洛因;从朱朗朗、梁继业、冉金宝处扣押381,536.65元(含利息81.65元)、中国农行卡、中国银行卡、中国建行卡各一张、金项链一条、"TUDOR"手表一块、黑色丰田轿车一辆(车牌号为粤CXXX18);从冉金宝处扣押"AP"手表一块、中国邮政储蓄卡一张;从王淋淋处扣押手机二部、CASIO手表一块、现金581元;从李海涛处扣押手机一部;扣押陶微微中国农行卡二张、手机二部;扣押朱朗朗为冉金宝购买的红狐狸休闲上装一件;在周洪涛处扣押现金6320元、手机一部、麻古1430颗、冰毒一小袋;在梁永波处扣押手机一部、现金70元、中国邮政储蓄卡一张、千足金戒指一枚、金项链一条;从梁乾坤、梁朗坤的租住房内扣押现金396,570元、手机五部、黄金戒指一枚、胶纸袋、牛皮纸及中国农行卡二张、中国银行卡一张。从陈某辉处扣押141,200元,该款系朱朗朗被抓后,陈某辉通过网银从朱朗朗的中国农行卡转入陈某辉的农行卡。

4. 鉴定意见:

(1)湖北省某市公安局(X)公(刑)鉴(化)字[2012]777号物证检验报告、湖北省某市公安司法鉴定中心(X)公(司)鉴(化)字[2013]207号物证检验报告证明:从宜昌市伍家岗区金帝商务宾馆8216号房间内搜缴的二块毒品疑似物中均检出海洛因成分,称净重350.17克、349.89克,海洛因含量分别为65.75%、69.56%。

(2)湖北省某市公安局(X)公(刑)鉴(化)字[2012]799号物证检验报告证明:从陈玉身上搜缴的用烟盒纸包裹的1小包白色粉末中检出海洛因成分,称净重为0.87克,海洛因含量为39.30%;从陈玉位于宜昌市的住所内搜缴的2小包白色粉末中均检出海洛因成分,称净重0.84克,海洛因含量为8.15%;从陈玉位于宜昌市伍家岗区伍家乡12号房屋后侧狗棚内地下搜缴的1包白色块状物中检出海洛因成分,称净重107.81克,海洛因含量为37.21%。

(3)湖北省某市公安司法鉴定中心(X)公(司)鉴(化)字[2013]064号物证检验报告证明:从周洪涛身上搜缴的53粒圆形药片以及从周洪涛驾驶的鄂EXXSX0号轿车上搜缴的7袋圆形药片中均检出甲基苯丙胺和咖啡因成分,称净重分别为5.13克、128.78克,甲基苯丙胺的含量分别为11.33%、13.58%;从周洪涛身上搜缴的1小袋白色晶体中检出甲基苯丙胺成分,称净重0.81克,其中甲基苯丙胺含量为68.34%。

(4)湖北省某市公安司法鉴定中心(X)公(司)鉴(化)字[2013]290号物证检验报告证明:2013年3月12日,梁乾坤、梁朗坤在广东省东莞市石碣镇被抓获,当场从卧室窗台上搜缴牛皮纸袋,从附着在牛皮纸袋上的少量白色粉末中检出海洛因成分。

5.湖北省某市公安局点军区分局辨认笔录证明:证人张某洲辨认出梁继业即为2012年11月28日上午乘坐其出租车到枝江,在枝江市董市镇棉花桥被警察抓获的人。被告人梁继业辨认出朱朗朗即为多次向其购买海洛因的人。被告人冉金宝辨认出杨青青即为其交代的"杨灾星",朱朗朗就是指使其贩卖毒品的人,系"杨灾星"的老表。还辨认出王淋淋就是其交代的"胡子"。被告人杨青青辨认出朱朗朗和冉金宝。证人全某琼辨认出朱朗朗就是2012年11月28日在宜昌市某某米业有限责任公司院内停车的人。王淋淋辨认出冉金宝就是其供述的"啊庆",杨青青就是与"啊庆"一起带毒品的人,陈玉就是其供述的"三毛子"。王淋淋还辨认出李海涛、周洪涛。被告人李海涛辨认出陶微微就是帮忙联系贩卖毒品的"天棒",周洪涛就是"五哥",王淋淋就是"猫子",陈玉就是"五哥"和"猫子"介绍购买毒品的"三哥"。被告人陈玉辨认出冉金宝就是向其贩卖350克海洛因的两名男子中的一人,杨青青就是与王淋淋一起到灵宝村家中送毒品的人。陈玉还辨认出王淋淋及到其家中介绍贩卖海洛因的李海涛。被告人周洪涛辨认出王淋淋就是其交代的"猫哥",冉金宝就是其交代的"四川人",李海涛就是其交代的"巴东光",张某香就是2012年11月其介绍购买海洛因的"张姐"。证人王勇钢辨认出陶微微,还辨认出李海涛就是帮忙"小冉"(冉金宝)联系海洛因买家的"光光"。被告人梁永波辨认出在虹桥酒店接收毒品的"阿发"就是朱朗朗。被告人梁朗坤辨认出"捞佬"就是朱朗朗。被告人梁乾坤辨认出朱朗朗就是向其与梁永波、梁继业、梁朗坤购买毒品海洛因的“阿顺”。

6. 湖北省某市公安局点军区分局调取的通话记录证明：毒品交易期间，朱朗朗与上线梁乾坤、梁朗坤、梁继业、梁永波手机通话频繁，朱朗朗与冉金宝、杨青青手机通话频繁，梁乾坤、梁朗坤、梁继业、梁永波之间手机通话频繁。其中，2012 年 11 月 28 日，梁乾坤与梁朗坤、梁继业、梁永波、朱朗朗均有通话，与梁继业通话 10 次，与朱朗朗通话 3 次，朱朗朗与冉金宝、杨青青均有通话。2012 年 11 月，冉金宝与杨青青、李海涛、王淋淋、周洪涛、陶微微手机通话频繁，李海涛与王淋淋、陶微微、周洪涛手机通话频繁，周洪涛与王淋淋、陈某手机通话频繁，陈玉与王淋淋手机通话频繁。

7. 中国农业银行开户信息、账户交易明细及银行存款凭条证明：(1)户名为朱朗朗的中国农业银行卡分别于 2012 年 9 月 29 日、10 月 8 日、10 月 22 日、11 月 4 日、11 月 17 日、11 月 22 日通过网银向户名为梁煌坤的中国农业银行卡转账 9 万元、9 万元、4 万元、5 万元、12.5 万元、20.3 万元。2012 年 11 月 2 日，朱朗朗在中国农业银行三峡宜港支行现存 7 万元。(2)户名为梁煌坤的中国农业银行卡分别于 2012 年 9 月 2 日、9 月 6 日、9 月 8 日、10 月 1 日、10 月 9 日、11 月 7 日向梁继业的中国农业银行卡转存 10 万元、5 万元、5.1 万元、2 万元、1 万元、2 万元。2012 年 9 月 20 日，梁继业的中国农业银行卡在三峡宜港支行现存 11 万元并于次日将钱取出；2012 年 9 月 27 日梁继业的中国农业银行卡在湖北省现存 9 万元并于次日将钱取出。

8. 宜昌市伍家岗区金帝商务宾馆住宿登记材料证明：被告人梁继业于 2012 年 11 月 28 日入住金帝商务宾馆 8216 号房间。

9. 湖北省某市公安局点军区分局指认犯罪现场笔录证明：

(1)被告人梁继业指认了其于 2012 年 11 月 28 日在宜昌市夷陵大道 387 号金帝商务宾馆贩卖毒品的犯罪现场及其在该宾馆 8216 房间存放海洛因的地点；指认了其伙同朱朗朗在金帝商务宾馆门前小巷交易海洛因、冲卡逃跑的现场及其在宜昌市伍家岗区花艳车管所门前下车乘出租车逃跑的现场；指认了其曾在宜昌市伍家岗区虹桥丽景商务酒店交易海洛因的犯罪现场。

(2)被告人李海涛指认了其在陈玉家联系贩卖海洛因的现场；指认其在位于宜昌市汉宜村的租住屋里认识冉金宝及陶微微送海洛因样品的现场；指认了冉金宝在宜昌市二水厂铁路桥附近给王淋淋送海洛因样品的现场。

(3)被告人冉金宝指认了其在宜昌市万寿桥军供站门前的东山大道上将海洛因样品交给陶微微的现场；指认了其在宜昌市二水厂铁路桥附近送海洛因样品给王淋淋的现场及其在李海涛的租住屋里认识李海涛的现场；指认了其在宜昌市杨岔路动漫主题酒店门前乘坐陈玉轿车的现场及其在宜昌市火车东站对面的马路边等杨青青携带海洛因上车并在宜昌市伍家乡陈玉家中交易海洛因的现场。

王淋淋、被告人杨青青、陶微微对上述相关现场亦进行了指认。

(4)被告人周洪涛指认了其在宜昌市樵湖一路5××3号麻将馆内交易毒品的犯罪现场;指认了其在宜昌市东山大道4××9号租住屋内交易海洛因的犯罪现场;指认了其在宜昌市樵湖二路机电花园大门口贩卖毒品麻果给陈某的犯罪现场以及其在李海涛的租住屋内向李海涛、王淋淋支付毒品交易介绍费的现场。

(5)被告人梁永波指认了其在宜昌市猇亭区虹桥假日酒店住宿及交易海洛因的犯罪现场。

(6)证人陈某指认了其向周洪涛购买毒品的现场。

10. 重庆市云阳县公安局江口派出所、广西壮族自治区灵山县公安局那隆派出所、巴东县公安局野三关派出所、宜昌市公安局万寿桥派出所、宜昌市公安局宝塔河派出所、重庆市云阳县公安局沙陀派出所、安陆市公安局辛榨派出所出具的户籍证明材料及常住人口信息表证明了各被告人的身份情况。

11. 证明被告人违法犯罪情况的书证

(1)广东省珠海市××区人民法院(2002)X刑初字第148号、(2008)X刑初字第317号刑事判决书及珠海市第一看守所出具的刑满释放证明书证明:2002年2月1日,朱朗朗犯抢劫罪,被判处有期徒刑3年;2008年2月27日,朱朗朗犯贩卖毒品罪,被判处有期徒刑10个月,2008年9月28日被释放。

(2)湖北省某市伍家岗区人民法院(2009)伍刑初字第9号刑事判决书证明:陈玉犯非法拘禁罪,判处有期徒刑2年,缓期3年。

(3)湖北省某市伍家岗区人民法院(1993)伍刑初字第60号、(2004)伍刑初字第8号刑事判决书、湖北省江北监狱出具的证明材料及湖北省沙洋漳湖垸监狱出具的(2009)鄂漳监释证字第77号释放证明书证明:1993年10月12日,陶微微犯抢夺罪,判处有期徒刑3年6个月。1997年1月5日刑满释放。2004年2月,陶微微犯盗窃罪,判处有期徒刑6年,并处罚金5000元。2009年3月8日减刑释放。

(4)湖北省某市人民政府劳动教养管理委员会出具的劳动教养决定书、湖北省某市公安局西陵区分局出具的公安行政处罚决定书证明:1997年12月4日,陶微微因寻衅滋事被决定劳动教养1年。2010年12月16日,陶微微因非法限制人身自由被处行政拘留5日,并处罚款200元。2012年10月16日,陶微微因吸毒被行政拘留10日。

(5)宜昌公安局西陵区分局出具的公安行政处罚决定书证明:2011年8月26日,李海涛因吸毒违法被行政拘留15日;2012年10月20日,李海涛因吸毒违法被行政拘留15日。

12. 证人邓某芬(李海涛之妻)的证言:2012年10月的一天,"天棒"和另外一个我不认识的人到家里来找李海涛。

13. 证人陈某璐(陈玉之子)的证言:2012年11月26日"小猫子"到我家给我爸

送东西,是用烟盒子包装的,外面缠了一层胶纸。

14. 证人陈某的证言:2013 年 1 月 23 日下午 7 点左右,我在葛洲坝转盘附近找周洪涛购买了 5 颗麻果,1 克冰毒,当时他开着一辆黑色别克轿车。次日,我在葛洲坝宾馆十三太保房间找周洪涛购买了 15 颗麻果、2 克冰毒。

15. 证人张某洲的证言:梁继业花 200 元乘坐我的出租车前往枝江市,车行至枝江市董市镇时被警察拦截,梁继业被抓获。有辨认笔录印证。

16. 证人全某琼的证言:我在宜昌市某某米业有限责任公司工作。2012 年 11 月 28 日上午,有个四川口音的男子背着两个包在我公司院子里停车,随后被警察抓获。我丈夫协助警方找到了这个四川人丢弃的两个包。

17. 证人陈某辉的证言:朱朗朗被抓后,我去他家收拾东西时发现了他的网银 U 盾及密码,应其妻子宁某燕的要求我通过网银将朱朗朗农行账户中的 141,200 元转至我的银行卡中。

证人宁某燕的证言印证了陈某辉所证相关情节。

18. 被告人梁乾坤供述:2012 年 6 月,我和梁永波经人介绍认识了重庆人"阿顺",他开着一辆粤 C 牌照的黑色丰田轿车。我得知"阿顺"在湖北省宜昌市贩卖海洛因要货,便和他互留了电话。2012 年 9 月,"阿顺"打电话问我能不能拿到海洛因,他说可以和他进行交易。于是,我和梁继业、梁朗坤、梁永波商量拿海洛因的事。我认识的一个外号"阿四"的人手中有海洛因,我们决定找他拿。"阿四"说他可以按每克 220 元卖给我们。随后,梁朗坤打电话告诉"阿顺"我们已找到货源。过了一周,"阿顺"到东莞石碣镇和我、梁永波、梁继业、梁朗坤一起商谈如何交易海洛因,他叫我们拿个样板给他看,我们便将找"阿四"拿的 0.5 克海洛因样板给"阿顺"并告诉他每克 260 元,"阿顺"表示同意并问我如果拿的多能否直接送到宜昌市。我与梁永波、梁继业、梁朗坤商量后同意送货。2012 年 9 月底的一天,"阿顺"给我打电话要买海洛因,我让他与梁朗坤联系。我听说他们联系后由梁继业送了一批海洛因到宜昌。2012 年 11 月的一天,"阿顺"给梁朗坤打电话要海洛因,让我们送到宜昌市。梁朗坤说他做不了主,要和我商量再决定。于是,我和梁朗坤、梁继业、梁永波商量。一开始他们都不愿意送货,后来,梁永波说这一次他先去,之后我们轮流去送,我便同意了。这一次,梁永波带了 3 板海洛因去宜昌市卖给了"阿顺",他带了部分现金回来。之后,"阿顺"将钱打到梁煌坤的卡上,这张卡是梁煌坤办的,却是我和梁朗坤、梁继业、梁永波共用,我们都知道密码,我让"阿顺"把毒资转到这张卡里。这一次赚的钱我们四人还没分留给下一个送海洛因的人做备用。2012 年 11 月底,"阿顺"联系我买 2 板海洛因,我让梁朗坤和"阿顺"联系。后来,梁朗坤说他让梁继业带着 2 板海洛因去了宜昌市。第二天上午,梁继业打电话给我说出事了,警察在追他。我问他准备怎么办,他说先逃跑。过了一会儿,我又打电话给他,他说正往一个县里跑。出事后,我将电话卡扔了。

我们与“阿顺”交易,一板是按345克结账,有时候,毒资打在梁继业的卡上。每次贩卖海洛因都是我们一起商量。因为我认识的人多,在赌场也混过,所以我说话比较算数,他们都听我的。账目和钱都是梁朗坤管,拿、送海洛因主要是梁永波、梁继业。警察抓获我时,从房间里搜出的现金是我们把海洛因卖出后准备给“阿四”的毒资。

19. 被告人梁朗坤供述:2012年9月,梁永波、梁继业凑了11万元交给我,梁乾坤给我一张以他弟弟梁煌坤的名字办的农行卡,梁永波说用这张卡收取毒资。同月,我和梁永波、梁继业在东莞市万江镇认识了“阿四”,他手中有海洛因卖。梁永波说他认识一个“捞佬”卖海洛因,我们可以卖给他260元每克。过了十多天,梁永波告诉我“阿四”的电话号码,让我联系购买海洛因,2012年九十月,“捞佬”打电话给我说要一块海洛因,我便给“阿四”打电话,谈好后我给了梁继业2000元作路费,让他到石碣镇拿海洛因送到宜昌交给“捞佬”。梁继业在宜昌打电话让我发银行卡号给“捞佬”。这一次,“捞佬”转账9万元,梁继业带回现金1000元交给我。2012年10月的一天,我打电话找“阿四”买1板海洛因,梁永波在我手里拿了8万元去东莞市万江镇拿货,其中有2000元是他到宜昌的路费。梁永波在宜昌打电话让我发短信告诉“捞佬”把钱直接打到银行卡上,我便将梁煌坤的农行卡卡号发给了“捞佬”,“捞佬”打了9万元到卡上。2012年11月20日左右,“捞佬”打电话说要三块海洛因。我觉得数量较大,决定和其他人商量一下再回话。当时,梁乾坤在外面,我们打电话叫他回来商量。我们四人都同意给“捞佬”送毒品,但都感觉比较危险,不想送,梁永波就说他去送。之后,我给“阿四”打电话要三块海洛因,说好卖了再给钱。次日,我给了梁永波2000元路费,他带着毒品到宜昌。梁永波在宜昌给我打电话说“捞佬”没那么多现金,先给7万元现金,余下的钱打到卡上。这次梁永波带回现金7万元,“捞佬”往梁煌坤的农行卡里打了20.3万元。2012年11月的一天,“捞佬”给我打电话要400克海洛因,梁继业用我的手机联系“阿四”购买并说好卖了再付钱。次日,梁继业在我手中拿了2000元路费到石龙镇拿海洛因然后直接坐车到宜昌与“捞佬”交易。“捞佬”交给梁继业10.4万元现金,梁继业回来后交给了我。2012年11月26日晚,“捞佬”给我打电话要三块海洛因。我和梁永波、梁继业、梁乾坤一起商量是否给“捞佬”送。当时梁乾坤问梁继业、梁永波愿不愿意送,他俩都愿意。后来,我们四人商量决定由梁继业送,当晚,我与“阿四”联系买毒品。次日,梁继业在我手中拿了2000元路费到东莞市石龙镇去拿海洛因,随后直接送到宜昌。同月28日上午,梁继业给我打电话说出事了,正在跑路。我便给“捞佬”打电话,问他货款打过来没有,他说等下再说就挂断了。我们一共卖给“捞佬”海洛因3300克,得赃款约20万元。我主要负责管账,送海洛因主要是梁继业和梁永波,我每次都给他们路费,毒资都交给我。梁乾坤知道我和梁继业、梁永波在贩卖海洛因,有时候与我们一起商量。

20. 被告人朱朗朗供述:车牌号为粤CXXX8的黑色丰田卡罗拉轿车是我的。我不认识杨青青、冉金宝、梁继业。我在宜昌没有与人接触过。

21. 被告人梁继业供述:我送过3次海洛因到宜昌。2012年10月下旬的一天,“捞佬”给梁朗坤打电话要400克海洛因,梁朗坤安排我送到宜昌。当日上午,我从梁朗坤手中拿到海洛因后乘汽车到宜昌。“捞佬”让我到金帝宾馆开个房间等他。后来,“捞佬”到我的房间拿了两个样板离开。当晚,我在房间内将400克海洛因交给“捞佬”。一小时后,他回来给我104,000元现金。我回到东莞后将钱交给了梁朗坤。2012年11月17日左右的一天,梁朗坤说“捞佬”要1板海洛因,要我送到宜昌交易。当天,梁朗坤将1板海洛因交给我乘车到宜昌后与“捞佬”联系,我们在虹桥商务酒店交易,他给了我现金8万多元。回东莞后我将钱交给梁朗坤。2012年11月27日,梁朗坤打电话给我说“捞佬”要2板海洛因,让我送货到宜昌交易。我在梁朗坤手中拿到毒品后,乘坐东莞到宜昌的长途卧铺车于次日早晨抵达宜昌。“捞佬”让我在金帝宾馆开房等他。我登记入住金帝宾馆8216号房间后,把2板海洛因放在靠卫生间这边的床头柜下,然后联系“捞佬”。“捞佬”来后,问有没有样品。我说没有东西撬。“捞佬”说他车上有工具,我便随他一起下楼拿。“捞佬”的车是一辆黑色丰田轿车,车牌是粤CXXX18。“捞佬”给我一把水果刀,我到房间用刀取了三小块海洛因,把样板放入“捞佬”车上档位附近的盒子里。正在这时,警察过来了。“捞佬”见情况不对,立即发动车子,我们强行冲过警察设置的关卡。我随即电话通知梁朗坤这边出事了,毒品放在宾馆里。梁朗坤说先跑了再说。每次送毒品到宜昌都是梁乾坤安排梁朗坤跟我联系,在东莞时是梁朗坤给我打电话,我到宜昌后,梁乾坤就打由话问我把东西给“捞佬”没有,钱拿到没有。有时不带现金回去,梁乾坤就让我跟“捞佬”说将钱打在银行卡上,他将梁煌坤的银行卡号发至“捞佬”的手机。梁乾坤和梁朗坤直接和“捞佬”联系谈好毒品交易数量和价格。梁乾坤是老板,梁朗坤负责联系毒品、管钱并安排我与梁永波将海洛因送到宜昌交给“捞佬”。平时我们在一起的时候,梁朗坤都听梁乾坤的。贩毒时,梁朗坤不清楚的,都要问梁乾坤。

22. 被告人梁永波供述:我和梁继业帮梁乾坤和梁朗坤运送海洛因到宜昌交易。一般都是梁朗坤安排我们送海洛因,真正的老板是梁乾坤,我和梁继业是打工的。2012年11月,我和梁乾坤、梁朗坤在东莞石碣镇玩时,在梁乾坤身边听到梁乾坤安排梁朗坤送海洛因给别人,梁乾坤还告诉梁朗坤对方的电话号码,梁朗坤安排我和梁继业送海洛因给“阿发”,卖完后把毒资交给梁朗坤,梁朗坤再给梁乾坤。“阿发”是做毒品生意的。梁乾坤曾安排我先到宜昌市来熟悉线路,看一路上有没有人检查。2012年11月的一天,我和梁朗坤一起去农行取了大概七八万元,然后把钱交给梁乾坤。同月的一天上午,梁朗坤安排我送400克海洛因到宜昌,我在石碣镇搭乘东莞至宜昌的卧铺车,路上梁朗坤发短信告诉我“阿发”的电话号码。到宜昌后,我便联系“阿发”,我们在虹桥假日酒店交易毒品,他给了我7万元并让我打电话告诉给梁朗坤,回到石碣镇我将钱交给了梁朗坤,他从中拿了5000元给我。除去1500元左右的费用,这一次我净赚3500元。1板海洛因大概是350克。

23.被告人冉金宝供述:我通过“杨灾星”介绍认识了他的老表。“杨灾星”要我联系“天棒”并告诉“天棒”有最赚钱的事找他。2012年11月的一天,我去枝城接“天棒”回宜昌在万寿桥军供站下车。我将“杨灾星”给我的一坨东西和写有我电话号码的纸条给了“天棒”,他说可以给我介绍。几天后,有个人给我打电话自称是“天棒”的朋友,问我拿的东西什么价,有无样品。我将此事告知“杨灾星”后,老表叫我们送东西去二水厂铁路桥下。2012年11月中上旬的一天晚上,老表带我和“杨灾星”到万寿桥天楚宾馆房间,我接到一个电话,对方要求送样板。老表交给我一个用纸和塑料袋层层包裹的指甲大小的东西,我到二水厂铁路桥下将东西交给那个打电话的人。我返回宾馆后,那个人又打电话说样板可以,问老板在哪。此时,老表接过电话谈了一阵,然后拿出一个用黄色封口胶包裹的比较厚的长方形东西放入我包里,让我送到中海宾馆。老表开车将我和“杨灾星”送到中海宾馆附近的一个公汽站。我和“杨灾星”与之前打电话的人联系并在中海宾馆旁边的小巷子与他会合。那个人有络腮胡,这个“胡子”带着我上了一栋居民楼,“杨灾星”则提着我的包在楼下等。我跟“胡子”上楼进入一户住房,我见有两人在客厅吸食红色药丸状的东西,“胡子”让我进卧室等。其间,老表给我打了4个电话。前三个是催我快点,最后一个电话是让我再办不成事就提着包离开,他说这生意不做也没什么。我等了约半小时,“胡子”领着另一名提着黑色大挎包的男子进来,该男子把挎包打开里面全是钱。随后,我下楼去找“杨灾星”,他告诉我要拿21万元。我拿上我的包上楼回到那间卧室,将包里的长方形东西交给那名男子并找他要21万元,他将带的钱放在桌上,说还差几千元,又找客厅里的那两人拿了几千元给我。我拿上钱下楼交给“杨灾星”并与他乘的士回天楚宾馆,“杨灾星”把钱给了老表,老表抽出1万元让我送到二水厂铁路桥下给“胡子”。事后,老表给我和“杨灾星”每人3000元。2012年11月26日上午,我与“杨灾星”、老表在一起时,接到一个电话,对方说要我拿个东西过去看一下。随后,老表将我的手机接过去,问对方是谁,要多少,并走到房间厕所里讲电话。接着,老表递给“杨灾星”一个咖啡色单肩包,让杨和我把这个东西送到二水厂铁路桥下,我见包里装了一个用黄色封口胶密封的袋子。我和“杨灾星”来到二水厂的路口,看见“胡子”坐在路边的一辆红色轿车上,轿车司机大约四十多岁,较胖。“胡子”招手叫我快点上车。我刚上车,车就启动了,“杨灾星”没有上车。一路上,司机和“胡子”问我东西在哪里,我说拿货的人是坐中巴来的。车开到东山大道宜万铁路桥下的一个公厕旁边停下,司机回家拿了点东西,他让我通知“杨灾星”去火车东站对面会合。我们在火车东站接到“杨灾星”后开车来到平安驾校附近的司机家里。“杨灾星”把包里装的东西给了司机,司机看后拿出钱来数,还从床底和其他地方找钱,一共给了我们147,000元。接着,司机用小刀将我们送的东西划开，取了一点粉末，和“胡子”一起吸食起来。随后，“胡子”坐中巴车先走了，“杨灾星”联系老表来驾校来接我们。老表给我4000元让我送去给“胡子”。事后，“杨灾星”和老表说差3000元，老表只给了我和“杨灾星”每人600元。我第一次送东西时就怀疑是毒品。最后一次送东西时，我看见要东西的人和介绍人在吸食我们送的东西，就知道是毒品了。我们每次送完东西后都将拿到的钱交给了老表。

24.被告人杨青青供述:2012年11月20日左右，冉金宝带我到宜昌市二水厂后面的一栋私房认识了李海涛。冉金宝问李海涛卖不卖“白菜”，李说不卖，但表示可以帮忙并与冉金宝互留了电话号码。2012年11月26日前三天的一个中午，朱朗朗打电话叫我到金帝大酒店吃饭，冉金宝也在。当日下午，冉金宝接了一个电话，之后他就喊我们走，朱朗朗开黑色丰田轿车载我和冉金宝来到平湖大酒店前面一点的位置。冉金宝下车后从后备箱取出一个黑色电脑包离去，我下车去买烟。不一会儿，冉金宝走到车的后备箱处，我不知道他在干什么。随后，我跟着冉金宝来到平湖大酒店旁边的一个巷子里，见李海涛也在那里。过了二十多分钟，冉金宝喊我一起走，我便给朱朗朗打电话，他让我们乘出租车走。我们与朱朗朗会合后，冉金宝将他拿的电脑包放回了朱朗朗轿车的后备箱。2012年11月26日上午，冉金宝让我在宜昌市二水厂对面的万寿医院等他，他交给我一个咖啡色单肩包，让我帮他提。随后，他朝马路对面走去，我一直在农业银行门口等。大约过了十几分钟，冉金宝打电话让我到王家河加油站的路口等他。我提着他的包乘坐中巴车到王家河加油站，他又叫我到火车东站对面的路边等他。后来，我在火车东站对面的马路边搭上了一辆红色轿车，车上有冉金宝、司机和一个我不认识的人。司机驾车带我们来到平安驾校附近的一处平房，他从汽车的后备箱拿出菜篮进入屋内，冉金宝拿着我带过去的包和车上的另一个人也进入屋内。我在屋外听到司机说只要200个。过了约半小时，我走进卧室看见冉金宝和那个男的在数钱，司机到处找钱，钱散在地上，我便出去了。随后，我听到那个男的劝对方把剩下的都买了。我又进屋帮冉金宝一起数钱。这时，朱朗朗打电话问我还要多久，我说快了。我还看见司机将白色的粉末放在锡纸上用打火机烤着吸食，于是我明白了冉金宝包里装的是毒品，他和朱朗朗在贩毒。之后，司机打电话叫了辆麻木车把我们送到平安驾校的路口。介绍人坐中巴车先走了，冉金宝将他的包交给我并打电话让朱朗朗来接我们。事后，朱朗朗数了单肩包里的钱，他说差3000元，他还从他的棕色手包里拿了几百元给我。

25.被告人李海涛供述:2012年11月初，我在拘留所认识的“天棒”带着他的朋友“天棒一”到我的租住屋来玩。“天棒”说他的朋友手中有海洛因，问我是否认识买家。他还告诉我王淋淋有可能认识这方面的人，如果交易成功，我和王淋淋可以提成两个点。“天棒”交给我一个海洛因样品，让我拿给王淋淋看。当晚，我把样品给了王淋淋,问他是否能找到买家。过了一天,“天棒一”带着“天棒三”来到我家,“天棒三”说他有海洛因,但不卖散货。我和王淋淋留了“天棒三”的电话号码。同月中旬的一天,我和王淋淋到“老五”家里,问他能否联系到海洛因买家,他说可以并叫我们搞点样品过去。我让“天棒三”把样品送到我租住屋附近的铁路桥下给我。我和王淋淋将样品送给“老五”后没多久,他就说要货。我又给“天棒三”打电话让他直接送货到中海宾馆旁的一个巷子里。我和王淋淋到那里之后,王淋淋带“天棒三”去了“老五”家里,但随“天棒三”一起来的那个人一直在巷子里等。我等了大约四小时,其间,我见“天棒三”又一次上楼时拿着一个黑色的包。我等不急就先回到家。过了约一小时,王淋淋打电话说搞好了,我就让他与“老五”来我家。“老五”说这次他帮忙垫了钱,没赚到钱,我让他多少表示一下,他给了我和王淋淋1000元。过了一个多星期,王淋淋主动说起他以前吸食海洛因是找“三哥”拿的,这人肯定要货。于是,我们来到艾家嘴公汽站后面“三哥”的家中。王淋淋问“三哥”要不要海洛因,“三哥”说要看样品。当日下午,我要“天棒三”送点样品。次日,“天棒三”把样品拿到我家交给王淋淋,王将样品送去给“三哥”,但“三哥”不在家,样品交给了“三哥”的儿子。第三天,“三哥”打电话给王淋淋说要100多克,王淋淋要我告诉“天棒三”。我和王淋淋、“天棒三”商量到“三哥”家交易,“三哥”开车过来接我们,但我没有去,我见“天棒三”和王淋淋乘坐一辆红色轿车离开。过了五六个小时,“天棒三”来我家数了4000元给我和王淋淋。“天棒三”说他们在宜昌周边还有下线,我和王淋淋只是帮他们小打小闹。

26. 王淋淋供述:2012年11月的一天,李海涛给了我一点海洛因样品,要我去找买家,但当晚我将样品吸食了。过了两天,李海涛让我去他家商量帮他朋友卖海洛因的事,在他家我见到两名男子,李海涛说他们是到宜昌来卖海洛因的,价格是400元,让我们自己和买家谈价格,从中提成,谈的价格越高提成就越多,一般可以卖420元,但要大户,一次购买不少于200克。我答应帮忙寻找买家。其中一个胖一点的男子告诉我他叫“啊庆”,我存了他的电话。同月18日左右的一天,我和李海涛一起到周洪涛家,李海涛将海洛因样品交给周洪涛,并和周谈交易价格。两天后的一个下午,我在李海涛家看见“啊庆”,李海涛让我带“啊庆”先到周洪涛家。我和“啊庆”乘出租车来到周洪涛位于中海宾馆附近的家中,当时,周洪涛和一个年轻人正在客厅吸食麻古,周洪涛让“啊庆”在卧室里等,我就在客厅与他们一起吸食麻古。其间,“啊庆”多次催问周洪涛为什么人还没有到,周就打电话催促接货人。一个小时后,周洪涛接了个电话并叫我走远点。那个年轻人先走了,我下楼时碰到李海涛上楼,他要我在楼下等。又过了一个多小时,李海涛打电话让我和周洪涛去他家。经李海涛和周洪涛商量,周给了我们1000元介绍费。这一次到周洪涛家去的有我、李海涛和“啊庆”,背货的人肯定在别处等,“啊庆”看到钱才会叫背货的人出现。2012年11月25日左右的一天上午,我和李海涛一起去找陈玉。我问陈玉要不要海洛因,他说要看样品。当日下午,我联系“啊庆”送来约0.2克的海洛因样品,我送到艾家嘴陈玉家,但当时只有他的大儿子在家,我就将样品放在陈玉卧室的电脑桌上并电话告知他。当晚,陈玉打电话说样品还可以并说要200个。次日,我和李海涛、陈玉商量后决定到郊区交易。陈玉开着他的红色轿车带我和李海涛到二水厂等送货的人,我看见“啊庆”在路边,就招手叫他快点上车。此时,李海涛发现旁边有一辆车,他害怕是公安盯梢的,就让我们先走,他随后来。于是,陈玉驾车带我和“啊庆”沿东山大道朝伍家岗方向开,他见“啊庆”是空手上车,就问货在哪里。“啊庆”说背货的人是坐中巴车来的。当我们行至东山大道宜万铁路桥下时,陈玉停车回家中拿钱,我和“啊庆”在车上等。陈玉返回车上后,“啊庆”说背货的人坐中巴车快到伍家岗了,陈玉说干脆到灵宝村他家中交易,让背货的人到火车东站去等。我们在火车东站对面的路边接上背货的人后就往土门方向行驶,随后来到平安驾校附近陈玉的家中。我们四人进入卧室后,陈玉说要验货,我去厨房取来一把菜刀交给“啊庆”,他用刀从一板海洛因上撬了一点给陈玉吸食,陈玉验完后说要200克。“啊庆”用菜刀将那大板海洛因打碎,用电子秤称了200克。陈玉看后拿出84,000元交给“啊庆”,“啊庆”和背货的人数完钱后将200克海洛因交给陈玉。接着,“啊庆”和拿货的人叫我给陈玉说好话,只剩150克,让陈玉还买点。经我劝说,陈玉又买了100克,他从枕头内找了42,000元交给“啊庆”,“啊庆”劝陈玉将剩余的50克也买了。陈玉便在屋里到处翻,又找了很多10元、20元的零钱。其间,我让“啊庆”将我帮忙多卖出的150克海洛因的介绍费给我,他给了我3000元。这时,陈玉的毒瘾犯了,叫我帮忙一起数钱,最后陈玉将21,000元交给了“啊庆”。陈玉一共购买了350克海洛因,钱是分三次给的,一共147,000元。交易完后,陈玉叫了一辆三轮麻木车送我们到平安驾校门口,我独自坐中巴车到李海涛家。这一次“啊庆”给了我和李海涛4000元介绍费,但李海涛没有和我一起去交易。

27.被告人周洪涛供述:2012年10月,我在拘留所里认识了“猫哥”和“巴东光”,我们互留了电话号码。出去后,他们到我在中海宾馆后面租的房子里玩过。2012年11月的一天,“巴东光”和“猫哥”一起来我家,“巴东光”拿出一个小指头大的海洛因样品,说是他朋友的,问我能否联系到买家并告诉我每克420元。我让“猫哥”和“巴东光”先回去等我的电话。随后,我联系“张姐”并将海洛因样品交给她,“张姐”说样品可以,但每克420元的价格有点高,让我跟卖家商量能否每克少10元,她按每克420元付钱,10元给我当介绍费。我跟“巴东光”联系后他同意按每克410元交易。“张姐”提出要在我家交易,我表示同意并让“巴东光”带卖家到我家交易。当日下午,我让“张姐”到肖家岗派出所后(中海宾馆后面)给我打电话,我去接她。随后,我给“巴东光”打电话让卖家过来。十几分钟后,“巴东光”和“猫哥”带着一个40多岁、四川口音的人到我家,“巴东光”和四川人在卧室等,“猫哥”在客厅吸食毒品。我去肖家岗派出所那里等“张姐”。约20分钟后,我领着“张姐”和“张老五”上楼时,碰见“巴东光"从我家出来准备下楼。我让"张姐""张老五"到卧室与卖家见面,我和"猫哥"在客厅。随后,"张老五"下楼去提了一个纸袋回来,那个四川人也下楼拿了一个黑色单肩包回到卧室。几分钟后,"张姐"说他们交易完了,但还差几千元我帮她垫付了4000元。之后,四川人、"猫哥"、"张老五"和"张姐"离开了我家。"猫哥"让我和他一起去"巴东光"家里。后来,卖货的四川人说他是按每克420元收的钱,说好每克给我们10元。我说开始谈好了每克的价格少10元,四川人说没有人给他说这事,他将4000元给我后就离开了。我怪"巴东光"做事不地道,但还是给了他和"猫哥"1000元。我在麻将馆散卖过毒品给打麻将的客人,卖给陈某的数量比较多。2013年1月23日下午,我驾驶租来的鄂EXXSX0黑色别克轿车在葛洲坝机电花园门口卖给陈某几颗麻古和一小袋冰毒(约1克),我不记得他是否给了钱。被抓获当日,我开着租来的黑色别克轿车来到葛洲坝宾馆,将车停在宾馆楼下,然后到宾馆的十三太保房间和陈某等人打牌。期间,陈某找我买了麻古和冰毒,具体数量我不清楚,是他自己倒的。我们准备等打完牌再结账,但是被抓了。

28. 被告人陶微微供述:2012年11月初的一天,我接到"小冉"的电话,他说他有"白菜",要我给他多联系几个买家。我说"白菜"现在不好卖,我现在不在宜昌,对这方面不是很了解。过了两天,他又给我打电话,还是要求我给他找"白菜"买家,并说不会亏待我。他反复要求我帮忙,我便想到"光光"可能有销路。我找"闷墩"要了"光光"的电话号码,但没和"光光"联系。2012年11月12日左右的一天,我和"小冉"在枝城大桥桥头碰面后乘坐出租车来到宜昌,"小冉"在万寿桥军供站附近交给我一张写有他电话号码的纸条和一个指头大小的"白菜"样品。随后,我介绍"小冉"认识了"闷墩",告诉他可以通过"闷墩"联系"光光"。次日早上,我要"闷墩"带我到"光光"家,是位于汉宜村一处租住房。我告诉"光光"我的朋友有"白菜",并将"小冉"前一天给我的"白菜"样品和写有电话号码的纸条交给"光光",让他直接与这个电话联系。"光光"说他有销路,可以联系"白菜"买家,他问我"白菜"的价格,我说你们自己谈,我不管。后来,"小冉"和"光光"是如何联系、如何交易的,我不知情。

29. 被告人陈玉供述:2012年11月底的一天,王淋淋打电话说他朋友的海洛因到货了,问我要不要,我说要200克。次日,王淋淋带他的一个朋友来到我位于艾家嘴的家里。王淋淋问我要不要海洛因,我说要看样品。当日下午,王淋淋将样品送到我家,大约有0.1克至0.2克。我试吸后打算购买。第三天,王淋淋来我家,叫我与他一起去拿毒品。我开车载王淋淋来到宜昌市二水厂铁路桥后面的私房区,他让我把车开到老汉宜饭店门口,他下车后同上次一起来我家的那个朋友讲话。不一会儿,王淋淋和另一个30岁左右的男子上了我的车,我当时认为货已上了车,便开车回艾家嘴家中拿钱。当我开车行至树脂厂附近时,王淋淋说拿货的人还没来,要我开车去宜昌东站等,那个人坐中巴车来。我们在东站与拿货的人会合后一起到灵宝村三组我的家中。我们四人一起进了卧室,我对王淋淋说要验货,其中一个送货人就拿出一个黑色塑料袋,取出一点海洛因给我,我吸后觉得可以,就让他称200克。那两个送货人便到客厅分货,我在卧室数钱,他们收下我的84,000元后和王淋淋在客厅商量了一会儿。本来我只想买200克,但王淋淋反复劝我多买些,让我把剩下的货全买了,我便从那两个送货人手中又买了150克海洛因。这次交易我一共买了350克海洛因,付给两个送货人147,000元,这些海洛因,一部分被我吸食了,一部分放在家里被警察查获。

上列证据,来源合法,已经庭审出示、质证,所证内容客观、真实,本院予以确认。

本院认为,被告人梁乾坤、梁朗坤、梁继业、梁永波经商议贩运毒品海洛因2850.06克至湖北省宜昌市卖给被告人朱朗朗,朱朗朗将购得的毒品海洛因通过被告人冉金宝、杨青青进行贩卖。冉金宝、杨青青通过被告人陶微微介绍认识被告人李海涛后,经李海涛、王淋淋及被告人周洪涛介绍贩卖海洛因给被告人陈玉等人,贩卖的毒品数量大。同时,周洪涛具有向他人贩卖甲基苯丙胺和甲基苯丙胺片剂的行为。陈玉非法持有毒品数量大。梁乾坤、梁朗坤、梁继业、梁永波的行为已构成贩卖、运输毒品罪,朱朗朗、冉金宝、杨青青的行为已构成贩卖毒品罪。陶微微、李海涛、王淋淋、周洪涛居间介绍毒品交易,构成贩卖毒品罪的共犯。周洪涛向他人贩卖毒品,其行为已构成贩卖毒品罪。陈玉的行为已构成非法持有毒品罪。公诉机关指控的罪名成立。被告人朱朗朗曾因犯贩卖毒品罪被判刑,又犯贩卖毒品罪,系毒品再犯;曾被判处有期徒刑以上刑罚,刑罚执行完毕之后,在5年内再犯应当判处有期徒刑以上刑罚之罪,系累犯,依法应当从重处罚。被告人陶微微曾因犯盗窃罪被判处有期徒刑以上刑罚,刑罚执行完毕之后,在5年内再犯应当判处有期徒刑以上刑罚之罪,系累犯,依法应当从重处罚。

被告人梁乾坤辩称指控不属实,不构成贩卖、运输毒品罪。梁乾坤的辩护人提出,起诉指控梁乾坤贩卖毒品海洛因2850.06克的证据不足;梁乾坤没有与梁朗坤、梁继业、梁永波进行商议;在共同犯罪中系从犯,可以对其从轻处罚。被告人梁朗坤对指控其犯贩卖毒品罪不持异议,辩称没有与其他人商议;不构成运输毒品罪。梁朗坤的辩护人提出,起诉指控梁朗坤贩卖毒品海洛因2850.06克的事实不清、证据不足;梁朗坤归案后如实供述犯罪事实,认罪、悔罪态度好;在共同犯罪中系从犯,且系初犯。被告人梁继业对指控其运输毒品的犯罪事实及罪名不持异议,辩称没有贩卖毒品,不构成贩卖毒品罪。梁继业的辩护人提出,梁继业在共同犯罪中系从犯,应当从轻或者减轻处罚;归案后如实供述犯罪事实,交代同案犯并配合公安机关抓获同案犯;最后一次交易应当认定为贩卖毒品未遂,量刑时应比照既遂犯从轻或者减轻处罚;不构成运输毒品罪。被告人梁永波辩称其运输海洛因的数量是400克。梁永波的辩护人提出,梁永波不构成贩卖毒品罪;依据现有证据不能认定梁永波运输毒品的数量;梁永波在共同犯罪中系从犯,应当从轻或者减轻处罚。经查,梁乾坤、梁朗坤、梁继业、梁永波均供述从广东省东莞市多次运送毒品海洛因至宜昌市给朱朗朗,且归案后对其贩卖毒品的下线作了辨认,即为朱朗朗;公安机关调取的手机通话记录印证了毒品交易期间,梁乾坤、梁朗坤、梁继业、梁永波相互之间及与朱朗朗之间的手机通话频繁;银行交易明细证实朱朗朗向户名为梁煌坤的中国农业银行帐户汇付毒资的事实,且与梁乾坤、梁朗坤、梁继业的供述相互吻合;在最后一次与朱朗朗进行毒品交易时,公安人员查获了拟交易的海洛因。梁乾坤、梁朗坤、梁继业、梁永波的供述证实,贩运毒品前,4 人在一起商议并决定将毒品送至宜昌;4 人当中,梁乾坤认识的人较多,有话语权,其他人都听从于他,当贩运的毒品数量较多时,梁朗坤与其他 3 人商量并经梁乾坤同意后确定运送毒品的人选,梁朗坤负责联系买卖海洛因和管账,运送海洛因主要由梁永波、梁继业完成,虽然本案运输毒品的实行行为系由梁继业、梁永波完成,但梁乾坤、梁朗坤共谋运输毒品的事实行为存在,梁乾坤、梁朗坤、梁继业、梁永波共谋贩卖、运输毒品,具有贩卖、运输毒品的共同犯意,客观上实施了贩卖、运输毒品的行为,系共同犯罪,4 人均对全部贩卖、运输的毒品数量承担责任,且综合被告人供述、银行交易记录及最后查获的毒品和鉴定意见足以认定上述共同犯罪的毒品数量。4 人实施了贩卖、运输毒品两种行为,构成贩卖、运输毒品罪。在共同犯罪中,梁乾坤处于支配地位,系主犯;梁朗坤作用其次,梁继业与梁永波的作用小于梁朗坤,梁朗坤、梁继业、梁永波系从犯,依法可以从轻处罚。梁朗坤、梁继业归案后如实供述犯罪事实,认罪态度较好。梁继业与朱朗朗在最后一次毒品交易时被抓获,毒品已经进入交易环节,毒品是否被卖出获利或是否实际转移毒品不影响既遂的成立。关于梁朗坤、梁继业、梁永波系从犯以及梁朗坤、梁继业认罪态度较好的辩护意见,本院予以采纳;上述其他辩护意见及辩解理由均不能成立,本院不予采纳。

被告人朱朗朗辩称指控不属实,其不构成贩卖毒品罪。朱朗朗的辩护人提出,起诉指控朱朗朗贩卖海洛因 1450.06 克的证据不足,无法认定毒品数量。被告人冉金宝辩称杨青青授意其与陶微微联系,杨青青作用较大。冉金宝的辩护人提出,起诉指控冉金宝贩卖海洛因 400 克的事实不清,证据不足,无法认定毒品数量;冉金宝系从犯,应当从轻或减轻处罚;冉金宝属初犯、偶犯,归案后主动交代犯罪事实,有悔罪表现。被告人杨青青辩称在周洪涛的租住屋进行交易时其不在现场,与陈玉交易时不明知是交易毒品。杨青青的辩护人提出,认定杨青青贩卖海洛因 400 克的证据不足,杨青青不具有主观故意且没有实施贩卖毒品的行为;杨青青在与朱朗朗、冉金宝实施的共同犯罪中系从犯,应当从轻或减轻处罚;杨青青系初犯、偶犯,社会危害性较小,归案后如实供述犯罪事实,有悔罪表现。被告人陶微微辩称没有参与贩毒,只是将冉金宝的联系方式提供给李海涛。经查,综合王淋淋、被告人冉金宝、杨青青、李海涛、周洪涛、陈玉的供述及相关的辨认笔录能够证实冉金宝、杨青青经他人介绍贩卖毒品海洛因的事实,且其二人贩卖毒品的数量综合上述被告人的供述认定为750克,上述证据还证实,在周洪涛的租住屋交易海洛因时,杨青青与冉金宝分工明确,杨青青负责保管毒品并等冉金宝与买家交易完成后与冉金宝一同离开现场;在向陈玉贩卖毒品时,杨青青负责保管毒品并参与了整个毒品交易过程,对交易毒品系明知。被告人陶微微、李海涛、冉金宝的供述证实了陶微微受冉金宝之托,将冉金宝的联系方式及海洛因样品转交给李海涛并让李帮助冉金宝寻找海洛因买家的事实。没有证据证实冉金宝联系陶微微的行为系杨青青授意。通过李海涛等人的介绍,冉金宝和杨青青向他人贩卖海洛因750克,陶微微虽未直接介绍毒品买家,但其行为对促成毒品交易所起作用大,陶微微与冉金宝、杨青青构成贩卖毒品罪的共犯,但在共同犯罪中作用较轻,系从犯,依法可以减轻处罚。被告人冉金宝、杨青青的供述证实其所贩卖的750克海洛因系朱朗朗所有,毒品交易时朱朗朗驾车接应,交易完成后其二人将毒资交给了朱朗朗,朱朗朗给予二人报酬。朱朗朗通过冉金宝、杨青青帮忙其贩卖毒品海洛因750克后,又以贩卖为目的向梁乾坤、梁朗坤、梁继业、梁永波购买海洛因,且在交易时被抓获,尚未实际转移的毒品海洛因700.06克被公安机关查获,进行了重量及含量鉴定。朱朗朗的毒品上线以及帮助朱朗朗贩卖毒品海洛因的冉金宝、杨青青均对其作出辨认,手机通话清单印证了朱朗朗与毒品上线及冉金宝、杨青青之间在毒品交易前后的通话情况,银行交易记录印证了朱朗朗通过其银行卡向毒品上线提供的账户汇付毒资的事实。全案证据之间已形成锁链,证实朱朗朗贩卖毒品海洛因1450.06克。冉金宝、杨青青与朱朗朗在贩卖750克海洛因的事实上成立共同犯罪,但冉、杨不是毒品所有者,其作用、地位次于朱朗朗,系从犯,依法可以减轻处罚;冉金宝通过联系陶微微介绍毒品买家,其作用大于杨青青。冉金宝、杨青青贩卖毒品数量大,社会危害性大,且二人归案后均未全面交代犯罪事实。关于冉金宝、杨青青系从犯的辩护意见,本院予以采纳;上述其他辩护意见及辩解理由均不能成立,本院不予采纳。

被告人李海涛就起诉指控的犯罪事实作了供述,其辩护人提出,李海涛介绍毒品交易,构成贩卖毒品罪的共犯,但系从犯,归案后如实供述犯罪事实,请求对其从轻处罚。被告人周洪涛辩称没有向陈某贩卖毒品,从车上查获的毒品不归其所有。周洪涛的辩护人提出,周洪涛在贩卖毒品的共同犯罪中起介绍作用,系从犯;起诉指控其介绍毒品数量的证据不足;起诉指控周洪涛向陈某贩卖毒品麻古的行为系赠与。经查,被告人李海涛、周洪涛对居间介绍毒品交易的犯罪事实作了供述,与王淋淋、杨青青、陈玉的供述所证相关情节及辨认笔录能够相互印证。李海涛、周洪涛为他人介绍毒品买家,交易成功后抽取介绍费,构成贩卖毒品罪的共犯,但系从犯,依法可以减轻处罚,且在共同犯罪中的地位、作用低于冉金宝、杨青青。综合周洪涛、冉金宝、李海涛的供述,能够认定周洪涛介绍贩卖毒品海洛因的数量为400克。陈某、周洪涛在公安机关针对周向陈贩卖甲基苯丙胺片剂的事实所作的证供相互吻合,未当场支付毒资不影响贩卖毒品罪的成立。周洪涛的供述证实,公安人员从鄂 EXXSX0 号别克牌轿车上查获毒品时,该车处于周洪涛控制之下,证人陈某证实,此前周洪涛曾驾驶该车向其贩卖毒品。因此,从鄂 EXXSX0 号别克牌轿车上查获的甲基苯丙胺片剂应当计入周洪涛贩卖毒品的数量。关于被告人李海涛、周洪涛在共同犯罪中系从犯,且李海涛归案后如实供述的辩护意见,本院予以采纳;上述其他辩护意见及辩解理由均不能成立,本院不予采纳。

被告人陈玉就起诉指控的犯罪事实作了供述,其辩护人提出,陈玉认罪、悔罪态度好,具有坦白情节,系初犯,持有毒品用于自己吸食,社会危害性较小,请求对其从轻处罚。经查,陈玉如实供述了其通过王淋淋、李海涛介绍向冉金宝、杨青青购买 350 克海洛因及非法持有毒品海洛因 109.52 克的事实;被抓获时,主动指引办案人员对其藏匿于住处的海洛因进行了提取,其认罪态度较好,具有一定悔罪表现,依法可以酌情从轻处罚。上述辩护意见,本院予以采纳。

被告人朱朗朗贩卖毒品海洛因数量大,系毒品所有者,在与冉金宝、杨青青构成的共同犯罪中居主要地位,系主犯;在被抓获时负隅顽抗,为了逃匿而驾车冲撞其他车辆,被抓获后拒不交代贩卖毒品的犯罪事实,认罪态度差,主观恶性大,系累犯、毒品再犯,依法应当从重处罚。被告人梁乾坤在贩卖、运输毒品的共同犯罪中处于支配地位,系主犯,其贩卖、运输的毒品数量大。王淋淋构成贩卖毒品罪,但在审理过程中,其患病死亡,不再追究其刑事责任。依据《中华人民共和国刑法》第 347 条第 1 款、第 2 款第 1 项、第 3 款,第 348 条,第 65 条,第 356 条,第 25 条第 1 款,第 26 条第 1 款,第 27 条,第 57 条第 1 款,第 59 条第 1 款,第 52 条,第 64 条之规定,判决如下:

一、被告人朱朗朗犯贩卖毒品罪,判处死刑,剥夺政治权利终身,并处没收个人全部财产。

二、被告人梁乾坤犯贩卖、运输毒品罪,判处死刑,剥夺政治权利终身,并处没收个人全部财产。

三、被告人梁朗坤犯贩卖、运输毒品罪,判处死刑,缓期 2 年执行,剥夺政治权利终身,并处没收个人全部财产。

四、被告人梁继业犯贩卖、运输毒品罪,判处无期徒刑,剥夺政治权利终身,并处没收个人全部财产。

五、被告人梁永波犯贩卖、运输毒品罪,判处无期徒刑,剥夺政治权利终身,并处没收个人全部财产。

六、被告人冉金宝犯贩卖毒品罪,判处有期徒刑 14 年并处罚金 4 万元。

七、被告人杨青青犯贩卖毒品罪,判处有期徒刑 13 年,并处罚金 3 万元。

八、被告人陶微微犯贩卖毒品罪,判处有期徒刑 10 年,并处罚金 1 万元。

九、被告人李海涛犯贩卖毒品罪,判处有期徒刑 8 年,并处罚金 2 万元。

十、被告人周洪涛犯贩卖毒品罪，判处有期徒刑7年，并处罚金5000元。

十一、被告人陈玉犯非法持有毒品罪，判处有期徒刑7年，并处罚金2000元。

（刑期自判决执行之日起计算，判决执行以前先行羁押的，羁押1日折抵刑期1日。被告人冉金宝的刑期自2012年11月29日起至2026年11月28日止；被告人杨青青的刑期自2012年12月4日起至2025年12月3日止；被告人陶微微的刑期自2014年12月11日起至2024年11月11日止；被告人李海涛的刑期自2012年12月12日起至2020年12月11日止；被告人周洪涛的刑期自2013年1月25日起至2020年1月24日止；被告人陈玉的刑期自2012年12月13日起至2019年12月12日止。）

十二、扣押的人民币926,745.65元、黄金戒指2枚、千足金戒指1枚、金项链2条、TUDOR牌手表1块、AP牌手表1块、CASIO牌手表1块，依法予以追缴，上缴国库；查获的毒品海洛因809.58克、甲基苯丙胺片剂133.91克、甲基苯丙胺0.81克以及车牌号为粤CXXX18的黑色丰田牌轿车，依法予以没收，上缴国库。

如不服本判决，可在接到判决书的第2日起10日内，通过本院或者直接向湖北省高级人民法院提出上诉。书面上诉的，应当提交上诉状正本1份，副本2份。

审　判　长：刘××
代理审判员：王××
人民陪审员：郭某某
2015年5月26日
书　记　员：余　×
书　记　员：金××

刑事上诉状

刑事上诉状

上诉人：梁乾坤，男，汉族，1991年4月18日出生于广西壮族自治区灵山县，小学文化，无固定职业，户籍地灵山县那隆镇路，居住地广东省东莞市，现羁押于湖北省某市第一看守所。

上诉人梁乾坤因涉嫌贩卖、运输毒品犯罪一案，不服湖北省某市中级人民法院(2013)鄂××中刑初字第00040号刑事判决，故提起上诉。

上诉请求：

请求湖北省高级人民法院依法撤销湖北省某市中级人民法院(2013)鄂××中刑初字第00040号刑事死刑判决,对本案上诉人梁乾坤依法改判。

事实与理由:

一、原判认定我贩卖海洛因2850.06克的事实不清,证据不足。朱朗朗在宜昌市城区多次从他人手中购买毒品后贩卖给他人,2012年11月28日,朱朗朗在与梁继业进行毒品交易时被湖北省某市公安局点军区分局抓获,当时我并没有在场也没有指使梁继业与朱朗朗交易。本案查获的毒品、银行卡以及通话记录等证据,不能证明我参与了数额为2850.6克海洛因的毒品交易。

二、在共同犯罪中系从犯,原判决量刑过重。我和梁永波经人介绍认识了重庆人"阿顺",他开着一辆粤C牌照的黑色丰田轿车,我得知"阿顺"在湖北省宜昌市贩卖海洛因要货,便和他互留了电话。2012年9月,"阿顺"打电话问我能不能拿到海洛因,他说可以和他进行交易。于是我和梁继业、梁朗坤、梁永波商量拿海洛因的事,并一起商谈如何交易,在共同犯罪中不是居于支配地位的主犯。

综上,原审法院认定我贩卖、运输毒品罪数量事实不清,证据不足;原判决量刑过重,上诉人只是参与了最后一次毒品交易,在共同犯罪中系从犯,恳请二审人民法院本着"教育改造"和"少杀慎杀"精神,对我从轻处罚。

此致

湖北省高级人民法院

上诉人:梁乾坤

2015年6月2日

二审辩护词

辩　护　词

尊敬的审判长、审判员:

北京市冠腾律师事务所接受上诉人梁乾坤的委托,指派我作为其二审辩护律师参加诉讼。通过查阅本案卷宗并会见上诉人,辩护人对本案的案情有了一个全面了解,通过二审庭审查明的案件事实,根据我国现行法律法规,发表辩护意见如下:

一、原审法院、二审庭审查明的事实以及有关笔录，不足以证明梁乾坤是本案共同犯罪的主犯。

（一）梁乾坤等4名共犯实施毒品犯罪行为时，共同商量和共同决定，地位和作用基本相当。

原审法院在贩卖、运输毒品罪事实中认定，2012年9月梁乾坤、梁朗坤、梁继业、梁永波等4人共同决定向他人购买海洛因后贩运给朱朗朗。2012年11月26日，朱朗朗给梁乾坤打电话要求购买海洛因，梁乾坤让其与梁朗坤联系。后梁朗坤从“阿四”手中购买2板海洛因。梁乾坤、梁朗坤、梁继业、梁永波商量决定由梁继业送毒品。原审法院在非法持有毒品罪认定的证据中，上诉人梁朗坤供述，2012年11月20日左右，梁乾坤在外面，我们打电话叫他回来商量，我们四人都同意给“捞佬”（朱朗朗）送毒品。2012年11月26日晚，我们四人商量决定由梁继业送毒品。在二审的庭审中，梁乾坤和梁朗坤都供述4人在运输、贩卖毒品过程时，没有说谁听谁的，也没有谁去安排和指挥，有事大家一起商量。

（二）现有证据不能证明梁乾坤是主要起意、策划、出资、管账、纠集、组织、指使者，也不是分赃的主要获得者。

1. 其他人具有独立的起意和策划行为。根据梁继业供述，梁继业、梁永波和梁朗坤3个人在东莞市南城区富民步行街吃中午饭时，梁朗坤跟梁继业和梁永波说，宜昌有个“捞佬”要货，因路途太远，梁朗坤不愿意去，就让梁继业和梁永波代替他去，并说以后“捞佬”的货由梁继业和梁永波去卖，每克30元的差价归梁继业和梁永波，说明梁继业、梁永波和梁朗坤是主要起意和策划者，至少梁乾坤并没有参与这次起意和策划。

2. 其他人员具有主要出资行为，梁乾坤并不是主要出资者和管账者。根据梁朗坤的供述，2012年9月其在东莞市玩，梁永波、梁继业他们两个人凑了11万元交给梁朗坤，还给了他一张梁乾坤的弟弟梁煌坤的名字办的农行卡，他们贩毒，梁朗坤管账。

3. 本案并没有梁乾坤多分赃款的证据。根据梁乾坤和梁朗坤等人的供述，本案毒品犯罪的主要送货者为梁继业和梁永波，钱进账后由他们二人告诉梁朗坤，由梁朗坤给他们开工资，截至案发时并没有分赃记录。

4. 根据人民法院查明的证据以及上诉人供述，梁朗坤、梁继业和梁永波在具体实施购买、运输、交易、结账等各个具体环节均为独立实施。虽然梁继业和梁永波供述梁乾坤是老板，但从一审认定的事实、二审庭审和有关笔录中，却找不到梁乾坤作为老板具体组织和指挥他人实施运输、贩卖毒品的具体行为，也没有其他3人具体请示梁乾坤，然后再由梁乾坤决定的具体内容。特别是二审庭审最后，由法官和辩护律师向梁继业、梁永波等二人发问有没有听从梁乾坤时，两人还是没有回答出听从梁乾坤具体事实。

根据最高人民法院《全国部分法院审理毒品犯罪案件工作座谈会纪要(大连)》(法〔2008〕324号)(以下简称《大连会议纪要》)的规定,在毒品犯罪中,为主出资者、毒品所有者或者起意、策划、纠集、组织、雇佣、指使他人参与犯罪以及其他起主要作用的是主犯。本案现有证据不足以证明梁乾坤是主要出资者,也没有证据证明梁乾坤具有起意、策划、纠集、组织、雇佣、指使他人参与犯罪等具体行为,上诉人梁乾坤不符合毒品犯罪主犯的特征,梁乾坤等4名共犯的地位作用基本相当。

二、从上诉人梁乾坤主观恶性和人身危险性,下家向上家主动约购毒品等方面来看,希望人民法院给予其一次再生的机会。

截至案发前,上诉人梁乾坤并不属于再犯、累犯、惯犯,没有武装掩护、暴力抗拒及教唆未成年人运输、贩卖毒品等特别恶劣的情形,不属于制造毒品等源头性犯罪,主观恶性不是很深,人身危险性不是很大。被抓获后能够如实供述自己罪行,并且认罪态度较好。同时由于有证据证明,下家积极筹资并主动向上家约购毒品,对促成毒品交易起到了更大的作用。根据《大连会议纪要》以及《全国法院毒品犯罪审判工作座谈会纪要》(法〔2015〕129号)的精神,上诉人梁乾坤符合不判处死刑立即执行的情形。

综上,严格控制和慎重适用死刑立即执行是我们党和国家一贯的政策。上诉人梁乾坤运输、贩卖毒品的行为触犯了国家法律,自己也感到非常后悔,愿意得到应有的法律制裁。但由于现有证据并不能证明其在本案中系处于支配地位的主犯,应当认为在毒品的购买、运输、交易等环节中共同犯罪人的地位作用基本相当。从主观恶性和人身危险性,下家积极筹资并且主动向上家约购毒品等方面考虑,上诉人梁乾坤符合不判处死刑立即执行的情形,原判决量刑过重,请求二审人民法院从轻处罚,希望人民法院给予上诉人梁乾坤一次再生的机会。

此致

湖北省高级人民法院

辩护人:李红钊

2016年8月2日

二审判决书

湖北省高级人民法院
刑事判决书

(2015)鄂刑三终字第×××××号

原公诉机关湖北省某市人民检察院。

上诉人(原审被告人)朱朗朗，曾用名朱××，男，汉族，1974年3月15日出生于重庆市云阳县，小学文化，无固定职业，住云阳县。2002年2月1日因犯抢劫罪被判处有期徒刑3年，并处罚金人民币1000元。2008年2月27日因犯贩卖毒品罪被判处有期徒刑10个月，并处罚金人民币1000元，同年9月28日刑满释放。因涉嫌犯贩卖毒品罪于2012年11月29日被刑事拘留，2013年1月4日被逮捕。现羁押于湖北省某市第一看守所。

辩护人郑国庆，湖北×××律师事务所律师。

上诉人(原审被告人)梁乾坤，男，汉族，1991年4月18日出生于广西壮族自治区灵山县，小学文化，无固定职业，户籍地灵山县那隆镇路，居住地广东省东莞市。因涉嫌犯贩卖毒品罪于2013年3月12日被刑事拘留，同年4月17日被逮捕。现羁押于湖北省某市第一看守所。

辩护人李红钊，北京市君永律师事务所律师。

上诉人(原审被告人)梁朗坤，曾用名梁六弟，男，汉族，1986年11月13日出生于广西壮族自治区灵山县，小学文化，无固定职业，户籍地灵山县那隆镇路，居住地广东省东莞市。因涉嫌犯贩卖毒品罪于2013年3月12日被刑事拘留，同年4月17日被逮捕。现羁押于湖北省某市第一看守所。

指定辩护人柯×，湖北××律师事务所律师。

上诉人(原审被告人)梁继业，男，汉族，1990年10月10日出生于广西壮族自治区灵山县，初中文化，无固定职业，住灵山县那隆镇路。因涉嫌犯贩卖毒品罪于2012年11月29日被刑事拘留，2013年1月4日被逮捕。现羁押于湖北省某市第一看守所。

指定辩护人肖军，湖北真原律师事务所律师。

上诉人(原审被告人)梁永波，男，汉族，1990年7月10日出生于广西壮族自治区灵山县，初中文化，无固定职业。因涉嫌犯贩卖毒品罪于2013年2月18日被刑事拘留，同年3月15日被逮捕。现羁押于湖北省某市第一看守所。

辩护人杨国尧,湖北君任律师事务所律师。

上诉人(原审被告人)冉金宝,男,汉族,1972年3月18日出生于重庆市云阳县,小学文化,个体司机,户籍地云阳县南溪镇黄高村5组55号,居住地湖北省宜昌市东山开发区东山花园。因涉嫌犯贩卖毒品罪于2012年11月29日被刑事拘留,2013年1月4日被逮捕、现羁押于湖北省某市第一看守所。

上诉人(原审被告人)杨青青,别名杨孟清,男,汉族,1975年9月8日出生于重庆市云阳县,小学文化,无固定职业,户籍地云阳县江口镇,居住地湖北省宜昌市伍家岗区。因涉嫌犯贩卖毒品罪于2012年12月4日被刑事拘留,2013年1月5日被逮捕。现羁押于湖北省某市第一看守所。

上诉人(原审被告人)陶微微,男,汉族,1974年8月29日出生于重庆市云阳县,小学文化,个体经营户,户籍地云阳县沙市镇,居住地湖北省宜昌市长阳土家族自治县榔坪镇。1993年10月12日因犯抢夺罪被判处有期徒刑3年6个月,1997年1月5日刑满释放。1997年12月4日因寻衅滋事被决定劳动教养1年。2004年2月6日因犯盗窃罪被判处有期徒刑6年,并处罚金5000元,2009年3月8日刑满释放。2010年12月6日因非法限制人身自由被处行政拘留5日,并处罚款200元。2012年10月16日因吸食毒品被处行政拘留10日,并处罚款1900元。因涉嫌犯贩卖毒品罪于2012年12月20日被刑事拘留,2013年1月18日被取保候审,2014年12月11日被湖北省某市中级人民法院决定逮捕。现羁押于湖北省某市第一看守所。

上诉人(原审被告人)李海涛,男,土家族,1975年4月13日出生于湖北省巴东县,高中文化,无固定职业,户籍地巴东县野三关镇,居住地宜昌市伍家岗区。2011年8月26日因吸食毒品被处行政拘留15日。2012年10月20日因吸食毒品被处行政拘留15日。因涉嫌犯贩卖毒品罪于2012年12月12日被刑事拘留,2013年1月5日被逮捕。现羁押于湖北省某市第一看守所。

上诉人(原审被告人)周洪涛,男,汉族,1977年9月17日出生于湖北省安陆市,初中文化,无固定职业,户籍地安陆市辛榨乡,居住地宜昌市西陵区。因涉嫌犯贩卖毒品罪于2013年1月25日被刑事拘留,同年2月28日被逮捕。现羁押于湖北省某市第一看守所。

原审被告人陈玉,男,汉族,1959年12月24日出生于四川省三台县,初中文化,个体经营户,户籍地湖北省宜昌市伍家岗区,居住地宜昌市伍家岗区伍家乡。2009年2月10日因犯非法拘禁罪被判处有期徒刑2年,缓刑3年。因涉嫌犯非法持有毒品罪于2012年12月13日被刑事拘留,2013年1月5日被逮捕。现羁押于湖北省某市第一看守所。

湖北省某市中级人民法院审理湖北省某市人民检察院指控被告人梁乾坤、梁朗坤、梁继业、梁永波犯贩卖、运输毒品罪及被告人朱朗朗、冉金宝、杨青青、李海涛、王淋淋、周洪涛、陶微微犯贩卖毒品罪以及被告人陈玉犯非法持有毒品罪一案，因王淋淋在一审开庭后患病死亡，一审法院于2015年2月28日作出(2013)鄂××中刑初字第00040号刑事裁定，对王淋淋终止审理。并于2015年5月26日作出(2013)鄂××中刑初字第00040号刑事判决。原审被告人朱朗朗、梁乾坤、梁朗坤、梁继业、梁永波、冉金宝、杨青青、陶微微、李海涛、周洪涛均不服，分别提出上诉。本院依法组成合议庭，公开开庭审理了本案。湖北省人民检察院指派检察员王××、罗××依法出庭履行职务。原审被告人朱朗朗、梁乾坤、梁朗坤、梁继业、梁永波、冉金宝、杨青青、陶微微、李海涛、周洪涛、陈玉及朱朗朗的辩护人郑国庆，梁乾坤的辩护人李红钊，梁朗坤的辩护人柯×，梁继业的辩护人肖军，梁永波的辩护人杨国尧，均到庭参加诉讼。本案经合议庭评议并提交审判委员会讨论决定，现已审理终结。

原判认定：一、贩卖、运输毒品罪

2012年9月，被告人朱朗朗向被告人梁乾坤联系购买毒品并要求送至湖北省宜昌市进行交易，梁乾坤与被告人梁朗坤、梁继业、梁永波商定从他人处购买毒品再贩卖给朱朗朗。同年9月至11月，梁乾坤、梁朗坤、梁继业、梁永波先后5次向朱朗朗贩运海洛因共计2850.06克，并用户名梁煌坤的中国农业银行卡收取朱朗朗支付的毒资。朱朗朗将其从梁乾坤、梁朗坤、梁继业、梁永波处购买的毒品通过被告人冉金宝、杨青青、陶微微、李海涛、周洪涛及王淋淋(已死亡，下同)等人贩卖给他人。梁乾坤、梁朗坤、梁继业、梁永波共同贩卖、运输海洛因2850.06克；朱朗朗贩卖海洛因1450.06克；冉金宝、杨青青、陶微微、李海涛、王淋淋参与贩卖海洛因750克；周洪涛参与贩卖海洛因400克，单独贩卖甲基苯丙胺片剂(俗称"麻果")135.71克及甲基苯丙胺(冰毒)3.81克。

二、非法持有毒品罪

2012年12月13日，公安人员在被告人陈玉户籍地宜昌市伍家岗区将其抓获，从其身上及家中查获海洛因共计1.71克。陈玉并带领公安人员查获其藏匿于宜昌市伍家乡12号居住地的海洛因107.81克。

上述事实有查获的毒品及物证检验报告、证人证言、被告人供述等证据证实。据此，原审法院判决：(1)被告人朱朗朗犯贩卖毒品罪，判处死刑，剥夺政治权利终身，并处没收个人全部财产。(2)被告人梁乾坤犯贩卖、运输毒品罪，判处死刑，剥夺政治权利终身，并处没收个人全部财产。(3)被告人梁朗坤犯贩卖、运输毒品罪，判处死刑，缓期二年执行，剥夺政治权利终身，并处没收个人全部财产。(4)被告人梁继业犯贩卖、运输毒品罪，判处无期徒刑，剥夺政治权利终身，并处没收个人全部财产。(5)被告人梁永波犯贩卖、运输毒品罪，判处无期徒刑，剥夺政治权利终身，并处没收个人全部财产。(6)被告人冉金宝犯贩卖毒品罪，判处有期徒刑14年，并处罚金4万元。(7)被告人杨青青犯贩卖毒品罪，判处有期徒刑13年，并处罚金3万元。(8)被告人陶微微犯贩卖毒品罪,判处有期徒刑10年,并处罚金1万元。(9)被告人李海涛犯贩卖毒品罪,判处有期徒刑8年,并处罚金1万元。(10)被告人周洪涛犯贩卖毒品罪,判处有期徒刑7年,并处罚金5000元。(11)被告人陈玉犯非法持有毒品罪,判处有期徒刑7年,并处罚金2000元。(12)扣押的人民币926,745.65元、黄金戒指2枚、千足金戒指1枚、金项链2条、TUDOR牌手表1块、AP牌手表1块、CASIO牌手表1块,依法予以追缴,上缴国库;查获的毒品海洛因809.58克、甲基苯丙胺片剂133.91克、甲基苯丙胺0.81克以及车牌号为粤CXXX18的黑色丰田牌轿车,依法予以没收,上缴国库。

朱朗朗上诉称:原判认定我贩卖海洛因1450.06克的事实不清,证据不足,请求二审查明事实,依法改判。其辩护人亦提出相同辩护意见。

梁乾坤上诉称:(1)原判认定我参与贩卖海洛因,系本案主犯的事实不清,证据不足。(2)原判量刑过重,请求二审从轻处罚。其辩护人除提出相同辩护意见外,还提出本案系下家积极筹资主动向上家约购毒品,梁乾坤认罪态度较好,可对其从轻处罚。

梁朗坤上诉称:(1)原判认定我贩卖海洛因2850.06克的事实不清,证据不足。(2)原判量刑过重,请求二审从轻处罚。其辩护人提出原判事实清楚但量刑偏重,可对梁朗坤减轻处罚的辩护意见。

梁继业上诉称:我只构成运输毒品罪,且系从犯,原判定性不准,量刑过重。其辩护人除提出相同辩护意见外,还提出梁继业为抓获同案犯提供线索,属于立功表现,可对其从轻或者减轻处罚。

梁永波上诉称:我受梁朗坤指使只参与了运输海洛因400克这一起作案,原判认定事实错误,证据不足,量刑过重。其辩护人亦提出相同辩护意见。

冉金宝上诉称:我是被杨青青利用、欺骗,在不明知情况下参与贩毒,原判量刑过重,请求二审从轻处罚。

杨青青上诉称:我对贩毒事先不明知且不在交易现场,原判认定的事实不清,量刑过重。

陶微微上诉称:(1)原判认定我参与贩卖海洛因750克的事实不清,证据不足。(2)我有自首情节,原判量刑过重。

李海涛上诉称:我系本案从犯,且有检举他人犯罪的立功表现,原判量刑过重。

周洪涛上诉称:我没有贩卖毒品给陈某及分得毒品介绍费,原判认定的事实不清,量刑过重。

湖北省人民检察院检察员出庭意见为:原审判决认定朱朗朗、梁乾坤、陈玉等11名被告人犯贩卖、运输毒品罪、非法持有毒品罪的事实清楚,证据确实、充分,定罪准确,审判程序合法,但原判认定朱朗朗贩毒数量有误,建议二审纠正;陶微微有坦白情节,建议二审予以认定,对各被告人的量刑依法裁判。

经审理查明：

一、上诉人朱朗朗、梁乾坤、梁朗坤、梁继业、梁永波贩卖、运输毒品的事实

2012年9月，上诉人朱朗朗向上诉人梁乾坤、梁朗坤联系购买毒品并要求送至湖北省宜昌市交易，梁乾坤、梁朗坤与上诉人梁继业、梁永波商定，从他人处购买毒品再贩卖给朱朗朗。同年9月至11月，梁乾坤、梁朗坤、梁继业、梁永波分5次向朱朗朗贩卖海洛因共计2850.06克，朱朗朗将毒品贩卖给他人。具体事实如下：

（一）2012年9月的一天，朱朗朗电话联系梁乾坤、梁朗坤购买1板海洛因（约重350克，下同），梁乾坤、梁朗坤与梁继业、梁永波商量后，梁朗坤从“阿四”（在逃）处购买了一板海洛因并安排梁继业从广东省东莞市送至宜昌市贩卖给朱朗朗。朱朗朗通过网上银行转款9万元至梁朗坤保管的户名为梁煌坤的中国农业银行卡，另付给梁继业现金1000元（均为人民币，下同），梁继业将该款带回交给梁朗坤。

（二）2012年10月的一天，朱朗朗电话联系梁朗坤购买1板海洛因，梁朗坤与梁乾坤、梁继业、梁永波商量后，梁朗坤从“阿四”处购买了1板海洛因并安排梁永波送至宜昌市贩卖给朱朗朗，朱朗朗通过网上银行转款9万元至梁朗坤保管的户名为梁煌坤的中国农业银行卡。

（三）2012年11月的一天，朱朗朗电话联系梁朗坤购买3板海洛因（约重1050克），梁朗坤与梁乾坤、梁继业、梁永波商量后，梁朗坤从“阿四”处购买了3板海洛因并安排梁永波送至宜昌市贩卖给朱朗朗，朱朗朗付给梁永波现金7万元，通过网上银行转款20.3万元至梁朗坤保管的户名为梁煌坤的中国农业银行卡。

（四）2012年11月的一天，朱朗朗电话联系梁朗坤购买400克海洛因，梁朗坤与梁乾坤、梁继业、梁永波商量后，梁朗坤从“阿四”处购买了400克海洛因并安排梁继业送至宜昌市贩卖给朱朗朗，朱朗朗付给梁继业现金10.4万元，梁继业将该款带回交给梁朗坤。

（五）2012年11月26日，朱朗朗电话联系梁乾坤、梁朗坤购买2板海洛因，梁乾坤、梁朗坤与梁继业、梁永波商量后，梁朗坤从“阿四”处购买了2板海洛因并安排梁继业送给朱朗朗。次日上午，梁继业携带上述毒品入住宜昌市金帝商务宾馆8216客房，朱朗朗到该房间查看毒品后，与梁继业下楼在其驾驶的粤CXXX18丰田轿车内欲进行交易，民警上前抓捕，朱朗朗驾车冲撞民警及围堵车辆后与梁继业逃离。民警分别在宜昌市鸦鹊岭镇、枝江市董市镇将朱朗朗、梁继业抓获，并从金帝商务宾馆8216客房内查获2板海洛因，净重分别为350.17克、349.89克（海洛因含量分别为65.75%、69.56%）。

认定上述事实的证据有：

1. 公安机关出具的抓获经过证明：2012年11月28日8时许，民警发现朱朗朗与梁继业在金帝商务宾馆楼下粤CXXX18丰田轿车内欲交易毒品，遂出示警官证上前

抓捕,朱朗朗驾车冲撞民警并撞坏围堵车辆后逃走,民警遂追捕,分别在宜昌市鸦鹊岭镇、枝江市董市镇将朱朗朗、梁继业抓获。并有证人张某洲、全某琼的证言及辨认笔录印证。

2. 公安机关制作的现场勘查笔录、搜查笔录,扣押物品清单、指认笔录及照片证明:抓获梁继业后,根据其指认从宜昌市金帝商务宾馆8216客房内查获两块疑似毒品。梁继业还指认了其与朱朗朗在该宾馆交易毒品及冲卡逃跑的现场。

3. 公安机关出具的物证检验报告证明:从宜昌市金帝商务宾馆8216客房内查获的两块疑似毒品净重分别为350.17克,349.89克,从中均检出海洛因成分,含量分别为65.75%、69.56%。

4. 公安机关出具的搜查笔录、扣押物品清单及物证检验报告证明:抓获梁朗坤时从其住处及其身上查获现金396,670元、手机3部及牛皮纸等物。并从牛皮纸上附着的白色粉末中检出海洛因成分。

5. 公安机关出具的扣押物品清单、情况说明等材料证明:案发后,扣押朱朗朗的粤CXXX18丰田轿车1辆,从其车上及手包内扣押现金379,923元、银行卡3张、手机2部及TUDOR牌手表1块等物。从陈某辉处扣押朱朗朗的现金141,200元。并有证人陈某辉(朱朗朗堂嫂)、宁某燕(朱朗朗之妻)的证言印证。

6. 公安机关出具的扣押物品清单证明:抓获梁继业时扣押其现金1183元、银行卡1张及手机1部等物;抓获梁永波时扣押其现金70元、邮政储蓄卡1张及手机1部等物;抓获梁乾坤时从其身上及其妻卢秀艳处扣押银行卡3张、手机2部等物。

7. 公安机关提取的手机通话记录、宜昌市金帝商务宾馆住宿登记表及情况说明等材料证明:本案毒品交易期间,即2012年9月至同年11月28日,朱朗朗的手机与梁乾坤、梁朗坤、梁继业、梁永波及冉金宝、杨青青等人手机之间通话联系频繁。梁继业于2012年11月28日入住宜昌市金帝商务宾馆8216客房。

8. 公安机关提取的中国农业银行开户信息、账户交易明细及银行存款凭条证明:(1)朱朗朗的中国农业银行卡于2012年9月29日,10月8日、22日,11月4日、17日、22日,通过网上银行向户名梁煌坤的中国农业银行卡转款9万元、9万元、4万元、5万元、12.5万元、20.3万元。(2)户名梁煌坤的中国农业银行卡于2012年10月1日、9日,11月7日分别向梁继业的中国农业银行卡转款2万元、1万元、2万元。

9. 上诉人梁乾坤供述:2012年6月,我和梁永波经人介绍认识了在湖北省宜昌市贩毒的朱朗朗。同年9月,朱朗朗打电话问我能否拿到毒品,可以与他交易。我和梁继业、梁朗坤、梁永波商量后,决定找“阿四”拿毒品,“阿四”说以每克220元价格卖给我们,梁朗坤打电话告知朱朗朗。一周后,朱朗朗与我、梁永波、梁继业、梁朗坤商谈毒品交易并要样品,梁永波找“阿四”拿了0.5克海洛因给朱朗朗并告知每克价格260元,朱朗朗同意并要求送到宜昌市交易,我们4人商量后同意。同年9月底,朱朗朗打我电话说要买海洛因,我让他与梁朗坤联系。他们联系后由梁继业送了一批海洛因到宜昌,这次交易我未参与也未分钱。同年 11 月,朱朗朗给梁朗坤打电话要买海洛因,梁朗坤说要和我商量再定,我和梁朗坤、梁继业、梁永波经商量,梁永波说这次他先去,之后轮流去送,我同意了。梁永波带了 3 板海洛因去宜昌市卖给朱朗朗,他带回部分现金,赚的钱我们没分,留给下次送毒品的人备用。之后,朱朗朗将钱打到梁煌坤银行卡上,这张卡是梁煌坤办的,我们 4 人共用,都知道密码。朱朗朗把部分毒资转进这张卡,有些还转到梁继业账户,之前是梁朗坤用短信把账号发给他的。同年 11 月底,朱朗朗联系我要买 2 板海洛因,我让梁朗坤和他联系,后梁朗坤说他让梁继业带毒品去了宜昌市。次日上午,梁继业打我电话说出事了,警察在追他,我把电话卡扔了。我们与朱朗朗交易 1 板海洛因重量按 345 克计算。我没有分工,每次贩毒都是共同商量。我认识的人多,在赌场混过,说话比较算数,他们都听我的。梁朗坤负责管账和安排我们,梁继业、梁永波负责送毒品给朱朗朗,卖给朱朗朗的毒品数量不清楚,都是梁朗坤管理,警察抓获我和梁朗坤时搜出的现金,是毒品卖出后准备付给"阿四"的毒资,具体金额不清楚,都是梁朗坤管钱和管账。

案发后,梁乾坤从 12 张不同男性正面照片中,辨认出朱朗朗是向其与梁永波、梁继业、梁朗坤购买毒品的人。

10. 上诉人梁朗坤供述:2012 年 9 月,梁永波、梁继业给我 11 万元现金和一张以梁乾坤弟弟梁煌坤名字办的农行卡,他们贩毒,我管账。同月中旬,我和梁永波、梁继业认识了"阿四",他有海洛因,每克卖 230 元。梁永波说他认识湖北宜昌贩毒的朱朗朗,我们以每克 260 元卖给他,并告知我"阿四"电话号码让我与他联系购毒。同年九十月份,朱朗朗打我电话说要买 1 板海洛因,我与"阿四"谈好后给梁继业 2000 元作路费,让他到"阿四"处拿毒品送到宜昌给朱朗朗,次日我付给"阿四"7.9 万元毒资。梁继业到宜昌后让我发银行卡号给朱朗朗,朱朗朗转款 9 万元到梁煌坤的农行卡,梁继业带回 1000 元现金交给我。同年 10 月一天,我打电话找"阿四"买 1 板海洛因,并给梁永波 8 万元去"阿四"处拿毒品,其中 2000 元是他到宜昌的路费。梁永波去后让我发短信告诉朱朗朗把钱打到卡上,朱朗朗打了 9 万元到梁煌坤的农行卡。同年 11 月 20 日左右,朱朗朗打我电话说要买 3 板海洛因。我觉得数量较大,决定和其他人商量,我们打电话把梁乾坤从外地叫回商量,都同意给朱朗朗送毒品,但感觉较危险不想送,梁永波说他去送。我就给"阿四"打电话要 3 板海洛因并说好卖后给钱。次日,我给梁永波 2000 元路费让他带着毒品去了宜昌,梁永波带回现金 7 万元交给我,朱朗朗往梁煌坤的农行卡里打了 20.3 万元。同年 11 月一天,朱朗朗打我电话要 400 克海洛因,梁继业用我手机联系"阿四"购买并说好卖后付钱。次日,我给梁继业 2000 元路费去"阿四"处拿了毒品后到宜昌与朱朗朗交易,朱朗朗付给梁继业 10.4 万元现金,梁继业回来后交给了我。同年 11 月 26 日晚,朱朗朗给我打电话要买 2 块海洛因,我和梁永波、梁继业、梁乾坤商量决定由梁继业送。我与“阿四”联系买毒品。次日,我给梁继业2000元路费去“阿四”处拿毒品直接送到宜昌。28日上午,梁继业给我打电话说出事了正在跑,我打电话问朱朗朗毒资打过来没有,他说等下再说就挂断了。从我住处搜出的30多万元现金大部分是我们贩毒攒的,部分毒资还未付给“阿四”,另有一点钱是别人还的赌资。梁永波说用梁煌坤的农行卡进行毒品交易后转账,防止警察将我们抓住,所以朱朗朗就转款到这张卡上。我负责管钱和管账,打电话联系“阿四”拿毒品。送毒品是梁继业、梁永波,我每次都给他们路费2000元,他们回来后将毒资都交给我。有时我自己给“阿四”送毒资,有时安排他们送去。梁乾坤知道我和梁继业、梁永波在贩毒,有时与我们一起商量,但有时他不知道,我们之间不存在谁听谁的。

案发后,梁朗坤从12张不同男性正面照片中,辨认出朱朗朗是向其与梁永波、梁继业、梁乾坤购买毒品的人。

11. 上诉人梁继业供述:2012年10月一天,梁朗坤对我和梁永波说朱朗朗要买毒品,因宜昌太远他不愿去,要我们替他去并说以后朱朗朗的毒品都由我俩去卖,每克30元差价给我们,我俩同意了。几天后,梁朗坤安排我和梁永波与朱朗朗见了面,约定朱朗朗要毒品时给梁朗坤打电话,梁朗坤再安排我们送毒品到宜昌。我每次先从梁朗坤处拿毒品卖给朱朗朗,然后将收到的毒资交给梁朗坤。我送过3次毒品到宜昌。2012年10月下旬一天梁朗坤给我400克海洛因要我送到宜昌市金帝宾馆给了朱朗朗,朱朗朗付款10.4万元,我带回东莞交给了梁朗坤。同年11月17日左右,梁朗坤给我1板海洛因要我送到宜昌市虹桥商务酒店给了朱朗朗,朱朗朗通过银行转账约10万元,我返回东莞后与梁朗坤在银行将款取出。同年11月27日,梁朗坤给我2板海洛因要我送到宜昌与朱朗朗交易。次日早晨,我入住宜昌市金帝宾馆8216客房,将毒品藏在床头柜下,联系朱朗朗到我房间,他给我水果刀切下样品并一起拿到他车上。这时,警察过来抓捕,朱朗朗开车子带着我强行冲出去,我随即电话告知梁朗坤出了事,毒品放在宾馆里。梁朗坤说先跑了再说,后我在逃跑途中被警察抓获。我是帮梁乾坤和梁朗坤送毒品,梁乾坤是老板,梁朗坤是给梁乾坤打工的,梁乾坤和梁朗坤直接和朱朗朗联系谈好毒品交易数量和价格。梁朗坤负责毒品和钱并安排我与梁永波送到宜昌交给朱朗朗,路费是梁朗坤给的。我和梁永波负责送毒品到宜昌给朱朗朗。我送毒品做不了主时会请示梁朗坤。我们4人没有在一起商量,我以前没有交代梁乾坤的事,现在我要立功,就交代了他的事。

案发后,梁继业从20张不同男性正面照片中,辨认出朱朗朗是多次向其购买毒品的人。

12. 上诉人梁永波供述:2012年10月一天,梁朗坤给我400克海洛因要我送到宜昌市虹桥酒店给了朱朗朗,朱付款7万元,我带回东莞交给了梁朗坤,他给我5000元钱,作为这次送毒品的工资。梁朗坤卖给朱朗朗的毒品价格不清楚,他俩直接联系,我负责将毒品送去带钱回来。我就送过这一次,我送毒品到宜昌都是梁朗坤安排我,我归案初期只交代梁朗坤,因我很怕梁乾坤,就未交代他,实际上他俩都是老板,我和梁继业是马仔。梁乾坤安排梁朗坤,梁朗坤安排我和梁继业送毒品,我们从梁朗坤手中拿毒品送到宜昌后,把钱带回东莞交给梁朗坤,梁朗坤再把钱交给梁乾坤。2012 年 11 月,我和梁朗坤去农行取款约 7 万元,梁朗坤把钱交给了梁乾坤。朱朗朗是做毒品生意的,梁乾坤叫我到宜昌市来熟悉路线,看一下路上有没有人检查。

案发后,梁永波从 12 张不同男性正面照片中,辨认出朱朗朗是在宜昌市虹桥酒店接收其毒品的人。并指认了其在虹桥酒店住宿及与朱朗朗交易毒品的现场。

13. 上诉人朱朗朗供述:车牌号粤 CXXX8 的黑色丰田轿车是我的,从该车内搜出的 30 多万元现金是我打工赚的和赌博赢的。案发前一周我来到宜昌市,与冉金宝、杨青青一起吃喝玩乐,案发时是湖南的“阿华”叫我到金帝宾馆接一个我不认识的人。本案中我只认识杨青青和冉金宝,其余的人均不认识。我向梁煌坤的银行卡上打过钱,但不是毒资,是购买六合彩的钱。

二、上诉人朱朗朗、冉金宝、杨青青、陶微微、李海涛、周洪涛等人共同贩卖毒品的事实

2012 年 11 月,上诉人朱朗朗将其从上诉人梁乾坤、梁朗坤、梁继业、梁永波处购得的海洛因交给上诉人冉金宝、杨青青贩卖,冉、杨二人通过上诉人陶微微、李海涛、周洪涛及王淋淋介绍,将朱朗朗购买的海洛因贩卖给他人。具体事实如下:

(一)2012 年 11 月初,冉金宝给陶微微一小块海洛因样品要其帮忙介绍买家,并通过陶认识了李海涛,通过李认识了王淋淋。之后,冉金宝介绍杨青青与李海涛、王淋淋相识。同月的一天,李海涛、王淋淋将冉金宝提供的海洛因样品交给周洪涛,让其帮忙联系买家并告知价格是每克 420 元。随后,周洪涛联系张某香(在逃),张验过样品后表示愿意购买。周洪涛通知李海涛到其租住屋进行交易,李随即通知冉金宝。当天下午,朱朗朗交给冉金宝、杨青青 400 克海洛因,冉金宝、李海涛、王淋淋与携带毒品的杨青青前往周洪涛租住屋交易,冉金宝将 400 克海洛因贩卖给张某香及“张老五”(在逃),尔后,冉金宝、杨青青将毒资交给朱朗朗。李海涛、王淋淋、周洪涛事后分得毒品介绍费。

(二)同年 11 月 26 日,朱朗朗交给冉金宝、杨青青 350 克海洛因,经王淋淋、李海涛介绍,冉金宝、王淋淋及携带毒品的杨青青乘坐原审被告人陈玉驾驶的轿车来到陈的住所,以每克 420 元价格将 350 克海洛因贩卖给陈玉。交易完成后,冉、杨二人将毒资交给驾车接应的朱朗朗。

认定上述事实的证据有:

1. 上诉人冉金宝供述:2012 年 11 月一天,我将杨青青给我的一坨毒品和我的电

话号码给了陶微微,要他介绍买家,他说可以。几天后,王淋淋打我电话说是陶微微的朋友,问我毒品价格、有无样品等情况。我将此事告知杨青青后,朱朗朗叫我们送毒品。同月中上旬的一天,王淋淋打我电话要求送样品,我将朱朗朗给我的毒品样品给了王淋淋。王淋淋打我电话与朱朗朗谈好后,朱拿出毒品放我包里,开车将我和杨青青送到中海宾馆附近,我和杨青青与王淋淋会合后,王淋淋带我上了一栋居民楼,杨青青提着我的包在楼下等。我跟王淋淋进入一户人家,有两个人在客厅吸食毒品,他让我进卧室等。其间,朱朗朗给我打了几个电话,催我快点办。半小时后,王淋淋领着一名提着挎包的男子进来,该男子把挎包打开,里面全是钱。随后,我下楼找到杨青青,他告诉我要拿 21 万元。我拿上我的包上楼返回卧室,将包里的毒品交给那名男子并找他要了 21 万元,我拿钱后下楼交给杨青青并一起返回宾馆,杨青青把钱给了朱朗朗,朱拿出 1 万元让我送给了王淋淋。事后,朱朗朗给我和杨青青各 3000 元。同月 26 日,朱朗朗给杨青青一块毒品,要他和我一起去与买家交易,我俩和王淋淋乘坐司机(陈玉)的轿车来到司机家,杨青青把毒品给了司机,司机付给我 14.7 万元钱。王淋淋先走了。杨青青联系朱朗朗开车过来接的我们,我将毒资给了朱朗朗,他给我 4000 元让我送给了王淋淋,并给了我和杨青青各 600 元。

案发后,冉金宝分别从 15 张、20 张不同男性正面照片中,辨认出朱朗朗是指使其贩毒的人,杨青青、王淋淋是参与其贩毒的人。并指认了其将毒品样品交给陶微微、王淋淋及其与杨青青在陈玉家交易毒品的现场。

2. 上诉人杨青青供述:2012 年 11 月中旬一天,冉金宝带我与李海涛相识,李海涛表示可以帮忙卖毒品。过了几天,朱朗朗开车载着我和冉金宝来到平湖大酒店附近。冉金宝下车从后备箱取出一个电脑包离去,我下车去买烟。尔后,冉金宝走到车的后备箱处,我不知他在干什么。我跟着他走进旁边巷子,李海涛也在那里。过了 20 多分钟,冉金宝喊我一起走,我便给朱朗朗打电话,他让我们乘出租车走。我们与朱朗朗会合后,冉金宝将他拿的电脑包放回朱朗朗车内。同月 26 日,冉金宝交给我一个单肩包,让我帮他提。后我在火车东站路边上了一辆轿车,车上有冉金宝、司机(陈玉)及另一名男子(王淋淋)。司机驾车带我们来到一处平房,冉金宝从我手上拿走包包和司机及车上那名男子进屋。我在屋外听到司机说只要 200 克,后我进去见冉金宝和那名男子在数钱,那名男子劝司机把剩下的都买了,我帮冉金宝一起数钱。这时,朱朗朗打电话问我还要多久,我说快了。我见司机在吸毒,才明白冉金宝包里装的是毒品,他和朱朗朗在贩毒。冉金宝将包交给我并打电话让朱朗朗开车来接的我们。朱朗朗数了包里的钱,说差 3000 元,冉金宝说不会差,数了的,朱朗朗拿了几百元给我。他之前还给过我 3000 元。

案发后,杨青青分别从 12 张不同男性正面照片中辨认出朱朗朗和冉金宝。并指认了其与冉金宝携带毒品乘坐陈玉的轿车去陈玉家交易毒品的现场。

3. 上诉人李海涛供述：2012年11月初，陶微微带着他的朋友（王勇钢）到我家玩，说他朋友有海洛因，问我是否认识买家，说王淋淋可能认识这方面的人，如果交易成功我和王淋淋可以提成，并给我一个海洛因样品，让我拿给王淋淋看。当晚，我把样品给了王淋淋，问他是否能找到买家。次日，王勇钢带着冉金宝来到我家，冉说他有海洛因，但不卖散货，我和王淋淋留了冉的电话。同月中旬一天，我和王淋淋问周洪涛能否联系到买家，他说可以，并叫我们搞点样品过去。我让冉金宝把样品给了我，我和王淋淋将样品送给周洪涛后没多久，他就说要货。我打电话要冉金宝直接送毒品到中海宾馆旁边，我和王淋淋去后，王淋淋带冉金宝去了周洪涛家，和冉一起来的那个人（杨青青）在巷子里等。我也在下面等，其间，我见冉金宝又一次上楼时拿着一个黑色的包。我等不急先回家了。约一小时后，王淋淋打我电话说搞好了，我让他与周洪涛来我家，周说这次他帮忙垫了钱，没赚到钱，我让他表示一下，他给了我和王淋淋1000元。一周后，王淋淋主动说起他以前吸毒是找陈玉拿的货，陈肯定要货。我们就来到陈玉家中。王淋淋问陈玉要不要海洛因，陈说要看样品。当日下午，我要冉金宝送点样品。次日，冉金宝把样品拿到我家交给王淋淋，王将样品送到陈玉家。第三天，陈玉打王淋淋电话说要100多克，王淋淋要我告诉冉金宝，我们3人商量到陈玉家交易，陈玉开车过来接，我没有去，冉金宝、王淋淋去了。交易后，冉金宝来我家给了我和王淋淋4000元。

案发后，李海涛分别从20张不同男性正面照片中，辨认出陶微微是要其帮忙联系贩毒的人，周洪涛、王淋淋是介绍陈玉买毒品的人，陈玉是购买毒品的人。并指认了冉金宝、陶微微送毒品样品及冉金宝、王淋淋在陈玉家交易毒品的现场。

4. 同案人王淋淋供述：2012年11月一天，李海涛给我一点海洛因样品，要我去找买家，当晚我将样品吸食了。过了两天，李海涛让我去他家商量帮他朋友卖毒品一事，我见到冉金宝和另一名男子（王某钢），李海涛说他们是卖海洛因的，价格每克400元，让我们和买家谈价从中提成，价格越高提成越多，一般可卖420元，但一次购买不少于200克。我答应帮忙找买家。同月中旬一天，我和李海涛到周洪涛家，李海涛将海洛因样品交给周洪涛，并和周谈交易价格。两天后，李海涛让我将冉金宝带到周洪涛家中，周洪涛和一个年轻人在客厅吸食麻古，周洪涛让冉金宝在卧室等，我就与他们一起吸食麻古。其间，冉金宝多次催问周洪涛买家到了没有，周就打电话催促。后周洪涛接了个电话叫我离开，我下楼时碰到李海涛上楼，他要我在楼下等。一个多小时后，李海涛打电话让我和周洪涛去他家，周给了我们1000元介绍费。11月25日左右，我和李海涛一起找到陈玉，我问陈玉要不要海洛因，他说要看样品。我联系冉金宝送来约0.2克海洛因样品，我送到陈玉家。当晚，陈玉打电话说要200克。次日，我和李海涛、陈玉商量后决定到郊区交易，陈玉开车带着我先后将冉金宝及携带毒品的杨青青接上车，来到陈玉家中，陈玉验完海洛因后说要200克，冉金宝将1板海洛因打碎用电子秤称了200克,后冉金宝、杨青青要我劝说陈玉又买了150克,陈玉一共购买350克海洛因,付款147,000元。我让冉金宝将我帮忙多卖出的150克海洛因的介绍费给我,他给了我3000元。冉金宝另外给我和李海涛4000元介绍费。

案发后,王淋淋分别从20张不同男性正面照片中,辨认出冉金宝、杨青青是贩卖毒品的人,李海涛、周洪涛是介绍冉金宝、杨青青贩毒的人,陈玉是购买毒品的人。并指认了冉金宝给其送毒品样品及冉金宝、杨青青在陈玉家交易毒品等现场。

5. 上诉人周洪涛供述:2012年11月一天,李海涛和王淋淋来到我家,李海涛拿出一点海洛因样品,说是他朋友的,问我能否联系到买家并告知每克420元,我让他俩回去等我电话。随后,我联系张某香并将海洛因样品交给她,她说样品可以,每克420元有点高,让我跟卖家商量能否每克少10元,她按每克420元付,10元钱给我作介绍费。我跟李海涛联系后他同意按每克410元交易。张某香提出在我家交易,我同意并让李海涛带卖家到我家。当日下午,我让张某香到中海宾馆后面给我打电话,我去接她。随后,我给李海涛打电话让卖家过来。十几分钟后,李海涛和王淋淋带着冉金宝到我家,李海涛和冉金宝在卧室等,王淋淋在客厅吸食毒品。后我领着张某香和"张老五"上楼时,碰见李海涛从我家出来准备下楼。我让张某香、"张老五"到卧室与卖家见面,我和王淋淋在客厅。随后,"张老五"下楼提了一个纸袋回来,冉金宝也下楼拿了一个单肩包回到卧室。几分钟后,张某香说他们交易完了,但还差几千元,我帮她垫付了4000元。之后,我和冉金宝、王淋淋去了李海涛家,冉金宝给我4000元,我给了李海涛和王淋淋1000元介绍费。

案发后,周洪涛从16张不同男性正面照片中,辨认出冉金宝是贩卖毒品的人,王淋淋和李海涛是介绍冉金宝贩毒的人;从12张不同女性正面照片中,辨认出张某香是其介绍从冉金宝处购买毒品的人。并指认了在其家中交易毒品及其在李海涛家付给李海涛、王淋淋毒品交易介绍费的现场。

6. 上诉人陶微微供述:2012年11月初一天,我接到冉金宝电话说他有海洛因,要我给他联系买家。同月12日左右,我和冉金宝在枝城碰面后来到宜昌,他给了我一张写有他电话号码的纸条和一个指头大小的海洛因样品。随后,我介绍他认识了王勇钢,告诉他可以通过王勇钢联系李海涛。次日,我要王勇钢带我到了李海涛家,我告诉李海涛我的朋友有海洛因,并将冉金宝给我的海洛因样品及写有电话号码的纸条交给他,让他直接与冉金宝联系。李海涛说他有销路,可以联系买家,并问我交易价格,我说你们自己谈,我不管。后来冉金宝和李海涛是如何联系、如何交易的,我不知道。

案发后,陶微微指认了冉金宝给其毒品样品及其将该样品交给李海涛的现场。

7. 原审被告人陈玉供述:2012年11月底一天,王淋淋打我电话说他朋友有海洛因,问我要不要,我说要200克。次日,王淋淋、李海涛到我家里又问我,我说要看样品。下午,王淋淋将样品0.1克至0.2克送到我家,我试吸后打算购买。第三天,王淋淋来我家,叫我与他一起去拿毒品。我开车带着王淋淋先后将冉金宝、杨青青接上一起到了我家,我试吸了他们带来的毒品后觉得可以,说要200克。冉金宝、杨青青便到客厅分毒品,我在卧室数钱,他们收下我的钱后和王淋淋商量了一会,本来我只想买200克,但王淋淋反复劝我多买些,我又买了剩下的150克。一共买了350克海洛因,共付给冉金宝、杨青青147,000元,这些毒品一部分被我吸食,一部分放在家里被警察查获。

案发后,陈玉分别从20张不同男性正面照片中,辨认出冉金宝、杨青青是跟王淋淋一起到其家中向其贩卖毒品的人,王淋淋、李海涛是介绍冉金宝、杨青青向其贩毒的人。

8. 公安机关出具的扣押物品清单、提取笔录证明:案发后,从杨青青、李海涛处各扣押手机1部;从王淋淋处扣押现金581元、手机2部及CASIO牌手表1块等物;从陶微微处扣押银行卡2张及手机2部;从冉金宝处扣押现金946元、手机2部及AP牌手表1块等物;从冉金宝女友张晓琴处扣押朱朗朗为冉金宝购买的红狐狸休闲上装1件。

9. 公安机关提取的手机通话记录及情况说明等材料证明:2012年11月,朱朗朗、冉金宝、杨青青、李海涛、王淋淋、周洪涛、陶微微、陈玉相互之间手机通话频繁。

三、上诉人周洪涛贩卖毒品的事实

2013年1月,上诉人周洪涛贩卖给陈某甲基苯丙胺片剂1.8克及甲基苯丙胺3克。同月24日,民警抓获周洪涛时,从其身上查获甲基苯丙胺片剂5.13克(甲基苯丙胺含量为11.33%)、甲基苯丙胺0.81克(甲基苯丙胺含量为68.34%);从其驾驶的鄂EXXSX0别克轿车内查获甲基苯丙胺片剂128.78克(甲基苯丙胺含量为13.58%)。

认定上述事实的证据有:

1. 证人陈某的证言:2013年1月23日晚,我在葛洲坝转盘附近找周洪涛购买了5颗麻果、1克冰毒,付给他500元,当时他开着一辆黑色别克轿车。次日上午8时许,我在葛洲坝宾馆十三太保包房内找周洪涛购买了15颗麻果、2克冰毒,还未付钱,警察将我和周洪涛等人抓获并搜出毒品。

2. 公安机关制作的指认现场笔录及公安行政处罚决定书证明:案发后,陈某指认了其向周洪涛购买毒品的现场。陈某于2013年1月24日因吸毒被处行政拘留15日。

3. 公安机关制作的搜查笔录及扣押物品清单、指认现场笔录及照片证明:案发后,从周洪涛身上及车上查获甲基苯丙胺片剂1430颗、甲基苯丙胺1袋、手机1部及现金6320元。周洪涛并指认了贩毒给陈某的现场。

4. 公安机关出具的物证检验报告证明:从周洪涛身上及车内查获的甲基苯丙胺片剂分别净重5.13克、128.78克,甲基苯丙胺含量分别为11.33%、13.58%;从周洪涛身上查获的甲基苯丙胺净重0.81克,甲基苯丙胺含量为68.34%。

5. 上诉人周洪涛供述:2013年1月23日下午,我在葛洲坝机电花园门口卖给陈某几颗麻果和冰毒约一克。次日,我开着租来的别克轿车到葛洲坝宾馆和陈某等人打牌。陈某找我买了麻果和冰毒,数量不清楚,他自己拿的,准备打完牌再结账,结果被民警抓获。民警从我身上搜出现金6320元、手机1部、麻果50颗。从我车内搜出两小盒麻果,我不知道是谁的。我被送看守所关押之前,警察从我身上搜出麻果15颗和冰毒1小袋。

四、原审被告人陈玉非法持有毒品的事实

2012年12月13日,民警在陈玉户籍地宜昌市伍家岗区将其抓获,从其身上及住地分别查获海洛因0.87克(海洛因含量为39.30%)及海洛因0.84克(海洛因含量为8.15%)。陈玉还带领民警查获了其藏匿于×市×乡×号另一住地的海洛因107.81克(海洛因含量为37.21%)。

认定上述事实的证据有:

1. 公安机关制作的搜查笔录及扣押物品清单证明:案发后从宜昌市陈玉住所内查获海洛因2包,从宜昌伍家乡陈玉另一住所内查获海洛因1包,从其身上查获海洛因1包及现金468元。

2. 公安机关出具的物证检验报告证明:从陈玉身上查获的海洛因净重0.87克,海洛因含量为39.30%;从宜昌市陈玉住所内查获的海洛因净重0.84克,海洛因含量为8.15%;从宜昌市伍家乡陈玉另一住所内查获的海洛因净重107.81克,海洛因含量为37.21%。

3. 原审被告人陈玉供述:2012年11月底,我经王淋淋介绍购买了350克海洛因,这些毒品大部分被我吸食,剩下的放在家里被警察查获,其中从东山大道我家中卧室搜走两小包,在我灵宝村家屋后的狗棚内搜走一大包,从我身上一个烟盒内搜走一小包。

综上,上诉人梁乾坤、梁朗坤、梁继业、梁永波共同贩卖、运输海洛因2850.06克;上诉人朱朗朗贩卖海洛因2850.06克;上诉人冉金宝、杨青青、李海涛均参与贩卖海洛因750克;上诉人陶微微参与贩卖海洛因400克;上诉人周洪涛参与贩卖海洛因400克,单独贩卖甲基苯丙胺3.81克及甲基苯丙胺片剂135.71克;原审被告人陈玉非法持有海洛因109.52克。

认定本案事实的其他证据还有:

1. 公安机关出具的抓获经过及归案经过材料证明了上诉人陶微微系被传唤到案,其他上诉人及原审被告人系被抓获归案。

2. 公安机关出具的户籍证明材料及常住人口信息表证明了本案各上诉人及原审被告人的身份情况。

3. 广东省珠海市××区人民法院(2002)X 刑初字第 148 号、(2008)X 刑初字第 317 号刑事判决书及珠海市第一看守所出具的刑满释放证明书确认，朱朗朗 2002 年 2 月 1 日因犯抢劫罪被判处有期徒刑 3 年，并处罚金人民币 1000 元；2008 年 2 月 27 日因犯贩卖毒品罪被判处有期徒刑 10 个月，并处罚金人民币 1000 元，同年 9 月 28 日刑满释放。

4. 湖北省某市伍家岗区人民法院(2009)伍刑初字第 9 号刑事判决书确认，陈玉 2009 年 2 月 10 日因犯非法拘禁罪被判处有期徒刑 2 年，缓刑 3 年。

5. 湖北省某市伍家岗区人民法院(1993)伍刑初字第 60 号，(2004)伍刑初字第 8 号刑事判决书及湖北省江北监狱出具的证明材料、湖北省沙洋漳湖垸监狱出具的释放证明书确认，陶微微 1993 年 10 月 12 日因犯抢夺罪被判处有期徒刑 3 年 6 个月，1997 年 1 月 5 日刑满释放；2004 年 2 月 9 日因犯盗窃罪被判处有期徒刑 6 年，并处罚金 5000 元，2009 年 3 月 8 日刑满释放。

6. 湖北省某市人民政府劳动教养管理委员会出具的劳动教养决定书、湖北省某市公安局西陵区分局出具的公安行政处罚决定书确认，陶微微 1997 年 12 月 4 日因寻衅滋事被决定劳动教养 1 年；2010 年 12 月 16 日因非法限制人身自由被处行政拘留 5 日，并处罚款 200 元；2012 年 10 月 16 日因吸毒被处行政拘留 10 日，并处罚款 1900 元。

7. 湖北省某市公安局西陵区分局出具的公安行政处罚决定书确认，李海涛 2011 年 8 月 26 日因吸毒被处行政拘留 15 日；2012 年 10 月 20 日因吸毒被处行政拘留 15 日。

上列贩卖、运输毒品及非法持有毒品的证据，均经一、二审庭审质证，证据的来源合法、有效，所证内容客观、真实，本院均予确认。

关于上诉人朱朗朗及其辩护人提出原判认定朱朗朗贩卖海洛因 1450.06 克的事实不清，证据不足的上诉理由及辩护意见，及检方提出原判认定朱朗朗贩毒数量有误，建议二审予以纠正的出庭意见。经审查，认定朱朗朗从上诉人梁乾坤、梁朗坤、梁继业、梁永波处购买海洛因 2850.06 克及将其中部分毒品贩卖给他人的事实，有现场查获的毒品、毒资和梁乾坤、梁朗坤、梁继业、梁永波以及上诉人冉金宝、杨青青等人的供述证实，并有银行交易记录、手机通话清单等证据印证。事实清楚、证据确实、充分，足以认定。故其上诉理由及辩护意见不能成立，本院不予采纳。朱朗朗以贩卖为目的购买毒品，且购买后又实施了贩卖行为，应当按照其购买的毒品数量认定其贩毒数量，原判认定其贩毒数量为海洛因 1450.06 克有误，本院对此予以纠正，采纳检方的出庭意见，即认定朱朗朗的贩毒数量为海洛因 2850.06 克。

关于上诉人梁乾坤及其辩护人提出原判认定梁乾坤参与贩卖海洛因,系本案主犯的事实不清,证据不足的上诉理由及辩护意见。经审查,认定梁乾坤参与上诉人梁朗坤、梁继业、梁永波向上诉人朱朗朗贩卖、运输海洛因2850.06克的事实,有现场查获的毒品、毒资及梁朗坤、梁继业、梁永波等人的供述等证据证实,梁乾坤亦有供认。梁乾坤在作案中积极参与策划,起主要作用,应系本案主犯。故其上诉理由及辩护意见不能成立,本院不予采纳。

关于上诉人梁朗坤提出原判认定其贩卖海洛因2850.06克的事实不清,证据不足的上诉理由。经审查,认定梁朗坤与上诉人梁乾坤、梁继业、梁永波共同商定并从上家购买海洛因贩卖给上诉人朱朗朗的事实,有现场查获的毒品及毒资以及梁乾坤、梁继业、梁永波的供述等证据证实,梁朗坤亦多次供认。故其上诉理由不能成立,本院不予采纳。

关于上诉人梁永波及其辩护人提出梁永波受梁朗坤指使只参与运输海洛因400克这一起作案,原判认定事实错误,证据不足的上诉理由及辩护意见。经审查,认定梁永波伙同上诉人梁乾坤、梁朗坤、梁继业分5次向上诉人朱朗朗贩卖、运输海洛因2850.06克,其中两次即原判认定的第2起贩运海洛因350克及第3起贩卖运海洛因1050克,梁永波系受梁朗坤指使及安排携带毒品与朱朗朗进行交易的事实,有梁朗坤、梁继业、梁乾坤等人的供述等证据证实,梁永波虽未供认,但根据本案查明的事实及证据能够认定梁永波参与了上述2起作案。故其上诉理由及辩护意见不能成立,本院不予采纳。

关于上诉人冉金宝提出其是被上诉人杨青青利用、欺骗,在不明知情况下参与贩毒,以及杨青青提出其对贩毒事先不明知且不在交易现场的上诉理由。经审查,认定冉金宝、杨青青事先明知是毒品而贩卖,其二人受上诉人朱朗朗指使和安排,共同携带毒品到现场与下家进行交易的事实,有其二人多次供述和上诉人李海涛、周洪涛及原审被告人陈玉、同案人王淋淋等人的供述等证据证实。故其二人的上诉理由均不能成立,本院不予采纳。

关于上诉人陶微微提出原判认定其参与贩卖海洛因750克的事实不清,证据不足的上诉理由。经审查,认定陶微微参与上诉人冉金宝、杨青青等人贩卖给张某香、“张老五”海洛因400克这一起作案,有冉金宝、杨青青及上诉人李海涛、周洪涛等人的供述证实,陶微微亦有供认。但原判认定陶微微参与冉金宝、杨青青等人贩卖给原审被告人陈玉海洛因350克这一起作案,因陶微微事前不明知且不在交易现场,事后亦未获利,故原判认定陶微微参与此起作案的证据不足,本院不予认定,对其上述上诉理由予以部分采纳。

关于上诉人周洪涛提出其没有贩卖毒品给陈某及没有分得毒品介绍费,原判认定的事实不清的上诉理由。经审查,认定周洪涛贩卖毒品给陈某及分得毒品介绍费的事实，有现场查获的毒品、证人陈某的证言及上诉人李海涛、同案人王淋淋的供述等证据证实，周洪涛亦有供认。故其上诉理由不能成立，本院不予采纳。

本院认为，上诉人朱朗朗、冉金宝、杨青青、李海涛、陶微微、周洪涛贩卖毒品，其行为均已构成贩卖毒品罪。其中朱朗朗贩卖海洛因2850.06克；冉金宝、杨青青、李海涛均参与贩卖海洛因750克；陶微微参与贩卖海洛因400克；周洪涛参与贩卖海洛因400克，单独贩卖甲基苯丙胺3.81克及甲基苯丙胺片剂135.71克，均数量大。上诉人梁乾坤、梁朗坤、梁继业、梁永波共同贩卖、运输海洛因2850.06克，其行为均已构成贩卖、运输毒品罪，且数量大。原审被告人陈玉非法持有海洛因109.52克其行为构成非法持有毒品罪，且数量大。在朱朗朗、冉金宝、杨青青、陶微微、李海涛、周洪涛等人共同贩卖毒品犯罪中，朱朗朗以贩卖为目的出资并主动向上家购买毒品，且指使冉金宝、杨青青与其一起将毒品销售给下家，系主犯，又系累犯和毒品再犯，依法应当从重处罚。冉金宝、杨青青受朱朗朗的指使及安排参与贩毒；陶微微、李海涛、周洪涛居间介绍贩毒，均系本案从犯依法应当从轻或者减轻处罚。陶微微系累犯，依法应当从重处罚；但其具有坦白情节，依法可以从轻处罚。在梁乾坤、梁朗坤、梁继业、梁永波共同贩卖、运输毒品犯罪中，梁乾坤、梁朗坤为主策划决定从上家购买毒品贩卖给下家，梁朗坤还负责毒品的买卖、运输及毒资保管，均系主犯，依法应当按照其所参与或者组织、指挥的全部犯罪处罚。原判认定梁朗坤系从犯有误，本院予以纠正。梁继业、梁永波受梁乾坤、梁朗坤的指使及安排参与作案，起次要作用，依法应当从轻或者减轻处罚。关于梁继业及其辩护人提出原判定性不准，梁继业只构成运输毒品罪；梁继业为公安机关抓获同案犯提供线索，属于立功表现的上诉理由及辩护意见。经审查，梁继业在本案中实施了贩卖、运输毒品两种行为，原判认定其构成贩卖、运输毒品罪正确。梁继业归案后供述了同案犯梁朗坤、梁永波的基本情况，属于其应当供述的范围，不符合立功的构成要件。故其上诉理由及辩护意见不能成立，本院不予采纳。关于李海涛提出其有检举他人犯罪的立功表现的上诉理由经审查，公安机关已出具材料证明李海涛检举他人犯罪的线索尚未查证属实，故不能认定其有立功表现，对其上诉理由本院不予采纳。关于陶微微提出其有自首情节，原判量刑过重的上诉理由，及检方提出陶微微归案后如实供述犯罪事实的行为属于坦白，建议二审予以认定的出庭意见。经审查，陶微微系被公安机关传唤到案后如实供述了自己罪行，其行为不符合自首的构成要件，不能认定为自首，但可以认定其具有坦白情节，可在原判刑罚的基础上对其酌情从轻处罚。故本院对检方的出庭意见予以采纳，对陶微微的上诉理由予以部分采纳。关于梁乾坤及其辩护人提出原判量刑过重，请求二审从轻处罚；朱朗朗及其辩护人提出请求二审依法改判的上诉理由及辩护意见。经审查，朱朗朗、梁乾坤论罪均应判处死刑，鉴于其二人的具体犯罪事实及情节，可不必立即执行。故本院对上述上诉理由及辩护意见均予以采纳，但根据朱朗朗的主观恶性及社会危害性,应依法对其限制减刑。原审判决定罪准确,审判程序合法。对上诉人梁朗坤、梁继业、梁永波、冉金宝、杨青青、李海涛、周洪涛及原审被告人陈玉量刑适当。对本案扣押的毒品、作案车辆及其他涉案财物的处理正确。上列上诉人及梁朗坤、梁继业、梁永波的辩护人提出原判量刑过重,要求从轻或者减轻处罚的上诉理由及辩护意见均不能成立,本院均不予采纳。依照《中华人民共和国刑法》第347条第2款第1项、第7款,第348条,第57条第1款,第25条第1款,第26条第1款、第4款,第27条,第356条,第65条第1款,第48条,第50条第2款,第67条第3款,第64条及《中华人民共和国刑事诉讼法》第225条第1款第1项、第2项之规定,判决如下:

一、驳回上诉人梁朗坤、梁继业、梁永波、冉金宝、杨青青、李海涛、周洪涛的上诉,维持湖北省某市中级人民法院(2013)鄂××中刑初字第00040号刑事判决中的第3、4、5、6、7、9、10、11、12项,即上诉人梁朗坤犯贩卖、运输毒品罪,判处死刑,缓期2年执行,剥夺政治权利终身,并处没收个人全部财产。上诉人梁继业犯贩卖、运输毒品罪,判处无期徒刑,剥夺政治权利终身,并处没收个人全部财产。上诉人梁永波犯贩卖、运输毒品罪,判处无期徒刑,剥夺政治权利终身,并处没收个人全部财产。上诉人冉金宝犯贩卖毒品罪,判处有期徒刑14年,并处罚金4万元。上诉人杨青青犯贩卖毒品罪,判处有期徒刑13年,并处罚金3万元。上诉人李海涛犯贩卖毒品罪,判处有期徒刑8年,并处罚金1万元。上诉人周洪涛犯贩卖毒品罪,判处有期徒刑7年,并处罚金5000元。原审被告人陈玉犯非法持有毒品罪,判处有期徒刑7年,并处罚金2000元。扣押的人民币926,745.65元、黄金戒指2枚、千足金戒指1枚、金项链2条、TUDOR牌手表1块、AP牌手表1块、CASIO牌手表1块,依法予以追缴,上缴国库;查获的毒品海洛因809.58克、甲基苯丙胺片剂133.91克、甲基苯丙胺0.81克以及车牌号为粤CXXX18的黑色丰田牌轿车,依法予以没收,上缴国库。

二、撤销湖北省某市中级人民法院(2013)鄂××中刑初字第00040号刑事判决中的第1、2、8项,即对上诉人朱朗朗、梁乾坤、陶微微的判决部分。

三、上诉人朱朗朗犯贩卖毒品罪,判处死刑,缓期2年执行,剥夺政治权利终身,并处没收个人全部财产。

四、对上诉人朱朗朗限制减刑。

五、上诉人梁乾坤犯贩卖、运输毒品罪,判处死刑,缓期2年执行,剥夺政治权利终身,并处没收个人全部财产。

六、上诉人陶微微犯贩卖毒品罪,判处有期徒刑8年,并处罚金人民币1万元(刑期从判决执行之日起计算。判决执行以前先行羁押的,羁押1日折抵刑期1日,即自2014年12月11日起至2022年11月11日止)。

本判决为终审判决。

根据《中华人民共和国刑事诉讼法》第237条之规定，本判决并为核准以贩卖、运输毒品罪判处上诉人梁朗坤死刑，缓期2年执行，剥夺政治权利终身，并处没收个人全部财产的刑事判决。

审判长：张××
审判员：周××
审判员：陈××
2017年10月27日
书记员：×××

办案总结

朱朗朗、梁乾坤等12人贩卖、运输毒品案一审判处梁乾坤死刑，作为梁乾坤的二审辩护律师，主要目的就是尽最大努力撤销一审对梁乾坤的死刑判决。因此需要注意本案两个关键问题：一是梁乾坤是否属于本案贩卖、运输毒品团伙的主犯；二是人民法院已经对其中罪责最大的一名主犯朱朗朗判处死刑，为梁乾坤的死刑辩护留下了空间。

一、本案证据不足以证明梁乾坤为团伙主犯

根据最高人民法院在武汉和大连召开的关于毒品犯罪的两个座谈会纪要精神，人民法院审理毒品犯罪案件，应当切实贯彻宽严相济的政策，对于毒品犯罪集团的首要分子，暴力抗拒检查、拘留或者逮捕等严重情节，毒品数量达到实际掌握的死刑标准，并具有多次贩卖、运输毒品，或者职业犯、惯犯、主犯等情节的，可以判处死刑。因为本案贩卖、运输海洛因的涉案数量为2850.06克，远远超过了我国《刑法》第347条规定的50克就可以判处死刑的规定，一审判处梁乾坤死刑的重要依据就是其被认定为这个贩卖、运输毒品团伙的主犯。通过认真查阅有关卷宗及参加庭审，辩护律师发现梁乾坤同其他被告人共犯实施毒品犯罪行为时，都是共同商量和共同决定，地位和作用基本相当；现有证据也不足以证明梁乾坤是该团伙的主要起意、策划、出资、管账、纠集、组织、指使者，也不能证明是赃款赃物的主要获得者，故人民法院查明的证据不足以证明梁乾坤是本案共同犯罪的主犯，为保住梁乾坤性命带来了一定的希望。

二、买卖同宗毒品的上下家一般不能同时判处死刑

根据最高人民法院《全国法院毒品犯罪审判工作座谈会纪要（武汉）》（法〔2015〕129号）的有关精神，毒品共同犯罪案件的死刑适用应当与该案的毒品数量，社会危害及被告人的犯罪情节、主观恶性、人身危险性相适应。依法应当判处死刑的，一般只对罪责最大的一名主犯判处死刑；两名主犯的罪责均很突出，且均有法定从重处罚情节的，也要尽可能比较其主观恶性、人身危险性方面的差异，判处二人死刑要特别慎重。对于贩卖毒品

案件中的上下家,要结合其贩毒数量、次数及对象范围,犯罪的主动性,对促成交易所发挥的作用,犯罪行为的危害后果等因素,综合考虑其主观恶性和人身危险性,慎重、稳妥地决定死刑适用。对于买卖同宗毒品的上下家,涉案毒品数量刚超过实际掌握的死刑数量标准的,一般不能同时判处死刑;下家积极筹资,主动向上家约购毒品,对促成毒品交易起更大作用的,可以考虑判处下家死刑。根据人民法院查明的有关事实证明,下家朱朗朗积极筹资并主动向上家约购毒品,对促成毒品交易起更大作用,无疑给本案辩护带来了曙光。

辩护律师提出的梁乾坤在贩卖、运输毒品团伙中与其他人的地位相当,并不是处于主要的支配地位,对于买卖同宗毒品上下家判处刑罚时应当慎重稳妥地决定死刑适用,综合全案原判决量刑存在量刑过重问题,请求二审人民法院从轻处罚的意见,被湖北省高级人民法院部分采纳,最终撤销了一审法院对梁乾坤的死刑判决,使其保住了性命。

专家点评

梁乾坤等12人重大团伙贩卖、运输毒品一案,一审判决认定梁乾坤、梁朗坤、梁继业、梁永波共谋贩卖、运输毒品,具有贩卖、运输毒品的共同犯意,客观上实施了贩卖、运输毒品的行为,系共同犯罪,在共同犯罪中,梁乾坤处于支配地位,系主犯,判处死刑,梁朗坤、梁继业、梁永波3人系从犯,且该3人认罪态度较好,分别判处死缓、无期徒刑,所判较梁乾坤轻,无疑给二审辩护增加了难度。

作为梁乾坤的二审辩护律师,李律师从一审判决未结合毒品具体交易的情况,对4人在犯罪集团中的地位和作用进行认定。李律师从4名共犯实施毒品犯罪行为时,共同商量和共同决定,地位和作用基本相当入手,又从现有证据不能证明梁乾坤系主要起意、策划、出资、管账、纠集、组织、指使者,也不是分赃的主要获得者,再从梁乾坤不属于制造毒品等源头性犯罪,不属于再犯、累犯、惯犯,同时结合下家积极筹资并主动向上家约购,对促成毒品交易起到较大作用的案件情节,阐述一审判决存在梁乾坤系主犯的事实没有查清,梁乾坤具有从轻处罚的酌定情节未得到充分考虑、量刑过重等情形阐述自己的辩护观点,思路准确清晰。李律师从细节入手,从犯罪的从属关系、主次作用等进行详细阐述说明,精准、细致,有力地说服二审法官。

二审判决采纳了辩护律师的上述关于梁乾坤原判量刑过重,请求二审从轻处罚的意见,改判梁乾坤犯贩卖、运输毒品罪,判处死刑,缓期2年执行,剥夺政治权利终身,并处没收个人全部财产。辩护获得成功。

审核人、点评人:北京律师智库重大复杂研究专家组　刑事组成员　林小建律师

复核人:北京律师智库重大复杂研究专家组副组长　许兰亭律师

焦点辩护改变起诉认定顺位，致挽救生命

——张某某贩卖毒品案

争议焦点

对被告人在共同犯罪中所处地位及作用大小的判定；判处死刑立即执行的证据是否确实、充分？

关键词

共同犯罪　鉴定意见　特情引诱　死刑复核

案情简介

被告人张某某，因涉嫌5起出售甲基苯丙胺毒品犯罪，涉及重量约6千克，作为第一被告被某中级人民法院以贩卖毒品罪一审判处死刑立即执行，该案第二被告也被判决死刑立即执行。

二审期间，本律师为张某某辩护（考虑到地方情况，同时约定如二审维持原判，则继续代理死刑复核阶段）。律师在阅卷及二审开庭过程中发现案件存在诸多疑点，如翻供否认参与了5起、认为被强迫认罪、第二被告人可能失智导致难以回答法庭提问、可能存在特情人员、重要证据存疑等，辩护律师作了罪轻和死刑证据不足辩护。J省高级人民法院没有采纳辩护意见，二审维持原判。

死刑复核期间，辩护律师利用和法官谈话及提交辩护意见的机会，多次阐述辩护观点（事实证据重大存疑、明显存在特情），相信最高人民法院会认真研判案情和考虑生命权利。最终经最高人民法院复核，以张某某犯罪地位低于第二被告人为核心理由，改判张某某死刑缓期2年执行（第二被告人仍维持死刑立即执行）。

案件历程

J省C市人民检察院
起诉书

C检诉刑诉(2015)49号

被告人张某某,男,汉族,初中文化,住G省L市D镇××号。

被告人岳某某,男,汉族,初中文化,住J省Z市××室。

被告人王某某,男,汉族,初中文化,住J省C市××室。被告人王某某曾因非法持有枪支罪被判处有期徒刑1年,于2010年4月26日被释放。

被告人夏某,女,汉族,高中文化,住C市Z区××室。被告人夏某曾因非法拘禁罪被判处有期徒刑9个月,于2013年8月8日被释放。

被告人王某一,男,汉族,初中文化,户籍所在地S省P县××号。

被告人杜某,男,汉族,初中文化,户籍所在地S省P县××号。

被告人施某某,男,汉族,中专文化,住C市X区××号。被告人施某某曾因抢劫罪(预备)于2007年9月19日被判处有期徒刑10个月。

被告人岳某某、王某某、夏某、施某某、王某一、杜某与被告人张某某因涉嫌贩卖、运输毒品罪,分别于2014年12月18日、21日被J市公安局刑事拘留。该7名被告人于2015年1月24日经J市人民检察院批准逮捕,同日由该局执行逮捕。

本案由J市公安局侦查终结,以被告人张某某、岳某某、王某某、夏某、施某某涉嫌贩卖毒品罪、被告人王某一、杜某涉嫌运输毒品罪,于2015年3月24日向J市人民检察院移送审查起诉。该院受理后,于2015年3月26日已告知被告人有权委托辩护人。J市人民检察院于2015年5月7日将案件转至本院审查起诉。本院受理后,依法讯问了被告人,听取了辩护人的意见,审查了全部案件材料。2015年6月7日、8月19日,本案分别依法延长审查起诉期限半个月,2015年6月19日、8月28日分别将案件退回J市公安局补充侦查,J市公安局于2015年7月19日、9月28日再次将案件移送本院审查起诉。

经依法审查查明:

2014年下半年以来,被告人张某某在G省L市向被告岳某某贩卖甲基苯丙胺共计约11,986.92克,被告人岳某某本人或指使他人将甲基苯丙胺运回C市后进行贩卖。其中,指使被告人王某一将甲基苯丙胺5986.92克运回C市;被告人杜某帮助岳某某贩卖、运输甲基苯丙胺4998.79克；被告人夏某向岳某某购买甲基苯丙胺约3524.42克用于贩卖；被告人王某某本人和居间介绍石某某等人分别向岳某某购买甲基苯丙胺约2200克；被告人施某某帮助夏某向他人贩卖甲基苯丙胺约25克。

具体事实分述如下：

1.2014年10月左右的一天，被告人张某某在G省L市以人民币约4万元的价格向被告人岳某某贩卖甲基苯丙胺约1500克，岳某某指使陈某（另案处理）运回C市，后通过被告人王某某居间介绍向石某某等人贩卖。

2.2014年11月上旬的一天，被告人张某某在G省L市以人民币约4万元的价格向被告人岳某某贩卖甲基苯丙胺约1500克，后岳某某以人民币约3.5万元的价格向被告人夏某贩卖甲基苯丙胺约500克。

3.2014年11月底，被告人张某某在G省L市以人民币约8万元的价格向被告人岳某某贩卖甲基苯丙胺约3000克，岳某某指使被告人王某一运回C市，后岳某某伙同被告人杜某以人民币约7万元的价格向被告人夏某贩卖甲基苯丙胺约1000克。

4.2014年12月初的一天，被告人张某某在G省L市人民币约8万元的价格向被告人岳某某贩卖甲基苯丙胺约3000克，岳某某指使被告人杜某运回C，后岳某某以人民币约7万元的价格向被告人夏某贩卖甲基苯丙胺约1000克。

5.2014年12月中旬的一天，被告人张某某在G省L市以人民币约8万元的价格向被告人岳某某贩卖甲基苯丙胺2986.92克，岳某某指使被告人王某一运回C市。后岳某某伙同被告人杜某以人民币约7万元的价格向被告人夏某进行贩卖，在C市××大酒店209室，公安机关从夏某携带的手提袋内查获甲基苯丙胺998.79克。被告人王某某通过电话联系以人民币约3万元的价格向岳某某购买甲基苯丙胺500克，在Z市××酒店，王某某、王某一、杜某分别被抓获，从王某一、杜某驾驶的车辆中查获甲基苯丙胺2207.93克。经鉴定，均检出甲基苯丙胺成分。

6.2014年12月的一天，被告人施某某在胡某某的介绍下，帮助被告人夏某在D市Y镇××号景某某的家中，以人民币3500元的价格向景某某贩卖甲基苯丙胺约25克。

认定上述事实的证据如下：

1.查获的甲基苯丙胺等物证；

2.中国农业银行金穗借记卡明细对账单、抓获经过等书证；

3.证人汪某、胡某某、石某某、夏某一等人的证言；

4.被告人张某某、岳某某、王某某、夏某、王某一、杜某、施某某的供述与辩解；

5.C市公安局物证鉴定所出具的检验报告书等鉴定意见；

6.J市公安局制作的现场笔录等检查、辨认笔录；

7.银行监控录像等视听资料、电子数据。

本院认为,被告人张某某、王某某、夏某、施某某违反国家对毒品的管理制度,明知是毒品而贩卖,被告人岳某某、杜某违反国家对毒品的管理制度,明知是毒品而贩卖、运输,被告人王某一违反国家对毒品的管理制度,明知是毒品而运输,其行为分别触犯了《中华人民共和国刑法》第347条第1款、第2款第1项、第3款、第7款,第25条第1款的规定,犯罪事实清楚,证据确实、充分,应当分别以贩卖毒品罪追究被告人张某某、王某某、夏某、施某某,以贩卖、运输毒品罪追究被告人岳某某、杜某,以运输毒品罪追究被告人王某一的刑事责任,部分系共同犯罪。被告人王某某、夏某曾因故意犯罪被判处有期徒刑,刑罚执行完毕后5年内再犯应当判处有期徒刑以上刑罚之罪,根据《中华人民共和国刑法》第65条第1款的规定,属累犯,应当从重处罚。被告人杜某、施某某在共同犯罪中起次要作用,根据《中华人民共和国刑法》第27条的规定,属从犯,应当从轻或者减轻处罚。被告人岳某某、杜某、施某某如实供述自己的罪行,根据《中华人民共和国刑法》第67条第3款的规定,属坦白,可以从轻处罚。根据《中华人民共和国刑事诉讼法》第172条的规定,提起公诉,请依法判处。

此致

C市中级人民法院

检察员:×××

××××年××月××日

一审判决书

J省C市中级人民法院
刑事判决书

(2015)C刑初字第37号

公诉机关J省C市人民检察院

被告人张某某,绰号阿力,男,汉族,初中文化,住G省L市D镇××号。现羁押在J市看守所。

辩护人黄某某、杨某某,J律师事务所律师。

被告人岳某某,绰号四哥,男,汉族,初中文化,户籍所在地S省S市P县W镇

××号。2014年2月因赌博和吸食毒品被行政拘留20日，并处罚款人民币500元，接受社区戒毒3年；2014年7月因吸食毒品被行政拘留15日；2014年8月因吸食毒品被行政拘留10日，并处罚款人民币1000元。现羁押在J市看守所。

辩护人聂朝阳、张明军，北京市惠诚(C)律师事务所律师，系受C市法律援助中心指派。

被告人王某某，绰号大头，男，汉族，初中文化，住C市Z区××室。2009年9月因非法持有枪支罪被判处有期徒刑1年，2010年4月26日刑满释放；2010年10月因吸食毒品被行政拘留10日，并处罚款人民币2000元；2010年12月因赌博被行政拘留10日，并处罚款人民币2000元；2013年4月因吸食毒品被行政拘留15日。现羁押在J市看守所。

辩护人吕润，J乐天律师事务所律师，系受C市法律援助中心指派。

被告人夏某，女，汉族，高中文化，户籍所在地C市Z区××室，住C市Z区××室。2009年2月因赌博被行政拘留10日；2013年3月因非法拘禁罪被判处有期徒刑9个月，2013年8月8日刑满释放；2014年9月因吸食毒品和打架被行政拘留10日，并处罚款人民币200元。现羁押在C市看守所。

辩护人宗根法，J红雨律师事务所律师。

被告人王某一，绰号萝卜丝，男，汉族，初中文化，户籍所在地S省S县××号。2014年2月因赌博和吸食毒品被行政拘留20日，并处罚款人民币500元；2014年4月因吸食毒品被行政拘留12日，接受社区戒毒3年。现羁押在J市看守所。

辩护人吴继成，J地音律师事务所律师，系受C市法律援助中心指派。

被告人杜某，男，汉族，初中文化，户籍所在地S省P县××号。现羁押在J市看守所。

辩护人赵英方，J致邦(C)律师事务所律师。

被告人施某某，男，汉族，中专文化，住C市X区××号。2007年9月因抢劫罪(预备)被判处有期徒刑10个月，并处罚金人民币5000元，2008年5月16日刑满释放；2008年12月因交通肇事罪被判处有期徒刑2年；2012年10月因赌博被罚款人民币500元；2013年5月因吸食毒品被罚款人民币500元。现羁押在J市看守所。

上列被告人分别于2014年12月18日、21日被刑事拘留，2015年1月24日被逮捕。

被告人张某某、王某某、夏某、施某某犯贩卖毒品罪、被告人岳某某、杜某犯贩卖、运输毒品罪、被告人王某一犯运输毒品罪一案，由J省C市人民检察院于2015年10月23日以C检诉刑诉(2015)49号起诉书，向本院提起公诉。本院受理后，依法组成合议庭，于2016年1月6日至7日、11月18日公开开庭审理了本案。J省C市人民检察院代理检察员×××出庭支持公诉，被告人张某某及其辩护人黄晓东、杨晓波，被告人岳某某及其受C市法律援助中心指派的辩护人聂朝阳、张明军,被告人王某某及其受C市法律援助中心指派的辩护人吕润,被告人夏某及其辩护人宗根法,被告人王某一及其受C市法律援助中心指派的辩护人吴继成,被告人杜某及其辩护人赵英芳,被告人施某某到庭参加诉讼。在本院审理期间,本案依法延期审理,经恢复审理后,本案现已审理终结。

J省C市人民检察院起诉指控:

(同起诉书内容,略)

被告人张某某当庭否认起诉书指控的第1、2起犯罪事实。

被告人王某某当庭否认自己的犯罪事实。

被告人施某某辩称:(1)主动交代公安机关没有掌握的犯罪行为,是自首;(2)在贩卖25克毒品中,只起居间介绍的作用,没有从中谋利。

被告人岳某某、王某一、杜某对起诉书指控的事实供认不讳;被告人夏某当庭供述了起诉书指控的事实,均没有提出辩解意见。

被告人张某某的辩护人辩称:(1)起诉书指控被告人张某某犯罪的事实不清、证据不足;(2)被告人张某某在贩卖毒品中,所起的作用和地位是居间介绍。被告人岳某某的辩护人辩称:(1)被告人岳某某的最后一起涉案毒品被当场没收,没有对社会造成实际的危害,可以酌情从轻处罚;(2)被告人岳某某归案后能如实供述自己的罪行,可以从轻处罚;(3)被告人岳某某自愿认罪,并揭发同案犯,积极悔罪,可以酌情从轻处罚。

被告人王某某的辩护人辩称:起诉书指控被告人王某某贩卖毒品罪的事实不清,证据不足。

被告人夏某的辩护人辩称:(1)起诉书指控被告人夏某第5起的犯罪,存在数量引诱的问题;(2)庭审中认罪悔罪,可以酌情从轻。

被告人王某一的辩护人辩称:(1)被告人王某一在运输毒品的共同犯罪中,起辅助作用,属于从犯,可以从轻或减轻处罚;(2)起诉书指控被告人王某一的第3起运输毒品没有主观故意;(3)运输的毒品被公安机关查获,没有流向社会,对社会没有造成实际危害,可以酌情从轻处罚。

被告人杜某的辩护人辩称:(1)被告人杜某在公安机关传唤期间,如实供述贩卖、运输毒品的犯罪事实,可以认定为自首,可以从轻或减轻处罚;(2)被告人杜某提供了抓获同案犯的重要线索,对公安机关抓获同案犯起到了作用,认定杜某有重大立功表现,可以减轻处罚;(3)在贩卖毒品的共同犯罪中,被告人杜某是从犯,可以从轻或者减轻处罚。

经审理查明,2014年下半年以来,被告人张某某在G省L市向被告人岳某某贩卖毒品甲基苯丙胺(俗称冰毒)共计11,986.92克,被告人岳某某本人或指使他人将甲基苯丙胺运回 C 市后进行贩卖。其中,指使被告人王某一将甲基苯丙胺 5986.92 克运回 C 市;被告人杜某帮助岳某某贩卖、运输甲基苯丙胺 4998.79 克;被告人夏某向岳某某购买甲基苯丙胺 3498.79 克用于贩卖;被告人王某某本人和居间介绍石某某向岳某某购买甲基苯丙胺 1500 克;被告人施某某帮助夏某向他人贩卖甲基苯丙胺 25 克。具体分述如下:

1.2014 年下半年,经事先通过电话联系,被告人张某某在 G 省 L 市向被告人岳某某贩卖甲基苯丙胺 1500 克,岳某某指使他人运回 C 市。同年 10 月,岳某某通过被告人王某某居间介绍,向石某某(另案处理)贩卖甲基苯丙胺 1000 克。

上述事实,有检察机关提交,并经法庭质证、认证的下列证据予以证实:

(1)证人石某某的证言笔录,证明他的手机是×××××,王某某介绍他到岳某某那边买冰毒,说岳某某的冰毒价格便宜。在 2014 年 10 月,王某某带着岳某某去他父母住的 C 市 Z 区××室,谈了买 1000 克冰毒的价格,跟岳某某交易时,岳某某是把货先给了王某某,然后岳某某开车带着王某某在××附近接上他,送他们去了××小区。他和王某某到小区里他租的房子后,王某某把货拿出来给了他。因为是王某某介绍他认识岳某某买冰毒的,多少要给点好处,他就把王某某欠他的 3000 多元算作了好处费。

(2)证人钱某的证言笔录,证明她是石某某的女朋友,2014 年下半年的一天傍晚,王某某带岳某某来到她和石某某住的 C 市××广场 1 号楼××室,他们 3 个人就在客厅的沙发上谈事情,等他们走了之后,石某某说要拿钱给岳某某去拿货的,并把岳某某的银行账号发到了她的手机上,她就向岳某某的工行卡转过几次账,都是通过银行的 ATM 打现金过去的。

(3)辨认笔录,证明案发后张某某辨认出岳某某;岳某某辨认出王某某、石某某;石某某辨认出王某某、岳某某;钱某辨认出王某某、岳某某。

(4)扣押决定书、扣押清单,证明从被告人岳某某处扣押的工商银行卡,卡号为××××××;从被告人张某某处扣押的三星平板电脑,里面的电话卡号码为×××××;从被告人岳某某处扣押的手机,号码为×××××;从被告人王某某处扣押的手机,号码为×××××。

(5)银行卡往来清单,证明石某某女友钱某尾号为×××的建设银行卡与被告人岳某某尾号为×××的工商银行卡之间,在 2014 年 10 月 8 日至 13 日有毒资往来人民币 5 万元。

(6)通话清单,证明被告人张某某的手机号码为×××××与被告人岳某某的手机号码为×××××之间;被告人岳某某的手机号码为×××××与被告人王某某的手机号码为×××××之间;被告人王某某的手机号码为×××××与证人石某某的手机号码为×××××之间,在 2014 年 8 月以来的通话记录。

(7)被告人张某某、王某某在公安环节的有罪供述、被告人岳某某的供述,与上述证人证言、辨认笔录、扣押笔录、银行卡往来清单、通话清单等证据能相互印证。

2.2014年11月上旬的一天,经事先通过电话联系,被告人张某某在G省L市向被告人岳某某贩卖甲基苯丙胺1500克,后岳某某将其中的500克甲基苯丙胺贩卖给被告人夏某。

上述事实,有检察机关提交,并经法庭质证、认证的下列证据予以证实:

(1)证人胥某的证言笔录,证明她是岳某某的女朋友,2014年11月,岳某某和杜某轮流开黑色别克车,带着她和王某一去了G省,与张某某见了面。杜某和王某一都是帮岳某某跑腿拿毒品的。

(2)同案犯杜某的供述,证明2014年11月的时候与岳某某、胥某、王某一开车到G省,岳某某在L市和张某某碰了头,谈到关于冰毒和送货的事情,具体怎么做他不清楚。

(3)同案犯王某一的供述,证明2014年11月上旬,岳某某开的别克车,同他和杜某、胥某去的G省L市,和张某某一起吃了饭,第二天,再从G省L市回J市Z新区的。当时他不知道去干什么,后来知道张某某是发货的,就是卖冰毒的意思。

(4)证人夏某一的证言笔录,证明他是夏某的叔叔,2014年上半年在建设银行帮夏某办过一张银行卡的,卡办完后就一直放在夏某那边,那张卡等于就是夏某自己的卡,他一次也没有用过。

(5)辨认笔录,证明案发后张某某辨认出岳某某、王某一、杜某、胥某;被告人岳某某辨认出夏某、杜某、王某一、胥某;杜某辨认出岳某某、王某一。

(6)全国机动车信息资源库查询,证明牌号为××××的黑色别克汽车的所有人为岳某某。

(7)扣押决定书、扣押清单,证明扣押的车辆所有人为岳某某的黑色别克汽车1辆,牌号为××××;从被告人岳某某处扣押的工商银行卡,卡号为×××××;从被告人张某某处扣押的三星平板电脑,里面的电话卡号码为×××××;从被告人岳某某处扣押的手机,号码为×××××;从被告人夏某处扣押的2部手机,号码分别为×××××、×××××。

(8)银行卡往来清单、银行ATM存取款监控录像,证明夏某一尾号为×××工商银行账户向岳某某尾号为×××工商银行账户,分别于2014年11月4日、5日有毒资往来人民币8000元,夏某当日对夏某一账户进行ATM操作。

(9)通话清单,证明被告人张某某的手机号码为×××××与被告人岳某某的手机号码为×××××之间;被告人岳某某的手机号码为×××××与被告人夏某的2部手机,号码分别为×××××、×××××之间,在2014年11月以来的通话记录。

(10)被告人张某某在公安环节的有罪供述、被告人岳某某的供述、被告人夏某的当庭供述，与上述证人证言、同案犯的供述、辨认笔录、扣押笔录、银行卡往来清单、通话清单等证据能相互印证。

3.2014 年 11 月下旬的一天，经事先通过电话联系，被告人张某某在 G 省 L 市向被告人岳某某贩卖甲基苯丙胺 3000 克，岳某某指使被告人王某一运回 C 用于贩卖，后岳某某伙同被告人杜某向被告人夏某贩卖甲基苯丙胺 1000 克。

上述事实，有检察机关提交，并经法庭质证、认证的下列证据予以证实：

（1）证人胥某的证言笔录，证明 2014 年 11 月底的时候，王某一当时出去拿货了，在王某一走后的第二天晚上，岳某某开车带她，到××KTV 对门的农业银行，给了她 15,000 元现金，叫她按照手机短信上的银行卡账号和名字把现金存进去，她看了短信，第一排写着一串账号，第二排写着××两个字，她就下车在农业银行 ATM 上通过无卡存款的方式，把这 15,000 元现金存在这个账号上，这就是买毒品的钱了。

（2）辨认笔录，证明案发后张某某辨认出岳某某、王某一；被告人岳某某辨认出夏某、杜某、王某一、胥某；杜某辨认出岳某某、王某一。

（3）L 市××快捷酒店住宿记录，证明 2014 年 11 月 22 日被告人王某一用杜某的身份证在××快捷酒店登记住宿。

（4）扣押决定书、扣押清单，证明从被告人张某某处扣押中国农业银行卡 1 张，卡号为×××××；从被告人岳某某处扣押的工商银行卡，卡号为×××××；从被告人张某某处扣押的三星平板电脑，里面的电话卡号码为×××××；从被告人岳某某处扣押的手机，号码为×××××；从被告人夏某处扣押的 2 部手机，号码分别为×××××、×××××；从被告人王某一处扣押的手机，号码为×××××。

（5）银行卡往来清单、银行 ATM 存取款监控录像，证明案发后，公安机关根据扣押的张某某的中国农业银行卡，调取了张某某农行卡×××××的流水账，在 2014 年 11 月 22 日至 29 日分别从中国农业银行 Z 新区支行、中国农业银行 C 支行存入张某某银行卡的人民币为 10,000 元、10,000 元、10,000 元、5900 元、15,000 元、15,000 元、10,000 元、13,000 元和 7000 元；夏某一尾号为×××工商银行账户向岳某某尾号为×××工商银行账户，分别于 2014 年 11 月 26 日、28 日有毒资往来人民币 14,600 元，夏某当日对夏某一账户进行 ATM 操作。

（6）通话清单，证明被告人张某某的手机号码为×××××与被告人岳某某的手机号码为×××××之间；被告人张某某的手机号码为×××××与被告人王某一的手机号码为×××××之间；被告人岳某某的手机号码为×××××与被告人王某一的手机号码为×××××之间；被告人岳某某的手机号码为×××××与被告人夏某的 2 部手机，号码分别为×××××、×××××之间，在 2014 年 11 月以来的通话记录。

（7）被告人张某某、岳某某、夏某、王某一、杜某的供述，与上述证人证言、辨认笔录、住宿记录、扣押笔录、银行卡往来清单、通话清单等证据能相互印证。

4.2014年12月初，经事先通过电话联系，被告人张某某向被告人岳某某贩卖甲基苯丙胺3000克。12月7日，岳某某指使被告人杜某到G省L市将毒品运回C用于贩卖，其中的甲基苯丙胺1000克，由岳某某贩卖给被告人夏某。

上述事实，有检察机关提交，并经法庭质证、认证的下列证据予以证实：

（1）证人胥某的证言笔录，证明2014年12月7日的样子，这次是杜某出去拿货，杜某走后，岳某某开车带着她，还是到之前存钱的那个农业银行，给了她10,000元钱，然后给她发了一条短信，让她就按照短信上的账号和名字把10,000元钱存进去，下面的名字还是××，她就到农业银行的ATM上，通过无卡存款的方式把这10,000元现金存在这个账号上了。12月7日左右，第一次是存了15,000元，第二次存了10,000元，都是买毒品的钱。

（2）辨认笔录，证明案发后张某某辨认出岳某某、杜某；被告人岳某某辨认出夏某、杜某；杜某辨认出岳某某。

（3）L市××快捷酒店住宿记录，证明2014年12月7日被告人杜某在××快捷酒店登记住宿。

（4）扣押决定书、扣押清单，证明从被告人张某某处扣押中国农业银行卡1张，卡号为×××××；从被告人岳某某处扣押的工商银行卡，卡号为×××××；从被告人张某某处扣押的三星平板电脑，里面的电话卡号码为×××××；从被告人岳某某处扣押的手机，号码为×××××；从被告夏某处扣押的2部手机，号码为×××××、×××××；从被告人杜某处扣押的手机，号码为×××××。

（5）银行卡往来清单、银行ATM存取款监控录像，证明案发后，公安机关根据扣押的张某某的中国农业银行卡，调取了张某某农行卡×××××的流水账，在2014年12月7日从中国农业银行Z新区支行、Z市农行清算中心、中国农业银行C支行存入张某某银行卡的人民币分别为15,000元、15,000元、14,900元、10,000元、10,000元；2014年12月8日，在Z市农行清算中心存入张某某银行卡的人民币分别10,000元、9000元，上述共计人民币83,900元；夏某一尾号为×××工商银行账户向岳某某尾号为×××工商银行账户，分别于2014年12月8日、9日有毒资往来人民币46,000元，夏某当日对夏某一账户进行ATM操作。

（6）通话清单，证明被告人张某某的手机号码为×××××与被告人岳某某的手机号码为×××××之间；被告人张某某的手机号码为×××××与被告人杜某手机号码为×××××之间；被告人岳某某的手机号码为×××××与被告人杜某手机号码为×××××之间；被告人岳某某的手机号码为×××××与被告人夏某的2部手机，号码分别为×××××、×××××之间，在2014年12月以来的通话记录。

（7）被告人张某某、岳某某、夏某、杜某的供述，与上述证人证言，辨认笔录、住宿记录、扣押笔录、银行卡往来清单、通话清单等证据能相互印证。

5.2014年12月中旬的一天；经事先通过电话联系，被告人张某某在G省L市向被告人岳某某贩卖甲基苯丙胺2986.92克，岳某某指使被告人王某一运回C市。后岳某某伙同被告人杜某向被告人夏某进行贩卖，在C市××大酒店209室，公安机关从夏某携带的手提袋内查获甲基苯丙胺998.79克，被告人王某某通过电话联系，到Z市××酒店向岳某某购买甲基苯丙胺500克，在Z市××酒店，王某某、王某一、杜某分别被抓获，从王某一、杜某驾驶的车辆中查获甲基苯丙胺2207.93克。经鉴定，均检出甲基苯丙胺成分。

上述事实，有检察机关提交，另经法庭质证、认证的下列证据予以证实：

(1)证人胥某的证言笔录，证明岳某某带的王某一和杜某，其实就是帮岳某某跑腿拿货的。她知道的有3次，其中王某一拿了2次，杜某拿了1次，有2次是她帮岳某某存钱拿毒品的。

(2)辨认笔录，证明案发后张某某辨认出岳某某、王某一、陈某一；被告人岳某某辨认出夏某、王某一、杜某；杜某辨认出岳某某、王某一。

(3)民航出港信息，证明2015年12月10日被告人王某一乘坐民航从南京到广州。

(4)扣押决定书、扣押清单，证明从被告人张某某处扣押中国农业银行卡1张，卡号为×××××；从被告人岳某某处扣押的工商银行卡，卡号为×××××；从被告人王某某处扣押到户名为周某某的工商银行卡1张，尾号为×××；从被告人张某某处扣押的三星平板电脑，里面的电话卡号码为×××××；从被告人岳某某处扣押的手机，号码为×××××；从被告人王某一处扣押的手机，号码为×××××；从被告人杜某处扣押的手机，号码为×××××；从被告人夏某处扣押的2部手机，号码分别为×××××、×××××；从被告人王某某处扣押的手机，号码为×××××。

(5)银行卡往来清单、银行ATM存取款监控录像，证明案发后，公安机关根据扣押的张某某的中国农业银行卡，调取了张某某农行卡×××××的流水账，在2014年12月14日、15日从中国农业银行Z新区支行、Z市农行清算中心存入张某某银行卡的人民币分别为10,000元、10,000元、11,100元、10,000元；2014年12月14日，岳某某尾号为1646工商银行账户通过银行ATM向陈某一中国工商银行账户×××××转账人民币40,000元；2014年12月14日，周某某尾号为×××工商银行账户向岳某某尾号为×××工商银行账户分2次转账人民币7000元，王某某当日对周某某的账户进行ATM操作；夏某一尾号为×××工商银行账户向岳某某尾号为×××的工商银行账户，分别于2014年12月13日、15日有毒资往来人民币60,000元，夏某当日对夏某一账户进行ATM操作。

(6)通话清单，证明被告人张某某的手机号码为×××××与被告人岳某某的手机号码为×××××之间；被告人张某某的手机号码为×××××与被告人王某一的手机号码为×××××之间;被告人岳某某的手机号码为×××××与被告人王某一的手机号码为×××××、被告人杜某手机号码为×××××之间;被告人岳某某的手机号码为×××××与被告人夏某的2部手机,号码分别为×××××、×××××之间;被告人岳某某的手机号码为×××××与被告人王某某的手机号码为×××××之间,在2014年12月以来的通话记录。

(7)被告人的手机短信截屏,证明被告人张某某的手机号码为×××××于2014年12月14日向被告人岳某某的手机号码为×××××发送的短信内容为:"×××××(账号姓名)"。

被告人夏某的手机号码为×××××于2014年12月16日向被告人岳某某的手机号码为×××××发送的短信内容分别为:"回电""回电话""××宾馆在哪里?"岳某某向夏某回复的短信内容分别为:"××宾馆209房卡放在前台""××水果马路对面有个××大药房隔壁""自己去看吧"。

被告人王某某的手机号码为×××××于2014年12月13日至16日向被告人岳某某的手机号码为×××××发送的短信内容分别为:"四哥!东西什么时候到呢?""那么我现在过来好吗?身上现在只有2000元,你看怎么办呢?不过你放心,给我5天时间给你结清!""有5000元在余额宝里刚转出来,不过要到明天22点才能到账!""现在我用支付宝支付你7000元,等会再到银行打给你""另外小毛想让你帮帮忙,让他先活动起来,给他半个,你怎么说呢?"被告人岳某某向被告人王某某回复的短信内容分别为:"×××××工商银行""好,你打过来""Z新区××酒店""好的,手机快没有电了,到××大厅等你"。

(8)现场笔录、搜查证、搜查笔录、扣押清单,证明检查被告人夏某随身物品时发现并扣押疑似毒品、手机;在夏某位于××室搜查并扣押疑似毒品。

(9)C市公安局物证鉴定所检验报告书,证明夏某手提的橘红色布袋内查获的疑似毒品1袋,净重998.79克,检出甲基苯丙胺成分,甲基苯丙胺含量为73.2%;从夏某裤子右侧口袋内一团餐巾纸内查获的疑似毒品1袋,净重0.35克,检出甲基苯丙胺成分;夏某位于××室西外侧卧室北边床头柜北边柜子一个红色化妆盒内查获的疑似毒品1袋,净重0.28克,检出甲基苯丙胺成分。

(10)现场笔录、照片、扣押清单、查获的毒品照片,证明对被告人王某一、杜某及其驾驶车辆检查时发现疑似毒品。

(11)C市公安局物证鉴定所检验报告书,证明×××轿车前排副驾驶位上一只黑色笔记本包内查获的疑似毒品1包,净重198.69克,检出甲基苯丙胺成分,甲基苯丙胺含量为73.5%;×××轿车后排座位带"ZHAN PENG"标识的黑色圆筒包内查获的疑似毒品2包,均检出甲基苯丙胺成分,净重为994.42克的1包,甲基苯丙胺含量为74.1%;净重为993.71克的1包,甲基苯丙胺含量为73.7%;×××轿车前排副驾驶位上一只黑色笔记本包内查获的疑似毒品1包,净重14.53克,检出甲基苯丙胺成分;×××轿车后排座位右侧发现一只标有“GAJUAR”的咖啡色斜挎包内查获的疑似毒品1包,净重0.85克,检出甲基苯丙胺成分;×××轿车后排座位右侧发现一只标有“GAJUAR”的咖啡色斜挎包内,查获红色药丸状疑似毒品1包,净重5.73克,检出甲基苯丙胺成分。

(12)被告人张某某、岳某某、夏某、王某一、杜某的供述,与上述证人证言、辨认笔录、银行卡往来清单、通话清单、扣押笔录、扣押清单、查获的毒品、鉴定意见等证据能相互印证。

6.2014年12月的一天,被告人施某某在胡某某的介绍下,帮助夏某将从岳某某处购得的毒品甲基苯丙胺25克,在D市Y镇××号景某某的家中,向景某某进行贩卖。

上述事实,有检察机关提交,并经法庭质证、认证的下列证据予以证实;

(1)证人景某某的证言笔录,证明2014年12月的一天,他从胡某某介绍的施某某那边买过一套东西,也就是25克冰毒,交易就在他家,也就是J省D市Y镇××号,冰毒是从一辆××牌照的银灰色小轿车上拿的,冰毒装在一个黄色的铁观音茶叶袋子里,他就点了4000元钱给了施某某。

(2)证人胡某某的证言笔录,证明他打电话给施某某,告诉施某某有人要货的,他就坐施某某的车子到了景某某家,看到施某某给了景某某一大包货,施某某说这里是一套货,货就是冰毒的意思。

(3)证人潘某某的证言笔录,证明夏某打电话给他,让他送施某某到D去,他就开着一辆银色的奥迪A4送施某某和胡某某到D那边的一个村上,到一个人家的二楼上面,施某某把从车上拿来的黑色塑料袋打开,从里面拿出来一个黄色的铁观音茶叶包,然后把茶叶包给了买货的人,那个买货的人把茶叶包打开,把里面的东西倒出来了一部分,这时候他一看,发现里面装的就是冰毒,那个买货的人拿出三四千元钱给了施某某,施某某拿了钱,大家一起离开那个地方。当时他问施某某是多少货,施某某说那一包有一盎司。

(4)辨认笔录,证明案发后,被告人施某某辨认出景某某为胡某某介绍的买毒品的人;证人景某某辨认出胡某某、施某某。

(5)银行卡往来清单、银行ATM存取款监控录像,证明案发后,施某某于2014年12月14日D市支行营业部,向夏某一尾号为×××建设银行账户ATM存款9950元、1791元、199元,施某某于当日在ATM上进行操作。

(6)扣押清单,证明从被告人夏某处扣押手机1部,手机号码为×××××;从被告人施某某处扣押手机1部,手机号码为×××××。

(7)通话清单,证明夏某所用号码为×××××与施某某所用号码×××××于2014年11月12日至13日通话的情况。

(8)被告人夏某、施某某的供述，与上述证人证言、辨认笔录、银行卡往来清单、扣押清单、通话清单等证据相互印证。

本案的综合证据：

1. 公安机关出具的抓获经过，证明了本案的案发情况和抓获经过。

2. 人口信息表、电话查询记录、刑事判决书，证明了各被告人的身份、住址及以前受过的法律处分等情况。

3. 被告人张某某的辩护人申请证人林某某出庭作证：用以证明张某某在2014年10月至11月，均在S林某某所开的煤气店打工，没有回老家G省L市，经当庭质证，林某某系张某某的表哥，只能证明张某某在他所开的煤气店打工，因林某某主要负责另一个煤气店的事务，故两人绝大部分时间都不在一起。

关于被告人张某某当庭否认起诉书指控的第1、2起犯罪事实，被告人王某某当庭否认自己的犯罪事实，被告人张某某、王某某的辩护人所提起诉书指控被告人张某某、王某某犯罪的事实不清、证据不足的辩护意见，综合评析如下：

经审查认为，起诉书指控被告人张某某、王某某贩卖毒品的事实，有被告人张某某、王某某在公安环节的有罪供述、同案犯的供述、证人证言、辨认笔录、扣押笔录、银行卡往来清单、通话清单、查获的毒品等证据所证实，事实清楚，证据确凿，毋庸置疑；被告人张某某的辩护人所申请的证人林某某，只能证明张某某在他所开的煤气店打工，但白天、黑夜2人绝大部分时间都不在一起，鉴于S、L相距不远，故不能就此证明张某某在2014年10月至11月，均没有回老家G省L市，据此，被告人张某某、王某某及其辩护人所提的辩护意见均不能成立，本院不予采纳。

关于被告人张某某的辩护人所提被告人张某某在贩卖毒品中，所起的作用和地位是居间介绍的辩护意见，经审查认为，被告人张某某是本案整个犯罪的上线，毒品贩卖的源头，历来是严厉打击的重点，且贩卖毒品的数量特别巨大，本案的其他被告人是他的下线，故被告人张某某的辩护人所提的辩护意见不能成立，本院不予采纳。

关于被告人岳某某、王某一的辩护人所提被告人岳某某、王某一的最后一起涉案毒品被当场没收，没有对社会造成实际的危害，可以酌情从轻处罚的辩护意见，经审查认为，起诉书指控的这一起犯罪，毒品交易已经完成，毒品、毒资已作交接，其中当场查获的毒品就达2986.92克，贩卖、运输毒品的数量大，社会危害性极大，故被告人岳某某、王某一的辩护人所提的辩护意见不能成立，本院不予采纳。

关于被告人夏某的辩护人所提起诉书指控被告人夏某第5起的犯罪，存在数量引诱的辩护意见，经审查认为，被告人岳某某供述夏某要购买冰毒1000克，并从银行汇给岳某某毒资人民币6万元，公安人员当场抓获夏某时，查获了毒品998.79克，被告人夏某亦当庭确认了起诉书的指控，不存在数量引诱的问题，故被告人夏某的辩护人所提的辩护意见不能成立，本院不予采纳。

关于被告人王某一的辩护人所提起诉书指控被告人王某一的第3起运输毒品没有主观故意的辩护意见，经审查认为，根据被告人岳某某的供述，他事先对王某一说是去拿冰毒；被告人杜某供述，王某一在回C的路上和他说，这次帮岳某某带回了三包冰毒；被告人王某一在庭审供述及对质中亦确认了这笔事实；同时，结合王某一在运输冰毒过程中，所采用的在高速上下车、避开安检等方式明显违反常理，其还经常与岳某某等人一起吸食冰毒，了解和熟悉冰毒的形状、特征，推定王某一应当知道运送的是冰毒，故被告人王某一的辩护人所提的辩护意见不能成立，本院不予采纳。

关于被告人杜某的辩护人所提被告人杜某在公安机关传唤期间，如实供述贩卖、运输毒品的犯罪事实，可以认定为自首，可以从轻或减轻处罚，被告人杜某提供了抓获同案犯的重要线索，对公安机关抓获同案犯起到了作用，认定杜某有重大立功表现，可以减轻处罚的辩护意见，经审查认为，被告人杜某在等候毒品交易的现场被抓获，从其驾驶的车辆中查获毒品2207.93克；归案后，杜某提供了同案犯的手机号码，是公安机关已经掌握的信息，公安机关通过技术侦查抓获了同案犯。综上，被告人杜某的行为属于如实供述自己的犯罪事实，而并非自首和立功，故被告人杜某的辩护人所提的辩护意见均不能成立，本院不予采纳。

关于被告人施某某所提其主动交代公安机关没有掌握的犯罪行为，是自首，在贩卖25克毒品中，只起居间介绍的作用，没有从中谋利的辩护意见，经审查认为，被告人施某某作为毒品犯罪的嫌疑人被抓获，其供述的同种罪行不构成自首；在贩卖25克毒品中，其受被告人夏某的指使、听从夏某的安排，系贩卖毒品共同犯罪中的从犯，不属于居间介绍，故被告人施某某的辩护意见不能成立，本院不予采纳。

关于被告人岳某某的辩护人所提被告人岳某某归案后能如实供述自己的罪行，可以从轻处罚，被告人岳某某自愿认罪，并揭发同案犯，积极悔罪，可以酌情从轻处罚的辩护意见；被告人夏某的辩护人所提被告人夏某庭审中认罪悔罪，可以酌情从轻的辩护意见；被告人王某一、杜某的辩护人所提被告人王某一、杜某在贩卖、运输毒品的共同犯罪中，起辅助作用，属于从犯，可以从轻处罚的辩护意见。经查证属实，被告人岳某某、夏某、王某一、杜某的辩护人所提的辩护意见成立，本院予以采纳。

本院认为，被告人张某某、岳某某、夏某、王某某、杜某、施某某违反国家对毒品的管理制度，明知是毒品而进行贩卖，且被告人张某某、岳某某贩卖毒品的数量特别巨大，被告人杜某贩卖毒品的数量巨大，被告人夏某、王某某贩卖毒品的数量大，其行为均已构成贩卖毒品罪；其中，被告人岳某某、杜某还兼有携带毒品进行运输的行为，应当以贩卖、运输毒品罪追究其刑事责任；被告人王某一违反国家对毒品的管理制度，明知是毒品而进行运输，其行为已构成运输毒品罪；本案贩卖、运输毒品中，部分系共同犯罪。J省C市人民检察院认定各被告人的性质准确，应予采纳；起诉指控被告人夏某、王某某的数额有误，应予纠正。在贩卖、运输毒品的共同犯罪中，岳某某是犯意的提起人、毒品的出资人、所有人，系主犯，被告人王某某、王某一，杜某起次要作用，系从犯，均应当从轻处罚；被告人岳某某、杜某、施某某归案后能如实供述所犯的罪行，均可以从轻处罚；被告人岳某某、杜某、夏某能够指证、揭发同案犯，可以酌情从轻处罚。被告人夏某、王某某在刑满释放后5年内又重新犯罪，属累犯，均应当从重处罚；被告人岳某某、夏某、王某某、王某一、施某某有前科劣迹，均应酌情从重处罚。被告人张某某贩卖毒品的数量特别巨大，社会危害性极大，所犯罪行为特别严重；尽管被告人岳某某有如实供述罪行等从轻情节，但其是毒品犯罪的发起人，贩卖、运输毒品的主犯，身兼上下家，贩卖、运输齐全，对促成毒品交易起了更大的作用，且贩卖、运输毒品的数量特别巨大，其罪不能从轻；被告人夏某所犯罪行极其严重，论罪应判处死刑，但鉴于本案的具体情节，可以不立即执行。根据被告人的犯罪事实、犯罪性质、情节以及对社会的危害程度，依照《中华人民共和国刑法》第347条第1款、第2款第1项、第3款、第7款，第356条，第357条，第25条第1款，第26条第1款、第4款，第27条，第65条第1款，第48条，第51条，第47条，第59条第1款，第52条，第53条，第57条第1款，第56条，第55条第1款，第67条第3款，第64条以及最高人民法院《关于处理自首和立功具体应用法律若干问题的解释》第6条之规定，判决如下：

一、被告人张某某犯贩卖毒品罪，判处死刑，剥夺政治权利终身，并处没收个人全部财产。

被告人岳某某犯贩卖、运输毒品罪，判处死刑，剥夺政治权利终身，并处没收个人全部财产。

被告人夏某犯贩卖毒品罪，判处死刑，缓期2年执行，剥夺政治权利终身，并处没收个人全部财产。

被告人王某某犯贩卖毒品罪，判处无期徒刑，剥夺政治权利终身，并处没收个人全部财产。

被告人王某一，犯运输毒品罪，判处无期徒刑，剥夺政治权利终身，并处没收个人全部财产。

被告人杜某犯贩卖、运输毒品罪，判处无期徒刑，剥夺政治权利终身，并处没收个人全部财产。

被告人施某某犯贩卖毒品罪，对判处有期徒刑8年（刑期自2014年12月18日起至2022年12月17日止），剥夺政治权利2年，并处罚金人民币3万元。

上列被判处死刑缓期2年执行的被告人，死刑缓期执行的期间，从判决确定之日起计算；被判处有期徒刑的被告人的刑期从判决执行之日起计算，判决执行以前先行羁押的，羁押1日折抵刑期1日。

二、查获在案的违禁品和供犯罪所用的财物予以没收。

如不服本判决，可在接到本判决书的第2日起10日内，通过本院或者直接向J省高级人民法院提出上诉。书面上诉的，应提交上诉状正本1份，副本2份。

审判长：×××

审判员：×××

审判员：×××

2016年12月5日

书记员：×××

二审辩护词节选

辩　护　词

审判长、审判员：

法院对张某某判处死刑立即执行的判决，没有达到判决死刑所需的事实依据与法律依据，实际上构成事实不清证据不足，且没有解决案件重大程序错误问题，上述错误应当予以纠正。现发表具体辩护意见如下：

一、本案程序上的重大问题错误

（一）管辖问题

本案张某某作为第一被告，起诉张某某贩卖毒品的5起毒品交易，均发生在G省L市，一审判决也明确与张某某有关的5起毒品交易犯罪均在L市完成，即张某某的犯罪地均在L市。另一被告岳某某在购得毒品后在C市贩卖，与张某某无关。

《中华人民共和国刑事诉讼法》规定，刑事案件由犯罪地的人民法院管辖。《全国部分法院审理毒品犯罪案件工作座谈会纪要》（法〔2008〕324号，以下简称《大连会议纪要》）明确了“犯罪地”的内涵和外延。张某某这5起所谓毒品交易的犯罪地，均在L市（张某某承认过在S市打过电话）。即针对侦查公诉机关侦查起诉张某某的5起毒品交易，依法应由犯罪地G省的人民法院管辖审理，本案一审的C市中级人民法院并没有管辖权。

本案实际情况也说明，张某某的犯罪案件由G省司法机关侦查审判更有利于查明事实和处理。张某某在被讯问初期就已经提到，毒品实际上是L市当地一个名叫陈某一的人卖给岳某某的，本案也存在岳某某给陈某一汇钱的事实。张某某所称陈某一的情节是否属实对案件事实确认有重大影响，包括陈某一是毒品源头还是张某某是,包括陈某一与岳某某的往来关系,包括张某某是否将岳某某的钱转给陈某一,转了多少,这些侦查机关应当调查清楚。且陈某一现在已经在G省归案,C市司法机关去G省调查非常不便。这些实际情况也说明,关于张某某的犯罪事实,由G省司法机关侦查处理更加方便。

对于已进入审判程序的案件,被告人及其辩护人提出管辖异议理由成立的,法院应当报请共同的上级法院指定管辖。对于本案,应报请最高人民法院指定管辖。

(二)鉴定问题

1. 送达告知问题

本案关于案涉毒品成分含量的鉴定结果,没有依法告知张某某。根据公安机关应当将用作证据的鉴定结论告知犯罪嫌疑人的法律规定,正常逻辑下应当推理出:该鉴定结论之所以不告知张某某,是因为该结论不用作张某某涉嫌犯罪的证据。即不能用该结论证明张某某的犯罪事实。本案目前将该结论用作张某某犯罪的证据,还是死刑犯罪证据,是对张某某诉讼权利的严重剥夺,生命权利的严重侵害。而公安机关所谓没有告知张某某的说明,没有法律依据。

2. 鉴定时间问题

在案的547、548号鉴定《检验报告书》显示,本案疑似毒品在2014年12月16日查获,鉴定机构2014年12月31日受理鉴定。违背程序的是,检验意见是2015年5月10日才作出的。其间检验了4个多月,严重违背了公安鉴定规则中受理后7日内出具鉴定结果的规定。已经说明该鉴定严重违法。

另外,这4个多月,检材能否保存、保护好以及为什么用了4个多月才完成检验,均存疑。存疑的鉴定结果不宜作为案件证据,尤其不能作为死刑案件的定罪证据。

3. 鉴定文书内容的遗漏问题

依照法律规定鉴定文书中必须记载"鉴定开始日期和实施鉴定的地点"。而547、548号两份鉴定文书均没有记载。此外,关于鉴定方法只提到使用GC/MC法检验,没有申明使用该检验方法的法定依据,更无从谈及该方法是否合法。实际上再一次说明该鉴定行为的不合法不专业,结论可信度存疑,不宜作为案件证据。

4. 结论虚假问题

547、548号鉴定文书关于毒品的质量总量与之前的鉴定文书质量一致,是明显的常识性错误。之前的鉴定文书表明,疑似毒品已在称重后提取了部分检材进行检验,剩余检材公安机关自行带回。可见,如再次对已取回的检材鉴定,质量势必减少,不可能一致。这只能说明,鉴定结论没有检验质量。而是照抄之前的结论。该鉴定文书虚假,结论不能采信。

二、事实不清及事实和证据不能排除合理怀疑问题

本案总的证据状态是:

第一,本案起诉张某某的5起毒品交易,有4起(起诉书的前4起)没有毒品被查获,就是说这四起交易公安机关在案发时并不掌握,而且这4起交易没有毒品物证。没有物证,即无法作出鉴定质量与成分,无法鉴定质量与成分,就是没有这4起交易毒品的质量与成分的科学数据。就不应向一审那样直接定性为交易了明确数额的甲基苯丙胺,也不应作为判处死刑的定罪依据。

第二,本案中岳某某的供述已基本不可信。

公诉机关认为的岳某某可以采信的,且可以证明张某某是毒品源头的供述是:岳某某不认识陈某一,岳某某没有从陈某一处买过毒品,岳某某只是在本案第5起交易前,即2014年12月14日才从张某某处得到一个陈某一的银行卡号,按张某某要求给陈某一转账40,000元。这一供述有2014年12月14日张某某给岳某某一个陈某一卡号的短信予以印证。岳某某在法庭调查时,回答本辩护人提问其与陈某一的往来时,也是这么回答的。岳某某的其他口供中,也没有出现他承认与陈某一有其他往来的供述。但恰恰相反的是,证据显示,岳某某在2014年10月28日,就给陈某一转账15,000元。这足以说明,岳某某对案件关键、核心事实的供述不实,即包括张某某是其毒品源头的情节不实,足以说明岳某某和陈某一早就相识,其在隐瞒事实,足以说明岳某某完全可能早就和陈某一直接交易毒品,陈某一是岳某某毒品的真正源头,还足以说明本案存在张某某的参与程度小,主要是陈某一与岳某某交易的可能。

公诉机关认可的岳某某其他供述包括,第1起交易的钱,岳某某不是转账给张某某就是转账给陈某,而本案没有该笔款项的转账记录,证明岳某某所言不实。岳某某说给张某某的钱都是毒资,没有其他往来,而他们之间的往来款与毒资价格并不吻合,有较大出入,说明张某某与岳某某存在其他往来,岳某某在隐瞒事实。岳某某说,给王某一转账3万元,而本案并没有此笔转账记录,同样说明岳某某所说不实。

实际上,岳某某的供述,经历了不承认,到承认第5起,到承认第2起到第5起,到全部承认5起的过程,并不稳定。即便在有罪供述中,对时间、数量、价格和资金进出的供述也不一致且没有其他直接证据、客观证据印证。

因此,本案中岳某某的供述已经基本失信。而本案的侦查机关、公诉机关、一审判决恰恰是在用岳某某的供述作为认定事实的基础与依据。

第三,本案没有其他被告人辨认指认张某某的记录。即不能证明张某某是全部5起交易的交货人,且有证据证明张某某不是第3起、第4起交易的交货人。这可以佐证张某某称第3起、第4起时,其在S市,没有贩卖毒品的供述。与之相反地,今天法庭调查证明,公安机关是做了辨认工作的,没有指认出张某某。公安机关早就清楚本案有其他交易人,实际上就不能排除岳某某联系其他人尤其可能是陈某一交易的可能。

第四,张某某所称毒品的实际提供者陈某一未到本案。陈某一对张某某与其有关的供述和辩解,关系到陈某一和张某某在案件交易中的地位与作用,张某某是否只是介绍作用,张某某是否属于从犯,也关系到张某某后来否认的3起事实是否成立、张某某是否参与和参与程度。侦查机关对此未作核实,也未核实张某某向陈某一转账的情况,陈某一毕竟早在2014年10月下旬就收过岳某某的转账,岳某某与陈某一到底什么关系,如何交易。张某某与陈某一的往来情况也可佐证张某某是不是介绍人或不知情的地位。

第五,关于陈某一在D市被抓是否因张某某举报而被抓获。公安机关为什么不去抓捕陈某一。侦查机关乃至一审法院,均未说明与核实。辩护人已告知二审法院,陈某一关押在G省D市,也有证据显示,公安机关在2015年6月就知晓陈某一关押在D市。在此提醒二审法院,如决定继续管辖审理张某某案件,应予核实陈某一参与本案的程度和情况及张某某的检举是否构成立功或酌定从轻情节。即如因张某某举报而抓获,属于张某某法定从轻情节。如因侦查机关不去抓捕才因其他事由抓捕的陈某一,是本案公安机关失职。对张某某属于酌定从轻情节。

第六,多名被告人关于5笔交易的供述都存在不能吻合,没有直接证据证明的情况。

第七,本案关于张某某与岳某某是否存在其他经济往来没有核实。这涉及不是所有的往来都是毒资,刨除其他往来的交易,可以印证相对真实的交易次数和数量。在岳某某供述不可信的情况下,不能采信岳某某关于与张某某没有其他经济往来的供述。

第八,张某某在侦查机关的供述已经前后不一致,侦查机关在其否认此前供述后便不再对其讯问,也未讯问其供述前后不一的原因。如果当时讯问其口供不一的原因,侦查乃至审查起诉机关就会组织证据证明哪次口供的可信度。

第九,本案极大可能存在特情人员参与案件,存在数量引诱和犯意引诱的可能。

王某某庭审时提出,其举报揭发石某某参与本案第一起交易后,侦查机关答复石某某是特情。而石某某恰恰是在本案中收购了6公斤毒品的人。石某某没有在案,而其又作为证人出现在本案,说明其不是在逃人员,可以到案而其没有在案。起诉意见书未将其列入犯罪嫌疑人也未列明另案处理,6公斤毒品公安机关也未说明追缴情况,这些表明石某某极有可能是本案的特情人员。

石某某作为特情,表明公安机关第1起时就应该知道本案被告人存在大额毒品交易。如果公安当时抓捕,就不会有目前本案中的毒品交易数额,也不会出现目前证据混乱的情况,能按治病救人的原则处理本案而不是目前的死刑判决。

石某某作为特情,如本案事实属实,应该掌握并上交6公斤毒品。如未上交本案中6公斤毒品,说明本案5起犯罪的次数和数量存疑。

本案的第5起犯罪,也已基本可以确定,岳某某在收到毒品后,就被公安机关控制,随后诱捕了夏某。说明第5起毒品并未流入社会,部分卖给夏某不属于流入社会。

第十,侦查机关隐瞒了诸多被告人罪轻、应减轻处罚的证据,对关键事实不调查、不作为,审查起诉机关也不作为,放任有可能的错判。

目前有证据表明的隐瞒有(不排除有其他隐瞒):第3起、第4起交易,经辨认不是张某某交货的辨认记录;最迟至2014年10月28日,岳某某即与陈某一有往来;本案从第一起开始就有特情人员参与并知晓,早就可以制止交易的扩大化;本案第5起存在抓获部分嫌疑人后犯意引诱他人购买毒品。

有可能隐瞒的有:石某某到底掌握本案多少公斤毒品,当时为什么不鉴定?

显示公安机关、审查起诉机关不调查不作为的有:在知晓陈某一早就参与案件时不抓捕,且不审查不抓捕的原因;在早就知道陈某一参与案件时不讯问陈某一;不审查石某某不到案原因;在口供不吻合时尤其客观证据与事实不吻合时,比如交代是转账而没有转账证据时,不自行调查,也不要求补充侦查后再继续讯问不吻合原因。

针对5起指控事实:

1. 第1起是张某某主动供述的。但张某某在侦查阶段已经开始否认有该起事实直至二审。一审判决认定事实存在的逻辑是,因张某某与岳某某都曾经供述有这次交易,所以认定事实存在。但二人的供述并不吻合。

张某某曾经有两次笔录供述该起事件,发生在2014年6月中旬,岳某某派人来取货,给了7万多元现金,张某某给了来人二条半货。而岳某某的供述则非常不一致,关于这一起时间,岳某某分别说过2014年6月,2014年八九月,2014年七八月。关于数量,分别说过二条、一条半和1500克。关于货款支付(毒资),供述过王大头(王某某)毛哥等人凑的7万元钱,把钱打给张某某还是陈某(取货人)忘了,还供述过钱打给张某某卡上了。一审庭审时供述,所有往来都是打到张某某卡上,这次打了4万元。二审时也说,都是转账交易。

而实际上本案中所谓取货人陈某并未到案,且没有岳某某向张某某卡上转款或陈某卡上转款的证据,说明张某某与岳某某的供述不能相互印证。结合张某某对曾经供述的解释,不能排除威胁、骗供的嫌疑。不排除侦查机关迫使岳某某按张某某供述内容予以供述的嫌疑。该起事实存疑。侦查机关为什么不去核实转账记录,为什么不就没有转账记录讯问岳某某原因,而把这个疑问一直留到审判阶段。再有就是,如果将来陈某到案否认此事,则此事更加不能定论。一审判决甚至连时间都不能确认,只是笼统地确定为2014年下半年,却在没有鉴定依据的情况下直接确认了张某与岳某某交易了1500克甲基苯丙胺,并不客观。本案中还有证据表明,交易毒品的质量不足1500克。

2. 第2起至第4起,是岳某某先供述后张某某供述的。张某某在侦查阶段也已经开始否认有该起事实直至二审。一审判决认定事实存在的逻辑是,因张某某与岳某某都曾经供述有这次交易,所以认定事实存在。但二人的供述也不吻合。讯问笔录过于草率。

张某某曾供述过此起交易了2.8公斤,收款8万多元,其中2万元现金,其余转账。而岳某某的供述却是1.5公斤,给张某某4万元现金,其余欠着。但这个钱是王某某转账给他的。一审庭审时说是往来都是打到张某某卡上。而实际上王某某并不认可给岳某某转过这笔钱。可见这笔交易也存在数量和实际发生与否的疑问,岳某某对于此起交易的交代,与其承认过的第一笔非常相像,不排除编造的可能。不排除公安机关迫使张某某按岳某某供述的内容供述的情形。侦查机关完全可以查查有无张某某所说的转账记录,岳某某所说的王某某的转账记录,从而印证供述是否属实。在目前无法印证案件事实的情况下,此起事实也应存疑处理,不能直接确定为张某某卖给岳某某1.5公斤甲基苯丙胺。

3. 第3起和第4起,张某某在侦查阶段已经开始供述该两起应该是1起,或者他只知道参与了其中一起,因为帮岳某某给陈某一转过钱。而根据岳某某的供述,这两起在数量价格和交易方式上的确非常相似,即都是3公斤,都是8.4万元,都是转账等等。不同的是,一次由王某一取货,另一次由杜某取货。

这两起一审判决都引用了转账记录,但记录内容与张某某和岳某某所说都不吻合。而一审判决也没有区分这些转账中哪些是毒品的钱,哪些是其他往来。款项金额与毒品数量计算出来的金额不符本身就已经说明张某某与岳某某存在其他财务往来。刨除其他财务往来,才可判断最接近事实真相的交易数量,从而判断张某某是否只知道或参与了一起。

张某某后来辩称,这2起交易时其不在L市,没有参加实际交货。张某某没在L市,也是他认为2起是1起,只知道1起的原因。一审时证人出庭作证,张某某当时在S市打工,王某一、杜某也确认送货人不是张某某。应该能够证明张某某当时的确不在L市,没有参与交货。而不应像一审判决那样,以没有证据证明张某某晚上夜里还在S市而推定张某某在L市参与交易。张某某晚上不在S市的证明责任应该由侦查机关、公诉机关承担。2015年3月,张某某就供述自己在S市了,但侦查机关对此也并未核实。

这2起是不是1起,或者张某某是否参与1起,在目前证据情况下尤其是财务往来不明的情况下同样需要陈某一予以核实,不宜轻易下结论。也不宜直接确定为张某某卖给岳某某6公斤甲基苯丙胺。

在此要特意强调的就是,张某某所称,在本案被逼供、骗供或者迫于压力编造供述的可能性在此2起供述中可以佐证。就是张某某在明知自己在S市的情况下,仍然作了自己参与交货的虚假供述。再结合张某某的供述与岳某某的供述不吻合,张某某的很多供述都有可能是不实之词。

还有就是,夏某在二审庭审中也否认其参与了这2次交易。再次增大了这2起交易的存疑度。事实究竟如何,依法不应只凭之前的有罪供述定案。

4.第5起目前看是争议比较小的一起。张某某承认参与送货和代岳某某转款给陈某一。但辩护人要提出的是,第一,第5起查获的毒品冰毒,并未交张某某辨认确认。庭审时,经审查照片,张某某表明,照片里的包裹,不是其给王某一的包裹。王某一对此也不否认。第二,该起冰毒,由于要诱捕夏某,公安机关已拿出一包毒品放于宾馆。也已经不具备让张某某辨认的条件。第三,由于案件早就破获,最终未被吸食,所造成的客观后果相对较小。第四,鉴定结论不合法。第五,从供述和鉴定结果看,一是甲基苯丙胺含量70%多,二是重量并不是嫌疑人供述的整数。以此也可说明,一审判决将之前几起交易的毒品数量,按未经鉴定的,仅被告人供述中的重量定案没有科学的客观的依据。

可见,起诉张某某的这5起贩毒,除张某某第五起参与递交包裹,收到过41,000元钱外,事实都存疑,张某某还认为他只是参与了另外一次带岳某某给陈某一转款。存疑其实也就是事实不清,一审判决存在在事实不清的情况下仅凭个别口供定案的情形。

三、关于死刑判决问题

除去之前说过的事实证据漏洞与合理怀疑外,辩护人认为,张某某不应判处死刑立即执行的刑罚,即便5起指控都成立,也不应判处死刑立即执行,更何况本案还有这么多的难以确定的事实。

首先,即便5起指控都成立。本案的实际情况是,前4起毒品实物已不存在,在张某某不配合、不承认的情况下,实际上难以认定其参与了这些贩毒交易,不会轻易判处其死刑立即执行。张某某的承认给案件侦查审查,认定事实提供了极大的、不可或缺的便利。在张某某配合提供了这些便利后,如果判处其死刑立即执行,就变成了越承认越死的局面,变成了因承认导致其死刑,这样会产生不良的司法引导,即俗称的"坦白从宽牢底坐穿""抗拒从严回家过年"。不利于同类案件的处理。如果因承认便利了司法机关处理案件反而判处死刑,这其实也是一种不公平。也会降低国家和司法机关的公允形象。因此从这一道理、情理上讲,不应判处其死刑立即执行。

其次,张某某的犯罪事实存在应该由G省法院审理的理由。试想一下,如果G省法院审理此案,针对目前案情,不会判处张某某死刑立即执行的话,J省法院却判处其死刑立即执行也是很不公允的。

最后,根据最高人民法院有关判处死刑的规定,张某某也不宜被判处死刑立即执行。

四、本案的特殊性问题

本案的特殊性在于,即便5起交易存在:

第一,前4起全是口供定案,没有毒品证据,自然无法鉴定数量、品质、纯度。在没有客观证据情况下就认定张某某贩卖了多起大量的甲基苯丙胺并判处死刑立即执行非常不妥,有违证据裁判原则,更何况这4起现在出现了不能排除合理怀疑的争议。

第二,本案中第5起的数量也不小,但特殊性在于,由于案件告破,毒品未被吸食,危害后果相对小,可以不适用死刑。

第三,张某某在5起事件中一直在提及陈某一。而陈某一并非本案被告,但事实牵扯非常大,法院在未查清陈某一供述的情况下,量刑时应该更加慎重。

第四,本案有特情人员参与。本案这么大的数额,特情在第一起1500克左右毒品时就知晓参与了。如果当时抓捕并鉴定,就不会形成目前巨大数额,也不会出现目前证据争议,应该不会出现死刑的刑罚。目前的大数额毒品,不能排除数量引诱和犯意引诱。而根据《大连会议纪要》,对因数量引诱、犯意引诱达到犯罪刑罚标准的被告人,要从轻处罚。对不能排除上述引诱的,在考虑判处死刑立即执行时,要留有余地。

五、本案事实真相以及相关认罪问题

辩护人认为,在陈某一未到案以及没有解决岳某某不实不可信的供述问题的情况下,本案关于张某某与岳某某、陈某一3人关系究竟是什么的事实难以认定。

法律不能强求被告人作违心、虚假的认罪。事实上,岳某某的乱认已经严重干扰了案件的审理。夏某也在二审时表明其认罪是违心的。

本案已经存在张某某在侦查阶段违心承认参与第3起或第4起交货的事实。目前张某某的辩解,对事实的陈述,不属于拒不认罪。

辩护人:北京市齐致律师事务所

律师　胡永春

二审判决书

J省高级人民法院
刑事裁定书

(2017)S刑终34号

原公诉机关J省C市人民检察院。

上诉人(原审被告人)张某某,绰号阿力,男,汉族,初中文化,住L市××号。因涉嫌犯贩卖毒品罪于2014年12月21日被刑事拘留,2015年1月24日被逮捕。现羁押于J省J市看守所。

辩护人胡永春,北京市齐致律师事务所律师。

辩护人陈文裕,J常金律师事务所律师。

上诉人(原审被告人)岳某某,绰号四哥,男,汉族,初中文化,户籍所在地P县××号,住Z市××室。2014年2月因赌博和吸食毒品被行政拘留20日,并处罚款人民币500元,接受社区戒毒3年;2014年7月因吸食毒品被行政拘留15日;2014年8月因吸食毒品被行政拘留10日,并处罚款人民币1000元。因涉嫌犯贩卖毒品罪于2014年12月18日被刑事拘留,2015年1月24日被逮捕。现羁押于J市看守所。

指派辩护人孟春梅,J市天豪律师事务所律师。

上诉人(原审被告人)王某某,绰号大头,男,汉族,初中文化,住C市××室。2009年9月因犯非法持有枪支罪被判处有期徒刑1年,2010年4月26日刑满释放;2010年10月因吸食毒品被行政拘留10日,并处罚款人民币2000元;2010年12月因赌博被行政拘留10日,并处罚款人民币2000元;2013年4月因吸食毒品被行政拘留15日。因涉嫌犯贩卖毒品罪于2014年12月18日被刑事拘留,2015年1月24日被逮捕。现羁押于J市看守所。

指派辩护人李朝亮,北京德恒(N)律师事务所律师。

上诉人(原审被告人)王某一,绰号萝卜丝,男,汉族,初中文化,户籍所在地S省P县××号。2014年2月因赌博和吸食毒品被行政拘留20日,并处罚款人民币500元;2014年4月因吸食毒品被行政拘留12日,接受社区戒毒3年。因涉嫌犯贩卖毒品罪于2014年12月18日被刑事拘留,2015年1月24日被逮捕。现羁押于J市看守所。

指派辩护人朱敏、蒋旭,J博事达律师事务所律师。

上诉人(原审被告人)施某某,男,汉族,中专文化,住C市××号。2007年9月因犯抢劫罪(预备)被判处有期徒刑10个月,并处罚金人民币5000元,2008年5月16日刑满释放;2008年12月因犯交通肇事罪被判处有期徒刑2年;2012年10月因赌博被罚款人民币500元;2013年5月因吸食毒品被罚款人民币500元。因涉嫌犯贩卖毒品罪于2014年12月18日被刑事拘留,2015年1月24日被逮捕。现羁押于J市看守所。

原审被告人夏某,女,汉族,高中文化,住C市××室。2009年2月因赌博被行政拘留10日;2013年3月因犯非法拘禁罪被判处有期徒刑9个月,2013年8月8日刑满释放;2014年9月因吸食毒品和打架被行政拘留10日,并处罚款人民币200元。因涉嫌犯贩卖毒品罪于2014年12月18日被刑事拘留,2015年1月24日被逮捕。现羁押于C市看守所。

指派辩护人许娟,J中盟律师事务所律师。

原审被告人杜某,男,汉族,初中文化,户籍所在地P县××号。因涉嫌犯贩卖毒品罪于2014年12月18日被刑事拘留,2015年1月24日被逮捕。现羁押于J市看守所。

指派辩护人程春华,J钟山明镜律师事务所律师。

J省C市中级人民法院审理J省C市人民检察院指控原审被告人张某某、王某某、夏某、施某某犯贩卖毒品罪,岳某某、杜某犯贩卖、运输毒品罪,王某一犯运输毒品罪一案,于2016年12月5日作出(2015)C刑初字第37号刑事判决。宣判后,原审被告人张某某、岳某某、王某某、杜某、施某某不服,提起上诉。本院依法组成合议庭,公开开庭审理了本案,J省人民检察院依法指派检察员×××、检察官助理×××出庭履行职务。上诉人张某某及其辩护人胡永春、陈文裕,上诉人岳某某及其辩护人孟春梅,上诉人王某某及其辩护人李朝亮,上诉人王某一及其辩护人蒋旭,上诉人施某某,原审被告人夏某及其辩护人许娟,原审被告人杜某及其辩护人程春华到庭参加诉讼。现已审理终结。

原审判决认定:

(同原审判决认定事实,略)

原审判决认定上述事实的证据有扣押清单、银行往来清单、通话清单、民航出港信息等书证,检验报告书,监控录像,证人石某某、胥某、景某某等人的证言及辨认笔录,被告人张某某、岳某某、夏某、王某某、王某一、杜某、施某某的供述及辩解等。

原审判决认为,

(同原审法院认为部分,略)

张某某上诉称:其案件不属J管辖;原审判决认定事实不成立;其检举揭发陈某一,构成立功;其侦查阶段的供述系被威胁所作。

张某某的辩护人认为:张某某的犯罪地在G,应由G省管辖;本案事实未查清,鉴定意见不合法,主要依据口供定案;陈某一未到案,岳某某供述不实,且可能存在特情引诱情形,不应判处张某某死刑。

岳某某上诉称:其并非犯意的提起者、毒品的出资人,是王某某、石某某、夏某提供资金,其只是帮他们购买;其提供线索抓获了陈某、石某某,判决未体现。

岳某某的辩护人认为:岳某某认罪态度好,有悔罪表现;贩卖的2000多克毒品未流入社会,未造成严重的社会危害;岳某某系吸毒人员,量刑时应予考虑;本案可能存在特情引诱的情形。

王某某上诉称:石某某的证言与事实不符,其根本不知岳某某贩毒,亦未介绍石某某向岳某某购买毒品。

王某某的辩护人认为:认定王某某贩卖毒品证据不足,王某某不构成犯罪。

王某一上诉称:原审判决第3起其不知是毒品,不构成运输毒品罪。

王某一的辩护人认为:王某一归案后认罪态度好,希望从轻处罚。

施某某上诉称:其未经手毒品,只起介绍作用,且未获利,夏某安排潘某某具体交易,其与夏某不构成共同犯罪;其被抓获后主动交待公安未掌握的犯罪事实,应认定为自首;原审判决认定其为从犯,应减轻处罚。

原审被告人夏某庭审中提出原审判决认定的第5起毒品数量不符,所购毒品主要用于自己吸食。

夏某的辩护人认为:原审判决认定的第5起毒品数量有误,第2、3、4起主要依据各被告人供述认定,供述间存在矛盾,且夏某具有自愿认罪、悔罪,系初犯,毒品被查获,社会危害性较小等从轻情节。建议对其减轻处罚。

原审被告人杜某对一审判决未提出异议。

杜某的辩护人认为:杜某在公安机关未掌握其犯罪事实的情况下如实交代应认定为自首;杜某对抓获夏某和张某某起到重大作用,应认定为重大立功;且其为初犯、认罪、悔罪,毒品未流入社会,建议二审对其重新量刑。

出庭检察员认为:一审判决认定事实清楚,证据确实、充分,定性准确,量刑适当,上诉人的上诉理由及辩护人的辩护意见均不能成立,建议维持一审判决。

经审理查明:

(一)2014年下半年以来,上诉人张某某在G省L市向上诉人岳某某贩卖毒品甲基苯丙胺(俗称冰毒)共计11,986.92克,岳某某本人或指使王某一、杜某等人将甲基苯丙胺运回C后进行贩卖。原审被告人夏某向岳某某购买甲基苯丙胺用于贩卖;上诉人王某某本人和居间介绍石某某向岳某某购买甲基苯丙胺。具体分述如下:

1.2014年下半年,经事先通过电话联系,岳某某指使他人在G省L市向张某某购得甲基苯丙胺1500克,并运回C。同年10月,岳某某通过王某某居间介绍,向石某某(另案处理)贩卖甲基苯丙胺1000克。

上述事实,有经一、二审庭审质证、认证的下列证据予以证实:

(1)证人石某某的证言及辨认笔录,证明其手机号码是×××××,2014年10月左右,王某某介绍他到岳某某那边买冰毒,说岳某某的冰毒价格便宜。在王某某家见到岳谈好了每公斤7.5万元,其拿了2万元现金作为定金,岳说钱不够,其就开车回家拿,王某某带着岳某某也去了。王某某对其讲不要把钱直接交给岳,说他是介绍人,钱从他那转显得他有功劳,岳也会看在他的面子上不敢耍滑头,其就把2万元现金给了王某某,王转手给了岳,岳让其再给点钱,其就说不然再转1万元给他,后其让老婆通过手机转了1万元到岳某某银行卡上。过了两天,王某某打电话说货到了,交易时,岳某某是把货先给了王某某,然后岳某某开车带着王某某在××附近接上他,送他们去了××小区。他和王某某到小区里他租的房子后,王某某把货拿出来给了他。过了几天其将剩下的2.5万元分2次给王某某。因为是王某某介绍他认识岳某某买冰毒的,多少要给点好处,他就把王某某欠他的3000多元钱算作了好处费。后来岳某某告诉其这次他还给了王某某半公斤货,但具体情况其没问。石某某辨认出王某某、岳某某。

(2)证人钱某的证言及辨认笔录,证明其是石某某的女朋友,2014年下半年的一天傍晚,王某某带岳某某到其和石某某住的C市××商务广场1号楼1801室,他们三个人在客厅的沙发上谈事情,他们走后,石某某对其说他拿钱给岳某某去拿货的,过了一两天石某某把岳某某的银行账号发到了其手机上,让其转1万元,其就转了1万元。后来其还帮石某某向岳某某转过几次账。钱某辨认出王某某、岳某某。

(3)扣押决定书、扣押清单,证明从岳某某处扣押了卡号为×××××的工商银行卡,号码为×××××的手机;从张某某处扣押的三星平板电脑,里面的电话卡号码为×××××;从岳某某处扣押的手机,号码为×××××;从王某某处扣押号码为×××××的手机。

(4)银行交易明细,证明石某某女友钱某尾号为×××的建设银行卡在2014年9月30日向岳某某尾号为×××的工商银行卡及尾号为×××的农行卡转款3笔共4万元,10月8日至10月13日共计转账5万元。

(5)电子证据检查工作记录、手机数据光盘,证明张某某的×××××手机号码与岳某某的×××××手机号码之间;岳某某的×××××手机号码与王某某×××××的手机号码之间;王某某的×××××手机号码与石某某的×××××手机号码之间,在2014年8月以来的通话记录。

(6)张某某供述,2014年6月左右的一天,岳某某到L找其和老婆熊某玩,问其有没有路子搞到冰毒,其答应帮忙问问,岳走后其问朋友陈某一,陈说可以,价格是3万元一条货,后其跟岳某某电话联系,没过几天,岳某某就叫了一个人过来拿冰毒,见面后这人给了其7.5万元,岳当时说要三条,其没同意,告诉他不然就拿7.5万元的货。其从陈某一处接到货后,就电话联系这个马仔交了货,这次卖给岳某某2.5公斤冰毒。张某某辨认出岳某某。

(7)岳某某供述,2014年6月左右,其第一次去L是去看熊某,当时问熊某的老公张某某是否有路子搞到冰毒,张说有的,当时二人谈好每介绍一条货其给张某某500元介绍费。后来也在2014年6月左右,其在王某某家认识了石某某,当时一起谈了买冰毒的事情,谈了价钱。王某某给其介绍客户,货由其出面去拿,客户由王某某去找,王某某没跟其谈好处,至于王某某跟石某某之间的利益分成是他们之间的事情,其不清楚。这次石某某要一条货,最后谈下来是每公斤7.5万元,当场石某某就拿出2万元由王某某转手给了其,其说钱不够,后又一起到石某某家里拿钱,石某某又拿了2万元由王某某转手给了其,并通过银行转账1万元到其账户。其拿到钱后就分别打电话给张某某和一个叫陈某的朋友,让陈某到L帮其拿冰毒,当时和张某某说好要1.5公斤,每公斤3万元,记不清这次的钱是打给张某某还是打给陈某叫陈某带过去的了。过了两天陈某就开着他租来的轿车到了C市,那天其和王某某正好在一起,货是经陈某手交给王某某的,其中的一条货是石某某的,另外半条是其没有销路交给王某某处理的,其间王某某联系石某某来看货,其和陈某开车把石某某和王某某送到一小区,二人一起下车上楼,其和陈某也走了。过了两天王某某又给其1万多元,还说剩下的钱给他用掉了,其想这事是王某某介绍的,他拿点好处就拿点吧。岳某某还辨认出王某某、石某某。

(8)王某某供述,2014年10月的一天,石某某问其是否认识卖货的人,其告诉石某某认识一个S的,但这人最近好像没钱,所以手上也没货。过了几天,其在游戏室打鱼时遇到了岳某某,告诉他有个朋友想和他见个面,岳同意了,其就带着岳到石某某家,把双方互相介绍后他们就自己谈,谈到买冰毒的事情,石某某提出要买1公斤,岳某某要先付5万元定金,货到后付3万元,石某某在家先给了岳2万元,然后说要到银行取钱,之后二人就去银行取钱了,其没同去,付定金两三天,岳某某送货后打电话告诉其的,后来其到石某某家玩,石某某还拿出来给其吸,说就是从岳某某那买的。

2.2014年11月中下旬的一天,经事先通过电话联系,张某某在G省L市向岳某某贩卖甲基苯丙胺1500克,后岳某某将其中的500克甲基苯丙胺贩卖给夏某。

上述事实,有经一、二审庭审质证、认证的下列证据予以证实:

(1)证人胥某的证言及辨认笔录,证明其是岳某某的女朋友,2014年11月,岳某某和杜某轮流开黑色别克车,从SP出发,途中接了王某一后一起到L,在××宾馆开了两间房休息的,中午与张某某吃饭时见面。在房间岳某某与杜某因为打1万元的事发生了争执,晚饭时岳某某出去的,二三十分钟后回来,晚上9点左右,岳一人出去10来分钟后打电话叫收拾东西走,4人就连夜开车离开。杜某和王某一都是帮岳某某跑腿拿毒品的。

(2)同案犯杜某的供述,证明2014年11月,曾与岳某某、胥某开车接了王某一一起到L,住在××快捷酒店,用其和胥某的身份证开的房,中午吃饭时见到了张某某,饭后岳某某问其要钱,因从老家出来时其讲有人会打钱给其,其答应借给岳某某,但当时钱没到账,岳某某为此还与其吵架,说买冰毒差钱,但具体其不清楚。晚上岳某某接一电话下去了20分钟,后让大家连夜往回开。杜某辨认出岳某某、王某一。

(3)同案犯王某一的供述,证明2014年11月,其想到苏州姐姐那儿,正好岳某某开车到G,其即搭车一同走,岳和杜某、胥某开黑色别克轿车接其后先去的G省L市,和张某某一起吃了饭,第二天,再从G省L市回J市Z新区的。当时他不知道去干什么,后来知道张某某是发货的,就是卖冰毒的意思。

(4)证人夏某一的证言笔录,证明夏某是其侄女,2014年上半年曾让其办过一张建行卡给她用,卡办完后就一直放在夏某那边,那张卡等于就是夏某自己的卡,其一次也没有用过。其经营的麻将馆里有台捕鱼机,是夏某的朋友放的,这机器一回生意也没做过,运来的物流费还是其出的。

(5)扣押决定书、扣押清单、全国机动车信息资源库查询,证明扣押的车辆所有人为岳某某的黑色别克汽车1辆,牌号为××××;从夏某处扣押的2部手机,号码分别为×××××、×××××。

(6)入住登记记录,证明杜某、胥某的身份证于2014年11月2日登记入住××快捷酒店。

(7)银行交易明细、银行ATM存取款监控录像,证明岳某某尾号为×××的农行卡于2014年11月13日、17日、18日共计转入3.4万元;张某某尾号为×××的农行卡于2014年11月22日、25日,从农行Z新区支行现存共计3.59万元;夏某一尾号为×××的建行卡向岳某某尾号为×××工商银行账户,分别于2014年11月26日、11月28日、12月5日转账1万元,4600元、1万元,共计2.46万元,夏某当日对夏某一账户进行ATM操作。

(8)电子证据检查工作记录、手机数据光盘,证明张某某手机×××××与岳某某的手机×××××之间;岳某某手机×××××与夏某手机×××××、×××××之间,在2014年1月以来的通话记录。

(9)张某某供述,2014年11月上旬,岳某某开一辆黑色轿车,带了两男一女过来,他们住在××酒店,其和老婆请他们吃饭后就和他们分开了,晚上,岳某某打电话叫其去了宾馆,岳提出要3条冰毒,先给了2万元定金,其离开宾馆后就和陈某一联系,陈说有货,2.2万元一条,其就打电话告诉岳说是2.8万元一条,后来其让陈某一扣了一点货,因为上次岳还差其1000多元。其拿到陈某送来的冰毒后,在宾馆门口交给了岳某某。张某某辨认出岳某某、王某一、杜某、胥某。

(10)岳某某供述,2014年11月其在老家,王某某打电话说要冰毒,其说身上没钱,王某某给其老家农行卡上打了4万元,其开车带杜某、胥某先去F接了王某一,一起到L住在××酒店。当天中午,张某某和他老婆熊某请吃饭。后在宾馆,其和张某某谈买冰毒的事,张告诉其行情是2.8万元一条,其将身上的2万元现金先给了他,剩下的钱怎么给的记不清了,当时要两条货,但钱只有那么多,张某某给了其一条半货,交货在宾馆旁边一个巷子里,拿到货后其就带杜某等3人连夜开车回去了。买冰毒的事他们3人不知道。回C当天,其就联系王大头,送一条货到他家附近楼下,价格是7万元一条,几天后王某某在打鱼的地方给其2万元,剩下的1万元还没给,另外半条当天联系了夏某,送货到她家附近楼下,卖给夏某是3.5万元,钱是后来有转账有现金陆续给其的。岳某某辨认出夏某、杜某、王某一、胥某。

(11)夏某在侦查阶段曾供述,2014年10月以后的一天,岳某某来其家中,说这次多拿了点东西,想让其处理掉,他拎了只黑色袋子,里面是一袋透明塑料封口袋装好的冰毒，并告诉其是半条货，其将货放在一较信任的人那里保管，后来那人消失掉了，其再没找到，但其不想差岳某某人情，所以取了2.5万元现金交给岳。在一、二审庭审中其供认，通过王某某认识了岳某某，后知道岳能搞到便宜的冰毒。其认可向岳某某购买该笔毒品，钱有的是打到岳的卡上，有的是给的现金。谈的价格是每千克7万元。其叔叔夏某一的一张建行卡，放在其处由其使用。

3.2014年11月下旬的一天，经事先通过电话联系，岳某某指使王某一前往G省L市向张某某购买甲基苯丙胺3000克，运回C用于贩卖，后岳某某伙同杜某向夏某贩卖甲基苯丙胺1000克。

上述事实，有经一、二审庭审质证、认证的下列证据予以证实：

(1)证人胥某的证言笔录，证明2014年11月底的时候，王某一当时出去拿货了，在王某一走后的第二天晚上，岳某某开车带着其，到××KTV对门的农业银行，给其15,000元现金，叫其按照手机短信上的银行卡账号和名字把现金存进去，短信第一排写着一串账号，第二排写着××两个字，其就下车在农业银行ATM上通过无卡存款的方式，把钱存在这个账号上，其知道这就是买货的钱。

(2)L市××快捷酒店住宿记录，证明2014年11月28日、29日王某一用杜某的身份证在××快捷酒店登记住宿。

(3)扣押决定书、扣押清单，证明从王某一处扣押号码为×××××的手机。

(4)银行交易明细、银行ATM存取款监控录像，证明张某某尾号×××的农行卡在2014年11月28日分别从中国农业银行Z新区支行、中国农业银行C关××支行现存入1.5万元、1.5万元、1万元、1.3万元；11月29日，从农行Z新区支行现存7000元；12月2日，从农行Z新区支行现存3500元、6100元、5400元、9800元；夏某一尾号为×××的建行卡于2014年12月7日、8日，向岳某某尾号为×××的工行卡分别转账2万元、2.6万元，夏某当日对夏某一账户进行ATM操作。

(5)电子证据检查工作记录、手机数据光盘，证明岳某某手机×××××与张某某手机×××××、王某一手机××××××及夏某手机×××××、×××××之间，在2014年11月以来的通话情况。

(6)张某某供述，第二次交易后一个多星期，岳某某电话联系其要买三条货，这次过来的小弟是在第二次交易时见过的，拿货之前，岳陆续打了7.9万元左右到其农行卡上，还差几千元，其从陈某一那拿了3条货在××宾馆楼下给了那个小弟就走了。

(7)岳某某供述，4人回来后，其告诉了杜某、王某一贩毒的事，他们也想做，说好谁从G背回一条货其给谁1万元。回来后七八天夏某他们又要货了，其就跟张某某联系，并安排王某一去L拿回了3条货，每公斤2.8万元，钱是通过农行卡先打给张某某5万元或6万元定金，剩下的尾款是在货出完后通过银行打过去的。其叫胥某打过1万元现金。货回来后，其中1公斤卖给了夏某，1.8公斤卖给石某某，200克卖给王某某介绍的亮子。拿货前其让他们付定金,夏某付2万元,石某某付3万元或4万元,亮子付1万元。王某一回来是杜某开车接的,其打电话给夏某,夏某让其把货送到她楼下的汽车里,并告诉了车牌号,其让杜某把冰毒放到夏某车上,后夏某又陆续给了其5万元。

(8)夏某在一、二审庭审中对于向岳某某购买该笔毒品予以认可。

(9)王某一供述,2014年11月底,岳某某让其到L拿东西,具体拿什么没说,其到L后联系岳某某,接着张某某就打电话过来,让其找旅馆先住下,其用杜某的身份证在××宾馆开了房间。第二天下午,张某某打电话将其叫出去,给其一灰色旅行包让带给岳某某,其没打开看就回宾馆退房,后坐大巴车回了C。过了几天岳某某给其二三千元,并告诉其带回来的是3公斤冰毒。

(10)杜某供述,2014年11月20日左右,岳某某安排王某一到L张某某处买了3公斤冰毒,回来时王某一坐大巴车在无锡加油站下的车,岳安排其开车去接,接到后岳打电话让其送1公斤冰毒给C的夏某,并告诉其直接放在夏某家楼下一辆白色的奥拓车里。王某一在××酒店下车,其到夏某家楼下找到车,车门没锁,其从三袋中拿出一袋放在副驾驶位置上,没和夏某见面。晚11时左右,岳某某又让其去夏某家拿了1万元钱,其按岳的吩咐将这钱给了王某一。

4.2014年12月初,经事先通过电话联系,岳某某指使杜某前往G省L市向张某某购买甲基苯丙胺3000克,运回C用于贩卖,岳某某将其中的1000克贩卖给夏某。

上述事实,有经一、二审庭审质证、认证的下列证据予以证实:

(1)证人胥某的证言及辨认笔录,证明2014年12月7日的样子,杜某出去拿货有两三天,杜某走后,岳某某开车带着她,还是到之前存钱的那个农业银行,给了其1万元,还发了条短信,让其按照短信上的账号和名字将钱存进去,名字还是××,其在农业银行的ATM上操作的,其知道是买毒品的钱。

(2)L市××快捷酒店住宿记录,证明2014年12月7日杜某在××快捷酒店登记住宿。

(3)银行交易明细、银行ATM存取款监控录像,证明2014年12月7日从中国农业银行Z新区支行、Z市农行清算中心、中国农业银行C××路支行存入张某某银行卡的人民币分别为15,000元、15,000元、14,900元、10,000元、10,000元;2014年12月8日,在Z市农行清算中心存入张某某银行卡的人民币分别1000元、9000元,上述共计人民币83,900元;夏某一尾号为6963建行卡于2014年12月9日、13日向岳某某尾号为×××的工商银行账户转账20,000元、40,000元,夏某当日对夏某一账户进行ATM操作。

(4)扣押决定书、扣押清单,证明从杜某处扣押的手机,号码为×××××。

(5)电子证据检查工作记录、手机数据光盘,证明张某某×××××手机号码、岳某某×××××手机号码、杜某×××××手机号码之间;岳某某×××××手机号码与夏某×××××、×××××手机号码之间,在2014年12月以来的通话记录。

(6)张某某供述,第3次交易后一星期左右,岳某某又联系其要3条冰毒,其1.9万元1条进,卖给岳还是2.8万元,岳某某陆续往其农行卡上打了7.8万元的样子,具体记不清了,12月7日,岳叫来的人用×××××手机号码打电话给其,当时其人在深圳,就打电话给陈某一的,叫他把货送过去的,其回L后把钱给陈某一的。

(7)岳某某供述,2014年12月初,其电话联系张某某要3公斤冰毒,并安排杜某到L去拿货,说好带回1条给他1万元。这次进货前,夏某付2万元定金,石某某付4万元,其分几次把六七万元打给张某某的,其中1万元是叫胥某去打的。货拿回来后,其以7万元1公斤的价格,将其中的1000克卖给了夏某,后来夏某陆续给了其5万元。

(8)夏某在一、二审庭审中对于向岳某某购买该笔毒品予以认可。

(9)杜某供述,12月5日左右,岳某某安排其到L背货,说好每拿回1公斤给其1万元。其从C坐长途客车去,在L××快捷酒店住下后联系岳某某,晚上7点左右,张某某打电话让其等一会儿,到9点,阿力又打电话说等会有人送水到房间,没一会儿又打电话让其下楼到门口拿,其下楼看到一小伙子骑着一电瓶车,踏板上有个矿泉水纸箱子,其抱着回了房间,打开看到黑色塑料袋,里面还有红色塑料袋中放了三个透明自封袋装的货,其退房离开,王某一开车到梅村服务区接其,直接到了C××楼上游戏室找岳某某。玩两小时左右岳某某叫其一起下楼走,其看到夏某开辆黑色桑塔纳过来,岳某某从其背回的货中拿了一条给了夏某,然后开车回的D。这次岳某某给了其1万元,因之前打牌输给岳某某2万元,还有2万元就折抵掉了。

5.2014年12月中旬的一天,经事先通过电话联系,岳某某指使王某一前往G省L市向张某某购买甲基苯丙胺2986.92克运回C用于贩卖。后岳某某伙同杜某向夏某进行贩卖,在C市××大酒店209室,公安机关从夏某携带的手提袋内查获甲基苯丙胺998.79克。王某某通过电话联系,到Z市××酒店向岳某某购买甲基苯丙胺500克,在Z市××酒店,王某某、王某一、杜某分别被抓获,从王某一、杜某驾驶的车辆中查获甲基苯丙胺2207.93克。经鉴定,均检出甲基苯丙胺成分。

上述事实,有经一、二审庭审质证、认证的下列证据予以证实:

(1)现场笔录、搜查笔录、扣押清单、查获的毒品照片,证明公安机关对王某一、杜某随身物品及驾驶车辆进行检查,对夏某随身物品及位于××村××室进行检查、搜查,发现疑似毒品、手机等物品,并予以扣押,从王某某处扣押到户名为周某某的工商银行卡1张,尾号为×××。

(2)C市公安局物证鉴定所检验报告书,证明××××轿车前排副驾驶位上一只黑色笔记本包内查获的疑似毒品1包,净重198.69克,检出甲基苯丙胺成分,甲基苯丙胺含量为73.5%;××××轿车后排座位带“ZHAN PENG”标识的黑色圆筒包内查获的疑似毒品2包,均检出甲基苯丙胺成分,净重为994.42克的1包,甲基苯丙胺含量为74.1%,净重为993.71克的1包,甲基苯丙胺含量为73.7%;××××轿车前排副驾驶位上一只黑色笔记本包内查获的疑似毒品1包,净重14.53克,检出甲基苯丙胺成分;××××轿车后排座位右侧发现一只标有“GAJUAR”的咖啡色斜挎包内查获的疑似毒品1包,净重0.85克,检出甲基苯丙胺成分;×××××轿车后排座位右侧发现一只标有“GAJUAR”的咖啡色斜挎包内,查获红色药丸状疑似毒品1包,净重5.73克,检出甲基苯丙胺成分。

夏某手提的橘红色布袋内查获的疑似毒品1袋,净重998.79克,检出甲基苯丙胺成分,甲基苯丙胺含量为73.2%;从夏某裤子右侧口袋内一团餐巾纸内查获的疑似毒品1袋,净重0.35克,检出甲基苯丙胺成分;在夏某位于某村某单元某室西侧卧室北边床头柜北边柜子一个红色化妆盒内查获的疑似毒品1袋,净重0.28克,检出甲基苯丙胺成分。

(3)民航出港信息,证明2015年12月10日王某一乘飞机从南京到广州的事实。

(4)银行交易明细、银行ATM存取款监控录像,证明张某某尾号为×××的农行卡,2014年12月14日、15日从中国农业银行Z新区支行、Z市农行清算中心现存10,000元、10,000元、11,100元、10,000元;2014年12月14日,岳某某尾号为×××工行卡通过ATM向陈某一尾号为×××的工行卡转账40,000元;2014年12月14日周某某尾号为×××工行卡向岳某某尾号为×××工商银行账户分2次转账人民币7000元,王某某当日对周某某的账户进行ATM操作;夏某一尾号为×××工行卡向岳某某尾号为×××工行卡,于2014年12月15日转账20,000元,夏某当日对夏某一账户进行ATM操作。

(5)电子证据检查工作记录、手机数据光盘,证明张某某×××××手机与岳某某×××××手机、王某一×××××手机之间,岳某某×××××手机与杜某手机×××××。夏某手机×××××、×××××及王某某的×××××手机号码之间,在2014年12月以来的通话、短信联系的事实。其中:

张某某于2014年12月14日向岳某某发送短信“××××××”(账号姓名);

夏某于2014年12月16日向岳某某发送短信“回电”“回电话”“××宾馆在哪里?”岳某某回复夏某“××宾馆209房卡放在前台”“××水果马路对面有个××大药房隔壁”“自己去看吧”;

王某某于2014年12月13日至16日向岳某某发送短信“四哥!东西什么时候到呢?”“那么我现在过来好吗?身上现在只有两千元,你看怎么办呢?不过你放心,给我五天时间给你结清!”“有五千在余额宝里刚转出来,不过要到明天22点才能到帐!”“现在我用支付宝支付你7000元,等会再到银行打给你”“另外小毛想让你帮帮忙,让他先活动起来,给他半个,你怎么说呢?”岳某某回复王某某“×××××(账号)

工商银行”“好，你打过来”“ZD 新区××酒店”“好的，手机快没有电了，到××大厅等你”。

(6)证人胥某的证言与辨认笔录，证明其知道2014年12月13日左右，岳某某又让王某一去拿毒品了。王某一和杜某其实就是帮岳某某跑腿拿货的。她知道的有3次，其中王某一拿了2次，杜某拿了1次。

(7)张某某供述，2014年12月14日左右，岳某某打电话给其，说让人过来拿3条货，其答应了，其让岳把4万元打到上家的银行卡上，卡号是其通过手机发给岳某某的，第二天来的人打电话给其说已到L××高速路口，其骑摩托车去接的，这人之前来过一次，先带他去××休闲会所按摩，晚上又让陈某一帮着在××酒店开了房间。岳某某通过银行分4次打了4.1万元到其农行卡上。第二天早上，其打这人电话叫他去××高速路口等，其从陈某一那拿了货就送了过去，货装在一红色提袋中，提袋放在一黑色旅行袋里，其还帮那人买了去H的车票。

(8)岳某某供述，2014年12月中旬，其电话联系张某某购买3公斤冰毒，并安排王某一去L运回，价格还是8.4万元，其打到张某某农行卡上4.1万元，还有4万元打到张某某提供的一个叫什么勇的工行卡上。夏某说要买1公斤，谈好7万元，她转了2万元到其工行卡上算定金，王某某也要1公斤，其只答应他半公斤，他打了7000元到其工行卡上。王某一回来其安排杜某去接的，其当时打电话给夏某她没接，其就让杜某找个宾馆开个房间，把1公斤的货放宾馆里，房卡放前台，杜某办好后告诉了其，其发短信告诉夏某去取货。之后其在ZD准备与王某某交易时被抓获。这批毒品没到时，夏某联系其买毒品，当时只有200克，其让杜某去送货，半途夏某来电话讲要货的人走了，先不要了，其就联系杜某返回，这200克还由杜某保管着。

(9)王某一供述，2014年12月中旬，岳某某让其去L找张某某拿冰毒，还帮其订了张机票，其到L后就打电话给岳某某的，然后张某某就打其电话，过来接其到一足疗店休息，后其让他帮忙找了个宾馆，进房后张某某给了其一小包麻古，和一小包冰毒，告诉其麻古是给岳某某的，冰毒是给其玩的。第二天上午，张某某让其去车站找他，见面后给其一黑色的布包，其知道里面是货，所以也没拉开看。其从H转车至C，杜某开车去××服务区接其，没直接回Z，先去了C市区，车上杜某接到岳某某电话，把车开到一路边停下，问其要了包货，其拿了一包给他，这时才看到里面共3条货。五分钟后杜某返回车里，其开车往Z方向，在车上杜某打电话给岳某某，说把货放在一宾馆房间里，房卡留在前台，跟前台的人讲有姓王的女的来找就把房卡给对方。

(10)杜某供述，12月10日左右，岳某某又安排王某一去G，因王某一外面有十几万元外债，岳说让他挣点钱去还债。这次背了3条货，还有50克麻古，岳某某接电话时其听到的。16日下午岳让其开车去接王某一，接上后，岳又打电话来让其到C市区随便找个宾馆开个房间，放1公斤冰毒在里面，其就在××快捷酒店用身份证开了个房间,把1公斤冰毒放在了床上枕头下,把房卡给吧台,告诉她说等会有个姓黄的女的来拿房卡,其就上车回Z了,路上打电话告诉了岳某某,岳发信息让到××酒店接他,车刚到酒店门口就被抓了。被抓前一天,岳某某叫其送200克冰毒给夏某,半路上又打电话叫其回去,冰毒就在车上的电脑包里。

(11)王某某供述,其来D是朋友让其找岳某某要一个玉貔貅,还有石某某让其帮忙找岳某某拿一下预定的半条货,之前石某某通过支付宝打了7000元给岳作定金,他们具体联系情况不清楚。周某某的卡其使用过。

(12)夏某供述,2014年12月16日下午,岳某某打电话给其,其没接到,后回电话他又没接,后岳发来信息,让其到××宾馆209房间拿东西,告诉其房卡在吧台,其问有多少,岳也没明讲,叫其自己去看,后又回复说200克,其进房间在枕头下找到一红色包,拎着感觉挺重,但没打开看,刚出房间就被公安机关抓获。

关于张某某提出原审判决认定事实不成立的上诉理由及其辩护人提出本案事实未查清,鉴定意见不合法,主要依据口供定案的辩护意见,经查,张某某贩卖毒品给岳某某的事实,不仅有岳某某的稳定供述,张某某在侦查阶段亦曾供认,且二人供述的每笔细节基本吻合,部分事实还有运输毒品的杜某和王某一的供述相印证,此外还有银行交易明细、住宿登记、通话清单、辨认笔录、扣押笔录、查获的毒品等证据能够证实,足以认定。

关于王某某提出石某某的证言与事实不符,其根本不知岳某某贩毒,亦未介绍石某某向岳某某购买毒品的上诉理由及其辩护人提出认定王某某贩卖毒品证据不足,王某某不构成犯罪的辩护意见,经查,岳某某通过王某某将毒品贩卖给石某某的事实,岳某某的供述与石某某的证言能相互印证,该供述与证言亦得到钱某证言及银行账单的证实,王某某在侦查阶段亦曾有过供述,而其在接货地点被抓获的事实与岳某某的稳定供述、二人短信内容以及其付给岳某某的钱款均能证实王某某向岳某某购买毒品的事实。

关于王某一提出原审判决认定的第3笔其不知是毒品,不应构成运输毒品罪的上诉理由,经查,岳某某明确其事先告诉王某一是去拿冰毒,杜某也供述王某一在回C的路上告知其该次帮岳某某带回3包冰毒,且其采取在高速上下车、避开安检的运输方式亦印证了其知道运送的是冰毒的事实。

关于夏某的辩护人提出原审判决认定的第2、3、4起事实主要依据各被告人供述认定,供述间存在矛盾的辩护意见,经查,在上述几笔事实中,岳某某贩卖给夏某毒品不仅有岳某某的稳定供述,还得到杜某供述的证实,此外,还有岳某某与夏某之间的通话记录、银行交易明细及监控视频证实夏某操作夏某一账户打款给岳某某购买毒品的事实。且夏某在一、二审庭审中对上述事实予以认可。

关于夏某及辩护人提出原审判决认定的第5起毒品数量认定有误的辩解及辩护

意见，经查，公安人员抓获夏某时，当场从其身上查获了998.79克毒品，与岳某某称夏某要购买冰毒1000克，并从银行汇给其2万元定金的供述吻合，也得到杜某、王某一供述的证实。

（二）上诉人施某某帮助原审被告人夏某向他人贩卖甲基苯丙胺25克。

2014年12月的一天，上诉人施某某在胡某某的介绍下，帮助夏某将从岳某某处购得的毒品甲基苯丙胺25克，在D市Y镇××号景某某的家中，向景某某进行贩卖。

上述事实，有经一、二审庭审质证、认证的下列证据予以证实：

（1）证人景某某的证言及辨认笔录，证明2014年12月的一天，其在“排骨”胡某某介绍下，从施某某那边买过一套东西，也就是25克冰毒，交易就在其家里，也就是J省D市Y镇××号，当时其去镇上取钱不在家，回来时胡某某他们已经在家里等了，其先试货，觉得不错就付给施某某4000元，施就出去到外面把东西拿来给其了，是一个黄色的铁观音叶袋子，估计是从门口一辆××牌照的银灰色小轿车上拿的。景某某辨认出胡某某、施某某。

（2）证人胡某某的证言笔录，证明2014年12月10日左右，施某某电话让其介绍生意，其当天就将要货的老王介绍给施。两天后施要到其家吸毒，其没同意，就坐施的车子带施到景某某家里，当时景不在，景回来后三人一起吸毒，其间施某某问景某某要不要东西，景某某说要的，他们二人就到隔壁小房间谈了，具体怎么谈的其不清楚，后来看到施某某给了景某某一大包货，施某某说这里是一套货，货就是冰毒的意思。

（3）证人潘某某的证言笔录，证明2014年12月初的一天，夏某让其送施某某到D去，其开着银色的奥迪A4，途中接了施的朋友叫“排骨”，在“排骨”带领下一起到了D那边的一个村上，施下车时将一黑色塑料袋东西给其，让其不要放车上，十分钟左右，施打电话让其到一个人家的二楼，施某某拿出黑色塑料袋里的一个黄色的铁观音茶叶包，给了买货的人，那人把里面的东西倒出来了一部分，这时候其看见里面是冰毒，那人拿出三四千元钱给了施某某，施某某拿了钱，大家一起离开。其间施某某是多少货，施某某说那一包有一盎司。

（4）扣押清单，证明从夏某处扣押手机1部，手机号码为×××××；从施某某处扣押手机1部，手机号码为×××××。

（5）电子证据检查工作记录、手机数据光盘，证明2014年11月12日至13日夏某所用号码为×××××与施某某所用号码×××××，施某某与胡某某×××××、潘某某×××××之间通话的情况。

（6）施某某供述，其帮夏某介绍生意，有一次胡某某来玩，其就跟他说这边有东西拿，有人要可以打电话给其。2014年12月初的一天，胡某某打电话说D乡下有个朋友要一套东西，其就打电话告诉了夏某，夏某把一套货给了潘某某，让潘开车陪其一起去交易，其和潘接了胡某某，一起去了那人家，等了一会儿那人才回来，后其打电话叫潘某某把货送过来,那人给了其4000元,其回到车上就将钱给了潘某某,让他带回交给夏某。施某某辨认出景某某即胡某某介绍的买毒品的人。

综上,上诉人张某某贩卖甲基苯丙胺11,986.92克,上诉人岳某某贩卖、运输甲基苯丙胺11,986.92克,上诉人王某一运输甲基苯丙胺5986.92克,原审被告人杜某贩卖、运输甲基苯丙胺4998.79克,原审被告人夏某贩卖甲基苯丙胺3498.79克,上诉人王某某贩卖甲基苯丙胺1500克,上诉人施某某贩卖甲基苯丙胺25克。

本院认为,上诉人张某某、王某某、施某某、原审被告人夏某明知是毒品而贩卖,其行为均已构成贩卖毒品罪,上诉人岳某某、原审被告人杜某明知是毒品而贩卖、运输,其行为均已构成贩卖、运输毒品罪,上诉人王某一明知是毒品而运输,其行为已构成运输毒品罪;且张某某、王某某、夏某贩卖毒品数量大,岳某某、杜某贩卖、运输毒品数量大,王某一运输毒品数量大。本案贩卖、运输毒品中,部分系共同犯罪,在贩卖、运输毒品的共同犯罪中,岳某某起主要作用,系主犯。王某某、王某一、杜某起次要作用,系从犯,均应当从轻处罚。在夏某与施某某的共同犯罪中,夏某系主犯,施某某系从犯。夏某、王某某曾因故意犯罪被判处有期徒刑,在刑罚执行完毕后,5年内又故意犯应当判处有期徒刑以上刑罚之罪,属累犯,应从重处罚;岳某某、杜某、施某某归案后能如实供述犯罪事实,可从轻处罚。

关于张某某及其辩护人提出张某某的犯罪地在G省,应由G省管辖的上诉理由及辩护意见,经查,毒品案件的犯罪地不仅包括犯罪交易进行地,还包括毒资筹集地、贩运毒品的目的地等,本案中张某某与岳某某交易毒品虽是在G省L市,但岳某某汇款给张某某是在J省,毒品运输的目的地也是J省,本案由J法院管辖,符合法律规定。

关于张某某的辩护人提出涉案毒品的鉴定结果未依法告知张某某,鉴定意见不应作为定案依据的辩护意见,经查,涉案毒品的鉴定是由具有鉴定资质的鉴定机构和人员根据鉴定程序依法进行,且在庭审中已对此进行了质证,张某某并未对鉴定意见提出异议。

关于张某某提出其侦查阶段的供述系被威胁所作的上诉理由,经查,张某某对此并未提出具体线索,且其在侦查阶段供述时的同步录音、录像显示其供述正常,该上诉理由不能成立。

关于岳某某提出其只是帮王某某、石某某、夏某购买的上诉理由,经查,岳某某主动联系张某某购买毒品,提供毒资,自己或指使他人前往L市运输回来贩卖给石某某、夏某和王某某,其系毒品的所有者,该上诉理由不能成立。

关于施某某提出其只起介绍作用的上诉理由,经查,景某某、胡某某与潘某某的证言均能证实施某某将毒品贩卖给景某某并收取毒资的行为,其并非只起介绍作为。

关于施某某提出其被抓获后主动交代公安机关未掌握的犯罪事实,应认定为自首的上诉理由,经查,施某某作为毒品犯罪的嫌疑人被抓获,其供述的同种罪行不构成自首。

关于杜某的辩护人提出杜某在公安机关未掌握其犯罪事实的情况下如实交代应认定为自首的辩护意见,经查,杜某系在等候毒品交易的现场被抓获,从其驾驶的车辆中查获毒品2207.93克,其犯罪行为已被司法机关掌握,其如实交代的行为不构成自首。

关于张某某提出其检举揭发陈某一,应构成立功,岳某某提出其提供线索抓获了陈某、石某某,判决未体现的上诉理由及杜某的辩护人提出杜某对抓获夏某和张某某起到重大作用,应认定为重大立功的辩护意见,经查,张某某交代陈某一,岳某某交代陈某、石某某,杜某交待其放货于乐洲宾馆及提供张某某的手机号码的情况均属于如实供述犯罪事实的范围,陈某一抓获归案与张某某的检举无关,三人也并未有协助抓获的行为,其行为均不构成立功。

关于张某某、岳某某的辩护人提出本案可能存在特情引诱,夏某的辩护人提出不排除侦查机关数量引诱的辩护意见,经查,公安机关出具的情况说明证实石某某并非公安的特情人员,该辩护意见不能成立。

关于岳某某、夏某、杜某的辩护人提出毒品未流入社会,应对被告人从轻处罚的辩护意见,经查,本案所涉部分毒品未流入社会是因公安机关及时侦破所致,不能作为对各被告人从宽处罚的情节。

关于岳某某、杜某及王某一的辩护人提出岳某某、杜某及王某一归案后认罪态度好的辩护意见,经查属实,一审判决对此情节均已予以认定。

综上,上诉人的上诉理由及辩护人的辩护意见均不能成立,本院不予采纳,检察员出庭意见正确,予以支持。原审判决认定事实清楚,证据确实、充分,定性准确,量刑适当。审判程序合法。依照《中华人民共和国刑事诉讼法》第225条第1款第1项之规定,裁定如下:

驳回上诉,维持原判。

本裁定为终审裁定。

依照《中华人民共和国刑事诉讼法》第237条的规定,本裁定并为核准以贩卖毒品罪判处被告人夏某死刑,缓期二年执行,剥夺政治权利终身,并处没收个人全部财产的刑事裁定。

依照《中华人民共和国刑事诉讼法》第235条之规定,对上诉人张某某、岳某某的死刑裁定依法报请最高人民法院核准。

审判长:×××

审判员:×××

审判员:×××

2017年12月28日

书记员:×××

死刑复核辩护词

辩护意见

审判长、审判员:

根据《中华人民共和国刑事诉讼法》的规定,北京市齐致律师事务所接受本案上诉人张某某的委托,指派本律师作为涉嫌贩卖毒品罪一案被告人张某某死刑复核阶段的辩护律师。结合本案自侦查以来反映出来的事实情况和证据情况,辩护律师认为:一审和二审法院对张某某判处死刑立即执行的判决[(2017)S刑终34号刑事裁定书,以下称终审裁定],没有达到判决死刑所需的足够的事实依据与法律依据,关键事实存疑,不能排除张某某参与程度小的合理怀疑,实际上也构成事实不清、证据不足,且没有解决案件重大程序错误问题。上述错误应当予以纠正,张某某不应判处死刑。

主要理由:

一、本案毒品交易次数多,数量巨大,但明显存在特情引诱情况。因特情引诱导致数量巨大的,判处死刑有悖法律和伦理。

二、本案毒品交易次数有争议,争议次数的毒品实物和特情均不在案,特情可以证实交易次数而未证明。不应直接按口供确定交易次数。

三、本案多次毒品交易,只有最后一次有鉴定文书,不宜直接认定此前交易毒品的性质、纯度、质量。当事人的有罪口供不宜作为判处死刑依据。

四、唯一一次毒品鉴定结论在侦查阶段、审查起诉阶段均未告知张某某,剥夺了张某某的诉讼权利。且该次毒品因诱捕其他被告使用已变换包装等原因,不宜作为判处张某某死刑依据。该次毒品也因被公安机关查扣而没有流入社会,社会危害性小。

五、本案张某某供认的实际毒品源头陈某一早已在D市归案。而侦查机关、审判机关均未与陈某一核实案件事实,包括张某某与陈某一的财务往来、通过陈某一口供核实张某某与其他人口供是否真实、张某某翻供是否成立等,就以张某某部分有罪口供定案,导致关键事实存疑。也未核实该陈某一归案是否出于张某某提供的线索。

六、本案依据为数不多的口供,认定岳某某与张某某交易,张某某是毒品源头而判处死刑,无视与口供矛盾的岳某某早与陈某一有金钱往来而岳某某否认(张某某介绍岳某某与陈某一认识)的客观证据。

七、张某某在G省L市被抓,岳某某口供也指认与张某某在L市交易。张某某案件依法应由G省司法机关管辖。J省C市司法机关管辖判决,不符合法律规定。

八、二审法院调取是否存在特情人员情况与陈某一材料后未组织被告人、辩护人质证。剥夺被告人质证的权利。

九、本案另一死刑被告人岳某某的口供已不可信，终审裁定认为岳某某口供稳定，是没有充分依据的。终审裁定无视其他证据而以岳某某口供判处张某某死刑，违背判处死刑要求的证据确实、充分标准。

分述如下：

一、本案的特情引诱情况

本案毒品主要购买者石某某应是特情人员，且自始就参与毒品交易。本案毒品数额大，主要是其购买，实际是引诱的结果。

本案被告人之一王某某在二审庭审时才提出，其举报揭发石某某参与本案第一起交易后，侦查机关答复石某某是特情。终审裁定提到，公安机关出具的情况说明证实石某某并非公安机关特情人员（终审裁定第29页）。但该情况说明未经质证。

根据本案侦查机关的《起诉意见书》，本案5次毒品交易，前4次主要是卖给石某某（5—8公斤）、夏某（1公斤）；夏某是本案犯罪嫌疑人（被告人）之一，石某某不是。本案的《起诉书》也有关于卖给石某某毒品的记载，其也不是犯罪嫌疑人，而是证人。本案的判决书中，却又写明石某某另案处理（终审裁定第7页）。购买1公斤毒品的夏某是犯罪嫌疑人，被诱捕，而购买5—8公斤毒品的石某某却不是犯罪嫌疑人，非常蹊跷。检察院没有把石某某列为犯罪嫌疑人，法院却将其定为另案处理，依据不明。另案处理，应该是因为其是“线人”，特情人员的缘故。可见，石某某的特情身份比较明显，不能仅依据未经质证的公安机关所谓情况说明就确定石某某不是特情人员。

另外，夏某买了1公斤，侦查机关追查夏某卖给谁了。石某某买了5—8公斤，侦查机关却不查毒品去向，也不说明收缴情况，也能证明石某某的特情身份。

石某某作为特情，表明公安机关在第一起毒品交易时就知道，那么也就应该知道了本案被告人存在大额毒品交易。如果公安当时抓捕，就不会有目前本案中的毒品交易数额。就是能按治病救人的原则处理本案而不是目前的死刑判决。

石某某作为特情，如本案事实属实，应该掌握并上交5—8公斤毒品。如未上交本案中5—8公斤毒品，说明本案前4起犯罪的次数和数量存疑。即石某某收到毒品的次数，可以证明岳某某、张某某等人的供述是否属实。

本案存在比较明显的特情人员参与案件情形，参与数额大，引诱犯罪数额大，且能在第一时间制止犯罪而没制止。在此情形下，不宜判处被告人死刑立即执行。

二、本案的毒品鉴定情况

（一）本案的5次毒品交易，前4次都没有查扣到毒品实物，都是凭被告人口供认定的。被告人说是冰毒，判决书就认定为甲基苯丙胺。被告人说多少公斤，判决书就合算成多少克予以认定。这种未经鉴定直接认定性质、质量，且没有纯度的方法，既不符合法律科学严谨的要求,也不宜作为死刑判决依据。

(二)本案第5次交易的毒品,虽有鉴定,但公安机关并未将鉴定结论的结果告知张某某(公安机关辩称,认为鉴定意见与张某某无关才没有告知张某某)。未依法及时告知张某某鉴定结论,询问是否有异议,该结论不应适用于对张某某的判刑。

终审裁定对此的解释是,在庭审(一审庭审)对鉴定意见进行了质证,张某某未提出异议(见终审裁定第27页)。而全体被告人在二审庭审时均证明,所谓鉴定意见的质证就是公诉人念了一组证据名称后,法官问一下有无异议,被告人不知道是什么,才回答的没有异议。一审庭审录像可以证明此情况,二审庭审录像可以证明众被告人关于一审质证情况的答复。

辩护人认为,本案鉴定意见没有依法及时告知张某某,庭审时才以证据目录形式宣读,既不依法也不及时。鉴定意见作出后,及时告知张某某,告知有权提出异议,才是依法及时。

(三)本案的鉴定意见疑点很多,不宜作为死刑案件依据。

1. 鉴定时间问题

在案的547、548号鉴定《检验报告书》显示,本案疑似毒品在2014年12月16日被查获,鉴定机构2014年12月31日受理鉴定。违背程序的是,检验意见是2015年5月10日才作出的,检验了4个多月,严重违背了公安鉴定规则中受理后7日内出具鉴定结果的规定。已经说明该鉴定严重违法。

另外,这4个多月,检材能否保存、保护好,以及为什么用了4个多月才完成检验,均存疑。存疑的鉴定结果不宜作为案件证据,尤其不能作为死刑案件的定罪证据。

2. 鉴定文书名称问题

在案547、548号鉴定文书,名称均为《检验报告书》,结论意见均为"检验意见"。而根据2008年6月1日施行的《公安机关鉴定规则》中关于鉴定文书的名称规定,要求使用"鉴定书""鉴定报告书",没有"检验报告书"的名称。这两份鉴定文书不使用法定名称,不合法也不专业。

这2份文书最后的结论意见叫检验意见也不合法,依法应叫鉴定意见。该鉴定文书使用检验意见的说法,只与过去执行的"公安机关鉴定规则"关于文书名称规定中的"检验意见书"非常近似。而过去的"检验意见书"的实质是,对鉴定结果有争议,或者只是倾向性意见。如果鉴定结果有争议或倾向性意见,就不是确定性意见,不能作为刑事犯罪案件的定罪证据。这些也说明鉴定结论存疑。同样,存疑的鉴定结果不宜作为案件证据,尤其不能作为死刑案件的定罪证据。

3. 鉴定文书内容的遗漏问题

依法鉴定文书中必须记载"鉴定开始日期和实施鉴定的地点",而547、548号二份鉴定文书均没有记载。此外,关于鉴定方法只提到使用 GC/MC 法检验,没有申明该使用检验方法的法定依据,更无从谈及该方法是否合法。实际上再一次说明该鉴定行为的不合法不专业,结论可信度存疑,不宜作为案件证据。

4. 结论虚假问题

547、548 号鉴定文书关于毒品的质量总量与之前的鉴定文书质量一致,是明显的常识性错误。之前的鉴定文书表明,疑似毒品已在称重后提取了部分检材进行检验,剩余检材公安机关自行带回。可见,如再次对已取回的检材鉴定,质量势必减少,不可能一致。这只能说明,鉴定结构没有检验质量。而是照抄之前的结论。该鉴定文书虚假,结论不能采信。

5. 检验原材问题

用于鉴定的毒品,已被公安机关从原包装取出,为抓捕夏某换了一个包装,实际上形成了证据破坏。鉴定结果适用于夏某,而不适用于张某某。本案鉴定意见的制作本身存疑,且未依法及时告知张某某,鉴定程序不合法。该鉴定结论不应作为死刑判决的依据。

三、毒品真正提供者陈某一在异地归案,未在本案,导致本案草率定案的问题

张某某在被抓后就向侦查机关说明了毒品的提供者是陈某一,且提供了电话,但公安机关没有及时去抓捕陈某一。

此后张某某也向侦查机关说明,他只是介绍岳某某与陈某一认识,他俩之间怎么交易毒品张某某并不清楚。而公安机关仍没有去抓捕陈某一,甚至没有去询问过陈某一。

奇怪的是,侦查期间(2015 年 6 月),侦查机关前往 G 省 D 市后,出具了一份陈某一已被 D 市警方抓捕的工作说明(见检察院卷宗,二审庭审出示过),但却没有提讯陈某一的记载。本案侦查机关去了 D 市查陈某一的情况,却不提讯陈某一,令人无法理解,不符合办案常识。不能不让人怀疑侦查机关隐瞒了提讯情况。

本案应该对陈某一进行讯问,且完全有条件进行讯问。陈某一对张某某与其有关的供述和辩解,包括和谁谈交易、交易价格、谁送货取货、与张某某、岳某某款项往来等等,关系到陈某一和张某某在案件交易中的地位与作用,张某某知不知情,是否只是介绍作用,陈某一是否是毒品提供者,陈某一是否收到毒资,张某某是否属于从犯,也关系到张某某后来否认的 3 起交易事实是否成立、张某某是否参与和参与程度。侦查机关对此未作核实,也未核实张某某向陈某一转账的情况,陈某一毕竟早在 2014 年 10 月下旬(见转账记录)就收过岳某某的转账,岳某某与陈某一到底什么关系,如何交易。张某某与陈某一的往来情况也可佐证张某某是不是介绍人或不知情的地位。在没有查清陈某一在本案中作用时,本案关于张某某的地位和事实是存疑的。

简单地说,如果陈某一证实,张某某不知情或张某某只是介绍他和岳某某认识,或者只是帮助转账没有参与交易,那么把张某某定为毒品源头且判处死刑,是不是就是错案错判错杀了。所以,侦查机关不讯问陈某一,审判机关就判处张某某死刑,是典型的不负责,不按照证据确实充分的要求办案。

终审裁定引用银行交易明细事实以证明张某某收到了岳某某大量“毒资”(张某某并不完全认可,认为有其他用途),张某某辩称毒资已经转给陈某一了(银行流水明细显示张某某有多笔大额向外转款记录)。对此,如陈某一承认,则张某某只是中介作用而非主犯。从这个角度,也应该提讯陈某一。

再者,陈某一在D市被抓是否因张某某举报而被抓获。公安机关为什么不去抓捕陈某一。侦查机关乃至一审法院,均未说明与核实。辩护人曾提示二审法院,陈某一关押在G省D市,也有证据显示,公安机关在2015年6月就知晓陈某一关押在D市。应予核实陈某一参与本案的程度和情况,以及张某某的检举是否构成坦白、立功或酌定从轻情节。即如因张某某举报而抓获,属于张某某法定从轻情节。如因侦查机关不去抓捕才因其他事由抓捕的陈某一,是本案公安机关失职。对张某某属于法定的酌定从轻情节。对此,办案机关未予核实。只是说,如实供述不属立功,经查陈某一抓获与张某某检举无关(见终审裁定第28—29页)。二审法院怎么查的,不得而知,连个情况说明也没有。

另外,本案有证据表明陈某一参与本案(见陈某一与岳某某财务往来),说明张某某向办案机关提供的证据线索真实。办案机关不抓捕陈某一归案,不能否定张某某交代了办案机关不掌握的犯罪事实,不能否定张某某的从轻情节。

可见,从从轻情节角度讲,对张某某也不应判处死刑立即执行。

四、本案口供问题及岳某某口供不稳定不可信问题

终审裁定以有岳某某稳定供述为由(见终审裁定第23页)认定张某某贩卖毒品给岳某某,还认为银行交易明细等可以证实,足以认定(见终审裁定点23页)。而实际上本案中岳某某的供述已基本不可信。

岳某某供述:岳某某不认识陈某一,岳某某没有从陈某一处买过毒品,岳某某只是在本案第5起交易前,即2014年12月14日才从张某某处得到一个陈某一的银行卡号,按张某某要求给陈某一转账40,000元。这一供述有2014年12月14日张某某给岳某某一个陈某一卡号的短信予以印证。岳某某在二审法庭调查时,回答辩护人发问其与陈某一的往来时,也是这么回答的。岳某某的其他口供中,也没有出现他承认与陈某一有其他往来的供述。但恰恰相反的是,证据显示,岳某某在2014年10月28日,就给陈某一转账过15,000元(见银行交易明细)。这足以说明,岳某某早就与陈某一有往来,岳某某对案件关键事实、核心事实的供述不实,包括张某某是其毒品源头的情节不实。足以说明岳某某和陈某一早就相识,其在隐瞒事实;足以说明岳某

某可能早就和陈某一直接交易毒品,陈某一是岳某某毒品的真正源头;还足以说明本案存在张某某参与程度小,主要是陈某一与岳某某交易的可能。

岳某某其他供述包括,第1起交易的钱,岳某某不是转账给张某某就是转账给陈某,而本案没有该笔款项的转账记录,证明岳某某所言不实。岳某某说给张某某的钱都是毒资,没有其他往来,而他们之间的往来款与毒资价格并不吻合,有较大出入,说明张某某与岳某某存在其他往来,岳某某在隐瞒事实(岳某某在一审与张某某对质时,承认他们之间有打鱼机交易的往来)。岳某某说,给王某一转账3万元,而本案并没有此笔转账记录,同样说明岳某某所说不实。

实际上,岳某某的供述,经历了从不承认,到承认第5起,到承认第2起到第5起,到全部承认5起的过程,并不稳定。即便在有罪供述中,对时间、数量、价格和资金进出的供述也不一致且没有其他直接证据、客观证据印证。

因此,本案中岳某某的供述并非终审裁定所说基本稳定,稳定的只是在第5次交易前,毒资没有给过陈某一,也被证明是不实的。岳某某的口供已经基本失信。而本案的侦查机关、公诉机关、审判机关却恰恰是在用岳某某的供述作为事实和证据基础的。银行交易明细证实了岳某某所言不实,证实了岳某某与陈某一早有往来,证实了本案有重大事实没有查实。本案不应以不可信的岳某某的口供定案。

关于终审裁定所说张某某的口供曾经与岳某某基本吻合问题(见终审裁定第23页),辩护人作了如下梳理。

(一)第1起是张某某主动供述的。但张某某在侦查阶段已经开始否认有该起事实直至二审。原一审判决认定事实存在的逻辑是,因张某某与岳某某都曾经供述有这次交易,所以认定事实存在。但二人的供述并不吻合。

张某某曾经有2次笔录供述该起事件,发生在2014年6月中旬,岳某某派人来取货,给了7万多元现金,张某某给了来人二条半货。而岳某某的供述则非常不一致,关于这一起时间,岳某某分别说过2014年6月,2014年八九月,2014年七八月。关于数量,分别说过二条、一条半和1500克。关于货款支付(毒资),供述过王大头(王某某)毛哥等人凑的7万元钱,把钱打给张某某还是陈某(取货人)忘了,还供述过钱打给张某某卡上了。一审庭审时供述,所有往来都是打到张某某卡上,这次打了4万元。二审时也说,都是转账交易。

而实际上本案中所谓取货人陈某并未到案,且没有岳某某向张某某卡上转款或陈某卡上转款的证据,说明张某某与岳某某的供述不能相互印证。结合张某某对曾经供述的解释,不能排除威胁、骗供的嫌疑。不排除侦查机关迫使岳某某按张某某供述内容予以供述的嫌疑。该起事实存疑。侦查机关为什么不去核实转账记录,为什么不就没有转账记录讯问岳某某原因,而把这个疑问一直留到审判阶段。再有就是,如果将来陈某到案否认此事,则此事更加不能定论。一审判决和终审裁定甚至连时间都不能确认,只是笼统的确定为2014年下半年。

(二)第2起至第4起,是岳某某先供述后张某某供述的。张某某在侦查阶段也已经开始否认有该起事实直至二审。一审判决认定事实存在的逻辑是,因张某某与岳某某都曾经供述有这次交易,所以认定事实存在。但二人的供述也不吻合,讯问笔录过于草率。

张某某曾供述过此起交易了2.8公斤,收款8万多元,其中2万元现金,其余转账。而岳某某的供述却是1.5公斤,给张某某4万元现金,其余欠着。但这个钱是王某某转账给他的。一审庭审时说往来都是打到张某某卡上。而实际上王某某并不认可给岳某某转过这笔钱。可见这笔交易也存在数量和实际发生与否的疑问,岳某某对于此起交易的交代,与其承认过的第一笔非常相像,不排除编造的可能。不排除公安机关迫使张某某按岳某某供述的内容供述的情形。侦查机关完全可以查有无张某某所说的转账记录,岳某某所说的王某某的转账记录,从而印证供述是否属实。在目前无法印证案件事实的情况下,此起事实也应存疑处理。

(三)第3起和第4起,张某某在侦查阶段已经开始供述该2起应该是1起,或者他只知道参与了其中一起,因为帮岳某某给陈某一转过钱。而根据岳某某的供述,这2起在数量、价格和交易方式上的确非常相似。即都是3公斤,都是8.4万元,都是转账等。不同的是,一次由王某一取货,另一次由杜某取货。

这2起一审判决都引用了转账记录(银行交易明细),但记录内容与张某某和岳某某所说都不吻合。而一审判决也没有区分这些转账中哪些是毒品的钱,哪些是其他往来。款项金额与毒品数量计算出来的金额不符本身就已经说明张某某与岳某某存在其他财务往来,一审庭审时岳某某也承认与张某某有其他财务往来,所以他们之间的往来款并不全是毒资。而刨除其他财务往来,才可判断最接近事实真相的交易数量,从而判断张某某是否只知道或参与了一起。

张某某后来辩称,这2起交易时其不在L市,没有参加实际交货。张某某没在L市,也是他认为2起是1起,只知道1起的原因。一审时证人出庭作证,张某某当时在S市打工,王某一、杜某也确认送货人不是张某某。应该能够证明张某某当时的确不在L市,没有参与交货。

在此要特意强调的就是,张某某所称,在本案被逼供、骗供或者迫于压力编造供述的可能性在此2起供述中可以佐证。就是张某某在明知自己在S市的情况下,仍然作出自己参与了交货的虚假供述。再结合张某某的供述与岳某某的供述不吻合,张某某的很多供述都有可能是不实之词。

还有就是,夏某在二审庭审中也否认其参与了这2次交易(可调取庭审录像)。夏某作为判处死缓的被告人,否认这2起的态度值得多加考虑。再次增大了这2起交易的存疑度。事实究竟如何,依法不应只凭之前的有罪供述定案。

（四）第5起目前看是争议比较小的1起。张某某承认参与送货和代岳某某转款给陈某一。但要特别提出的是，第一，第5起查获的毒品冰毒，并未交张某某辨认确认。庭审时，经审查照片，张某某表明，照片里的包裹，不是其给王某一的包裹。王某一对此也不否认。第二，该起冰毒，由于要诱捕夏某，公安机关已拿出一包毒品放于宾馆。也已经不具备让张某某辨认的条件。第三，由于案件早就破获，最终未被吸食，所造成的客观后果相对较小。第四，鉴定结论不合法。第五，从供述和鉴定结果看，一是甲基苯丙胺含量70%多，二是重量并不是嫌疑人供述的整数。以此也可说明，一审判决、终审裁定将之前几起交易的毒品数量，按未经鉴定的，仅依被告人供述中的重量定案没有科学、客观依据。

五、张某某行为的案件管辖问题

终审裁定以毒资汇付地在J省为由，认为J省有权管辖本案。对此辩护人认为，第一，《中华人民共和国刑事诉讼法》规定，刑事案件由犯罪地的人民法院管辖。《全国部分法院审理毒品犯罪案件工作座谈会纪要》（法〔2008〕324号，以下简称《大连会议纪要》）明确了"犯罪地"的内涵和外延。张某某这5起所谓毒品交易的犯罪地，均在G省、L市（张某某承认过在S市打过电话）。即针对侦查公诉机关侦查起诉张某某的5起毒品交易，依法应由犯罪地G省的人民法院管辖审理。第二，如认为汇款所在地可以管辖，那J省司法部门应该并且有权提陈某一到案，陈某一收到过岳某某在J省汇给他的毒资，从而进一步查明案情。终审裁定在不查明陈某一在本案中作用地位的情况下草率定案，实际上放纵了陈某一可能的犯罪行为，却把不应判处死刑的张某某判处了死刑。

六、其他关于不宜判处张某某死刑立即执行的问题

（一）关于岳某某与张某某银行往来问题

银行往来不能直接定性为毒资往来，且往来款与毒资款并不吻合，说明张某某与岳某某还有其他往来，张某某也解释过其与岳某某有其他往来，岳某某也承认。而侦查机关并未认真对待，未核实其往来情况。而张某某作为被羁押的人员，是无法提供他和岳某某往来证据的。因此，不宜因为有往来就直接确定张某某是全部毒品的贩卖者。

（二）即便5起毒品交易指控都成立，也不宜判处死刑立即执行，更何况本案还有这么多的难以确定的事实

本案的实际情况是，前4起毒品实物证据已不存在，在张某某不配合、不承认的情况下，实际上难以认定其参与了这些贩毒交易，不应轻易判处其死刑立即执行。张某某的承认给案件侦查审查、认定事实提供了极大的、不可或缺的便利。在张某某配合提供了这些便利后，如果判处其死刑立即执行，就变成了越承认越死的局面，变成了因承认导致其死刑，这样会产生不良的司法引导，即俗称的"坦白从宽牢底坐穿""抗拒从严回家过年"。

(三)执行审理毒品犯罪法定原则精神问题

根据最高人民法院要求,审理毒品犯罪案件,必须严惩的是毒枭、职业毒贩、再犯、累犯、惯犯、主犯等主观恶性深,人身危险性大、危害严重的毒品犯罪分子。而张某某均不是上述规定中的人员,其是初犯,有可能是从犯,主观恶性并不深,只是参与简单的交易,且交易对象单一,危害并不严重,因此不属于必须严惩的范围。对虽然已经达到判处死刑的毒品数量标准,但具有法定、酌定从宽处罚情节的被告人,可以不判处死刑。张某某在本案中供述了陈某一的贩毒行为,由于侦查机关没有实施抓捕行为,才导致目前难以确认张某某是否属于坦白或立功。这个责任应该由侦查机关承担,但毕竟陈某一目前已被抓获,法院应考虑这一酌定从宽情节,加之初犯可以从宽的情节,张某某可以不判处死刑。

没有毒品实物,仅有被告人口供和同案被告人供述作为定案证据的,对被告人判处死刑立即执行要特别慎重。本案第 1 起至第 4 起犯罪指控,实际上终审裁定就是按张某某部分供述和岳某某口供定案的,没有体现特别慎重的原则。

对于拟判处死刑的毒品犯罪案件,在证据质量上要始终坚持最高的标准和最严的要求。而本案终审裁定在证据的选择使用认定上均没有按照最高的标准和最严的要求对待。

在案被告人与未到案共同犯罪人罪责大小难以确定,进而影响准确适用死刑的,不应对在案被告人判处死刑。本案陈某一极大可能系张某某的共同犯罪人,且极大可能罪行重于张某某,其未到案则不应判处张某某死刑。

本案一审判决认为张某某犯罪数量特别巨大,社会危害性极大,所犯罪行特别严重。而终审裁定只认为张某某犯罪数量大(见终审裁定第 27 页),而未提及社会危害性和罪行严重。这其中不提社会危害性是有道理的,毕竟毒品主要只卖给石某某和夏某二人,最后一次交易还没有买卖完成,石某某甚至是特情人员,社会危害明显不大。既然终审裁定其实也默认犯罪数量不是特别巨大,社会危害性不是特别巨大,那么依法应属于不需要判处死刑立即执行的情况,不宜对张某某判处死刑立即执行。

综上所述,本案关于张某某的判决,存在关键事实不清和论证不足;没有合法的鉴定意见,没有依法告知张某某鉴定意见;判处张某某死刑立即执行,不符合判处死刑关于事实与证据的规定及要求;且张某某有从轻、减轻处罚的酌定情节,对张某某不应判处死刑。且不排除存在对张某某罪轻、有利证据的隐瞒与遗漏,存在特情参与案件、犯意引诱情节的隐瞒。为慎重、如实反映案件事实,慎重对待死刑案件,请最高人民法院复核案件时全面审查案件,依法撤销对张某某的死刑立即执行判决。

辩护人:北京市齐致律师事务所
胡永春律师
2018 年 5 月

死刑复核辩护词补充

关于张某某贩卖毒品死刑复核案件的补充辩护意见

尊敬的法官:

知悉法官已于上周(2018年12月6日)拨冗提讯了张某某,其间提到了几个张某某无法详细回答的问题。为此,辩护人在复核期间辩护意见与补充辩护意见外,另行说明几个应该比较重要的问题,作为进一步补充辩护意见。

一、案件卷宗中反映出来的岳某某向陈某一转款的流水单是侦查机关调取的,公诉机关已作为证据提交。辩护人在二审期间发现该证据记载了陈某一在2014年10月下旬就收过岳某某转账15,000元的事实,在二审辩护时予以指出,并提出了相应辩护意见。但侦查机关和公诉机关在法院审理前均未重视此事实,甚至在二审开庭前都没有发现(庭审录像辩论阶段可以证实)。二审庭审结束后,辩护人不得不再次向公诉人指明流水记载。令人不解的是,二审法院依旧无视这一事实。

该事实涉及毒品源头、真实交易情况、张某某的参与程度和第二被告人在案件中的地位与作用。此前的公、检、法三机关都不予调查,导致重要事实没有查清。

二、陈某一其实还有农行账户,侦查机关、公诉机关均没有去调取。

如果调取了,则可以进一步证明岳某某和陈某一有无其他往来,张某某和陈某一有无转账。

三、张某某在案的农行流水(公诉机关举证),记载了张某某在转账时基本都在S市X区的交易网点,而不在L市。说明张某某没有参与,尤其是没有送货的可能性非常大,一审、二审判决所认定的公诉机关指控张某某送货的证据不足。且庭审中,在案其他被告人也没有指认出张某某就是送货人。杜某甚至说应该不是张某某。

四、张某某与岳某某是有比较大的款项往来,但岳某某的口供已无法采信(辩护意见已作说明),且岳某某也曾经承认过往来款中有打鱼机的钱,张某某也说过有小额借款(有转账记录可以印证)。因此,不能直接将未查明的款项往来都定性为毒资。还有情节可以说明问题,就是案涉交易都是岳某某主动联系张某某购买毒品后再卖给他人(包括安排他人运输)。岳某某在本案中的地位和作用相比张某某过错更大。

归根结底,本案陈某一关系重大,张某某又指认了陈某一,陈某一的事情不查清楚,判处张某某死刑就难以让人信服,更不用说要经得起考验了。当然,陈某一事情应该难以查清(不会主动承认本案事实),在难以查清或难以确认的情况下,建议法官可以按照存疑的原则处理,不宜判处张某某死刑。

辩护人:北京市齐致律师事务所

胡永春律师

2018年12月9日

死刑复核判决书

中华人民共和国最高人民法院
刑事判决书

(2018)最高法刑核××号

被告人张某某,男,汉族,初中文化,无业,住L市D镇××号。2015年1月24日被逮捕。现在押。

被告人岳某某,男,汉族,初中文化,无业,户籍地P县W镇××号,暂住J省Z市D新区××室。2015年1月24日被逮捕。现在押。

J省C市中级人民法院审理C市人民检察院指控被告人张某某犯贩卖毒品罪、被告人岳某某犯贩卖、运输毒品罪一案,于2016年12月5日以(2015)C刑初字第37号刑事判决,认定被告人张某某犯贩卖毒品罪,判处死刑,剥夺政治权利终身,并处没收个人全部财产;被告人岳某某犯贩卖、运输毒品罪,判处死刑,剥夺政治权利终身,并处没收个人全部财产。宣判后,张某某、岳某某分别提出上诉。J省高级人民法院经依法开庭审理,于2017年12月28日以(2017)S刑终31号刑事裁定,驳回上诉,维持原判,并依法报请本院核准。本院依法组成合议庭,对本案进行了复核,依法讯问了被告人,听取了辩护律师意见。审查了最高人民检察院意见。现已复核终结。

经复核确认:

一、2014年下半年,被告人岳某某经事先电话联系,向被告人张某某购得甲基苯丙胺1500克,并指使他人从G省L市运回J省C市。同年10月,岳某某通过同案被告人王某某(已判刑)居间介绍,将其中1000克甲基苯丙胺贩卖给石某某(另案处理)。

二、2014年11月上旬的一天,被告人岳某某在G省L市向被告人张某某购得甲基苯丙胺1500克,运输回J省C市后,岳某某将其中500克甲基苯丙胺贩卖给同案被告人夏某(已判刑)。

三、2014 年 11 月下旬的一天,被告人岳某某经事先电话联系,向被告人张某某购得甲基苯丙胺3000 克,并指使同案被告人王某一(已判刑)从 G 省 L 市运回 J 省 C 市用于贩卖。后岳某某伙同同案被告人杜某(已判刑)向同案被告人夏某贩卖甲基苯丙胺 1000 克。

四、2014 年 12 月初,被告人岳某某经事先电话联系,向被告人张某某购得甲基苯丙胺3000 克,并指使杜某从 G 省 L 市运回 J 省 C 市用于贩卖。后岳某某将其中 1000 克甲基苯丙胺贩卖给夏某。

五、2014 年 12 月中旬的一天,被告人岳某某经事先电话联系,向被告人张某某购得甲基苯丙胺3000 克,并指使王某一从 G 省 L 市运回 J 省 C 市。后岳某某伙同杜某向夏某进行贩卖。同月 16 日,公安机关在 J 省 C 市××大酒店抓获夏某,从其携带的手提袋内查获甲基苯丙胺 998.79 克。同日,公安机关在江苏省镇江市××酒店抓获王某一、杜某,从王某一、杜某驾驶的岳某某所有的别克牌轿车中查获甲基苯丙胺 2207.93 克。王某某到××酒店向岳某某购买甲基苯丙胺 500 克时亦被抓获。

上述事实,有第一审、第二审开庭审理中经质证确认的公安机关从被告人岳某某别克牌轿车内查获的甲基苯丙胺,从同案被告人夏某处查获的甲基苯丙胺,从各被告人处扣押的贩卖、运输毒品所用手机、银行卡等物证;证实岳某某向被告人张某某支付毒资的银行卡交易明细,证实同案被告人杜某、王某一购毒时曾经到过 G 省 L 市的住宿登记信息,证实王某一为购毒乘坐飞机的民航出港信息,证实别克牌轿车车主系岳某某的机动车详细信息等书证;证人石某某、钱某、胥某等的证言;毒品成分及含量鉴定意见;现场笔录、搜查笔录,辨认笔录;电子证据检查工作记录,银行监控录像;同案被告人夏某、王某某、王某一、杜某的供述等证据证实。被告人岳某某亦供认。被告人张某某亦曾供认。足以认定。

本院认为,被告人张某某违反国家对毒品的管制规定,贩卖甲基苯丙胺,其行为已构成贩卖毒品罪。被告人岳某某违反国家对毒品的管制规定,结伙贩卖、运输甲基苯丙胺,其行为已构成贩卖、运输毒品罪。张某某贩卖毒品数量大,社会危害严重;岳某某贩卖、运输毒品数量大,社会危害严重,二人均应依法惩处。第一审判决、第二审裁定认定的事实清楚,证据确实、充分,定罪准确,对岳某某量刑适当。审判程序合法。鉴于本案张某某与岳某某系同宗毒品的上下家,毒品交易均系岳某某主动约购,并由其或者其指使他人长途贩运,罪责相对张某某更为突出,对张某某判处死刑,可不立即执行。据此,依照《中华人民共和国刑法》第 347 条第 1 款、第 2 款第 1 项、第 7 款,第 357 条,第 48 条,第 51 条,第 57 条第 1 款,第 59 条,第 25 条第 1 款,第 26 条第 1 款、第 4 款;《中华人民共和国刑事诉讼法》第 246 条、第 250 条和《最高人民法院关于适用〈中华人民共和国刑事诉讼法〉的解释》第 352 条的规定,判决如下:

一、核准J省高级人民法院(2017)S刑终34号刑事裁定中维持第一审以贩卖、运输毒品罪判处被告人岳某某死刑,剥夺政治权利终身,并处没收个人全部财产的部分。

二、撤销J省高级人民法院(2017)S刑终34号刑事裁定和J省C市中级人民法院(2015)C刑初字第37号刑事判决中对被告人张某某以贩卖毒品罪判处死刑,剥夺政治权利终身,并处没收个人全部财产的部分。

三、被告人张某某犯贩卖毒品罪,判处死刑,缓期2年执行,剥夺政治权利终身,并处没收个人全部财产。

本判决自宣告之日起发生法律效力。

审判长:×××

审判员:×××

审判员:×××

2019年4月16日

书记员:×××

办案总结

张某某贩毒死刑辩护案件,历时2年多,最终以改判死刑缓期执行结案,算是没有辜负当事人的委托,法律体现了公正,执法者体现了公心。

该案为什么在复核阶段才得以解决?回想分析起来,应该和独立复核不受干预、不先入为主有关,也就是和公心有关。后来也有人问案外工作的事情,我可以保证没有。我的工作,就是说清楚讲明白我对案件的观点和疑问,争取到了一些重视和认可,才协助法官实现了案件的最终改判。

该案件的经验是,应该认真研读案卷,尤其是客观证据(在现有审判模式和证据认定状况下,辩护人对于主观证据的质证及辩护意见难以为审判机关所采信)。本案中我发现了2宗重大客观证据,我认为影响到了对事实的认定(乃至最后的改判)。一是张某某系第一被告人还有上线,第二被告人和第一被告人的上线之前就有财务往来。说明并非如第二被告人所说,他是直接找第一被告人购买毒品,而是和上线交易。二是所谓5起毒品案件发生时,张某某均在S市取过现金,说明张某某当时难以出现在毒品交易地点,进而说明5次交易的数量存在重大疑问。三是毒品最后取得数量不是6千克,也说明口供中的6千克难以成立。

再有就是庭审时的反应能力和经验了。本案存在特情的情节,在二审庭审时由同案被告人说出,辩护人结合在案证据,证实极有可能存在。当然这也不排除有些运气成分。

如果庭审时没人说出，也就不会以此作为一个辩护的支点。但这同时也要求律师知道特情的意义（特情存在影响死刑判决），才能抓住这个支点。

作为同行可以总结的，是辩护意见针对同案被告人还是需要斟酌的。本案二审时第二被告人的辩护人辩护意见竟然是，毒品案件一般只判决一个死刑。本案已判决第一被告人（张某某）死刑立即执行，作为第二被告人不宜判处死刑立即执行。这样的辩护意见，让第一被告人和旁听家属无法理解，让第一被告人的辩护人无法接受。辩护人的价值取向是罪轻或无罪，而不是杀了别人活了自己。

专家点评

张某某贩卖毒品一案，涉案毒品甲基苯丙胺共计 11,986.92 克，张某某作为该案第一被告人，与第二被告人一审均被判处死刑立即执行。律师于该案二审阶段介入案件。

一、二审阶段概要

二审中，律师就案件的管辖、鉴定、证据不能排除合理怀疑、存在特勤引诱等问题提出了详实的辩护意见，阐明了张某某不应当被判处死刑立即执行的理由。遗憾的是，二审审理后维持了一审判决。

二、死刑复核阶段概要

最高人民法院死刑复核后认定，该案张某某与岳某某系同宗毒品的上下家，毒品交易均系岳某某主动约购，并由其或者其指使他人长途贩运，罪责相对张某某更为突出，对张某某判处死刑，可不立即执行。

三、死刑复核改判的主要观点分析

该案中张某某所涉毒品数量明显超过了判处死刑的数量标准。此种情形下，律师将张某某在贩卖毒品中所起的作用作为辩护重点，提出张某某并非毒品源头，只是上家和第二被告人交易毒品的中间人，且第二被告人与上家有直接交易，在贩卖毒品的过程中，第二被告人的作用大于张某某的辩护观点。最高人民法院在复核时遵守了“毒品数量是毒品犯罪案件量刑的重要情节，但不是唯一情节”的法律规定，采纳了律师的辩护意见，及时纠错，依法对该案作出了公正判决。

四、案件评析

律师依照在案证据，抽丝剥茧，条分缕析，充分表达和深刻阐述了一、二审法院对张某某的判决完全没有达到死刑立即执行证据标准的意见，最高人民法院直接改判张某某死刑缓期二年执行。显而易见，对于这起死刑复核改判案件，律师辩护成效显著。

《最高人民法院关于进一步加强刑事审判工作的决定》（法发〔2007〕28 号）第 6 条规定“严格控制和慎重适用死刑”，要求贯彻执行“保留死刑，严格控制死刑”的刑事政策。切实把好死刑案件的事实关、证据关、程序关、适用法律关，把每一起死刑案件都办成铁案，经得起历史检验。定罪的证据确实，但影响量刑的证据存有疑点的刑事案件，处刑时应该予以考虑。该案中存在涉案毒品的鉴定程序不合法，其中 4 起犯罪涉案毒品已不存在，有关毒资金额的证据不充分，在案被告人供述不稳定等诸多证据问题，律师在辩护意见中均予以阐明，为死刑复核改判张某某死缓增强了说服力度。

纵观整个案件办理过程,律师以认真负责的态度、专业细致的研判、攻防有度的论辩,充分展现出一名执业律师的优良法律素养。当然,该案良好法律效果的取得,也仰赖于最高司法机关独立行使核准权,严格把关,还原案件事实,遵循罪刑相适应原则,直接对案件作出改判,充分彰显了法律人对于公平正义的共同价值追求。

审核人、点评人:北京律师智库重大复杂案件研究专家组成员　孙明经律师

复核人:北京律师智库重大复杂案件研究专家组副组长　许兰亭律师

北京律师智库
重大复杂案件研究专家组成员简介

1. 王峥律师

吉林大学经济法硕士，北京市立天律师事务所主任。北京律师智库重大复杂案件研究专家组组长，最高人民检察院民事、行政案件专家，北京市律师协会会员事务委员会主任、北京市东城区律师协会副会长。1985 年起执业至今，是理论与实践结合的实力派律师，擅长重大、复杂案件的代理。

王峥律师办理过上千件民、刑诉讼及非诉讼案件，担任过上百家企事业单位法律顾问，主要擅长金融业、建筑工程、房地产、政府法律事务及职务犯罪刑事案件。

曾获评北京市律师协会 2009 年、2011 年优秀律师及百名优秀刑辩律师，2018 年、2021 年分别获得北京市律师协会智库贡献奖、突出贡献奖。

2017 年主持编写业内首集《刑事及民事二审、再审改判案例》、2018 年将“改判案例”缩编成故事，在《民主与法制》普法，2019 年接受“光明网”以《研究改判案例，维护司法公正》专访，2022 年主持编写《第二辑刑事、民事、行政二审、再审改判案例》。

2. 许兰亭律师

北京市君永律师事务所资深律师，法学博士，中华全国律协刑事业务委员会副主任，北京市律师协会刑法专业委员会副主任。

自执业以来，承办了许多从有罪到无罪、从死刑到新生的重大刑事案件。曾在刘晓庆公司涉税案、国土资源部原部长田凤山案、原国家开发银行副行长王益案、原内蒙古自治区副主席刘卓志案、原内蒙古统战部部长王素毅案、原青岛市委书记杜世成案、原云南省副省长沈培平案、原政协副主席令计划案、河北省政法委书记张越案、新疆维吾尔自治区副主席栗智案、上海周正毅、张荣坤案、吉林范日旭案、崔某某职务侵占案（无罪）、孙长松合同诈骗案（无罪）、蔡某某诈骗案（无罪）及众多涉黑涉恶案等重大刑事案件中担任辩护人。连续多年获得北京市律师协会“优秀专业委员会主任”荣誉。

3. 谢炳光律师

毕业于中国人民大学,法律硕士。北京律师智库重大复杂案件研究专家组副组长。1983—1992 年为北京市中级人民法院审判员,1992 至今为北京市华联律师事务所主任、高级合伙人。

曾任或现任中国国际贸易仲裁委员会仲裁员与中国国际商会调解员、中国消费者协会律师顾问团成员、中华全国律师协会刑法业务委员会委员、北京仲裁委员会仲裁员、北京市律师协会民法业务委员会委员、北京法学会经济会理事、北京市律师协会房地产法专业委员会委员、北人集团股份有限公司(上市公司)独立董事。

谢炳光律师具有较深的法学理论功底和丰富的法院审判经验以及律师工作经验,并有很强的语言和文字驾驭能力,长期司法实践中,办理了大量民事、经济、刑事类诉讼案件以及大量的非诉项目,擅长证券、金融、企业改制上市等综合类案件及项目。其典型成功案例,在很多媒体上刊载。

4. 毕文胜律师

北京嘉观律师事务所合伙人、经济学博士,主要业务领域刑事辩护、商事争议解决等。第十一届北京市律师协会副会长,北京市律师协会重大复杂案件课题组副组长,第十届中华全国律师协会常务理事。法学理论功底深厚,参与撰写《法律文书教程第三版》(法律出版社)律师法律文书部分,代理案件入选最高人民法院"一带一路"十大经典案例,多次参与全国人大法工委《侵权责任法》《民事诉讼法》《公司法》等法律法规立法研讨。

5. 吴晨律师

民商法学博士、应用经济学博士后、北京宸章律师事务所主任。

吴晨博士毕业于中国社科院法学所,获民商法学博士学位,曾为美国福坦莫大学法学院(Fordham Law School)访问学者,并在中国社科院财经战略研究院完成博士后研究工作,研究方向为应用经济学。

吴晨博士主要执业领域为公司法业务、商事争议解决、跨境争议和企业合规。

吴晨博士现担任中华全国律师协会公司法专业委员会主任、北京市民商法学研究会副会长、中国国际经济贸易仲裁委员会仲裁员、中国政法大学法治与可持续发展研究中心研究员、北京市律师协会涉外法律服务研究会主任、北京市律师协会重大复杂案件课题组副组长等协会和社会职务。

6. 马建律师

北京市嘉和律师事务所主任、高级合伙人,北京大学法律系本科毕业,在美国弗兰克林皮尔斯法学院获得知识产权法硕士学位。现任北京市律师协会商标法专业委员会副主任、北京律师智库重大复杂案件研究专家组秘书长。同时拥有中国律师执业资格、美国纽约州律师执业资格,以及中

国土地估价师资格。曾当选为北京市十佳留学归国律师、2015—2018 年度“北京市优秀律师”。2018 年起入选司法部涉外律师人才库。2018 年 10 月 24 日起受聘为中国国际经济贸易仲裁委员会网上争议解决中心域名争议解决专家。2021 年 3 月起被最高人民检察院聘为“民事行政检察专家咨询网”专家。2021 年 12 月 15 日起受聘为北海国际仲裁院仲裁员。

马建律师已执业超过二十五年，具有较深的法学理论功底和丰富的律师工作经验，擅长知识产权及涉外商贸法律业务。

7. 余尘律师

北京市合达律师事务所主任，法学博士。荣获过“全国五一劳动奖章”“全国优秀律师”“北京市优秀律师”“北京市司法行政系统先进个人”“新时代首都司法行政模范先进人物”等称号。现任最高人民检察院第十检察厅“控告申诉专家咨询库”专家、清华大学法学院商业犯罪研究中心副主任、清华大学社会科学学院社区治理研究中心副主任、北京市律师协会理事、北京市律师协会商事犯罪预防与辩护专业委员会主任、北京市石景山区律师协会会长、石景山区人大常委会法律顾问、石景山区人民政府法律顾问、北京市作家协会会员等职务。在各级各类刊物发表过多篇专业论文和文学作品，出版过法学专著《企业刑事风险防范行为指引》(2017 年版)、《企业刑事风险防范行为指引》(2021 年第二版)、《商事犯罪及常见商事犯罪案件辩护要点》、《公司人格论——以公司担保制度为中心》，以及诗集《又到秋天》《城里 · 城外》。

8. 李学辉律师

民商法学博士、民商法学博士后。全国优秀律师、第二届“首都十大杰出青年法学家(提名奖)”、华中师范大学建校 110 周年百名杰出校友。最高人民检察院民事行政案件咨询专家、北京市人民政府立法工作法律专家委员会委员、北京市律师协会合同法专业委员会主任，曾任第五届中央国家机关青年联合会委员。

担任中国人民大学、华中师范大学等多所知名大学法学院兼职教授(法律硕士论文校外答辩委员)，现为中国法学会案例法学研究会常务理事，并担任多家仲裁机构仲裁员。

多次接受《人民日报》、《法治日报》、人民网、法制网等新闻媒体采访。多次建言上书全国人大常委会、最高人民法院、最高人民检察院等部门，得到高度重视并被采纳。

9. 王文杰律师

北京大成律师事务所律师、高级工程师、工程专业律师、火灾事故专业律师。

个人著述有:《建设工程法律实务操作及疑难问题深度剖析》《建筑火灾事故民事赔偿法律实务》《建设工程施工合同解除法律实务》《建筑火灾事故原因认定法律实务》《办案手记——从案情到风情的生动叙述》，担任北京市建筑业协会调解中心调解员，北京市建设工程招标投标和造价管

理协会专家委员会专家,北京市建设工程造价管理协会经济纠纷调解中心副秘书长,哈尔滨仲裁委专家咨询委员会专家,西安仲裁委员会仲裁研究院专家顾问,海南、哈尔滨、武汉、南京、长沙、西安等多地仲裁员,北京市第十届律协工程法律专委会秘书长,北京市律协智库重大复杂案件专家组民一组组长。

主要荣誉有:

美国《工程新闻记录》(简称 ENR)和中国建筑时报共同评选的“2019ENR 最值得推荐的中国工程法律专业律师”,北京市第十届律协智库重大复杂案件课题组突出贡献奖。

10. 王兆峰律师

2015 年当选《亚洲法律杂志》(ALB)中国诉讼领域杰出律师,2022 年荣登钱伯斯大中华区争议解决领域 Band5。他擅长处理复杂疑难的法律问题。在其代理的一系列重大案件中,客户的人身权益和经济利益都在其争取下得到了较为满意的维护。

正式投入律师事业之前,王兆峰曾经在检察机关担任业务领导职位,对于中国刑事司法体系的运作有着深刻地洞察和理解,他曾以学者身份访问过美国、英国和德国,对于涉外法律业务也有着宽广的视野和实践经验。王兆峰律师曾组建强有力的诉讼律师团队,其成员绝大多数拥有国内外知名高校法学专业硕士、博士研究生学历,在王兆峰的指导之下,团队在诉讼领域取得了骄人的业绩。2020 年 7 月,王兆峰律师发起创立了北京周泰律师事务所,致力于就重大、复杂法律事务为客户提供综合性、高质量解决方案。

11. 常铮律师

北京衡宁律师事务所创始合伙人。西南政法大学法学学士、经济学学士,中国政法大学刑事诉讼法学硕士,中国政法大学法学博士。北京市第十三次妇女代表大会代表;“首届北京市十佳青年律师”,2012 2014 年度北京市优秀律师;2010 年被北京市朝阳区司法局评为“社会公益法律服务先进个人”;2018 年获首都司法行政系统“法治好青年”推荐提名奖。第十一届北京市律师协会刑事诉讼专业委员会副主任,律师权益保障委员会副主任。长期专业从事刑事辩护与代理工作。2006 年参与创建全国首家专业刑事律师事务所,并历任主任、合伙人。2019 年发起创办北京衡宁律师事务所。专注刑事法律业务 10 余年,成功办理了大量疑难、复杂、具有重大影响的案件,以职务犯罪、涉黑犯罪、经济犯罪辩护为专长,并长期为国内多家大型企业集团提供刑事法律风控服务,获得各方信任与好评。

12. 李向辉律师

北京策略律师事务所高级合伙人，具有理工科、法学双学历和政府公务员职业经历。

执业 18 年，主要专注于复合型民商事争议解决；刑事辩护与刑事合规；民营企业法律风险防范及化解、合规体系建设等非诉讼法律服务。

现任第十一届北京市律师大会代表、第十一届北京市律师协会宣传联络委员会副主任、第十一届北京市律师协会法律风险与合规管理法律事务专业委员会主任、北京市律协重大复杂疑难案例课题组刑事组成员、全国律协青年领军人才训练营第三期学员、最高人民检察院民事行政检察咨询专家、北京市涉案企业合规第三方监督评估机制首批获聘专家。

13. 陈俊律师

北京市汇京律师事务所主任，北京市律师协会惩戒委员会副主任。1994 年毕业于吉林大学，自 1997 年起在北京从事律师工作，长期为软件及生物科技类企业、建筑工程类央企提供法律服务，是中国驻前南斯拉夫大使馆遭轰炸事件法律援助律师团成员。法律实务中重视理论研究，先后在《中国法学》《法治日报》《中国律师》《出国与就业》等报刊杂志上发表法学理论和案例分析论文。

14. 林小建律师

1977 年 10 月生，江西吉安人，中国社会科学院法律硕士。1999 年取得律师资格证书，2000 年开始律师执业。现为北京国舜律师事务所主任律师、丁丁律师法律平台创始人，同时兼任中国法学会律师法研究会特邀研究员、北京市律师协会代表、北京市律师协会互联网金融专业委员会副主任、北京市西城律协理事、代表、北京市西城区法学会理事。房山套路贷受害人刘某代理律师、河北沧州杀害儿童案李某辩护律师。擅长领域：刑法、互联网金融犯罪、公司法。

15. 孙明经律师

北京天驰君泰律师事务所高级合伙人。全国律协刑委会委员，北京律协职辩委副主任、北京律师智库重大复杂案件研究专家组成员，北京市人民检察院人民监督员。所办理职务犯罪、商事犯罪领域代表刑案主要有：公安部“7·24”专案（徐翔等六人，代理中信证券刘某），红色通缉令首案戴某挪用公款案，某省公安厅前副厅长杨某贪污受贿挪用公款案，李某单位行贿中国 X 集团董事长孙某案，民生银行金融部前总裁余某非国家工作人员受贿案，国家开发银行前副行长姚某与胞弟共同受贿案，中国某人寿保险股份有限公司原董事长陈某违法运用资金案，中国 X 拍卖公司某部总经理李某走私普通货物物品案，中 X（重庆）公司副总裁李某利用影响力受贿案，中国证监会国际监管处原处长刘某受贿、职务侵占案，北京 X 股份有限公司董事长孙某合同诈骗案,中国X集团副总裁王某内幕交易案等。

16. 刘玲律师

毕业于清华大学,法律硕士学位,北京市京都律师事务所高级合伙人,全国律师协会刑事专业委员会委员,北京市律师协会刑事诉讼法专业委员会副主任,清华大学中国司法研究中心(最高人民检察院检察案例研究基地)研究成员,司法部法律援助刑事案件质量评估专家。1994年通过全国律师资格考试后开始执业,1997年考入检察院,先后担任助理检察员、检察员、主诉检察官、公诉科副科长,荣获"全省人民满意检察干警"、省级"优秀公诉人"称号。2005年再次执业律师,以刑事业务为主,先后办理了包括在国内有一定影响的刑事案件数百件(起)。从2013年开始担任清华大学法律硕士研究生联合导师,为研究生讲授必修课"模拟法庭训练"。出版专著《分光镜下的法治》、合著《刑辩三人谈》。

17. 王收律师

中共党员。从1986年起执业至今。业务范围为法律顾问、争议解决。第十一届北京市律师协会党建工作委员会副主任、第三届东城区律师协会监事会监事、北京律师智库重大复杂案件研究专家组秘书组副秘书长。南方财经法律研究院高级研究员。

18. 郝萍律师

北京市炜衡律师事务所高级合伙人,全国律师协会军民融合法律服务工作组副组长,北京市律师协会军民融合法律专业委员会副主任,北京市律师协会重大复杂案件课题组成员,北京市律师协会民法专业委员会原副主任,北京市海淀区人民法院特聘人民调解员。

郝萍律师曾任原第二炮兵(现火箭军)司法办主任,在部队从事司法行政及法律服务工作二十年。律师执业以来深耕民商事争议解决和涉军法律服务,拥有丰富的民商事法律服务及常年法律顾问的工作经验,受聘武警部队、战略支援部队、火箭军部队、中国融通地产北京公司等单位担任其服务律师。

多次被评为北京市律师行业优秀共产党员、海淀区优秀律师,其先进事迹曾被《法制日报》、《解放军报》以及今日头条、强军网等大型网站报道。另受聘担任北京广播电视台常驻嘉宾,曾获中央电视台"社会与法"频道优秀法律顾问奖。

19. 张雪梅律师

北京联合大学文法学院法律系法学学士,在校期间主要攻读民法及民事诉讼法。中国人民大学法律系经济法学专业硕士研究生,同时在中国政法大学研究生院研修美国宪法,2011年获得长江商学院高级工商管理专业硕士学位。北京市北斗鼎铭律师事务所创始合伙人和首席合伙人、北京律协征收拆迁法律服务研究会副主任、北京市朝阳区律师协会律师代表、北京律师智库重大复杂案件研究专家组民商组成员。张雪梅律师主要负责公司、房地产、金融、投资等方面的诉讼与仲裁(含国际)出庭代理业务,是律师事务所主要的出庭律师;同时担任各类政府机关、企事业单位及公司常年法律顾问;曾经为许多国内外知名企业解决法律纠纷并进行诉讼、仲裁和国际仲裁。

张雪梅律师2013年3月获首届朝阳优秀女律师称号,荣获2015—2018年度北京市朝阳区行业贡献奖,曾担任第二届北京市朝阳区律师协会理事和教育培训委员会主任。

20. 由莉雅律师

中共党员,中国政法大学硕士。从2005年起执业至今。业务范围为民商事案件代理、法律顾问、争议解决。北京市圣奇律师事务所主任、丰台区第十七届人民代表大会代表、最高人民检察院特邀民事行政案件咨询专家、中国劳动学会劳动保障监察专委会理事、第十一届北京市律师协会女律师工作委员会主任、北京市律师协会第十一届党委政府法律顾问事务研究会副主任、北京律师智库重大复杂案件研究专家组专家、北京市侨联法律顾问委员会委员、丰台区律师协会第三届法律援助与公益委员会主任、北京市人民监督员。2021年8月被北京市慈善义工联合会评为"最美慈善义工"、2021年12月被中华全国妇女联合会评为全国维护妇女儿童权益先进个人。

21. 丁琛律师

北京高界鹏凯律师事务所主任。法学硕士、管理学硕士。丁琛律师执业20余年,长期专注于公司法、知识产权法律事务工作,服务于多个大型企业集团,目前担任世纪金源集团总法律顾问,中国电力企业联合会、航天建筑设计院等单位常年法律顾问,农银人寿保险股份有限公司独立董事。多年来,为客户代理各类法律纠纷案件三百余件,承接并直接处理百余起公司设立、股权转让、融投资、改制、兼并重组等公司非诉讼法律事务。此外,代理的多件有重大影响的知识产权案件,分别入选最高人民法院十大知识产权案件、最高人民法院50件知识产权案件、北京市高级人民法院发布的知识产权审判新发展案例。曾荣获司法部"全国优秀律师"、"全国律师行业优秀党员律师"、"北京榜样·律师楷模"称号、"北京市优秀律师"等荣誉。

22. 李华律师

盈科律师事务所创始合伙人、盈科全国业务指导委员会主任,最高人民检察院第六、第七检察厅"民事行政检察专家咨询网"专家,北京律师协会并购重组法律事务专业委员会副主任,北京律师协会申请律师执业人员管理考核工作委员会副主任,朝阳区律师协会副会长。

李华律师从业 20 余年来，高度重视对实践案例、市场创新和立法进程的系统研究，专注于并购重组领域及商事领域争议解决等法律服务，着力打造精英团队，推动专业化建设，带领不同专业律师组建团队为众多大中型国有企事业单位提供专项或综合性纵深化的法律服务。为此，李华律师曾荣获全国律师行业优秀党员律师、北京市律师协会优秀律师、北京市律师行业优秀党务工作者、朝阳区律师协会首届优秀女律师、朝阳区律师协会优秀律师、朝阳区优秀党员等荣誉称号。

23. 程璇律师

北京市中闻律师事务所执委会执委，权益合伙人、北京市律师协会民法专业委员会副主任、最高人民检察院入库专家律师、北京市第三中级人民法院入库专家律师、北京市高级人民法院第三方涉诉调解中心专家律师、北京市公安局干警维权律师团维权成员、北京律师协会申请律师执业人员管理考核工作委员会副主任。

专业领域：民商事重大疑难案件及争议解决、重大疑难刑事案件的辩护、企事业单位法律顾问、公司并购及非诉讼业务。

主要著述：参与田文昌大律师、陈桂明老师担任主编的《刑事辩护学》编写小组；著有《"鸟凤之争"案件纪实》《公证在民商事案件中的重要作用》《试论有限公司股东知情权的侵害与保护》《试论律师办理涉黑案件及职务犯罪案件中的风险防范对策》《遗嘱公证服务现状与破局思路研究》。

24. 张亚梅律师

北京高文律师事务所律师，中国政法大学硕士。1999 年开始，执业 22 年。担任北京高文律师事务所主任、创始合伙人，中华全国律师协会会员，中国法学会仲裁委员会会员、仲裁员，西安仲裁委、广州仲裁委、南京仲裁委、兰州仲裁委、重庆仲裁委、淄博仲裁委、日照仲裁委、宜春仲裁委、宁波仲裁委仲裁员，北京市律师协会仲裁专业委员会副主任，北京市律协重大疑难案例小组成员，北京市朝阳区律师协会公益委员会副主任，中国国际贸易促进委员会/中国国际商会调解中心调解员。曾被授予"北京市朝阳区优秀女律师""北京市优秀律师""中国当代优秀律师"等称号。

25. 张凤成律师

北京市三维律师事务所主任，法学本科学历。1988 年从事法律工作，1994 年从事律师工作。第七次、第九次全国律师代表，第八届、第十届北京市律师协会理事，第九届北京市律师协会监事，第九届北京市律师协会农村法律事务专业委员会主任，第一届北京市大兴区律师协会监事长，第二届、第三届北京市大兴区律师协会会长，第三届北京市大兴区政协委员，第五届、第六届北京市大兴区人大代表、法制委员会副主任委员。第四届北京市大兴商会副会长、大兴区工商联执委，第一届北京市大兴区法学会副会长，第一届北京市大兴区社会组织联合会副会长。曾被评为"全国优秀律师”“全国创优争先先进个人”“司法行政系统先进个人”“北京市法律服务先进个人”等。主要业务领域：建筑工程、房地产开发、公司法律事务等。

26. 梁枫律师

金诚同达律师事务所高级合伙人、合规业务组组长、金诚同达研究院企业合规研究中心主任。

梁枫律师自2000年开始执业律师生涯，长期致力于公司法、劳动法、争议解决等法律领域业务，尤其精研于企业合规体系建设与合规管理、人力资源合规与用工风险管理，擅长为企业提供“法律咨询＋管理咨询”全景式合规顾问服务，是中国为数不多的兼具商业思维和管理思维的合规律师之一。

此外，梁律师熟谙诉讼、仲裁相关法律，长期处理各类复杂争议解决案件，尤其擅长处理商事争议与高管诉讼，是一位经验丰富的出庭律师。

27. 李梅律师

2001年起执业，北京市鑫诺律师事务所高级合伙人。主要业务领域：民事诉讼及仲裁，家事相关法律实务，公司法相关实务，企业法务管理、重组、并购、改制及转制业务。全国律协民法委委员、最高人民法院诉讼服务志愿专家团成员、最高人民检察院民事行政检察咨询专家团成员、中国侨联法律顾问委员会委员、“2022北京冬奥会、冬残奥会、雄安新区法律服务团”成员、北京市律师协会“矛盾纠纷化解与社会风险防范律师专家组”组长、北京市律师协会民事诉讼法专业委员会副主任、

荣获“2018北京榜样 律师楷模”（团队奖）、首届“北京市律师辩论大赛”团体冠军，个人荣获“十佳辩手”。担任“马航MH370乘客家属索赔谈判律师团”成员，最终促成了50余名家属与马航及其保险公司达成和解协议，得到了委托家属及司法部的高度认可。

28. 王正志律师

高文律师事务所合伙人，主要执业领域：知识产权跨境争议解决、国际仲裁。第四届国家知识产权专家咨询委员会委员、中华全国律协知识产权专业委员会主任，北京市律师协会理事、外事委主任。兼任世界知识产权组织/中国国际经济贸易仲裁委员会/北京仲裁委员会/上海仲裁委员会/新加坡国际仲裁中心等机构仲裁员，先后主办某民用航空制造公司与法国公司技术开发合同ICC国际仲裁案、某大型国有有色金属集团与德国公司专利侵权案、广东某大型电商与美国公司商标与商品包装不正当竞争案等；2018年5月代表中国专利保护协会赴华盛顿参加301调查听证会并发言；2019年4月代表贸仲赴纽约参加联合国第四工作组立法研讨会并发言；2013—2019年《专利法》第四次修订起草组成员，2022年8月《商标法》修订专家组成员。

29. 杨安进律师

北京市维诗律师事务所执行合伙人、律师、专利代理师。自 1998 年至今一直专门从事知识产权和技术转移律师工作,办理了大量重大复杂的专利、商标、著作权、技术秘密类法律业务,以及国内和跨境技术转移业务。2013 年被评为北京市"十佳知识产权律师",2019 年被《商法》杂志(China Business Law Journal)评为"The A – List 法律精英"榜单 100 位中国业务优秀律师。

2005 年担任国家知识产权战略制定工作领导小组评审专家。现兼任中国国际经济贸易仲裁委员会仲裁员、域名争议解决中心专家,中国海事仲裁委员会仲裁员,国际商会(ICC)中国国家委员会委员,北京知识产权法研究会常务理事、专利法委员会主任。同时担任北京大学、北京理工大学、首都经贸大学、北京师范大学、对外经济贸易大学等高校研究人员或兼职教授。

30. 裴娜律师

北京嘉观律师事务所高级合伙人、法学博士,主要业务领域行政诉讼及行政复议、行政处罚合规、民商事争议解决等。北京市律师协会党委政府法律顾问研究会副主任、北京市法学会行政法学研究会理事、北京市律师协会惩戒委员会委员,北京市律师协会重大复杂案件课题组成员,政府重大应急法律顾问团"北京队"成员,北京市多元调解发展促进会调解员,中华全国律师协会行政法专业委员会委员、中国法学会体育法学会常务理事、国家律师学院客座教授、中国政法大学法律专家咨询委员会委员、北京外国语大学法学院校外硕士导师。法学理论功底深厚,出版专著《城乡规划领域公众参与机制研究》,先后在《行政法学研究》《法学杂志》《中国刑事法杂志》等核心期刊发表论文数十篇。

31. 张砾心律师

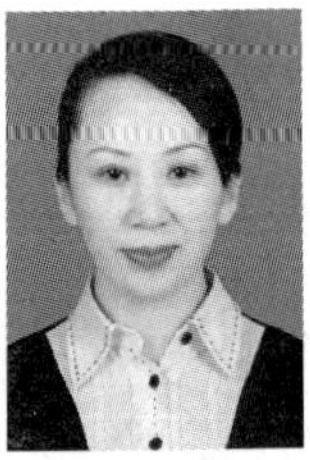

北京市中盈律师事务所合伙人。北京市律师协会宣传联络与表彰委员会副主任,西城区第三届律协副监事长。西城区人民政府第二届法律顾问团成员。青岛仲裁委仲裁员。获得全国律师行业优秀共产党员、北京市律师行业优秀共产党员奖;2021 首都新时代司法行政系统先进个人;"西城区 2016—2017 年度优秀公益律师"奖;"2014—2018 年度西城区优秀律师";"2015—2019 年度北京市优秀律师";北京市社工委颁发"北京社会好人榜"荣誉称号;2021 年北京榜样荣誉称号。参与编写中国人民大学出版社《房地产业务律师基础实务》一书。在民商诉讼及公司法律顾问业务领域,有丰富的实践经验。

办案人简介

1. 张艳霞律师

河北大学法学硕士，北京市京师律师事务所合伙人，京师（全国）刑事委员会委员，京师职务犯罪研究中心研究员，京师疑难案件研究中心专家律师，中国中小企业调解中心调解员。从事法律工作二十余年，拥有十年检察机关工作经验，曾在多家企业担任法律顾问，办理过多起重大疑难案件，具有丰富的执业经验和办案技巧。在办理案件中，坚持“以事实为根据，以法律为准绳”，坚持真诚待人，诚信办案，认真履行律师职责，全力维护委托人的权益，为当事人挽回了巨大的经济损失，使案件得到公正审理，受到当事人及业界的广泛好评。2020 年荣获“法治新时代十佳刑事辩护律师”奖，承办案件入选 2020 年度京师（全国）十大刑事案件。

2. 胡兴中律师

北京市律师协会商事犯罪预防和辩护委员会委员，自吉林大学经济法专业毕业后在法院工作 12 年，审理案件上千件，曾被评为人民满意的好法官、多次被评为办案能手。2011 年开始执业，主要办理民商事、行政案件诉讼与仲裁，商事犯罪辩护等，涉及建设工程、房地产、金融、知识产权等领域，为多家建设工程和房地产公司提供过专项法律服务和长期担任法律顾问，办理多起无罪和不起诉案件。

3. 韩哲律师

北京大学法学博士，北京市世航律师事务所律师、主任。擅长重大、疑难、复杂案件的综合分析和处理，义务领域为职务犯罪、金融犯罪、经济犯罪、公司企业犯罪的辩护与代理。

社会兼职为：某市律协职务犯罪辩护委员会副主任；中国刑法学研究会理事；西北政法大学刑事辩护高级研究院副院长；北京师范大学法学院、对外经济贸易大学法学院、中央民族大学法学院等高校硕士生校外导师。

公开出版《刑事判决合理性研究》《金融犯罪辩护丛书》《矿业犯罪司法适用与判例》等著作 25 部，公开发表法学论文 60 余篇，主持、参与国家社科基金项目、最高人民检察院课题项目共 12 项。

4. 李永伟律师

北京大学法学学士,北京嘉观律师事务所律师。2016年执业,任北京市海淀区律师协会律师权益保障委员会秘书长,北京市律师协会律师权益保障委员会副秘书长,北京市律师协会刑民交叉法律事务委员会副秘书长。曾任北京市西城区法律援助中心刑辩志愿团律师,在北京电视台《法治进行时》栏目义务普法。先后荣获北京市西城区律师行业"党建之友",海淀区律师协会专门工作委员会"先进个人"。

在刑事辩护领域具有丰富经验,擅长经济类和职务类犯罪案件的处理。执业以来,成功办理了多起刑事案件,有的案件被检察机关不起诉,有的案件被法院宣告无罪、免于刑事处罚或变更为较轻罪名。

5. 王刚律师

北京德恒律师事务所一级合伙人,企业危机管控服务中心秘书长、刑事业务专委会副主任。1999年开始执业,此前从事公安工作近八年。担任吉尔吉斯斯坦国际商事仲裁院仲裁员、"一带一路"国际商事调解中心调解员。

教育背景:中国人民大学文学学士、中央党校法学理论在职研究生、北京大学私募股权投资高级研修班、南开大学EMA。

专长领域:涉及公司股权纠纷、投资纠纷、合同纠纷的重大民商事诉讼;重大经济犯罪刑事举报代理;重大经济犯罪和职务犯罪的辩护;反舞弊反欺诈。

6. 张海鹰律师

北京德恒律师事务所刑民交叉团队合伙人。2006年开始执业,此前在省级检察机关、纪检委工作多年。

教育背景:中国刑事警察学院法学学士、山东大学民商法在职研究生。

业务领域:涉及公司股权、投资纠纷、合同纠纷的重大民商事诉讼;建设施工合同纠纷;金融犯罪辩护;重大经济犯罪举报代理等。

7. 牛童律师

中国政法大学研究生,北京德恒律师事务所律师,企业危机管控服务中心秘书,德恒律师事务所2021年度优秀律师。有丰富的刑事司法实践经验,成功代理多起重大刑事案件。

业务领域:刑民交叉诉讼、重大经济犯罪刑事案件的控告与辩护、企业危机预防与处置、传媒与公共关系等。

8. 徐进志律师

北京德恒律师事务所律师,刑事专业委员会委员,从事律师工作十几年,主办了一系列公安部、"两高"督办交办的有影响力的刑事案件。

业务领域:重大、疑难、复杂的刑民交叉、金融犯罪、经济犯罪、职务犯罪等案件的辩护、代理与控告。

9. 李长青律师

北京市隆安律师事务所高级合伙人。长期从事刑事辩护,有丰富的刑事司法实践经验。擅长办理诈骗、黑社会恶势力犯罪、渎职等领域刑事案件。辩护过程中,善于宏观掌控与微观操作结合,形成了尽早辩护、充分阅卷、勤于取证、充分表达的细致周全服务方式,获得良好的辩护效果。以团队化、组织化、规范化方式提供服务,提高辩护效果及满意度。

坚守"以诚相待、客户满意"的执业理念,打造"精益求精、极致全面"的执业标准,最大范围全面维护客户利益,办理多起成功案例。

10. 崔继勇律师

中共党员,北京乾成律师事务所合伙人,毕业于中国政法大学,刑事诉讼法学专业,硕士研究生,北京市律师协会第十一届刑事诉讼专业委员会委员。2011 年 6 月 1 日至今执业十余年来,专职致力于刑事辩护或代理工作,工作勤勉、耐心、细心、负责,取得了较好的辩护效果,维护了当事人的合法权益,得到了当事人和家属的充分肯定。代理的刑事案件如下:

天津"8·12"爆炸案;2 起涉黑案(涉黑等多个罪名改判无罪);谢某某保险诈骗案(证据不足发回重审、不起诉);多起非法集资案(正在办理的张某某指控罪名已由集资诈骗罪改为非吸);肖某非法容留他人吸毒案(不起诉);多起诈骗案、故意杀人、伤害案、职务犯罪案;等等。

11. 陈建律师

北京师范大学刑事法律科学研究院法律硕士专业,北京乾成律师事务所专职律师,主要研究方向:刑事法律实务和反腐败法治实务。曾任某上市公司法务主管,国际刑法学协会(AIDP)会员,曾受邀出席第二十届国际刑法学大会"公司经营与刑事司法"。先后在中华人民共和国司法部司法协助外事司、意大利锡拉库扎刑事司法与人权国际研究院、台湾师范大学学习过,参与处理过刑事司法协助类案件、各类刑事案件,具有丰富的刑事诉讼案件办理经验。代理的二审无罪案例之山东谢某明保险诈骗案,入围"2021 年度全国十大无罪辩护经典案例"评选(由西北政法大学刑事辩护高级研究院组织评选)。译著:《醉驾——美国的一种困境》,北京大学出版社(待出版)。

12. 徐珊珊律师

中国社会科学院大学法律硕士，现为北京乾成律师事务所高级合伙人、第一党支部书记、通州区青联委员，主要服务客户为大型国企、央企以及百强民营企业，代理过众多法律关系错综复杂、疑难的刑民交叉案件以及经济犯罪、职务犯罪类案件。曾代理物美集团单位行贿罪系列案件，成功通过申诉改判被告人无罪，该案具有重大社会影响力。

13. 贾晓慧律师

中共党员，西北政法大学刑事法学院刑法学硕士，北京乾成律师事务所合伙人、刑民交叉业务中心副主任，研究中国刑法、刑民交叉问题。业务领域包括刑事辩护 、企业刑事风险防控、刑事代理。代表案例包括：沈阳秦某某盗窃案获无罪判决并获得国家赔偿；内蒙古李某某故意毁坏财物案；物美集团单位行贿案再审获无罪判决（张文中系列案件）；威海马俊锋保险诈骗案等。

14. 王献锋律师

河北大学律师专业；现为北京京默律师事务所主任、律师；自 2000 年起从事法律工作，2008 年通过国家司法考试专职从事律师执业，先后执业于河北、北京；北京市律师协会刑事实务研究会委员；专注刑事辩护和代理业务，多次受到当事人及办案单位好评。

15. 姜志强律师

刑事辩护律师，北京大成律师事务所合伙人。第十一届北京市律师协会职务犯罪预防与辩护专业委员会副主任，第十届北京市律师协会刑事诉讼法专业委员会副主任，第二届北京市朝阳区律师协会刑事业务研究会主任，北京市朝阳区人民检察院外部监督委员会委员，中国政法大学实践导师。荣获“首都市民学习之星”；“2013—2014 年度北京市未成年人保护工作先进个人”；2011—2013 年度北京市朝阳区“优秀律师”；首届北京市朝阳区“十佳青年律师”；北京市朝阳区律师协会 2012 年度、2013 年度、2016 年度“优秀共产党员”。荣获首届全国公诉人与律师电视辩论大赛北京选拔赛团体一等奖、“最佳风采奖”，北京青年律师辩论大赛团体一等奖、“最佳辩手奖”。

16. 于晶珠律师

女,1967 年出生,汉族,中共党员,大学学历。曾在政府机关、事业单位工作,工作期间就读清华大学民商法专业在职研究生。现任北京志识恒律师事务所主任;北京市石景山区律协理事会理事、惩戒工作委员会主任;北京市律协惩戒工作委员会副主任;北京市 2021 年人民监督员。现今律师执业 18 年,成功办理过多起刑事和商事案件,主要专业领域是刑事辩护和民商事诉讼。

17. 李红钊律师

中央司法警官学院本科毕业,中国政法大学在职研究生,北京尚梓律师事务所合伙人。北京市律协涉黑涉恶案件业务指导小组成员,北京市律协刑法专业委员会副秘书长,北京市大学生模拟法庭竞赛评委,北京市公益服务与法律研究中心专家委员。出版《刑法常用罪名新解》《刑法适用一本通》《刑法配套规范新集成》著作三部,在《检察日报》《环球时报》《湖北警官学院学报》等报刊发表论文数篇。多次应邀参加全国刑法学术年会及著名学府或研究机构举办的法学研讨会,多次接受中央电视台、《检察日报》等主流媒体采访和参加最高人民检察院、北京市高级人民法院等司法机关举办的座谈会,具有较为扎实的理论功底及诉讼经验。

18. 胡永春律师

1993 年毕业于中国政法大学法律系本科。1997 年至今,北京市齐致律师事务所专职律师、合伙人。北京市律师协会第十一届代表大会代表、理事。北京市朝阳区律师协会第三届代表大会代表、理事。曾受聘中国消费者协会律师团成员,中国消费者报 315 消费投诉微博顾问。在多年的律师工作中,本着及时并最大限度保护委托人利益的原则,代理了大量经济民事和涉外仲裁案件,主要涉及房地产开发与建设、商贸、借贷、公司股权、公司联营、合资企业、改制、知识产权、影视合作等纠纷,为委托人避免和挽回了经济损失。担任了多起刑事案件的被告人的辩护人,仗义执言,为之减免刑事处罚。通过多年来的积累和探索,对各类企业争议案件与当事人合同争议拥有了大量、实际的工作心得。有关事迹与案例已见诸互联网和媒体。

后　　记

完成“第二辑改判案例”的编撰工作,我的内心很不平静,作为继 2017 年年底出版的《刑事二审、再审改判案例》和《民事二审、再审改判案例》系列篇的续集,第二辑改判案例的出版,寄托了各界太多的期待和热望。回想第一辑出版时在律师界引起的广泛关注和认可,以及公、检、法、司等司法实践者给予的积极反馈,还有法学后辈翻阅案例时豁然得解、备受启发的兴奋表情,我都深深为自己能够参与这项北京律协主导下的重大复杂案件的整理编撰工作的实施感到无比自豪和欣慰。为了能够将更多更好的优秀案例集中起来,奉献给每一位司法工作者和对法律有需求的所有受众,努力践行习近平总书记的嘱托:“让人民群众在每一个司法案件中,都能够感觉到公平正义”,我们北京律师智库重大复杂案件研究专家组进一步强化了队伍建设,吸纳了更多优秀律师的加入,并启动了第二辑的编撰工作。

“第二辑改判案例”一共三册,除了“第一辑改判案例”中包含的“刑事二审、再审改判案例”和“民事二审、再审改判案例”以外,又新增了一册“行政、知识产权及执行异议二审、再审改判案例”。它涵盖刑事、民事、行政类的 45 个实务案例。在案例来源、案例类型、参编人员、审级制度、审判监督等方面都较之“第一辑改判案例”有了新的突破。案例辐射地域之广——包括北京律师在全国二十个省市范围内办理的改判案件;涉及案例类型之众——包括刑事、民事、行政三大类的十多类小项。参编律师之多——包括“重案专家组”成员以及办案律师将近百人;涵盖审判制度之全——包含了我国四级二审制度的四个审级,包括执行局在内的过百家各级法、检、公等机关;审判监督之最——包括一审、二审、再审生效判决后,在检察院抗诉后得以改判的案例。以上,几乎涵盖了现行诉讼的所有领域。

“第二辑改判案例”的内容汇集了刑事、民事、行政案件的整个诉讼过程,包含起诉(公诉)、一审、二审、再审、抗诉、执行等整个流程,包含办案律师的起诉书、答辩状、代理词(辩护词)、办案总结、专家点评等,再现了每一个案件的办案流程及总结、评析,再现了我国四级法院、各级检察院、各级公安机关的办案理念,再现了代理律师或辩护律师的靓丽风采,再现了是与非之间、罪与非罪之间矛盾的激烈碰撞,再现了自我修正、追求真理的法律人精神。

错案追究制度的诞生,顺应时代的步伐,“有错必究”的法治原则,不只是体现在法律共同体当中,亦应有配套完善的社会监督机制,“让审理者裁判,让裁判者负责”。这是提高法律公信力、增强公民对法治信仰的助力,也符合我们“建设严密的法治监督体系,切实加强对立法、执法、司法工作的监督”的愿景。

三大类型改判案例成为系列,是众多法、检、公以及律师等法律共同体成员集体智慧的结晶,它为法律共同体成员减少错案、冤案的发生提供了很好的研讨、学习、借鉴的参照;同时也让业外广大民众直观地看到什么是正确,什么是错误,使其明辨是非曲直。“相信谬误总会迎来真理的纠正,而正义是永恒的太阳,世界从不拖延它的到来。”

新起点,新征程,国家对依法治国理念有了更深入的解读,“围绕保障和促进社会公平正义,坚持依法治国、依法执政、依法行政共同推进,坚持法治国家、法治政府、法治社会一体建设,全面推进科学立法、严格执法、公正司法、全民守法,全面推进国家各方面工作法治化”。这无疑给司法工作者提出了新的要求和期待,让我们勠力同心、踔厉奋发,一起向未来,为依法治国做出更大贡献!

最后,我们要特别感谢北京市司法局、北京市律师协会的相关领导的大力支持,同时,还要特别感谢我的伙伴——北京律师智库重大复杂案件研究专家组全体成员以及案例提供律师!是你们的专业水准最终成就了系列化的改判案例!将稿费全部捐赠给北京市法律援助基金会是我们共同的抉择,完全义务地编审和点评工作,没有一点酬劳、没有一分补助,牺牲工作时间和业余时间,还搭上节假日。这种无私的奉献精神就是我们北京律师的情怀,也是作为法律人的一种社会责任!

谨此,向所有参编“刑事、民事、行政改判案例”的律师和辅助人员,表示最崇高的敬意和衷心地感谢!

北京律师智库重大复杂案件研究专家组组长

王峥律师